铁路土地房产常用法律法规

中国地方铁路协会编写组 编

中国铁道出版社有限公司
CHINA RAILWAY PUBLISHING HOUSE CO., LTD.

图书在版编目(CIP)数据

铁路土地房产常用法律法规/中国地方铁路协会编写组编.—北京:中国铁道出版社有限公司,2021.9
ISBN 978-7-113-28211-0

Ⅰ.①铁… Ⅱ.①中… Ⅲ.①铁路-土地管理法-汇编-中国②铁路-房地产法-汇编-中国 Ⅳ.①D922.309 ②D922.389

中国版本图书馆CIP数据核字(2021)第149581号

书　　名: **铁路土地房产常用法律法规**
作　　者: 中国地方铁路协会编写组

责任编辑: 田银香　朱景芳　　**编辑部电话:** (010)51873407　**邮箱:** 403195044@qq.com
封面设计: 刘　莎
责任校对: 孙　玫
责任印制: 赵星辰

出版发行: 中国铁道出版社有限公司(100054,北京市西城区右安门西街8号)
网　　址: http://www.tdpress.com
印　　刷: 北京铭成印刷有限公司
版　　次: 2021年9月第1版　2021年9月第1次印刷
开　　本: 710 mm×1 000 mm　1/16　印张:52　字数:842千
书　　号: ISBN 978-7-113-28211-0
定　　价: 160.00元

前　言

土地房产是铁路事业发展的基本物质资源，也是铁路企业推进法治化市场化经营的重要国有资产，直接关系到铁路建设、铁路运输、铁路安全、经营开发等方方面面。加强土地房产管理，是实现铁路高质量发展的客观需要。与此同时，土地房产管理具有规范性和政策性强的突出特点，国家对土地房产的权利取得、市场交易、开发利用、资产运营等，制定了大量的法律规范和政策文件。因此，了解、熟悉和掌握铁路土地房产相关法律法规，就成为铁路企业加强土地房产管理的必然要求。

中国地方铁路协会是国家一级行业协会，在国家民政部登记注册，接受国家发展改革委、交通运输部、国家铁路局、中国国家铁路集团有限公司（以下简称"国铁集团"）的业务指导，会员单位覆盖省市铁路投资公司、国铁集团和地方铁路客货运输企业、地方和国铁参股的合资铁路企业、其他社会资本投资的铁路企业，以及与铁路产业链相关的铁路建设、物流地产、设计咨询、科研教育等企事业单位，工作范围广泛涉及参与铁路行业治理、引导行业规范运行、促进行业合作交流、建设行业公共信息平台、提供专业咨询服务、承担地方铁路统计工作等等。为更好地服务铁路事业发展，提高铁路企业经营管理水平，我们组织汇编了这本《铁路土地房产常用法律法规》，以期为各铁路企业加强铁路土地房产管理提供支持和帮助。

本书收录了与铁路土地房产管理相关、现行有效的主要法律法规。重要的法律、行政法规、部门规章，凡针对土地房产管理，或者在铁路经营管理特定领域与土地房产管理直接相关的，均重点予以收录。同时，适应土地房产管理的特点，较多收录了国家和有关部委制定的规范性文件;适应土地房产法律纠纷案件的应对处置,收录了最高人民法院出台的相关司法解释;适应土地房产相关事项属地管理的需要,还收录了部分地方性法规和地方政府规章。本书收录法律法规的文本,均采用全国人大、国务院及有关部门的官方版本,努力做到完整性、权威性和实用性相统一。

本书依据土地房产管理的内在逻辑和铁路企业经营管理的实际需要,将收录的法律法规分为十个部分:综合,建设用地使用权,铁路建设,经营开发,改制重组,房地产建设、交易和住房,铁路安全、土地监察与调查,房地产税收,司法解释,以及部分地方规定。在每个部分,又根据相关法律法规之间的关系,按照相对集中的原则分为若干小类,以便具体使用时查询。

本书可供铁路企业开展铁路建设、经营开发、铁路安全管理等相关业务之用,也可供铁路企业推进土地房产合规管理、防范法律风险之用。

本书的编辑出版,是中国地方铁路协会开展法律专项服务的开篇之作。秉承服务中国铁路事业的宗旨和使命,中国地方铁路协会将坚持创新发展,不断丰富服务内容,完善服务方式,提高服务质量,为交通强国、铁路先行作出更大贡献。

2021 年 7 月

说　明

1. 本书收录现行有效的铁路土地房产常用法律法规，包括法律、行政法规、部门规章、国家和部委规范性文件，以及最高人民法院司法解释，还有部分地方性法规和地方政府规章。

2. 本书在正文中对所有法律法规均列明通过、发布、修改、制定机关、发文字号、施行时间等信息，以便了解法律法规的沿革和准确适用。在目录中作简化处理，一般对法律、法规、规章仅标明最新版本的颁布、施行时间，对规范性文件、司法解释标明文号。

3. 本书按照法律法规的内容合理编排，不纯以法律渊源、制定机关、发布时间等外观表征为标准，以利于集中查找相关的法律法规。

4. 部分法律法规篇秩较大、内容广泛，本书节录与土地房产相关的主要内容，其他从略。

5. 民法典施行前的法律事实引起的民事纠纷案件，一般适用当时法律、司法解释的规定。故对应当适用物权法、合同法、担保法、侵权责任法等的法律事项，仍应根据需要查找相关法律。

目　　录

第一部分　综　　合

第二部分　建设用地使用权

一、土地划拨、出让和租赁

二、权属登记和确权

第四部分 经 营 开 发

第六部分 房地产建设、交易和住房

第七部分　铁路安全、土地监察与调查

第八部分　房地产税收

第九部分　司 法 解 释

一、土地使用权、工程建设与矿业权

第十部分　部分地方规定

第一部分

综　合

中华人民共和国民法典（节录）

（2020年5月28日第十三届全国人民代表大会第三次会议通过　自2021年1月1日起施行）

第二编　物　　权

第一分编　通　　则

第一章　一般规定

第二百零五条　本编调整因物的归属和利用产生的民事关系。

第二百零六条　国家坚持和完善公有制为主体、多种所有制经济共同发展，按劳分配为主体、多种分配方式并存，社会主义市场经济体制等社会主义基本经济制度。

国家巩固和发展公有制经济，鼓励、支持和引导非公有制经济的发展。

国家实行社会主义市场经济，保障一切市场主体的平等法律地位和发展权利。

第二百零七条　国家、集体、私人的物权和其他权利人的物权受法律平等保护，任何组织或者个人不得侵犯。

第二百零八条　不动产物权的设立、变更、转让和消灭，应当依照法律规定登记。动产物权的设立和转让，应当依照法律规定交付。

第二章　物权的设立、变更、转让和消灭

第一节　不动产登记

第二百零九条　不动产物权的设立、变更、转让和消灭，经依法登记，发生效力；未经登记，不发生效力，但是法律另有规定的除外。

依法属于国家所有的自然资源，所有权可以不登记。

第二百一十条　不动产登记，由不动产所在地的登记机构办理。

国家对不动产实行统一登记制度。统一登记的范围、登记机构和登记办法，

由法律、行政法规规定。

第二百一十一条　当事人申请登记，应当根据不同登记事项提供权属证明和不动产界址、面积等必要材料。

第二百一十二条　登记机构应当履行下列职责：

（一）查验申请人提供的权属证明和其他必要材料；

（二）就有关登记事项询问申请人；

（三）如实、及时登记有关事项；

（四）法律、行政法规规定的其他职责。

申请登记的不动产的有关情况需要进一步证明的，登记机构可以要求申请人补充材料，必要时可以实地查看。

第二百一十三条　登记机构不得有下列行为：

（一）要求对不动产进行评估；

（二）以年检等名义进行重复登记；

（三）超出登记职责范围的其他行为。

第二百一十四条　不动产物权的设立、变更、转让和消灭，依照法律规定应当登记的，自记载于不动产登记簿时发生效力。

第二百一十五条　当事人之间订立有关设立、变更、转让和消灭不动产物权的合同，除法律另有规定或者当事人另有约定外，自合同成立时生效；未办理物权登记的，不影响合同效力。

第二百一十六条　不动产登记簿是物权归属和内容的根据。

不动产登记簿由登记机构管理。

第二百一十七条　不动产权属证书是权利人享有该不动产物权的证明。不动产权属证书记载的事项，应当与不动产登记簿一致；记载不一致的，除有证据证明不动产登记簿确有错误外，以不动产登记簿为准。

第二百一十八条　权利人、利害关系人可以申请查询、复制不动产登记资料，登记机构应当提供。

第二百一十九条　利害关系人不得公开、非法使用权利人的不动产登记资料。

第二百二十条　权利人、利害关系人认为不动产登记簿记载的事项错误的，可以申请更正登记。不动产登记簿记载的权利人书面同意更正或者有证据证明登记确有错误的，登记机构应当予以更正。

不动产登记簿记载的权利人不同意更正的，利害关系人可以申请异议登记。登记机构予以异议登记，申请人自异议登记之日起十五日内不提起诉讼的，异议登记失效。异议登记不当，造成权利人损害的，权利人可以向申请人请求损害赔偿。

第二百二十一条 当事人签订买卖房屋的协议或者签订其他不动产物权的协议，为保障将来实现物权，按照约定可以向登记机构申请预告登记。预告登记后，未经预告登记的权利人同意，处分该不动产的，不发生物权效力。

预告登记后，债权消灭或者自能够进行不动产登记之日起九十日内未申请登记的，预告登记失效。

第二百二十二条 当事人提供虚假材料申请登记，造成他人损害的，应当承担赔偿责任。

因登记错误，造成他人损害的，登记机构应当承担赔偿责任。登记机构赔偿后，可以向造成登记错误的人追偿。

第二百二十三条 不动产登记费按件收取，不得按照不动产的面积、体积或者价款的比例收取。

第二节 动产交付

第二百二十四条 动产物权的设立和转让，自交付时发生效力，但是法律另有规定的除外。

第二百二十五条 船舶、航空器和机动车等的物权的设立、变更、转让和消灭，未经登记，不得对抗善意第三人。

第二百二十六条 动产物权设立和转让前，权利人已经占有该动产的，物权自民事法律行为生效时发生效力。

第二百二十七条 动产物权设立和转让前，第三人占有该动产的，负有交付义务的人可以通过转让请求第三人返还原物的权利代替交付。

第二百二十八条 动产物权转让时，当事人又约定由出让人继续占有该动产的，物权自该约定生效时发生效力。

第三节 其他规定

第二百二十九条 因人民法院、仲裁机构的法律文书或者人民政府的征收决定等，导致物权设立、变更、转让或者消灭的，自法律文书或者征收决定等生效时发生效力。

第二百三十条　因继承取得物权的，自继承开始时发生效力。

第二百三十一条　因合法建造、拆除房屋等事实行为设立或者消灭物权的，自事实行为成就时发生效力。

第二百三十二条　处分依照本节规定享有的不动产物权，依照法律规定需要办理登记的，未经登记，不发生物权效力。

第三章　物权的保护

第二百三十三条　物权受到侵害的，权利人可以通过和解、调解、仲裁、诉讼等途径解决。

第二百三十四条　因物权的归属、内容发生争议的，利害关系人可以请求确认权利。

第二百三十五条　无权占有不动产或者动产的，权利人可以请求返还原物。

第二百三十六条　妨害物权或者可能妨害物权的，权利人可以请求排除妨害或者消除危险。

第二百三十七条　造成不动产或者动产毁损的，权利人可以依法请求修理、重作、更换或者恢复原状。

第二百三十八条　侵害物权，造成权利人损害的，权利人可以依法请求损害赔偿，也可以依法请求承担其他民事责任。

第二百三十九条　本章规定的物权保护方式，可以单独适用，也可以根据权利被侵害的情形合并适用。

第二分编　所　有　权

第四章　一 般 规 定

第二百四十条　所有权人对自己的不动产或者动产，依法享有占有、使用、收益和处分的权利。

第二百四十一条　所有权人有权在自己的不动产或者动产上设立用益物权和担保物权。用益物权人、担保物权人行使权利，不得损害所有权人的权益。

第二百四十二条　法律规定专属于国家所有的不动产和动产，任何组织或者个人不能取得所有权。

第二百四十三条　为了公共利益的需要，依照法律规定的权限和程序可以征收集体所有的土地和组织、个人的房屋以及其他不动产。

征收集体所有的土地，应当依法及时足额支付土地补偿费、安置补助费以及农村村民住宅、其他地上附着物和青苗等的补偿费用,并安排被征地农民的社会保障费用,保障被征地农民的生活,维护被征地农民的合法权益。

征收组织、个人的房屋以及其他不动产,应当依法给予征收补偿,维护被征收人的合法权益;征收个人住宅的,还应当保障被征收人的居住条件。

任何组织或者个人不得贪污、挪用、私分、截留、拖欠征收补偿费等费用。

第二百四十四条 国家对耕地实行特殊保护,严格限制农用地转为建设用地,控制建设用地总量。不得违反法律规定的权限和程序征收集体所有的土地。

第二百四十五条 因抢险救灾、疫情防控等紧急需要,依照法律规定的权限和程序可以征用组织、个人的不动产或者动产。被征用的不动产或者动产使用后,应当返还被征用人。组织、个人的不动产或者动产被征用或者征用后毁损、灭失的,应当给予补偿。

第五章 国家所有权和集体所有权、私人所有权

第二百四十六条 法律规定属于国家所有的财产,属于国家所有即全民所有。

国有财产由国务院代表国家行使所有权。法律另有规定的,依照其规定。

第二百四十七条 矿藏、水流、海域属于国家所有。

第二百四十八条 无居民海岛属于国家所有,国务院代表国家行使无居民海岛所有权。

第二百四十九条 城市的土地,属于国家所有。法律规定属于国家所有的农村和城市郊区的土地,属于国家所有。

第二百五十条 森林、山岭、草原、荒地、滩涂等自然资源,属于国家所有,但是法律规定属于集体所有的除外。

第二百五十一条 法律规定属于国家所有的野生动植物资源,属于国家所有。

第二百五十二条 无线电频谱资源属于国家所有。

第二百五十三条 法律规定属于国家所有的文物,属于国家所有。

第二百五十四条 国防资产属于国家所有。

铁路、公路、电力设施、电信设施和油气管道等基础设施,依照法律规定为国家所有的,属于国家所有。

第二百五十五条 国家机关对其直接支配的不动产和动产,享有占有、使用

以及依照法律和国务院的有关规定处分的权利。

第二百五十六条　国家举办的事业单位对其直接支配的不动产和动产，享有占有、使用以及依照法律和国务院的有关规定收益、处分的权利。

第二百五十七条　国家出资的企业，由国务院、地方人民政府依照法律、行政法规规定分别代表国家履行出资人职责，享有出资人权益。

第二百五十八条　国家所有的财产受法律保护，禁止任何组织或者个人侵占、哄抢、私分、截留、破坏。

第二百五十九条　履行国有财产管理、监督职责的机构及其工作人员，应当依法加强对国有财产的管理、监督，促进国有财产保值增值，防止国有财产损失；滥用职权，玩忽职守，造成国有财产损失的，应当依法承担法律责任。

违反国有财产管理规定，在企业改制、合并分立、关联交易等过程中，低价转让、合谋私分、擅自担保或者以其他方式造成国有财产损失的，应当依法承担法律责任。

第二百六十条　集体所有的不动产和动产包括：

（一）法律规定属于集体所有的土地和森林、山岭、草原、荒地、滩涂；

（二）集体所有的建筑物、生产设施、农田水利设施；

（三）集体所有的教育、科学、文化、卫生、体育等设施；

（四）集体所有的其他不动产和动产。

第二百六十一条　农民集体所有的不动产和动产，属于本集体成员集体所有。

下列事项应当依照法定程序经本集体成员决定：

（一）土地承包方案以及将土地发包给本集体以外的组织或者个人承包；

（二）个别土地承包经营权人之间承包地的调整；

（三）土地补偿费等费用的使用、分配办法；

（四）集体出资的企业的所有权变动等事项；

（五）法律规定的其他事项。

第二百六十二条　对于集体所有的土地和森林、山岭、草原、荒地、滩涂等，依照下列规定行使所有权：

（一）属于村农民集体所有的，由村集体经济组织或者村民委员会依法代表集体行使所有权；

（二）分别属于村内两个以上农民集体所有的，由村内各该集体经济组织或者村民小组依法代表集体行使所有权；

（三）属于乡镇农民集体所有的，由乡镇集体经济组织代表集体行使所有权。

第二百六十三条 城镇集体所有的不动产和动产，依照法律、行政法规的规定由本集体享有占有、使用、收益和处分的权利。

第二百六十四条 农村集体经济组织或者村民委员会、村民小组应当依照法律、行政法规以及章程、村规民约向本集体成员公布集体财产的状况。集体成员有权查阅、复制相关资料。

第二百六十五条 集体所有的财产受法律保护，禁止任何组织或者个人侵占、哄抢、私分、破坏。

农村集体经济组织、村民委员会或者其负责人作出的决定侵害集体成员合法权益的，受侵害的集体成员可以请求人民法院予以撤销。

第二百六十六条 私人对其合法的收入、房屋、生活用品、生产工具、原材料等不动产和动产享有所有权。

第二百六十七条 私人的合法财产受法律保护，禁止任何组织或者个人侵占、哄抢、破坏。

第二百六十八条 国家、集体和私人依法可以出资设立有限责任公司、股份有限公司或者其他企业。国家、集体和私人所有的不动产或者动产投到企业的，由出资人按照约定或者出资比例享有资产收益、重大决策以及选择经营管理者等权利并履行义务。

第二百六十九条 营利法人对其不动产和动产依照法律、行政法规以及章程享有占有、使用、收益和处分的权利。

营利法人以外的法人，对其不动产和动产的权利，适用有关法律、行政法规以及章程的规定。

第二百七十条 社会团体法人、捐助法人依法所有的不动产和动产，受法律保护。

第六章 业主的建筑物区分所有权

第二百七十一条 业主对建筑物内的住宅、经营性用房等专有部分享有所有权，对专有部分以外的共有部分享有共有和共同管理的权利。

第二百七十二条 业主对其建筑物专有部分享有占有、使用、收益和处分的权利。业主行使权利不得危及建筑物的安全，不得损害其他业主的合法权益。

第二百七十三条 业主对建筑物专有部分以外的共有部分，享有权利，承担义务；不得以放弃权利为由不履行义务。

业主转让建筑物内的住宅、经营性用房，其对共有部分享有的共有和共同管理的权利一并转让。

第二百七十四条 建筑区划内的道路，属于业主共有，但是属于城镇公共道路的除外。建筑区划内的绿地，属于业主共有，但是属于城镇公共绿地或者明示属于个人的除外。建筑区划内的其他公共场所、公用设施和物业服务用房，属于业主共有。

第二百七十五条 建筑区划内，规划用于停放汽车的车位、车库的归属，由当事人通过出售、附赠或者出租等方式约定。

占用业主共有的道路或者其他场地用于停放汽车的车位，属于业主共有。

第二百七十六条 建筑区划内，规划用于停放汽车的车位、车库应当首先满足业主的需要。

第二百七十七条 业主可以设立业主大会，选举业主委员会。业主大会、业主委员会成立的具体条件和程序，依照法律、法规的规定。

地方人民政府有关部门、居民委员会应当对设立业主大会和选举业主委员会给予指导和协助。

第二百七十八条 下列事项由业主共同决定：

（一）制定和修改业主大会议事规则；

（二）制定和修改管理规约；

（三）选举业主委员会或者更换业主委员会成员；

（四）选聘和解聘物业服务企业或者其他管理人；

（五）使用建筑物及其附属设施的维修资金；

（六）筹集建筑物及其附属设施的维修资金；

（七）改建、重建建筑物及其附属设施；

（八）改变共有部分的用途或者利用共有部分从事经营活动；

（九）有关共有和共同管理权利的其他重大事项。

业主共同决定事项，应当由专有部分面积占比三分之二以上的业主且人数占比三分之二以上的业主参与表决。决定前款第六项至第八项规定的事项，应当经参与表决专有部分面积四分之三以上的业主且参与表决人数四分之三以上的业主同意。决定前款其他事项，应当经参与表决专有部分面积过半数的业主且参与表决人数过半数的业主同意。

第二百七十九条 业主不得违反法律、法规以及管理规约，将住宅改变为经营性用房。业主将住宅改变为经营性用房的，除遵守法律、法规以及管理规约外，应当经有利害关系的业主一致同意。

第二百八十条 业主大会或者业主委员会的决定，对业主具有法律约束力。

业主大会或者业主委员会作出的决定侵害业主合法权益的，受侵害的业主可以请求人民法院予以撤销。

第二百八十一条 建筑物及其附属设施的维修资金，属于业主共有。经业主共同决定，可以用于电梯、屋顶、外墙、无障碍设施等共有部分的维修、更新和改造。建筑物及其附属设施的维修资金的筹集、使用情况应当定期公布。

紧急情况下需要维修建筑物及其附属设施的，业主大会或者业主委员会可以依法申请使用建筑物及其附属设施的维修资金。

第二百八十二条 建设单位、物业服务企业或者其他管理人等利用业主的共有部分产生的收入，在扣除合理成本之后，属于业主共有。

第二百八十三条 建筑物及其附属设施的费用分摊、收益分配等事项，有约定的，按照约定；没有约定或者约定不明确的，按照业主专有部分面积所占比例确定。

第二百八十四条 业主可以自行管理建筑物及其附属设施，也可以委托物业服务企业或者其他管理人管理。

对建设单位聘请的物业服务企业或者其他管理人，业主有权依法更换。

第二百八十五条 物业服务企业或者其他管理人根据业主的委托，依照本法第三编有关物业服务合同的规定管理建筑区划内的建筑物及其附属设施，接受业主的监督，并及时答复业主对物业服务情况提出的询问。

物业服务企业或者其他管理人应当执行政府依法实施的应急处置措施和其他管理措施，积极配合开展相关工作。

第二百八十六条 业主应当遵守法律、法规以及管理规约，相关行为应当符合节约资源、保护生态环境的要求。对于物业服务企业或者其他管理人执行政府依法实施的应急处置措施和其他管理措施，业主应当依法予以配合。

业主大会或者业主委员会，对任意弃置垃圾、排放污染物或者噪声、违反规定饲养动物、违章搭建、侵占通道、拒付物业费等损害他人合法权益的行为，有权依照法律、法规以及管理规约，请求行为人停止侵害、排除妨碍、消除危险、恢复原状、赔偿损失。

业主或者其他行为人拒不履行相关义务的，有关当事人可以向有关行政主管部门报告或者投诉，有关行政主管部门应当依法处理。

第二百八十七条 业主对建设单位、物业服务企业或者其他管理人以及其他业主侵害自己合法权益的行为，有权请求其承担民事责任。

第七章 相邻关系

第二百八十八条 不动产的相邻权利人应当按照有利生产、方便生活、团结互助、公平合理的原则，正确处理相邻关系。

第二百八十九条 法律、法规对处理相邻关系有规定的，依照其规定；法律、法规没有规定的，可以按照当地习惯。

第二百九十条 不动产权利人应当为相邻权利人用水、排水提供必要的便利。

对自然流水的利用，应当在不动产的相邻权利人之间合理分配。对自然流水的排放，应当尊重自然流向。

第二百九十一条 不动产权利人对相邻权利人因通行等必须利用其土地的，应当提供必要的便利。

第二百九十二条 不动产权利人因建造、修缮建筑物以及铺设电线、电缆、水管、暖气和燃气管线等必须利用相邻土地、建筑物的，该土地、建筑物的权利人应当提供必要的便利。

第二百九十三条 建造建筑物，不得违反国家有关工程建设标准，不得妨碍相邻建筑物的通风、采光和日照。

第二百九十四条 不动产权利人不得违反国家规定弃置固体废物，排放大气污染物、水污染物、土壤污染物、噪声、光辐射、电磁辐射等有害物质。

第二百九十五条 不动产权利人挖掘土地、建造建筑物、铺设管线以及安装设备等，不得危及相邻不动产的安全。

第二百九十六条 不动产权利人因用水、排水、通行、铺设管线等利用相邻不动产的，应当尽量避免对相邻的不动产权利人造成损害。

第八章 共 有

第二百九十七条 不动产或者动产可以由两个以上组织、个人共有。共有包括按份共有和共同共有。

第二百九十八条 按份共有人对共有的不动产或者动产按照其份额享有所有权。

第二百九十九条 共同共有人对共有的不动产或者动产共同享有所有权。

第三百条 共有人按照约定管理共有的不动产或者动产;没有约定或者约定不明确的,各共有人都有管理的权利和义务。

第三百零一条 处分共有的不动产或者动产以及对共有的不动产或者动产作重大修缮、变更性质或者用途的,应当经占份额三分之二以上的按份共有人或者全体共同共有人同意,但是共有人之间另有约定的除外。

第三百零二条 共有人对共有物的管理费用以及其他负担,有约定的,按照其约定;没有约定或者约定不明确的,按份共有人按照其份额负担,共同共有人共同负担。

第三百零三条 共有人约定不得分割共有的不动产或者动产,以维持共有关系的,应当按照约定,但是共有人有重大理由需要分割的,可以请求分割;没有约定或者约定不明确的,按份共有人可以随时请求分割,共同共有人在共有的基础丧失或者有重大理由需要分割时可以请求分割。因分割造成其他共有人损害的,应当给予赔偿。

第三百零四条 共有人可以协商确定分割方式。达不成协议,共有的不动产或者动产可以分割且不会因分割减损价值的,应当对实物予以分割;难以分割或者因分割会减损价值的,应当对折价或者拍卖、变卖取得的价款予以分割。

共有人分割所得的不动产或者动产有瑕疵的,其他共有人应当分担损失。

第三百零五条 按份共有人可以转让其享有的共有的不动产或者动产份额。其他共有人在同等条件下享有优先购买的权利。

第三百零六条 按份共有人转让其享有的共有的不动产或者动产份额的,应当将转让条件及时通知其他共有人。其他共有人应当在合理期限内行使优先购买权。

两个以上其他共有人主张行使优先购买权的,协商确定各自的购买比例;协商不成的,按照转让时各自的共有份额比例行使优先购买权。

第三百零七条 因共有的不动产或者动产产生的债权债务,在对外关系上,共有人享有连带债权、承担连带债务,但是法律另有规定或者第三人知道共有人不具有连带债权债务关系的除外;在共有人内部关系上,除共有人另有约定外,按份共有人按照份额享有债权、承担债务,共同共有人共同享有债权、承担债务。偿还债务超过自己应当承担份额的按份共有人，有权向其他共有人追偿。

第三百零八条　共有人对共有的不动产或者动产没有约定为按份共有或者共同共有，或者约定不明确的，除共有人具有家庭关系等外，视为按份共有。

第三百零九条　按份共有人对共有的不动产或者动产享有的份额，没有约定或者约定不明确的，按照出资额确定；不能确定出资额的，视为等额享有。

第三百一十条　两个以上组织、个人共同享有用益物权、担保物权的，参照适用本章的有关规定。

第九章　所有权取得的特别规定

第三百一十一条　无处分权人将不动产或者动产转让给受让人的，所有权人有权追回；除法律另有规定外，符合下列情形的，受让人取得该不动产或者动产的所有权：

（一）受让人受让该不动产或者动产时是善意；

（二）以合理的价格转让；

（三）转让的不动产或者动产依照法律规定应当登记的已经登记，不需要登记的已经交付给受让人。

受让人依据前款规定取得不动产或者动产的所有权的，原所有权人有权向无处分权人请求损害赔偿。

当事人善意取得其他物权的，参照适用前两款规定。

第三百一十二条　所有权人或者其他权利人有权追回遗失物。该遗失物通过转让被他人占有的，权利人有权向无处分权人请求损害赔偿，或者自知道或者应当知道受让人之日起二年内向受让人请求返还原物；但是，受让人通过拍卖或者向具有经营资格的经营者购得该遗失物的，权利人请求返还原物时应当支付受让人所付的费用。权利人向受让人支付所付费用后，有权向无处分权人追偿。

第三百一十三条　善意受让人取得动产后，该动产上的原有权利消灭。但是，善意受让人在受让时知道或者应当知道该权利的除外。

第三百一十四条　拾得遗失物，应当返还权利人。拾得人应当及时通知权利人领取，或者送交公安等有关部门。

第三百一十五条　有关部门收到遗失物，知道权利人的，应当及时通知其领取；不知道的，应当及时发布招领公告。

第三百一十六条　拾得人在遗失物送交有关部门前，有关部门在遗失物被领取前,应当妥善保管遗失物。因故意或者重大过失致使遗失物毁损、灭失的,应当承担民事责任。

第三百一十七条 权利人领取遗失物时,应当向拾得人或者有关部门支付保管遗失物等支出的必要费用。

权利人悬赏寻找遗失物的,领取遗失物时应当按照承诺履行义务。

拾得人侵占遗失物的,无权请求保管遗失物等支出的费用,也无权请求权利人按照承诺履行义务。

第三百一十八条 遗失物自发布招领公告之日起一年内无人认领的,归国家所有。

第三百一十九条 拾得漂流物、发现埋藏物或者隐藏物的,参照适用拾得遗失物的有关规定。法律另有规定的,依照其规定。

第三百二十条 主物转让的,从物随主物转让,但是当事人另有约定的除外。

第三百二十一条 天然孳息,由所有权人取得;既有所有权人又有用益物权人的,由用益物权人取得。当事人另有约定的,按照其约定。

法定孳息,当事人有约定的,按照约定取得;没有约定或者约定不明确的,按照交易习惯取得。

第三百二十二条 因加工、附合、混合而产生的物的归属,有约定的,按照约定;没有约定或者约定不明确的,依照法律规定;法律没有规定的,按照充分发挥物的效用以及保护无过错当事人的原则确定。因一方当事人的过错或者确定物的归属造成另一方当事人损害的,应当给予赔偿或者补偿。

第三分编 用益物权

第十章 一般规定

第三百二十三条 用益物权人对他人所有的不动产或者动产,依法享有占有、使用和收益的权利。

第三百二十四条 国家所有或者国家所有由集体使用以及法律规定属于集体所有的自然资源,组织、个人依法可以占有、使用和收益。

第三百二十五条 国家实行自然资源有偿使用制度,但是法律另有规定的除外。

第三百二十六条 用益物权人行使权利,应当遵守法律有关保护和合理开发利用资源、保护生态环境的规定。所有权人不得干涉用益物权人行使权利。

第三百二十七条 因不动产或者动产被征收、征用致使用益物权消灭或者影响用益物权行使的，用益物权人有权依据本法第二百四十三条、第二百四十五条的规定获得相应补偿。

第三百二十八条 依法取得的海域使用权受法律保护。

第三百二十九条 依法取得的探矿权、采矿权、取水权和使用水域、滩涂从事养殖、捕捞的权利受法律保护。

第十二章 建设用地使用权

第三百四十四条 建设用地使用权人依法对国家所有的土地享有占有、使用和收益的权利，有权利用该土地建造建筑物、构筑物及其附属设施。

第三百四十五条 建设用地使用权可以在土地的地表、地上或者地下分别设立。

第三百四十六条 设立建设用地使用权，应当符合节约资源、保护生态环境的要求，遵守法律、行政法规关于土地用途的规定，不得损害已经设立的用益物权。

第三百四十七条 设立建设用地使用权，可以采取出让或者划拨等方式。

工业、商业、旅游、娱乐和商品住宅等经营性用地以及同一土地有两个以上意向用地者的，应当采取招标、拍卖等公开竞价的方式出让。

严格限制以划拨方式设立建设用地使用权。

第三百四十八条 通过招标、拍卖、协议等出让方式设立建设用地使用权的，当事人应当采用书面形式订立建设用地使用权出让合同。

建设用地使用权出让合同一般包括下列条款：

（一）当事人的名称和住所；

（二）土地界址、面积等；

（三）建筑物、构筑物及其附属设施占用的空间；

（四）土地用途、规划条件；

（五）建设用地使用权期限；

（六）出让金等费用及其支付方式；

（七）解决争议的方法。

第三百四十九条 设立建设用地使用权的，应当向登记机构申请建设用地使用权登记。建设用地使用权自登记时设立。登记机构应当向建设用地使用权人发放权属证书。

第三百五十条 建设用地使用权人应当合理利用土地,不得改变土地用途;需要改变土地用途的,应当依法经有关行政主管部门批准。

第三百五十一条 建设用地使用权人应当依照法律规定以及合同约定支付出让金等费用。

第三百五十二条 建设用地使用权人建造的建筑物、构筑物及其附属设施的所有权属于建设用地使用权人,但是有相反证据证明的除外。

第三百五十三条 建设用地使用权人有权将建设用地使用权转让、互换、出资、赠与或者抵押,但是法律另有规定的除外。

第三百五十四条 建设用地使用权转让、互换、出资、赠与或者抵押的,当事人应当采用书面形式订立相应的合同。使用期限由当事人约定,但是不得超过建设用地使用权的剩余期限。

第三百五十五条 建设用地使用权转让、互换、出资或者赠与的,应当向登记机构申请变更登记。

第三百五十六条 建设用地使用权转让、互换、出资或者赠与的,附着于该土地上的建筑物、构筑物及其附属设施一并处分。

第三百五十七条 建筑物、构筑物及其附属设施转让、互换、出资或者赠与的,该建筑物、构筑物及其附属设施占用范围内的建设用地使用权一并处分。

第三百五十八条 建设用地使用权期限届满前,因公共利益需要提前收回该土地的,应当依据本法第二百四十三条的规定对该土地上的房屋以及其他不动产给予补偿,并退还相应的出让金。

第三百五十九条 住宅建设用地使用权期限届满的,自动续期。续期费用的缴纳或者减免,依照法律、行政法规的规定办理。

非住宅建设用地使用权期限届满后的续期,依照法律规定办理。该土地上的房屋以及其他不动产的归属,有约定的,按照约定;没有约定或者约定不明确的,依照法律、行政法规的规定办理。

第三百六十条 建设用地使用权消灭的,出让人应当及时办理注销登记。登记机构应当收回权属证书。

第三百六十一条 集体所有的土地作为建设用地的,应当依照土地管理的法律规定办理。

第十四章　居　住　权

第三百六十六条　居住权人有权按照合同约定，对他人的住宅享有占有、使用的用益物权，以满足生活居住的需要。

第三百六十七条　设立居住权，当事人应当采用书面形式订立居住权合同。

居住权合同一般包括下列条款：

（一）当事人的姓名或者名称和住所；

（二）住宅的位置；

（三）居住的条件和要求；

（四）居住权期限；

（五）解决争议的方法。

第三百六十八条　居住权无偿设立，但是当事人另有约定的除外。设立居住权的，应当向登记机构申请居住权登记。居住权自登记时设立。

第三百六十九条　居住权不得转让、继承。设立居住权的住宅不得出租，但是当事人另有约定的除外。

第三百七十条　居住权期限届满或者居住权人死亡的，居住权消灭。居住权消灭的，应当及时办理注销登记。

第三百七十一条　以遗嘱方式设立居住权的，参照适用本章的有关规定。

第十五章　地　役　权

第三百七十二条　地役权人有权按照合同约定，利用他人的不动产，以提高自己的不动产的效益。

前款所称他人的不动产为供役地，自己的不动产为需役地。

第三百七十三条　设立地役权，当事人应当采用书面形式订立地役权合同。

地役权合同一般包括下列条款：

（一）当事人的姓名或者名称和住所；

（二）供役地和需役地的位置；

（三）利用目的和方法；

（四）地役权期限；

（五）费用及其支付方式；

（六）解决争议的方法。

第三百七十四条　地役权自地役权合同生效时设立。当事人要求登记的，可以向登记机构申请地役权登记;未经登记,不得对抗善意第三人。

第三百七十五条 供役地权利人应当按照合同约定,允许地役权人利用其不动产,不得妨害地役权人行使权利。

第三百七十六条 地役权人应当按照合同约定的利用目的和方法利用供役地,尽量减少对供役地权利人物权的限制。

第三百七十七条 地役权期限由当事人约定;但是,不得超过土地承包经营权、建设用地使用权等用益物权的剩余期限。

第三百七十八条 土地所有权人享有地役权或者负担地役权的,设立土地承包经营权、宅基地使用权等用益物权时,该用益物权人继续享有或者负担已经设立的地役权。

第三百七十九条 土地上已经设立土地承包经营权、建设用地使用权、宅基地使用权等用益物权的,未经用益物权人同意,土地所有权人不得设立地役权。

第三百八十条 地役权不得单独转让。土地承包经营权、建设用地使用权等转让的,地役权一并转让,但是合同另有约定的除外。

第三百八十一条 地役权不得单独抵押。土地经营权、建设用地使用权等抵押的,在实现抵押权时,地役权一并转让。

第三百八十二条 需役地以及需役地上的土地承包经营权、建设用地使用权等部分转让时,转让部分涉及地役权的,受让人同时享有地役权。

第三百八十三条 供役地以及供役地上的土地承包经营权、建设用地使用权等部分转让时,转让部分涉及地役权的,地役权对受让人具有法律约束力。

第三百八十四条 地役权人有下列情形之一的,供役地权利人有权解除地役权合同,地役权消灭:

(一)违反法律规定或者合同约定,滥用地役权;

(二)有偿利用供役地,约定的付款期限届满后在合理期限内经两次催告未支付费用。

第三百八十五条 已经登记的地役权变更、转让或者消灭的,应当及时办理变更登记或者注销登记。

第四分编 担 保 物 权

第十六章 一 般 规 定

第三百八十六条 担保物权人在债务人不履行到期债务或者发生当事人约

定的实现担保物权的情形,依法享有就担保财产优先受偿的权利,但是法律另有规定的除外。

第三百八十七条　债权人在借贷、买卖等民事活动中,为保障实现其债权,需要担保的,可以依照本法和其他法律的规定设立担保物权。

第三人为债务人向债权人提供担保的,可以要求债务人提供反担保。反担保适用本法和其他法律的规定。

第三百八十八条　设立担保物权,应当依照本法和其他法律的规定订立担保合同。担保合同包括抵押合同、质押合同和其他具有担保功能的合同。担保合同是主债权债务合同的从合同。主债权债务合同无效的,担保合同无效,但是法律另有规定的除外。

担保合同被确认无效后,债务人、担保人、债权人有过错的,应当根据其过错各自承担相应的民事责任。

第三百八十九条　担保物权的担保范围包括主债权及其利息、违约金、损害赔偿金、保管担保财产和实现担保物权的费用。当事人另有约定的,按照其约定。

第三百九十条　担保期间,担保财产毁损、灭失或者被征收等,担保物权人可以就获得的保险金、赔偿金或者补偿金等优先受偿。被担保债权的履行期限未届满的,也可以提存该保险金、赔偿金或者补偿金等。

第三百九十一条　第三人提供担保,未经其书面同意,债权人允许债务人转移全部或者部分债务的,担保人不再承担相应的担保责任。

第三百九十二条　被担保的债权既有物的担保又有人的担保的,债务人不履行到期债务或者发生当事人约定的实现担保物权的情形,债权人应当按照约定实现债权;没有约定或者约定不明确,债务人自己提供物的担保的,债权人应当先就该物的担保实现债权;第三人提供物的担保的,债权人可以就物的担保实现债权,也可以请求保证人承担保证责任。提供担保的第三人承担担保责任后,有权向债务人追偿。

第三百九十三条　有下列情形之一的,担保物权消灭:

(一)主债权消灭;

(二)担保物权实现;

(三)债权人放弃担保物权;

(四)法律规定担保物权消灭的其他情形。

第十七章　抵　押　权

第一节　一般抵押权

第三百九十四条　为担保债务的履行，债务人或者第三人不转移财产的占有，将该财产抵押给债权人的，债务人不履行到期债务或者发生当事人约定的实现抵押权的情形，债权人有权就该财产优先受偿。

前款规定的债务人或者第三人为抵押人，债权人为抵押权人，提供担保的财产为抵押财产。

第三百九十五条　债务人或者第三人有权处分的下列财产可以抵押：

（一）建筑物和其他土地附着物；

（二）建设用地使用权；

（三）海域使用权；

（四）生产设备、原材料、半成品、产品；

（五）正在建造的建筑物、船舶、航空器；

（六）交通运输工具；

（七）法律、行政法规未禁止抵押的其他财产。

抵押人可以将前款所列财产一并抵押。

第三百九十六条　企业、个体工商户、农业生产经营者可以将现有的以及将有的生产设备、原材料、半成品、产品抵押，债务人不履行到期债务或者发生当事人约定的实现抵押权的情形，债权人有权就抵押财产确定时的动产优先受偿。

第三百九十七条　以建筑物抵押的，该建筑物占用范围内的建设用地使用权一并抵押。以建设用地使用权抵押的，该土地上的建筑物一并抵押。

抵押人未依据前款规定一并抵押的，未抵押的财产视为一并抵押。

第三百九十八条　乡镇、村企业的建设用地使用权不得单独抵押。以乡镇、村企业的厂房等建筑物抵押的，其占用范围内的建设用地使用权一并抵押。

第三百九十九条　下列财产不得抵押：

（一）土地所有权；

（二）宅基地、自留地、自留山等集体所有土地的使用权，但是法律规定可以抵押的除外；

（三）学校、幼儿园、医疗机构等为公益目的成立的非营利法人的教育设施、医疗卫生设施和其他公益设施；

（四）所有权、使用权不明或者有争议的财产；

（五）依法被查封、扣押、监管的财产；

（六）法律、行政法规规定不得抵押的其他财产。

第四百条　设立抵押权，当事人应当采用书面形式订立抵押合同。

抵押合同一般包括下列条款：

（一）被担保债权的种类和数额；

（二）债务人履行债务的期限；

（三）抵押财产的名称、数量等情况；

（四）担保的范围。

第四百零一条　抵押权人在债务履行期限届满前，与抵押人约定债务人不履行到期债务时抵押财产归债权人所有的，只能依法就抵押财产优先受偿。

第四百零二条　以本法第三百九十五条第一款第一项至第三项规定的财产或者第五项规定的正在建造的建筑物抵押的，应当办理抵押登记。抵押权自登记时设立。

第四百零三条　以动产抵押的，抵押权自抵押合同生效时设立；未经登记，不得对抗善意第三人。

第四百零四条　以动产抵押的，不得对抗正常经营活动中已经支付合理价款并取得抵押财产的买受人。

第四百零五条　抵押权设立前，抵押财产已经出租并转移占有的，原租赁关系不受该抵押权的影响。

第四百零六条　抵押期间，抵押人可以转让抵押财产。当事人另有约定的，按照其约定。抵押财产转让的，抵押权不受影响。

抵押人转让抵押财产的，应当及时通知抵押权人。抵押权人能够证明抵押财产转让可能损害抵押权的，可以请求抵押人将转让所得的价款向抵押权人提前清偿债务或者提存。转让的价款超过债权数额的部分归抵押人所有，不足部分由债务人清偿。

第四百零七条　抵押权不得与债权分离而单独转让或者作为其他债权的担保。债权转让的，担保该债权的抵押权一并转让，但是法律另有规定或者当事人另有约定的除外。

第四百零八条　抵押人的行为足以使抵押财产价值减少的，抵押权人有权请求抵押人停止其行为；抵押财产价值减少的，抵押权人有权请求恢复抵押财产的价值，或者提供与减少的价值相应的担保。抵押人不恢复抵押财产的价值，也不提供担保的，抵押权人有权请求债务人提前清偿债务。

第四百零九条 抵押权人可以放弃抵押权或者抵押权的顺位。抵押权人与抵押人可以协议变更抵押权顺位以及被担保的债权数额等内容。但是，抵押权的变更未经其他抵押权人书面同意的，不得对其他抵押权人产生不利影响。

债务人以自己的财产设定抵押，抵押权人放弃该抵押权、抵押权顺位或者变更抵押权的，其他担保人在抵押权人丧失优先受偿权益的范围内免除担保责任，但是其他担保人承诺仍然提供担保的除外。

第四百一十条 债务人不履行到期债务或者发生当事人约定的实现抵押权的情形，抵押权人可以与抵押人协议以抵押财产折价或者以拍卖、变卖该抵押财产所得的价款优先受偿。协议损害其他债权人利益的，其他债权人可以请求人民法院撤销该协议。

抵押权人与抵押人未就抵押权实现方式达成协议的，抵押权人可以请求人民法院拍卖、变卖抵押财产。

抵押财产折价或者变卖的，应当参照市场价格。

第四百一十一条 依据本法第三百九十六条规定设定抵押的，抵押财产自下列情形之一发生时确定：

（一）债务履行期限届满，债权未实现；

（二）抵押人被宣告破产或者解散；

（三）当事人约定的实现抵押权的情形；

（四）严重影响债权实现的其他情形。

第四百一十二条 债务人不履行到期债务或者发生当事人约定的实现抵押权的情形，致使抵押财产被人民法院依法扣押的，自扣押之日起，抵押权人有权收取该抵押财产的天然孳息或者法定孳息，但是抵押权人未通知应当清偿法定孳息义务人的除外。

前款规定的孳息应当先充抵收取孳息的费用。

第四百一十三条 抵押财产折价或者拍卖、变卖后，其价款超过债权数额的部分归抵押人所有，不足部分由债务人清偿。

第四百一十四条 同一财产向两个以上债权人抵押的，拍卖、变卖抵押财产所得的价款依照下列规定清偿：

（一）抵押权已经登记的，按照登记的时间先后确定清偿顺序；

（二）抵押权已经登记的先于未登记的受偿；

（三）抵押权未登记的，按照债权比例清偿。

其他可以登记的担保物权，清偿顺序参照适用前款规定。

第四百一十五条　同一财产既设立抵押权又设立质权的，拍卖、变卖该财产所得的价款按照登记、交付的时间先后确定清偿顺序。

第四百一十六条　动产抵押担保的主债权是抵押物的价款，标的物交付后十日内办理抵押登记的，该抵押权人优先于抵押物买受人的其他担保物权人受偿，但是留置权人除外。

第四百一十七条　建设用地使用权抵押后，该土地上新增的建筑物不属于抵押财产。该建设用地使用权实现抵押权时，应当将该土地上新增的建筑物与建设用地使用权一并处分。但是，新增建筑物所得的价款，抵押权人无权优先受偿。

第四百一十八条　以集体所有土地的使用权依法抵押的，实现抵押权后，未经法定程序，不得改变土地所有权的性质和土地用途。

第四百一十九条　抵押权人应当在主债权诉讼时效期间行使抵押权；未行使的，人民法院不予保护。

第二节　最高额抵押权

第四百二十条　为担保债务的履行，债务人或者第三人对一定期间内将要连续发生的债权提供担保财产的，债务人不履行到期债务或者发生当事人约定的实现抵押权的情形，抵押权人有权在最高债权额限度内就该担保财产优先受偿。

最高额抵押权设立前已经存在的债权，经当事人同意，可以转入最高额抵押担保的债权范围。

第四百二十一条　最高额抵押担保的债权确定前，部分债权转让的，最高额抵押权不得转让，但是当事人另有约定的除外。

第四百二十二条　最高额抵押担保的债权确定前，抵押权人与抵押人可以通过协议变更债权确定的期间、债权范围以及最高债权额。但是，变更的内容不得对其他抵押权人产生不利影响。

第四百二十三条　有下列情形之一的，抵押权人的债权确定：

（一）约定的债权确定期间届满；

（二）没有约定债权确定期间或者约定不明确，抵押权人或者抵押人自最高额抵押权设立之日起满二年后请求确定债权；

（三）新的债权不可能发生；

（四）抵押权人知道或者应当知道抵押财产被查封、扣押；

（五）债务人、抵押人被宣告破产或者解散；

（六）法律规定债权确定的其他情形。

第四百二十四条　最高额抵押权除适用本节规定外，适用本章第一节的有关规定。

第五分编　占　　有

第二十章　占　　有

第四百五十八条　基于合同关系等产生的占有，有关不动产或者动产的使用、收益、违约责任等，按照合同约定；合同没有约定或者约定不明确的，依照有关法律规定。

第四百五十九条　占有人因使用占有的不动产或者动产，致使该不动产或者动产受到损害的，恶意占有人应当承担赔偿责任。

第四百六十条　不动产或者动产被占有人占有的，权利人可以请求返还原物及其孳息；但是，应当支付善意占有人因维护该不动产或者动产支出的必要费用。

第四百六十一条　占有的不动产或者动产毁损、灭失，该不动产或者动产的权利人请求赔偿的，占有人应当将因毁损、灭失取得的保险金、赔偿金或者补偿金等返还给权利人；权利人的损害未得到足够弥补的，恶意占有人还应当赔偿损失。

第四百六十二条　占有的不动产或者动产被侵占的，占有人有权请求返还原物；对妨害占有的行为，占有人有权请求排除妨害或者消除危险；因侵占或者妨害造成损害的，占有人有权依法请求损害赔偿。

占有人返还原物的请求权，自侵占发生之日起一年内未行使的，该请求权消灭。

第三编　合　　同

第二分编　典 型 合 同

第九章　买 卖 合 同

第五百九十五条　买卖合同是出卖人转移标的物的所有权于买受人，买受人支付价款的合同。

第五百九十六条 买卖合同的内容一般包括标的物的名称、数量、质量、价款、履行期限、履行地点和方式、包装方式、检验标准和方法、结算方式、合同使用的文字及其效力等条款。

第五百九十七条 因出卖人未取得处分权致使标的物所有权不能转移的，买受人可以解除合同并请求出卖人承担违约责任。

法律、行政法规禁止或者限制转让的标的物，依照其规定。

第五百九十八条 出卖人应当履行向买受人交付标的物或者交付提取标的物的单证，并转移标的物所有权的义务。

第五百九十九条 出卖人应当按照约定或者交易习惯向买受人交付提取标的物单证以外的有关单证和资料。

第六百条 出卖具有知识产权的标的物的，除法律另有规定或者当事人另有约定外，该标的物的知识产权不属于买受人。

第六百零一条 出卖人应当按照约定的时间交付标的物。约定交付期限的，出卖人可以在该交付期限内的任何时间交付。

第六百零二条 当事人没有约定标的物的交付期限或者约定不明确的，适用本法第五百一十条、第五百一十一条第四项的规定。

第六百零三条 出卖人应当按照约定的地点交付标的物。

当事人没有约定交付地点或者约定不明确，依据本法第五百一十条的规定仍不能确定的，适用下列规定：

（一）标的物需要运输的，出卖人应当将标的物交付给第一承运人以运交给买受人；

（二）标的物不需要运输，出卖人和买受人订立合同时知道标的物在某一地点的，出卖人应当在该地点交付标的物；不知道标的物在某一地点的，应当在出卖人订立合同时的营业地交付标的物。

第六百零四条 标的物毁损、灭失的风险，在标的物交付之前由出卖人承担，交付之后由买受人承担，但是法律另有规定或者当事人另有约定的除外。

第六百零五条 因买受人的原因致使标的物未按照约定的期限交付的，买受人应当自违反约定时起承担标的物毁损、灭失的风险。

第六百零六条 出卖人出卖交由承运人运输的在途标的物，除当事人另有约定外，毁损、灭失的风险自合同成立时起由买受人承担。

第六百零七条 出卖人按照约定将标的物运送至买受人指定地点并交付给

承运人后，标的物毁损、灭失的风险由买受人承担。

当事人没有约定交付地点或者约定不明确，依据本法第六百零三条第二款第一项的规定标的物需要运输的，出卖人将标的物交付给第一承运人后，标的物毁损、灭失的风险由买受人承担。

第六百零八条 出卖人按照约定或者依据本法第六百零三条第二款第二项的规定将标的物置于交付地点，买受人违反约定没有收取的，标的物毁损、灭失的风险自违反约定时起由买受人承担。

第六百零九条 出卖人按照约定未交付有关标的物的单证和资料的，不影响标的物毁损、灭失风险的转移。

第六百一十条 因标的物不符合质量要求，致使不能实现合同目的的，买受人可以拒绝接受标的物或者解除合同。买受人拒绝接受标的物或者解除合同的，标的物毁损、灭失的风险由出卖人承担。

第六百一十一条 标的物毁损、灭失的风险由买受人承担的，不影响因出卖人履行义务不符合约定，买受人请求其承担违约责任的权利。

第六百一十二条 出卖人就交付的标的物，负有保证第三人对该标的物不享有任何权利的义务，但是法律另有规定的除外。

第六百一十三条 买受人订立合同时知道或者应当知道第三人对买卖的标的物享有权利的，出卖人不承担前条规定的义务。

第六百一十四条 买受人有确切证据证明第三人对标的物享有权利的，可以中止支付相应的价款，但是出卖人提供适当担保的除外。

第六百一十五条 出卖人应当按照约定的质量要求交付标的物。出卖人提供有关标的物质量说明的，交付的标的物应当符合该说明的质量要求。

第六百一十六条 当事人对标的物的质量要求没有约定或者约定不明确，依据本法第五百一十条的规定仍不能确定的，适用本法第五百一十一条第一项的规定。

第六百一十七条 出卖人交付的标的物不符合质量要求的，买受人可以依据本法第五百八十二条至第五百八十四条的规定请求承担违约责任。

第六百一十八条 当事人约定减轻或者免除出卖人对标的物瑕疵承担的责任，因出卖人故意或者重大过失不告知买受人标的物瑕疵的，出卖人无权主张减轻或者免除责任。

第六百一十九条 出卖人应当按照约定的包装方式交付标的物。对包装方式没有约定或者约定不明确,依据本法第五百一十条的规定仍不能确定的,应当按照通用的方式包装;没有通用方式的,应当采取足以保护标的物且有利于节约资源、保护生态环境的包装方式。

第六百二十条 买受人收到标的物时应当在约定的检验期限内检验。没有约定检验期限的,应当及时检验。

第六百二十一条 当事人约定检验期限的,买受人应当在检验期限内将标的物的数量或者质量不符合约定的情形通知出卖人。买受人怠于通知的,视为标的物的数量或者质量符合约定。

当事人没有约定检验期限的,买受人应当在发现或者应当发现标的物的数量或者质量不符合约定的合理期限内通知出卖人。买受人在合理期限内未通知或者自收到标的物之日起二年内未通知出卖人的,视为标的物的数量或者质量符合约定;但是,对标的物有质量保证期的,适用质量保证期,不适用该二年的规定。

出卖人知道或者应当知道提供的标的物不符合约定的,买受人不受前两款规定的通知时间的限制。

第六百二十二条 当事人约定的检验期限过短,根据标的物的性质和交易习惯,买受人在检验期限内难以完成全面检验的,该期限仅视为买受人对标的物的外观瑕疵提出异议的期限。

约定的检验期限或者质量保证期短于法律、行政法规规定期限的,应当以法律、行政法规规定的期限为准。

第六百二十三条 当事人对检验期限未作约定,买受人签收的送货单、确认单等载明标的物数量、型号、规格的,推定买受人已经对数量和外观瑕疵进行检验,但是有相关证据足以推翻的除外。

第六百二十四条 出卖人依照买受人的指示向第三人交付标的物,出卖人和买受人约定的检验标准与买受人和第三人约定的检验标准不一致的,以出卖人和买受人约定的检验标准为准。

第六百二十五条 依照法律、行政法规的规定或者按照当事人的约定,标的物在有效使用年限届满后应予回收的,出卖人负有自行或者委托第三人对标的物予以回收的义务。

第六百二十六条 买受人应当按照约定的数额和支付方式支付价款。对价款的数额和支付方式没有约定或者约定不明确的,适用本法第五百一十条、第五百一十一条第二项和第五项的规定。

第六百二十七条 买受人应当按照约定的地点支付价款。对支付地点没有约定或者约定不明确,依据本法第五百一十条的规定仍不能确定的,买受人应当在出卖人的营业地支付;但是,约定支付价款以交付标的物或者交付提取标的物单证为条件的,在交付标的物或者交付提取标的物单证的所在地支付。

第六百二十八条 买受人应当按照约定的时间支付价款。对支付时间没有约定或者约定不明确,依据本法第五百一十条的规定仍不能确定的,买受人应当在收到标的物或者提取标的物单证的同时支付。

第六百二十九条 出卖人多交标的物的,买受人可以接收或者拒绝接收多交的部分。买受人接收多交部分的,按照约定的价格支付价款;买受人拒绝接收多交部分的,应当及时通知出卖人。

第六百三十条 标的物在交付之前产生的孳息,归出卖人所有;交付之后产生的孳息,归买受人所有。但是,当事人另有约定的除外。

第六百三十一条 因标的物的主物不符合约定而解除合同的,解除合同的效力及于从物。因标的物的从物不符合约定被解除的,解除的效力不及于主物。

第六百三十二条 标的物为数物,其中一物不符合约定的,买受人可以就该物解除。但是,该物与他物分离使标的物的价值显受损害的,买受人可以就数物解除合同。

第六百三十三条 出卖人分批交付标的物的,出卖人对其中一批标的物不交付或者交付不符合约定,致使该批标的物不能实现合同目的的,买受人可以就该批标的物解除。

出卖人不交付其中一批标的物或者交付不符合约定,致使之后其他各批标的物的交付不能实现合同目的的,买受人可以就该批以及之后其他各批标的物解除。

买受人如果就其中一批标的物解除,该批标的物与其他各批标的物相互依存的,可以就已经交付和未交付的各批标的物解除。

第六百三十四条 分期付款的买受人未支付到期价款的数额达到全部价款的五分之一,经催告后在合理期限内仍未支付到期价款的,出卖人可以请求买受人支付全部价款或者解除合同。

出卖人解除合同的,可以向买受人请求支付该标的物的使用费。

第六百三十五条 凭样品买卖的当事人应当封存样品,并可以对样品质量予以说明。出卖人交付的标的物应当与样品及其说明的质量相同。

第六百三十六条　凭样品买卖的买受人不知道样品有隐蔽瑕疵的，即使交付的标的物与样品相同，出卖人交付的标的物的质量仍然应当符合同种物的通常标准。

第六百三十七条　试用买卖的当事人可以约定标的物的试用期限。对试用期限没有约定或者约定不明确，依据本法第五百一十条的规定仍不能确定的，由出卖人确定。

第六百三十八条　试用买卖的买受人在试用期内可以购买标的物，也可以拒绝购买。试用期限届满，买受人对是否购买标的物未作表示的，视为购买。

试用买卖的买受人在试用期内已经支付部分价款或者对标的物实施出卖、出租、设立担保物权等行为的，视为同意购买。

第六百三十九条　试用买卖的当事人对标的物使用费没有约定或者约定不明确的，出卖人无权请求买受人支付。

第六百四十条　标的物在试用期内毁损、灭失的风险由出卖人承担。

第六百四十一条　当事人可以在买卖合同中约定买受人未履行支付价款或者其他义务的，标的物的所有权属于出卖人。

出卖人对标的物保留的所有权，未经登记，不得对抗善意第三人。

第六百四十二条　当事人约定出卖人保留合同标的物的所有权，在标的物所有权转移前，买受人有下列情形之一，造成出卖人损害的，除当事人另有约定外，出卖人有权取回标的物：

（一）未按照约定支付价款，经催告后在合理期限内仍未支付；

（二）未按照约定完成特定条件；

（三）将标的物出卖、出质或者作出其他不当处分。

出卖人可以与买受人协商取回标的物；协商不成的，可以参照适用担保物权的实现程序。

第六百四十三条　出卖人依据前条第一款的规定取回标的物后，买受人在双方约定或者出卖人指定的合理回赎期限内，消除出卖人取回标的物的事由的，可以请求回赎标的物。

买受人在回赎期限内没有回赎标的物，出卖人可以以合理价格将标的物出卖给第三人，出卖所得价款扣除买受人未支付的价款以及必要费用后仍有剩余的，应当返还买受人；不足部分由买受人清偿。

第六百四十四条　招标投标买卖的当事人的权利和义务以及招标投标程序

等,依照有关法律、行政法规的规定。

第六百四十五条 拍卖的当事人的权利和义务以及拍卖程序等,依照有关法律、行政法规的规定。

第六百四十六条 法律对其他有偿合同有规定的,依照其规定;没有规定的,参照适用买卖合同的有关规定。

第六百四十七条 当事人约定易货交易,转移标的物的所有权的,参照适用买卖合同的有关规定。

第十四章 租 赁 合 同

第七百零三条 租赁合同是出租人将租赁物交付承租人使用、收益,承租人支付租金的合同。

第七百零四条 租赁合同的内容一般包括租赁物的名称、数量、用途、租赁期限、租金及其支付期限和方式、租赁物维修等条款。

第七百零五条 租赁期限不得超过二十年。超过二十年的,超过部分无效。

租赁期限届满,当事人可以续订租赁合同;但是,约定的租赁期限自续订之日起不得超过二十年。

第七百零六条 当事人未依照法律、行政法规规定办理租赁合同登记备案手续的,不影响合同的效力。

第七百零七条 租赁期限六个月以上的,应当采用书面形式。当事人未采用书面形式,无法确定租赁期限的,视为不定期租赁。

第七百零八条 出租人应当按照约定将租赁物交付承租人,并在租赁期限内保持租赁物符合约定的用途。

第七百零九条 承租人应当按照约定的方法使用租赁物。对租赁物的使用方法没有约定或者约定不明确,依据本法第五百一十条的规定仍不能确定的,应当根据租赁物的性质使用。

第七百一十条 承租人按照约定的方法或者根据租赁物的性质使用租赁物,致使租赁物受到损耗的,不承担赔偿责任。

第七百一十一条 承租人未按照约定的方法或者未根据租赁物的性质使用租赁物,致使租赁物受到损失的,出租人可以解除合同并请求赔偿损失。

第七百一十二条 出租人应当履行租赁物的维修义务,但是当事人另有约定的除外。

第七百一十三条　承租人在租赁物需要维修时可以请求出租人在合理期限内维修。出租人未履行维修义务的，承租人可以自行维修，维修费用由出租人负担。因维修租赁物影响承租人使用的，应当相应减少租金或者延长租期。

因承租人的过错致使租赁物需要维修的，出租人不承担前款规定的维修义务。

第七百一十四条　承租人应当妥善保管租赁物，因保管不善造成租赁物毁损、灭失的，应当承担赔偿责任。

第七百一十五条　承租人经出租人同意，可以对租赁物进行改善或者增设他物。

承租人未经出租人同意，对租赁物进行改善或者增设他物的，出租人可以请求承租人恢复原状或者赔偿损失。

第七百一十六条　承租人经出租人同意，可以将租赁物转租给第三人。承租人转租的，承租人与出租人之间的租赁合同继续有效；第三人造成租赁物损失的，承租人应当赔偿损失。

承租人未经出租人同意转租的，出租人可以解除合同。

第七百一十七条　承租人经出租人同意将租赁物转租给第三人，转租期限超过承租人剩余租赁期限的，超过部分的约定对出租人不具有法律约束力，但是出租人与承租人另有约定的除外。

第七百一十八条　出租人知道或者应当知道承租人转租，但是在六个月内未提出异议的，视为出租人同意转租。

第七百一十九条　承租人拖欠租金的，次承租人可以代承租人支付其欠付的租金和违约金，但是转租合同对出租人不具有法律约束力的除外。

次承租人代为支付的租金和违约金，可以充抵次承租人应当向承租人支付的租金；超出其应付的租金数额的，可以向承租人追偿。

第七百二十条　在租赁期限内因占有、使用租赁物获得的收益，归承租人所有，但是当事人另有约定的除外。

第七百二十一条　承租人应当按照约定的期限支付租金。对支付租金的期限没有约定或者约定不明确，依据本法第五百一十条的规定仍不能确定，租赁期限不满一年的，应当在租赁期限届满时支付；租赁期限一年以上的，应当在每届满一年时支付，剩余期限不满一年的，应当在租赁期限届满时支付。

第七百二十二条　承租人无正当理由未支付或者迟延支付租金的，出租人可以请求承租人在合理期限内支付;承租人逾期不支付的,出租人可以解除合同。

第七百二十三条 因第三人主张权利,致使承租人不能对租赁物使用、收益的,承租人可以请求减少租金或者不支付租金。

第三人主张权利的,承租人应当及时通知出租人。

第七百二十四条 有下列情形之一,非因承租人原因致使租赁物无法使用的,承租人可以解除合同:

(一)租赁物被司法机关或者行政机关依法查封、扣押;

(二)租赁物权属有争议;

(三)租赁物具有违反法律、行政法规关于使用条件的强制性规定情形。

第七百二十五条 租赁物在承租人按照租赁合同占有期限内发生所有权变动的,不影响租赁合同的效力。

第七百二十六条 出租人出卖租赁房屋的,应当在出卖之前的合理期限内通知承租人,承租人享有以同等条件优先购买的权利;但是,房屋按份共有人行使优先购买权或者出租人将房屋出卖给近亲属的除外。

出租人履行通知义务后,承租人在十五日内未明确表示购买的,视为承租人放弃优先购买权。

第七百二十七条 出租人委托拍卖人拍卖租赁房屋的,应当在拍卖五日前通知承租人。承租人未参加拍卖的,视为放弃优先购买权。

第七百二十八条 出租人未通知承租人或者有其他妨害承租人行使优先购买权情形的,承租人可以请求出租人承担赔偿责任。但是,出租人与第三人订立的房屋买卖合同的效力不受影响。

第七百二十九条 因不可归责于承租人的事由,致使租赁物部分或者全部毁损、灭失的,承租人可以请求减少租金或者不支付租金;因租赁物部分或者全部毁损、灭失,致使不能实现合同目的的,承租人可以解除合同。

第七百三十条 当事人对租赁期限没有约定或者约定不明确,依据本法第五百一十条的规定仍不能确定的,视为不定期租赁;当事人可以随时解除合同,但是应当在合理期限之前通知对方。

第七百三十一条 租赁物危及承租人的安全或者健康的,即使承租人订立合同时明知该租赁物质量不合格,承租人仍然可以随时解除合同。

第七百三十二条 承租人在房屋租赁期限内死亡的,与其生前共同居住的人或者共同经营人可以按照原租赁合同租赁该房屋。

第七百三十三条 租赁期限届满,承租人应当返还租赁物。返还的租赁物应当符合按照约定或者根据租赁物的性质使用后的状态。

第七百三十四条 租赁期限届满,承租人继续使用租赁物,出租人没有提出异议的,原租赁合同继续有效,但是租赁期限为不定期。

租赁期限届满,房屋承租人享有以同等条件优先承租的权利。

第十七章 承 揽 合 同

第七百七十条 承揽合同是承揽人按照定作人的要求完成工作,交付工作成果,定作人支付报酬的合同。

承揽包括加工、定作、修理、复制、测试、检验等工作。

第七百七十一条 承揽合同的内容一般包括承揽的标的、数量、质量、报酬,承揽方式,材料的提供,履行期限,验收标准和方法等条款。

第七百七十二条 承揽人应当以自己的设备、技术和劳力,完成主要工作,但是当事人另有约定的除外。

承揽人将其承揽的主要工作交由第三人完成的,应当就该第三人完成的工作成果向定作人负责;未经定作人同意的,定作人也可以解除合同。

第七百七十三条 承揽人可以将其承揽的辅助工作交由第三人完成。承揽人将其承揽的辅助工作交由第三人完成的,应当就该第三人完成的工作成果向定作人负责。

第七百七十四条 承揽人提供材料的,应当按照约定选用材料,并接受定作人检验。

第七百七十五条 定作人提供材料的,应当按照约定提供材料。承揽人对定作人提供的材料应当及时检验,发现不符合约定时,应当及时通知定作人更换、补齐或者采取其他补救措施。

承揽人不得擅自更换定作人提供的材料,不得更换不需要修理的零部件。

第七百七十六条 承揽人发现定作人提供的图纸或者技术要求不合理的,应当及时通知定作人。因定作人怠于答复等原因造成承揽人损失的,应当赔偿损失。

第七百七十七条 定作人中途变更承揽工作的要求,造成承揽人损失的,应当赔偿损失。

第七百七十八条 承揽工作需要定作人协助的,定作人有协助的义务。定作人不履行协助义务致使承揽工作不能完成的,承揽人可以催告定作人在合理期限内履行义务,并可以顺延履行期限;定作人逾期不履行的,承揽人可以解除合同。

第七百七十九条 承揽人在工作期间,应当接受定作人必要的监督检验。定作人不得因监督检验妨碍承揽人的正常工作。

第七百八十条 承揽人完成工作的,应当向定作人交付工作成果,并提交必要的技术资料和有关质量证明。定作人应当验收该工作成果。

第七百八十一条 承揽人交付的工作成果不符合质量要求的,定作人可以合理选择请求承揽人承担修理、重作、减少报酬、赔偿损失等违约责任。

第七百八十二条 定作人应当按照约定的期限支付报酬。对支付报酬的期限没有约定或者约定不明确,依据本法第五百一十条的规定仍不能确定的,定作人应当在承揽人交付工作成果时支付;工作成果部分交付的,定作人应当相应支付。

第七百八十三条 定作人未向承揽人支付报酬或者材料费等价款的,承揽人对完成的工作成果享有留置权或者有权拒绝交付,但是当事人另有约定的除外。

第七百八十四条 承揽人应当妥善保管定作人提供的材料以及完成的工作成果,因保管不善造成毁损、灭失的,应当承担赔偿责任。

第七百八十五条 承揽人应当按照定作人的要求保守秘密,未经定作人许可,不得留存复制品或者技术资料。

第七百八十六条 共同承揽人对定作人承担连带责任,但是当事人另有约定的除外。

第七百八十七条 定作人在承揽人完成工作前可以随时解除合同,造成承揽人损失的,应当赔偿损失。

第十八章 建设工程合同

第七百八十八条 建设工程合同是承包人进行工程建设,发包人支付价款的合同。

建设工程合同包括工程勘察、设计、施工合同。

第七百八十九条 建设工程合同应当采用书面形式。

第七百九十条 建设工程的招标投标活动,应当依照有关法律的规定公开、公平、公正进行。

第七百九十一条 发包人可以与总承包人订立建设工程合同,也可以分别与勘察人、设计人、施工人订立勘察、设计、施工承包合同。发包人不得将应当由一个承包人完成的建设工程支解成若干部分发包给数个承包人。

总承包人或者勘察、设计、施工承包人经发包人同意，可以将自己承包的部分工作交由第三人完成。第三人就其完成的工作成果与总承包人或者勘察、设计、施工承包人向发包人承担连带责任。承包人不得将其承包的全部建设工程转包给第三人或者将其承包的全部建设工程支解以后以分包的名义分别转包给第三人。

禁止承包人将工程分包给不具备相应资质条件的单位。禁止分包单位将其承包的工程再分包。建设工程主体结构的施工必须由承包人自行完成。

第七百九十二条　国家重大建设工程合同，应当按照国家规定的程序和国家批准的投资计划、可行性研究报告等文件订立。

第七百九十三条　建设工程施工合同无效，但是建设工程经验收合格的，可以参照合同关于工程价款的约定折价补偿承包人。

建设工程施工合同无效，且建设工程经验收不合格的，按照以下情形处理：

（一）修复后的建设工程经验收合格的，发包人可以请求承包人承担修复费用；

（二）修复后的建设工程经验收不合格的，承包人无权请求参照合同关于工程价款的约定折价补偿。

发包人对因建设工程不合格造成的损失有过错的，应当承担相应的责任。

第七百九十四条　勘察、设计合同的内容一般包括提交有关基础资料和概预算等文件的期限、质量要求、费用以及其他协作条件等条款。

第七百九十五条　施工合同的内容一般包括工程范围、建设工期、中间交工工程的开工和竣工时间、工程质量、工程造价、技术资料交付时间、材料和设备供应责任、拨款和结算、竣工验收、质量保修范围和质量保证期、相互协作等条款。

第七百九十六条　建设工程实行监理的，发包人应当与监理人采用书面形式订立委托监理合同。发包人与监理人的权利和义务以及法律责任，应当依照本编委托合同以及其他有关法律、行政法规的规定。

第七百九十七条　发包人在不妨碍承包人正常作业的情况下，可以随时对作业进度、质量进行检查。

第七百九十八条　隐蔽工程在隐蔽以前，承包人应当通知发包人检查。发包人没有及时检查的，承包人可以顺延工程日期，并有权请求赔偿停工、窝工等损失。

第七百九十九条　建设工程竣工后，发包人应当根据施工图纸及说明书、国家颁发的施工验收规范和质量检验标准及时进行验收。验收合格的，发包人应当按照约定支付价款,并接收该建设工程。

建设工程竣工经验收合格后,方可交付使用;未经验收或者验收不合格的,不得交付使用。

第八百条 勘察、设计的质量不符合要求或者未按照期限提交勘察、设计文件拖延工期,造成发包人损失的,勘察人、设计人应当继续完善勘察、设计,减收或者免收勘察、设计费并赔偿损失。

第八百零一条 因施工人的原因致使建设工程质量不符合约定的,发包人有权请求施工人在合理期限内无偿修理或者返工、改建。经过修理或者返工、改建后,造成逾期交付的,施工人应当承担违约责任。

第八百零二条 因承包人的原因致使建设工程在合理使用期限内造成人身损害和财产损失的,承包人应当承担赔偿责任。

第八百零三条 发包人未按照约定的时间和要求提供原材料、设备、场地、资金、技术资料的,承包人可以顺延工程日期,并有权请求赔偿停工、窝工等损失。

第八百零四条 因发包人的原因致使工程中途停建、缓建的,发包人应当采取措施弥补或者减少损失,赔偿承包人因此造成的停工、窝工、倒运、机械设备调迁、材料和构件积压等损失和实际费用。

第八百零五条 因发包人变更计划,提供的资料不准确,或者未按照期限提供必需的勘察、设计工作条件而造成勘察、设计的返工、停工或者修改设计,发包人应当按照勘察人、设计人实际消耗的工作量增付费用。

第八百零六条 承包人将建设工程转包、违法分包的,发包人可以解除合同。

发包人提供的主要建筑材料、建筑构配件和设备不符合强制性标准或者不履行协助义务,致使承包人无法施工,经催告后在合理期限内仍未履行相应义务的,承包人可以解除合同。

合同解除后,已经完成的建设工程质量合格的,发包人应当按照约定支付相应的工程价款;已经完成的建设工程质量不合格的,参照本法第七百九十三条的规定处理。

第八百零七条 发包人未按照约定支付价款的,承包人可以催告发包人在合理期限内支付价款。发包人逾期不支付的,除根据建设工程的性质不宜折价、拍卖外,承包人可以与发包人协议将该工程折价,也可以请求人民法院将该工程依法拍卖。建设工程的价款就该工程折价或者拍卖的价款优先受偿。

第八百零八条 本章没有规定的,适用承揽合同的有关规定。

中华人民共和国土地管理法

（1986年6月25日第六届全国人民代表大会常务委员会第十六次会议通过　根据1988年12月29日第七届全国人民代表大会常务委员会第五次会议《关于修改〈中华人民共和国土地管理法〉的决定》第一次修正　1998年8月29日第九届全国人民代表大会常务委员会第四次会议修订　根据2004年8月28日第十届全国人民代表大会常务委员会第十一次会议《关于修改〈中华人民共和国土地管理法〉的决定》第二次修正　根据2019年8月26日第十三届全国人民代表大会常务委员会第十二次会议《关于修改〈中华人民共和国土地管理法〉、〈中华人民共和国城市房地产管理法〉的决定》第三次修正　修正后自2020年1月1日起施行）

第一章　总　　则

第一条　为了加强土地管理，维护土地的社会主义公有制，保护、开发土地资源，合理利用土地，切实保护耕地，促进社会经济的可持续发展，根据宪法，制定本法。

第二条　中华人民共和国实行土地的社会主义公有制，即全民所有制和劳动群众集体所有制。

全民所有，即国家所有土地的所有权由国务院代表国家行使。

任何单位和个人不得侵占、买卖或者以其他形式非法转让土地。土地使用权可以依法转让。

国家为了公共利益的需要，可以依法对土地实行征收或者征用并给予补偿。

国家依法实行国有土地有偿使用制度。但是，国家在法律规定的范围内划拨国有土地使用权的除外。

第三条　十分珍惜、合理利用土地和切实保护耕地是我国的基本国策。各级人民政府应当采取措施，全面规划，严格管理，保护、开发土地资源，制止非法占用土地的行为。

第四条　国家实行土地用途管制制度。

国家编制土地利用总体规划，规定土地用途，将土地分为农用地、建设用地和未利用地。严格限制农用地转为建设用地,控制建设用地总量,对耕地实行特殊保护。

前款所称农用地是指直接用于农业生产的土地,包括耕地、林地、草地、农田水利用地、养殖水面等;建设用地是指建造建筑物、构筑物的土地,包括城乡住宅和公共设施用地、工矿用地、交通水利设施用地、旅游用地、军事设施用地等;未利用地是指农用地和建设用地以外的土地。

使用土地的单位和个人必须严格按照土地利用总体规划确定的用途使用土地。

第五条 国务院自然资源主管部门统一负责全国土地的管理和监督工作。

县级以上地方人民政府自然资源主管部门的设置及其职责,由省、自治区、直辖市人民政府根据国务院有关规定确定。

第六条 国务院授权的机构对省、自治区、直辖市人民政府以及国务院确定的城市人民政府土地利用和土地管理情况进行督察。

第七条 任何单位和个人都有遵守土地管理法律、法规的义务,并有权对违反土地管理法律、法规的行为提出检举和控告。

第八条 在保护和开发土地资源、合理利用土地以及进行有关的科学研究等方面成绩显著的单位和个人,由人民政府给予奖励。

第二章 土地的所有权和使用权

第九条 城市市区的土地属于国家所有。

农村和城市郊区的土地,除由法律规定属于国家所有的以外,属于农民集体所有;宅基地和自留地、自留山,属于农民集体所有。

第十条 国有土地和农民集体所有的土地,可以依法确定给单位或者个人使用。使用土地的单位和个人,有保护、管理和合理利用土地的义务。

第十一条 农民集体所有的土地依法属于村农民集体所有的,由村集体经济组织或者村民委员会经营、管理;已经分别属于村内两个以上农村集体经济组织的农民集体所有的,由村内各该农村集体经济组织或者村民小组经营、管理;已经属于乡(镇)农民集体所有的,由乡(镇)农村集体经济组织经营、管理。

第十二条 土地的所有权和使用权的登记,依照有关不动产登记的法律、行政法规执行。

依法登记的土地的所有权和使用权受法律保护,任何单位和个人不得侵犯。

第十三条 农民集体所有和国家所有依法由农民集体使用的耕地、林地、草地，以及其他依法用于农业的土地，采取农村集体经济组织内部的家庭承包方式承包，不宜采取家庭承包方式的荒山、荒沟、荒丘、荒滩等，可以采取招标、拍卖、公开协商等方式承包，从事种植业、林业、畜牧业、渔业生产。家庭承包的耕地的承包期为三十年，草地的承包期为三十年至五十年，林地的承包期为三十年至七十年；耕地承包期届满后再延长三十年，草地、林地承包期届满后依法相应延长。

国家所有依法用于农业的土地可以由单位或者个人承包经营，从事种植业、林业、畜牧业、渔业生产。

发包方和承包方应当依法订立承包合同，约定双方的权利和义务。承包经营土地的单位和个人，有保护和按照承包合同约定的用途合理利用土地的义务。

第十四条 土地所有权和使用权争议，由当事人协商解决；协商不成的，由人民政府处理。

单位之间的争议，由县级以上人民政府处理；个人之间、个人与单位之间的争议，由乡级人民政府或者县级以上人民政府处理。

当事人对有关人民政府的处理决定不服的，可以自接到处理决定通知之日起三十日内，向人民法院起诉。

在土地所有权和使用权争议解决前，任何一方不得改变土地利用现状。

第三章 土地利用总体规划

第十五条 各级人民政府应当依据国民经济和社会发展规划、国土整治和资源环境保护的要求、土地供给能力以及各项建设对土地的需求，组织编制土地利用总体规划。

土地利用总体规划的规划期限由国务院规定。

第十六条 下级土地利用总体规划应当依据上一级土地利用总体规划编制。

地方各级人民政府编制的土地利用总体规划中的建设用地总量不得超过上一级土地利用总体规划确定的控制指标，耕地保有量不得低于上一级土地利用总体规划确定的控制指标。

省、自治区、直辖市人民政府编制的土地利用总体规划，应当确保本行政区域内耕地总量不减少。

第十七条 土地利用总体规划按照下列原则编制：

（一）落实国土空间开发保护要求，严格土地用途管制；

（二）严格保护永久基本农田，严格控制非农业建设占用农用地；

（三）提高土地节约集约利用水平；

（四）统筹安排城乡生产、生活、生态用地，满足乡村产业和基础设施用地合理需求，促进城乡融合发展；

（五）保护和改善生态环境，保障土地的可持续利用；

（六）占用耕地与开发复垦耕地数量平衡、质量相当。

第十八条 国家建立国土空间规划体系。编制国土空间规划应当坚持生态优先，绿色、可持续发展，科学有序统筹安排生态、农业、城镇等功能空间，优化国土空间结构和布局，提升国土空间开发、保护的质量和效率。

经依法批准的国土空间规划是各类开发、保护、建设活动的基本依据。已经编制国土空间规划的，不再编制土地利用总体规划和城乡规划。

第十九条 县级土地利用总体规划应当划分土地利用区，明确土地用途。

乡（镇）土地利用总体规划应当划分土地利用区，根据土地使用条件，确定每一块土地的用途，并予以公告。

第二十条 土地利用总体规划实行分级审批。

省、自治区、直辖市的土地利用总体规划，报国务院批准。

省、自治区人民政府所在地的市、人口在一百万以上的城市以及国务院指定的城市的土地利用总体规划，经省、自治区人民政府审查同意后，报国务院批准。

本条第二款、第三款规定以外的土地利用总体规划，逐级上报省、自治区、直辖市人民政府批准；其中，乡（镇）土地利用总体规划可以由省级人民政府授权的设区的市、自治州人民政府批准。

土地利用总体规划一经批准，必须严格执行。

第二十一条 城市建设用地规模应当符合国家规定的标准，充分利用现有建设用地，不占或者尽量少占农用地。

城市总体规划、村庄和集镇规划，应当与土地利用总体规划相衔接，城市总体规划、村庄和集镇规划中建设用地规模不得超过土地利用总体规划确定的城市和村庄、集镇建设用地规模。

在城市规划区内、村庄和集镇规划区内，城市和村庄、集镇建设用地应当符合城市规划、村庄和集镇规划。

第二十二条 江河、湖泊综合治理和开发利用规划，应当与土地利用总体规划相衔接。在江河、湖泊、水库的管理和保护范围以及蓄洪滞洪区内，土地利用应当符合江河、湖泊综合治理和开发利用规划，符合河道、湖泊行洪、蓄洪和输水的要求。

第二十三条　各级人民政府应当加强土地利用计划管理，实行建设用地总量控制。

土地利用年度计划，根据国民经济和社会发展计划、国家产业政策、土地利用总体规划以及建设用地和土地利用的实际状况编制。土地利用年度计划应当对本法第六十三条规定的集体经营性建设用地作出合理安排。土地利用年度计划的编制审批程序与土地利用总体规划的编制审批程序相同，一经审批下达，必须严格执行。

第二十四条　省、自治区、直辖市人民政府应当将土地利用年度计划的执行情况列为国民经济和社会发展计划执行情况的内容，向同级人民代表大会报告。

第二十五条　经批准的土地利用总体规划的修改，须经原批准机关批准；未经批准，不得改变土地利用总体规划确定的土地用途。

经国务院批准的大型能源、交通、水利等基础设施建设用地，需要改变土地利用总体规划的，根据国务院的批准文件修改土地利用总体规划。

经省、自治区、直辖市人民政府批准的能源、交通、水利等基础设施建设用地，需要改变土地利用总体规划的，属于省级人民政府土地利用总体规划批准权限内的，根据省级人民政府的批准文件修改土地利用总体规划。

第二十六条　国家建立土地调查制度。

县级以上人民政府自然资源主管部门会同同级有关部门进行土地调查。土地所有者或者使用者应当配合调查，并提供有关资料。

第二十七条　县级以上人民政府自然资源主管部门会同同级有关部门根据土地调查成果、规划土地用途和国家制定的统一标准，评定土地等级。

第二十八条　国家建立土地统计制度。

县级以上人民政府统计机构和自然资源主管部门依法进行土地统计调查，定期发布土地统计资料。土地所有者或者使用者应当提供有关资料，不得拒报、迟报，不得提供不真实、不完整的资料。

统计机构和自然资源主管部门共同发布的土地面积统计资料是各级人民政府编制土地利用总体规划的依据。

第二十九条　国家建立全国土地管理信息系统，对土地利用状况进行动态监测。

第四章 耕地保护

第三十条 国家保护耕地，严格控制耕地转为非耕地。

国家实行占用耕地补偿制度。非农业建设经批准占用耕地的，按照"占多少，垦多少"的原则，由占用耕地的单位负责开垦与所占用耕地的数量和质量相当的耕地；没有条件开垦或者开垦的耕地不符合要求的，应当按照省、自治区、直辖市的规定缴纳耕地开垦费，专款用于开垦新的耕地。

省、自治区、直辖市人民政府应当制定开垦耕地计划，监督占用耕地的单位按照计划开垦耕地或者按照计划组织开垦耕地，并进行验收。

第三十一条 县级以上地方人民政府可以要求占用耕地的单位将所占用耕地耕作层的土壤用于新开垦耕地、劣质地或者其他耕地的土壤改良。

第三十二条 省、自治区、直辖市人民政府应当严格执行土地利用总体规划和土地利用年度计划，采取措施，确保本行政区域内耕地总量不减少、质量不降低。耕地总量减少的，由国务院责令在规定期限内组织开垦与所减少耕地的数量与质量相当的耕地；耕地质量降低的，由国务院责令在规定期限内组织整治。新开垦和整治的耕地由国务院自然资源主管部门会同农业农村主管部门验收。

个别省、直辖市确因土地后备资源匮乏，新增建设用地后，新开垦耕地的数量不足以补偿所占用耕地的数量的，必须报经国务院批准减免本行政区域内开垦耕地的数量，易地开垦数量和质量相当的耕地。

第三十三条 国家实行永久基本农田保护制度。下列耕地应当根据土地利用总体规划划为永久基本农田，实行严格保护：

（一）经国务院农业农村主管部门或者县级以上地方人民政府批准确定的粮、棉、油、糖等重要农产品生产基地内的耕地；

（二）有良好的水利与水土保持设施的耕地，正在实施改造计划以及可以改造的中、低产田和已建成的高标准农田；

（三）蔬菜生产基地；

（四）农业科研、教学试验田；

（五）国务院规定应当划为永久基本农田的其他耕地。

各省、自治区、直辖市划定的永久基本农田一般应当占本行政区域内耕地的百分之八十以上，具体比例由国务院根据各省、自治区、直辖市耕地实际情况规定。

第三十四条 永久基本农田划定以乡(镇)为单位进行,由县级人民政府自然资源主管部门会同同级农业农村主管部门组织实施。永久基本农田应当落实到地块,纳入国家永久基本农田数据库严格管理。

乡(镇)人民政府应当将永久基本农田的位置、范围向社会公告,并设立保护标志。

第三十五条 永久基本农田经依法划定后,任何单位和个人不得擅自占用或者改变其用途。国家能源、交通、水利、军事设施等重点建设项目选址确实难以避让永久基本农田,涉及农用地转用或者土地征收的,必须经国务院批准。

禁止通过擅自调整县级土地利用总体规划、乡(镇)土地利用总体规划等方式规避永久基本农田农用地转用或者土地征收的审批。

第三十六条 各级人民政府应当采取措施,引导因地制宜轮作休耕,改良土壤,提高地力,维护排灌工程设施,防止土地荒漠化、盐渍化、水土流失和土壤污染。

第三十七条 非农业建设必须节约使用土地,可以利用荒地的,不得占用耕地;可以利用劣地的,不得占用好地。

禁止占用耕地建窑、建坟或者擅自在耕地上建房、挖砂、采石、采矿、取土等。

禁止占用永久基本农田发展林果业和挖塘养鱼。

第三十八条 禁止任何单位和个人闲置、荒芜耕地。已经办理审批手续的非农业建设占用耕地,一年内不用而又可以耕种并收获的,应当由原耕种该幅耕地的集体或者个人恢复耕种,也可以由用地单位组织耕种;一年以上未动工建设的,应当按照省、自治区、直辖市的规定缴纳闲置费;连续二年未使用的,经原批准机关批准,由县级以上人民政府无偿收回用地单位的土地使用权;该幅土地原为农民集体所有的,应当交由原农村集体经济组织恢复耕种。

在城市规划区范围内,以出让方式取得土地使用权进行房地产开发的闲置土地,依照《中华人民共和国城市房地产管理法》的有关规定办理。

第三十九条 国家鼓励单位和个人按照土地利用总体规划,在保护和改善生态环境、防止水土流失和土地荒漠化的前提下,开发未利用的土地;适宜开发为农用地的,应当优先开发成农用地。

国家依法保护开发者的合法权益。

第四十条 开垦未利用的土地,必须经过科学论证和评估,在土地利用总体规划划定的可开垦的区域内,经依法批准后进行。禁止毁坏森林、草原开垦耕地,禁止围湖造田和侵占江河滩地。

根据土地利用总体规划，对破坏生态环境开垦、围垦的土地，有计划有步骤地退耕还林、还牧、还湖。

第四十一条 开发未确定使用权的国有荒山、荒地、荒滩从事种植业、林业、畜牧业、渔业生产的，经县级以上人民政府依法批准，可以确定给开发单位或者个人长期使用。

第四十二条 国家鼓励土地整理。县、乡（镇）人民政府应当组织农村集体经济组织，按照土地利用总体规划，对田、水、路、林、村综合整治，提高耕地质量，增加有效耕地面积，改善农业生产条件和生态环境。

地方各级人民政府应当采取措施，改造中、低产田，整治闲散地和废弃地。

第四十三条 因挖损、塌陷、压占等造成土地破坏，用地单位和个人应当按照国家有关规定负责复垦；没有条件复垦或者复垦不符合要求的，应当缴纳土地复垦费，专项用于土地复垦。复垦的土地应当优先用于农业。

第五章 建设用地

第四十四条 建设占用土地，涉及农用地转为建设用地的，应当办理农用地转用审批手续。

永久基本农田转为建设用地的，由国务院批准。

在土地利用总体规划确定的城市和村庄、集镇建设用地规模范围内，为实施该规划而将永久基本农田以外的农用地转为建设用地的，按土地利用年度计划分批次按照国务院规定由原批准土地利用总体规划的机关或者其授权的机关批准。在已批准的农用地转用范围内，具体建设项目用地可以由市、县人民政府批准。

在土地利用总体规划确定的城市和村庄、集镇建设用地规模范围外，将永久基本农田以外的农用地转为建设用地的，由国务院或者国务院授权的省、自治区、直辖市人民政府批准。

第四十五条 为了公共利益的需要，有下列情形之一，确需征收农民集体所有的土地的，可以依法实施征收：

（一）军事和外交需要用地的；

（二）由政府组织实施的能源、交通、水利、通信、邮政等基础设施建设需要用地的；

（三）由政府组织实施的科技、教育、文化、卫生、体育、生态环境和资源保护、防灾减灾、文物保护、社区综合服务、社会福利、市政公用、优抚安置、英烈保护等公共事业需要用地的；

（四）由政府组织实施的扶贫搬迁、保障性安居工程建设需要用地的；

（五）在土地利用总体规划确定的城镇建设用地范围内，经省级以上人民政府批准由县级以上地方人民政府组织实施的成片开发建设需要用地的；

（六）法律规定为公共利益需要可以征收农民集体所有的土地的其他情形。

前款规定的建设活动，应当符合国民经济和社会发展规划、土地利用总体规划、城乡规划和专项规划；第（四）项、第（五）项规定的建设活动，还应当纳入国民经济和社会发展年度计划；第（五）项规定的成片开发并应当符合国务院自然资源主管部门规定的标准。

第四十六条 征收下列土地的，由国务院批准：

（一）永久基本农田；

（二）永久基本农田以外的耕地超过三十五公顷的；

（三）其他土地超过七十公顷的。

征收前款规定以外的土地的，由省、自治区、直辖市人民政府批准。

征收农用地的，应当依照本法第四十四条的规定先行办理农用地转用审批。其中，经国务院批准农用地转用的，同时办理征地审批手续，不再另行办理征地审批；经省、自治区、直辖市人民政府在征地批准权限内批准农用地转用的，同时办理征地审批手续，不再另行办理征地审批，超过征地批准权限的，应当依照本条第一款的规定另行办理征地审批。

第四十七条 国家征收土地的，依照法定程序批准后，由县级以上地方人民政府予以公告并组织实施。

县级以上地方人民政府拟申请征收土地的，应当开展拟征收土地现状调查和社会稳定风险评估，并将征收范围、土地现状、征收目的、补偿标准、安置方式和社会保障等在拟征收土地所在的乡（镇）和村、村民小组范围内公告至少三十日，听取被征地的农村集体经济组织及其成员、村民委员会和其他利害关系人的意见。

多数被征地的农村集体经济组织成员认为征地补偿安置方案不符合法律、法规规定的，县级以上地方人民政府应当组织召开听证会，并根据法律、法规的规定和听证会情况修改方案。

拟征收土地的所有权人、使用权人应当在公告规定期限内，持不动产权属证明材料办理补偿登记。县级以上地方人民政府应当组织有关部门测算并落实有关费用,保证足额到位,与拟征收土地的所有权人、使用权人就补偿、安置等签订协议;个别确实难以达成协议的,应当在申请征收土地时如实说明。

相关前期工作完成后,县级以上地方人民政府方可申请征收土地。

第四十八条 征收土地应当给予公平、合理的补偿,保障被征地农民原有生活水平不降低、长远生计有保障。

征收土地应当依法及时足额支付土地补偿费、安置补助费以及农村村民住宅、其他地上附着物和青苗等的补偿费用,并安排被征地农民的社会保障费用。

征收农用地的土地补偿费、安置补助费标准由省、自治区、直辖市通过制定公布区片综合地价确定。制定区片综合地价应当综合考虑土地原用途、土地资源条件、土地产值、土地区位、土地供求关系、人口以及经济社会发展水平等因素,并至少每三年调整或者重新公布一次。

征收农用地以外的其他土地、地上附着物和青苗等的补偿标准,由省、自治区、直辖市制定。对其中的农村村民住宅,应当按照先补偿后搬迁、居住条件有改善的原则,尊重农村村民意愿,采取重新安排宅基地建房、提供安置房或者货币补偿等方式给予公平、合理的补偿,并对因征收造成的搬迁、临时安置等费用予以补偿,保障农村村民居住的权利和合法的住房财产权益。

县级以上地方人民政府应当将被征地农民纳入相应的养老等社会保障体系。被征地农民的社会保障费用主要用于符合条件的被征地农民的养老保险等社会保险缴费补贴。被征地农民社会保障费用的筹集、管理和使用办法,由省、自治区、直辖市制定。

第四十九条 被征地的农村集体经济组织应当将征收土地的补偿费用的收支状况向本集体经济组织的成员公布,接受监督。

禁止侵占、挪用被征收土地单位的征地补偿费用和其他有关费用。

第五十条 地方各级人民政府应当支持被征地的农村集体经济组织和农民从事开发经营,兴办企业。

第五十一条 大中型水利、水电工程建设征收土地的补偿费标准和移民安置办法,由国务院另行规定。

第五十二条 建设项目可行性研究论证时,自然资源主管部门可以根据土地利用总体规划、土地利用年度计划和建设用地标准,对建设用地有关事项进行审查,并提出意见。

第五十三条 经批准的建设项目需要使用国有建设用地的,建设单位应当持法律、行政法规规定的有关文件，向有批准权的县级以上人民政府自然资源主管部门提出建设用地申请，经自然资源主管部门审查，报本级人民政府批准。

第五十四条　建设单位使用国有土地，应当以出让等有偿使用方式取得；但是，下列建设用地，经县级以上人民政府依法批准，可以以划拨方式取得：

（一）国家机关用地和军事用地；

（二）城市基础设施用地和公益事业用地；

（三）国家重点扶持的能源、交通、水利等基础设施用地；

（四）法律、行政法规规定的其他用地。

第五十五条　以出让等有偿使用方式取得国有土地使用权的建设单位，按照国务院规定的标准和办法，缴纳土地使用权出让金等土地有偿使用费和其他费用后，方可使用土地。

自本法施行之日起，新增建设用地的土地有偿使用费，百分之三十上缴中央财政，百分之七十留给有关地方人民政府。具体使用管理办法由国务院财政部门会同有关部门制定，并报国务院批准。

第五十六条　建设单位使用国有土地的，应当按照土地使用权出让等有偿使用合同的约定或者土地使用权划拨批准文件的规定使用土地；确需改变该幅土地建设用途的，应当经有关人民政府自然资源主管部门同意，报原批准用地的人民政府批准。其中，在城市规划区内改变土地用途的，在报批前，应当先经有关城市规划行政主管部门同意。

第五十七条　建设项目施工和地质勘查需要临时使用国有土地或者农民集体所有的土地的，由县级以上人民政府自然资源主管部门批准。其中，在城市规划区内的临时用地，在报批前，应当先经有关城市规划行政主管部门同意。土地使用者应当根据土地权属，与有关自然资源主管部门或者农村集体经济组织、村民委员会签订临时使用土地合同，并按照合同的约定支付临时使用土地补偿费。

临时使用土地的使用者应当按照临时使用土地合同约定的用途使用土地，并不得修建永久性建筑物。

临时使用土地期限一般不超过二年。

第五十八条　有下列情形之一的，由有关人民政府自然资源主管部门报经原批准用地的人民政府或者有批准权的人民政府批准，可以收回国有土地使用权：

（一）为实施城市规划进行旧城区改建以及其他公共利益需要，确需使用土地的；

（二）土地出让等有偿使用合同约定的使用期限届满，土地使用者未申请续期或者申请续期未获批准的；

（三）因单位撤销、迁移等原因，停止使用原划拨的国有土地的；

（四）公路、铁路、机场、矿场等经核准报废的。

依照前款第（一）项的规定收回国有土地使用权的，对土地使用权人应当给予适当补偿。

第五十九条 乡镇企业、乡（镇）村公共设施、公益事业、农村村民住宅等乡（镇）村建设，应当按照村庄和集镇规划，合理布局，综合开发，配套建设；建设用地，应当符合乡（镇）土地利用总体规划和土地利用年度计划，并依照本法第四十四条、第六十条、第六十一条、第六十二条的规定办理审批手续。

第六十条 农村集体经济组织使用乡（镇）土地利用总体规划确定的建设用地兴办企业或者与其他单位、个人以土地使用权入股、联营等形式共同举办企业的，应当持有关批准文件，向县级以上地方人民政府自然资源主管部门提出申请，按照省、自治区、直辖市规定的批准权限，由县级以上地方人民政府批准；其中，涉及占用农用地的，依照本法第四十四条的规定办理审批手续。

按照前款规定兴办企业的建设用地，必须严格控制。省、自治区、直辖市可以按照乡镇企业的不同行业和经营规模，分别规定用地标准。

第六十一条 乡（镇）村公共设施、公益事业建设，需要使用土地的，经乡（镇）人民政府审核，向县级以上地方人民政府自然资源主管部门提出申请，按照省、自治区、直辖市规定的批准权限，由县级以上地方人民政府批准；其中，涉及占用农用地的，依照本法第四十四条的规定办理审批手续。

第六十二条 农村村民一户只能拥有一处宅基地，其宅基地的面积不得超过省、自治区、直辖市规定的标准。

人均土地少、不能保障一户拥有一处宅基地的地区，县级人民政府在充分尊重农村村民意愿的基础上，可以采取措施，按照省、自治区、直辖市规定的标准保障农村村民实现户有所居。

农村村民建住宅，应当符合乡（镇）土地利用总体规划、村庄规划，不得占用永久基本农田，并尽量使用原有的宅基地和村内空闲地。编制乡（镇）土地利用总体规划、村庄规划应当统筹并合理安排宅基地用地，改善农村村民居住环境和条件。

农村村民住宅用地，由乡（镇）人民政府审核批准；其中，涉及占用农用地的，依照本法第四十四条的规定办理审批手续。

农村村民出卖、出租、赠与住宅后，再申请宅基地的，不予批准。

国家允许进城落户的农村村民依法自愿有偿退出宅基地，鼓励农村集体经济组织及其成员盘活利用闲置宅基地和闲置住宅。

国务院农业农村主管部门负责全国农村宅基地改革和管理有关工作。

第六十三条　土地利用总体规划、城乡规划确定为工业、商业等经营性用途，并经依法登记的集体经营性建设用地，土地所有权人可以通过出让、出租等方式交由单位或者个人使用，并应当签订书面合同，载明土地界址、面积、动工期限、使用期限、土地用途、规划条件和双方其他权利义务。

前款规定的集体经营性建设用地出让、出租等，应当经本集体经济组织成员的村民会议三分之二以上成员或者三分之二以上村民代表的同意。

通过出让等方式取得的集体经营性建设用地使用权可以转让、互换、出资、赠与或者抵押，但法律、行政法规另有规定或者土地所有权人、土地使用权人签订的书面合同另有约定的除外。

集体经营性建设用地的出租，集体建设用地使用权的出让及其最高年限、转让、互换、出资、赠与、抵押等，参照同类用途的国有建设用地执行。具体办法由国务院制定。

第六十四条　集体建设用地的使用者应当严格按照土地利用总体规划、城乡规划确定的用途使用土地。

第六十五条　在土地利用总体规划制定前已建的不符合土地利用总体规划确定的用途的建筑物、构筑物，不得重建、扩建。

第六十六条　有下列情形之一的，农村集体经济组织报经原批准用地的人民政府批准，可以收回土地使用权：

（一）为乡（镇）村公共设施和公益事业建设，需要使用土地的；

（二）不按照批准的用途使用土地的；

（三）因撤销、迁移等原因而停止使用土地的。

依照前款第（一）项规定收回农民集体所有的土地的，对土地使用权人应当给予适当补偿。

收回集体经营性建设用地使用权，依照双方签订的书面合同办理，法律、行政法规另有规定的除外。

第六章　监 督 检 查

第六十七条　县级以上人民政府自然资源主管部门对违反土地管理法律、法规的行为进行监督检查。

县级以上人民政府农业农村主管部门对违反农村宅基地管理法律、法规的行为进行监督检查的,适用本法关于自然资源主管部门监督检查的规定。

土地管理监督检查人员应当熟悉土地管理法律、法规,忠于职守、秉公执法。

第六十八条　县级以上人民政府自然资源主管部门履行监督检查职责时,有权采取下列措施:

(一)要求被检查的单位或者个人提供有关土地权利的文件和资料,进行查阅或者予以复制;

(二)要求被检查的单位或者个人就有关土地权利的问题作出说明;

(三)进入被检查单位或者个人非法占用的土地现场进行勘测;

(四)责令非法占用土地的单位或者个人停止违反土地管理法律、法规的行为。

第六十九条　土地管理监督检查人员履行职责,需要进入现场进行勘测、要求有关单位或者个人提供文件、资料和作出说明的,应当出示土地管理监督检查证件。

第七十条　有关单位和个人对县级以上人民政府自然资源主管部门就土地违法行为进行的监督检查应当支持与配合,并提供工作方便,不得拒绝与阻碍土地管理监督检查人员依法执行职务。

第七十一条　县级以上人民政府自然资源主管部门在监督检查工作中发现国家工作人员的违法行为,依法应当给予处分的,应当依法予以处理;自己无权处理的,应当依法移送监察机关或者有关机关处理。

第七十二条　县级以上人民政府自然资源主管部门在监督检查工作中发现土地违法行为构成犯罪的,应当将案件移送有关机关,依法追究刑事责任;尚不构成犯罪的,应当依法给予行政处罚。

第七十三条　依照本法规定应当给予行政处罚,而有关自然资源主管部门不给予行政处罚的,上级人民政府自然资源主管部门有权责令有关自然资源主管部门作出行政处罚决定或者直接给予行政处罚,并给予有关自然资源主管部门的负责人处分。

第七章　法律责任

第七十四条　买卖或者以其他形式非法转让土地的，由县级以上人民政府自然资源主管部门没收违法所得；对违反土地利用总体规划擅自将农用地改为建设用地的，限期拆除在非法转让的土地上新建的建筑物和其他设施，恢复土地原状，对符合土地利用总体规划的，没收在非法转让的土地上新建的建筑物和其他设施；可以并处罚款；对直接负责的主管人员和其他直接责任人员，依法给予处分；构成犯罪的，依法追究刑事责任。

第七十五条　违反本法规定，占用耕地建窑、建坟或者擅自在耕地上建房、挖砂、采石、采矿、取土等，破坏种植条件的，或者因开发土地造成土地荒漠化、盐渍化的，由县级以上人民政府自然资源主管部门、农业农村主管部门等按照职责责令限期改正或者治理，可以并处罚款；构成犯罪的，依法追究刑事责任。

第七十六条　违反本法规定，拒不履行土地复垦义务的，由县级以上人民政府自然资源主管部门责令限期改正；逾期不改正的，责令缴纳复垦费，专项用于土地复垦，可以处以罚款。

第七十七条　未经批准或者采取欺骗手段骗取批准，非法占用土地的，由县级以上人民政府自然资源主管部门责令退还非法占用的土地，对违反土地利用总体规划擅自将农用地改为建设用地的，限期拆除在非法占用的土地上新建的建筑物和其他设施，恢复土地原状，对符合土地利用总体规划的，没收在非法占用的土地上新建的建筑物和其他设施，可以并处罚款；对非法占用土地单位的直接负责的主管人员和其他直接责任人员，依法给予处分；构成犯罪的，依法追究刑事责任。

超过批准的数量占用土地，多占的土地以非法占用土地论处。

第七十八条　农村村民未经批准或者采取欺骗手段骗取批准，非法占用土地建住宅的，由县级以上人民政府农业农村主管部门责令退还非法占用的土地，限期拆除在非法占用的土地上新建的房屋。

超过省、自治区、直辖市规定的标准，多占的土地以非法占用土地论处。

第七十九条　无权批准征收、使用土地的单位或者个人非法批准占用土地的，超越批准权限非法批准占用土地的，不按照土地利用总体规划确定的用途批准用地的，或者违反法律规定的程序批准占用、征收土地的，其批准文件无效，对非法批准征收、使用土地的直接负责的主管人员和其他直接责任人员，依法给予处分;构成犯罪的,依法追究刑事责任。非法批准、使用的土地应当收回,有关当事人拒不归还的,以非法占用土地论处。

非法批准征收、使用土地,对当事人造成损失的,依法应当承担赔偿责任。

第八十条 侵占、挪用被征收土地单位的征地补偿费用和其他有关费用,构成犯罪的,依法追究刑事责任;尚不构成犯罪的,依法给予处分。

第八十一条 依法收回国有土地使用权当事人拒不交出土地的,临时使用土地期满拒不归还的,或者不按照批准的用途使用国有土地的,由县级以上人民政府自然资源主管部门责令交还土地,处以罚款。

第八十二条 擅自将农民集体所有的土地通过出让、转让使用权或者出租等方式用于非农业建设,或者违反本法规定,将集体经营性建设用地通过出让、出租等方式交由单位或者个人使用的,由县级以上人民政府自然资源主管部门责令限期改正,没收违法所得,并处罚款。

第八十三条 依照本法规定,责令限期拆除在非法占用的土地上新建的建筑物和其他设施的,建设单位或者个人必须立即停止施工,自行拆除;对继续施工的,作出处罚决定的机关有权制止。建设单位或者个人对责令限期拆除的行政处罚决定不服的,可以在接到责令限期拆除决定之日起十五日内,向人民法院起诉;期满不起诉又不自行拆除的,由作出处罚决定的机关依法申请人民法院强制执行,费用由违法者承担。

第八十四条 自然资源主管部门、农业农村主管部门的工作人员玩忽职守、滥用职权、徇私舞弊,构成犯罪的,依法追究刑事责任;尚不构成犯罪的,依法给予处分。

第八章　附　　则

第八十五条 外商投资企业使用土地的,适用本法;法律另有规定的,从其规定。

第八十六条 在根据本法第十八条的规定编制国土空间规划前,经依法批准的土地利用总体规划和城乡规划继续执行。

第八十七条 本法自 1999 年 1 月 1 日起施行。

中华人民共和国土地管理法实施条例

（1998 年 12 月 27 日国务院令第 256 号发布　根据 2011 年 1 月 8 日国务院令第 588 号《关于废止和修改部分行政法规的决定》第一次修订　根据 2014 年 7 月 29 日国务院令第 653 号《关于修改部分行政法规的决定》第二次修订　2021 年 7 月 2 日国务院令第 743 号第三次修订　修订后自 2021 年 9 月 1 日起施行）

第一章　总　　则

第一条　根据《中华人民共和国土地管理法》（以下简称《土地管理法》），制定本条例。

第二章　国土空间规划

第二条　国家建立国土空间规划体系。

土地开发、保护、建设活动应当坚持规划先行。经依法批准的国土空间规划是各类开发、保护、建设活动的基本依据。

已经编制国土空间规划的，不再编制土地利用总体规划和城乡规划。在编制国土空间规划前，经依法批准的土地利用总体规划和城乡规划继续执行。

第三条　国土空间规划应当细化落实国家发展规划提出的国土空间开发保护要求，统筹布局农业、生态、城镇等功能空间，划定落实永久基本农田、生态保护红线和城镇开发边界。

国土空间规划应当包括国土空间开发保护格局和规划用地布局、结构、用途管制要求等内容，明确耕地保有量、建设用地规模、禁止开垦的范围等要求，统筹基础设施和公共设施用地布局，综合利用地上地下空间，合理确定并严格控制新增建设用地规模，提高土地节约集约利用水平，保障土地的可持续利用。

第四条　土地调查应当包括下列内容：

（一）土地权属以及变化情况；

（二）土地利用现状以及变化情况；

（三）土地条件。

全国土地调查成果，报国务院批准后向社会公布。地方土地调查成果，经本级人民政府审核，报上一级人民政府批准后向社会公布。全国土地调查成果公布后，县级以上地方人民政府方可自上而下逐级依次公布本行政区域的土地调查成果。

土地调查成果是编制国土空间规划以及自然资源管理、保护和利用的重要依据。

土地调查技术规程由国务院自然资源主管部门会同有关部门制定。

第五条 国务院自然资源主管部门会同有关部门制定土地等级评定标准。

县级以上人民政府自然资源主管部门应当会同有关部门根据土地等级评定标准，对土地等级进行评定。地方土地等级评定结果经本级人民政府审核，报上一级人民政府自然资源主管部门批准后向社会公布。

根据国民经济和社会发展状况，土地等级每五年重新评定一次。

第六条 县级以上人民政府自然资源主管部门应当加强信息化建设，建立统一的国土空间基础信息平台，实行土地管理全流程信息化管理，对土地利用状况进行动态监测，与发展改革、住房和城乡建设等有关部门建立土地管理信息共享机制，依法公开土地管理信息。

第七条 县级以上人民政府自然资源主管部门应当加强地籍管理，建立健全地籍数据库。

第三章 耕地保护

第八条 国家实行占用耕地补偿制度。在国土空间规划确定的城市和村庄、集镇建设用地范围内经依法批准占用耕地，以及在国土空间规划确定的城市和村庄、集镇建设用地范围外的能源、交通、水利、矿山、军事设施等建设项目经依法批准占用耕地的，分别由县级人民政府、农村集体经济组织和建设单位负责开垦与所占用耕地的数量和质量相当的耕地；没有条件开垦或者开垦的耕地不符合要求的，应当按照省、自治区、直辖市的规定缴纳耕地开垦费，专款用于开垦新的耕地。

省、自治区、直辖市人民政府应当组织自然资源主管部门、农业农村主管部门对开垦的耕地进行验收，确保开垦的耕地落实到地块。划入永久基本农田的还应当纳入国家永久基本农田数据库严格管理。占用耕地补充情况应当按照国家有关规定向社会公布。

个别省、直辖市需要易地开垦耕地的，依照《土地管理法》第三十二条的规定执行。

第九条 禁止任何单位和个人在国土空间规划确定的禁止开垦的范围内从事土地开发活动。

按照国土空间规划，开发未确定土地使用权的国有荒山、荒地、荒滩从事种植业、林业、畜牧业、渔业生产的，应当向土地所在地的县级以上地方人民政府自然资源主管部门提出申请，按照省、自治区、直辖市规定的权限，由县级以上地方人民政府批准。

第十条 县级人民政府应当按照国土空间规划关于统筹布局农业、生态、城镇等功能空间的要求，制定土地整理方案，促进耕地保护和土地节约集约利用。

县、乡（镇）人民政府应当组织农村集体经济组织，实施土地整理方案，对闲散地和废弃地有计划地整治、改造。土地整理新增耕地，可以用作建设所占用耕地的补充。

鼓励社会主体依法参与土地整理。

第十一条 县级以上地方人民政府应当采取措施，预防和治理耕地土壤流失、污染，有计划地改造中低产田，建设高标准农田，提高耕地质量，保护黑土地等优质耕地，并依法对建设所占用耕地耕作层的土壤利用作出合理安排。

非农业建设依法占用永久基本农田的，建设单位应当按照省、自治区、直辖市的规定，将所占用耕地耕作层的土壤用于新开垦耕地、劣质地或者其他耕地的土壤改良。

县级以上地方人民政府应当加强对农业结构调整的引导和管理，防止破坏耕地耕作层；设施农业用地不再使用的，应当及时组织恢复种植条件。

第十二条 国家对耕地实行特殊保护，严守耕地保护红线，严格控制耕地转为林地、草地、园地等其他农用地，并建立耕地保护补偿制度，具体办法和耕地保护补偿实施步骤由国务院自然资源主管部门会同有关部门规定。

非农业建设必须节约使用土地，可以利用荒地的，不得占用耕地；可以利用劣地的，不得占用好地。禁止占用耕地建窑、建坟或者擅自在耕地上建房、挖砂、采石、采矿、取土等。禁止占用永久基本农田发展林果业和挖塘养鱼。

耕地应当优先用于粮食和棉、油、糖、蔬菜等农产品生产。按照国家有关规定需要将耕地转为林地、草地、园地等其他农用地的，应当优先使用难以长期稳定利用的耕地。

第十三条 省、自治区、直辖市人民政府对本行政区域耕地保护负总责，其主要负责人是本行政区域耕地保护的第一责任人。

省、自治区、直辖市人民政府应当将国务院确定的耕地保有量和永久基本农田保护任务分解下达，落实到具体地块。

国务院对省、自治区、直辖市人民政府耕地保护责任目标落实情况进行考核。

第四章　建 设 用 地

第一节　一 般 规 定

第十四条　建设项目需要使用土地的，应当符合国土空间规划、土地利用年度计划和用途管制以及节约资源、保护生态环境的要求，并严格执行建设用地标准，优先使用存量建设用地，提高建设用地使用效率。

从事土地开发利用活动，应当采取有效措施，防止、减少土壤污染，并确保建设用地符合土壤环境质量要求。

第十五条　各级人民政府应当依据国民经济和社会发展规划及年度计划、国土空间规划、国家产业政策以及城乡建设、土地利用的实际状况等，加强土地利用计划管理，实行建设用地总量控制，推动城乡存量建设用地开发利用，引导城镇低效用地再开发，落实建设用地标准控制制度，开展节约集约用地评价，推广应用节地技术和节地模式。

第十六条　县级以上地方人民政府自然资源主管部门应当将本级人民政府确定的年度建设用地供应总量、结构、时序、地块、用途等在政府网站上向社会公布，供社会公众查阅。

第十七条　建设单位使用国有土地，应当以有偿使用方式取得；但是，法律、行政法规规定可以以划拨方式取得的除外。

国有土地有偿使用的方式包括：

（一）国有土地使用权出让；

（二）国有土地租赁；

（三）国有土地使用权作价出资或者入股。

第十八条　国有土地使用权出让、国有土地租赁等应当依照国家有关规定通过公开的交易平台进行交易，并纳入统一的公共资源交易平台体系。除依法可以采取协议方式外，应当采取招标、拍卖、挂牌等竞争性方式确定土地使用者。

第十九条　《土地管理法》第五十五条规定的新增建设用地的土地有偿使用费，是指国家在新增建设用地中应取得的平均土地纯收益。

第二十条　建设项目施工、地质勘查需要临时使用土地的，应当尽量不占或者少占耕地。

临时用地由县级以上人民政府自然资源主管部门批准，期限一般不超过二年；建设周期较长的能源、交通、水利等基础设施建设使用的临时用地，期限不超过四年；法律、行政法规另有规定的除外。

土地使用者应当自临时用地期满之日起一年内完成土地复垦，使其达到可供利用状态，其中占用耕地的应当恢复种植条件。

第二十一条　抢险救灾、疫情防控等急需使用土地的，可以先行使用土地。其中，属于临时用地的，用后应当恢复原状并交还原土地使用者使用，不再办理用地审批手续；属于永久性建设用地的，建设单位应当在不晚于应急处置工作结束六个月内申请补办建设用地审批手续。

第二十二条　具有重要生态功能的未利用地应当依法划入生态保护红线，实施严格保护。

建设项目占用国土空间规划确定的未利用地的，按照省、自治区、直辖市的规定办理。

第二节　农用地转用

第二十三条　在国土空间规划确定的城市和村庄、集镇建设用地范围内，为实施该规划而将农用地转为建设用地的，由市、县人民政府组织自然资源等部门拟订农用地转用方案，分批次报有批准权的人民政府批准。

农用地转用方案应当重点对建设项目安排、是否符合国土空间规划和土地利用年度计划以及补充耕地情况作出说明。

农用地转用方案经批准后，由市、县人民政府组织实施。

第二十四条　建设项目确需占用国土空间规划确定的城市和村庄、集镇建设用地范围外的农用地，涉及占用永久基本农田的，由国务院批准；不涉及占用永久基本农田的，由国务院或者国务院授权的省、自治区、直辖市人民政府批准。具体按照下列规定办理：

（一）建设项目批准、核准前或者备案前后，由自然资源主管部门对建设项目用地事项进行审查，提出建设项目用地预审意见。建设项目需要申请核发选址意见书的，应当合并办理建设项目用地预审与选址意见书，核发建设项目用地预审与选址意见书。

（二）建设单位持建设项目的批准、核准或者备案文件，向市、县人民政府提出建设用地申请。市、县人民政府组织自然资源等部门拟订农用地转用方案，报有批准权的人民政府批准；依法应当由国务院批准的，由省、自治区、直辖市人民政府审核后上报。农用地转用方案应当重点对是否符合国土空间规划和土地利用年度计划以及补充耕地情况作出说明，涉及占用永久基本农田的，还应当对占用永久基本农田的必要性、合理性和补划可行性作出说明。

（三）农用地转用方案经批准后，由市、县人民政府组织实施。

第二十五条 建设项目需要使用土地的，建设单位原则上应当一次申请，办理建设用地审批手续，确需分期建设的项目，可以根据可行性研究报告确定的方案，分期申请建设用地，分期办理建设用地审批手续。建设过程中用地范围确需调整的，应当依法办理建设用地审批手续。

农用地转用涉及征收土地的，还应当依法办理征收土地手续。

第三节 土地征收

第二十六条 需要征收土地，县级以上地方人民政府认为符合《土地管理法》第四十五条规定的，应当发布征收土地预公告，并开展拟征收土地现状调查和社会稳定风险评估。

征收土地预公告应当包括征收范围、征收目的、开展土地现状调查的安排等内容。征收土地预公告应当采用有利于社会公众知晓的方式，在拟征收土地所在的乡（镇）和村、村民小组范围内发布，预公告时间不少于十个工作日。自征收土地预公告发布之日起，任何单位和个人不得在拟征收范围内抢栽抢建；违反规定抢栽抢建的，对抢栽抢建部分不予补偿。

土地现状调查应当查明土地的位置、权属、地类、面积，以及农村村民住宅、其他地上附着物和青苗等的权属、种类、数量等情况。

社会稳定风险评估应当对征收土地的社会稳定风险状况进行综合研判，确定风险点，提出风险防范措施和处置预案。社会稳定风险评估应当有被征地的农村集体经济组织及其成员、村民委员会和其他利害关系人参加，评估结果是申请征收土地的重要依据。

第二十七条 县级以上地方人民政府应当依据社会稳定风险评估结果，结合土地现状调查情况，组织自然资源、财政、农业农村、人力资源和社会保障等有关部门拟定征地补偿安置方案。

征地补偿安置方案应当包括征收范围、土地现状、征收目的、补偿方式和标准、安置对象、安置方式、社会保障等内容。

第二十八条 征地补偿安置方案拟定后，县级以上地方人民政府应当在拟征收土地所在的乡(镇)和村、村民小组范围内公告，公告时间不少于三十日。

征地补偿安置公告应当同时载明办理补偿登记的方式和期限、异议反馈渠道等内容。

多数被征地的农村集体经济组织成员认为拟定的征地补偿安置方案不符合法律、法规规定的，县级以上地方人民政府应当组织听证。

第二十九条 县级以上地方人民政府根据法律、法规规定和听证会等情况确定征地补偿安置方案后，应当组织有关部门与拟征收土地的所有权人、使用权人签订征地补偿安置协议。征地补偿安置协议示范文本由省、自治区、直辖市人民政府制定。

对个别确实难以达成征地补偿安置协议的，县级以上地方人民政府应当在申请征收土地时如实说明。

第三十条 县级以上地方人民政府完成本条例规定的征地前期工作后，方可提出征收土地申请，依照《土地管理法》第四十六条的规定报有批准权的人民政府批准。

有批准权的人民政府应当对征收土地的必要性、合理性、是否符合《土地管理法》第四十五条规定的为了公共利益确需征收土地的情形以及是否符合法定程序进行审查。

第三十一条 征收土地申请经依法批准后，县级以上地方人民政府应当自收到批准文件之日起十五个工作日内在拟征收土地所在的乡(镇)和村、村民小组范围内发布征收土地公告，公布征收范围、征收时间等具体工作安排，对个别未达成征地补偿安置协议的应当作出征地补偿安置决定，并依法组织实施。

第三十二条 省、自治区、直辖市应当制定公布区片综合地价，确定征收农用地的土地补偿费、安置补助费标准，并制定土地补偿费、安置补助费分配办法。

地上附着物和青苗等的补偿费用，归其所有权人所有。

社会保障费用主要用于符合条件的被征地农民的养老保险等社会保险缴费补贴，按照省、自治区、直辖市的规定单独列支。

申请征收土地的县级以上地方人民政府应当及时落实土地补偿费、安置补助费、农村村民住宅以及其他地上附着物和青苗等的补偿费用、社会保障费用等，并保证足额到位,专款专用。有关费用未足额到位的,不得批准征收土地。

第四节　宅基地管理

第三十三条　农村居民点布局和建设用地规模应当遵循节约集约、因地制宜的原则合理规划。县级以上地方人民政府应当按照国家规定安排建设用地指标,合理保障本行政区域农村村民宅基地需求。

乡(镇)、县、市国土空间规划和村庄规划应当统筹考虑农村村民生产、生活需求,突出节约集约用地导向,科学划定宅基地范围。

第三十四条　农村村民申请宅基地的,应当以户为单位向农村集体经济组织提出申请;没有设立农村集体经济组织的,应当向所在的村民小组或者村民委员会提出申请。宅基地申请依法经农村村民集体讨论通过并在本集体范围内公示后,报乡(镇)人民政府审核批准。

涉及占用农用地的,应当依法办理农用地转用审批手续。

第三十五条　国家允许进城落户的农村村民依法自愿有偿退出宅基地。乡(镇)人民政府和农村集体经济组织、村民委员会等应当将退出的宅基地优先用于保障该农村集体经济组织成员的宅基地需求。

第三十六条　依法取得的宅基地和宅基地上的农村村民住宅及其附属设施受法律保护。

禁止违背农村村民意愿强制流转宅基地,禁止违法收回农村村民依法取得的宅基地,禁止以退出宅基地作为农村村民进城落户的条件,禁止强迫农村村民搬迁退出宅基地。

第五节　集体经营性建设用地管理

第三十七条　国土空间规划应当统筹并合理安排集体经营性建设用地布局和用途,依法控制集体经营性建设用地规模,促进集体经营性建设用地的节约集约利用。

鼓励乡村重点产业和项目使用集体经营性建设用地。

第三十八条　国土空间规划确定为工业、商业等经营性用途,且已依法办理土地所有权登记的集体经营性建设用地,土地所有权人可以通过出让、出租等方式交由单位或者个人在一定年限内有偿使用。

第三十九条　土地所有权人拟出让、出租集体经营性建设用地的,市、县人民政府自然资源主管部门应当依据国土空间规划提出拟出让、出租的集体经营性建设用地的规划条件,明确土地界址、面积、用途和开发建设强度等。

市、县人民政府自然资源主管部门应当会同有关部门提出产业准入和生态环境保护要求。

第四十条 土地所有权人应当依据规划条件、产业准入和生态环境保护要求等,编制集体经营性建设用地出让、出租等方案,并依照《土地管理法》第六十三条的规定,由本集体经济组织形成书面意见,在出让、出租前不少于十个工作日报市、县人民政府。市、县人民政府认为该方案不符合规划条件或者产业准入和生态环境保护要求等的,应当在收到方案后五个工作日内提出修改意见。土地所有权人应当按照市、县人民政府的意见进行修改。

集体经营性建设用地出让、出租等方案应当载明宗地的土地界址、面积、用途、规划条件、产业准入和生态环境保护要求、使用期限、交易方式、入市价格、集体收益分配安排等内容。

第四十一条 土地所有权人应当依据集体经营性建设用地出让、出租等方案,以招标、拍卖、挂牌或者协议等方式确定土地使用者,双方应当签订书面合同,载明土地界址、面积、用途、规划条件、使用期限、交易价款支付、交地时间和开工竣工期限、产业准入和生态环境保护要求,约定提前收回的条件、补偿方式、土地使用权届满续期和地上建筑物、构筑物等附着物处理方式,以及违约责任和解决争议的方法等,并报市、县人民政府自然资源主管部门备案。未依法将规划条件、产业准入和生态环境保护要求纳入合同的,合同无效;造成损失的,依法承担民事责任。合同示范文本由国务院自然资源主管部门制定。

第四十二条 集体经营性建设用地使用者应当按照约定及时支付集体经营性建设用地价款,并依法缴纳相关税费,对集体经营性建设用地使用权以及依法利用集体经营性建设用地建造的建筑物、构筑物及其附属设施的所有权,依法申请办理不动产登记。

第四十三条 通过出让等方式取得的集体经营性建设用地使用权依法转让、互换、出资、赠与或者抵押的,双方应当签订书面合同,并书面通知土地所有权人。

集体经营性建设用地的出租,集体建设用地使用权的出让及其最高年限、转让、互换、出资、赠与、抵押等,参照同类用途的国有建设用地执行,法律、行政法规另有规定的除外。

第五章 监督检查

第四十四条 国家自然资源督察机构根据授权对省、自治区、直辖市人民政府以及国务院确定的城市人民政府下列土地利用和土地管理情况进行督察：

（一）耕地保护情况；

（二）土地节约集约利用情况；

（三）国土空间规划编制和实施情况；

（四）国家有关土地管理重大决策落实情况；

（五）土地管理法律、行政法规执行情况；

（六）其他土地利用和土地管理情况。

第四十五条 国家自然资源督察机构进行督察时，有权向有关单位和个人了解督察事项有关情况，有关单位和个人应当支持、协助督察机构工作，如实反映情况，并提供有关材料。

第四十六条 被督察的地方人民政府违反土地管理法律、行政法规，或者落实国家有关土地管理重大决策不力的，国家自然资源督察机构可以向被督察的地方人民政府下达督察意见书，地方人民政府应当认真组织整改，并及时报告整改情况；国家自然资源督察机构可以约谈被督察的地方人民政府有关负责人，并可以依法向监察机关、任免机关等有关机关提出追究相关责任人责任的建议。

第四十七条 土地管理监督检查人员应当经过培训，经考核合格，取得行政执法证件后，方可从事土地管理监督检查工作。

第四十八条 自然资源主管部门、农业农村主管部门按照职责分工进行监督检查时，可以采取下列措施：

（一）询问违法案件涉及的单位或者个人；

（二）进入被检查单位或者个人涉嫌土地违法的现场进行拍照、摄像；

（三）责令当事人停止正在进行的土地违法行为；

（四）对涉嫌土地违法的单位或者个人，在调查期间暂停办理与该违法案件相关的土地审批、登记等手续；

（五）对可能被转移、销毁、隐匿或者篡改的文件、资料予以封存，责令涉嫌土地违法的单位或者个人在调查期间不得变卖、转移与案件有关的财物；

（六）《土地管理法》第六十八条规定的其他监督检查措施。

第四十九条 依照《土地管理法》第七十三条的规定给予处分的，应当按照管理权限由责令作出行政处罚决定或者直接给予行政处罚的上级人民政府自然资源主管部门或者其他任免机关、单位作出。

第五十条 县级以上人民政府自然资源主管部门应当会同有关部门建立信

用监管、动态巡查等机制，加强对建设用地供应交易和供后开发利用的监管，对建设用地市场重大失信行为依法实施惩戒，并依法公开相关信息。

第六章　法 律 责 任

第五十一条　违反《土地管理法》第三十七条的规定，非法占用永久基本农田发展林果业或者挖塘养鱼的，由县级以上人民政府自然资源主管部门责令限期改正；逾期不改正的，按占用面积处耕地开垦费 2 倍以上 5 倍以下的罚款；破坏种植条件的，依照《土地管理法》第七十五条的规定处罚。

第五十二条　违反《土地管理法》第五十七条的规定，在临时使用的土地上修建永久性建筑物的，由县级以上人民政府自然资源主管部门责令限期拆除，按占用面积处土地复垦费 5 倍以上 10 倍以下的罚款；逾期不拆除的，由作出行政决定的机关依法申请人民法院强制执行。

第五十三条　违反《土地管理法》第六十五条的规定，对建筑物、构筑物进行重建、扩建的，由县级以上人民政府自然资源主管部门责令限期拆除；逾期不拆除的，由作出行政决定的机关依法申请人民法院强制执行。

第五十四条　依照《土地管理法》第七十四条的规定处以罚款的，罚款额为违法所得的 10% 以上 50% 以下。

第五十五条　依照《土地管理法》第七十五条的规定处以罚款的，罚款额为耕地开垦费的 5 倍以上 10 倍以下；破坏黑土地等优质耕地的，从重处罚。

第五十六条　依照《土地管理法》第七十六条的规定处以罚款的，罚款额为土地复垦费的 2 倍以上 5 倍以下。

违反本条例规定，临时用地期满之日起一年内未完成复垦或者未恢复种植条件的，由县级以上人民政府自然资源主管部门责令限期改正，依照《土地管理法》第七十六条的规定处罚，并由县级以上人民政府自然资源主管部门会同农业农村主管部门代为完成复垦或者恢复种植条件。

第五十七条　依照《土地管理法》第七十七条的规定处以罚款的，罚款额为非法占用土地每平方米 100 元以上 1000 元以下。

违反本条例规定，在国土空间规划确定的禁止开垦的范围内从事土地开发活动的，由县级以上人民政府自然资源主管部门责令限期改正，并依照《土地管理法》第七十七条的规定处罚。

第五十八条　依照《土地管理法》第七十四条、第七十七条的规定，县级以上人民政府自然资源主管部门没收在非法转让或者非法占用的土地上新建的建筑物和其他设施的,应当于九十日内交由本级人民政府或者其指定的部门依法管理和处置。

第五十九条 依照《土地管理法》第八十一条的规定处以罚款的,罚款额为非法占用土地每平方米100元以上500元以下。

第六十条 依照《土地管理法》第八十二条的规定处以罚款的,罚款额为违法所得的10%以上30%以下。

第六十一条 阻碍自然资源主管部门、农业农村主管部门的工作人员依法执行职务,构成违反治安管理行为的,依法给予治安管理处罚。

第六十二条 违反土地管理法律、法规规定,阻挠国家建设征收土地的,由县级以上地方人民政府责令交出土地;拒不交出土地的,依法申请人民法院强制执行。

第六十三条 违反本条例规定,侵犯农村村民依法取得的宅基地权益的,责令限期改正,对有关责任单位通报批评、给予警告;造成损失的,依法承担赔偿责任;对直接负责的主管人员和其他直接责任人员,依法给予处分。

第六十四条 贪污、侵占、挪用、私分、截留、拖欠征地补偿安置费用和其他有关费用的,责令改正,追回有关款项,限期退还违法所得,对有关责任单位通报批评、给予警告;造成损失的,依法承担赔偿责任;对直接负责的主管人员和其他直接责任人员,依法给予处分。

第六十五条 各级人民政府及自然资源主管部门、农业农村主管部门工作人员玩忽职守、滥用职权、徇私舞弊的,依法给予处分。

第六十六条 违反本条例规定,构成犯罪的,依法追究刑事责任。

第七章 附 则

第六十七条 本条例自2021年9月1日起施行。

中华人民共和国城市房地产管理法

(1994年7月5日第八届全国人民代表大会常务委员会第八次会议通过 根据2007年8月30日第十届全国人民代表大会常务委员会第二十九次会议《关于修改〈中华人民共和国城市房地产管理法〉的决定》第一次修正 根据2009年8月27日第十一届全国人民代表大会常务委员会第十次会议《关于修改部分法律的决定》第二次修正 根据2019年8月26日第十三届全国人民代表大会常务委员会第十二次会议《关于修改〈中华人民共和国土地管理法〉〈中华人民共和国城市房地产管理法〉的决定》第三次修正 修正后自2020年1月1日起施行)

第一章 总 则

第一条 为了加强对城市房地产的管理,维护房地产市场秩序,保障房地产权利人的合法权益,促进房地产业的健康发展,制定本法。

第二条 在中华人民共和国城市规划区国有土地(以下简称国有土地)范围内取得房地产开发用地的土地使用权,从事房地产开发、房地产交易,实施房地产管理,应当遵守本法。

本法所称房屋,是指土地上的房屋等建筑物及构筑物。

本法所称房地产开发,是指在依据本法取得国有土地使用权的土地上进行基础设施、房屋建设的行为。

本法所称房地产交易,包括房地产转让、房地产抵押和房屋租赁。

第三条 国家依法实行国有土地有偿、有限期使用制度。但是,国家在本法规定的范围内划拨国有土地使用权的除外。

第四条 国家根据社会、经济发展水平,扶持发展居民住宅建设,逐步改善居民的居住条件。

第五条 房地产权利人应当遵守法律和行政法规,依法纳税。房地产权利人的合法权益受法律保护,任何单位和个人不得侵犯。

第六条 为了公共利益的需要,国家可以征收国有土地上单位和个人的房屋,并依法给予拆迁补偿,维护被征收人的合法权益;征收个人住宅的,还应当保障被征收人的居住条件。具体办法由国务院规定。

第七条 国务院建设行政主管部门、土地管理部门依照国务院规定的职权划分,各司其职,密切配合,管理全国房地产工作。

县级以上地方人民政府房产管理、土地管理部门的机构设置及其职权由省、自治区、直辖市人民政府确定。

第二章 房地产开发用地

第一节 土地使用权出让

第八条 土地使用权出让,是指国家将国有土地使用权(以下简称土地使用权)在一定年限内出让给土地使用者,由土地使用者向国家支付土地使用权出让金的行为。

第九条 城市规划区内的集体所有的土地,经依法征收转为国有土地后,该幅国有土地的使用权方可有偿出让,但法律另有规定的除外。

第十条 土地使用权出让,必须符合土地利用总体规划、城市规划和年度建设用地计划。

第十一条 县级以上地方人民政府出让土地使用权用于房地产开发的,须根据省级以上人民政府下达的控制指标拟订年度出让土地使用权总面积方案,按照国务院规定,报国务院或者省级人民政府批准。

第十二条 土地使用权出让,由市、县人民政府有计划、有步骤地进行。出让的每幅地块、用途、年限和其他条件,由市、县人民政府土地管理部门会同城市规划、建设、房产管理部门共同拟定方案,按照国务院规定,报经有批准权的人民政府批准后,由市、县人民政府土地管理部门实施。

直辖市的县人民政府及其有关部门行使前款规定的权限,由直辖市人民政府规定。

第十三条 土地使用权出让,可以采取拍卖、招标或者双方协议的方式。

商业、旅游、娱乐和豪华住宅用地,有条件的,必须采取拍卖、招标方式;没有条件,不能采取拍卖、招标方式的,可以采取双方协议的方式。

采取双方协议方式出让土地使用权的出让金不得低于按国家规定所确定的最低价。

第十四条 土地使用权出让最高年限由国务院规定。

第十五条 土地使用权出让,应当签订书面出让合同。

土地使用权出让合同由市、县人民政府土地管理部门与土地使用者签订。

第十六条　土地使用者必须按照出让合同约定，支付土地使用权出让金；未按照出让合同约定支付土地使用权出让金的，土地管理部门有权解除合同，并可以请求违约赔偿。

第十七条　土地使用者按照出让合同约定支付土地使用权出让金的，市、县人民政府土地管理部门必须按照出让合同约定，提供出让的土地；未按照出让合同约定提供出让的土地的，土地使用者有权解除合同，由土地管理部门返还土地使用权出让金，土地使用者并可以请求违约赔偿。

第十八条　土地使用者需要改变土地使用权出让合同约定的土地用途的，必须取得出让方和市、县人民政府城市规划行政主管部门的同意，签订土地使用权出让合同变更协议或者重新签订土地使用权出让合同，相应调整土地使用权出让金。

第十九条　土地使用权出让金应当全部上缴财政，列入预算，用于城市基础设施建设和土地开发。土地使用权出让金上缴和使用的具体办法由国务院规定。

第二十条　国家对土地使用者依法取得的土地使用权，在出让合同约定的使用年限届满前不收回；在特殊情况下，根据社会公共利益的需要，可以依照法律程序提前收回，并根据土地使用者使用土地的实际年限和开发土地的实际情况给予相应的补偿。

第二十一条　土地使用权因土地灭失而终止。

第二十二条　土地使用权出让合同约定的使用年限届满，土地使用者需要继续使用土地的，应当至迟于届满前一年申请续期，除根据社会公共利益需要收回该幅土地的，应当予以批准。经批准准予续期的，应当重新签订土地使用权出让合同，依照规定支付土地使用权出让金。

土地使用权出让合同约定的使用年限届满，土地使用者未申请续期或者虽申请续期但依照前款规定未获批准的，土地使用权由国家无偿收回。

第二节　土地使用权划拨

第二十三条　土地使用权划拨，是指县级以上人民政府依法批准，在土地使用者缴纳补偿、安置等费用后将该幅土地交付其使用，或者将土地使用权无偿交付给土地使用者使用的行为。

依照本法规定以划拨方式取得土地使用权的，除法律、行政法规另有规定外，没有使用期限的限制。

第二十四条 下列建设用地的土地使用权，确属必需的，可以由县级以上人民政府依法批准划拨：

（一）国家机关用地和军事用地；

（二）城市基础设施用地和公益事业用地；

（三）国家重点扶持的能源、交通、水利等项目用地；

（四）法律、行政法规规定的其他用地。

第三章 房地产开发

第二十五条 房地产开发必须严格执行城市规划，按照经济效益、社会效益、环境效益相统一的原则，实行全面规划、合理布局、综合开发、配套建设。

第二十六条 以出让方式取得土地使用权进行房地产开发的，必须按照土地使用权出让合同约定的土地用途、动工开发期限开发土地。超过出让合同约定的动工开发日期满一年未动工开发的，可以征收相当于土地使用权出让金百分之二十以下的土地闲置费；满二年未动工开发的，可以无偿收回土地使用权；但是，因不可抗力或者政府、政府有关部门的行为或者动工开发必需的前期工作造成动工开发迟延的除外。

第二十七条 房地产开发项目的设计、施工，必须符合国家的有关标准和规范。

房地产开发项目竣工，经验收合格后，方可交付使用。

第二十八条 依法取得的土地使用权，可以依照本法和有关法律、行政法规的规定，作价入股，合资、合作开发经营房地产。

第二十九条 国家采取税收等方面的优惠措施鼓励和扶持房地产开发企业开发建设居民住宅。

第三十条 房地产开发企业是以营利为目的，从事房地产开发和经营的企业。设立房地产开发企业，应当具备下列条件：

（一）有自己的名称和组织机构；

（二）有固定的经营场所；

（三）有符合国务院规定的注册资本；

（四）有足够的专业技术人员；

（五）法律、行政法规规定的其他条件。

设立房地产开发企业，应当向工商行政管理部门申请设立登记。工商行政管理部门对符合本法规定条件的，应当予以登记，发给营业执照；对不符合本法规定条件的，不予登记。

设立有限责任公司、股份有限公司，从事房地产开发经营的，还应当执行公司法的有关规定。

房地产开发企业在领取营业执照后的一个月内，应当到登记机关所在地的县级以上地方人民政府规定的部门备案。

第三十一条 房地产开发企业的注册资本与投资总额的比例应当符合国家有关规定。

房地产开发企业分期开发房地产的，分期投资额应当与项目规模相适应，并按照土地使用权出让合同的约定，按期投入资金，用于项目建设。

第四章 房地产交易

第一节 一般规定

第三十二条 房地产转让、抵押时，房屋的所有权和该房屋占用范围内的土地使用权同时转让、抵押。

第三十三条 基准地价、标定地价和各类房屋的重置价格应当定期确定并公布。具体办法由国务院规定。

第三十四条 国家实行房地产价格评估制度。

房地产价格评估，应当遵循公正、公平、公开的原则，按照国家规定的技术标准和评估程序，以基准地价、标定地价和各类房屋的重置价格为基础，参照当地的市场价格进行评估。

第三十五条 国家实行房地产成交价格申报制度。

房地产权利人转让房地产，应当向县级以上地方人民政府规定的部门如实申报成交价，不得瞒报或者作不实的申报。

第三十六条 房地产转让、抵押，当事人应当依照本法第五章的规定办理权属登记。

第二节 房地产转让

第三十七条 房地产转让，是指房地产权利人通过买卖、赠与或者其他合法方式将其房地产转移给他人的行为。

第三十八条 下列房地产，不得转让：

（一）以出让方式取得土地使用权的，不符合本法第三十九条规定的条件的；

（二）司法机关和行政机关依法裁定、决定查封或者以其他形式限制房地产权利的；

（三）依法收回土地使用权的；

（四）共有房地产，未经其他共有人书面同意的；

（五）权属有争议的；

（六）未依法登记领取权属证书的；

（七）法律、行政法规规定禁止转让的其他情形。

第三十九条 以出让方式取得土地使用权的，转让房地产时，应当符合下列条件：

（一）按照出让合同约定已经支付全部土地使用权出让金，并取得土地使用权证书；

（二）按照出让合同约定进行投资开发，属于房屋建设工程的，完成开发投资总额的百分之二十五以上，属于成片开发土地的，形成工业用地或者其他建设用地条件。

转让房地产时房屋已经建成的，还应当持有房屋所有权证书。

第四十条 以划拨方式取得土地使用权的，转让房地产时，应当按照国务院规定，报有批准权的人民政府审批。有批准权的人民政府准予转让的，应当由受让方办理土地使用权出让手续，并依照国家有关规定缴纳土地使用权出让金。

以划拨方式取得土地使用权的，转让房地产报批时，有批准权的人民政府按照国务院规定决定可以不办理土地使用权出让手续的，转让方应当按照国务院规定将转让房地产所获收益中的土地收益上缴国家或者作其他处理。

第四十一条 房地产转让，应当签订书面转让合同，合同中应当载明土地使用权取得的方式。

第四十二条 房地产转让时，土地使用权出让合同载明的权利、义务随之转移。

第四十三条 以出让方式取得土地使用权的，转让房地产后，其土地使用权的使用年限为原土地使用权出让合同约定的使用年限减去原土地使用者已经使用年限后的剩余年限。

第四十四条 以出让方式取得土地使用权的，转让房地产后，受让人改变原土地使用权出让合同约定的土地用途的，必须取得原出让方和市、县人民政府城市规划行政主管部门的同意，签订土地使用权出让合同变更协议或者重新签订土地使用权出让合同，相应调整土地使用权出让金。

第四十五条　商品房预售，应当符合下列条件：

（一）已交付全部土地使用权出让金，取得土地使用权证书；

（二）持有建设工程规划许可证；

（三）按提供预售的商品房计算，投入开发建设的资金达到工程建设总投资的百分之二十五以上，并已经确定施工进度和竣工交付日期；

（四）向县级以上人民政府房产管理部门办理预售登记，取得商品房预售许可证明。

商品房预售人应当按照国家有关规定将预售合同报县级以上人民政府房产管理部门和土地管理部门登记备案。

商品房预售所得款项，必须用于有关的工程建设。

第四十六条　商品房预售的，商品房预购人将购买的未竣工的预售商品房再行转让的问题，由国务院规定。

第三节　房地产抵押

第四十七条　房地产抵押，是指抵押人以其合法的房地产以不转移占有的方式向抵押权人提供债务履行担保的行为。债务人不履行债务时，抵押权人有权依法以抵押的房地产拍卖所得的价款优先受偿。

第四十八条　依法取得的房屋所有权连同该房屋占用范围内的土地使用权，可以设定抵押权。

以出让方式取得的土地使用权，可以设定抵押权。

第四十九条　房地产抵押，应当凭土地使用权证书、房屋所有权证书办理。

第五十条　房地产抵押，抵押人和抵押权人应当签订书面抵押合同。

第五十一条　设定房地产抵押权的土地使用权是以划拨方式取得的，依法拍卖该房地产后，应当从拍卖所得的价款中缴纳相当于应缴纳的土地使用权出让金的款额后，抵押权人方可优先受偿。

第五十二条　房地产抵押合同签订后，土地上新增的房屋不属于抵押财产。需要拍卖该抵押的房地产时，可以依法将土地上新增的房屋与抵押财产一同拍卖，但对拍卖新增房屋所得，抵押权人无权优先受偿。

第四节　房 屋 租 赁

第五十三条　房屋租赁，是指房屋所有权人作为出租人将其房屋出租给承租人使用，由承租人向出租人支付租金的行为。

第五十四条 房屋租赁，出租人和承租人应当签订书面租赁合同，约定租赁期限、租赁用途、租赁价格、修缮责任等条款，以及双方的其他权利和义务，并向房产管理部门登记备案。

第五十五条 住宅用房的租赁，应当执行国家和房屋所在城市人民政府规定的租赁政策。租用房屋从事生产、经营活动的，由租赁双方协商议定租金和其他租赁条款。

第五十六条 以营利为目的，房屋所有权人将以划拨方式取得使用权的国有土地上建成的房屋出租的，应当将租金中所含土地收益上缴国家。具体办法由国务院规定。

第五节 中介服务机构

第五十七条 房地产中介服务机构包括房地产咨询机构、房地产价格评估机构、房地产经纪机构等。

第五十八条 房地产中介服务机构应当具备下列条件：

（一）有自己的名称和组织机构；

（二）有固定的服务场所；

（三）有必要的财产和经费；

（四）有足够数量的专业人员；

（五）法律、行政法规规定的其他条件。

设立房地产中介服务机构，应当向工商行政管理部门申请设立登记，领取营业执照后，方可开业。

第五十九条 国家实行房地产价格评估人员资格认证制度。

第五章 房地产权属登记管理

第六十条 国家实行土地使用权和房屋所有权登记发证制度。

第六十一条 以出让或者划拨方式取得土地使用权，应当向县级以上地方人民政府土地管理部门申请登记，经县级以上地方人民政府土地管理部门核实，由同级人民政府颁发土地使用权证书。

在依法取得的房地产开发用地上建成房屋的，应当凭土地使用权证书向县级以上地方人民政府房产管理部门申请登记，由县级以上地方人民政府房产管理部门核实并颁发房屋所有权证书。

房地产转让或者变更时,应当向县级以上地方人民政府房产管理部门申请房产变更登记,并凭变更后的房屋所有权证书向同级人民政府土地管理部门申请土地使用权变更登记,经同级人民政府土地管理部门核实,由同级人民政府更换或者更改土地使用权证书。

法律另有规定的,依照有关法律的规定办理。

第六十二条 房地产抵押时,应当向县级以上地方人民政府规定的部门办理抵押登记。

因处分抵押房地产而取得土地使用权和房屋所有权的,应当依照本章规定办理过户登记。

第六十三条 经省、自治区、直辖市人民政府确定,县级以上地方人民政府由一个部门统一负责房产管理和土地管理工作的,可以制作、颁发统一的房地产权证书,依照本法第六十一条的规定,将房屋的所有权和该房屋占用范围内的土地使用权的确认和变更,分别载入房地产权证书。

第六章 法律责任

第六十四条 违反本法第十一条、第十二条的规定,擅自批准出让或者擅自出让土地使用权用于房地产开发的,由上级机关或者所在单位给予有关责任人员行政处分。

第六十五条 违反本法第三十条的规定,未取得营业执照擅自从事房地产开发业务的,由县级以上人民政府工商行政管理部门责令停止房地产开发业务活动,没收违法所得,可以并处罚款。

第六十六条 违反本法第三十九条第一款的规定转让土地使用权的,由县级以上人民政府土地管理部门没收违法所得,可以并处罚款。

第六十七条 违反本法第四十条第一款的规定转让房地产的,由县级以上人民政府土地管理部门责令缴纳土地使用权出让金,没收违法所得,可以并处罚款。

第六十八条 违反本法第四十五条第一款的规定预售商品房的,由县级以上人民政府房产管理部门责令停止预售活动,没收违法所得,可以并处罚款。

第六十九条 违反本法第五十八条的规定,未取得营业执照擅自从事房地产中介服务业务的,由县级以上人民政府工商行政管理部门责令停止房地产中介服务业务活动,没收违法所得,可以并处罚款。

第七十条 没有法律、法规的依据,向房地产开发企业收费的,上级机关应当责令退回所收取的钱款;情节严重的,由上级机关或者所在单位给予直接责任人员行政处分。

第七十一条 房产管理部门、土地管理部门工作人员玩忽职守、滥用职权,构成犯罪的,依法追究刑事责任;不构成犯罪的,给予行政处分。

房产管理部门、土地管理部门工作人员利用职务上的便利,索取他人财物,或者非法收受他人财物为他人谋取利益,构成犯罪的,依法追究刑事责任;不构成犯罪的,给予行政处分。

第七章 附 则

第七十二条 在城市规划区外的国有土地范围内取得房地产开发用地的土地使用权,从事房地产开发、交易活动以及实施房地产管理,参照本法执行。

第七十三条 本法自 1995 年 1 月 1 日起施行。

城市房地产开发经营管理条例

（1998年7月20日国务院令第248号发布　根据2011年1月8日国务院令第588号《关于废止和修改部分行政法规的决定》第一次修订　根据2018年3月19日国务院令第698号《关于修改和废止部分行政法规的决定》第二次修订　根据2019年3月24日国务院令第710号《关于修改部分行政法规的决定》第三次修订　根据2020年3月27日国务院令第726号《关于修改和废止部分行政法规的决定》第四次修订　根据2020年11月29日国务院令第732号《关于修改和废止部分行政法规的决定》第五次修订　修订后自公布之日起施行）

第一章　总　　则

第一条　为了规范房地产开发经营行为，加强对城市房地产开发经营活动的监督管理，促进和保障房地产业的健康发展，根据《中华人民共和国城市房地产管理法》的有关规定，制定本条例。

第二条　本条例所称房地产开发经营，是指房地产开发企业在城市规划区内国有土地上进行基础设施建设、房屋建设，并转让房地产开发项目或者销售、出租商品房的行为。

第三条　房地产开发经营应当按照经济效益、社会效益、环境效益相统一的原则，实行全面规划、合理布局、综合开发、配套建设。

第四条　国务院建设行政主管部门负责全国房地产开发经营活动的监督管理工作。

县级以上地方人民政府房地产开发主管部门负责本行政区域内房地产开发经营活动的监督管理工作。

县级以上人民政府负责土地管理工作的部门依照有关法律、行政法规的规定，负责与房地产开发经营有关的土地管理工作。

第二章　房地产开发企业

第五条　设立房地产开发企业，除应当符合有关法律、行政法规规定的企业设立条件外，还应当具备下列条件：

（一）有100万元以上的注册资本；

（二）有4名以上持有资格证书的房地产专业、建筑工程专业的专职技术人员，2名以上持有资格证书的专职会计人员。

省、自治区、直辖市人民政府可以根据本地方的实际情况，对设立房地产开发企业的注册资本和专业技术人员的条件作出高于前款的规定。

第六条 外商投资设立房地产开发企业的，除应当符合本条例第五条的规定外，还应当符合外商投资法律、行政法规的规定。

第七条 设立房地产开发企业，应当向县级以上人民政府工商行政管理部门申请登记。工商行政管理部门对符合本条例第五条规定条件的，应当自收到申请之日起30日内予以登记；对不符合条件不予登记的，应当说明理由。

工商行政管理部门在对设立房地产开发企业申请登记进行审查时，应当听取同级房地产开发主管部门的意见。

第八条 房地产开发企业应当自领取营业执照之日起30日内，提交下列纸质或者电子材料，向登记机关所在地的房地产开发主管部门备案：

（一）营业执照复印件；

（二）企业章程；

（三）专业技术人员的资格证书和聘用合同。

第九条 房地产开发主管部门应当根据房地产开发企业的资产、专业技术人员和开发经营业绩等，对备案的房地产开发企业核定资质等级。房地产开发企业应当按照核定的资质等级，承担相应的房地产开发项目。具体办法由国务院建设行政主管部门制定。

第三章 房地产开发建设

第十条 确定房地产开发项目，应当符合土地利用总体规划、年度建设用地计划和城市规划、房地产开发年度计划的要求；按照国家有关规定需要经计划主管部门批准的，还应当报计划主管部门批准，并纳入年度固定资产投资计划。

第十一条 确定房地产开发项目，应当坚持旧区改建和新区建设相结合的原则，注重开发基础设施薄弱、交通拥挤、环境污染严重以及危旧房屋集中的区域，保护和改善城市生态环境，保护历史文化遗产。

第十二条 房地产开发用地应当以出让方式取得；但是，法律和国务院规定可以采用划拨方式的除外。

土地使用权出让或者划拨前,县级以上地方人民政府城市规划行政主管部门和房地产开发主管部门应当对下列事项提出书面意见,作为土地使用权出让或者划拨的依据之一:

(一)房地产开发项目的性质、规模和开发期限;

(二)城市规划设计条件;

(三)基础设施和公共设施的建设要求;

(四)基础设施建成后的产权界定;

(五)项目拆迁补偿、安置要求。

第十三条 房地产开发项目应当建立资本金制度,资本金占项目总投资的比例不得低于20%。

第十四条 房地产开发项目的开发建设应当统筹安排配套基础设施,并根据先地下、后地上的原则实施。

第十五条 房地产开发企业应当按照土地使用权出让合同约定的土地用途、动工开发期限进行项目开发建设。出让合同约定的动工开发期限满1年未动工开发的,可以征收相当于土地使用权出让金20%以下的土地闲置费;满2年未动工开发的,可以无偿收回土地使用权。但是,因不可抗力或者政府、政府有关部门的行为或者动工开发必需的前期工作造成动工迟延的除外。

第十六条 房地产开发企业开发建设的房地产项目,应当符合有关法律、法规的规定和建筑工程质量、安全标准、建筑工程勘察、设计、施工的技术规范以及合同的约定。

房地产开发企业应当对其开发建设的房地产开发项目的质量承担责任。

勘察、设计、施工、监理等单位应当依照有关法律、法规的规定或者合同的约定,承担相应的责任。

第十七条 房地产开发项目竣工,依照《建设工程质量管理条例》的规定验收合格后,方可交付使用。

第十八条 房地产开发企业应当将房地产开发项目建设过程中的主要事项记录在房地产开发项目手册中,并定期送房地产开发主管部门备案。

第四章 房地产经营

第十九条 转让房地产开发项目,应当符合《中华人民共和国城市房地产管理法》第三十九条、第四十条规定的条件。

第二十条 转让房地产开发项目，转让人和受让人应当自土地使用权变更登记手续办理完毕之日起30日内，持房地产开发项目转让合同到房地产开发主管部门备案。

第二十一条 房地产开发企业转让房地产开发项目时，尚未完成拆迁补偿安置的，原拆迁补偿安置合同中有关的权利、义务随之转移给受让人。项目转让人应当书面通知被拆迁人。

第二十二条 房地产开发企业预售商品房，应当符合下列条件：

（一）已交付全部土地使用权出让金，取得土地使用权证书；

（二）持有建设工程规划许可证和施工许可证；

（三）按提供的预售商品房计算，投入开发建设的资金达到工程建设总投资的25%以上，并已确定施工进度和竣工交付日期；

（四）已办理预售登记，取得商品房预售许可证明。

第二十三条 房地产开发企业申请办理商品房预售登记，应当提交下列文件：

（一）本条例第二十二条第（一）项至第（三）项规定的证明材料；

（二）营业执照和资质等级证书；

（三）工程施工合同；

（四）预售商品房分层平面图；

（五）商品房预售方案。

第二十四条 房地产开发主管部门应当自收到商品房预售申请之日起10日内，作出同意预售或者不同意预售的答复。同意预售的，应当核发商品房预售许可证明；不同意预售的，应当说明理由。

第二十五条 房地产开发企业不得进行虚假广告宣传，商品房预售广告中应当载明商品房预售许可证明的文号。

第二十六条 房地产开发企业预售商品房时，应当向预购人出示商品房预售许可证明。

房地产开发企业应当自商品房预售合同签订之日起30日内，到商品房所在地的县级以上人民政府房地产开发主管部门和负责土地管理工作的部门备案。

第二十七条 商品房销售，当事人双方应当签订书面合同。合同应当载明商品房的建筑面积和使用面积、价格、交付日期、质量要求、物业管理方式以及双方的违约责任。

第二十八条　房地产开发企业委托中介机构代理销售商品房的，应当向中介机构出具委托书。中介机构销售商品房时，应当向商品房购买人出示商品房的有关证明文件和商品房销售委托书。

第二十九条　房地产开发项目转让和商品房销售价格，由当事人协商议定；但是，享受国家优惠政策的居民住宅价格，应当实行政府指导价或者政府定价。

第三十条　房地产开发企业应当在商品房交付使用时，向购买人提供住宅质量保证书和住宅使用说明书。

住宅质量保证书应当列明工程质量监督单位核验的质量等级、保修范围、保修期和保修单位等内容。房地产开发企业应当按照住宅质量保证书的约定，承担商品房保修责任。

保修期内，因房地产开发企业对商品房进行维修，致使房屋原使用功能受到影响，给购买人造成损失的，应当依法承担赔偿责任。

第三十一条　商品房交付使用后，购买人认为主体结构质量不合格的，可以向工程质量监督单位申请重新核验。经核验，确属主体结构质量不合格的，购买人有权退房；给购买人造成损失的，房地产开发企业应当依法承担赔偿责任。

第三十二条　预售商品房的购买人应当自商品房交付使用之日起 90 日内，办理土地使用权变更和房屋所有权登记手续；现售商品房的购买人应当自销售合同签订之日起 90 日内，办理土地使用权变更和房屋所有权登记手续。房地产开发企业应当协助商品房购买人办理土地使用权变更和房屋所有权登记手续，并提供必要的证明文件。

第五章　法 律 责 任

第三十三条　违反本条例规定，未取得营业执照，擅自从事房地产开发经营的，由县级以上人民政府工商行政管理部门责令停止房地产开发经营活动，没收违法所得，可以并处违法所得 5 倍以下的罚款。

第三十四条　违反本条例规定，未取得资质等级证书或者超越资质等级从事房地产开发经营的，由县级以上人民政府房地产开发主管部门责令限期改正，处 5 万元以上 10 万元以下的罚款；逾期不改正的，由工商行政管理部门吊销营业执照。

第三十五条　违反本条例规定，擅自转让房地产开发项目的，由县级以上人民政府负责土地管理工作的部门责令停止违法行为，没收违法所得，可以并处违法所得5倍以下的罚款。

第三十六条 违反本条例规定，擅自预售商品房的，由县级以上人民政府房地产开发主管部门责令停止违法行为，没收违法所得，可以并处已收取的预付款1%以下的罚款。

第三十七条 国家机关工作人员在房地产开发经营监督管理工作中玩忽职守、徇私舞弊、滥用职权，构成犯罪的，依法追究刑事责任；尚不构成犯罪的，依法给予行政处分。

第六章 附 则

第三十八条 在城市规划区外国有土地上从事房地产开发经营，实施房地产开发经营监督管理，参照本条例执行。

第三十九条 城市规划区内集体所有的土地，经依法征收转为国有土地后，方可用于房地产开发经营。

第四十条 本条例自发布之日起施行。

中华人民共和国城镇国有土地使用权出让和转让暂行条例

（1990 年 5 月 19 日国务院令第 55 号发布　根据 2020 年 11 月 29 日国务院令第 732 号《关于修改和废止部分行政法规的决定》修订　修订后自公布之日起施行）

第一章　总　　则

第一条　为了改革城镇国有土地使用制度，合理开发、利用、经营土地，加强土地管理，促进城市建设和经济发展，制定本条例。

第二条　国家按照所有权与使用权分离的原则，实行城镇国有土地使用权出让、转让制度，但地下资源、埋藏物和市政公用设施除外。

前款所称城镇国有土地是指市、县城、建制镇、工矿区范围内属于全民所有的土地（以下简称土地）。

第三条　中华人民共和国境内外的公司、企业、其他组织和个人，除法律另有规定者外，均可依照本条例的规定取得土地使用权，进行土地开发、利用、经营。

第四条　依照本条例的规定取得土地使用权的土地使用者，其使用权在使用年限内可以转让、出租、抵押或者用于其他经济活动，合法权益受国家法律保护。

第五条　土地使用者开发、利用、经营土地的活动，应当遵守国家法律、法规的规定，并不得损害社会公共利益。

第六条　县级以上人民政府土地管理部门依法对土地使用权的出让、转让、出租、抵押、终止进行监督检查。

第七条　土地使用权出让、转让、出租、抵押、终止及有关的地上建筑物、其他附着物的登记，由政府土地管理部门、房产管理部门依照法律和国务院的有关规定办理。

登记文件可以公开查阅。

第二章　土地使用权出让

第八条　土地使用权出让是指国家以土地所有者的身份将土地使用权在一

定年限内让与土地使用者,并由土地使用者向国家支付土地使用权出让金的行为。

土地使用权出让应当签订出让合同。

第九条 土地使用权的出让,由市、县人民政府负责,有计划、有步骤地进行。

第十条 土地使用权出让的地块、用途、年限和其他条件,由市、县人民政府土地管理部门会同城市规划和建设管理部门、房产管理部门共同拟定方案,按照国务院规定的批准权限报经批准后,由土地管理部门实施。

第十一条 土地使用权出让合同应当按照平等、自愿、有偿的原则,由市、县人民政府土地管理部门(以下简称出让方)与土地使用者签订。

第十二条 土地使用权出让最高年限按下列用途确定:

(一)居住用地七十年;

(二)工业用地五十年;

(三)教育、科技、文化、卫生、体育用地五十年;

(四)商业、旅游、娱乐用地四十年;

(五)综合或者其他用地五十年。

第十三条 土地使用权出让可以采取下列方式:

(一)协议;

(二)招标;

(三)拍卖。

依照前款规定方式出让土地使用权的具体程序和步骤,由省、自治区、直辖市人民政府规定。

第十四条 土地使用者应当在签订土地使用权出让合同后六十日内,支付全部土地使用权出让金。逾期未全部支付的,出让方有权解除合同,并可请求违约赔偿。

第十五条 出让方应当按照合同规定,提供出让的土地使用权。未按合同规定提供土地使用权的,土地使用者有权解除合同,并可请求违约赔偿。

第十六条 土地使用者在支付全部土地使用权出让金后,应当依照规定办理登记,领取土地使用证,取得土地使用权。

第十七条 土地使用者应当按照土地使用权出让合同的规定和城市规划的要求,开发、利用、经营土地。

未按合同规定的期限和条件开发、利用土地的,市、县人民政府土地管理部门应当予以纠正,并根据情节可以给予警告、罚款直至无偿收回土地使用权的处罚。

第十八条 土地使用者需要改变土地使用权出让合同规定的土地用途的,应当征得出让方同意并经土地管理部门和城市规划部门批准,依照本章的有关规定重新签订土地使用权出让合同,调整土地使用权出让金,并办理登记。

第三章 土地使用权转让

第十九条 土地使用权转让是指土地使用者将土地使用权再转移的行为,包括出售、交换和赠与。

未按土地使用权出让合同规定的期限和条件投资开发、利用土地的,土地使用权不得转让。

第二十条 土地使用权转让应当签订转让合同。

第二十一条 土地使用权转让时,土地使用权出让合同和登记文件中所载明的权利、义务随之转移。

第二十二条 土地使用者通过转让方式取得的土地使用权,其使用年限为土地使用权出让合同规定的使用年限减去原土地使用者已使用年限后的剩余年限。

第二十三条 土地使用权转让时,其地上建筑物、其他附着物所有权随之转让。

第二十四条 地上建筑物、其他附着物的所有人或者共有人,享有该建筑物、附着物使用范围内的土地使用权。

土地使用者转让地上建筑物、其他附着物所有权时,其使用范围内的土地使用权随之转让,但地上建筑物、其他附着物作为动产转让的除外。

第二十五条 土地使用权和地上建筑物、其他附着物所有权转让,应当依照规定办理过户登记。

土地使用权和地上建筑物、其他附着物所有权分割转让的,应当经市、县人民政府土地管理部门和房产管理部门批准,并依照规定办理过户登记。

第二十六条 土地使用权转让价格明显低于市场价格的,市、县人民政府有优先购买权。

土地使用权转让的市场价格不合理上涨时,市、县人民政府可以采取必要的措施。

第二十七条 土地使用权转让后,需要改变土地使用权出让合同规定的土地用途的,依照本条例第十八条的规定办理。

第四章　土地使用权出租

第二十八条　土地使用权出租是指土地使用者作为出租人将土地使用权随同地上建筑物、其他附着物租赁给承租人使用，由承租人向出租人支付租金的行为。

未按土地使用权出让合同规定的期限和条件投资开发、利用土地的，土地使用权不得出租。

第二十九条　土地使用权出租，出租人与承租人应当签订租赁合同。

租赁合同不得违背国家法律、法规和土地使用权出让合同的规定。

第三十条　土地使用权出租后，出租人必须继续履行土地使用权出让合同。

第三十一条　土地使用权和地上建筑物、其他附着物出租，出租人应当依照规定办理登记。

第五章　土地使用权抵押

第三十二条　土地使用权可以抵押。

第三十三条　土地使用权抵押时，其地上建筑物、其他附着物随之抵押。

地上建筑物、其他附着物抵押时，其使用范围内的土地使用权随之抵押。

第三十四条　土地使用权抵押，抵押人与抵押权人应当签订抵押合同。

抵押合同不得违背国家法律、法规和土地使用权出让合同的规定。

第三十五条　土地使用权和地上建筑物、其他附着物抵押，应当依照规定办理抵押登记。

第三十六条　抵押人到期未能履行债务或者在抵押合同期间宣告解散、破产的，抵押权人有权依照国家法律、法规和抵押合同的规定处分抵押财产。

因处分抵押财产而取得土地使用权和地上建筑物、其他附着物所有权的，应当依照规定办理过户登记。

第三十七条　处分抵押财产所得，抵押权人有优先受偿权。

第三十八条　抵押权因债务清偿或者其他原因而消灭的，应当依照规定办理注销抵押登记。

第六章　土地使用权终止

第三十九条　土地使用权因土地使用权出让合同规定的使用年限届满、提前收回及土地灭失等原因而终止。

第四十条　土地使用权期满，土地使用权及其地上建筑物、其他附着物所有权由国家无偿取得。土地使用者应当交还土地使用证,并依照规定办理注销登记。

第四十一条　土地使用权期满,土地使用者可以申请续期。需要续期的,应当依照本条例第二章的规定重新签订合同,支付土地使用权出让金,并办理登记。

第四十二条　国家对土地使用者依法取得的土地使用权不提前收回。在特殊情况下,根据社会公共利益的需要,国家可以依照法律程序提前收回,并根据土地使用者已使用的年限和开发、利用土地的实际情况给予相应的补偿。

第七章　划拨土地使用权

第四十三条　划拨土地使用权是指土地使用者通过各种方式依法无偿取得的土地使用权。

前款土地使用者应当依照《中华人民共和国城镇土地使用税暂行条例》的规定缴纳土地使用税。

第四十四条　划拨土地使用权,除本条例第四十五条规定的情况外,不得转让、出租、抵押。

第四十五条　符合下列条件的,经市、县人民政府土地管理部门和房产管理部门批准,其划拨土地使用权和地上建筑物、其他附着物所有权可以转让、出租、抵押:

(一)土地使用者为公司、企业、其他经济组织和个人;

(二)领有国有土地使用证;

(三)具有地上建筑物、其他附着物合法的产权证明;

(四)依照本条例第二章的规定签订土地使用权出让合同,向当地市、县人民政府补交土地使用权出让金或者以转让、出租、抵押所获收益抵交土地使用权出让金。

转让、出租、抵押前款划拨土地使用权的,分别依照本条例第三章、第四章和第五章的规定办理。

第四十六条　对未经批准擅自转让、出租、抵押划拨土地使用权的单位和个人,市、县人民政府土地管理部门应当没收其非法收入,并根据情节处以罚款。

第四十七条　无偿取得划拨土地使用权的土地使用者,因迁移、解散、撤销、破产或者其他原因而停止使用土地的,市、县人民政府应当无偿收回其划拨土地使用权,并可依照本条例的规定予以出让。

对划拨土地使用权,市、县人民政府根据城市建设发展需要和城市规划的要求,可以无偿收回,并可依照本条例的规定予以出让。

无偿收回划拨土地使用权时,对其地上建筑物、其他附着物,市、县人民政府应当根据实际情况给予适当补偿。

第八章 附 则

第四十八条 依照本条例的规定取得土地使用权的个人,其土地使用权可以继承。

第四十九条 土地使用者应当依照国家税收法规的规定纳税。

第五十条 依照本条例收取的土地使用权出让金列入财政预算,作为专项基金管理,主要用于城市建设和土地开发。具体使用管理办法,由财政部另行制定。

第五十一条 各省、自治区、直辖市人民政府应当根据本条例的规定和当地的实际情况选择部分条件比较成熟的城镇先行试点。

第五十二条 本条例由国家土地管理局负责解释;实施办法由省、自治区、直辖市人民政府制定。

第五十三条 本条例自发布之日起施行。

中华人民共和国铁路法

（1990 年 9 月 7 日第七届全国人民代表大会常务委员会第十五次会议通过　根据 2009 年 8 月 27 日第十一届全国人民代表大会常务委员会第十次会议《关于修改部分法律的决定》第一次修正　根据 2015 年 4 月 24 日第十二届全国人民代表大会常务委员会第十四次会议《关于修改〈中华人民共和国义务教育法〉等五部法律的决定》第二次修正　修正后自公布之日起施行）

第一章　总　　则

第一条　为了保障铁路运输和铁路建设的顺利进行，适应社会主义现代化建设和人民生活的需要，制定本法。

第二条　本法所称铁路，包括国家铁路、地方铁路、专用铁路和铁路专用线。

国家铁路是指由国务院铁路主管部门管理的铁路。

地方铁路是指由地方人民政府管理的铁路。

专用铁路是指由企业或者其他单位管理，专为本企业或者本单位内部提供运输服务的铁路。

铁路专用线是指由企业或者其他单位管理的与国家铁路或者其他铁路线路接轨的岔线。

第三条　国务院铁路主管部门主管全国铁路工作，对国家铁路实行高度集中、统一指挥的运输管理体制，对地方铁路、专用铁路和铁路专用线进行指导、协调、监督和帮助。

国家铁路运输企业行使法律、行政法规授予的行政管理职能。

第四条　国家重点发展国家铁路，大力扶持地方铁路的发展。

第五条　铁路运输企业必须坚持社会主义经营方向和为人民服务的宗旨，改善经营管理，切实改进路风，提高运输服务质量。

第六条　公民有爱护铁路设施的义务。禁止任何人破坏铁路设施，扰乱铁路运输的正常秩序。

第七条　铁路沿线各级地方人民政府应当协助铁路运输企业保证铁路运输

安全畅通，车站、列车秩序良好，铁路设施完好和铁路建设顺利进行。

第八条 国家铁路的技术管理规程，由国务院铁路主管部门制定，地方铁路、专用铁路的技术管理办法，参照国家铁路的技术管理规程制定。

第九条 国家鼓励铁路科学技术研究，提高铁路科学技术水平。对在铁路科学技术研究中有显著成绩的单位和个人给予奖励。

第二章 铁路运输营业

第十条 铁路运输企业应当保证旅客和货物运输的安全，做到列车正点到达。

第十一条 铁路运输合同是明确铁路运输企业与旅客、托运人之间权利义务关系的协议。

旅客车票、行李票、包裹票和货物运单是合同或者合同的组成部分。

第十二条 铁路运输企业应当保证旅客按车票载明的日期、车次乘车，并到达目的站。因铁路运输企业的责任造成旅客不能按车票载明的日期、车次乘车的，铁路运输企业应当按照旅客的要求，退还全部票款或者安排改乘到达相同目的站的其他列车。

第十三条 铁路运输企业应当采取有效措施做好旅客运输服务工作，做到文明礼貌、热情周到，保持车站和车厢内的清洁卫生，提供饮用开水，做好列车上的饮食供应工作。

铁路运输企业应当采取措施，防止对铁路沿线环境的污染。

第十四条 旅客乘车应当持有效车票。对无票乘车或者持失效车票乘车的，应当补收票款，并按照规定加收票款；拒不交付的，铁路运输企业可以责令下车。

第十五条 国家铁路和地方铁路根据发展生产、搞活流通的原则，安排货物运输计划。

对抢险救灾物资和国家规定需要优先运输的其他物资，应予优先运输。

地方铁路运输的物资需要经由国家铁路运输的，其运输计划应当纳入国家铁路的运输计划。

第十六条 铁路运输企业应当按照合同约定的期限或者国务院铁路主管部门规定的期限，将货物、包裹、行李运到目的站；逾期运到的，铁路运输企业应当支付违约金。

铁路运输企业逾期三十日仍未将货物、包裹、行李交付收货人或者旅客的，托运人、收货人或者旅客有权按货物、包裹、行李灭失向铁路运输企业要求赔偿。

第十七条 铁路运输企业应当对承运的货物、包裹、行李自接受承运时起到交付时止发生的灭失、短少、变质、污染或者损坏，承担赔偿责任：

（一）托运人或者旅客根据自愿申请办理保价运输的，按照实际损失赔偿，但最高不超过保价额。

（二）未按保价运输承运的，按照实际损失赔偿，但最高不超过国务院铁路主管部门规定的赔偿限额；如果损失是由于铁路运输企业的故意或者重大过失造成的，不适用赔偿限额的规定，按照实际损失赔偿。

托运人或者旅客根据自愿可以向保险公司办理货物运输保险，保险公司按照保险合同的约定承担赔偿责任。

托运人或者旅客根据自愿，可以办理保价运输，也可以办理货物运输保险；还可以既不办理保价运输，也不办理货物运输保险。不得以任何方式强迫办理保价运输或者货物运输保险。

第十八条 由于下列原因造成的货物、包裹、行李损失的，铁路运输企业不承担赔偿责任：

（一）不可抗力。

（二）货物或者包裹、行李中的物品本身的自然属性，或者合理损耗。

（三）托运人、收货人或者旅客的过错。

第十九条 托运人应当如实填报托运单，铁路运输企业有权对填报的货物和包裹的品名、重量、数量进行检查。经检查，申报与实际不符的，检查费用由托运人承担；申报与实际相符的，检查费用由铁路运输企业承担，因检查对货物和包裹中的物品造成的损坏由铁路运输企业赔偿。

托运人因申报不实而少交的运费和其他费用应当补交，铁路运输企业按照国务院铁路主管部门的规定加收运费和其他费用。

第二十条 托运货物需要包装的，托运人应当按照国家包装标准或者行业包装标准包装；没有国家包装标准或者行业包装标准的，应当妥善包装，使货物在运输途中不因包装原因而受损坏。

铁路运输企业对承运的容易腐烂变质的货物和活动物，应当按照国务院铁路主管部门的规定和合同的约定，采取有效的保护措施。

第二十一条 货物、包裹、行李到站后，收货人或者旅客应当按照国务院铁路主管部门规定的期限及时领取，并支付托运人未付或者少付的运费和其他费用；

逾期领取的,收货人或者旅客应当按照规定交付保管费。

第二十二条 自铁路运输企业发出领取货物通知之日起满三十日仍无人领取的货物,或者收货人书面通知铁路运输企业拒绝领取的货物,铁路运输企业应当通知托运人,托运人自接到通知之日起满三十日未作答复的,由铁路运输企业变卖;所得价款在扣除保管等费用后尚有余款的,应当退还托运人,无法退还、自变卖之日起一百八十日内托运人又未领回的,上缴国库。

自铁路运输企业发出领取通知之日起满九十日仍无人领取的包裹或者到站后满九十日仍无人领取的行李,铁路运输企业应当公告,公告满九十日仍无人领取的,可以变卖;所得价款在扣除保管等费用后尚有余款的,托运人、收货人或者旅客可以自变卖之日起一百八十日内领回,逾期不领回的,上缴国库。

对危险物品和规定限制运输的物品,应当移交公安机关或者有关部门处理,不得自行变卖。

对不宜长期保存的物品,可以按照国务院铁路主管部门的规定缩短处理期限。

第二十三条 因旅客、托运人或者收货人的责任给铁路运输企业造成财产损失的,由旅客、托运人或者收货人承担赔偿责任。

第二十四条 国家鼓励专用铁路兼办公共旅客、货物运输营业;提倡铁路专用线与有关单位按照协议共用。

专用铁路兼办公共旅客、货物运输营业的,应当报经省、自治区、直辖市人民政府批准。

专用铁路兼办公共旅客、货物运输营业的,适用本法关于铁路运输企业的规定。

第二十五条 铁路的旅客票价率和货物、行李的运价率实行政府指导价或者政府定价,竞争性领域实行市场调节价。政府指导价、政府定价的定价权限和具体适用范围以中央政府和地方政府的定价目录为依据。铁路旅客、货物运输杂费的收费项目和收费标准,以及铁路包裹运价率由铁路运输企业自主制定。

第二十六条 铁路的旅客票价,货物、包裹、行李的运价,旅客和货物运输杂费的收费项目和收费标准,必须公告;未公告的不得实施。

第二十七条 国家铁路、地方铁路和专用铁路印制使用的旅客、货物运输票证,禁止伪造和变造。

禁止倒卖旅客车票和其他铁路运输票证。

第二十八条 托运、承运货物、包裹、行李，必须遵守国家关于禁止或者限制运输物品的规定。

第二十九条 铁路运输企业与公路、航空或者水上运输企业相互间实行国内旅客、货物联运，依照国家有关规定办理；国家没有规定的，依照有关各方的协议办理。

第三十条 国家铁路、地方铁路参加国际联运，必须经国务院批准。

第三十一条 铁路军事运输依照国家有关规定办理。

第三十二条 发生铁路运输合同争议的，铁路运输企业和托运人、收货人或者旅客可以通过调解解决；不愿意调解解决或者调解不成的，可以依据合同中的仲裁条款或者事后达成的书面仲裁协议，向国家规定的仲裁机构申请仲裁。

当事人一方在规定的期限内不履行仲裁机构的仲裁决定的，另一方可以申请人民法院强制执行。

当事人没有在合同中订立仲裁条款，事后又没有达成书面仲裁协议的，可以向人民法院起诉。

第三章 铁 路 建 设

第三十三条 铁路发展规划应当依据国民经济和社会发展以及国防建设的需要制定，并与其他方式的交通运输发展规划相协调。

第三十四条 地方铁路、专用铁路、铁路专用线的建设计划必须符合全国铁路发展规划，并征得国务院铁路主管部门或者国务院铁路主管部门授权的机构的同意。

第三十五条 在城市规划区范围内，铁路的线路、车站、枢纽以及其他有关设施的规划，应当纳入所在城市的总体规划。

铁路建设用地规划，应当纳入土地利用总体规划。为远期扩建、新建铁路需要的土地，由县级以上人民政府在土地利用总体规划中安排。

第三十六条 铁路建设用地，依照有关法律、行政法规的规定办理。

有关地方人民政府应当支持铁路建设，协助铁路运输企业做好铁路建设征收土地工作和拆迁安置工作。

第三十七条 已经取得使用权的铁路建设用地，应当依照批准的用途使用，不得擅自改作他用；其他单位或者个人不得侵占。

侵占铁路建设用地的，由县级以上地方人民政府土地管理部门责令停止侵占、赔偿损失。

第三十八条 铁路的标准轨距为1435毫米。新建国家铁路必须采用标准轨距。

窄轨铁路的轨距为762毫米或者1000毫米。

新建和改建铁路的其他技术要求应当符合国家标准或者行业标准。

第三十九条 铁路建成后，必须依照国家基本建设程序的规定，经验收合格，方能交付正式运行。

第四十条 铁路与道路交叉处，应当优先考虑设置立体交叉；未设立体交叉的，可以根据国家有关规定设置平交道口或者人行过道。在城市规划区内设置平交道口或者人行过道，由铁路运输企业或者建有专用铁路、铁路专用线的企业或者其他单位和城市规划主管部门共同决定。

拆除已经设置的平交道口或者人行过道，由铁路运输企业或者建有专用铁路、铁路专用线的企业或者其他单位和当地人民政府商定。

第四十一条 修建跨越河流的铁路桥梁，应当符合国家规定的防洪、通航和水流的要求。

第四章 铁路安全与保护

第四十二条 铁路运输企业必须加强对铁路的管理和保护，定期检查、维修铁路运输设施，保证铁路运输设施完好，保障旅客和货物运输安全。

第四十三条 铁路公安机关和地方公安机关分工负责共同维护铁路治安秩序。车站和列车内的治安秩序，由铁路公安机关负责维护；铁路沿线的治安秩序，由地方公安机关和铁路公安机关共同负责维护，以地方公安机关为主。

第四十四条 电力主管部门应当保证铁路牵引用电以及铁路运营用电中重要负荷的电力供应。铁路运营用电中重要负荷的供应范围由国务院铁路主管部门和国务院电力主管部门商定。

第四十五条 铁路线路两侧地界以外的山坡地由当地人民政府作为水土保持的重点进行整治。铁路隧道顶上的山坡地由铁路运输企业协助当地人民政府进行整治。铁路地界以内的山坡地由铁路运输企业进行整治。

第四十六条 在铁路线路和铁路桥梁、涵洞两侧一定距离内，修建山塘、水库、堤坝，开挖河道、干渠，采石挖砂，打井取水，影响铁路路基稳定或者危害铁路桥梁、涵洞安全的，由县级以上地方人民政府责令停止建设或者采挖、打井等活动，限期恢复原状或者责令采取必要的安全防护措施。

在铁路线路上架设电力、通讯线路，埋置电缆、管道设施，穿凿通过铁路路基的地下坑道，必须经铁路运输企业同意，并采取安全防护措施。

在铁路弯道内侧、平交道口和人行过道附近，不得修建妨碍行车瞭望的建筑物和种植妨碍行车瞭望的树木。修建妨碍行车瞭望的建筑物的，由县级以上地方人民政府责令限期拆除。种植妨碍行车瞭望的树木的，由县级以上地方人民政府责令有关单位或者个人限期迁移或者修剪、砍伐。

违反前三款的规定，给铁路运输企业造成损失的单位或者个人，应当赔偿损失。

第四十七条 禁止擅自在铁路线路上铺设平交道口和人行过道。

平交道口和人行过道必须按照规定设置必要的标志和防护设施。

行人和车辆通过铁路平交道口和人行过道时，必须遵守有关通行的规定。

第四十八条 运输危险品必须按照国务院铁路主管部门的规定办理，禁止以非危险品品名托运危险品。

禁止旅客携带危险品进站上车。铁路公安人员和国务院铁路主管部门规定的铁路职工，有权对旅客携带的物品进行运输安全检查。实施运输安全检查的铁路职工应当佩戴执勤标志。

危险品的品名由国务院铁路主管部门规定并公布。

第四十九条 对损毁、移动铁路信号装置及其他行车设施或者在铁路线路上放置障碍物的，铁路职工有权制止，可以扭送公安机关处理。

第五十条 禁止偷乘货车、攀附行进中的列车或者击打列车。对偷乘货车、攀附行进中的列车或者击打列车的，铁路职工有权制止。

第五十一条 禁止在铁路线路上行走、坐卧。对在铁路线路上行走、坐卧的，铁路职工有权制止。

第五十二条 禁止在铁路线路两侧二十米以内或者铁路防护林地内放牧。对在铁路线路两侧二十米以内或者铁路防护林地内放牧的，铁路职工有权制止。

第五十三条 对聚众拦截列车或者聚众冲击铁路行车调度机构的，铁路职工有权制止；不听制止的，公安人员现场负责人有权命令解散；拒不解散的，公安人员现场负责人有权依照国家有关规定决定采取必要手段强行驱散，并对拒不服从的人员强行带离现场或者予以拘留。

第五十四条 对哄抢铁路运输物资的，铁路职工有权制止，可以扭送公安机关处理;现场公安人员可以予以拘留。

第五十五条 在列车内,寻衅滋事,扰乱公共秩序,危害旅客人身、财产安全的,铁路职工有权制止,铁路公安人员可以予以拘留。

第五十六条 在车站和旅客列车内,发生法律规定需要检疫的传染病时,由铁路卫生检疫机构进行检疫;根据铁路卫生检疫机构的请求,地方卫生检疫机构应予协助。

货物运输的检疫,依照国家规定办理。

第五十七条 发生铁路交通事故,铁路运输企业应当依照国务院和国务院有关主管部门关于事故调查处理的规定办理,并及时恢复正常行车,任何单位和个人不得阻碍铁路线路开通和列车运行。

第五十八条 因铁路行车事故及其他铁路运营事故造成人身伤亡的,铁路运输企业应当承担赔偿责任;如果人身伤亡是因不可抗力或者由于受害人自身的原因造成的,铁路运输企业不承担赔偿责任。

违章通过平交道口或者人行过道,或者在铁路线路上行走、坐卧造成的人身伤亡,属于受害人自身的原因造成的人身伤亡。

第五十九条 国家铁路的重要桥梁和隧道,由中国人民武装警察部队负责守卫。

第五章 法 律 责 任

第六十条 违反本法规定,携带危险品进站上车或者以非危险品品名托运危险品,导致发生重大事故的,依照刑法有关规定追究刑事责任。企业事业单位、国家机关、社会团体犯本款罪的,处以罚金,对其主管人员和直接责任人员依法追究刑事责任。

携带炸药、雷管或者非法携带枪支子弹、管制刀具进站上车的,依照刑法有关规定追究刑事责任。

第六十一条 故意损毁、移动铁路行车信号装置或者在铁路线路上放置足以使列车倾覆的障碍物的,依照刑法有关规定追究刑事责任。

第六十二条 盗窃铁路线路上行车设施的零件、部件或者铁路线路上的器材,危及行车安全的,依照刑法有关规定追究刑事责任。

第六十三条 聚众拦截列车、冲击铁路行车调度机构不听制止的,对首要分子和骨干分子依照刑法有关规定追究刑事责任。

第六十四条 聚众哄抢铁路运输物资的，对首要分子和骨干分子依照刑法有关规定追究刑事责任。

铁路职工与其他人员勾结犯前款罪的，从重处罚。

第六十五条 在列车内，抢劫旅客财物，伤害旅客的，依照刑法有关规定从重处罚。

在列车内，寻衅滋事，侮辱妇女，情节恶劣的，依照刑法有关规定追究刑事责任；敲诈勒索旅客财物的，依照刑法有关规定追究刑事责任。

第六十六条 倒卖旅客车票，构成犯罪的，依照刑法有关规定追究刑事责任。铁路职工倒卖旅客车票或者与其他人员勾结倒卖旅客车票的，依照刑法有关规定追究刑事责任。

第六十七条 违反本法规定，尚不够刑事处罚，应当给予治安管理处罚的，依照治安管理处罚法的规定处罚。

第六十八条 擅自在铁路线路上铺设平交道口、人行过道的，由铁路公安机关或者地方公安机关责令限期拆除，可以并处罚款。

第六十九条 铁路运输企业违反本法规定，多收运费、票款或者旅客、货物运输杂费的，必须将多收的费用退还付款人，无法退还的上缴国库。将多收的费用据为己有或者侵吞私分的，依照刑法有关规定追究刑事责任。

第七十条 铁路职工利用职务之便走私的，或者与其他人员勾结走私的，依照刑法有关规定追究刑事责任。

第七十一条 铁路职工玩忽职守、违反规章制度造成铁路运营事故的，滥用职权、利用办理运输业务之便谋取私利的，给予行政处分；情节严重、构成犯罪的，依照刑法有关规定追究刑事责任。

第六章 附 则

第七十二条 本法所称国家铁路运输企业是指铁路局和铁路分局。

第七十三条 国务院根据本法制定实施条例。

第七十四条 本法自 1991 年 5 月 1 日起施行。

国家土地管理局　铁道部关于颁布《铁路用地管理办法》的通知

（1992 年 10 月 27 日　国土〔建〕字第 144 号）

各省、自治区、直辖市及计划单列市土地（国土）管理局（厅），铁道部部属各单位：

根据《中华人民共和国土地管理法》和《中华人民共和国铁路法》有关规定制定的《铁路用地管理办法》，经国家土地管理局、铁道部批准自一九九二年十二月一日起颁布施行。

附：

铁路用地管理办法

第一章　总　　则

第一条　为加强铁路用地管理，适应铁路运输安全生产和建设发展需要，根据《中华人民共和国土地管理法》（以下简称《土地管理法》）和《中华人民共和国铁路法》及有关法律、法规，制定本办法。

第二条　铁路部门要认真贯彻执行“十分珍惜和合理利用每寸土地，切实保护耕地”的基本国策，在土地统一管理的原则下切实做好本部门用地的利用管理，制止乱占、滥用土地的违法行为。

第三条　铁路用地属于国家所有，由铁路部门利用和管理，受国家法律保护。

第四条　铁路用地是指铁路部门依法取得使用权的土地，包括留用的和征

注：根据《国土资源部关于公布继续有效的规范性文件目录的公告》（2011 年第 5 号），“凡未列入本目录的国土资源部文件（包括原地质矿产部、原国家土地管理局发布的文件），原则上不再作为国土资源管理的依据”。该办法未列入国土资源部继续有效的规范性文件目录，但并未明确废止或失效。该办法未列入《自然资源部关于公布继续有效的规范性文件目录》（2019 年第 31 号），但亦无明文予以废止。

(拨)用的运输生产用地、辅助生产用地、生活设施用地和其他用地。

铁路临时用地是指根据铁路建设的需要,短期内(三年)使用的施工用地,材料、机械堆场用地,简易道路和便线用地,取弃土场用地等。

第五条　铁路用地的规划、建设、利用、保护和管理,按本办法执行。

第二章　铁路用地管理机构的职责

第六条　铁道部、铁路局、铁路分局以及铁道部其他单位的所有铁路用地管理机构均应在国务院和县级以上人民政府土地管理部门统一指导下,进行铁路用地管理工作。

第七条　铁路用地管理机构的职责:

(一)宣传、贯彻、执行国家有关土地管理的法律、法规和政策,在土地管理部门的指导下制定铁路用地的规章制度。

(二)按照国家统一规定,负责铁路用地的调查、申报登记、统计和计划工作。

(三)承办国家批准的铁路建设征(拨)用地的申报工作。

(四)负责对铁路用地的利用状况进行指导、检查和监督;受县级以上人民政府土地管理部门委托,开展铁路用地的监察工作。

(五)依据国家、地方有关法规,配合县级以上人民政府土地管理部门处理土地纠纷。

(六)负责国家和省级土地管理部门委托的有关事宜。

第三章　铁路建设用地

第八条　铁路建设需要征用集体所有土地或划拨国有土地,应严格《土地管理法》和《铁路法》有关条款规定的审批程序和审批权限办理征(拨)土地手续。依法批准的铁路建设用地,在领取建设用地批准书后,方可正式使用。

第九条　铁路用地管理机构负责办理铁路建设征(拨)用地的申报工作。

第十条　铁路建设用地应按总体设计一次申请批准,也可根据需要,以设计段办理用地手续。凡工期较长、工程复杂、不能同步竣工的建设项目(桥梁、隧道等),按批准权限,经国家或省级土地管理部门同意,可以先期使用土地,然后在正式办理建设项目用地手续时一并申请报批。

建设过程中,因设计变更或施工条件等客观原因引起用地数量变化和位置移动,应先办理用地手续后,再使用土地。

第十一条　铁路建设项目用地需支付的征(拨)土地费用应根据《土地管理

法》的有关规定,经过实地调查和科学测算后,合理确定。

征(拨)土地费用要兼顾国家、地方、集体的利益。

第十二条 报国家和省级政府批准的铁路建设用地,国家和省级土地管理部门的咨询评估机构参与项目用地的前期工作。

第十三条 铁路建设项目竣工时,县级以上人民政府土地管理部门和铁路用地管理机构参与项目用地竣工验收,经核实无误,由当地县级以上人民政府土地管理部门收回建设用地批准书,换发国有土地使用证。

铁路建设项目经验收合格,在建设单位移交给接管单位时,应交用地有关的全部资料同时移交给接管单位的铁路用地管理机构。

第十四条 铁路建设项目在征(拨)用地范围外需要增加临时用地,应向当地县级以上人民政府土地管理部门提出申请,经批准后方可使用。需延长临时用地期限,应办理延期手续。临时用地不得建设地上、地下永久性建(构)筑物。

需要复垦的土地应按照国务院《土地复垦规定》,制定土地复垦规划,如期进行土地复垦。

第十五条 铁路建设用地应按批准的用途使用,如改变土地用途,需要原批准用地的机关同意,并办理变更登记手续。

第四章 铁路用地利用规划

第十六条 铁路部门要按照国家有关规定,依据铁路发展规划编制铁路用地的利用规划和中长期计划。

第十七条 铁路用地利用规划与当地县级以上人民政府土地利用总体规划相协调,并纳入当地土地利用总体规划。远期扩建、新建铁路所需要的土地,由县级以上人民政府在土地利用总体规划中安排。

铁路用地利用规划要依据铁路运输发展的长远规划,全面考虑生产和生活、铁路与地方衔接的关系。

第十八条 在城市规划区范围内,铁路的线路、车站、枢纽以及其他有关设施的规划,应当纳入所在城市的总体规划。

第十九条 铁路用地利用规划,经上级土地管理部门同意和铁路主管部门批准,报送所在地省级人民政府土地管理部门备案。

第二十条 铁路部门要按批准的铁路用地利用规划,在铁路用地范围内进行各项建设,由铁路用地管理机构检查、核实土地。

第二十一条 铁路用地的中长期计划,由铁路用地管理机构根据铁路发展规划组织编写，经铁路主管部门审查，报送国家和所在地省级人民政府土地管理部门备案。

铁路用地的年度计划，应由铁路用地管理机构提出，报送县级以上人民政府土地管理部门，纳入年度土地利用计划后执行。

第五章 铁路用地的保护

第二十二条 铁路用地按国家有关规定，向当地县级以上人民政府土地管理部门申请土地登记。

铁路运输系统用地由铁路局、铁路分局按宗地向所在地县级以上人民政府土地管理部门申请土地登记。

铁路其他用地，由用地单位直接向所在地的县级以上人民政府土地管理部门申请土地登记。

第二十三条 为明确铁路用地的界限、范围，铁路用地管理机构根据国家有关规定可按依法确定的地界埋设界标。

第二十四条 对铁路用地要实行重点保护，任何单位和个人不得占用。因特殊情况，确需占用铁路用地时，须征得铁路用地管理机构同意后，依法向县级以上人民政府土地管理部门申请办理权属变更手续。

第二十五条 严禁在铁路线路用地范围内开垦种植、挖渠修塘、采石采砂、取土弃碴、埋坟等破坏路基稳定的活动。

第二十六条 铁路沿线两侧用地范围内的土地，除按规定留出修建排水系统、造林绿化等用地外，已由承种人耕种的，在铁路未使用前可继续耕种，但必须与铁路用地管理机构签订承种协议，并送当地县级土地管理部门备案。不准在承种的土地上兴建临时或永久性建筑物、种植多年生作物。

暂交由承种人承种的铁路用地，当铁路建设需要时，铁路部门有权收回，并按下列规定办理。

（一）收回承种的铁路用地。铁路用地管理机构需提前三个月，书面通知当地县、乡人民政府转告承种人。

（二）所收回的铁路用地如已播种，由铁路部门支付给承种人当季青苗补偿费。

（三）被收回铁路用地的承种人确有实际困难的，由铁路部门发给不超过实际种植作物一年产量总值的补助费。

第二十七条 铁路用地管理机构受当地政府土地管理部门委托，可建立监察队伍,负责铁路用地的保护,依法对铁路用地的利用状况实施监督检查,对违章占地、滥用土地等行为进行制止。

第二十八条 铁路用地单位与其他部门、单位发生土地权属争议,铁路用地管理机构应协助当地县级以上土地管理部门进行调处,对调处不服者,争议双方均可按法律程序向人民法院起诉。

第六章 奖励与惩罚

第二十九条 对在保护和合理利用铁路用地方面成绩显著的单位和个人,由人民政府土地管理部门或者铁路部门给予表扬或者奖励。

第三十条 侵占铁路用地的,依照《铁路法》第三十七条第二款规定处理。

买卖或者以其他形式非法转让铁路用地的,依照《土地管理法》第四十七条和《土地管理法实施条例》第三十一条规定处理。

第三十一条 铁路用地单位未经批准或者采取欺骗手段骗取批准,非法占用土地的,依照《土地管理法》第四十三条第一款和《土地管理法实施条例》第三十条的规定处理。

铁路用地单位超过批准的用地数量占用土地的,多占的土地,依照《土地管理法》第四十三条第二款处理。

第三十二条 单位或者个人擅自在铁路两侧依法确定的铁路用地范围内进行挖坑取土、开垦种植、挖渠修塘、采石采砂、埋坟等影响铁路路基稳定活动的,或者擅自移动、损毁铁路用地界标的,铁路用地管理机构有权制止,并可提请当地人民政府或者政府有关主管部门依法处理。

第三十三条 凡因征(拨)用地,无理阻碍铁路建设影响铁路生产的单位或个人,土地管理部门和铁路用地管理机构可提请县级以上人民政府予以制止,制止无效的,由有关部门依法处理。

第三十四条 铁路用地管理机构工作人员玩忽职守,利用职权徇私舞弊,造成土地浪费和重大经济损失的,由有关部门依法处理。

第七章 附 则

第三十五条 本办法由国家土地管理局商铁道部解释。

第三十六条 地方铁路、专用铁路、铁路专用线用地可参照本办法执行。

第三十七条 铁路用地的有偿使用按国家有关规定执行。

第三十八条 本办法自 1992 年 12 月 1 日起施行。

中华人民共和国矿产资源法

（1986年3月19日第六届全国人民代表大会常务委员会第十五次会议通过 根据1996年8月29日第八届全国人民代表大会常务委员会第二十一次会议《关于修改〈中华人民共和国矿产资源法〉的决定》第一次修正 根据2009年8月27日第十一届全国人民代表大会常务委员会第十次会议《关于修改部分法律的决定》第二次修正，修正后自公布之日起施行）

第一章 总 则

第一条 为了发展矿业，加强矿产资源的勘查、开发利用和保护工作，保障社会主义现代化建设的当前和长远的需要，根据中华人民共和国宪法，特制定本法。

第二条 在中华人民共和国领域及管辖海域勘查、开采矿产资源，必须遵守本法。

第三条 矿产资源属于国家所有，由国务院行使国家对矿产资源的所有权。地表或者地下的矿产资源的国家所有权，不因其所依附的土地的所有权或者使用权的不同而改变。

国家保障矿产资源的合理开发利用。禁止任何组织或者个人用任何手段侵占或者破坏矿产资源。各级人民政府必须加强矿产资源的保护工作。

勘查、开采矿产资源，必须依法分别申请、经批准取得探矿权、采矿权，并办理登记；但是，已经依法申请取得采矿权的矿山企业在划定的矿区范围内为本企业的生产而进行的勘查除外。国家保护探矿权和采矿权不受侵犯，保障矿区和勘查作业区的生产秩序、工作秩序不受影响和破坏。

从事矿产资源勘查和开采的，必须符合规定的资质条件。

第四条 国家保障依法设立的矿山企业开采矿产资源的合法权益。

国有矿山企业是开采矿产资源的主体。国家保障国有矿业经济的巩固和发展。

第五条 国家实行探矿权、采矿权有偿取得的制度；但是，国家对探矿权、采矿权有偿取得的费用，可以根据不同情况规定予以减缴、免缴。具体办法和实施步骤由国务院规定。

开采矿产资源，必须按照国家有关规定缴纳资源税和资源补偿费。

第六条 除按下列规定可以转让外，探矿权、采矿权不得转让：

（一）探矿权人有权在划定的勘查作业区内进行规定的勘查作业，有权优先取得勘查作业区内矿产资源的采矿权。探矿权人在完成规定的最低勘查投入后，经依法批准，可以将探矿权转让他人。

（二）已取得采矿权的矿山企业，因企业合并、分立，与他人合资、合作经营，或者因企业资产出售以及有其他变更企业资产产权的情形而需要变更采矿权主体的，经依法批准可以将采矿权转让他人采矿。

前款规定的具体办法和实施步骤由国务院规定。

禁止将探矿权、采矿权倒卖牟利。

第七条 国家对矿产资源的勘查、开发实行统一规划、合理布局、综合勘查、合理开采和综合利用的方针。

第八条 国家鼓励矿产资源勘查、开发的科学技术研究，推广先进技术，提高矿产资源勘查、开发的科学技术水平。

第九条 在勘查、开发、保护矿产资源和进行科学技术研究等方面成绩显著的单位和个人，由各级人民政府给予奖励。

第十条 国家在民族自治地方开采矿产资源，应当照顾民族自治地方的利益，作出有利于民族自治地方经济建设的安排，照顾当地少数民族群众的生产和生活。

民族自治地方的自治机关根据法律规定和国家的统一规划，对可以由本地方开发的矿产资源，优先合理开发利用。

第十一条 国务院地质矿产主管部门主管全国矿产资源勘查、开采的监督管理工作。国务院有关主管部门协助国务院地质矿产主管部门进行矿产资源勘查、开采的监督管理工作。

省、自治区、直辖市人民政府地质矿产主管部门主管本行政区域内矿产资源勘查、开采的监督管理工作。省、自治区、直辖市人民政府有关主管部门协助同级地质矿产主管部门进行矿产资源勘查、开采的监督管理工作。

第二章 矿产资源勘查的登记和开采的审批

第十二条 国家对矿产资源勘查实行统一的区块登记管理制度。矿产资源勘查登记工作,由国务院地质矿产主管部门负责;特定矿种的矿产资源勘查登记工作,可以由国务院授权有关主管部门负责。矿产资源勘查区块登记管理办法由国务院制定。

第十三条 国务院矿产储量审批机构或者省、自治区、直辖市矿产储量审批机构负责审查批准供矿山建设设计使用的勘探报告,并在规定的期限内批复报送单位。勘探报告未经批准,不得作为矿山建设设计的依据。

第十四条 矿产资源勘查成果档案资料和各类矿产储量的统计资料,实行统一的管理制度,按照国务院规定汇交或者填报。

第十五条 设立矿山企业,必须符合国家规定的资质条件,并依照法律和国家有关规定,由审批机关对其矿区范围、矿山设计或者开采方案、生产技术条件、安全措施和环境保护措施等进行审查;审查合格的,方予批准。

第十六条 开采下列矿产资源的,由国务院地质矿产主管部门审批,并颁发采矿许可证:

(一)国家规划矿区和对国民经济具有重要价值的矿区内的矿产资源;

(二)前项规定区域以外可供开采的矿产储量规模在大型以上的矿产资源;

(三)国家规定实行保护性开采的特定矿种;

(四)领海及中国管辖的其他海域的矿产资源;

(五)国务院规定的其他矿产资源。

开采石油、天然气、放射性矿产等特定矿种的,可以由国务院授权的有关主管部门审批,并颁发采矿许可证。

开采第一款、第二款规定以外的矿产资源,其可供开采的矿产的储量规模为中型的,由省、自治区、直辖市人民政府地质矿产主管部门审批和颁发采矿许可证。

开采第一款、第二款和第三款规定以外的矿产资源的管理办法,由省、自治区、直辖市人民代表大会常务委员会依法制定。

依照第三款、第四款的规定审批和颁发采矿许可证的,由省、自治区、直辖市人民政府地质矿产主管部门汇总向国务院地质矿产主管部门备案。

矿产储量规模的大型、中型的划分标准,由国务院矿产储量审批机构规定。

第十七条 国家对国家规划矿区、对国民经济具有重要价值的矿区和国家规定实行保护性开采的特定矿种,实行有计划的开采;未经国务院有关主管部门批准,任何单位和个人不得开采。

第十八条 国家规划矿区的范围、对国民经济具有重要价值的矿区的范围、矿山企业矿区的范围依法划定后，由划定矿区范围的主管机关通知有关县级人民政府予以公告。

矿山企业变更矿区范围，必须报请原审批机关批准，并报请原颁发采矿许可证的机关重新核发采矿许可证。

第十九条 地方各级人民政府应当采取措施，维护本行政区域内的国有矿山企业和其他矿山企业矿区范围内的正常秩序。

禁止任何单位和个人进入他人依法设立的国有矿山企业和其他矿山企业矿区范围内采矿。

第二十条 非经国务院授权的有关主管部门同意，不得在下列地区开采矿产资源：

（一）港口、机场、国防工程设施圈定地区以内；

（二）重要工业区、大型水利工程设施、城镇市政工程设施附近一定距离以内；

（三）铁路、重要公路两侧一定距离以内；

（四）重要河流、堤坝两侧一定距离以内；

（五）国家划定的自然保护区、重要风景区，国家重点保护的不能移动的历史文物和名胜古迹所在地；

（六）国家规定不得开采矿产资源的其他地区。

第二十一条 关闭矿山，必须提出矿山闭坑报告及有关采掘工程、不安全隐患、土地复垦利用、环境保护的资料，并按照国家规定报请审查批准。

第二十二条 勘查、开采矿产资源时，发现具有重大科学文化价值的罕见地质现象以及文化古迹，应当加以保护并及时报告有关部门。

第三章 矿产资源的勘查

第二十三条 区域地质调查按照国家统一规划进行。区域地质调查的报告和图件按照国家规定验收，提供有关部门使用。

第二十四条 矿产资源普查在完成主要矿种普查任务的同时，应当对工作区内包括共生或者伴生矿产的成矿地质条件和矿床工业远景作出初步综合评价。

第二十五条 矿床勘探必须对矿区内具有工业价值的共生和伴生矿产进行综合评价，并计算其储量。未作综合评价的勘探报告不予批准。但是，国务院计划部门另有规定的矿床勘探项目除外。

第二十六条　普查、勘探易损坏的特种非金属矿产、流体矿产、易燃易爆易溶矿产和含有放射性元素的矿产，必须采用省级以上人民政府有关主管部门规定的普查、勘探方法，并有必要的技术装备和安全措施。

第二十七条　矿产资源勘查的原始地质编录和图件，岩矿心、测试样品和其他实物标本资料，各种勘查标志，应当按照有关规定保护和保存。

第二十八条　矿床勘探报告及其他有价值的勘查资料，按照国务院规定实行有偿使用。

第四章　矿产资源的开采

第二十九条　开采矿产资源，必须采取合理的开采顺序、开采方法和选矿工艺。矿山企业的开采回采率、采矿贫化率和选矿回收率应当达到设计要求。

第三十条　在开采主要矿产的同时，对具有工业价值的共生和伴生矿产应当统一规划，综合开采，综合利用，防止浪费；对暂时不能综合开采或者必须同时采出而暂时还不能综合利用的矿产以及含有有用组分的尾矿，应当采取有效的保护措施，防止损失破坏。

第三十一条　开采矿产资源，必须遵守国家劳动安全卫生规定，具备保障安全生产的必要条件。

第三十二条　开采矿产资源，必须遵守有关环境保护的法律规定，防止污染环境。

开采矿产资源，应当节约用地。耕地、草原、林地因采矿受到破坏的，矿山企业应当因地制宜地采取复垦利用、植树种草或者其他利用措施。

开采矿产资源给他人生产、生活造成损失的，应当负责赔偿，并采取必要的补救措施。

第三十三条　在建设铁路、工厂、水库、输油管道、输电线路和各种大型建筑物或者建筑群之前，建设单位必须向所在省、自治区、直辖市地质矿产主管部门了解拟建工程所在地区的矿产资源分布和开采情况。非经国务院授权的部门批准，不得压覆重要矿床。

第三十四条　国务院规定由指定的单位统一收购的矿产品，任何其他单位或者个人不得收购；开采者不得向非指定单位销售。

第五章　集体矿山企业和个体采矿

第三十五条　国家对集体矿山企业和个体采矿实行积极扶持、合理规划、正确引导、加强管理的方针，鼓励集体矿山企业开采国家指定范围内的矿产资源，允许个人采挖零星分散资源和只能用作普通建筑材料的砂、石、黏土以及为生活自用采挖少量矿产。

矿产储量规模适宜由矿山企业开采的矿产资源、国家规定实行保护性开采的特定矿种和国家规定禁止个人开采的其他矿产资源，个人不得开采。

国家指导、帮助集体矿山企业和个体采矿不断提高技术水平、资源利用率和经济效益。

地质矿产主管部门、地质工作单位和国有矿山企业应当按照积极支持、有偿互惠的原则向集体矿山企业和个体采矿提供地质资料和技术服务。

第三十六条 国务院和国务院有关主管部门批准开办的矿山企业矿区范围内已有的集体矿山企业，应当关闭或者到指定的其他地点开采，由矿山建设单位给予合理的补偿，并妥善安置群众生活；也可以按照该矿山企业的统筹安排，实行联合经营。

第三十七条 集体矿山企业和个体采矿应当提高技术水平，提高矿产资源回收率。禁止乱挖滥采，破坏矿产资源。

集体矿山企业必须测绘井上、井下工程对照图。

第三十八条 县级以上人民政府应当指导、帮助集体矿山企业和个体采矿进行技术改造，改善经营管理，加强安全生产。

第六章 法律责任

第三十九条 违反本法规定，未取得采矿许可证擅自采矿的，擅自进入国家规划矿区、对国民经济具有重要价值的矿区范围采矿的，擅自开采国家规定实行保护性开采的特定矿种的，责令停止开采、赔偿损失，没收采出的矿产品和违法所得，可以并处罚款；拒不停止开采，造成矿产资源破坏的，依照刑法有关规定对直接责任人员追究刑事责任。

单位和个人进入他人依法设立的国有矿山企业和其他矿山企业矿区范围内采矿的，依照前款规定处罚。

第四十条 超越批准的矿区范围采矿的，责令退回本矿区范围内开采、赔偿损失，没收越界开采的矿产品和违法所得，可以并处罚款；拒不退回本矿区范围内开采，造成矿产资源破坏的，吊销采矿许可证，依照刑法有关规定对直接责任人员追究刑事责任。

第四十一条 盗窃、抢夺矿山企业和勘查单位的矿产品和其他财物的，破坏采矿、勘查设施的，扰乱矿区和勘查作业区的生产秩序、工作秩序的，分别依照刑法有关规定追究刑事责任；情节显著轻微的，依照治安管理处罚法有关规定予以处罚。

第四十二条 买卖、出租或者以其他形式转让矿产资源的，没收违法所得，处以罚款。

违反本法第六条的规定将探矿权、采矿权倒卖牟利的，吊销勘查许可证、采矿许可证，没收违法所得，处以罚款。

第四十三条 违反本法规定收购和销售国家统一收购的矿产品的，没收矿产品和违法所得，可以并处罚款；情节严重的，依照刑法有关规定，追究刑事责任。

第四十四条 违反本法规定，采取破坏性的开采方法开采矿产资源的，处以罚款，可以吊销采矿许可证；造成矿产资源严重破坏的，依照刑法有关规定对直接责任人员追究刑事责任。

第四十五条 本法第三十九条、第四十条、第四十二条规定的行政处罚，由县级以上人民政府负责地质矿产管理工作的部门按照国务院地质矿产主管部门规定的权限决定。第四十三条规定的行政处罚，由县级以上人民政府工商行政管理部门决定。第四十四条规定的行政处罚，由省、自治区、直辖市人民政府地质矿产主管部门决定。给予吊销勘查许可证或者采矿许可证处罚的，须由原发证机关决定。

依照第三十九条、第四十条、第四十二条、第四十四条规定应当给予行政处罚而不给予行政处罚的，上级人民政府地质矿产主管部门有权责令改正或者直接给予行政处罚。

第四十六条 当事人对行政处罚决定不服的，可以依法申请复议，也可以依法直接向人民法院起诉。

当事人逾期不申请复议也不向人民法院起诉，又不履行处罚决定的，由作出处罚决定的机关申请人民法院强制执行。

第四十七条 负责矿产资源勘查、开采监督管理工作的国家工作人员和其他有关国家工作人员徇私舞弊、滥用职权或者玩忽职守，违反本法规定批准勘查、开采矿产资源和颁发勘查许可证、采矿许可证，或者对违法采矿行为不依法予以制止、处罚，构成犯罪的，依法追究刑事责任；不构成犯罪的，给予行政处分。违法颁发的勘查许可证、采矿许可证，上级人民政府地质矿产主管部门有权予以撤销。

第四十八条 以暴力、威胁方法阻碍从事矿产资源勘查、开采监督管理工作的国家工作人员依法执行职务的，依照刑法有关规定追究刑事责任；拒绝、阻碍从事矿产资源勘查、开采监督管理工作的国家工作人员依法执行职务未使用暴力、威胁方法的，由公安机关依照治安管理处罚法的规定处罚。

第四十九条 矿山企业之间的矿区范围的争议，由当事人协商解决，协商不成的，由有关县级以上地方人民政府根据依法核定的矿区范围处理；跨省、自治区、直辖市的矿区范围的争议，由有关省、自治区、直辖市人民政府协商解决，协商不成的，由国务院处理。

第七章 附 则

第五十条 外商投资勘查、开采矿产资源，法律、行政法规另有规定的，从其规定。

第五十一条 本法施行以前，未办理批准手续、未划定矿区范围、未取得采矿许可证开采矿产资源的，应当依照本法有关规定申请补办手续。

第五十二条 本法实施细则由国务院制定。

第五十三条 本法自1986年10月1日施行。

中华人民共和国矿产资源法实施细则

（1994 年 3 月 26 日国务院令第 152 号发布　自 1994 年 3 月 26 日起施行）

第一章　总　　则

第一条　根据《中华人民共和国矿产资源法》，制定本细则。

第二条　矿产资源是指由地质作用形成的，具有利用价值的，呈固态、液态、气态的自然资源。

矿产资源的矿种和分类见本细则所附《矿产资源分类细目》。新发现的矿种由国务院地质矿产主管部门报国务院批准后公布。

第三条　矿产资源属于国家所有，地表或者地下的矿产资源的国家所有权，不因其所依附的土地的所有权或者使用权的不同而改变。

国务院代表国家行使矿产资源的所有权。国务院授权国务院地质矿产主管部门对全国矿产资源分配实施统一管理。

第四条　在中华人民共和国领域及管辖的其他海域勘查、开采矿产资源，必须遵守《中华人民共和国矿产资源法》（以下简称《矿产资源法》）和本细则。

第五条　国家对矿产资源的勘查、开采实行许可证制度。勘查矿产资源，必须依法申请登记，领取勘查许可证，取得探矿权；开采矿产资源，必须依法申请登记，领取采矿许可证，取得采矿权。

矿产资源勘查工作区范围和开采矿区范围，以经纬度划分的区块为基本单位。具体办法由国务院地质矿产主管部门制定。

第六条　《矿产资源法》及本细则中下列用语的含义：

探矿权，是指在依法取得的勘查许可证规定的范围内，勘查矿产资源的权利。取得勘查许可证的单位或者个人称为探矿权人。

采矿权，是指在依法取得的采矿许可证规定的范围内，开采矿产资源和获得所开采的矿产品的权利。取得采矿许可证的单位或者个人称为采矿权人。

国家规定实行保护性开采的特定矿种，是指国务院根据国民经济建设和高科技发展的需要，以及资源稀缺、贵重程度确定的，由国务院有关主管部门按照国家计划批准开采的矿种。

国家规划矿区，是指国家根据建设规划和矿产资源规划，为建设大、中型矿山划定的矿产资源分布区域。

对国民经济具有重要价值的矿区，是指国家根据国民经济发展需要划定的，尚未列入国家建设规划的，储量大、质量好、具有开发前景的矿产资源保护区域。

第七条 国家允许外国的公司、企业和其他经济组织以及个人依照中华人民共和国有关法律、行政法规的规定，在中华人民共和国领域及管辖的其他海域投资勘查、开采矿产资源。

第八条 国务院地质矿产主管部门主管全国矿产资源勘查、开采的监督管理工作。国务院有关主管部门按照国务院规定的职责分工，协助国务院地质矿产主管部门进行矿产资源勘查、开采的监督管理工作。

省、自治区、直辖市人民政府地质矿产主管部门主管本行政区域内矿产资源勘查、开采的监督管理工作。省、自治区、直辖市人民政府有关主管部门，协助同级地质矿产主管部门进行矿产资源勘查、开采的监督管理工作。

设区的市人民政府、自治州人民政府和县级人民政府及其负责管理矿产资源的部门，依法对本级人民政府批准开办的国有矿山企业和本行政区域内的集体所有制矿山企业、私营矿山企业、个体采矿者以及在本行政区域内从事勘查施工的单位和个人进行监督管理，依法保护探矿权人、采矿权人的合法权益。

上级地质矿产主管部门有权对下级地质矿产主管部门违法的或者不适当的矿产资源勘查、开采管理行政行为予以改变或者撤销。

第二章 矿产资源勘查登记和开采审批

第九条 勘查矿产资源，应当按照国务院关于矿产资源勘查登记管理的规定，办理申请、审批和勘查登记。

勘查特定矿种，应当按照国务院有关规定办理申请、审批和勘查登记。

第十条 国有矿山企业开采矿产资源，应当按照国务院关于采矿登记管理的规定，办理申请、审批和采矿登记。开采国家规划矿区、对国民经济具有重要价值矿区的矿产和国家规定实行保护性开采的特定矿种，办理申请、审批和采矿登记时，应当持有国务院有关主管部门批准的文件。

开采特定矿种，应当按照国务院有关规定办理申请、审批和采矿登记。

第十一条 开办国有矿山企业，除应当具备有关法律、法规规定的条件外，并应当具备下列条件：

（一）有供矿山建设使用的矿产勘查报告；

（二）有矿山建设项目的可行性研究报告（含资源利用方案和矿山环境影响报告）；

（三）有确定的矿区范围和开采范围；

（四）有矿山设计；

（五）有相应的生产技术条件。

国务院、国务院有关主管部门和省、自治区、直辖市人民政府，按照国家有关固定资产投资管理的规定，对申请开办的国有矿山企业根据前款所列条件审查合格后，方予批准。

第十二条　申请开办集体所有制矿山企业、私营矿山企业及个体采矿的审查批准、采矿登记，按照省、自治区、直辖市的有关规定办理。

第十三条　申请开办集体所有制矿山企业或者私营矿山企业，除应当具备有关法律、法规规定的条件外，并应当具备下列条件：

（一）有供矿山建设使用的与开采规模相适应的矿产勘查资料；

（二）有经过批准的无争议的开采范围；

（三）有与所建矿山规模相适应的资金、设备和技术人员；

（四）有与所建矿山规模相适应的，符合国家产业政策和技术规范的可行性研究报告、矿山设计或者开采方案；

（五）矿长具有矿山生产、安全管理和环境保护的基本知识。

第十四条　申请个体采矿应当具备下列条件：

（一）有经过批准的无争议的开采范围；

（二）有与采矿规模相适应的资金、设备和技术人员；

（三）有相应的矿产勘查资料和经批准的开采方案；

（四）有必要的安全生产条件和环境保护措施。

第三章　矿产资源的勘查

第十五条　国家对矿产资源勘查实行统一规划。全国矿产资源中、长期勘查规划，在国务院计划行政主管部门指导下，由国务院地质矿产主管部门根据国民经济和社会发展中、长期规划，在国务院有关主管部门勘查规划的基础上组织编制。

全国矿产资源年度勘查计划和省、自治区、直辖市矿产资源年度勘查计划，分别由国务院地质矿产主管部门和省、自治区、直辖市人民政府地质矿产主管部门组织有关主管部门，根据全国矿产资源中、长期勘查规划编制，经同级人民政府计划行政主管部门批准后施行。

法律对勘查规划的审批权另有规定的，依照有关法律的规定执行。

第十六条 探矿权人享有下列权利：

（一）按照勘查许可证规定的区域、期限、工作对象进行勘查；

（二）在勘查作业区及相邻区域架设供电、供水、通讯管线，但是不得影响或者损害原有的供电、供水设施和通讯管线；

（三）在勘查作业区及相邻区域通行；

（四）根据工程需要临时使用土地；

（五）优先取得勘查作业区内新发现矿种的探矿权；

（六）优先取得勘查作业区内矿产资源的采矿权；

（七）自行销售勘查中按照批准的工程设计施工回收的矿产品，但是国务院规定由指定单位统一收购的矿产品除外。

探矿权人行使前款所列权利时，有关法律、法规规定应当经过批准或者履行其他手续的，应当遵守有关法律、法规的规定。

第十七条 探矿权人应当履行下列义务：

（一）在规定的期限内开始施工，并在勘查许可证规定的期限内完成勘查工作；

（二）向勘查登记管理机关报告开工等情况；

（三）按照探矿工程设计施工，不得擅自进行采矿活动；

（四）在查明主要矿种的同时，对共生、伴生矿产资源进行综合勘查、综合评价；

（五）编写矿产资源勘查报告，提交有关部门审批；

（六）按照国务院有关规定汇交矿产资源勘查成果档案资料；

（七）遵守有关法律、法规关于劳动安全、土地复垦和环境保护的规定；

（八）勘查作业完毕，及时封、填探矿作业遗留的井、硐或者采取其他措施，消除安全隐患。

第十八条 探矿权人可以对符合国家边探边采规定要求的复杂类型矿床进行开采；但是，应当向原颁发勘查许可证的机关、矿产储量审批机构和勘查项目主管部门提交论证材料,经审核同意后,按照国务院关于采矿登记管理法规的规定,办理采矿登记。

第十九条 矿产资源勘查报告按照下列规定审批:

(一)供矿山建设使用的重要大型矿床勘查报告和供大型水源地建设使用的地下水勘查报告,由国务院矿产储量审批机构审批;

(二)供矿山建设使用的一般大型、中型、小型矿床勘查报告和供中型、小型水源地建设使用的地下水勘查报告,由省、自治区、直辖市矿产储量审批机构审批;

矿产储量审批机构和勘查单位的主管部门应当自收到矿产资源勘查报告之日起六个月内作出批复。

第二十条 矿产资源勘查报告及其他有价值的勘查资料,按照国务院有关规定实行有偿使用。

第二十一条 探矿权人取得临时使用土地权后,在勘查过程中给他人造成财产损害的,按照下列规定给以补偿:

(一)对耕地造成损害的,根据受损害的耕地面积前三年平均年产量,以补偿时当地市场平均价格计算,逐年给以补偿,并负责恢复耕地的生产条件,及时归还;

(二)对牧区草场造成损害的,按照前项规定逐年给以补偿,并负责恢复草场植被,及时归还;

(三)对耕地上的农作物、经济作物造成损害的,根据受损害的耕地面积前三年平均年产量,以补偿时当地市场平均价格计算,给以补偿;

(四)对竹木造成损害的,根据实际损害株数,以补偿时当地市场平均价格逐株计算,给以补偿;

(五)对土地上的附着物造成损害的,根据实际损害的程度,以补偿时当地市场价格,给以适当补偿。

第二十二条 探矿权人在没有农作物和其他附着物的荒岭、荒坡、荒地、荒漠、沙滩、河滩、湖滩、海滩上进行勘查的,不予补偿;但是,勘查作业不得阻碍或者损害航运、灌溉、防洪等活动或者设施,勘查作业结束后应当采取措施,防止水土流失,保护生态环境。

第二十三条 探矿权人之间对勘查范围发生争议时,由当事人协商解决;协商不成的,由勘查作业区所在地的省、自治区、直辖市人民政府地质矿产主管部门裁决;跨省、自治区、直辖市的勘查范围争议,当事人协商不成的,由有关省、自治区、直辖市人民政府协商解决;协商不成的,由国务院地质矿产主管部门裁决。特定矿种的勘查范围争议,当事人协商不成的,由国务院授权的有关主管部门裁决。

第四章 矿产资源的开采

第二十四条 全国矿产资源的分配和开发利用,应当兼顾当前和长远、中央和地方的利益,实行统一规划、有效保护、合理开采、综合利用。

第二十五条 全国矿产资源规划,在国务院计划行政主管部门指导下,由国务院地质矿产主管部门根据国民经济和社会发展中、长期规划,组织国务院有关主管部门和省、自治区、直辖市人民政府编制,报国务院批准后施行。

全国矿产资源规划应当对全国矿产资源的分配作出统筹安排,合理划定中央与省、自治区、直辖市人民政府审批、开发矿产资源的范围。

第二十六条 矿产资源开发规划是对矿区的开发建设布局进行统筹安排的规划。

矿产资源开发规划分为行业开发规划和地区开发规划。

矿产资源行业开发规划由国务院有关主管部门根据全国矿产资源规划中分配给本部门的矿产资源编制实施。

矿产资源地区开发规划由省、自治区、直辖市人民政府根据全国矿产资源规划中分配给本省、自治区、直辖市的矿产资源编制实施;并作出统筹安排,合理划定省、市、县级人民政府审批、开发矿产资源的范围。

矿产资源行业开发规划和地区开发规划应当报送国务院计划行政主管部门、地质矿产主管部门备案。

国务院计划行政主管部门、地质矿产主管部门,对不符合全国矿产资源规划的行业开发规划和地区开发规划,应当予以纠正。

第二十七条 设立、变更或者撤销国家规划矿区、对国民经济具有重要价值的矿区,由国务院有关主管部门提出,并附具矿产资源详查报告及论证材料,经国务院计划行政主管部门和地质矿产主管部门审定,并联合书面通知有关县级人民政府。县级人民政府应当自收到通知之日起一个月内予以公告,并报国务院计划行政主管部门、地质矿产主管部门备案。

第二十八条 确定或者撤销国家规定实行保护性开采的特定矿种,由国务院有关主管部门提出,并附具论证材料,经国务院计划行政主管部门和地质矿产主管部门审核同意后，报国务院批准。

第二十九条　单位或者个人开采矿产资源前，应当委托持有相应矿山设计证书的单位进行可行性研究和设计。开采零星分散矿产资源和用作建筑材料的砂、石、黏土的，可以不进行可行性研究和设计，但是应当有开采方案和环境保护措施。

矿山设计必须依据设计任务书，采用合理的开采顺序、开采方法和选矿工艺。

矿山设计必须按照国家有关规定审批；未经批准，不得施工。

第三十条　采矿权人享有下列权利：

（一）按照采矿许可证规定的开采范围和期限从事开采活动；

（二）自行销售矿产品，但是国务院规定由指定的单位统一收购的矿产品除外；

（三）在矿区范围内建设采矿所需的生产和生活设施；

（四）根据生产建设的需要依法取得土地使用权；

（五）法律、法规规定的其他权利。

采矿权人行使前款所列权利时，法律、法规规定应当经过批准或者履行其他手续的，依照有关法律、法规的规定办理。

第三十一条　采矿权人应当履行下列义务：

（一）在批准的期限内进行矿山建设或者开采；

（二）有效保护、合理开采、综合利用矿产资源；

（三）依法缴纳资源税和矿产资源补偿费；

（四）遵守国家有关劳动安全、水土保持、土地复垦和环境保护的法律、法规；

（五）接受地质矿产主管部门和有关主管部门的监督管理，按照规定填报矿产储量表和矿产资源开发利用情况统计报告。

第三十二条　采矿权人在采矿许可证有效期满或者在有效期内，停办矿山而矿产资源尚未采完的，必须采取措施将资源保持在能够继续开采的状态，并事先完成下列工作：

（一）编制矿山开采现状报告及实测图件；

（二）按照有关规定报销所消耗的储量；

（三）按照原设计实际完成相应的有关劳动安全、水土保持、土地复垦和环境保护工作，或者缴清土地复垦和环境保护的有关费用。

采矿权人停办矿山的申请，须经原批准开办矿山的主管部门批准、原颁发采矿许可证的机关验收合格后，方可办理有关证、照注销手续。

第三十三条 矿山企业关闭矿山，应当按照下列程序办理审批手续：

（一）开采活动结束的前一年，向原批准开办矿山的主管部门提出关闭矿山申请，并提交闭坑地质报告；

（二）闭坑地质报告经原批准开办矿山的主管部门审核同意后，报地质矿产主管部门会同矿产储量审批机构批准；

（三）闭坑地质报告批准后，采矿权人应当编写关闭矿山报告，报请原批准开办矿山的主管部门会同同级地质矿产主管部门和有关主管部门按照有关行业规定批准。

第三十四条 关闭矿山报告批准后，矿山企业应当完成下列工作：

（一）按照国家有关规定将地质、测量、采矿资料整理归档，并汇交闭坑地质报告、关闭矿山报告及其他有关资料；

（二）按照批准的关闭矿山报告，完成有关劳动安全、水土保持、土地复垦和环境保护工作，或者缴清土地复垦和环境保护的有关费用。

矿山企业凭关闭矿山报告批准文件和有关部门对完成上述工作提供的证明，报请原颁发采矿许可证的机关办理采矿许可证注销手续。

第三十五条 建设单位在建设铁路、公路、工厂、水库、输油管道、输电线路和各种大型建筑物前，必须向所在地的省、自治区、直辖市人民政府地质矿产主管部门了解拟建工程所在地区的矿产资源分布情况，并在建设项目设计任务书报请审批时附具地质矿产主管部门的证明。在上述建设项目与重要矿床的开采发生矛盾时，由国务院有关主管部门或者省、自治区、直辖市人民政府提出方案，经国务院地质矿产主管部门提出意见后，报国务院计划行政主管部门决定。

第三十六条 采矿权人之间对矿区范围发生争议时，由当事人协商解决；协商不成的，由矿产资源所在地的县级以上地方人民政府根据依法核定的矿区范围处理；跨省、自治区、直辖市的矿区范围争议，当事人协商不成的，由有关省、自治区、直辖市人民政府协商解决；协商不成的，由国务院地质矿产主管部门提出处理意见，报国务院决定。

第五章 集体所有制矿山企业、私营矿山企业和个体采矿者

第三十七条 国家依法保护集体所有制矿山企业、私营矿山企业和个体采矿者的合法权益，依法对集体所有制矿山企业、私营矿山企业和个体采矿者进行监

督管理。

第三十八条　集体所有制矿山企业可以开采下列矿产资源：

（一）不适于国家建设大、中型矿山的矿床及矿点；

（二）经国有矿山企业同意，并经其上级主管部门批准，在其矿区范围内划出的边缘零星矿产；

（三）矿山闭坑后，经原矿山企业主管部门确认可以安全开采并不会引起严重环境后果的残留矿体；

（四）国家规划可以由集体所有制矿山企业开采的其他矿产资源。

集体所有制矿山企业开采前款第（二）项所列矿产资源时，必须与国有矿山企业签定合理开发利用矿产资源和矿山安全协议，不得浪费和破坏矿产资源，并不得影响国有矿山企业的生产安全。

第三十九条　私营矿山企业开采矿产资源的范围参照本细则第三十八条的规定执行。

第四十条　个体采矿者可以采挖下列矿产资源：

（一）零星分散的小矿体或者矿点；

（二）只能用作普通建筑材料的砂、石、黏土。

第四十一条　国家设立国家规划矿区、对国民经济具有重要价值的矿区时，对应当撤出的原采矿权人，国家按照有关规定给予合理补偿。

第六章　法 律 责 任

第四十二条　依照《矿产资源法》第三十九条、第四十条、第四十二条、第四十三条、第四十四条规定处以罚款的，分别按照下列规定执行：

（一）未取得采矿许可证擅自采矿的，擅自进入国家规划矿区、对国民经济具有重要价值的矿区和他人矿区范围采矿的，擅自开采国家规定实行保护性开采的特定矿种的，处以违法所得 50% 以下的罚款；

（二）超越批准的矿区范围采矿的，处以违法所得 30% 以下的罚款；

（三）买卖、出租或者以其他形式转让矿产资源的，买卖、出租采矿权的，对卖方、出租方、出让方处以违法所得一倍以下的罚款；

（四）非法用采矿权作抵押的，处以 5000 元以下的罚款；

（五）违反规定收购和销售国家规定统一收购的矿产品的，处以违法所得一倍以下的罚款；

(六)采取破坏性的开采方法开采矿产资源,造成矿产资源严重破坏的,处以相当于矿产资源损失价值50%以下的罚款。

第四十三条 违反本细则规定,有下列行为之一的,对主管人员和直接责任人员给予行政处分;构成犯罪的,依法追究刑事责任:

(一)批准不符合办矿条件的单位或者个人开办矿山的;

(二)对未经依法批准的矿山企业或者个人颁发采矿许可证的。

第七章 附 则

第四十四条 地下水资源具有水资源和矿产资源的双重属性。地下水资源的勘查,适用《矿产资源法》和本细则;地下水资源的开发、利用、保护和管理,适用《水法》和有关的行政法规。

第四十五条 本细则由地质矿产部负责解释。

第四十六条 本细则自发布之日起施行。

附件:

矿产资源分类细目

(一)能源矿产

煤、煤成气、石煤、油页岩、石油、天然气、油砂、天然沥青、铀、钍、地热。

(二)金属矿产

铁、锰、铬、钒、钛;铜、铅、锌、铝土矿、镍、钴、钨、锡、铋、钼、汞、锑、镁;铂、钯、钌、锇、铱、铑;金、银;铌、钽、铍、锂、锆、锶、铷、铯;镧、铈、镨、钕、钐、铕、钇、钆、铽、镝、钬、铒、铥、镱、镥;钪、锗、镓、铟、铊、铪、铼、镉、硒、碲。

(三)非金属矿产

金刚石、石墨、磷、自然硫、硫铁矿、钾盐、硼、水晶(压电水晶、熔炼水晶、光学水晶、工艺水晶)、刚玉、蓝晶石、硅线石、红柱石、硅灰石、钠硝石、滑石、石棉、蓝石棉、云母、长石、石榴子石、叶蜡石、透辉石、透闪石、蛭石、沸石、明矾石、芒硝(含钙芒硝)、石膏(含硬石膏)、重晶石、毒重石、天然碱、方解石、冰洲石、菱镁矿、萤石(普通萤石、光学萤石)、宝石、黄玉、玉石、电气石、玛瑙、颜料矿物(赭石、颜料黄土)、石灰岩(电石用灰岩、制碱用灰岩、化肥用灰岩、熔剂用灰岩、玻璃用灰岩、水泥用灰岩、建筑石料用灰岩、制灰用灰岩、饰面用灰岩)、泥灰岩、白垩、含钾岩石、白云岩(冶金用白云岩、化肥用白云岩、玻璃用白云岩、建筑用白云岩)、石英岩(冶金用石英岩、玻璃用石英岩、化肥用石英岩)、砂岩(冶金用砂岩、玻璃用砂岩、水泥配料用砂岩、砖瓦用砂岩、化肥用砂岩、铸型用砂岩、陶瓷用砂岩）、天然石英砂（玻璃用砂、铸型用砂、建筑用砂、水泥配料用砂、水泥标准砂、砖瓦用砂）、脉石英（冶金用脉石英、玻璃用脉石英）、粉石英、天然油石、含钾砂页岩、硅藻土、页岩（陶粒页岩、砖瓦用页岩、水泥配料用页岩）、高岭土、陶瓷土、耐火黏土、凹凸棒石黏土、海泡石黏土、伊利石黏土、累托石黏土、膨润土、铁矾土、其他黏土（铸型用黏土、砖瓦用黏土、陶粒用黏土、水泥配料用黏土、水泥配料用红土、水泥配料用黄土、水泥配料用泥岩、保温材料用黏土）、橄榄岩（化肥用橄榄岩、建筑用橄榄岩）、蛇纹岩（化肥用蛇纹岩、熔剂用蛇纹岩、饰面用蛇纹岩）、玄武岩（铸石用玄武岩、岩棉用玄武岩）、辉绿岩（水泥用辉绿岩、铸石用辉绿岩、饰面用辉绿岩、建筑用辉绿岩）、安山岩（饰面用安山岩、建筑用安山岩、水泥混合材用安山玢岩）、闪长岩（水泥混合材用闪长玢岩、建筑用闪长岩）、花岗岩（建筑用花岗岩、饰面用花岗岩）、麦饭石、珍珠岩、黑曜岩、松脂岩、浮石、粗面岩（水泥用粗面岩、铸石用粗面岩）、霞石正长岩、凝灰岩（玻璃用凝灰岩、水泥用凝灰岩、建筑用凝灰岩）、火山灰、火山渣、大理岩（饰面用大理岩、建筑用大理岩、水泥用大理岩、玻璃用大理岩）、板岩（饰面用板岩、水泥配料用板岩）、片麻岩、角闪岩、泥炭、矿盐（湖盐、岩盐、天然卤水）、镁盐、碘、溴、砷。

（四）水气矿产

地下水、矿泉水、二氧化碳气、硫化氢气、氦气、氡气。

国务院《矿产资源开采登记管理办法》

(1998年2月12日国务院令第241号发布　根据2014年7月29日《国务院关于修改部分行政法规的决定》修订　修订后自发布之日起施行)

第一条　为了加强对矿产资源开采的管理,保护采矿权人的合法权益,维护矿产资源开采秩序,促进矿业发展,根据《中华人民共和国矿产资源法》,制定本办法。

第二条　在中华人民共和国领域及管辖的其他海域开采矿产资源,必须遵守本办法。

第三条　开采下列矿产资源,由国务院地质矿产主管部门审批登记,颁发采矿许可证:

(一)国家规划矿区和对国民经济具有重要价值的矿区内的矿产资源;

(二)领海及中国管辖的其他海域的矿产资源;

(三)外商投资开采的矿产资源;

(四)本办法附录所列的矿产资源。

开采石油、天然气矿产的,经国务院指定的机关审查同意后,由国务院地质矿产主管部门登记,颁发采矿许可证。

开采下列矿产资源,由省、自治区、直辖市人民政府地质矿产主管部门审批登记,颁发采矿许可证:

(一)本条第一款、第二款规定以外的矿产储量规模中型以上的矿产资源;

(二)国务院地质矿产主管部门授权省、自治区、直辖市人民政府地质矿产主管部门审批登记的矿产资源。

开采本条第一款、第二款、第三款规定以外的矿产资源,由县级以上地方人民政府负责地质矿产管理工作的部门,按照省、自治区、直辖市人民代表大会常务委员会制定的管理办法审批登记,颁发采矿许可证。

矿区范围跨县级以上行政区域的,由所涉及行政区域的共同上一级登记管理机关审批登记,颁发采矿许可证。

县级以上地方人民政府负责地质矿产管理工作的部门在审批发证后,应当逐级向上一级人民政府负责地质矿产管理工作的部门备案。

第四条 采矿权申请人在提出采矿权申请前,应当根据经批准的地质勘查储量报告,向登记管理机关申请划定矿区范围。

需要申请立项,设立矿山企业的,应当根据划定的矿区范围,按照国家规定办理有关手续。

第五条 采矿权申请人申请办理采矿许可证时,应当向登记管理机关提交下列资料:

(一)申请登记书和矿区范围图;

(二)采矿权申请人资质条件的证明;

(三)矿产资源开发利用方案;

(四)依法设立矿山企业的批准文件;

(五)开采矿产资源的环境影响评价报告;

(六)国务院地质矿产主管部门规定提交的其他资料。

申请开采国家规划矿区或者对国民经济具有重要价值的矿区内的矿产资源和国家实行保护性开采的特定矿种的,还应当提交国务院有关主管部门的批准文件。

申请开采石油、天然气的,还应当提交国务院批准设立石油公司或者同意进行石油、天然气开采的批准文件以及采矿企业法人资格证明。

第六条 登记管理机关应当自收到申请之日起 40 日内,作出准予登记或者不予登记的决定,并通知采矿权申请人。

需要采矿权申请人修改或者补充本办法第五条规定的资料的,登记管理机关应当通知采矿权申请人限期修改或者补充。

准予登记的,采矿权申请人应当自收到通知之日起 30 日内,依照本办法第九条的规定缴纳采矿权使用费,并依照本办法第十条的规定缴纳国家出资勘查形成的采矿权价款,办理登记手续,领取采矿许可证,成为采矿权人。

不予登记的,登记管理机关应当向采矿权申请人说明理由。

第七条 采矿许可证有效期,按照矿山建设规模确定:大型以上的,采矿许可证有效期最长为 30 年;中型的,采矿许可证有效期最长为 20 年;小型的,采矿许可证有效期最长为 10 年。采矿许可证有效期满,需要继续采矿的,采矿权人应当在采矿许可证有效期届满的 30 日前,到登记管理机关办理延续登记手续。

采矿权人逾期不办理延续登记手续的,采矿许可证自行废止。

第八条 登记管理机关在颁发采矿许可证后,应当通知矿区范围所在地的有关县级人民政府。有关县级人民政府应当自收到通知之日起 90 日内,对矿区范围予以公告,并可以根据采矿权人的申请,组织埋设界桩或者设置地面标志。

第九条 国家实行采矿权有偿取得的制度。采矿权使用费,按照矿区范围的面积逐年缴纳,标准为每平方公里每年 1000 元。

第十条 申请国家出资勘查并已经探明矿产地的采矿权的,采矿权申请人除依照本办法第九条的规定缴纳采矿权使用费外,还应当缴纳国家出资勘查形成的采矿权价款;采矿权价款按照国家有关规定,可以一次缴纳,也可以分期缴纳。

国家出资勘查形成的采矿权价款,由具有矿业权评估资质的评估机构进行评估;评估报告报登记管理机关备案。

第十一条 采矿权使用费和国家出资勘查形成的采矿权价款由登记管理机关收取,全部纳入国家预算管理。具体管理、使用办法,由国务院地质矿产主管部门会同国务院财政部门、计划主管部门制定。

第十二条 有下列情形之一的,由采矿权人提出申请,经省级以上人民政府登记管理机关按照国务院地质矿产主管部门会同国务院财政部门制定的采矿权使用费和采矿权价款的减免办法审查批准,可以减缴、免缴采矿权使用费和采矿权价款:

(一)开采边远贫困地区的矿产资源的;

(二)开采国家紧缺的矿种的;

(三)因自然灾害等不可抗力的原因,造成矿山企业严重亏损或者停产的;

(四)国务院地质矿产主管部门和国务院财政部门规定的其他情形。

第十三条 采矿权可以通过招标投标的方式有偿取得。

登记管理机关依照本办法第三条规定的权限确定招标的矿区范围,发布招标公告,提出投标要求和截止日期;但是,对境外招标的矿区范围由国务院地质矿产主管部门确定。

登记管理机关组织评标,采取择优原则确定中标人。中标人缴纳本办法第九条、第十条规定的费用后,办理登记手续,领取采矿许可证,成为采矿权人,并履行标书中承诺的义务。

第十四条 登记管理机关应当对本行政区域内的采矿权人合理开发利用矿产资源、保护环境及其他应当履行的法定义务等情况依法进行监督检查。采矿权人应当如实报告有关情况,并提交年度报告。

第十五条 有下列情形之一的，采矿权人应当在采矿许可证有效期内，向登记管理机关申请变更登记：

（一）变更矿区范围的；

（二）变更主要开采矿种的；

（三）变更开采方式的；

（四）变更矿山企业名称的；

（五）经依法批准转让采矿权的。

第十六条 采矿权人在采矿许可证有效期内或者有效期届满，停办、关闭矿山的，应当自决定停办或者关闭矿山之日起30日内，向原发证机关申请办理采矿许可证注销登记手续。

第十七条 任何单位和个人未领取采矿许可证擅自采矿的，擅自进入国家规划矿区和对国民经济具有重要价值的矿区范围采矿的，擅自开采国家规定实行保护性开采的特定矿种的，超越批准的矿区范围采矿的，由登记管理机关依照有关法律、行政法规的规定予以处罚。

第十八条 不依照本办法规定提交年度报告、拒绝接受监督检查或者弄虚作假的，由县级以上人民政府负责地质矿产管理工作的部门按照国务院地质矿产主管部门规定的权限，责令停止违法行为，予以警告，可以并处5万元以下的罚款；情节严重的，由原发证机关吊销采矿许可证。

第十九条 破坏或者擅自移动矿区范围界桩或者地面标志的，由县级以上人民政府负责地质矿产管理工作的部门按照国务院地质矿产主管部门规定的权限，责令限期恢复；情节严重的，处3万元以下的罚款。

第二十条 擅自印制或者伪造、冒用采矿许可证的，由县级以上人民政府负责地质矿产管理工作的部门按照国务院地质矿产主管部门规定的权限，没收违法所得，可以并处10万元以下的罚款；构成犯罪的，依法追究刑事责任。

第二十一条 违反本办法规定，不按期缴纳本办法规定应当缴纳的费用的，由登记管理机关责令限期缴纳，并从滞纳之日起每日加收2‰的滞纳金；逾期仍不缴纳的，由原发证机关吊销采矿许可证。

第二十二条 违反本办法规定，不办理采矿许可证变更登记或者注销登记手续的，由登记管理机关责令限期改正；逾期不改正的，由原发证机关吊销采矿许可证。

第二十三条 违反本办法规定开采石油、天然气矿产的，由国务院地质矿产主管部门按照本办法的有关规定给予行政处罚。

第二十四条 采矿权人被吊销采矿许可证的,自采矿许可证被吊销之日起2年内不得再申请采矿权。

第二十五条 登记管理机关工作人员徇私舞弊、滥用职权、玩忽职守,构成犯罪的,依法追究刑事责任;尚不构成犯罪的,依法给予行政处分。

第二十六条 采矿许可证由国务院地质矿产主管部门统一印制。申请登记书、变更申请登记书和注销申请登记书的格式,由国务院地质矿产主管部门统一制定。

第二十七条 办理采矿登记手续,应当按照规定缴纳登记费。收费标准和管理、使用办法,由国务院物价主管部门会同国务院地质矿产主管部门、财政部门规定。

第二十八条 外商投资开采矿产资源,依照本办法的规定办理;法律、行政法规另有特别规定的,从其规定。

第二十九条 中外合作开采矿产资源的,中方合作者应当在签订合同后,将合同向原发证机关备案。

第三十条 本办法施行前已经取得采矿许可证的,由国务院地质矿产主管部门统一组织换领新采矿许可证。

本办法施行前已经开办的矿山企业,应当自本办法施行之日起开始缴纳采矿权使用费,并可以依照本办法的规定申请减缴、免缴。

第三十一条 登记管理机关应当对颁发的采矿许可证和吊销的采矿许可证予以公告。

第三十二条 本办法所称矿区范围,是指经登记管理机关依法划定的可供开采矿产资源的范围、井巷工程设施分布范围或者露天剥离范围的立体空间区域。

本办法所称开采方式,是指地下开采或者露天开采。

第三十三条 本办法附录的修改,由国务院地质矿产主管部门报国务院批准后公布。

第三十四条 本办法自发布之日起施行。1987年4月29日国务院发布的《全民所有制矿山企业采矿登记管理暂行办法》和1990年11月22日《国务院关于修改〈全民所有制矿山企业采矿登记管理暂行办法〉的决定》同时废止。

附录：

国务院地质矿产主管部门审批发证矿种目录

1. 煤
2. 石油
3. 油页岩
4. 烃类天然气
5. 二氧化碳气
6. 煤成(层)气
7. 地热
8. 放射性矿产
9. 金
10. 银
11. 铂
12. 锰
13. 铬
14. 钴
15. 铁
16. 铜
17. 铅
18. 锌
19. 铝
20. 镍
21. 钨
22. 锡
23. 锑
24. 钼
25. 稀土
26. 磷
27. 钾
28. 硫

29. 锶
30. 金刚石
31. 铌
32. 钽
33. 石棉
34. 矿泉水

中华人民共和国城乡规划法

（2007 年 10 月 28 日第十届全国人民代表大会常务委员会第三十次会议通过　根据 2015 年 4 月 24 日第十二届全国人民代表大会常务委员会第十四次会议《关于修改〈中华人民共和国港口法〉等七部法律的决定》第一次修正　根据 2019 年 4 月 23 日第十三届全国人民代表大会常务委员会第十次会议《关于修改〈中华人民共和国建筑法〉等八部法律的决定》第二次修正　修正后自公布之日起施行）

第一条　为了加强城乡规划管理，协调城乡空间布局，改善人居环境，促进城乡经济社会全面协调可持续发展，制定本法。

第二条　制定和实施城乡规划，在规划区内进行建设活动，必须遵守本法。

本法所称城乡规划，包括城镇体系规划、城市规划、镇规划、乡规划和村庄规划。城市规划、镇规划分为总体规划和详细规划。详细规划分为控制性详细规划和修建性详细规划。

本法所称规划区，是指城市、镇和村庄的建成区以及因城乡建设和发展需要，必须实行规划控制的区域。规划区的具体范围由有关人民政府在组织编制的城市总体规划、镇总体规划、乡规划和村庄规划中，根据城乡经济社会发展水平和统筹城乡发展的需要划定。

第三条　城市和镇应当依照本法制定城市规划和镇规划。城市、镇规划区内的建设活动应当符合规划要求。

县级以上地方人民政府根据本地农村经济社会发展水平，按照因地制宜、切实可行的原则，确定应当制定乡规划、村庄规划的区域。在确定区域内的乡、村庄，应当依照本法制定规划，规划区内的乡、村庄建设应当符合规划要求。

县级以上地方人民政府鼓励、指导前款规定以外的区域的乡、村庄制定和实施乡规划、村庄规划。

第四条　制定和实施城乡规划，应当遵循城乡统筹、合理布局、节约土地、集约发展和先规划后建设的原则，改善生态环境，促进资源、能源节约和综合利用，保护耕地等自然资源和历史文化遗产，保持地方特色、民族特色和传统风貌，防止污染和其他公害，并符合区域人口发展、国防建设、防灾减灾和公共卫生、公共安全的需要。

在规划区内进行建设活动，应当遵守土地管理、自然资源和环境保护等法律、法规的规定。

县级以上地方人民政府应当根据当地经济社会发展的实际，在城市总体规划、镇总体规划中合理确定城市、镇的发展规模、步骤和建设标准。

第五条 城市总体规划、镇总体规划以及乡规划和村庄规划的编制，应当依据国民经济和社会发展规划，并与土地利用总体规划相衔接。

第六条 各级人民政府应当将城乡规划的编制和管理经费纳入本级财政预算。

第七条 经依法批准的城乡规划，是城乡建设和规划管理的依据，未经法定程序不得修改。

第八条 城乡规划组织编制机关应当及时公布经依法批准的城乡规划。但是，法律、行政法规规定不得公开的内容除外。

第九条 任何单位和个人都应当遵守经依法批准并公布的城乡规划，服从规划管理，并有权就涉及其利害关系的建设活动是否符合规划的要求向城乡规划主管部门查询。

任何单位和个人都有权向城乡规划主管部门或者其他有关部门举报或者控告违反城乡规划的行为。城乡规划主管部门或者其他有关部门对举报或者控告，应当及时受理并组织核查、处理。

第十条 国家鼓励采用先进的科学技术，增强城乡规划的科学性，提高城乡规划实施及监督管理的效能。

第十一条 国务院城乡规划主管部门负责全国的城乡规划管理工作。

县级以上地方人民政府城乡规划主管部门负责本行政区域内的城乡规划管理工作。

第二章 城乡规划的制定

第十二条 国务院城乡规划主管部门会同国务院有关部门组织编制全国城镇体系规划，用于指导省域城镇体系规划、城市总体规划的编制。

全国城镇体系规划由国务院城乡规划主管部门报国务院审批。

第十三条 省、自治区人民政府组织编制省域城镇体系规划，报国务院审批。

省域城镇体系规划的内容应当包括:城镇空间布局和规模控制,重大基础设施的布局,为保护生态环境、资源等需要严格控制的区域。

第十四条　城市人民政府组织编制城市总体规划。

直辖市的城市总体规划由直辖市人民政府报国务院审批。省、自治区人民政府所在地的城市以及国务院确定的城市的总体规划,由省、自治区人民政府审查同意后,报国务院审批。其他城市的总体规划,由城市人民政府报省、自治区人民政府审批。

第十五条　县人民政府组织编制县人民政府所在地镇的总体规划,报上一级人民政府审批。其他镇的总体规划由镇人民政府组织编制,报上一级人民政府审批。

第十六条　省、自治区人民政府组织编制的省域城镇体系规划,城市、县人民政府组织编制的总体规划,在报上一级人民政府审批前,应当先经本级人民代表大会常务委员会审议,常务委员会组成人员的审议意见交由本级人民政府研究处理。

镇人民政府组织编制的镇总体规划,在报上一级人民政府审批前,应当先经镇人民代表大会审议,代表的审议意见交由本级人民政府研究处理。

规划的组织编制机关报送审批省域城镇体系规划、城市总体规划或者镇总体规划,应当将本级人民代表大会常务委员会组成人员或者镇人民代表大会代表的审议意见和根据审议意见修改规划的情况一并报送。

第十七条　城市总体规划、镇总体规划的内容应当包括:城市、镇的发展布局,功能分区,用地布局,综合交通体系,禁止、限制和适宜建设的地域范围,各类专项规划等。

规划区范围、规划区内建设用地规模、基础设施和公共服务设施用地、水源地和水系、基本农田和绿化用地、环境保护、自然与历史文化遗产保护以及防灾减灾等内容,应当作为城市总体规划、镇总体规划的强制性内容。

城市总体规划、镇总体规划的规划期限一般为二十年。城市总体规划还应当对城市更长远的发展作出预测性安排。

第十八条　乡规划、村庄规划应当从农村实际出发,尊重村民意愿,体现地方和农村特色。

乡规划、村庄规划的内容应当包括:规划区范围,住宅、道路、供水、排水、供电、垃圾收集、畜禽养殖场所等农村生产、生活服务设施、公益事业等各项建设的用地布局、建设要求，以及对耕地等自然资源和历史文化遗产保护、防灾减灾等的具体安排。乡规划还应当包括本行政区域内的村庄发展布局。

第十九条 城市人民政府城乡规划主管部门根据城市总体规划的要求，组织编制城市的控制性详细规划，经本级人民政府批准后，报本级人民代表大会常务委员会和上一级人民政府备案。

第二十条 镇人民政府根据镇总体规划的要求，组织编制镇的控制性详细规划，报上一级人民政府审批。县人民政府所在地镇的控制性详细规划，由县人民政府城乡规划主管部门根据镇总体规划的要求组织编制，经县人民政府批准后，报本级人民代表大会常务委员会和上一级人民政府备案。

第二十一条 城市、县人民政府城乡规划主管部门和镇人民政府可以组织编制重要地块的修建性详细规划。修建性详细规划应当符合控制性详细规划。

第二十二条 乡、镇人民政府组织编制乡规划、村庄规划，报上一级人民政府审批。村庄规划在报送审批前，应当经村民会议或者村民代表会议讨论同意。

第二十三条 首都的总体规划、详细规划应当统筹考虑中央国家机关用地布局和空间安排的需要。

第二十四条 城乡规划组织编制机关应当委托具有相应资质等级的单位承担城乡规划的具体编制工作。

从事城乡规划编制工作应当具备下列条件，并经国务院城乡规划主管部门或者省、自治区、直辖市人民政府城乡规划主管部门依法审查合格，取得相应等级的资质证书后，方可在资质等级许可的范围内从事城乡规划编制工作：

（一）有法人资格；

（二）有规定数量的经相关行业协会注册的规划师；

（三）有规定数量的相关专业技术人员；

（四）有相应的技术装备；

（五）有健全的技术、质量、财务管理制度。

编制城乡规划必须遵守国家有关标准。

第二十五条 编制城乡规划，应当具备国家规定的勘察、测绘、气象、地震、水文、环境等基础资料。

县级以上地方人民政府有关主管部门应当根据编制城乡规划的需要，及时提供有关基础资料。

第二十六条 城乡规划报送审批前，组织编制机关应当依法将城乡规划草案予以公告，并采取论证会、听证会或者其他方式征求专家和公众的意见。公告的时间不得少于三十日。

组织编制机关应当充分考虑专家和公众的意见，并在报送审批的材料中附具意见采纳情况及理由。

第二十七条 省域城镇体系规划、城市总体规划、镇总体规划批准前，审批机关应当组织专家和有关部门进行审查。

第三章 城乡规划的实施

第二十八条 地方各级人民政府应当根据当地经济社会发展水平，量力而行，尊重群众意愿，有计划、分步骤地组织实施城乡规划。

第二十九条 城市的建设和发展，应当优先安排基础设施以及公共服务设施的建设，妥善处理新区开发与旧区改建的关系，统筹兼顾进城务工人员生活和周边农村经济社会发展、村民生产与生活的需要。

镇的建设和发展，应当结合农村经济社会发展和产业结构调整，优先安排供水、排水、供电、供气、道路、通信、广播电视等基础设施和学校、卫生院、文化站、幼儿园、福利院等公共服务设施的建设，为周边农村提供服务。

乡、村庄的建设和发展，应当因地制宜、节约用地，发挥村民自治组织的作用，引导村民合理进行建设，改善农村生产、生活条件。

第三十条 城市新区的开发和建设，应当合理确定建设规模和时序，充分利用现有市政基础设施和公共服务设施，严格保护自然资源和生态环境，体现地方特色。

在城市总体规划、镇总体规划确定的建设用地范围以外，不得设立各类开发区和城市新区。

第三十一条 旧城区的改建，应当保护历史文化遗产和传统风貌，合理确定拆迁和建设规模，有计划地对危房集中、基础设施落后等地段进行改建。

历史文化名城、名镇、名村的保护以及受保护建筑物的维护和使用，应当遵守有关法律、行政法规和国务院的规定。

第三十二条 城乡建设和发展，应当依法保护和合理利用风景名胜资源，统筹安排风景名胜区及周边乡、镇、村庄的建设。

风景名胜区的规划、建设和管理，应当遵守有关法律、行政法规和国务院的规定。

第三十三条 城市地下空间的开发和利用，应当与经济和技术发展水平相适应，遵循统筹安排、综合开发、合理利用的原则，充分考虑防灾减灾、人民防空和通信等需要，并符合城市规划，履行规划审批手续。

第三十四条 城市、县、镇人民政府应当根据城市总体规划、镇总体规划、土地利用总体规划和年度计划以及国民经济和社会发展规划，制定近期建设规划，报总体规划审批机关备案。

近期建设规划应当以重要基础设施、公共服务设施和中低收入居民住房建设以及生态环境保护为重点内容，明确近期建设的时序、发展方向和空间布局。近期建设规划的规划期限为五年。

第三十五条 城乡规划确定的铁路、公路、港口、机场、道路、绿地、输配电设施及输电线路走廊、通信设施、广播电视设施、管道设施、河道、水库、水源地、自然保护区、防汛通道、消防通道、核电站、垃圾填埋场及焚烧厂、污水处理厂和公共服务设施的用地以及其他需要依法保护的用地，禁止擅自改变用途。

第三十六条 按照国家规定需要有关部门批准或者核准的建设项目，以划拨方式提供国有土地使用权的，建设单位在报送有关部门批准或者核准前，应当向城乡规划主管部门申请核发选址意见书。

前款规定以外的建设项目不需要申请选址意见书。

第三十七条 在城市、镇规划区内以划拨方式提供国有土地使用权的建设项目，经有关部门批准、核准、备案后，建设单位应当向城市、县人民政府城乡规划主管部门提出建设用地规划许可申请，由城市、县人民政府城乡规划主管部门依据控制性详细规划核定建设用地的位置、面积、允许建设的范围，核发建设用地规划许可证。

建设单位在取得建设用地规划许可证后，方可向县级以上地方人民政府土地主管部门申请用地，经县级以上人民政府审批后，由土地主管部门划拨土地。

第三十八条 在城市、镇规划区内以出让方式提供国有土地使用权的，在国有土地使用权出让前，城市、县人民政府城乡规划主管部门应当依据控制性详细规划，提出出让地块的位置、使用性质、开发强度等规划条件，作为国有土地使用权出让合同的组成部分。未确定规划条件的地块，不得出让国有土地使用权。

以出让方式取得国有土地使用权的建设项目，建设单位在取得建设项目的批准、核准、备案文件和签订国有土地使用权出让合同后，向城市、县人民政府城乡规划主管部门领取建设用地规划许可证。

城市、县人民政府城乡规划主管部门不得在建设用地规划许可证中，擅自改变作为国有土地使用权出让合同组成部分的规划条件。

第三十九条 规划条件未纳入国有土地使用权出让合同的，该国有土地使用权出让合同无效；对未取得建设用地规划许可证的建设单位批准用地的，由县级以上人民政府撤销有关批准文件；占用土地的，应当及时退回；给当事人造成损失的，应当依法给予赔偿。

第四十条 在城市、镇规划区内进行建筑物、构筑物、道路、管线和其他工程建设的，建设单位或者个人应当向城市、县人民政府城乡规划主管部门或者省、自治区、直辖市人民政府确定的镇人民政府申请办理建设工程规划许可证。

申请办理建设工程规划许可证，应当提交使用土地的有关证明文件、建设工程设计方案等材料。需要建设单位编制修建性详细规划的建设项目，还应当提交修建性详细规划。对符合控制性详细规划和规划条件的，由城市、县人民政府城乡规划主管部门或者省、自治区、直辖市人民政府确定的镇人民政府核发建设工程规划许可证。

城市、县人民政府城乡规划主管部门或者省、自治区、直辖市人民政府确定的镇人民政府应当依法将经审定的修建性详细规划、建设工程设计方案的总平面图予以公布。

第四十一条 在乡、村庄规划区内进行乡镇企业、乡村公共设施和公益事业建设的，建设单位或者个人应当向乡、镇人民政府提出申请，由乡、镇人民政府报城市、县人民政府城乡规划主管部门核发乡村建设规划许可证。

在乡、村庄规划区内使用原有宅基地进行农村村民住宅建设的规划管理办法，由省、自治区、直辖市制定。

在乡、村庄规划区内进行乡镇企业、乡村公共设施和公益事业建设以及农村村民住宅建设，不得占用农用地；确需占用农用地的，应当依照《中华人民共和国土地管理法》有关规定办理农用地转用审批手续后，由城市、县人民政府城乡规划主管部门核发乡村建设规划许可证。

建设单位或者个人在取得乡村建设规划许可证后，方可办理用地审批手续。

第四十二条 城乡规划主管部门不得在城乡规划确定的建设用地范围以外作出规划许可。

第四十三条 建设单位应当按照规划条件进行建设；确需变更的，必须向城市、县人民政府城乡规划主管部门提出申请。变更内容不符合控制性详细规划的，城乡规划主管部门不得批准。城市、县人民政府城乡规划主管部门应当及时将依法变更后的规划条件通报同级土地主管部门并公示。

建设单位应当及时将依法变更后的规划条件报有关人民政府土地主管部门备案。

第四十四条 在城市、镇规划区内进行临时建设的，应当经城市、县人民政府城乡规划主管部门批准。临时建设影响近期建设规划或者控制性详细规划的实施以及交通、市容、安全等的，不得批准。

临时建设应当在批准的使用期限内自行拆除。

临时建设和临时用地规划管理的具体办法，由省、自治区、直辖市人民政府制定。

第四十五条 县级以上地方人民政府城乡规划主管部门按照国务院规定对建设工程是否符合规划条件予以核实。未经核实或者经核实不符合规划条件的，建设单位不得组织竣工验收。

建设单位应当在竣工验收后六个月内向城乡规划主管部门报送有关竣工验收资料。

第四章 城乡规划的修改

第四十六条 省域城镇体系规划、城市总体规划、镇总体规划的组织编制机关，应当组织有关部门和专家定期对规划实施情况进行评估，并采取论证会、听证会或者其他方式征求公众意见。组织编制机关应当向本级人民代表大会常务委员会、镇人民代表大会和原审批机关提出评估报告并附具征求意见的情况。

第四十七条 有下列情形之一的，组织编制机关方可按照规定的权限和程序修改省域城镇体系规划、城市总体规划、镇总体规划：

（一）上级人民政府制定的城乡规划发生变更，提出修改规划要求的；

（二）行政区划调整确需修改规划的；

（三）因国务院批准重大建设工程确需修改规划的；

（四）经评估确需修改规划的；

（五）城乡规划的审批机关认为应当修改规划的其他情形。

修改省域城镇体系规划、城市总体规划、镇总体规划前，组织编制机关应当对原规划的实施情况进行总结，并向原审批机关报告；修改涉及城市总体规划、镇总体规划强制性内容的，应当先向原审批机关提出专题报告，经同意后，方可编制修改方案。

修改后的省域城镇体系规划、城市总体规划、镇总体规划，应当依照本法第十三条、第十四条、第十五条和第十六条规定的审批程序报批。

第四十八条 修改控制性详细规划的，组织编制机关应当对修改的必要性进行论证，征求规划地段内利害关系人的意见，并向原审批机关提出专题报告，经原审批机关同意后，方可编制修改方案。修改后的控制性详细规划，应当依照本法第十九条、第二十条规定的审批程序报批。控制性详细规划修改涉及城市总体规划、镇总体规划的强制性内容的，应当先修改总体规划。

修改乡规划、村庄规划的，应当依照本法第二十二条规定的审批程序报批。

第四十九条 城市、县、镇人民政府修改近期建设规划的，应当将修改后的近期建设规划报总体规划审批机关备案。

第五十条 在选址意见书、建设用地规划许可证、建设工程规划许可证或者乡村建设规划许可证发放后，因依法修改城乡规划给被许可人合法权益造成损失的，应当依法给予补偿。

经依法审定的修建性详细规划、建设工程设计方案的总平面图不得随意修改；确需修改的，城乡规划主管部门应当采取听证会等形式，听取利害关系人的意见；因修改给利害关系人合法权益造成损失的，应当依法给予补偿。

第五章 监督检查

第五十一条 县级以上人民政府及其城乡规划主管部门应当加强对城乡规划编制、审批、实施、修改的监督检查。

第五十二条 地方各级人民政府应当向本级人民代表大会常务委员会或者乡、镇人民代表大会报告城乡规划的实施情况，并接受监督。

第五十三条 县级以上人民政府城乡规划主管部门对城乡规划的实施情况进行监督检查，有权采取以下措施：

（一）要求有关单位和人员提供与监督事项有关的文件、资料，并进行复制；

（二）要求有关单位和人员就监督事项涉及的问题作出解释和说明，并根据需要进入现场进行勘测；

（三）责令有关单位和人员停止违反有关城乡规划的法律、法规的行为。

城乡规划主管部门的工作人员履行前款规定的监督检查职责，应当出示执法证件。被监督检查的单位和人员应当予以配合，不得妨碍和阻挠依法进行的监督检查活动。

第五十四条 监督检查情况和处理结果应当依法公开,供公众查阅和监督。

第五十五条 城乡规划主管部门在查处违反本法规定的行为时,发现国家机关工作人员依法应当给予行政处分的,应当向其任免机关或者监察机关提出处分建议。

第五十六条 依照本法规定应当给予行政处罚,而有关城乡规划主管部门不给予行政处罚的,上级人民政府城乡规划主管部门有权责令其作出行政处罚决定或者建议有关人民政府责令其给予行政处罚。

第五十七条 城乡规划主管部门违反本法规定作出行政许可的,上级人民政府城乡规划主管部门有权责令其撤销或者直接撤销该行政许可。因撤销行政许可给当事人合法权益造成损失的,应当依法给予赔偿。

第六章 法律责任

第五十八条 对依法应当编制城乡规划而未组织编制,或者未按法定程序编制、审批、修改城乡规划的,由上级人民政府责令改正,通报批评;对有关人民政府负责人和其他直接责任人员依法给予处分。

第五十九条 城乡规划组织编制机关委托不具有相应资质等级的单位编制城乡规划的,由上级人民政府责令改正,通报批评;对有关人民政府负责人和其他直接责任人员依法给予处分。

第六十条 镇人民政府或者县级以上人民政府城乡规划主管部门有下列行为之一的,由本级人民政府、上级人民政府城乡规划主管部门或者监察机关依据职权责令改正,通报批评;对直接负责的主管人员和其他直接责任人员依法给予处分:

(一)未依法组织编制城市的控制性详细规划、县人民政府所在地镇的控制性详细规划的;

(二)超越职权或者对不符合法定条件的申请人核发选址意见书、建设用地规划许可证、建设工程规划许可证、乡村建设规划许可证的;

(三)对符合法定条件的申请人未在法定期限内核发选址意见书、建设用地规划许可证、建设工程规划许可证、乡村建设规划许可证的;

(四)未依法对经审定的修建性详细规划、建设工程设计方案的总平面图予以公布的;

（五）同意修改修建性详细规划、建设工程设计方案的总平面图前未采取听证会等形式听取利害关系人的意见的；

（六）发现未依法取得规划许可或者违反规划许可的规定在规划区内进行建设的行为，而不予查处或者接到举报后不依法处理的。

第六十一条　县级以上人民政府有关部门有下列行为之一的，由本级人民政府或者上级人民政府有关部门责令改正，通报批评；对直接负责的主管人员和其他直接责任人员依法给予处分：

（一）对未依法取得选址意见书的建设项目核发建设项目批准文件的；

（二）未依法在国有土地使用权出让合同中确定规划条件或者改变国有土地使用权出让合同中依法确定的规划条件的；

（三）对未依法取得建设用地规划许可证的建设单位划拨国有土地使用权的。

第六十二条　城乡规划编制单位有下列行为之一的，由所在地城市、县人民政府城乡规划主管部门责令限期改正，处合同约定的规划编制费一倍以上二倍以下的罚款；情节严重的，责令停业整顿，由原发证机关降低资质等级或者吊销资质证书；造成损失的，依法承担赔偿责任：

（一）超越资质等级许可的范围承揽城乡规划编制工作的；

（二）违反国家有关标准编制城乡规划的。

未依法取得资质证书承揽城乡规划编制工作的，由县级以上地方人民政府城乡规划主管部门责令停止违法行为，依照前款规定处以罚款；造成损失的，依法承担赔偿责任。

以欺骗手段取得资质证书承揽城乡规划编制工作的，由原发证机关吊销资质证书，依照本条第一款规定处以罚款；造成损失的，依法承担赔偿责任。

第六十三条　城乡规划编制单位取得资质证书后，不再符合相应的资质条件的，由原发证机关责令限期改正；逾期不改正的，降低资质等级或者吊销资质证书。

第六十四条　未取得建设工程规划许可证或者未按照建设工程规划许可证的规定进行建设的，由县级以上地方人民政府城乡规划主管部门责令停止建设；尚可采取改正措施消除对规划实施的影响的，限期改正，处建设工程造价百分之五以上百分之十以下的罚款；无法采取改正措施消除影响的，限期拆除，不能拆除的，没收实物或者违法收入，可以并处建设工程造价百分之十以下的罚款。

第六十五条 在乡、村庄规划区内未依法取得乡村建设规划许可证或者未按照乡村建设规划许可证的规定进行建设的,由乡、镇人民政府责令停止建设、限期改正;逾期不改正的,可以拆除。

第六十六条 建设单位或者个人有下列行为之一的,由所在地城市、县人民政府城乡规划主管部门责令限期拆除,可以并处临时建设工程造价一倍以下的罚款:

(一)未经批准进行临时建设的;

(二)未按照批准内容进行临时建设的;

(三)临时建筑物、构筑物超过批准期限不拆除的。

第六十七条 建设单位未在建设工程竣工验收后六个月内向城乡规划主管部门报送有关竣工验收资料的,由所在地城市、县人民政府城乡规划主管部门责令限期补报;逾期不补报的,处一万元以上五万元以下的罚款。

第六十八条 城乡规划主管部门作出责令停止建设或者限期拆除的决定后,当事人不停止建设或者逾期不拆除的,建设工程所在地县级以上地方人民政府可以责成有关部门采取查封施工现场、强制拆除等措施。

第六十九条 违反本法规定,构成犯罪的,依法追究刑事责任。

第七章 附　　则

第七十条 本法自2008年1月1日起施行。《中华人民共和国城市规划法》同时废止。

中华人民共和国水土保持法

（1991 年 6 月 29 日第七届全国人民代表大会常务委员会第二十次会议通过 根据 2009 年 8 月 27 日第十一届全国人民代表大会常务委员会第十次会议《关于修改部分法律的决定》修正 2010 年 12 月 25 日第十一届全国人民代表大会常务委员会第十八次会议修订 修订后自 2011 年 3 月 1 日起施行）

第一章 总 则

第一条 为了预防和治理水土流失，保护和合理利用水土资源，减轻水、旱、风沙灾害，改善生态环境，保障经济社会可持续发展，制定本法。

第二条 在中华人民共和国境内从事水土保持活动，应当遵守本法。

本法所称水土保持，是指对自然因素和人为活动造成水土流失所采取的预防和治理措施。

第三条 水土保持工作实行预防为主、保护优先、全面规划、综合治理、因地制宜、突出重点、科学管理、注重效益的方针。

第四条 县级以上人民政府应当加强对水土保持工作的统一领导，将水土保持工作纳入本级国民经济和社会发展规划，对水土保持规划确定的任务，安排专项资金，并组织实施。

国家在水土流失重点预防区和重点治理区，实行地方各级人民政府水土保持目标责任制和考核奖惩制度。

第五条 国务院水行政主管部门主管全国的水土保持工作。

国务院水行政主管部门在国家确定的重要江河、湖泊设立的流域管理机构（以下简称流域管理机构），在所管辖范围内依法承担水土保持监督管理职责。

县级以上地方人民政府水行政主管部门主管本行政区域的水土保持工作。

县级以上人民政府林业、农业、国土资源等有关部门按照各自职责，做好有关的水土流失预防和治理工作。

第六条 各级人民政府及其有关部门应当加强水土保持宣传和教育工作，普及水土保持科学知识，增强公众的水土保持意识。

第七条 国家鼓励和支持水土保持科学技术研究，提高水土保持科学技术水平，推广先进的水土保持技术，培养水土保持科学技术人才。

第八条 任何单位和个人都有保护水土资源、预防和治理水土流失的义务，并有权对破坏水土资源、造成水土流失的行为进行举报。

第九条 国家鼓励和支持社会力量参与水土保持工作。

对水土保持工作中成绩显著的单位和个人，由县级以上人民政府给予表彰和奖励。

第二章 规　　划

第十条 水土保持规划应当在水土流失调查结果及水土流失重点预防区和重点治理区划定的基础上，遵循统筹协调、分类指导的原则编制。

第十一条 国务院水行政主管部门应当定期组织全国水土流失调查并公告调查结果。

省、自治区、直辖市人民政府水行政主管部门负责本行政区域的水土流失调查并公告调查结果，公告前应当将调查结果报国务院水行政主管部门备案。

第十二条 县级以上人民政府应当依据水土流失调查结果划定并公告水土流失重点预防区和重点治理区。

对水土流失潜在危险较大的区域，应当划定为水土流失重点预防区；对水土流失严重的区域，应当划定为水土流失重点治理区。

第十三条 水土保持规划的内容应当包括水土流失状况、水土流失类型区划分、水土流失防治目标、任务和措施等。

水土保持规划包括对流域或者区域预防和治理水土流失、保护和合理利用水土资源作出的整体部署，以及根据整体部署对水土保持专项工作或者特定区域预防和治理水土流失作出的专项部署。

水土保持规划应当与土地利用总体规划、水资源规划、城乡规划和环境保护规划等相协调。

编制水土保持规划，应当征求专家和公众的意见。

第十四条 县级以上人民政府水行政主管部门会同同级人民政府有关部门编制水土保持规划，报本级人民政府或者其授权的部门批准后，由水行政主管部门组织实施。

水土保持规划一经批准，应当严格执行；经批准的规划根据实际情况需要修改的,应当按照规划编制程序报原批准机关批准。

第十五条 有关基础设施建设、矿产资源开发、城镇建设、公共服务设施建设等方面的规划,在实施过程中可能造成水土流失的,规划的组织编制机关应当在规划中提出水土流失预防和治理的对策和措施,并在规划报请审批前征求本级人民政府水行政主管部门的意见。

第三章 预 防

第十六条 地方各级人民政府应当按照水土保持规划,采取封育保护、自然修复等措施,组织单位和个人植树种草,扩大林草覆盖面积,涵养水源,预防和减轻水土流失。

第十七条 地方各级人民政府应当加强对取土、挖砂、采石等活动的管理,预防和减轻水土流失。

禁止在崩塌、滑坡危险区和泥石流易发区从事取土、挖砂、采石等可能造成水土流失的活动。崩塌、滑坡危险区和泥石流易发区的范围,由县级以上地方人民政府划定并公告。崩塌、滑坡危险区和泥石流易发区的划定,应当与地质灾害防治规划确定的地质灾害易发区、重点防治区相衔接。

第十八条 水土流失严重、生态脆弱的地区,应当限制或者禁止可能造成水土流失的生产建设活动,严格保护植物、沙壳、结皮、地衣等。

在侵蚀沟的沟坡和沟岸、河流的两岸以及湖泊和水库的周边,土地所有权人、使用权人或者有关管理单位应当营造植物保护带。禁止开垦、开发植物保护带。

第十九条 水土保持设施的所有权人或者使用权人应当加强对水土保持设施的管理与维护,落实管护责任,保障其功能正常发挥。

第二十条 禁止在二十五度以上陡坡地开垦种植农作物。在二十五度以上陡坡地种植经济林的,应当科学选择树种,合理确定规模,采取水土保持措施,防止造成水土流失。

省、自治区、直辖市根据本行政区域的实际情况,可以规定小于二十五度的禁止开垦坡度。禁止开垦的陡坡地的范围由当地县级人民政府划定并公告。

第二十一条 禁止毁林、毁草开垦和采集发菜。禁止在水土流失重点预防区和重点治理区铲草皮、挖树兜或者滥挖虫草、甘草、麻黄等。

第二十二条 林木采伐应当采用合理方式，严格控制皆伐；对水源涵养林、水土保持林、防风固沙林等防护林只能进行抚育和更新性质的采伐；对采伐区和集材道应当采取防止水土流失的措施，并在采伐后及时更新造林。

在林区采伐林木的，采伐方案中应当有水土保持措施。采伐方案经林业主管部门批准后，由林业主管部门和水行政主管部门监督实施。

第二十三条 在五度以上坡地植树造林、抚育幼林、种植中药材等，应当采取水土保持措施。

在禁止开垦坡度以下、五度以上的荒坡地开垦种植农作物，应当采取水土保持措施。具体办法由省、自治区、直辖市根据本行政区域的实际情况规定。

第二十四条 生产建设项目选址、选线应当避让水土流失重点预防区和重点治理区；无法避让的，应当提高防治标准，优化施工工艺，减少地表扰动和植被损坏范围，有效控制可能造成的水土流失。

第二十五条 在山区、丘陵区、风沙区以及水土保持规划确定的容易发生水土流失的其他区域开办可能造成水土流失的生产建设项目，生产建设单位应当编制水土保持方案，报县级以上人民政府水行政主管部门审批，并按照经批准的水土保持方案，采取水土流失预防和治理措施。没有能力编制水土保持方案的，应当委托具备相应技术条件的机构编制。

水土保持方案应当包括水土流失预防和治理的范围、目标、措施和投资等内容。

水土保持方案经批准后，生产建设项目的地点、规模发生重大变化的，应当补充或者修改水土保持方案并报原审批机关批准。水土保持方案实施过程中，水土保持措施需要作出重大变更的，应当经原审批机关批准。

生产建设项目水土保持方案的编制和审批办法，由国务院水行政主管部门制定。

第二十六条 依法应当编制水土保持方案的生产建设项目，生产建设单位未编制水土保持方案或者水土保持方案未经水行政主管部门批准的，生产建设项目不得开工建设。

第二十七条 依法应当编制水土保持方案的生产建设项目中的水土保持设施，应当与主体工程同时设计、同时施工、同时投产使用；生产建设项目竣工验收，应当验收水土保持设施；水土保持设施未经验收或者验收不合格的，生产建设项目不得投产使用。

第二十八条　依法应当编制水土保持方案的生产建设项目，其生产建设活动中排弃的砂、石、土、矸石、尾矿、废渣等应当综合利用；不能综合利用，确需废弃的，应当堆放在水土保持方案确定的专门存放地，并采取措施保证不产生新的危害。

第二十九条　县级以上人民政府水行政主管部门、流域管理机构，应当对生产建设项目水土保持方案的实施情况进行跟踪检查，发现问题及时处理。

第四章　治　　理

第三十条　国家加强水土流失重点预防区和重点治理区的坡耕地改梯田、淤地坝等水土保持重点工程建设，加大生态修复力度。

县级以上人民政府水行政主管部门应当加强对水土保持重点工程的建设管理，建立和完善运行管护制度。

第三十一条　国家加强江河源头区、饮用水水源保护区和水源涵养区水土流失的预防和治理工作，多渠道筹集资金，将水土保持生态效益补偿纳入国家建立的生态效益补偿制度。

第三十二条　开办生产建设项目或者从事其他生产建设活动造成水土流失的，应当进行治理。

在山区、丘陵区、风沙区以及水土保持规划确定的容易发生水土流失的其他区域开办生产建设项目或者从事其他生产建设活动，损坏水土保持设施、地貌植被，不能恢复原有水土保持功能的，应当缴纳水土保持补偿费，专项用于水土流失预防和治理。专项水土流失预防和治理由水行政主管部门负责组织实施。水土保持补偿费的收取使用管理办法由国务院财政部门、国务院价格主管部门会同国务院水行政主管部门制定。

生产建设项目在建设过程中和生产过程中发生的水土保持费用，按照国家统一的财务会计制度处理。

第三十三条　国家鼓励单位和个人按照水土保持规划参与水土流失治理，并在资金、技术、税收等方面予以扶持。

第三十四条　国家鼓励和支持承包治理荒山、荒沟、荒丘、荒滩，防治水土流失，保护和改善生态环境，促进土地资源的合理开发和可持续利用，并依法保护土地承包合同当事人的合法权益。

承包治理荒山、荒沟、荒丘、荒滩和承包水土流失严重地区农村土地的，在依法签订的土地承包合同中应当包括预防和治理水土流失责任的内容。

第三十五条 在水力侵蚀地区,地方各级人民政府及其有关部门应当组织单位和个人,以天然沟壑及其两侧山坡地形成的小流域为单元,因地制宜地采取工程措施、植物措施和保护性耕作等措施,进行坡耕地和沟道水土流失综合治理。

在风力侵蚀地区,地方各级人民政府及其有关部门应当组织单位和个人,因地制宜地采取轮封轮牧、植树种草、设置人工沙障和网格林带等措施,建立防风固沙防护体系。

在重力侵蚀地区,地方各级人民政府及其有关部门应当组织单位和个人,采取监测、径流排导、削坡减载、支挡固坡、修建拦挡工程等措施,建立监测、预报、预警体系。

第三十六条 在饮用水水源保护区,地方各级人民政府及其有关部门应当组织单位和个人,采取预防保护、自然修复和综合治理措施,配套建设植物过滤带,积极推广沼气,开展清洁小流域建设,严格控制化肥和农药的使用,减少水土流失引起的面源污染,保护饮用水水源。

第三十七条 已在禁止开垦的陡坡地上开垦种植农作物的,应当按照国家有关规定退耕,植树种草;耕地短缺、退耕确有困难的,应当修建梯田或者采取其他水土保持措施。

在禁止开垦坡度以下的坡耕地上开垦种植农作物的,应当根据不同情况,采取修建梯田、坡面水系整治、蓄水保土耕作或者退耕等措施。

第三十八条 对生产建设活动所占用土地的地表土应当进行分层剥离、保存和利用,做到土石方挖填平衡,减少地表扰动范围;对废弃的砂、石、土、矸石、尾矿、废渣等存放地,应当采取拦挡、坡面防护、防洪排导等措施。生产建设活动结束后,应当及时在取土场、开挖面和存放地的裸露土地上植树种草、恢复植被,对闭库的尾矿库进行复垦。

在干旱缺水地区从事生产建设活动,应当采取防止风力侵蚀措施,设置降水蓄渗设施,充分利用降水资源。

第三十九条 国家鼓励和支持在山区、丘陵区、风沙区以及容易发生水土流失的其他区域,采取下列有利于水土保持的措施:

(一)免耕、等高耕作、轮耕轮作、草田轮作、间作套种等;

(二)封禁抚育、轮封轮牧、舍饲圈养;

(三)发展沼气、节柴灶,利用太阳能、风能和水能,以煤、电、气代替薪柴等;

(四)从生态脆弱地区向外移民;

（五）其他有利于水土保持的措施。

第五章　监测和监督

第四十条　县级以上人民政府水行政主管部门应当加强水土保持监测工作，发挥水土保持监测工作在政府决策、经济社会发展和社会公众服务中的作用。县级以上人民政府应当保障水土保持监测工作经费。

国务院水行政主管部门应当完善全国水土保持监测网络，对全国水土流失进行动态监测。

第四十一条　对可能造成严重水土流失的大中型生产建设项目，生产建设单位应当自行或者委托具备水土保持监测资质的机构，对生产建设活动造成的水土流失进行监测，并将监测情况定期上报当地水行政主管部门。

从事水土保持监测活动应当遵守国家有关技术标准、规范和规程，保证监测质量。

第四十二条　国务院水行政主管部门和省、自治区、直辖市人民政府水行政主管部门应当根据水土保持监测情况，定期对下列事项进行公告：

（一）水土流失类型、面积、强度、分布状况和变化趋势；

（二）水土流失造成的危害；

（三）水土流失预防和治理情况。

第四十三条　县级以上人民政府水行政主管部门负责对水土保持情况进行监督检查。流域管理机构在其管辖范围内可以行使国务院水行政主管部门的监督检查职权。

第四十四条　水政监督检查人员依法履行监督检查职责时，有权采取下列措施：

（一）要求被检查单位或者个人提供有关文件、证照、资料；

（二）要求被检查单位或者个人就预防和治理水土流失的有关情况作出说明；

（三）进入现场进行调查、取证。

被检查单位或者个人拒不停止违法行为，造成严重水土流失的，报经水行政主管部门批准，可以查封、扣押实施违法行为的工具及施工机械、设备等。

第四十五条　水政监督检查人员依法履行监督检查职责时，应当出示执法证件。被检查单位或者个人对水土保持监督检查工作应当给予配合，如实报告情况，提供有关文件、证照、资料;不得拒绝或者阻碍水政监督检查人员依法执行公务。

第四十六条 不同行政区域之间发生水土流失纠纷应当协商解决;协商不成的,由共同的上一级人民政府裁决。

第六章 法律责任

第四十七条 水行政主管部门或者其他依照本法规定行使监督管理权的部门,不依法作出行政许可决定或者办理批准文件的,发现违法行为或者接到对违法行为的举报不予查处的,或者有其他未依照本法规定履行职责的行为的,对直接负责的主管人员和其他直接责任人员依法给予处分。

第四十八条 违反本法规定,在崩塌、滑坡危险区或者泥石流易发区从事取土、挖砂、采石等可能造成水土流失的活动的,由县级以上地方人民政府水行政主管部门责令停止违法行为,没收违法所得,对个人处一千元以上一万元以下的罚款,对单位处二万元以上二十万元以下的罚款。

第四十九条 违反本法规定,在禁止开垦坡度以上陡坡地开垦种植农作物,或者在禁止开垦、开发的植物保护带内开垦、开发的,由县级以上地方人民政府水行政主管部门责令停止违法行为,采取退耕、恢复植被等补救措施;按照开垦或者开发面积,可以对个人处每平方米二元以下的罚款、对单位处每平方米十元以下的罚款。

第五十条 违反本法规定,毁林、毁草开垦的,依照《中华人民共和国森林法》《中华人民共和国草原法》的有关规定处罚。

第五十一条 违反本法规定,采集发菜,或者在水土流失重点预防区和重点治理区铲草皮、挖树兜、滥挖虫草、甘草、麻黄等的,由县级以上地方人民政府水行政主管部门责令停止违法行为,采取补救措施,没收违法所得,并处违法所得一倍以上五倍以下的罚款;没有违法所得的,可以处五万元以下的罚款。

在草原地区有前款规定违法行为的,依照《中华人民共和国草原法》的有关规定处罚。

第五十二条 在林区采伐林木不依法采取防止水土流失措施的,由县级以上地方人民政府林业主管部门、水行政主管部门责令限期改正,采取补救措施;造成水土流失的,由水行政主管部门按照造成水土流失的面积处每平方米二元以上十元以下的罚款。

第五十三条 违反本法规定,有下列行为之一的,由县级以上人民政府水行政主管部门责令停止违法行为,限期补办手续;逾期不补办手续的,处五万元以上

五十万元以下的罚款;对生产建设单位直接负责的主管人员和其他直接责任人员依法给予处分:

(一)依法应当编制水土保持方案的生产建设项目,未编制水土保持方案或者编制的水土保持方案未经批准而开工建设的;

(二)生产建设项目的地点、规模发生重大变化,未补充、修改水土保持方案或者补充、修改的水土保持方案未经原审批机关批准的;

(三)水土保持方案实施过程中,未经原审批机关批准,对水土保持措施作出重大变更的。

第五十四条　违反本法规定,水土保持设施未经验收或者验收不合格将生产建设项目投产使用的,由县级以上人民政府水行政主管部门责令停止生产或者使用,直至验收合格,并处五万元以上五十万元以下的罚款。

第五十五条　违反本法规定,在水土保持方案确定的专门存放地以外的区域倾倒砂、石、土、矸石、尾矿、废渣等的,由县级以上地方人民政府水行政主管部门责令停止违法行为,限期清理,按照倾倒数量处每立方米十元以上二十元以下的罚款;逾期仍不清理的,县级以上地方人民政府水行政主管部门可以指定有清理能力的单位代为清理,所需费用由违法行为人承担。

第五十六条　违反本法规定,开办生产建设项目或者从事其他生产建设活动造成水土流失,不进行治理的,由县级以上人民政府水行政主管部门责令限期治理;逾期仍不治理的,县级以上人民政府水行政主管部门可以指定有治理能力的单位代为治理,所需费用由违法行为人承担。

第五十七条　违反本法规定,拒不缴纳水土保持补偿费的,由县级以上人民政府水行政主管部门责令限期缴纳;逾期不缴纳的,自滞纳之日起按日加收滞纳部分万分之五的滞纳金,可以处应缴水土保持补偿费三倍以下的罚款。

第五十八条　违反本法规定,造成水土流失危害的,依法承担民事责任;构成违反治安管理行为的,由公安机关依法给予治安管理处罚;构成犯罪的,依法追究刑事责任。

第七章　附　　则

第五十九条　县级以上地方人民政府根据当地实际情况确定的负责水土保持工作的机构,行使本法规定的水行政主管部门水土保持工作的职责。

第六十条　本法自 2011 年 3 月 1 日起施行。

中华人民共和国水土保持法实施条例

(1993年8月1日国务院令第120号发布　根据2011年1月8日国务院令第588号《关于废止和修改部分行政法规的决定》修订　修订后自公布之日起施行)

第一章　总　　则

第一条　根据《中华人民共和国水土保持法》(以下简称《水土保持法》)的规定,制定本条例。

第二条　一切单位和个人都有权对有下列破坏水土资源、造成水土流失的行为之一的单位和个人,向县级以上人民政府水行政主管部门或者其他有关部门进行检举:

(一)违法毁林或者毁草场开荒,破坏植被的;

(二)违法开垦荒坡地的;

(三)向江河、湖泊、水库和专门存放地以外的沟渠倾倒废弃砂、石、土或者尾矿废渣的;

(四)破坏水土保持设施的;

(五)有破坏水土资源、造成水土流失的其他行为的。

第三条　水土流失防治区的地方人民政府应当实行水土流失防治目标责任制。

第四条　地方人民政府根据当地实际情况设立的水土保持机构,可以行使《水土保持法》和本条例规定的水行政主管部门对水土保持工作的职权。

第五条　县级以上人民政府应当将批准的水土保持规划确定的任务,纳入国民经济和社会发展计划,安排专项资金,组织实施,并可以按照有关规定,安排水土流失地区的部分扶贫资金、以工代赈资金和农业发展基金等资金,用于水土保持。

注:根据2016年2月3日《国务院关于第二批取消152项中央指定地方实施行政审批事项的决定》(国发〔2016〕9号),取消开垦荒坡地防止水土流失措施审批(见本《条例》第十二条)。

第六条　水土流失重点防治区按国家、省、县三级划分，具体范围由县级以上人民政府水行政主管部门提出，报同级人民政府批准并公告。

水土流失重点防治区可以分为重点预防保护区、重点监督区和重点治理区。

第七条　水土流失严重的省、自治区、直辖市，可以根据需要，设置水土保持中等专业学校或者在有关院校开设水土保持专业。中小学的有关课程，应当包含水土保持方面的内容。

第二章　预　　防

第八条　山区、丘陵区、风沙区的地方人民政府，对从事挖药材、养柞蚕、烧木炭、烧砖瓦等副业生产的单位和个人，必须根据水土保持的要求，加强管理，采取水土保持措施，防止水土流失和生态环境恶化。

第九条　在水土流失严重、草场少的地区，地方人民政府及其有关主管部门应当采取措施，推行舍饲，改变野外放牧习惯。

第十条　地方人民政府及其有关主管部门应当因地制宜，组织营造薪炭林，发展小水电、风力发电，发展沼气，利用太阳能，推广节能灶。

第十一条　《水土保持法》施行前已在禁止开垦的陡坡地上开垦种植农作物的，应当在平地或者缓坡地建设基本农田，提高单位面积产量，将已开垦的陡坡耕地逐步退耕，植树种草；退耕确有困难的，由县级人民政府限期修成梯田，或者采取其他水土保持措施。

第十二条　依法申请开垦荒坡地的，必须同时提出防止水土流失的措施，报县级人民政府水行政主管部门或者其所属的水土保持监督管理机构批准。

第十三条　在林区采伐林木的，采伐方案中必须有采伐区水土保持措施。林业行政主管部门批准采伐方案后，应当将采伐方案抄送水行政主管部门，共同监督实施采伐区水土保持措施。

第十四条　在山区、丘陵区、风沙区修建铁路、公路、水工程，开办矿山企业、电力企业和其他大中型工业企业，其环境影响报告书中的水土保持方案，必须先经水行政主管部门审查同意。

在山区、丘陵区、风沙区依法开办乡镇集体矿山企业和个体申请采矿，必须填写“水土保持方案报告表”，经县级以上地方人民政府水行政主管部门批准后，方可申请办理采矿批准手续。

建设工程中的水土保持设施竣工验收，应当有水行政主管部门参加并签署意见。水土保持设施经验收不合格的,建设工程不得投产使用。

水土保持方案的具体报批办法,由国务院水行政主管部门会同国务院有关主管部门制定。

第十五条 《水土保持法》施行前已建或者在建并造成水土流失的生产建设项目,生产建设单位必须向县级以上地方人民政府水行政主管部门提出水土流失防治措施。

第三章 治 理

第十六条 县级以上地方人民政府应当组织国有农场、林场、牧场和农业集体经济组织及农民,在禁止开垦坡度以下的坡耕地,按照水土保持规划,修筑水平梯田和蓄水保土工程,整治排水系统,治理水土流失。

第十七条 水土流失地区的集体所有的土地承包给个人使用的,应当将治理水土流失的责任列入承包合同。当地乡、民族乡、镇的人民政府和农业集体经济组织应当监督承包合同的履行。

第十八条 荒山、荒沟、荒丘、荒滩的水土流失,可以由农民个人、联户或者专业队承包治理,也可以由企业事业单位或者个人投资投劳入股治理。

实行承包治理的,发包方和承包方应当签订承包治理合同。在承包期内,承包方经发包方同意,可以将承包治理合同转让给第三者。

第十九条 企业事业单位在建设和生产过程中造成水土流失的,应当负责治理。因技术等原因无力自行治理的,可以交纳防治费,由水行政主管部门组织治理。防治费的收取标准和使用管理办法由省级以上人民政府财政部门、主管物价的部门会同水行政主管部门制定。

第二十条 对水行政主管部门投资营造的水土保持林、水源涵养林和防风固沙林进行抚育和更新性质的采伐时,所提取的育林基金应当用于营造水土保持林、水源涵养林和防风固沙林。

第二十一条 建成的水土保持设施和种植的林草,应当按照国家技术标准进行检查验收;验收合格的,应当建立档案,设立标志,落实管护责任制。

任何单位和个人不得破坏或者侵占水土保持设施。企业事业单位在建设和生产过程中损坏水土保持设施的,应当给予补偿。

第四章 监 督

第二十二条 《水土保持法》第二十九条所称水土保持监测网络,是指全国水土保持监测中心,大江大河流域水土保持中心站,省、自治区、直辖市水土保持监测站以及省、自治区、直辖市重点防治区水土保持监测分站。

水土保持监测网络的具体管理办法,由国务院水行政主管部门制定。

第二十三条 国务院水行政主管部门和省、自治区、直辖市人民政府水行政主管部门应当定期分别公告水土保持监测情况。公告应当包括下列事项:

(一)水土流失的面积、分布状况和流失程度;

(二)水土流失造成的危害及其发展趋势;

(三)水土流失防治情况及其效益。

第二十四条 有水土流失防治任务的企业事业单位,应当定期向县级以上地方人民政府水行政主管部门通报本单位水土流失防治工作的情况。

第二十五条 县级以上地方人民政府水行政主管部门及其所属的水土保持监督管理机构,应当对《水土保持法》和本条例的执行情况实施监督检查。水土保持监督人员依法执行公务时,应当持有县级以上人民政府颁发的水土保持监督检查证件。

第五章 法律责任

第二十六条 依照《水土保持法》第三十二条的规定处以罚款的,罚款幅度为非法开垦的陡坡地每平方米 1 元至 2 元。

第二十七条 依照《水土保持法》第三十三条的规定处以罚款的,罚款幅度为擅自开垦的荒坡地每平方米 0.5 元至 1 元。

第二十八条 依照《水土保持法》第三十四条的规定处以罚款的,罚款幅度为 500 元以上、5000 元以下。

第二十九条 依照《水土保持法》第三十五条的规定处以罚款的,罚款幅度为造成的水土流失面积每平方米 2 元至 5 元。

第三十条 依照《水土保持法》第三十六条的规定处以罚款的,罚款幅度为 1000 元以上、1 万元以下。

第三十一条 破坏水土保持设施,尚不够刑事处罚的,由公安机关依照《中华人民共和国治安管理处罚法》的有关规定予以处罚。

第三十二条 依照《水土保持法》第三十九条第二款的规定,请求水行政主管部门处理赔偿责任和赔偿金额纠纷的,应当提出申请报告。申请报告应当包括下列事项:

（一）当事人的基本情况；

（二）受到水土流失危害的时间、地点、范围；

（三）损失清单；

（四）证据。

第三十三条 由于发生不可抗拒的自然灾害而造成水土流失时，有关单位和个人应当向水行政主管部门报告不可抗拒的自然灾害的种类、程度、时间和已采取的措施等情况，经水行政主管部门查实并作出“不能避免造成水土流失危害”认定的，免予承担责任。

第六章 附 则

第三十四条 本条例由国务院水行政主管部门负责解释。

第三十五条 本条例自发布之日起施行。

中华人民共和国文物保护法

（1982年11月19日第五届全国人民代表大会常务委员会第二十五次会议通过　根据1991年6月29日第七届全国人民代表大会常务委员会第二十次会议《关于修改〈中华人民共和国文物保护法〉第三十条、第三十一条的决定》第一次修正　2002年10月28日第九届全国人民代表大会常务委员会第三十次会议修订　根据2007年12月29日第十届全国人民代表大会常务委员会第三十一次会议《关于修改〈中华人民共和国文物保护法〉的决定》第二次修正　根据2013年6月29日第十二届全国人民代表大会常务委员会第三次会议《关于修改〈中华人民共和国文物保护法〉等十二部法律的决定》第三次修正　根据2015年4月24日第十二届全国人民代表大会常务委员会第十四次会议《关于修改〈中华人民共和国文物保护法〉的决定》第四次修正　根据2017年11月4日第十二届全国人民代表大会常务委员会第三十次会议《关于修改〈中华人民共和国会计法〉等十一部法律的决定》第五次修正　修正后自2017年11月5日起施行）

第一章　总　　则

第一条　为了加强对文物的保护，继承中华民族优秀的历史文化遗产，促进科学研究工作，进行爱国主义和革命传统教育，建设社会主义精神文明和物质文明，根据宪法，制定本法。

第二条　在中华人民共和国境内，下列文物受国家保护：

（一）具有历史、艺术、科学价值的古文化遗址、古墓葬、古建筑、石窟寺和石刻、壁画；

（二）与重大历史事件、革命运动或者著名人物有关的以及具有重要纪念意义、教育意义或者史料价值的近代现代重要史迹、实物、代表性建筑；

（三）历史上各时代珍贵的艺术品、工艺美术品；

（四）历史上各时代重要的文献资料以及具有历史、艺术、科学价值的手稿和图书资料等；

（五）反映历史上各时代、各民族社会制度、社会生产、社会生活的代表性实物。

文物认定的标准和办法由国务院文物行政部门制定,并报国务院批准。

具有科学价值的古脊椎动物化石和古人类化石同文物一样受国家保护。

第三条 古文化遗址、古墓葬、古建筑、石窟寺、石刻、壁画、近代现代重要史迹和代表性建筑等不可移动文物,根据它们的历史、艺术、科学价值,可以分别确定为全国重点文物保护单位,省级文物保护单位,市、县级文物保护单位。

历史上各时代重要实物、艺术品、文献、手稿、图书资料、代表性实物等可移动文物,分为珍贵文物和一般文物;珍贵文物分为一级文物、二级文物、三级文物。

第四条 文物工作贯彻保护为主、抢救第一、合理利用、加强管理的方针。

第五条 中华人民共和国境内地下、内水和领海中遗存的一切文物,属于国家所有。

古文化遗址、古墓葬、石窟寺属于国家所有。国家指定保护的纪念建筑物、古建筑、石刻、壁画、近代现代代表性建筑等不可移动文物,除国家另有规定的以外,属于国家所有。

国有不可移动文物的所有权不因其所依附的土地所有权或者使用权的改变而改变。

下列可移动文物,属于国家所有:

(一)中国境内出土的文物,国家另有规定的除外;

(二)国有文物收藏单位以及其他国家机关、部队和国有企业、事业组织等收藏、保管的文物;

(三)国家征集、购买的文物;

(四)公民、法人和其他组织捐赠给国家的文物;

(五)法律规定属于国家所有的其他文物。

属于国家所有的可移动文物的所有权不因其保管、收藏单位的终止或者变更而改变。

国有文物所有权受法律保护,不容侵犯。

第六条 属于集体所有和私人所有的纪念建筑物、古建筑和祖传文物以及依法取得的其他文物,其所有权受法律保护。文物的所有者必须遵守国家有关文物保护的法律、法规的规定。

第七条 一切机关、组织和个人都有依法保护文物的义务。

第八条 国务院文物行政部门主管全国文物保护工作。

地方各级人民政府负责本行政区域内的文物保护工作。县级以上地方人民政府承担文物保护工作的部门对本行政区域内的文物保护实施监督管理。

县级以上人民政府有关行政部门在各自的职责范围内,负责有关的文物保护工作。

第九条 各级人民政府应当重视文物保护,正确处理经济建设、社会发展与文物保护的关系,确保文物安全。

基本建设、旅游发展必须遵守文物保护工作的方针,其活动不得对文物造成损害。

公安机关、工商行政管理部门、海关、城乡建设规划部门和其他有关国家机关,应当依法认真履行所承担的保护文物的职责,维护文物管理秩序。

第十条 国家发展文物保护事业。县级以上人民政府应当将文物保护事业纳入本级国民经济和社会发展规划,所需经费列入本级财政预算。

国家用于文物保护的财政拨款随着财政收入增长而增加。

国有博物馆、纪念馆、文物保护单位等的事业性收入,专门用于文物保护,任何单位或者个人不得侵占、挪用。

国家鼓励通过捐赠等方式设立文物保护社会基金,专门用于文物保护,任何单位或者个人不得侵占、挪用。

第十一条 文物是不可再生的文化资源。国家加强文物保护的宣传教育,增强全民文物保护的意识,鼓励文物保护的科学研究,提高文物保护的科学技术水平。

第十二条 有下列事迹的单位或者个人,由国家给予精神鼓励或者物质奖励:

(一)认真执行文物保护法律、法规,保护文物成绩显著的;

(二)为保护文物与违法犯罪行为作坚决斗争的;

(三)将个人收藏的重要文物捐献给国家或者为文物保护事业作出捐赠的;

(四)发现文物及时上报或者上交,使文物得到保护的;

(五)在考古发掘工作中作出重大贡献的;

(六)在文物保护科学技术方面有重要发明创造或者其他重要贡献的;

(七)在文物面临破坏危险时,抢救文物有功的;

(八)长期从事文物工作,作出显著成绩的。

第二章　不可移动文物

第十三条　国务院文物行政部门在省级、市、县级文物保护单位中，选择具有重大历史、艺术、科学价值的确定为全国重点文物保护单位，或者直接确定为全国重点文物保护单位，报国务院核定公布。

省级文物保护单位，由省、自治区、直辖市人民政府核定公布，并报国务院备案。

市级和县级文物保护单位，分别由设区的市、自治州和县级人民政府核定公布，并报省、自治区、直辖市人民政府备案。

尚未核定公布为文物保护单位的不可移动文物，由县级人民政府文物行政部门予以登记并公布。

第十四条　保存文物特别丰富并且具有重大历史价值或者革命纪念意义的城市，由国务院核定公布为历史文化名城。

保存文物特别丰富并且具有重大历史价值或者革命纪念意义的城镇、街道、村庄，由省、自治区、直辖市人民政府核定公布为历史文化街区、村镇，并报国务院备案。

历史文化名城和历史文化街区、村镇所在地的县级以上地方人民政府应当组织编制专门的历史文化名城和历史文化街区、村镇保护规划，并纳入城市总体规划。

历史文化名城和历史文化街区、村镇的保护办法，由国务院制定。

第十五条　各级文物保护单位，分别由省、自治区、直辖市人民政府和市、县级人民政府划定必要的保护范围，作出标志说明，建立记录档案，并区别情况分别设置专门机构或者专人负责管理。全国重点文物保护单位的保护范围和记录档案，由省、自治区、直辖市人民政府文物行政部门报国务院文物行政部门备案。

县级以上地方人民政府文物行政部门应当根据不同文物的保护需要，制定文物保护单位和未核定为文物保护单位的不可移动文物的具体保护措施，并公告施行。

第十六条　各级人民政府制定城乡建设规划，应当根据文物保护的需要，事先由城乡建设规划部门会同文物行政部门商定对本行政区域内各级文物保护单位的保护措施，并纳入规划。

第十七条　文物保护单位的保护范围内不得进行其他建设工程或者爆破、钻探、挖掘等作业。但是,因特殊情况需要在文物保护单位的保护范围内进行其他建设工程或者爆破、钻探、挖掘等作业的,必须保证文物保护单位的安全,并经核定公布该文物保护单位的人民政府批准,在批准前应当征得上一级人民政府文物行政部门同意;在全国重点文物保护单位的保护范围内进行其他建设工程或者爆破、钻探、挖掘等作业的,必须经省、自治区、直辖市人民政府批准,在批准前应当征得国务院文物行政部门同意。

第十八条　根据保护文物的实际需要,经省、自治区、直辖市人民政府批准,可以在文物保护单位的周围划出一定的建设控制地带,并予以公布。

在文物保护单位的建设控制地带内进行建设工程,不得破坏文物保护单位的历史风貌;工程设计方案应当根据文物保护单位的级别,经相应的文物行政部门同意后,报城乡建设规划部门批准。

第十九条　在文物保护单位的保护范围和建设控制地带内,不得建设污染文物保护单位及其环境的设施,不得进行可能影响文物保护单位安全及其环境的活动。对已有的污染文物保护单位及其环境的设施,应当限期治理。

第二十条　建设工程选址,应当尽可能避开不可移动文物;因特殊情况不能避开的,对文物保护单位应当尽可能实施原址保护。

实施原址保护的,建设单位应当事先确定保护措施,根据文物保护单位的级别报相应的文物行政部门批准;未经批准的,不得开工建设。

无法实施原址保护,必须迁移异地保护或者拆除的,应当报省、自治区、直辖市人民政府批准;迁移或者拆除省级文物保护单位的,批准前须征得国务院文物行政部门同意。全国重点文物保护单位不得拆除;需要迁移的,须由省、自治区、直辖市人民政府报国务院批准。

依照前款规定拆除的国有不可移动文物中具有收藏价值的壁画、雕塑、建筑构件等,由文物行政部门指定的文物收藏单位收藏。

本条规定的原址保护、迁移、拆除所需费用,由建设单位列入建设工程预算。

第二十一条　国有不可移动文物由使用人负责修缮、保养;非国有不可移动文物由所有人负责修缮、保养。非国有不可移动文物有损毁危险,所有人不具备修缮能力的,当地人民政府应当给予帮助;所有人具备修缮能力而拒不依法履行修缮义务的,县级以上人民政府可以给予抢救修缮,所需费用由所有人负担。

对文物保护单位进行修缮,应当根据文物保护单位的级别报相应的文物行政部门批准;对未核定为文物保护单位的不可移动文物进行修缮,应当报登记的县级人民政府文物行政部门批准。

文物保护单位的修缮、迁移、重建,由取得文物保护工程资质证书的单位承担。

对不可移动文物进行修缮、保养、迁移,必须遵守不改变文物原状的原则。

第二十二条 不可移动文物已经全部毁坏的,应当实施遗址保护,不得在原址重建。但是,因特殊情况需要在原址重建的,由省、自治区、直辖市人民政府文物行政部门报省、自治区、直辖市人民政府批准;全国重点文物保护单位需要在原址重建的,由省、自治区、直辖市人民政府报国务院批准。

第二十三条 核定为文物保护单位的属于国家所有的纪念建筑物或者古建筑,除可以建立博物馆、保管所或者辟为参观游览场所外,作其他用途的,市、县级文物保护单位应当经核定公布该文物保护单位的人民政府文物行政部门征得上一级文物行政部门同意后,报核定公布该文物保护单位的人民政府批准;省级文物保护单位应当经核定公布该文物保护单位的省级人民政府的文物行政部门审核同意后,报该省级人民政府批准;全国重点文物保护单位作其他用途的,应当由省、自治区、直辖市人民政府报国务院批准。国有未核定为文物保护单位的不可移动文物作其他用途的,应当报告县级人民政府文物行政部门。

第二十四条 国有不可移动文物不得转让、抵押。建立博物馆、保管所或者辟为参观游览场所的国有文物保护单位,不得作为企业资产经营。

第二十五条 非国有不可移动文物不得转让、抵押给外国人。

非国有不可移动文物转让、抵押或者改变用途的,应当根据其级别报相应的文物行政部门备案。

第二十六条 使用不可移动文物,必须遵守不改变文物原状的原则,负责保护建筑物及其附属文物的安全,不得损毁、改建、添建或者拆除不可移动文物。

对危害文物保护单位安全、破坏文物保护单位历史风貌的建筑物、构筑物,当地人民政府应当及时调查处理,必要时,对该建筑物、构筑物予以拆迁。

第三章 考古发掘

第二十七条 一切考古发掘工作,必须履行报批手续;从事考古发掘的单位,应当经国务院文物行政部门批准。

地下埋藏的文物,任何单位或者个人都不得私自发掘。

第二十八条 从事考古发掘的单位,为了科学研究进行考古发掘,应当提出发掘计划,报国务院文物行政部门批准;对全国重点文物保护单位的考古发掘计划,应当经国务院文物行政部门审核后报国务院批准。国务院文物行政部门在批准或者审核前,应当征求社会科学研究机构及其他科研机构和有关专家的意见。

第二十九条 进行大型基本建设工程,建设单位应当事先报请省、自治区、直辖市人民政府文物行政部门组织从事考古发掘的单位在工程范围内有可能埋藏文物的地方进行考古调查、勘探。

考古调查、勘探中发现文物的,由省、自治区、直辖市人民政府文物行政部门根据文物保护的要求会同建设单位共同商定保护措施;遇有重要发现的,由省、自治区、直辖市人民政府文物行政部门及时报国务院文物行政部门处理。

第三十条 需要配合建设工程进行的考古发掘工作,应当由省、自治区、直辖市文物行政部门在勘探工作的基础上提出发掘计划,报国务院文物行政部门批准。国务院文物行政部门在批准前,应当征求社会科学研究机构及其他科研机构和有关专家的意见。

确因建设工期紧迫或者有自然破坏危险,对古文化遗址、古墓葬急需进行抢救发掘的,由省、自治区、直辖市人民政府文物行政部门组织发掘,并同时补办审批手续。

第三十一条 凡因进行基本建设和生产建设需要的考古调查、勘探、发掘,所需费用由建设单位列入建设工程预算。

第三十二条 在进行建设工程或者在农业生产中,任何单位或者个人发现文物,应当保护现场,立即报告当地文物行政部门,文物行政部门接到报告后,如无特殊情况,应当在二十四小时内赶赴现场,并在七日内提出处理意见。文物行政部门可以报请当地人民政府通知公安机关协助保护现场;发现重要文物的,应当立即上报国务院文物行政部门,国务院文物行政部门应当在接到报告后十五日内提出处理意见。

依照前款规定发现的文物属于国家所有,任何单位或者个人不得哄抢、私分、藏匿。

第三十三条 非经国务院文物行政部门报国务院特别许可,任何外国人或者外国团体不得在中华人民共和国境内进行考古调查、勘探、发掘。

第三十四条 考古调查、勘探、发掘的结果,应当报告国务院文物行政部门和省、自治区、直辖市人民政府文物行政部门。

考古发掘的文物,应当登记造册,妥善保管,按照国家有关规定移交给由省、自治区、直辖市人民政府文物行政部门或者国务院文物行政部门指定的国有博物馆、图书馆或者其他国有收藏文物的单位收藏。经省、自治区、直辖市人民政府文物行政部门批准,从事考古发掘的单位可以保留少量出土文物作为科研标本。

考古发掘的文物,任何单位或者个人不得侵占。

第三十五条 根据保证文物安全、进行科学研究和充分发挥文物作用的需要,省、自治区、直辖市人民政府文物行政部门经本级人民政府批准,可以调用本行政区域内的出土文物;国务院文物行政部门经国务院批准,可以调用全国的重要出土文物。

第四章 馆藏文物

第三十六条 博物馆、图书馆和其他文物收藏单位对收藏的文物,必须区分文物等级,设置藏品档案,建立严格的管理制度,并报主管的文物行政部门备案。

县级以上地方人民政府文物行政部门应当分别建立本行政区域内的馆藏文物档案;国务院文物行政部门应当建立国家一级文物藏品档案和其主管的国有文物收藏单位馆藏文物档案。

第三十七条 文物收藏单位可以通过下列方式取得文物:

(一)购买;

(二)接受捐赠;

(三)依法交换;

(四)法律、行政法规规定的其他方式。

国有文物收藏单位还可以通过文物行政部门指定保管或者调拨方式取得文物。

第三十八条 文物收藏单位应当根据馆藏文物的保护需要,按照国家有关规定建立、健全管理制度,并报主管的文物行政部门备案。未经批准,任何单位或者个人不得调取馆藏文物。

文物收藏单位的法定代表人对馆藏文物的安全负责。国有文物收藏单位的法定代表人离任时,应当按照馆藏文物档案办理馆藏文物移交手续。

第三十九条 国务院文物行政部门可以调拨全国的国有馆藏文物。省、自治区、直辖市人民政府文物行政部门可以调拨本行政区域内其主管的国有文物收藏单位馆藏文物;调拨国有馆藏一级文物,应当报国务院文物行政部门备案。

国有文物收藏单位可以申请调拨国有馆藏文物。

第四十条 文物收藏单位应当充分发挥馆藏文物的作用，通过举办展览、科学研究等活动，加强对中华民族优秀的历史文化和革命传统的宣传教育。

国有文物收藏单位之间因举办展览、科学研究等需借用馆藏文物的，应当报主管的文物行政部门备案；借用馆藏一级文物的，应当同时报国务院文物行政部门备案。

非国有文物收藏单位和其他单位举办展览需借用国有馆藏文物的，应当报主管的文物行政部门批准；借用国有馆藏一级文物，应当经国务院文物行政部门批准。

文物收藏单位之间借用文物的最长期限不得超过三年。

第四十一条 已经建立馆藏文物档案的国有文物收藏单位，经省、自治区、直辖市人民政府文物行政部门批准，并报国务院文物行政部门备案，其馆藏文物可以在国有文物收藏单位之间交换。

第四十二条 未建立馆藏文物档案的国有文物收藏单位，不得依照本法第四十条、第四十一条的规定处置其馆藏文物。

第四十三条 依法调拨、交换、借用国有馆藏文物，取得文物的文物收藏单位可以对提供文物的文物收藏单位给予合理补偿，具体管理办法由国务院文物行政部门制定。

国有文物收藏单位调拨、交换、出借文物所得的补偿费用，必须用于改善文物的收藏条件和收集新的文物，不得挪作他用；任何单位或者个人不得侵占。

调拨、交换、借用的文物必须严格保管，不得丢失、损毁。

第四十四条 禁止国有文物收藏单位将馆藏文物赠与、出租或者出售给其他单位、个人。

第四十五条 国有文物收藏单位不再收藏的文物的处置办法，由国务院另行制定。

第四十六条 修复馆藏文物，不得改变馆藏文物的原状；复制、拍摄、拓印馆藏文物，不得对馆藏文物造成损害。具体管理办法由国务院制定。

不可移动文物的单体文物的修复、复制、拍摄、拓印，适用前款规定。

第四十七条 博物馆、图书馆和其他收藏文物的单位应当按照国家有关规定配备防火、防盗、防自然损坏的设施，确保馆藏文物的安全。

第四十八条 馆藏一级文物损毁的，应当报国务院文物行政部门核查处理。其他馆藏文物损毁的，应当报省、自治区、直辖市人民政府文物行政部门核查处理;省、自治区、直辖市人民政府文物行政部门应当将核查处理结果报国务院文物行政部门备案。

馆藏文物被盗、被抢或者丢失的,文物收藏单位应当立即向公安机关报案,并同时向主管的文物行政部门报告。

第四十九条 文物行政部门和国有文物收藏单位的工作人员不得借用国有文物,不得非法侵占国有文物。

第五章 民间收藏文物

第五十条 文物收藏单位以外的公民、法人和其他组织可以收藏通过下列方式取得的文物:

(一)依法继承或者接受赠与;

(二)从文物商店购买;

(三)从经营文物拍卖的拍卖企业购买;

(四)公民个人合法所有的文物相互交换或者依法转让;

(五)国家规定的其他合法方式。

文物收藏单位以外的公民、法人和其他组织收藏的前款文物可以依法流通。

第五十一条 公民、法人和其他组织不得买卖下列文物:

(一)国有文物,但是国家允许的除外;

(二)非国有馆藏珍贵文物;

(三)国有不可移动文物中的壁画、雕塑、建筑构件等,但是依法拆除的国有不可移动文物中的壁画、雕塑、建筑构件等不属于本法第二十条第四款规定的应由文物收藏单位收藏的除外;

(四)来源不符合本法第五十条规定的文物。

第五十二条 国家鼓励文物收藏单位以外的公民、法人和其他组织将其收藏的文物捐赠给国有文物收藏单位或者出借给文物收藏单位展览和研究。

国有文物收藏单位应当尊重并按照捐赠人的意愿,对捐赠的文物妥善收藏、保管和展示。

国家禁止出境的文物,不得转让、出租、质押给外国人。

第五十三条 文物商店应当由省、自治区、直辖市人民政府文物行政部门批准设立,依法进行管理。

文物商店不得从事文物拍卖经营活动,不得设立经营文物拍卖的拍卖企业。

第五十四条　依法设立的拍卖企业经营文物拍卖的，应当取得省、自治区、直辖市人民政府文物行政部门颁发的文物拍卖许可证。

经营文物拍卖的拍卖企业不得从事文物购销经营活动，不得设立文物商店。

第五十五条　文物行政部门的工作人员不得举办或者参与举办文物商店或者经营文物拍卖的拍卖企业。

文物收藏单位不得举办或者参与举办文物商店或者经营文物拍卖的拍卖企业。

禁止设立中外合资、中外合作和外商独资的文物商店或者经营文物拍卖的拍卖企业。

除经批准的文物商店、经营文物拍卖的拍卖企业外，其他单位或者个人不得从事文物的商业经营活动。

第五十六条　文物商店不得销售、拍卖企业不得拍卖本法第五十一条规定的文物。

拍卖企业拍卖的文物，在拍卖前应当经省、自治区、直辖市人民政府文物行政部门审核，并报国务院文物行政部门备案。

第五十七条　省、自治区、直辖市人民政府文物行政部门应当建立文物购销、拍卖信息与信用管理系统。文物商店购买、销售文物，拍卖企业拍卖文物，应当按照国家有关规定作出记录，并于销售、拍卖文物后三十日内报省、自治区、直辖市人民政府文物行政部门备案。

拍卖文物时，委托人、买受人要求对其身份保密的，文物行政部门应当为其保密；但是，法律、行政法规另有规定的除外。

第五十八条　文物行政部门在审核拟拍卖的文物时，可以指定国有文物收藏单位优先购买其中的珍贵文物。购买价格由文物收藏单位的代表与文物的委托人协商确定。

第五十九条　银行、冶炼厂、造纸厂以及废旧物资回收单位，应当与当地文物行政部门共同负责拣选掺杂在金银器和废旧物资中的文物。拣选文物除供银行研究所必需的历史货币可以由人民银行留用外，应当移交当地文物行政部门。移交拣选文物，应当给予合理补偿。

第六章　文物出境进境

第六十条　国有文物、非国有文物中的珍贵文物和国家规定禁止出境的其他文物,不得出境;但是依照本法规定出境展览或者因特殊需要经国务院批准出境的除外。

第六十一条 文物出境,应当经国务院文物行政部门指定的文物进出境审核机构审核。经审核允许出境的文物,由国务院文物行政部门发给文物出境许可证,从国务院文物行政部门指定的口岸出境。

任何单位或者个人运送、邮寄、携带文物出境,应当向海关申报;海关凭文物出境许可证放行。

第六十二条 文物出境展览,应当报国务院文物行政部门批准;一级文物超过国务院规定数量的,应当报国务院批准。

一级文物中的孤品和易损品,禁止出境展览。

出境展览的文物出境,由文物进出境审核机构审核、登记。海关凭国务院文物行政部门或者国务院的批准文件放行。出境展览的文物复进境,由原文物进出境审核机构审核查验。

第六十三条 文物临时进境,应当向海关申报,并报文物进出境审核机构审核、登记。

临时进境的文物复出境,必须经原审核、登记的文物进出境审核机构审核查验;经审核查验无误的,由国务院文物行政部门发给文物出境许可证,海关凭文物出境许可证放行。

第七章 法律责任

第六十四条 违反本法规定,有下列行为之一,构成犯罪的,依法追究刑事责任:

(一)盗掘古文化遗址、古墓葬的;

(二)故意或者过失损毁国家保护的珍贵文物的;

(三)擅自将国有馆藏文物出售或者私自送给非国有单位或者个人的;

(四)将国家禁止出境的珍贵文物私自出售或者送给外国人的;

(五)以牟利为目的倒卖国家禁止经营的文物的;

(六)走私文物的;

(七)盗窃、哄抢、私分或者非法侵占国有文物的;

(八)应当追究刑事责任的其他妨害文物管理行为。

第六十五条 违反本法规定,造成文物灭失、损毁的,依法承担民事责任。

违反本法规定，构成违反治安管理行为的，由公安机关依法给予治安管理处罚。

违反本法规定，构成走私行为，尚不构成犯罪的，由海关依照有关法律、行政法规的规定给予处罚。

第六十六条 有下列行为之一，尚不构成犯罪的，由县级以上人民政府文物主管部门责令改正，造成严重后果的，处五万元以上五十万元以下的罚款；情节严重的，由原发证机关吊销资质证书：

（一）擅自在文物保护单位的保护范围内进行建设工程或者爆破、钻探、挖掘等作业的；

（二）在文物保护单位的建设控制地带内进行建设工程，其工程设计方案未经文物行政部门同意、报城乡建设规划部门批准，对文物保护单位的历史风貌造成破坏的；

（三）擅自迁移、拆除不可移动文物的；

（四）擅自修缮不可移动文物，明显改变文物原状的；

（五）擅自在原址重建已全部毁坏的不可移动文物，造成文物破坏的；

（六）施工单位未取得文物保护工程资质证书，擅自从事文物修缮、迁移、重建的。

刻划、涂污或者损坏文物尚不严重的，或者损毁依照本法第十五条第一款规定设立的文物保护单位标志的，由公安机关或者文物所在单位给予警告，可以并处罚款。

第六十七条 在文物保护单位的保护范围内或者建设控制地带内建设污染文物保护单位及其环境的设施的，或者对已有的污染文物保护单位及其环境的设施未在规定的期限内完成治理的，由环境保护行政部门依照有关法律、法规的规定给予处罚。

第六十八条 有下列行为之一的，由县级以上人民政府文物主管部门责令改正，没收违法所得，违法所得一万元以上的，并处违法所得二倍以上五倍以下的罚款；违法所得不足一万元的，并处五千元以上二万元以下的罚款：

（一）转让或者抵押国有不可移动文物，或者将国有不可移动文物作为企业资产经营的；

（二）将非国有不可移动文物转让或者抵押给外国人的；

（三）擅自改变国有文物保护单位的用途的。

第六十九条 历史文化名城的布局、环境、历史风貌等遭到严重破坏的，由国务院撤销其历史文化名城称号；历史文化城镇、街道、村庄的布局、环境、历史风貌等遭到严重破坏的，由省、自治区、直辖市人民政府撤销其历史文化街区、村镇称号；对负有责任的主管人员和其他直接责任人员依法给予行政处分。

第七十条 有下列行为之一，尚不构成犯罪的，由县级以上人民政府文物主管部门责令改正，可以并处二万元以下的罚款，有违法所得的，没收违法所得：

（一）文物收藏单位未按照国家有关规定配备防火、防盗、防自然损坏的设施的；

（二）国有文物收藏单位法定代表人离任时未按照馆藏文物档案移交馆藏文物，或者所移交的馆藏文物与馆藏文物档案不符的；

（三）将国有馆藏文物赠与、出租或者出售给其他单位、个人的；

（四）违反本法第四十条、第四十一条、第四十五条规定处置国有馆藏文物的；

（五）违反本法第四十三条规定挪用或者侵占依法调拨、交换、出借文物所得补偿费用的。

第七十一条 买卖国家禁止买卖的文物或者将禁止出境的文物转让、出租、质押给外国人，尚不构成犯罪的，由县级以上人民政府文物主管部门责令改正，没收违法所得，违法经营额一万元以上的，并处违法经营额二倍以上五倍以下的罚款；违法经营额不足一万元的，并处五千元以上二万元以下的罚款。

文物商店、拍卖企业有前款规定的违法行为的，由县级以上人民政府文物主管部门没收违法所得、非法经营的文物，违法经营额五万元以上的，并处违法经营额一倍以上三倍以下的罚款；违法经营额不足五万元的，并处五千元以上五万元以下的罚款；情节严重的，由原发证机关吊销许可证书。

第七十二条 未经许可，擅自设立文物商店、经营文物拍卖的拍卖企业，或者擅自从事文物的商业经营活动，尚不构成犯罪的，由工商行政管理部门依法予以制止，没收违法所得、非法经营的文物，违法经营额五万元以上的，并处违法经营额二倍以上五倍以下的罚款；违法经营额不足五万元的，并处二万元以上十万元以下的罚款。

第七十三条 有下列情形之一的，由工商行政管理部门没收违法所得、非法经营的文物，违法经营额五万元以上的，并处违法经营额一倍以上三倍以下的罚款；违法经营额不足五万元的，并处五千元以上五万元以下的罚款；情节严重的，由原发证机关吊销许可证书：

（一）文物商店从事文物拍卖经营活动的；

（二）经营文物拍卖的拍卖企业从事文物购销经营活动的；

（三）拍卖企业拍卖的文物，未经审核的；

（四）文物收藏单位从事文物的商业经营活动的。

第七十四条 有下列行为之一，尚不构成犯罪的，由县级以上人民政府文物主管部门会同公安机关追缴文物；情节严重的，处五千元以上五万元以下的罚款：

（一）发现文物隐匿不报或者拒不上交的；

（二）未按照规定移交拣选文物的。

第七十五条 有下列行为之一的，由县级以上人民政府文物主管部门责令改正：

（一）改变国有未核定为文物保护单位的不可移动文物的用途，未依照本法规定报告的；

（二）转让、抵押非国有不可移动文物或者改变其用途，未依照本法规定备案的；

（三）国有不可移动文物的使用人拒不依法履行修缮义务的；

（四）考古发掘单位未经批准擅自进行考古发掘，或者不如实报告考古发掘结果的；

（五）文物收藏单位未按照国家有关规定建立馆藏文物档案、管理制度，或者未将馆藏文物档案、管理制度备案的；

（六）违反本法第三十八条规定，未经批准擅自调取馆藏文物的；

（七）馆藏文物损毁未报文物行政部门核查处理，或者馆藏文物被盗、被抢或者丢失，文物收藏单位未及时向公安机关或者文物行政部门报告的；

（八）文物商店销售文物或者拍卖企业拍卖文物，未按照国家有关规定作出记录或者未将所作记录报文物行政部门备案的。

第七十六条 文物行政部门、文物收藏单位、文物商店、经营文物拍卖的拍卖企业的工作人员，有下列行为之一的，依法给予行政处分，情节严重的，依法开除公职或者吊销其从业资格；构成犯罪的，依法追究刑事责任：

（一）文物行政部门的工作人员违反本法规定，滥用审批权限、不履行职责或者发现违法行为不予查处，造成严重后果的；

（二）文物行政部门和国有文物收藏单位的工作人员借用或者非法侵占国有

文物的；

（三）文物行政部门的工作人员举办或者参与举办文物商店或者经营文物拍卖的拍卖企业的；

（四）因不负责任造成文物保护单位、珍贵文物损毁或者流失的；

（五）贪污、挪用文物保护经费的。

前款被开除公职或者被吊销从业资格的人员，自被开除公职或者被吊销从业资格之日起十年内不得担任文物管理人员或者从事文物经营活动。

第七十七条 有本法第六十六条、第六十八条、第七十条、第七十一条、第七十四条、第七十五条规定所列行为之一的，负有责任的主管人员和其他直接责任人员是国家工作人员的，依法给予行政处分。

第七十八条 公安机关、工商行政管理部门、海关、城乡建设规划部门和其他国家机关，违反本法规定滥用职权、玩忽职守、徇私舞弊，造成国家保护的珍贵文物损毁或者流失的，对负有责任的主管人员和其他直接责任人员依法给予行政处分；构成犯罪的，依法追究刑事责任。

第七十九条 人民法院、人民检察院、公安机关、海关和工商行政管理部门依法没收的文物应当登记造册，妥善保管，结案后无偿移交文物行政部门，由文物行政部门指定的国有文物收藏单位收藏。

第八章 附 则

第八十条 本法自公布之日起施行。

中华人民共和国文物保护法实施条例

（2003 年 5 月 18 日国务院令第 377 号发布　根据 2013 年 12 月 7 日国务院令第 645 号《关于修改部分行政法规的决定》第一次修订　根据 2016 年 2 月 6 日国务院令第 666 号《关于修改部分行政法规的决定》第二次修订　根据 2017 年 3 月 1 日国务院令第 676 号《关于修改和废止部分行政法规的决定》第三次修订　根据 2017 年 10 月 7 日国务院令第 687 号《关于修改部分行政法规的决定》第四次修订　修订后自公布之日起施行）

第一章　总　　则

第一条　根据《中华人民共和国文物保护法》（以下简称文物保护法），制定本实施条例。

第二条　国家重点文物保护专项补助经费和地方文物保护专项经费，由县级以上人民政府文物行政主管部门、投资主管部门、财政部门按照国家有关规定共同实施管理。任何单位或者个人不得侵占、挪用。

第三条　国有的博物馆、纪念馆、文物保护单位等的事业性收入，应当用于下列用途：

（一）文物的保管、陈列、修复、征集；

（二）国有的博物馆、纪念馆、文物保护单位的修缮和建设；

（三）文物的安全防范；

（四）考古调查、勘探、发掘；

（五）文物保护的科学研究、宣传教育。

第四条　文物行政主管部门和教育、科技、新闻出版、广播电视行政主管部门，应当做好文物保护的宣传教育工作。

第五条　国务院文物行政主管部门和省、自治区、直辖市人民政府文物行政主管部门，应当制定文物保护的科学技术研究规划，采取有效措施，促进文物保护科技成果的推广和应用，提高文物保护的科学技术水平。

第六条　有文物保护法第十二条所列事迹之一的单位或者个人，由人民政府及其文物行政主管部门、有关部门给予精神鼓励或者物质奖励。

第二章 不可移动文物

第七条 历史文化名城,由国务院建设行政主管部门会同国务院文物行政主管部门报国务院核定公布。

历史文化街区、村镇,由省、自治区、直辖市人民政府城乡规划行政主管部门会同文物行政主管部门报本级人民政府核定公布。

县级以上地方人民政府组织编制的历史文化名城和历史文化街区、村镇的保护规划,应当符合文物保护的要求。

第八条 全国重点文物保护单位和省级文物保护单位自核定公布之日起1年内,由省、自治区、直辖市人民政府划定必要的保护范围,作出标志说明,建立记录档案,设置专门机构或者指定专人负责管理。

设区的市、自治州级和县级文物保护单位自核定公布之日起1年内,由核定公布该文物保护单位的人民政府划定保护范围,作出标志说明,建立记录档案,设置专门机构或者指定专人负责管理。

第九条 文物保护单位的保护范围,是指对文物保护单位本体及周围一定范围实施重点保护的区域。

文物保护单位的保护范围,应当根据文物保护单位的类别、规模、内容以及周围环境的历史和现实情况合理划定,并在文物保护单位本体之外保持一定的安全距离,确保文物保护单位的真实性和完整性。

第十条 文物保护单位的标志说明,应当包括文物保护单位的级别、名称、公布机关、公布日期、立标机关、立标日期等内容。民族自治地区的文物保护单位的标志说明,应当同时用规范汉字和当地通用的少数民族文字书写。

第十一条 文物保护单位的记录档案,应当包括文物保护单位本体记录等科学技术资料和有关文献记载、行政管理等内容。

文物保护单位的记录档案,应当充分利用文字、音像制品、图画、拓片、摹本、电子文本等形式,有效表现其所载内容。

第十二条 古文化遗址、古墓葬、石窟寺和属于国家所有的纪念建筑物、古建筑,被核定公布为文物保护单位的,由县级以上地方人民政府设置专门机构或者指定机构负责管理。其他文物保护单位,由县级以上地方人民政府设置专门机构或者指定机构、专人负责管理;指定专人负责管理的,可以采取聘请文物保护员的形式。

文物保护单位有使用单位的,使用单位应当设立群众性文物保护组织;没有使用单位的,文物保护单位所在地的村民委员会或者居民委员会可以设立群众性文物保护组织。文物行政主管部门应当对群众性文物保护组织的活动给予指导和支持。

负责管理文物保护单位的机构,应当建立健全规章制度,采取安全防范措施;其安全保卫人员,可以依法配备防卫器械。

第十三条　文物保护单位的建设控制地带,是指在文物保护单位的保护范围外,为保护文物保护单位的安全、环境、历史风貌对建设项目加以限制的区域。

文物保护单位的建设控制地带,应当根据文物保护单位的类别、规模、内容以及周围环境的历史和现实情况合理划定。

第十四条　全国重点文物保护单位的建设控制地带,经省、自治区、直辖市人民政府批准,由省、自治区、直辖市人民政府的文物行政主管部门会同城乡规划行政主管部门划定并公布。

省级、设区的市、自治州级和县级文物保护单位的建设控制地带,经省、自治区、直辖市人民政府批准,由核定公布该文物保护单位的人民政府的文物行政主管部门会同城乡规划行政主管部门划定并公布。

第十五条　承担文物保护单位的修缮、迁移、重建工程的单位,应当同时取得文物行政主管部门发给的相应等级的文物保护工程资质证书和建设行政主管部门发给的相应等级的资质证书。其中,不涉及建筑活动的文物保护单位的修缮、迁移、重建,应当由取得文物行政主管部门发给的相应等级的文物保护工程资质证书的单位承担。

第十六条　申领文物保护工程资质证书,应当具备下列条件:

(一)有取得文物博物专业技术职务的人员;

(二)有从事文物保护工程所需的技术设备;

(三)法律、行政法规规定的其他条件。

第十七条　申领文物保护工程资质证书,应当向省、自治区、直辖市人民政府文物行政主管部门或者国务院文物行政主管部门提出申请。省、自治区、直辖市人民政府文物行政主管部门或者国务院文物行政主管部门应当自收到申请之日起 30 个工作日内作出批准或者不批准的决定。决定批准的,发给相应等级的文物保护工程资质证书;决定不批准的,应当书面通知当事人并说明理由。文物保护工程资质等级的分级标准和审批办法，由国务院文物行政主管部门制定。

第十八条 文物行政主管部门在审批文物保护单位的修缮计划和工程设计方案前，应当征求上一级人民政府文物行政主管部门的意见。

第十九条 危害全国重点文物保护单位安全或者破坏其历史风貌的建筑物、构筑物，由省、自治区、直辖市人民政府负责调查处理。

危害省级、设区的市、自治州级、县级文物保护单位安全或者破坏其历史风貌的建筑物、构筑物，由核定公布该文物保护单位的人民政府负责调查处理。

危害尚未核定公布为文物保护单位的不可移动文物安全的建筑物、构筑物，由县级人民政府负责调查处理。

第三章 考 古 发 掘

第二十条 申请从事考古发掘的单位，取得考古发掘资质证书，应当具备下列条件：

（一）有4名以上接受过考古专业训练且主持过考古发掘项目的人员；

（二）有取得文物博物专业技术职务的人员；

（三）有从事文物安全保卫的专业人员；

（四）有从事考古发掘所需的技术设备；

（五）有保障文物安全的设施和场所；

（六）法律、行政法规规定的其他条件。

第二十一条 申领考古发掘资质证书，应当向国务院文物行政主管部门提出申请。国务院文物行政主管部门应当自收到申请之日起30个工作日内作出批准或者不批准的决定。决定批准的，发给考古发掘资质证书；决定不批准的，应当书面通知当事人并说明理由。

第二十二条 考古发掘项目实行项目负责人负责制度。

第二十三条 配合建设工程进行的考古调查、勘探、发掘，由省、自治区、直辖市人民政府文物行政主管部门组织实施。跨省、自治区、直辖市的建设工程范围内的考古调查、勘探、发掘，由建设工程所在地的有关省、自治区、直辖市人民政府文物行政主管部门联合组织实施；其中，特别重要的建设工程范围内的考古调查、勘探、发掘，由国务院文物行政主管部门组织实施。

建设单位对配合建设工程进行的考古调查、勘探、发掘，应当予以协助，不得妨碍考古调查、勘探、发掘。

第二十四条　国务院文物行政主管部门应当自收到文物保护法第三十条第一款规定的发掘计划之日起30个工作日内作出批准或者不批准决定。决定批准的，发给批准文件；决定不批准的，应当书面通知当事人并说明理由。

文物保护法第三十条第二款规定的抢救性发掘，省、自治区、直辖市人民政府文物行政主管部门应当自开工之日起10个工作日内向国务院文物行政主管部门补办审批手续。

第二十五条　考古调查、勘探、发掘所需经费的范围和标准，按照国家有关规定执行。

第二十六条　从事考古发掘的单位应当在考古发掘完成之日起30个工作日内向省、自治区、直辖市人民政府文物行政主管部门和国务院文物行政主管部门提交结项报告，并于提交结项报告之日起3年内向省、自治区、直辖市人民政府文物行政主管部门和国务院文物行政主管部门提交考古发掘报告。

第二十七条　从事考古发掘的单位提交考古发掘报告后，经省、自治区、直辖市人民政府文物行政主管部门批准，可以保留少量出土文物作为科研标本，并应当于提交发掘报告之日起6个月内将其他出土文物移交给由省、自治区、直辖市人民政府文物行政主管部门指定的国有的博物馆、图书馆或者其他国有文物收藏单位收藏。

第四章　馆藏文物

第二十八条　文物收藏单位应当建立馆藏文物的接收、鉴定、登记、编目和档案制度，库房管理制度，出入库、注销和统计制度，保养、修复和复制制度。

第二十九条　县级人民政府文物行政主管部门应当将本行政区域内的馆藏文物档案，按照行政隶属关系报设区的市、自治州级人民政府文物行政主管部门或者省、自治区、直辖市人民政府文物行政主管部门备案；设区的市、自治州级人民政府文物行政主管部门应当将本行政区域内的馆藏文物档案，报省、自治区、直辖市人民政府文物行政主管部门备案；省、自治区、直辖市人民政府文物行政主管部门应当将本行政区域内的一级文物藏品档案，报国务院文物行政主管部门备案。

第三十条　文物收藏单位之间借用馆藏文物，借用人应当对借用的馆藏文物采取必要的保护措施，确保文物的安全。

借用的馆藏文物的灭失、损坏风险，除当事人另有约定外，由借用该馆藏文物的文物收藏单位承担。

第三十一条 国有文物收藏单位未依照文物保护法第三十六条的规定建立馆藏文物档案并将馆藏文物档案报主管的文物行政主管部门备案的,不得交换、借用馆藏文物。

第三十二条 修复、复制、拓印馆藏二级文物和馆藏三级文物的,应当报省、自治区、直辖市人民政府文物行政主管部门批准;修复、复制、拓印馆藏一级文物的,应当报国务院文物行政主管部门批准。

第三十三条 从事馆藏文物修复、复制、拓印的单位,应当具备下列条件:

(一)有取得中级以上文物博物专业技术职务的人员;

(二)有从事馆藏文物修复、复制、拓印所需的场所和技术设备;

(三)法律、行政法规规定的其他条件。

第三十四条 从事馆藏文物修复、复制、拓印,应当向省、自治区、直辖市人民政府文物行政主管部门提出申请。省、自治区、直辖市人民政府文物行政主管部门应当自收到申请之日起 30 个工作日内作出批准或者不批准的决定。决定批准的,发给相应等级的资质证书;决定不批准的,应当书面通知当事人并说明理由。

第三十五条 为制作出版物、音像制品等拍摄馆藏文物的,应当征得文物收藏单位同意,并签署拍摄协议,明确文物保护措施和责任。文物收藏单位应当自拍摄工作完成后 10 个工作日内,将拍摄情况向文物行政主管部门报告。

第三十六条 馆藏文物被盗、被抢或者丢失的,文物收藏单位应当立即向公安机关报案,并同时向主管的文物行政主管部门报告;主管的文物行政主管部门应当在接到文物收藏单位的报告后 24 小时内,将有关情况报告国务院文物行政主管部门。

第三十七条 国家机关和国有的企业、事业组织等收藏、保管国有文物的,应当履行下列义务:

(一)建立文物藏品档案制度,并将文物藏品档案报所在地省、自治区、直辖市人民政府文物行政主管部门备案;

(二)建立、健全文物藏品的保养、修复等管理制度,确保文物安全;

(三)文物藏品被盗、被抢或者丢失的,应当立即向公安机关报案,并同时向所在地省、自治区、直辖市人民政府文物行政主管部门报告。

第五章 民间收藏文物

第三十八条 文物收藏单位以外的公民、法人和其他组织,可以依法收藏文物,其依法收藏的文物的所有权受法律保护。

公民、法人和其他组织依法收藏文物的,可以要求文物行政主管部门对其收藏的文物提供鉴定、修复、保管等方面的咨询。

第三十九条　设立文物商店,应当具备下列条件:

(一)有200万元人民币以上的注册资本;

(二)有5名以上取得中级以上文物博物专业技术职务的人员;

(三)有保管文物的场所、设施和技术条件;

(四)法律、行政法规规定的其他条件。

第四十条　设立文物商店,应当向省、自治区、直辖市人民政府文物行政主管部门提出申请。省、自治区、直辖市人民政府文物行政主管部门应当自收到申请之日起30个工作日内作出批准或者不批准的决定。决定批准的,发给批准文件;决定不批准的,应当书面通知当事人并说明理由。

第四十一条　依法设立的拍卖企业,从事文物拍卖经营活动的,应当有5名以上取得高级文物博物专业技术职务的文物拍卖专业人员,并取得省、自治区、直辖市人民政府文物行政主管部门发给的文物拍卖许可证。

第四十二条　依法设立的拍卖企业申领文物拍卖许可证,应当向省、自治区、直辖市人民政府文物行政主管部门提出申请。省、自治区、直辖市人民政府文物行政主管部门应当自收到申请之日起30个工作日内作出批准或者不批准的决定。决定批准的,发给文物拍卖许可证;决定不批准的,应当书面通知当事人并说明理由。

第四十三条　文物商店购买、销售文物,经营文物拍卖的拍卖企业拍卖文物,应当记录文物的名称、图录、来源、文物的出卖人、委托人和买受人的姓名或者名称、住所、有效身份证件号码或者有效证照号码以及成交价格,并报省、自治区、直辖市人民政府文物行政主管部门备案。接受备案的文物行政主管部门应当依法为其保密,并将该记录保存75年。

文物行政主管部门应当加强对文物商店和经营文物拍卖的拍卖企业的监督检查。

第六章　文物出境进境

第四十四条　国务院文物行政主管部门指定的文物进出境审核机构,应当有5名以上取得中级以上文物博物专业技术职务的文物进出境责任鉴定人员。

第四十五条 运送、邮寄、携带文物出境,应当在文物出境前依法报文物进出境审核机构审核。文物进出境审核机构应当自收到申请之日起15个工作日内作出是否允许出境的决定。

文物进出境审核机构审核文物,应当有3名以上文物博物专业技术人员参加;其中,应当有2名以上文物进出境责任鉴定人员。

文物出境审核意见,由文物进出境责任鉴定员共同签署;对经审核,文物进出境责任鉴定员一致同意允许出境的文物,文物进出境审核机构方可作出允许出境的决定。

文物出境审核标准,由国务院文物行政主管部门制定。

第四十六条 文物进出境审核机构应当对所审核进出境文物的名称、质地、尺寸、级别,当事人的姓名或者名称、住所、有效身份证件号码或者有效证照号码,以及进出境口岸、文物去向和审核日期等内容进行登记。

第四十七条 经审核允许出境的文物,由国务院文物行政主管部门发给文物出境许可证,并由文物进出境审核机构标明文物出境标识。经审核允许出境的文物,应当从国务院文物行政主管部门指定的口岸出境。海关查验文物出境标识后,凭文物出境许可证放行。

经审核不允许出境的文物,由文物进出境审核机构发还当事人。

第四十八条 文物出境展览的承办单位,应当在举办展览前6个月向国务院文物行政主管部门提出申请。国务院文物行政主管部门应当自收到申请之日起30个工作日内作出批准或者不批准的决定。决定批准的,发给批准文件;决定不批准的,应当书面通知当事人并说明理由。

一级文物展品超过120件(套)的,或者一级文物展品超过展品总数的20%的,应当报国务院批准。

第四十九条 一级文物中的孤品和易损品,禁止出境展览。禁止出境展览文物的目录,由国务院文物行政主管部门定期公布。

未曾在国内正式展出的文物,不得出境展览。

第五十条 文物出境展览的期限不得超过1年。因特殊需要,经原审批机关批准可以延期;但是,延期最长不得超过1年。

第五十一条 文物出境展览期间,出现可能危及展览文物安全情形的,原审批机关可以决定中止或者撤销展览。

第五十二条 临时进境的文物,经海关将文物加封后,交由当事人报文物进出境审核机构审核、登记。文物进出境审核机构查验海关封志完好无损后，对每件临时进境文物标明文物临时进境标识，并登记拍照。

临时进境文物复出境时，应当由原审核、登记的文物进出境审核机构核对入境登记拍照记录，查验文物临时进境标识无误后标明文物出境标识，并由国务院文物行政主管部门发给文物出境许可证。

未履行本条第一款规定的手续临时进境的文物复出境的，依照本章关于文物出境的规定办理。

第五十三条　任何单位或者个人不得擅自剥除、更换、挪用或者损毁文物出境标识、文物临时进境标识。

第七章　法 律 责 任

第五十四条　公安机关、工商行政管理、文物、海关、城乡规划、建设等有关部门及其工作人员，违反本条例规定，滥用审批权限、不履行职责或者发现违法行为不予查处的，对负有责任的主管人员和其他直接责任人员依法给予行政处分；构成犯罪的，依法追究刑事责任。

第五十五条　违反本条例规定，未取得相应等级的文物保护工程资质证书，擅自承担文物保护单位的修缮、迁移、重建工程的，由文物行政主管部门责令限期改正；逾期不改正，或者造成严重后果的，处5万元以上50万元以下的罚款；构成犯罪的，依法追究刑事责任。

违反本条例规定，未取得建设行政主管部门发给的相应等级的资质证书，擅自承担含有建筑活动的文物保护单位的修缮、迁移、重建工程的，由建设行政主管部门依照有关法律、行政法规的规定予以处罚。

第五十六条　违反本条例规定，未取得资质证书，擅自从事馆藏文物的修复、复制、拓印活动的，由文物行政主管部门责令停止违法活动；没收违法所得和从事违法活动的专用工具、设备；造成严重后果的，并处1万元以上10万元以下的罚款；构成犯罪的，依法追究刑事责任。

第五十七条　文物保护法第六十六条第二款规定的罚款，数额为200元以下。

第五十八条　违反本条例规定，未经批准擅自修复、复制、拓印馆藏珍贵文物的，由文物行政主管部门给予警告；造成严重后果的，处2000元以上2万元以下的罚款；对负有责任的主管人员和其他直接责任人员依法给予行政处分。

文物收藏单位违反本条例规定，未在规定期限内将文物拍摄情况向文物行政主管部门报告的，由文物行政主管部门责令限期改正；逾期不改正的，对负有责任的主管人员和其他直接责任人员依法给予行政处分。

第五十九条 考古发掘单位违反本条例规定，未在规定期限内提交结项报告或者考古发掘报告的，由省、自治区、直辖市人民政府文物行政主管部门或者国务院文物行政主管部门责令限期改正；逾期不改正的，对负有责任的主管人员和其他直接责任人员依法给予行政处分。

第六十条 考古发掘单位违反本条例规定，未在规定期限内移交文物的，由省、自治区、直辖市人民政府文物行政主管部门或者国务院文物行政主管部门责令限期改正；逾期不改正，或者造成严重后果的，对负有责任的主管人员和其他直接责任人员依法给予行政处分。

第六十一条 违反本条例规定，文物出境展览超过展览期限的，由国务院文物行政主管部门责令限期改正；对负有责任的主管人员和其他直接责任人员依法给予行政处分。

第六十二条 依照文物保护法第六十六条、第七十三条的规定，单位被处以吊销许可证行政处罚的，应当依法到工商行政管理部门办理变更登记或者注销登记；逾期未办理的，由工商行政管理部门吊销营业执照。

第六十三条 违反本条例规定，改变国有的博物馆、纪念馆、文物保护单位等的事业性收入的用途的，对负有责任的主管人员和其他直接责任人员依法给予行政处分；构成犯罪的，依法追究刑事责任。

第八章 附 则

第六十四条 本条例自 2003 年 7 月 1 日起施行。

国务院关于促进节约集约用地的通知

（2008 年 1 月 3 日 国发〔2008〕3 号）

各省、自治区、直辖市人民政府，国务院各部委、各直属机构：

我国人多地少，耕地资源稀缺，当前又正处于工业化、城镇化快速发展时期，建设用地供需矛盾十分突出。切实保护耕地，大力促进节约集约用地，走出一条建设占地少、利用效率高的符合我国国情的土地利用新路子，是关系民族生存根基和国家长远利益的大计，是全面贯彻落实科学发展观的具体要求，是我国必须长期坚持的一条根本方针。现就有关问题通知如下：

一、按照节约集约用地原则，审查调整各类相关规划和用地标准

（一）强化土地利用总体规划的整体控制作用。各类与土地利用相关的规划要与土地利用总体规划相衔接，所确定的建设用地规模必须符合土地利用总体规划的安排，年度用地安排也必须控制在土地利用年度计划之内。不符合土地利用总体规划和年度计划安排的，必须及时调整和修改，核减用地规模。

（二）切实加强重大基础设施和基础产业的科学规划。要按照合理布局、经济可行、控制时序的原则，统筹协调各类交通、能源、水利等基础设施和基础产业建设规划，避免盲目投资、过度超前和低水平重复建设浪费土地资源。

（三）从严控制城市用地规模。城市规划要按照循序渐进、节约土地、集约发展、合理布局的原则，科学确定城市定位、功能目标和发展规模，增强城市综合承载能力。要按照节约集约用地的要求，加快城市规划相关技术标准的制定和修订。尽快出台新修订的人均用地、用地结构等城市规划控制标准，合理确定各项建设建筑密度、容积率、绿地率，严格按国家标准进行各项市政基础设施和生态绿化建设。严禁规划建设脱离实际需要的宽马路、大广场和绿化带。

（四）严格土地使用标准。要健全各类建设用地标准体系，抓紧编制公共设施和公益事业建设用地标准。要按照节约集约用地的原则，在满足功能和安全要求的前提下，重新审改现有各类工程项目建设用地标准。凡与土地使用标准不一致的建设标准和设计规范，要及时修订。要采取先进节地技术、降低路基高度、提高桥隧比例等措施，降低公路、铁路等基础设施工程用地和取弃土用地标准。建

设项目设计、施工和建设用地审批必须严格执行用地标准,对超标准用地的,要核减用地面积。今后,各地区、各部门不得开展涉及用地标准并有悖于节约集约用地原则的达标评比活动,已经部署开展的相关活动要坚决停下来。

二、充分利用现有建设用地,大力提高建设用地利用效率

(五)开展建设用地普查评价。各地要在第二次土地调查的基础上,认真组织开展建设用地普查评价,对现有建设用地的开发利用和投入产出情况做出评估,并按照法律法规和政策规定,处理好建设用地开发利用中存在的问题。今后各项建设要优先开发利用空闲、废弃、闲置和低效利用的土地,努力提高建设用地利用效率。

(六)严格执行闲置土地处置政策。土地闲置满两年、依法应当无偿收回的,坚决无偿收回,重新安排使用;不符合法定收回条件的,也应采取改变用途、等价置换、安排临时使用、纳入政府储备等途径及时处置、充分利用。土地闲置满一年不满两年的,按出让或划拨土地价款的 20% 征收土地闲置费。对闲置土地特别是闲置房地产用地要征缴增值地价,国土资源部要会同有关部门抓紧研究制订具体办法。2008 年 6 月底前,各省、自治区、直辖市人民政府要将闲置土地清理处置情况向国务院做出专题报告。

(七)积极引导使用未利用地和废弃地。国土资源部门要对适宜开发的未利用地做出规划,引导和鼓励将适宜建设的未利用地开发成建设用地。积极复垦利用废弃地,对因单位撤销、迁移等原因停止使用,以及经核准报废的公路、铁路、机场、矿场等使用的原划拨土地,应依法及时收回,重新安排使用;除可以继续划拨使用的以外,经依法批准由原土地使用者自行开发的,按市场价补缴土地价款。今后,要严格落实被损毁土地的复垦责任,在批准建设用地或发放采矿权许可证时,责任单位应依法及时足额缴纳土地复垦费。

(八)鼓励开发利用地上地下空间。对现有工业用地,在符合规划、不改变用途的前提下,提高土地利用率和增加容积率的,不再增收土地价款;对新增工业用地,要进一步提高工业用地控制指标,厂房建筑面积高于容积率控制指标的部分,不再增收土地价款。财政、税务部门要严格落实和完善鼓励节约集约用地的税收政策。国土资源部要会同有关部门,依照《中华人民共和国物权法》的有关规定,抓紧研究制订土地空间权利设定和登记的具体办法。

(九)鼓励开发区提高土地利用效率。国土资源部要研究建立土地利用状

况、用地效益和土地管理绩效等评价指标体系,加快开发区土地节约集约利用评估工作。凡土地利用评估达到要求并通过国家审核公告的开发区,确需扩区的,可以申请整合依法依规设立的开发区,或者利用符合规划的现有建设用地扩区。对符合"布局集中、产业集聚、用地集约"要求的国家级开发区,优先安排建设用地指标。

三、充分发挥市场配置土地资源基础性作用,健全节约集约用地长效机制

(十)深入推进土地有偿使用制度改革。国土资源部要严格限定划拨用地范围,及时调整划拨用地目录。今后除军事、社会保障性住房和特殊用地等可以继续以划拨方式取得土地外,对国家机关办公和交通、能源、水利等基础设施(产业)、城市基础设施以及各类社会事业用地要积极探索实行有偿使用,对其中的经营性用地先行实行有偿使用。其他建设用地应严格实行市场配置,有偿使用。要加强建设用地税收征管,抓紧研究各类建设用地的财税政策。

(十一)完善建设用地储备制度。储备建设用地必须符合规划、计划,并将现有未利用的建设用地优先纳入储备。储备土地出让前,应当处理好土地的产权、安置补偿等法律经济关系,完成必要的前期开发,缩短开发周期,防止形成新的闲置土地。土地前期开发要引入市场机制,按照有关规定,通过公开招标方式选择实施单位。经过前期开发的土地,依法由市、县人民政府国土资源部门统一组织出让。

(十二)合理确定出让土地的宗地规模。土地出让前要制订控制性详细规划和土地供应方案,明确容积率、绿地率和建筑密度等规划条件。规划条件一经确定,不得擅自调整。合理确定出让土地的宗地规模,督促及时开发利用,形成有效供给,确保节约集约利用每宗土地。未按合同约定缴清全部土地价款的,不得发放土地证书,也不得按土地价款缴纳比例分割发放土地证书。

(十三)严格落实工业和经营性用地招标拍卖挂牌出让制度。工业用地和商业、旅游、娱乐、商品住宅等经营性用地(包括配套的办公、科研、培训等用地),以及同一宗土地有两个以上意向用地者的,都必须实行招标拍卖挂牌等方式公开出让。国土资源部门要会同发展改革、城市规划、建设、水利、环保等部门制订工业用地招标拍卖挂牌出让计划,拟定出让地块的产业类型、项目建议、规划条件、环保要求等内容,作为工业用地出让的前置条件。工业和经营性用地出让必须以招标拍卖挂牌方式确定土地使用者和土地价格。严禁用地者与农村集体经济组织

或个人签订协议圈占土地,通过补办用地手续规避招标拍卖挂牌出让。

（十四）强化用地合同管理。土地出让合同和划拨决定书要严格约定建设项目投资额、开竣工时间、规划条件、价款、违约责任等内容。对非经营性用地改变为经营性用地的,应当约定或明确政府可以收回土地使用权,重新依法出让。

（十五）优化住宅用地结构。合理安排住宅用地,继续停止别墅类房地产开发项目的土地供应。供应住宅用地要将最低容积率限制、单位土地面积的住房建设套数和住宅建设套型等规划条件写入土地出让合同或划拨决定书,确保不低于70% 的住宅用地用于廉租房、经济适用房、限价房和 90 平方米以下中小套型普通商品房的建设,防止大套型商品房多占土地。

四、强化农村土地管理,稳步推进农村集体建设用地节约集约利用

（十六）高度重视农村集体建设用地的规划管理。要按照统筹城乡发展、节约集约用地的原则,指导、督促编制好乡(镇)土地利用总体规划和镇规划、乡规划、村庄规划,划定村镇发展和撤并复垦范围。利用农民集体所有土地进行非农建设,必须符合规划,纳入年度计划,并依法审批。严格禁止擅自将农用地转为建设用地,严格禁止“以租代征”将农用地转为非农业用地。

（十七）鼓励提高农村建设用地的利用效率。要在坚持尊重农民意愿、保障农民权益的原则下,依法盘活利用农村集体建设用地。按规划稳妥开展农村集体建设用地整理,改善农民生产生活条件。农民住宅建设要符合镇规划、乡规划和村庄规划,住宅建设用地要先行安排利用村内空闲地、闲置宅基地。对村民自愿腾退宅基地或符合宅基地申请条件购买空闲住宅的,当地政府可给予奖励或补助。

（十八）严格执行农村一户一宅政策。各地要结合本地实际完善人均住宅面积等相关标准,控制农民超用地标准建房,逐步清理历史遗留的一户多宅问题,坚决防止产生超面积占用宅基地和新的一户多宅现象。

五、加强监督检查,全面落实节约集约用地责任

（十九）建立健全土地市场动态监测制度。要对土地出让合同、划拨决定书的执行实施全程监管,及时向社会公开供地计划、结果及实际开发利用情况等动态信息。国土资源部门要对土地供应和开发利用情况进行定期评价分析,研究完善加强土地调控、促进节约集约用地的政策措施。

（二十）完善建设项目竣工验收制度。要将建设项目依法用地和履行土地出

让合同、划拨决定书的情况，作为建设项目竣工验收的一项内容。没有国土资源部门的检查核验意见，或者检查核验不合格的，不得通过竣工验收。

（二十一）加强各类土地变化状况的监测。运用遥感等现代技术手段，做好年度土地变更调查，建立土地利用现状数据库，全面掌握各类土地变化状况。国家每年选择若干个省级行政区，进行全行政区域的土地利用状况监测。重点监测各地新增建设用地、耕地减少和违法用地等情况，监测结果要向社会公开。

（二十二）加强对节约集约用地工作的监管。国土资源部要会同监察部等有关部门持续开展用地情况的执法检查，重点查处严重破坏、浪费、闲置土地资源的违法违规案件，依法依纪追究有关人员的责任。要将企业违法用地、闲置土地等信息纳入有关部门信用信息基础数据库。金融机构对房地产项目超过土地出让合同约定的动工开发日期满一年，完成土地开发面积不足 1/3 或投资不足 1/4 的企业，应审慎贷款和核准融资，从严控制展期贷款或滚动授信；对违法用地项目不得提供贷款和上市融资，违规提供贷款和核准融资的，要追究相关责任人的责任。

（二十三）建立节约集约用地考核制度。制定单位 GDP 和固定资产投资规模增长的新增建设用地消耗考核办法。实行上一级人民政府对下一级人民政府分级考核，考核结果由国土资源部门定期公布，作为下达土地利用年度计划的依据。

各地区、各部门要充分认识节约集约用地的重要性和紧迫性，增强节约集约用地的责任感，切实转变用地观念，转变经济发展方式，调整优化经济结构，将节约集约用地的要求落实在政府决策中，落实到各项建设中，科学规划用地，着力内涵挖潜，以节约集约用地的实际行动全面落实科学发展观，实现经济社会的可持续发展。

自然资源部《节约集约利用土地规定》

（2014 年 5 月 22 日国土资源部令第 61 号发布　根据 2019 年 7 月 24 日自然资源部令第 5 号《关于第一批废止和修改的部门规章的决定》修正　修正后自公布之日起施行）

第一章　总　　则

第一条　为贯彻十分珍惜、合理利用土地和切实保护耕地的基本国策，落实最严格的耕地保护制度和最严格的节约集约用地制度，提升土地资源对经济社会发展的承载能力，促进生态文明建设，根据《中华人民共和国土地管理法》和《国务院关于促进节约集约用地的通知》，制定本规定。

第二条　本规定所称节约集约利用土地，是指通过规模引导、布局优化、标准控制、市场配置、盘活利用等手段，达到节约土地、减量用地、提升用地强度、促进低效废弃地再利用、优化土地利用结构和布局、提高土地利用效率的各项行为与活动。

第三条　土地管理和利用应当遵循下列原则：

（一）坚持节约优先的原则，各项建设少占地、不占或者少占耕地，珍惜和合理利用每一寸土地；

（二）坚持合理使用的原则，严控总量、盘活存量、优化结构、提高效率；

（三）坚持市场配置的原则，妥善处理好政府与市场的关系，充分发挥市场在土地资源配置中的决定性作用；

（四）坚持改革创新的原则，探索土地管理新机制，创新节约集约用地新模式。

第四条　县级以上地方自然资源主管部门应当加强与发展改革、财政、环境保护等部门的沟通协调，将土地节约集约利用的目标和政策措施纳入地方经济社会发展总体框架、相关规划和考核评价体系。

第五条　自然资源主管部门应当建立节约集约用地制度，开展节约集约用地活动，组织制定节地标准体系和相关标准规范，探索节约集约用地新机制，鼓励采用节约集约用地新技术和新模式，促进土地利用效率的提高。

第六条 在节约集约用地方面成效显著的市、县人民政府，由自然资源部按照有关规定给予表彰和奖励。

第二章 规模引导

第七条 国家通过土地利用总体规划，确定建设用地的规模、布局、结构和时序安排，对建设用地实行总量控制。

土地利用总体规划确定的约束性指标和分区管制规定不得突破。

下级土地利用总体规划不得突破上级土地利用总体规划确定的约束性指标。

第八条 土地利用总体规划对各区域、各行业发展用地规模和布局具有统筹作用。

产业发展、城乡建设、基础设施布局、生态环境建设等相关规划，应当与土地利用总体规划相衔接，所确定的建设用地规模和布局必须符合土地利用总体规划的安排。

相关规划超出土地利用总体规划确定的建设用地规模的，应当及时调整或者修改，核减用地规模，调整用地布局。

第九条 自然资源主管部门应当通过规划、计划、用地标准、市场引导等手段，有效控制特大城市新增建设用地规模，适度增加集约用地程度高、发展潜力大的地区和中小城市、县城建设用地供给，合理保障民生用地需求。

第三章 布局优化

第十条 城乡土地利用应当体现布局优化的原则。引导工业向开发区集中、人口向城镇集中、住宅向社区集中，推动农村人口向中心村、中心镇集聚，产业向功能区集中，耕地向适度规模经营集中。

禁止在土地利用总体规划和城乡规划确定的城镇建设用地范围之外设立各类城市新区、开发区和工业园区。

鼓励线性基础设施并线规划和建设，促进集约布局和节约用地。

第十一条 自然资源主管部门应当在土地利用总体规划中划定城市开发边界和禁止建设的边界，实行建设用地空间管制。

城市建设用地应当因地制宜采取组团式、串联式、卫星城式布局，避免占用优质耕地特别是永久基本农田。

第十二条 市、县自然资源主管部门应当促进现有城镇用地内部结构调整优化，控制生产用地，保障生活用地，提高生态用地的比例，加大城镇建设使用存量用地的比例,促进城镇用地效率的提高。

第十三条 鼓励建设项目用地优化设计、分层布局,鼓励充分利用地上、地下空间。

建设用地使用权在地上、地下分层设立的,其取得方式和使用年期参照在地表设立的建设用地使用权的相关规定。

出让分层设立的建设用地使用权,应当根据当地基准地价和不动产实际交易情况,评估确定分层出让的建设用地最低价标准。

第十四条 县级以上自然资源主管部门统筹制定土地综合开发用地政策,鼓励大型基础设施等建设项目综合开发利用土地,促进功能适度混合、整体设计、合理布局。

不同用途高度关联、需要整体规划建设、确实难以分割供应的综合用途建设项目,市、县自然资源主管部门可以确定主用途并按照一宗土地实行整体出让供应,综合确定出让底价;需要通过招标拍卖挂牌的方式出让的,整宗土地应当采用招标拍卖挂牌的方式出让。

第四章 标准控制

第十五条 国家实行建设项目用地标准控制制度。

自然资源部会同有关部门制定工程建设项目用地控制指标、工业项目建设用地控制指标、房地产开发用地宗地规模和容积率等建设项目用地控制标准。

地方自然资源主管部门可以根据本地实际,制定和实施更加节约集约的地方性建设项目用地控制标准。

第十六条 建设项目应当严格按照建设项目用地控制标准进行测算、设计和施工。

市、县自然资源主管部门应当加强对用地者和勘察设计单位落实建设项目用地控制标准的督促和指导。

第十七条 建设项目用地审查、供应和使用,应当符合建设项目用地控制标准和供地政策。

对违反建设项目用地控制标准和供地政策使用土地的,县级以上自然资源主管部门应当责令纠正,并依法予以处理。

第十八条 国家和地方尚未出台建设项目用地控制标准的建设项目,或者因安全生产、特殊工艺、地形地貌等原因,确实需要超标准建设的项目,县级以上自然资源主管部门应当组织开展建设项目用地评价，并将其作为建设用地供应的依据。

第十九条 自然资源部会同有关部门根据国家经济社会发展状况、宏观产业政策和土壤污染风险防控需求等，制定《禁止用地项目目录》和《限制用地项目目录》，促进土地节约集约利用。

自然资源主管部门为限制用地的建设项目办理建设用地供应手续必须符合规定的条件；不得为禁止用地的建设项目办理建设用地供应手续。

第五章 市 场 配 置

第二十条 各类有偿使用的土地供应应当充分贯彻市场配置的原则，通过运用土地租金和价格杠杆，促进土地节约集约利用。

第二十一条 国家扩大国有土地有偿使用范围，减少非公益性用地划拨。

除军事、保障性住房和涉及国家安全和公共秩序的特殊用地可以以划拨方式供应外，国家机关办公和交通、能源、水利等基础设施（产业）、城市基础设施以及各类社会事业用地中的经营性用地，实行有偿使用。

国家根据需要，可以一定年期的国有土地使用权作价后授权给经国务院批准设立的国家控股公司、作为国家授权投资机构的国有独资公司和集团公司经营管理。

第二十二条 经营性用地应当以招标拍卖挂牌的方式确定土地使用者和土地价格。

各类有偿使用的土地供应不得低于国家规定的用地最低价标准。

禁止以土地换项目、先征后返、补贴、奖励等形式变相减免土地出让价款。

第二十三条 市、县自然资源主管部门可以采取先出租后出让、在法定最高年期内实行缩短出让年期等方式出让土地。

采取先出租后出让方式供应工业用地的，应当符合自然资源部规定的行业目录。

第二十四条 鼓励土地使用者在符合规划的前提下，通过厂房加层、厂区改造、内部用地整理等途径提高土地利用率。

在符合规划、不改变用途的前提下，现有工业用地提高土地利用率和增加容积率的，不再增收土地价款。

第二十五条 符合节约集约用地要求、属于国家鼓励产业的用地，可以实行差别化的地价政策和建设用地管理政策。

分期建设的大中型工业项目，可以预留规划范围，根据建设进度，实行分期供地。

具体办法由自然资源部另行规定。

第二十六条 市、县自然资源主管部门供应工业用地，应当将投资强度、容积率、建筑系数、绿地率、非生产设施占地比例等控制性指标以及自然资源开发利用水平和生态保护要求纳入出让合同。

第二十七条 市、县自然资源主管部门在有偿供应各类建设用地时，应当在建设用地使用权出让、出租合同中明确节约集约用地的规定。

在供应住宅用地时，应当将最低容积率限制、单位土地面积的住房建设套数和住宅建设套型等规划条件写入建设用地使用权出让合同。

第二十八条 县级以上自然资源主管部门在分解下达新增建设用地计划时，应当与批而未供和闲置土地处置数量相挂钩，对批而未供、闲置土地数量较多和处置不力的地区，减少其新增建设用地计划安排。

自然资源部和省级自然资源主管部门负责城镇低效用地再开发的政策制定。对于纳入低效用地再开发范围的项目，可以制定专项用地政策。

第六章 盘活利用

第二十九条 县级以上地方自然资源主管部门应当会同有关部门，依据相关规划，开展全域国土综合整治，对农用地、农村建设用地、工矿用地、灾害损毁土地等进行整理复垦，优化土地空间布局，提高土地利用效率和效益，促进土地节约集约利用。

第三十条 农用地整治应当促进耕地集中连片，增加有效耕地面积，提升耕地质量，改善生产条件和生态环境，优化用地结构和布局。

宜农未利用地开发，应当根据环境和资源承载能力，坚持有利于保护和改善生态环境的原则，因地制宜适度开展。

第三十一条 县级以上地方自然资源主管部门可以依据国家有关规定，统筹开展农村建设用地整治、历史遗留工矿废弃地和自然灾害毁损土地的整治，提高建设用地利用效率和效益，改善人民群众生产生活条件和生态环境。

第三十二条 县级以上地方自然资源主管部门在本级人民政府的领导下，会同有关部门建立城镇低效用地再开发、废弃地再利用的激励机制，对布局散乱、利用粗放、用途不合理、闲置浪费等低效用地进行再开发，对因采矿损毁、交通改线、居民点搬迁、产业调整形成的废弃地实行复垦再利用，促进土地优化利用。

鼓励社会资金参与城镇低效用地、废弃地再开发和利用。鼓励土地使用者自行开发或者合作开发。

第七章　监 督 考 评

第三十三条　县级以上自然资源主管部门应当加强土地市场动态监测与监管，对建设用地批准和供应后的开发情况实行全程监管，定期在门户网站上公布土地供应、合同履行、欠缴土地价款等情况，接受社会监督。

第三十四条　省级自然资源主管部门应当对本行政区域内的节约集约用地情况进行监督，在用地审批、土地供应和土地使用等环节加强用地准入条件、功能分区、用地规模、用地标准、投入产出强度等方面的检查，依据法律法规对浪费土地的行为和责任主体予以处理并公开通报。

第三十五条　县级以上自然资源主管部门应当组织开展本行政区域内的建设用地利用情况普查，全面掌握建设用地开发利用和投入产出情况、集约利用程度、潜力规模与空间分布等情况，并将其作为土地管理和节约集约用地评价的基础。

第三十六条　县级以上自然资源主管部门应当根据建设用地利用情况普查，组织开展区域、城市和开发区节约集约用地评价，并将评价结果向社会公开。

节约集约用地评价结果作为主管部门绩效管理和开发区升级、扩区、区位调整和退出的重要依据。

第八章　法 律 责 任

第三十七条　县级以上自然资源主管部门及其工作人员违反本规定，有下列情形之一的，对有关责任人员依法给予处分；构成犯罪的，依法追究刑事责任：

（一）违反本规定第十七条规定，为不符合建设项目用地标准和供地政策的建设项目供地的；

（二）违反本规定第十九条规定，为禁止或者不符合限制用地条件的建设项目办理建设用地供应手续的；

（三）违反本规定第二十二条规定，低于国家规定的工业用地最低价标准供应工业用地的；

（四）其他徇私舞弊、滥用职权和玩忽职守的行为。

第九章　附　　则

第三十八条　本规定自 2014 年 9 月 1 日起实施。

国土资源部　国家发展和改革委员会关于发布实施《限制用地项目目录(2012 年本)》和《禁止用地项目目录(2012 年本)》的通知

(2012 年 05 月 23 日　国土资发〔2012〕98 号)

各省、自治区、直辖市国土资源主管部门和发展改革部门、新疆生产建设兵团国土资源局和发展改革委：

为贯彻落实《国务院关于促进节约集约用地的通知》(国发〔2008〕3 号)精神，依据《产业结构调整指导目录(2011 年本)》(国家发展改革委令第 9 号)和国家有关产业政策、土地供应政策，国土资源部、国家发展改革委制定了《限制用地项目目录(2012 年本)》和《禁止用地项目目录(2012 年本)》(以下分别简称《限制目录》和《禁止目录》)。现印发给你们，请认真贯彻执行。

一、本通知的规定适用于新建、扩建和改建的建设项目。

二、凡列入《限制目录》的建设项目，必须符合目录规定条件，国土资源管理部门和投资管理部门方可办理相关手续。

三、凡列入《禁止目录》的建设项目或者采用所列工艺技术、装备、规模的建设项目，国土资源管理部门和投资管理部门不得办理相关手续。

四、凡采用《产业结构调整指导目录(2011 年本)》明令淘汰的落后工艺技术，装备或者生产明令淘汰产品的建设项目，国土资源管理部门和投资管理部门一律不得办理相关手续。

五、《限制目录》和《禁止目录》执行中，国务院发布的产业政策和土地资源管理政策对限制和禁止用地项目另有规定的，按国务院规定办理。

六、国土资源部、国家发展改革委将根据宏观调控需要，依据国家产业政策、土地供应政策，适时修订《限制目录》和《禁止目录》。各地可以根据本地区实际情况，在符合本《限制目录》和《禁止目录》的前提下，制定本地的限制和禁止用地项目目录。

七、《限制目录》和《禁止目录》执行中的问题，由国土资源部和国家发展改革委研究处理。

八、违反本通知规定办理相关手续的，依法追究有关部门和有关责任人的责任。

九、本通知自发布之日起施行。《关于发布实施〈限制用地项目目录（2006 年本）〉和〈禁止用地项目目录（2006 年本）〉的通知》（国土资发〔2006〕296 号）和《关于印发〈限制用地项目目录（2006 年本增补本）〉和〈禁止用地项目目录（2006 年本增补本）〉的通知》（国土资发〔2009〕154 号）同时废止。

附件 1：

限制用地项目目录（2012 年本）

一、党政机关新建办公楼项目

1. 中央直属机关、国务院各部门、省（区、市）及计划单列市党政机关新建办公楼项目：须经国务院批准

2. 中央和国家机关所属机关事业单位新建办公楼项目：须经国家发展改革委批准（使用中央预算内投资 7000 万元以上的，须经国务院批准）

3. 省直厅（局）级单位和地、县级党政机关新建办公楼项目：须经省级人民政府批准

4. 地、县级党政机关直属单位和乡镇党政机关新建办公楼项目：须经地级人民政府（行署）批准

二、城市主干道路项目

用地红线宽度（包括绿化带）不得超过下列标准：小城市和建制镇 40 米，中等城市 55 米，大城市 70 米。200 万人口以上特大城市主干道路确需超过 70 米的，城市总体规划中应有专项说明

三、城市游憩集会广场项目

用地面积不得超过下列标准：小城市和建制镇 1 公顷，中等城市 2 公顷，大城市 3 公顷，200 万人口以上特大城市 5 公顷

四、住宅项目

1. 宗地出让面积不得超过下列标准：小城市和建制镇 7 公顷，中等城市 14 公

顷,大城市 20 公顷

2. 容积率不得低于以下标准:1.0(含 1.0)

五、农林业项目

1. 普通刨花板、高中密度纤维板生产装置不得低于以下规模:单线 5 万立方米/年

2. 木质刨花板生产装置不得低于以下规模:单线 3 万立方米/年

3. 松香生产不得低于以下规模:1000 吨/年

4. 一次性木制品与木制包装的生产和使用:不得以优质林木为原料;木竹加工项目:木竹加工综合利用率不得偏低

5. 胶合板和细木工板生产线不得低于以下规模:1 万立方米/年

6. 根雕制造:不得以珍稀植物为原料

7. 珍贵濒危野生动植物加工:不得以野外资源为原料

六、黄金项目

1. 独立氰化不得低于以下标准:日处理金精矿 100 吨,原料自供能力 50%

2. 独立黄金选矿厂不得低于以下标准:日处理矿石 200 吨,配套采矿系统

3. 火法冶炼不得低于以下规模:日处理金精矿 100 吨

4. 独立堆浸场不得低于以下规模:东北、华北、西北地区年处理矿石 10 万吨、华东、中南、西南年处理矿石 20 万吨

5. 采选不得低于以下规模:日处理岩金矿石 100 吨

6. 砂金开采不得低于以下规模:年处理砂金矿砂 30 万立方米

七、其他项目

下列项目禁止占用耕地,亦不得通过先行办理城市分批次农用地转用等形式变相占用耕地:

1. 机动车交易市场、家具城、建材城等大型商业设施项目

2. 大型游乐设施、主题公园(影视城)、仿古城项目

3. 大套型住宅项目(指单套住房建筑面积超过 144 平方米的住宅项目)

4. 赛车场项目

5. 公墓项目

6. 机动车训练场项目

附件 2:

禁止用地项目目录(2012 年本)

一、农林业

1. 兽用粉剂、散剂、预混剂生产线项目(持有新兽药证书的品种和自动化密闭式高效率混合生产工艺除外)

2. 转瓶培养生产方式的兽用细胞苗生产线项目(持有新兽药证书的品种和采用新技术的除外)

3. 松脂初加工项目

4. 缺水地区、国家生态脆弱区纸浆原料林基地建设项目

5. 粮食转化乙醇、食用植物油料转化生物燃料项目

二、煤炭

1. 在国家发布新的煤炭产业政策前,单井井型不得低于以下规模:山西、内蒙古、陕西 120 万吨/年;重庆、四川、贵州、云南 15 万吨/年;福建、江西、湖北、湖南、广西 9 万吨/年;其他地区 30 万吨/年

2. 新建煤与瓦斯矿井不得低于以下规模:高瓦斯矿井 30 万吨/年,煤与瓦斯突出矿井 45 万吨/年(2015 年前)

3. 采用非机械化开采工艺的煤矿项目

4. 设计的煤炭资源回收率达不到国家规定要求的煤矿项目

三、电力

1. 小电网外,单机容量 30 万千瓦及以下的常规燃煤火电机组

2. 小电网外,发电煤耗高于 300 克标准煤/千瓦时的湿冷发电机组,发电煤耗高于 305 克标准煤/千瓦时的空冷发电机组

3. 直接向江河排放冷却水的火电机组

4. 无下泄生态流量的引水式水力发电

四、石化化工

1. 新建 1000 万吨/年以下常减压、150 万吨/年以下催化裂化、100 万吨/年以下连续重整(含芳烃抽提)、150 万吨/年以下加氢裂化生产装置

2. 新建 80 万吨/年以下石脑油裂解制乙烯、13 万吨/年以下丙烯腈、100 万

吨/年以下精对苯二甲酸、20万吨/年以下乙二醇、20万吨/年以下苯乙烯(干气制乙苯工艺除外)、10万吨/年以下己内酰胺、乙烯法醋酸、30万吨/年以下羰基合成法醋酸、天然气制甲醇、100万吨/年以下煤制甲醇生产装置(综合利用除外),丙酮氰醇法丙烯酸、粮食法丙酮/丁醇、氯醇法环氧丙烷和皂化法环氧氯丙烷生产装置,300吨/年以下皂素(含水解物,综合利用除外)生产装置

3. 新建7万吨/年以下聚丙烯(连续法及间歇法)、20万吨/年以下聚乙烯、乙炔法聚氯乙烯、起始规模小于30万吨/年的乙烯氧氯化法聚氯乙烯、10万吨/年以下聚苯乙烯、20万吨/年以下丙烯腈/丁二烯/苯乙烯共聚物(ABS,本体连续法除外)、3万吨/年以下普通合成胶乳－羧基丁苯胶(含丁苯胶乳)生产装置,新建、改扩建溶剂型氯丁橡胶类、丁苯热塑性橡胶类、聚氨酯类和聚丙烯酸酯类等通用型胶粘剂生产装置

4. 新建纯碱、烧碱、30万吨/年以下硫磺制酸、20万吨/年以下硫铁矿制酸、常压法及综合法硝酸、电石(以大型先进工艺设备进行等量替换的除外)、单线产能5万吨/年以下氢氧化钾生产装置

5. 新建三聚磷酸钠、六偏磷酸钠、三氯化磷、五硫化二磷、饲料磷酸氢钙、氯酸钠、少钙焙烧工艺重铬酸钠、电解二氧化锰、普通级碳酸钙、无水硫酸钠(盐业联产及副产除外)、碳酸钡、硫酸钡、氢氧化钡、氯化钡、硝酸钡、碳酸锶、白炭黑(气相法除外)、氯化胆碱、平炉法高锰酸钾、大锅蒸发法硫化钠生产装置

6. 新建黄磷,起始规模小于3万吨/年、单线产能小于1万吨/年氰化钠(折100%),单线产能5千吨/年以下碳酸锂、氢氧化锂,单线产能2万吨/年以下无水氟化铝或中低分子比冰晶石生产装置

7. 新建以石油(高硫石油焦除外)、天然气为原料的氮肥,采用固定层间歇气化技术合成氨,磷铵生产装置,铜洗法氨合成原料气净化工艺项目

8. 新建高毒、高残留以及对环境影响大的农药原药(包括氧乐果、水胺硫磷、甲基异柳磷、甲拌磷、特丁磷、杀扑磷、溴甲烷、灭多威、涕灭威、克百威、敌鼠钠、敌鼠酮、杀鼠灵、杀鼠醚、溴敌隆、溴鼠灵、肉毒素、杀虫双、灭线磷、硫丹、磷化铝、三氯杀螨醇,有机氯类、有机锡类杀虫剂,福美类杀菌剂,复硝酚钠(钾)等)生产装置

9. 新建草甘膦、毒死蜱(水相法工艺除外)、三唑磷、百草枯、百菌清、阿维菌素、吡虫啉、乙草胺(甲叉法工艺除外)生产装置

10. 新建硫酸法钛白粉、铅铬黄、1 万吨/年以下氧化铁系颜料、溶剂型涂料（不包括鼓励类的涂料品种和生产工艺）、含异氰脲酸三缩水甘油酯（TGIC）的粉末涂料生产装置

11. 新建染料、染料中间体、有机颜料、印染助剂生产装置（不包括鼓励类的染料产品和生产工艺）

12. 新建氟化氢（HF）（电子级及湿法磷酸配套除外），新建初始规模小于 20 万吨/年、单套规模小于 10 万吨/年的甲基氯硅烷单体生产装置，10 万吨/年以下（有机硅配套除外）和 10 万吨/年及以上、没有副产四氯化碳配套处置设施的甲烷氯化物生产装置，新建、改扩建含氢氯氟烃（HCFCs）（作为原料用的除外），全氟辛基磺酰化合物（PFOS）和全氟辛酸（PFOA），六氟化硫（SF6）（高纯级除外）生产装置

13. 新建斜交轮胎和力车胎（手推车胎）、锦纶帘线、3 万吨/年以下钢丝帘线、常规法再生胶（动态连续脱硫工艺除外）、橡胶塑解剂五氯硫酚、橡胶促进剂二硫化四甲基秋兰姆（TMTD）生产装置

五、信息产业

1. 激光视盘机生产线（VCD 系列整机产品）

2. 模拟 CRT 黑白及彩色电视机项目

六、钢铁

1. 未同步配套建设干熄焦、装煤、推焦除尘装置的炼焦项目

2. 180 平方米以下烧结机（铁合金烧结机除外）

3. 有效容积 400 立方米以上 1200 立方米以下炼铁高炉；1200 立方米及以上但未同步配套煤粉喷吹装置、除尘装置、余压发电装置，能源消耗大于 430 公斤标煤/吨、新水耗量大于 2. 4 立方米/吨等达不到标准的炼铁高炉

4. 公称容量 30 吨以上 100 吨以下炼钢转炉；公称容量 100 吨及以上但未同步配套煤气回收、除尘装置，新水耗量大于 3 立方米/吨等达不到标准的炼钢转炉

5. 公称容量 30 吨以上 100 吨（合金钢 50 吨）以下电炉；公称容量 100 吨（合金钢 50 吨）及以上但未同步配套烟尘回收装置，能源消耗大于 98 公斤标煤/吨、新水耗量大于 3. 2 立方米/吨等达不到标准的电炉

6. 1450 毫米以下热轧带钢（不含特殊钢）项目

7. 30 万吨/年及以下热镀锌板卷项目

8. 20万吨/年及以下彩色涂层板卷项目

9. 含铬质耐火材料生产项目

10. 普通功率和高功率石墨电极压型设备、焙烧设备和生产线

11. 直径600毫米以下或2万吨/年以下的超高功率石墨电极生产线

12. 8万吨/年以下预焙阳极(炭块)、2万吨/年以下普通阴极炭块、4万吨/年以下炭电极生产线

13. 单机120万吨/年以下的球团设备(铁合金球团除外)

14. 顶装焦炉炭化室高度<6.0米、捣固焦炉炭化室高度<5.5米,100万吨/年以下焦化项目,热回收焦炉的项目,单炉7.5万吨/年以下、每组30万吨/年以下、总年产60万吨以下的半焦(兰炭)项目

15. 3000千伏安及以上,未采用热装热兑工艺的中低碳锰铁、电炉金属锰和中低微碳铬铁精炼电炉

16. 300立方米以下锰铁高炉;300立方米及以上,但焦比高于1320千克/吨的锰铁高炉;规模小于10万吨/年的高炉锰铁企业

17. 1.25万千伏安以下的硅钙合金和硅钙钡铝合金矿热电炉;1.25万千伏安及以上,但硅钙合金电耗高于11000千瓦时/吨的矿热电炉

18. 1.65万千伏安以下硅铝合金矿热电炉;1.65万千伏安及以上,但硅铝合金电耗高于9000千瓦时/吨的矿热电炉

19. 2×2.5万千伏安以下普通铁合金矿热电炉(中西部具有独立运行的小水电及矿产资源优势的国家确定的重点贫困地区,矿热电炉容量<2×1.25万千伏安);2×2.5万千伏安及以上,但变压器未选用有载电动多级调压的三相或三个单相节能型设备,未实现工艺操作机械化和控制自动化,硅铁电耗高于8500千瓦时/吨,工业硅电耗高于12000千瓦时/吨,电炉锰铁电耗高于2600千瓦时/吨,硅锰合金电耗高于4200千瓦时/吨,高碳铬铁电耗高于3200千瓦时/吨,硅铬合金电耗高于4800千瓦时/吨的普通铁合金矿热电炉

20. 采用间断浸出、间断送液的电解金属锰浸出工艺的项目;10000吨/年以下电解金属锰单条生产线(一台变压器),电解金属锰生产总规模为30000吨/年以下的项目

21. 采用反射炉焙烧钼精矿工艺或虽未采用反射炉焙烧钼精矿工艺但未配备SO2回收装置的钼铁生产线

22. 采用反射炉还原、煅烧红矾纳、铬酐生产工艺的金属铬生产线

七、有色金属

1. 新建、扩建钨、锡、锑开采、冶炼项目

2. 新建、扩建钼金属资源量小于20万吨、开采规模小于100万吨/年的钼矿项目

3. 稀土开采、选矿、冶炼、分离项目（在确保产能总量不增加的前提下，有利于布局优化和兼并重组的项目除外）

4. 氧化锑、铅锡焊料生产项目

5. 单系列10万吨/年规模以下粗铜冶炼项目

6. 电解铝项目（淘汰落后生产能力置换项目及优化产业布局项目除外）

7. 铅冶炼项目（单系列5万吨/年规模及以上，不新增产能的技改和环保改造项目除外）

8. 单系列10万吨/年规模以下锌冶炼项目（直接浸出除外）

9. 镁冶炼项目（综合利用项目除外）

10. 10万吨/年以下的独立铝用炭素项目

11. 新建单系列生产能力5万吨/年及以下、改扩建单系列生产能力2万吨/年及以下、以及资源利用、能源消耗、环境保护等指标达不到行业准入条件要求的再生铅项目

八、黄金

1. 在林区、基本农田、河道中开采砂金项目

九、建材

1. 2000吨/日以下熟料新型干法水泥生产线，60万吨/年以下水泥粉磨站

2. 普通浮法玻璃生产线

3. 150万平方米/年及以下的建筑陶瓷生产线

4. 60万件/年以下的隧道窑卫生陶瓷生产线

5. 3000万平方米/年以下的纸面石膏板生产线

6. 无碱、中碱玻璃球生产线、铂金坩埚球法拉丝玻璃纤维生产线

7. 粘土空心砖生产线（陕西、青海、甘肃、新疆、西藏、宁夏除外）和粘土实心砖生产线

8. 15万平方米/年以下的石膏（空心）砌块生产线、单班2.5万立方米/年以

下的混凝土小型空心砌块以及单班 15 万平方米/年以下的混凝土铺地砖固定式生产线、5 万立方米/年以下的人造轻集料(陶粒)生产线

9. 10 万立方米/年以下的加气混凝土生产线

10. 3000 万标砖/年以下的煤矸石、页岩烧结实心砖生产线

11. 10000 吨/年以下岩(矿)棉制品生产线和 8000 吨/年以下玻璃棉制品生产线

12. 100 万米/年及以下预应力高强混凝土离心桩生产线

13. 预应力钢筒混凝土管(简称 PCCP 管)生产线:PCCP-L 型:年设计生产能力≤50 千米,PCCP-E 型:年设计生产能力≤30 千米

十、医药

1. 新建、扩建古龙酸和维生素 C 原粉(包括药用、食品用和饲料用、化妆品用)生产装置,新建药品、食品、饲料、化妆品等用途的维生素 B1、维生素 B2、维生素 B12(综合利用除外)、维生素 E 原料生产装置

2. 新建青霉素工业盐、6—氨基青霉烷酸(6—APA)、化学法生产 7—氨基头孢烷酸(7—ACA)、7—氨基—3—去乙酰氧基头孢烷酸(7—ADCA)、青霉素 V、氨苄青霉素、羟氨苄青霉素、头孢菌素 C 发酵、土霉素、四环素、氯霉素、安乃近、扑热息痛、林可霉素、庆大霉素、双氢链霉素、丁胺卡那霉素、麦迪霉素、柱晶白霉素、环丙氟哌酸、氟哌酸、氟嗪酸、利福平、咖啡因、柯柯豆碱生产装置

3. 新建紫杉醇(配套红豆杉种植除外)、植物提取法黄连素(配套黄连种植除外)生产装置

4. 新建、改扩建药用丁基橡胶塞、二步法生产输液用塑料瓶生产装置

5. 新开办无新药证书的药品生产企业

6. 新建及改扩建原料含有尚未规模化种植或养殖的濒危动植物药材的产品生产装置

7. 新建、改扩建充汞式玻璃体温计、血压计生产装置、银汞齐齿科材料、新建 2 亿支/年以下一次性注射器、输血器、输液器生产装置

十一、机械

1. 2 臂及以下凿岩台车制造项目

2. 装岩机(立爪装岩机除外)制造项目

3. 3 立方米及以下小矿车制造项目

4. 直径2.5米及以下绞车制造项目

5. 直径3.5米及以下矿井提升机制造项目

6. 40平方米及以下筛分机制造项目

7. 直径700毫米及以下旋流器制造项目

8. 800千瓦及以下采煤机制造项目

9. 斗容3.5立方米及以下矿用挖掘机制造项目

10. 矿用搅拌、浓缩、过滤设备(加压式除外)制造项目

11. 低速汽车(三轮汽车、低速货车)(自2015年起执行与轻型卡车同等的节能与排放标准)

12. 单缸柴油机制造项目

13. 配套单缸柴油机的皮带传动小四轮拖拉机,配套单缸柴油机的手扶拖拉机,滑动齿轮换档、排放达不到要求的50马力以下轮式拖拉机

14. 30万千瓦及以下常规燃煤火力发电设备制造项目(综合利用.热电联产机组除外)

15. 电线、电缆制造项目(用于新能源、信息产业、航天航空、轨道交通、海洋工程等领域的特种电线电缆除外)

16. 非数控金属切削机床制造项目

17. 6300千牛及以下普通机械压力机制造项目

18. 非数控剪板机、折弯机、弯管机制造项目

19. 普通高速钢钻头、铣刀、锯片、丝锥、板牙项目

20. 棕刚玉、绿碳化硅、黑碳化硅等烧结块及磨料制造项目

21. 直径450毫米以下的各种结合剂砂轮(钢轨打磨砂轮除外)

22. 直径400毫米及以下人造金刚石切割锯片制造项目

23. P0级、直径60毫米以下普通微小型轴承制造项目

24. 220千伏及以下电力变压器(非晶合金、卷铁芯等节能配电变压器除外)

25. 220千伏及以下高、中、低压开关柜制造项目(使用环保型中压气体的绝缘开关柜除外)

26. 酸性碳钢焊条制造项目

27. 民用普通电度表制造项目

28. 8.8级以下普通低档标准紧固件制造项目

29. 驱动电动机功率560千瓦及以下、额定排气压力1.25兆帕及以下，一般用固定的往复活塞空气压缩机制造项目

30. 普通运输集装干箱项目

31. 56英寸及以下单级中开泵制造项目

32. 通用类10兆帕及以下中低压碳钢阀门制造项目

33. 5吨/小时及以下短炉龄冲天炉

34. 有色合金六氯乙烷精炼、镁合金SF6保护

35. 冲天炉熔化采用冶金焦

36. 采用无再生的水玻璃砂造型制芯工艺的项目

37. 盐浴氮碳、硫氮碳共渗炉及盐

38. 电子管高频感应加热设备

39. 亚硝盐缓蚀、防腐剂

40. 铸/锻造用燃油加热炉

41. 锻造用燃煤加热炉

42. 手动燃气锻造炉

43. 蒸汽锤

44. 弧焊变压器

45. 含铅和含镉钎料

46. 新建全断面掘进机整机组装项目

47. 新建万吨级以上自由锻造液压机项目

48. 新建普通铸锻件项目

49. 动圈式和抽头式手工焊条弧焊机

50. Y系列（IP44）三相异步电动机（机座号80～355）及其派生系列，Y2系列（IP54）三相异步电动机（机座号63～355）

51. 背负式手动压缩式喷雾器

52. 背负式机动喷雾喷粉机

53. 手动插秧机

54. 青铜制品的茶叶加工机械

55. 双盘摩擦压力机

56. 含铅粉末冶金件

57. 出口船舶分段建造项目

58. 新建风电装备整机制造厂项目

59. 排放标准国三及以下的机动车用发动机

60. 4档及以下机械式车用自动变速箱（AT）

十二、轻工

1. 聚氯乙烯普通人造革生产线

2. 年加工生皮能力20万标张牛皮以下的生产线，年加工蓝湿皮能力10万标张牛皮以下的生产线

3. 超薄型（厚度低于0.015毫米）塑料袋和超薄型（厚度低于0.025毫米）塑料购物袋生产

4. 新建以含氢氯氟烃（HCFCs）为发泡剂的聚氨酯泡沫塑料生产线、连续挤出聚苯乙烯泡沫塑料（XPS）生产线

5. 聚氯乙烯（PVC）食品保鲜包装膜

6. 普通照明白炽灯、高压汞灯

7. 最高转速低于4000针/分的平缝机（不含厚料平缝机）和最高转速低于5000针/分的包缝机

8. 电子计价秤（准确度低于最大称量的1/3000，称量≤15千克）、电子皮带秤（准确度低于最大称量的5/1000）、电子吊秤（准确度低于最大称量的1/1000，称量≤50吨）、弹簧度盘秤（准确度低于最大称量的1/400，称量≤8千克）

9. 电子汽车衡（准确度低于最大称量的1/3000，称量≤300吨）、电子静态轨道衡（准确度低于最大称量的1/3000，称量≤150吨）、电子动态轨道衡（准确度低于最大称量的1/500，称量≤150吨）

10. 玻璃保温瓶胆生产线

11. 3万吨/年及以下的玻璃瓶罐生产线

12. 以人工操作方式制备玻璃配合料及秤量

13. 未达到日用玻璃行业清洁生产评价指标体系规定指标的玻璃窑炉

14. 生产能力小于18000瓶/时的啤酒灌装生产线

15. 羰基合成法及齐格勒法生产的脂肪醇产品

16. 热法生产三聚磷酸钠生产线

17. 单层喷枪洗衣粉生产工艺及装备、1.6吨/小时以下规模磺化装置

18. 糊式锌锰电池、镉镍电池

19. 牙膏生产线

20. 100 万吨/年以下北方海盐项目;新建南方海盐盐场项目;60 万吨/年以下矿(井)盐项目

21. 单色金属板胶印机

22. 新建单条化学木浆 30 万吨/年以下、化学机械木浆 10 万吨/年以下、化学竹浆 10 万吨/年以下的生产线;新闻纸、铜版纸生产线

23. 元素氯漂白制浆工艺

24. 原糖加工项目及日处理甘蔗 5000 吨(云南地区 3000 吨)、日处理甜菜 3000 吨以下的新建项目

25. 白酒生产线

26. 酒精生产线

27. 5 万吨/年及以下且采用等电离交工艺的味精生产线

28. 糖精等化学合成甜味剂生产线

29. 浓缩苹果汁生产线

30. 大豆压榨及浸出项目(黑龙江、吉林、内蒙古大豆主产区除外);东、中部地区单线日处理油菜籽、棉籽 200 吨及以下,花生 100 吨及以下的油料加工项目;西部地区单线日处理油菜籽、棉籽、花生等油料 100 吨及以下的加工项目

31. 年加工玉米 30 万吨以下、绝干收率在 98% 以下玉米淀粉湿法生产线

32. 年屠宰生猪 15 万头及以下、肉牛 1 万头及以下、肉羊 15 万只及以下、活禽 1000 万只及以下的屠宰建设项目(少数民族地区除外)

33. 3000 吨/年及以下的西式肉制品加工项目

34. 2000 吨/年及以下的酵母加工项目

35. 冷冻海水鱼糜生产线

十三、纺织

1. 单线产能小于 10 万吨/年的常规聚酯(PET)连续聚合生产装置

2. 采用常规聚酯的对苯二甲酸二甲酯(DMT)法生产工艺的项目

3. 半连续纺粘胶长丝生产线

4. 间歇式氨纶聚合生产装置

5. 常规化纤长丝用锭轴长 1200 毫米及以下的半自动卷绕设备

6. 粘胶板框式过滤机

7. 单线产能≤1000吨/年、幅宽≤2米的常规丙纶纺粘法非织造布生产线

8. 25公斤/小时以下梳棉机

9. 200钳次/分钟以下的棉精梳机

10. 5万转/分钟以下自排杂气流纺设备

11. FA502、FA503细纱机

12. 入纬率小于600米/分钟的剑杆织机，入纬率小于700米/分钟的喷气织机，入纬率小于900米/分钟的喷水织机

13. 采用聚乙烯醇浆料（PVA）上浆工艺及产品（涤棉产品，纯棉的高支高密产品除外）

14. 吨原毛洗毛用水超过20吨的洗毛工艺与设备

15. 双宫丝和柞蚕丝的立式缫丝工艺与设备

16. 采用绞纱染色工艺项目

17. 亚氯酸钠漂白设备

十四、烟草

1. 卷烟加工项目

十五、消防

1. 火灾自动报警设备项目

2. 灭火器项目

3. 碳酸氢钠干粉（BC）和环保型水系灭火剂

4. 防火门项目

5. 消防水带项目

6. 消防栓（室内、外）项目

7. 普通消防车（罐类、专项类）项目

十六、民爆产品

1. 非人机隔离的非连续化、自动化雷管装配生产线

2. 非连续化、自动化炸药生产线

3. 高污染的起爆药生产线

4. 高能耗、高污染、低性能工业粉状炸药生产线

十七、其他

1. 别墅类房地产开发项目

2. 高尔夫球场项目

3. 赛马场项目

4. 党政机关(含国有企事业单位)新建、改扩建培训中心(基地)和各类具有住宿、会议、餐饮等接待功能的设施或场所建设项目

5. 未依法取得探矿权的矿产资源勘查项目

6. 未依法取得采矿权的矿产资源开采项目

国务院关于加强国有土地资产管理的通知

（2001 年 4 月 30 日　国发〔2001〕15 号）

各省、自治区、直辖市人民政府，国务院各部委、各直属机构：

改革开放以来，随着土地使用制度改革的深化，土地资源的资产价值得到体现，逐步适应城市建设、企业改革、经济结构调整的需要。但目前国有土地资产通过市场配置的比例不高，透明度低；划拨土地大量非法入市，隐形交易；随意减免地价，挤占国有土地收益的现象严重，使得大量应由国家取得的土地收益流失到少数单位和个人手中。这不仅严重影响了对土地的保护和合理开发、利用，而且滋生腐败现象。为加强国有土地资产管理，切实防止国有土地资产流失，现就有关问题通知如下：

一、严格控制建设用地供应总量

严格控制土地供应总量是规范土地市场的基本前提。只有在严格控制土地供应总量的前提下，才能有效发挥市场配置土地资源的基础性作用，充分实现土地资产价值，提高土地资源利用效率。各级政府必须严格执行土地利用总体规划、城市规划和土地利用年度计划，严格控制新增建设用地供应总量。要抓住经济结构调整的有利时机，把土地利用引导到对存量建设用地的调整和改造上来，优化土地利用结构。

各地要加大对闲置土地的处置力度，积极稳妥地解决历史遗留问题，最大限度地减少国有资产的损失。对依法应无偿收回的闲置土地，要坚决收回。

坚持土地集中统一管理，确保城市政府对建设用地的集中统一供应。各地不得违反国家有关规定擅自设立工业园、科技园、开发区等各类园、区，经批准设立的市辖区工业园、科技园、开发区等各类园、区的土地必须纳入所在城市用地统一管理、统一供应。对已经列入城市建设用地范围的村镇建设和乡镇企业用地也要按城镇化要求，统一规划、开发。

为增强政府对土地市场的调控能力，有条件的地方政府要对建设用地试行收购储备制度。市、县人民政府可划出部分土地收益用于收购土地，金融机构要依法提供信贷支持。

二、严格实行国有土地有偿使用制度

严格执行《中华人民共和国土地管理法》《中华人民共和国城市房地产管理法》关于划拨用地范围的规定，任何单位和个人均不得突破。除法律规定可以采用划拨方式提供用地外，其他建设需要使用国有土地的，必须依法实行有偿使用。国土资源部要依据法律规定，抓紧制订具体的划拨用地目录。

土地使用者需要改变原批准的土地用途、容积率等，必须依法报经市、县人民政府批准。对原划拨用地，因发生土地转让、出租或改变用途后不再符合划拨用地范围的，应依法实行出让等有偿使用方式；对出让土地，凡改变土地用途、容积率的，应按规定补交不同用途和容积率的土地差价。

各地要加强对经济适用住房建设用地的管理。经济适用住房建设用地必须符合土地利用总体规划、城市规划和土地利用年度计划，严格控制占用耕地，严禁开发商以开发经济适用住房名义牟取暴利。要对经济适用住房的建设标准和销售对象作出严格规定，具体办法由建设部制定。

要进一步加强国有土地收益的征收和管理，任何单位和个人均不得减免和挤占挪用土地出让金、租金等土地收益。对于低价出让、租赁土地，随意减免地价，挤占挪用土地收益，造成国有土地资产流失的，要依法追究责任。

三、大力推行国有土地使用权招标、拍卖

为体现市场经济原则，确保土地使用权交易的公开、公平和公正，各地要大力推行土地使用权招标、拍卖。

国有建设用地供应，除涉及国家安全和保密要求外，都必须向社会公开。商业性房地产开发用地和其他土地供应计划公布后同一地块有两个以上意向用地者的，都必须由市、县人民政府土地行政主管部门依法以招标、拍卖方式提供，国有土地使用权招标、拍卖必须公开进行。要严格限制协议用地范围。确实不能采用招标、拍卖方式的，方可采用协议方式。采用协议方式供地的，必须做到在地价评估基础上，集体审核确定协议价格，协议结果向社会公开。

四、加强土地使用权转让管理

土地使用权要依法公开交易，不得搞隐形交易。划拨土地使用权未经批准不得自行转让。出让和承租国有土地使用权首次转让，必须符合法律规定和出让、租赁合同约定的条件。土地使用权交易要在有形土地市场公开进行，并依法办理土地登记。土地行政主管部门要加强对出让、租赁合同的管理，受让人和承租方未付清全部出让金、租金的，不得为其发放土地使用证，未达到法律规定和合同约定的投资开发条件的，土地使用权不得转让。

土地使用权抵押应当依法办理抵押登记。设定房地产抵押权的土地使用权是以划拨方式取得的，依法拍卖该房地产后，受让人应当依法与土地所在地的土地行政主管部门签订土地使用权出让合同，从拍卖价款中缴纳土地使用权出让金后，抵押权人方可优先受偿。

以营利为目的，房屋所有人将以划拨方式取得国有土地使用权后所建房屋出租的，应将租金中所含土地收益上缴国家。

国有土地使用权转让，转让双方必须如实申报成交价格。土地行政主管部门要根据基准地价、标定地价对申报价格进行审核和登记。申报土地转让价格比标定地价低 20% 以上的，市、县人民政府可行使优先购买权。

五、加强地价管理

市、县人民政府要依法定期确定、公布当地的基准地价和标定地价，切实加强地价管理。凡尚未确定基准地价的市、县，要按照法律法规规定和统一的标准，尽快评估确定；已经确定基准地价的市、县，要根据土地市场价格变化情况，及时更新。要根据基准地价和标定地价，制定协议出让最低价标准。基准地价、协议出让土地最低价标准一经确定，必须严格执行并向社会公开。各级人民政府均不得低于协议出让最低价出让土地。要抓紧建立全国地价动态监测信息系统，对全国重要城市地价水平动态变化情况进行监测。

六、规范土地审批的行政行为

各级人民政府和土地行政主管部门掌握着土地审批和资产处置权力，责任重大，必须切实加强制度建设，规范行政行为，从制度上杜绝土地资产流失和腐败行为的发生。

（一）坚持政企分开，政事分开。土地行政主管部门一律不得兴办房地产开发公司等企业。土地估价、土地交易代理等中介服务机构必须与行政机关及其所属事业单位脱钩。

（二）坚持规范管理，政务公开。土地行政主管部门建设用地审批管理、土地资产处置等要严格执行办文制度，所有报件和批文均按规定程序办理。要增强服务意识，将办事制度、标准、程序、期限和责任向社会公开。要抓紧建立建设用地信息发布、地价和土地登记资料可查询制度。

（三）坚持内部会审，集体决策。土地行政主管部门内部要尽快健全各类审批事项的内部会审制度。农用地转用、土地征用、用地审批、土地资产处置、供地价格确定等，一律要经过内部会审，集体决策。

国务院各有关部门和各省、自治区、直辖市人民政府要认真贯彻落实本通知精神，制定具体的实施办法，逐步建立和完善各项土地资产管理制度，加强上级政府对下级政府及土地行政主管部门土地资产管理的监督。地方各级人民政府要组织力量，对行政区域内基准地价和土地资产管理规定执行情况进行检查，重点检查集体决策和结果公开的执行情况，发现问题，要依法及时处理。

国土资源部要会同有关部门负责本通知贯彻执行情况的监督检查和落实工作，重点检查落实各地土地资产管理制度的建立和执行情况，并定期向国务院报告。

国务院关于深化改革严格土地管理的决定

(2004 年 10 月 21 日 国发〔2004〕28 号)

实行最严格的土地管理制度,是由我国人多地少的国情决定的,也是贯彻落实科学发展观,保证经济社会可持续发展的必然要求。去年以来,各地区、各部门认真贯彻党中央、国务院部署,全面清理各类开发区,切实落实暂停审批农用地转用的决定,土地市场治理整顿取得了积极进展,有力地促进了宏观调控政策的落实。但是,土地市场治理整顿的成效还是初步的、阶段性的,盲目投资、低水平重复建设,圈占土地、乱占滥用耕地等问题尚未根本解决。因此,必须正确处理保障经济社会发展与保护土地资源的关系,严格控制建设用地增量,努力盘活土地存量,强化节约利用土地,深化改革,健全法制,统筹兼顾,标本兼治,进一步完善符合我国国情的最严格的土地管理制度。现决定如下:

一、严格执行土地管理法律法规

(一)牢固树立遵守土地法律法规的意识。各地区、各有关部门要深入持久地开展土地法律法规的学习教育活动,深刻认识我国国情和保护耕地的极端重要性,本着对人民、对历史负责的精神,严格依法管理土地,积极推进经济增长方式的转变,实现土地利用方式的转变,走符合中国国情的新型工业化、城市化道路。进一步提高依法管地用地的意识,要在法律法规允许的范围内合理用地。对违反法律法规批地、占地的,必须承担法律责任。

(二)严格依照法定权限审批土地。农用地转用和土地征收的审批权在国务院和省、自治区、直辖市人民政府,各省、自治区、直辖市人民政府不得违反法律和行政法规的规定下放土地审批权。严禁规避法定审批权限,将单个建设项目用地拆分审批。

(三)严格执行占用耕地补偿制度。各类非农业建设经批准占用耕地的,建设单位必须补充数量、质量相当的耕地,补充耕地的数量、质量实行按等级折算,防止占多补少、占优补劣。不能自行补充的,必须按照各省、自治区、直辖市的规定缴纳耕地开垦费。耕地开垦费要列入专户管理,不得减免和挪作他用。政府投资的建设项目也必须将补充耕地费用列入工程概算。

（四）禁止非法压低地价招商。省、自治区、直辖市人民政府要依照基准地价制定并公布协议出让土地最低价标准。协议出让土地除必须严格执行规定程序外，出让价格不得低于最低价标准。违反规定出让土地造成国有土地资产流失的，要依法追究责任；情节严重的，依照《中华人民共和国刑法》的规定，以非法低价出让国有土地使用权罪追究刑事责任。

（五）严格依法查处违反土地管理法律法规的行为。当前要着重解决有法不依、执法不严、违法不究和滥用行政权力侵犯农民合法权益的问题。要加大土地管理执法力度，严肃查处非法批地、占地等违法案件。建立国土资源与监察等部门联合办案和案件移送制度，既查处土地违法行为，又查处违法责任人。典型案件，要公开处理。对非法批准占用土地、征收土地和非法低价出让国有土地使用权的国家机关工作人员，依照《监察部国土资源部关于违反土地管理规定行为行政处分暂行办法》给予行政处分；构成犯罪的，依照《中华人民共和国刑法》、《中华人民共和国土地管理法》、《最高人民法院关于审理破坏土地资源刑事案件具体应用法律若干问题的解释》和最高人民检察院关于渎职犯罪案件立案标准的规定，追究刑事责任。对非法批准征收、使用土地，给当事人造成损失的，还必须依法承担赔偿责任。

二、加强土地利用总体规划、城市总体规划、村庄和集镇规划实施管理

（六）严格土地利用总体规划、城市总体规划、村庄和集镇规划修改的管理。在土地利用总体规划和城市总体规划确定的建设用地范围外，不得设立各类开发区（园区）和城市新区（小区）。对清理后拟保留的开发区，必须依据土地利用总体规划和城市总体规划，按照布局集中、用地集约和产业集聚的原则严格审核。严格土地利用总体规划的修改，凡涉及改变土地利用方向、规模、重大布局等原则性修改，必须报原批准机关批准。城市总体规划、村庄和集镇规划也不得擅自修改。

（七）加强土地利用计划管理。农用地转用的年度计划实行指令性管理，跨年度结转使用计划指标必须严格规范。改进农用地转用年度计划下达和考核办法，对国家批准的能源、交通、水利、矿山、军事设施等重点建设项目用地和城、镇、村的建设用地实行分类下达，并按照定额指标、利用效益等分别考核。

（八）从严从紧控制农用地转为建设用地的总量和速度。加强农用地转用审批的规划和计划审查，强化土地利用总体规划和土地利用年度计划对农用地转用

的控制和引导，凡不符合规划、没有农用地转用年度计划指标的，不得批准用地。为巩固土地市场治理整顿成果，2004 年农用地转用计划指标不再追加；对过去拖欠农民的征地补偿安置费在 2004 年年底前不能足额偿还的地方，暂缓下达该地区 2005 年农用地转用计划。

（九）加强建设项目用地预审管理。凡不符合土地利用总体规划、没有农用地转用计划指标的建设项目，不得通过项目用地预审。发展改革等部门要通过适当方式告知项目单位开展前期工作，项目单位提出用地预审申请后，国土资源部门要依法对建设项目用地进行审查。项目建设单位向发展改革等部门申报核准或审批建设项目时，必须附国土资源部门预审意见；没有预审意见或预审未通过的，不得核准或批准建设项目。

（十）加强村镇建设用地的管理。要按照控制总量、合理布局、节约用地、保护耕地的原则，编制乡（镇）土地利用总体规划、村庄和集镇规划，明确小城镇和农村居民点的数量、布局和规模。鼓励农村建设用地整理，城镇建设用地增加要与农村建设用地减少相挂钩。农村集体建设用地，必须符合土地利用总体规划、村庄和集镇规划，并纳入土地利用年度计划，凡占用农用地的必须依法办理审批手续。禁止擅自通过“村改居”等方式将农民集体所有土地转为国有土地。禁止农村集体经济组织非法出让、出租集体土地用于非农业建设。改革和完善宅基地审批制度，加强农村宅基地管理，禁止城镇居民在农村购置宅基地。引导新办乡村工业向建制镇和规划确定的小城镇集中。在符合规划的前提下，村庄、集镇、建制镇中的农民集体所有建设用地使用权可以依法流转。

（十一）严格保护基本农田。基本农田是确保国家粮食安全的基础。土地利用总体规划修编，必须保证现有基本农田总量不减少，质量不降低。基本农田要落实到地块和农户，并在土地所有权证书和农村土地承包经营权证书中注明。基本农田保护图件备案工作，应在新一轮土地利用总体规划修编后三个月内完成。基本农田一经划定，任何单位和个人不得擅自占用，或者擅自改变用途，这是不可逾越的“红线”。符合法定条件，确需改变和占用基本农田的，必须报国务院批准；经批准占用基本农田的，征地补偿按法定最高标准执行，对以缴纳耕地开垦费方式补充耕地的，缴纳标准按当地最高标准执行。禁止占用基本农田挖鱼塘、种树和其他破坏耕作层的活动，禁止以建设“现代农业园区”或者“设施农业”等任何名义，占用基本农田变相从事房地产开发。

三、完善征地补偿和安置制度

（十二）完善征地补偿办法。县级以上地方人民政府要采取切实措施，使被征地农民生活水平不因征地而降低。要保证依法足额和及时支付土地补偿费、安置补助费以及地上附着物和青苗补偿费。依照现行法律规定支付土地补偿费和安置补助费，尚不能使被征地农民保持原有生活水平的，不足以支付因征地而导致无地农民社会保障费用的，省、自治区、直辖市人民政府应当批准增加安置补助费。土地补偿费和安置补助费的总和达到法定上限，尚不足以使被征地农民保持原有生活水平的，当地人民政府可以用国有土地有偿使用收入予以补贴。省、自治区、直辖市人民政府要制订并公布各市县征地的统一年产值标准或区片综合地价，征地补偿做到同地同价，国家重点建设项目必须将征地费用足额列入概算。大中型水利、水电工程建设征地的补偿费标准和移民安置办法，由国务院另行规定。

（十三）妥善安置被征地农民。县级以上地方人民政府应当制定具体办法，使被征地农民的长远生计有保障。对有稳定收益的项目，农民可以经依法批准的建设用地土地使用权入股。在城市规划区内，当地人民政府应当将因征地而导致无地的农民，纳入城镇就业体系，并建立社会保障制度；在城市规划区外，征收农民集体所有土地时，当地人民政府要在本行政区域内为被征地农民留有必要的耕作土地或安排相应的工作岗位；对不具备基本生产生活条件的无地农民，应当异地移民安置。劳动和社会保障部门要会同有关部门尽快提出建立被征地农民的就业培训和社会保障制度的指导性意见。

（十四）健全征地程序。在征地过程中，要维护农民集体土地所有权和农民土地承包经营权的权益。在征地依法报批前，要将拟征地的用途、位置、补偿标准、安置途径告知被征地农民；对拟征土地现状的调查结果须经被征地农村集体经济组织和农户确认；确有必要的，国土资源部门应当依照有关规定组织听证。要将被征地农民知情、确认的有关材料作为征地报批的必备材料。要加快建立和完善征地补偿安置争议的协调和裁决机制，维护被征地农民和用地者的合法权益。经批准的征地事项，除特殊情况外，应予以公示。

（十五）加强对征地实施过程监管。征地补偿安置不落实的，不得强行使用被征土地。省、自治区、直辖市人民政府应当根据土地补偿费主要用于被征地农户的原则，制订土地补偿费在农村集体经济组织内部的分配办法。被征地的农村集体经济组织应当将征地补偿费用的收支和分配情况，向本集体经济组织成员公布，接受监督。农业、民政等部门要加强对农村集体经济组织内部征地补偿费用分配和使用的监督。

四、健全土地节约利用和收益分配机制

（十六）实行强化节约和集约用地政策。建设用地要严格控制增量，积极盘活存量，把节约用地放在首位，重点在盘活存量上下功夫。新上建设项目首先要利用现有建设用地，严格控制建设占用耕地、林地、草原和湿地。开展对存量建设用地资源的普查，研究制定鼓励盘活存量的政策措施。各地区、各有关部门要按照集约用地的原则，调整有关厂区绿化率的规定，不得圈占土地搞“花园式工厂”。在开发区（园区）推广多层标准厂房。对工业用地在符合规划、不改变原用途的前提下，提高土地利用率和增加容积率的，原则上不再收取或调整土地有偿使用费。基础设施和公益性建设项目，也要节约合理用地。今后，供地时要将土地用途、容积率等使用条件的约定写入土地使用合同。对工业项目用地必须有投资强度、开发进度等控制性要求。土地使用权人不按照约定条件使用土地的，要承担相应的违约责任。在加强耕地占用税、城镇土地使用税、土地增值税征收管理的同时，进一步调整和完善相关税制，加大对建设用地取得和保有环节的税收调节力度。

（十七）推进土地资源的市场化配置。严格控制划拨用地范围，经营性基础设施用地要逐步实行有偿使用。运用价格机制抑制多占、滥占和浪费土地。除按现行规定必须实行招标、拍卖、挂牌出让的用地外，工业用地也要创造条件逐步实行招标、拍卖、挂牌出让。经依法批准利用原有划拨土地进行经营性开发建设的，应当按照市场价补缴土地出让金。经依法批准转让原划拨土地使用权的，应当在土地有形市场公开交易，按照市场价补缴土地出让金；低于市场价交易的，政府应当行使优先购买权。

（十八）制订和实施新的土地使用标准。依照国家产业政策，国土资源部门对淘汰类、限制类项目分别实行禁止和限制用地，并会同有关部门制订工程项目建设用地定额标准，省、自治区、直辖市人民政府可以根据实际情况制订具体实施办法。继续停止高档别墅类房地产、高尔夫球场等用地的审批。

（十九）严禁闲置土地。农用地转用批准后，满两年未实施具体征地或用地行为的，批准文件自动失效；已实施征地，满两年未供地的，在下达下一年度的农用地转用计划时扣减相应指标，对具备耕作条件的土地，应当交原土地使用者继续耕种，也可以由当地人民政府组织耕种。对用地单位闲置的土地，严格依照《中华人民共和国土地管理法》的有关规定处理。

（二十）完善新增建设用地土地有偿使用费收缴办法。新增建设用地土地有偿使用费实行先缴后分，按规定的标准就地全额缴入国库，不得减免，并由国库按规定的比例就地分成划缴。审计部门要加强对新增建设用地土地有偿使用费征收和使用的监督检查。对减免和欠缴的，要依法追缴。财政部、国土资源部要适时调整新增建设用地土地有偿使用费收取标准。新增建设用地土地有偿使用费要严格按法定用途使用，由中央支配的部分，要向粮食主产区倾斜。探索建立国有土地收益基金，遏制片面追求土地收益的短期行为。

五、建立完善耕地保护和土地管理的责任制度

（二十一）明确土地管理的权力和责任。调控新增建设用地总量的权力和责任在中央，盘活存量建设用地的权力和利益在地方，保护和合理利用土地的责任在地方各级人民政府，省、自治区、直辖市人民政府应负主要责任。在确保严格实施土地利用总体规划，不突破土地利用年度计划的前提下，省、自治区、直辖市人民政府可以统筹本行政区域内的用地安排，依照法定权限对农用地转用和土地征收进行审批，按规定用途决定新增建设用地土地有偿使用费地方分成部分的分配和使用，组织本行政区域内耕地占补平衡，并对土地管理法律法规执行情况进行监督检查。地方各级人民政府要对土地利用总体规划确定的本行政区域内的耕地保有量和基本农田保护面积负责，政府主要领导是第一责任人。地方各级人民政府都要建立相应的工作制度，采取多种形式，确保耕地保护目标落实到基层。

（二十二）建立耕地保护责任的考核体系。国务院定期向各省、自治区、直辖市下达耕地保护责任考核目标。各省、自治区、直辖市人民政府每年要向国务院报告耕地保护责任目标的履行情况。实行耕地保护责任考核的动态监测和预警制度。国土资源部会同农业部、监察部、审计署、统计局等部门定期对各省、自治区、直辖市耕地保护责任目标履行情况进行检查和考核，并向国务院报告。对认真履行责任目标，成效突出的，要给予表彰，并在安排中央支配的新增建设用地土地有偿使用费时予以倾斜。对没有达到责任目标的，要在全国通报，并责令限期补充耕地和补划基本农田。对土地开发整理补充耕地的情况也要定期考核。

（二十三）严格土地管理责任追究制。对违反法律规定擅自修改土地利用总

体规划的、发生非法占用基本农田的、未完成耕地保护责任考核目标的、征地侵害农民合法权益引发群体性事件且未能及时解决的、减免和欠缴新增建设用地土地有偿使用费的、未按期完成基本农田图件备案工作的，要严肃追究责任，对有关责任人员由上级主管部门或监察机关依法定权限给予行政处分。同时，上级政府要责令限期整改，整改期间暂停农用地转用和征地审批。具体办法由国土资源部会同有关部门另行制订。实行补充耕地监督的责任追究制，国土资源部门和农业部门负责对补充耕地的数量和质量进行验收，并对验收结果承担责任。省、自治区、直辖市国土资源部门和农业部门要加强监督检查。

（二十四）强化对土地执法行为的监督。建立公开的土地违法立案标准。对有案不查、执法不严的，上级国土资源部门要责令其作出行政处罚决定或直接给予行政处罚。坚决纠正违法用地只通过罚款就补办合法手续的行为。对违法用地及其建筑物和其他设施，按法律规定应当拆除或没收的，不得以罚款、补办手续取代；确需补办手续的，依法处罚后，从新从高进行征地补偿和收取土地出让金及有关规费。完善土地执法监察体制，建立国家土地督察制度，设立国家土地总督察，向地方派驻土地督察专员，监督土地执法行为。

（二十五）加强土地管理行政能力建设。2004 年年底以前要完成省级以下国土资源管理体制改革，理顺领导干部管理体制、工作机制和加强基层队伍建设。市、县人民政府要保证基层国土资源管理所机构、编制、经费到位，切实发挥基层国土资源管理所在土地管理执法中的作用。国土资源部要会同有关部门抓紧建立和完善统一的土地分类、调查、登记和统计制度，启动新一轮土地调查，保证土地数据的真实性。组织实施“金土工程”。充分利用现代高新技术加强土地利用动态监测，建立土地利用总体规划实施、耕地保护、土地市场的动态监测网络。

各地区、各有关部门要以“三个代表”重要思想为指导，牢固树立科学发展观和正确的政绩观，把落实好最严格的土地管理制度作为对执政能力和依法行政能力的检验。高度重视土地的保护和合理利用，认真总结经验，积极推进土地管理体制改革，不断完善土地法制，建立严格、科学、有效的土地管理制度，维护好广大人民群众的根本利益，确保经济社会的可持续发展。

国务院关于加强土地调控有关问题的通知

（2006 年 8 月 31 日　国发〔2006〕31 号）

各省、自治区、直辖市人民政府，国务院各部委、各直属机构：

党中央、国务院高度重视土地管理和调控。2004 年印发的《国务院关于深化改革严格土地管理的决定》（国发〔2004〕28 号），在严格土地执法、加强规划管理、保障农民权益、促进集约用地、健全责任制度等方面，作出了全面系统的规定。各地区、各部门采取措施，积极落实，取得了初步成效。但是，当前土地管理特别是土地调控中出现了一些新动向、新问题，建设用地总量增长过快，低成本工业用地过度扩张，违法违规用地、滥占耕地现象屡禁不止，严把土地“闸门”任务仍然十分艰巨。为进一步贯彻落实科学发展观，保证经济社会可持续发展，必须采取更严格的管理措施，切实加强土地调控。现就有关问题通知如下：

一、进一步明确土地管理和耕地保护的责任

地方各级人民政府主要负责人应对本行政区域内耕地保有量和基本农田保护面积、土地利用总体规划和年度计划执行情况负总责。将新增建设用地控制指标（包括占用农用地和未利用地）纳入土地利用年度计划，以实际耕地保有量和新增建设用地面积，作为土地利用年度计划考核、土地管理和耕地保护责任目标考核的依据；实际用地超过计划的，扣减下一年度相应的计划指标。国土资源部要加强对各地实际建设用地和土地征收情况的核查。

按照权责一致的原则，调整城市建设用地审批方式。在土地利用总体规划确定的城市建设用地范围内，依法由国务院分批次审批的农用地转用和土地征收，调整为每年由省级人民政府汇总后一次申报，经国土资源部审核，报国务院批准后由省级人民政府具体组织实施，实施方案报国土资源部备案。

严格实行问责制。对本行政区域内发生土地违法违规案件造成严重后果的，对土地违法违规行为不制止、不组织查处的，对土地违法违规问题隐瞒不报、压案不查的，应当追究有关地方人民政府负责人的领导责任。监察部、国土资源部要抓紧完善土地违法违规领导责任追究办法。

二、切实保障被征地农民的长远生计

征地补偿安置必须以确保被征地农民原有生活水平不降低、长远生计有保障为原则。各地要认真落实国办发〔2006〕29 号文件的规定,做好被征地农民就业培训和社会保障工作。被征地农民的社会保障费用,按有关规定纳入征地补偿安置费用,不足部分由当地政府从国有土地有偿使用收入中解决。社会保障费用不落实的不得批准征地。

三、规范土地出让收支管理

国有土地使用权出让总价款全额纳入地方预算,缴入地方国库,实行"收支两条线"管理。土地出让总价款必须首先按规定足额安排支付土地补偿费、安置补助费、地上附着物和青苗补偿费、拆迁补偿费以及补助被征地农民社会保障所需资金的不足,其余资金应逐步提高用于农业土地开发和农村基础设施建设的比重,以及用于廉租住房建设和完善国有土地使用功能的配套设施建设。

四、调整建设用地有关税费政策

提高新增建设用地土地有偿使用费缴纳标准。新增建设用地土地有偿使用费缴纳范围,以当地实际新增建设用地面积为准。新增建设用地土地有偿使用费专项用于基本农田建设和保护、土地整理、耕地开发。对违规减免和欠缴的新增建设用地土地有偿使用费,要进行清理,限期追缴。其中,国发〔2004〕28 号文件下发后减免和欠缴的,要在今年年底前全额清缴;逾期未缴的,暂不办理用地审批。财政部会同国土资源部要抓紧制订新增建设用地土地有偿使用费缴纳标准和适时调整的具体办法,并进一步改进和完善新增建设用地土地有偿使用费的分配使用管理。

提高城镇土地使用税和耕地占用税征收标准,财政部、税务总局会同国土资源部、法制办要抓紧制订具体办法。财税部门要加强税收征管,严格控制减免税。

五、建立工业用地出让最低价标准统一公布制度

国家根据土地等级、区域土地利用政策等,统一制订并公布各地工业用地出让最低价标准。工业用地出让最低价标准不得低于土地取得成本、土地前期开发成本和按规定收取的相关费用之和。工业用地必须采用招标拍卖挂牌方式出让,其出让价格不得低于公布的最低价标准。低于最低价标准出让土地,或以各种形式给予补贴或返还的,属非法低价出让国有土地使用权的行为,要依法追究有关人员的法律责任。

六、禁止擅自将农用地转为建设用地

农用地转为建设用地，必须符合土地利用总体规划、城市总体规划、村庄和集镇规划，纳入年度土地利用计划，并依法办理农用地转用审批手续。禁止通过“以租代征”等方式使用农民集体所有农用地进行非农业建设，擅自扩大建设用地规模。农民集体所有建设用地使用权流转，必须符合规划并严格限定在依法取得的建设用地范围内。未依法办理农用地转用审批，国家机关工作人员批准通过“以租代征”等方式占地建设的，属非法批地行为；单位和个人擅自通过“以租代征”等方式占地建设的，属非法占地行为，要依法追究有关人员的法律责任。

七、强化对土地管理行为的监督检查

国家土地督察机构要认真履行国务院赋予的职责，加强对地方人民政府土地管理行为的监督检查。对监督检查中发现的违法违规问题，要及时提出纠正或整改意见。对纠正整改不力的，依照有关规定责令限期纠正整改。纠正整改期间，暂停该地区农用地转用和土地征收。

国土资源管理部门及其工作人员要严格执行国家土地管理的法律法规和方针政策，依法行政，对土地利用情况的真实性和合法性负责。凡玩忽职守、滥用职权、徇私舞弊、不执行和不遵守土地管理法律法规的，依照有关法律法规追究有关领导和人员的责任。

八、严肃惩处土地违法违规行为

国家机关工作人员非法批准征收、占用土地，或者非法低价出让国有土地使用权，触犯刑律的，依法追究刑事责任。对不执行国家土地调控政策、超计划批地用地、未按期缴纳新增建设用地土地有偿使用费及其他规定税费、未按期足额支付征地补偿安置费而征占土地，以及通过调整土地利用总体规划擅自改变基本农田位置，以规避建设占用基本农田应依法上报国务院审批的，要追究有关人员的行政责任。

完善土地违法案件的查处协调机制，加大对土地违法违规行为的查处力度。监察部要会同国土资源部等有关部门，在近期集中开展一次以查处非法批地、未批先用、批少用多、非法低价出让国有土地使用权等行为为重点的专项行动。对重大土地违法违规案件要公开处理，涉嫌犯罪的，要移送司法机关依法追究刑事责任。

各地区、各部门要以邓小平理论和“三个代表”重要思想为指导，全面落实科学发展观，充分认识实行最严格土地管理制度的重要性，认真贯彻、坚决执行中央关于加强土地调控的各项措施。各地区要结合执行本通知，对国发〔2004〕28 号文件实施以来的土地管理和利用情况进行全面自查，对清查出的土地违法违规行为必须严肃处理。发展改革委、监察部、财政部、劳动保障部、国土资源部、建设部、农业部、人民银行、税务总局、统计局、法制办等部门要各司其职、密切配合，尽快制定本通知实施的配套文件，共同做好加强土地调控的各项工作。国土资源部要会同监察部等有关部门做好对本通知贯彻执行情况的监督检查。各地区、各部门要在 2006 年年底前将贯彻执行本通知的情况向国务院报告。

中共中央 国务院
关于构建更加完善的要素市场化
配置体制机制的意见(节录)

(2020年3月30日 中发〔2020〕9号)

二、推进土地要素市场化配置

(三)建立健全城乡统一的建设用地市场。加快修改完善土地管理法实施条例,完善相关配套制度,制定出台农村集体经营性建设用地入市指导意见。全面推开农村土地征收制度改革,扩大国有土地有偿使用范围。建立公平合理的集体经营性建设用地入市增值收益分配制度。建立公共利益征地的相关制度规定。

(四)深化产业用地市场化配置改革。健全长期租赁、先租后让、弹性年期供应、作价出资(入股)等工业用地市场供应体系。在符合国土空间规划和用途管制要求前提下,调整完善产业用地政策,创新使用方式,推动不同产业用地类型合理转换,探索增加混合产业用地供给。

(五)鼓励盘活存量建设用地。充分运用市场机制盘活存量土地和低效用地,研究完善促进盘活存量建设用地的税费制度。以多种方式推进国有企业存量用地盘活利用。深化农村宅基地制度改革试点,深入推进建设用地整理,完善城乡建设用地增减挂钩政策,为乡村振兴和城乡融合发展提供土地要素保障。

(六)完善土地管理体制。完善土地利用计划管理,实施年度建设用地总量调控制度,增强土地管理灵活性,推动土地计划指标更加合理化,城乡建设用地指标使用应更多由省级政府负责。在国土空间规划编制、农村房地一体不动产登记基本完成的前提下,建立健全城乡建设用地供应三年滚动计划。探索建立全国性的建设用地、补充耕地指标跨区域交易机制。加强土地供应利用统计监测。实施城乡土地统一调查、统一规划、统一整治、统一登记。推动制定不动产登记法。

国务院关于授权和委托用地审批权的决定

（2020 年 3 月 1 日　国发〔2020〕4 号）

各省、自治区、直辖市人民政府，国务院各部委、各直属机构：

为贯彻落实党的十九届四中全会和中央经济工作会议精神，根据《中华人民共和国土地管理法》相关规定，在严格保护耕地、节约集约用地的前提下，进一步深化“放管服”改革，改革土地管理制度，赋予省级人民政府更大用地自主权，现决定如下：

（一）将国务院可以授权的永久基本农田以外的农用地转为建设用地审批事项授权各省、自治区、直辖市人民政府批准。自本决定发布之日起，按照《中华人民共和国土地管理法》第四十四条第三款规定，对国务院批准土地利用总体规划的城市在建设用地规模范围内，按土地利用年度计划分批次将永久基本农田以外的农用地转为建设用地的，国务院授权各省、自治区、直辖市人民政府批准；按照《中华人民共和国土地管理法》第四十四条第四款规定，对在土地利用总体规划确定的城市和村庄、集镇建设用地规模范围外，将永久基本农田以外的农用地转为建设用地的，国务院授权各省、自治区、直辖市人民政府批准。

（二）试点将永久基本农田转为建设用地和国务院批准土地征收审批事项委托部分省、自治区、直辖市人民政府批准。自本决定发布之日起，对《中华人民共和国土地管理法》第四十四条第二款规定的永久基本农田转为建设用地审批事项，以及第四十六条第一款规定的永久基本农田、永久基本农田以外的耕地超过三十五公顷的、其他土地超过七十公顷的土地征收审批事项，国务院委托部分试点省、自治区、直辖市人民政府批准。首批试点省份为北京、天津、上海、江苏、浙江、安徽、广东、重庆，试点期限 1 年，具体实施方案由试点省份人民政府制订并报自然资源部备案。国务院将建立健全省级人民政府用地审批工作评价机制，根据各省、自治区、直辖市的土地管理水平综合评估结果，对试点省份进行动态调整，对连续排名靠后或考核不合格的试点省份，国务院将收回委托。

（三）有关要求。各省、自治区、直辖市人民政府要按照法律、行政法规和有关政策规定，严格审查把关，特别要严格审查涉及占用永久基本农田、生态保护红线、自然保护区的用地，切实保护耕地，节约集约用地，盘活存量土地，维护被征地农民合法权益，确保相关用地审批权“放得下、接得住、管得好”。各省、自治区、直辖市人民政府不得将承接的用地审批权进一步授权或委托。

自然资源部要加强对各省、自治区、直辖市人民政府用地审批工作的指导和服务，明确审批要求和标准，切实提高审批质量和效率；要采取“双随机、一公开”等方式，加强对用地审批情况的监督检查，发现违规问题及时督促纠正，重大问题及时向国务院报告。

国务院关于改革铁路投融资体制加快推进铁路建设的意见

（2013 年 8 月 9 日　国发〔2013〕33 号）

各省、自治区、直辖市人民政府，国务院各部委、各直属机构：

铁路是国家重要的基础设施和民生工程，是资源节约型、环境友好型运输方式。改革铁路投融资体制，加快推进铁路建设，对于加快工业化和城镇化进程、带动相关产业发展、拉动投资合理增长、优化交通运输结构、降低社会物流成本、方便人民群众安全出行，都具有不可替代的重要作用。近年来，我国铁路发展取得了显著成就，但与经济社会发展需要、其他交通方式和国外先进水平相比，铁路仍然是综合交通运输体系的薄弱环节，发展相对滞后。当前，铁路管理体制进行了重大改革，实现了政企分开，为深化铁路投融资体制改革，更好地发挥政府和市场的作用，促进铁路持续发展创造了良好条件。

面对铁路发展的新形势新要求，综合考虑铁路建设项目储备、前期工作和施工力量等条件，应加快“十二五”铁路建设，争取超额完成 2013 年投资计划，切实做好明后两年建设安排。优先建设中西部和贫困地区铁路及相关设施，大力推动扶贫攻坚，促进区域协调发展，积极稳妥推进城镇化，顺应群众改善生产生活条件、增加收入的迫切期盼。为确保在建项目顺利推进，投产项目如期完工，新开项目抓紧实施，全面实现“十二五”铁路规划发展目标，现提出以下意见：

（一）推进铁路投融资体制改革，多方式多渠道筹集建设资金。按照“统筹规划、多元投资、市场运作、政策配套”的基本思路，完善铁路发展规划，全面开放铁路建设市场，对新建铁路实行分类投资建设。向地方政府和社会资本放开城际铁路、市域（郊）铁路、资源开发性铁路和支线铁路的所有权、经营权，鼓励社会资本投资建设铁路。研究设立铁路发展基金，以中央财政性资金为引导，吸引社会法人投入。铁路发展基金主要投资国家规定的项目，社会法人不直接参与铁路建设、经营，但保证其获取稳定合理回报。“十二五”后三年，继续发行政府支持的铁路建设债券，并创新铁路债券发行品种和方式。（发展改革委、财政部、交通运

输部、人民银行、银监会、工商总局、铁路局、中国铁路总公司负责)

(二)不断完善铁路运价机制,稳步理顺铁路价格关系。坚持铁路运价改革市场化取向,按照铁路与公路保持合理比价关系的原则制定国铁货运价格,分步理顺价格水平,并建立铁路货运价格随公路货运价格变化的动态调整机制。创造条件,将铁路货运价格由政府定价改为政府指导价,增加运价弹性。(发展改革委负责)

(三)建立铁路公益性、政策性运输补贴的制度安排,为社会资本进入铁路创造条件。对于铁路承担的学生、伤残军人、涉农物资和紧急救援等公益性运输任务,以及青藏线、南疆线等有关公益性铁路的经营亏损,要建立健全核算制度,形成合理的补贴机制。在理顺铁路运价、建立公益性运输核算制度之前,为解决中国铁路总公司建设项目资本金不足、利息负担重等问题,考虑到铁路运输公益性因素,中央财政将在2013年和明后两年对中国铁路总公司实行过渡性补贴。(财政部、铁路局、中国铁路总公司负责)

(四)加大力度盘活铁路用地资源,鼓励土地综合开发利用。支持铁路车站及线路用地综合开发。中国铁路总公司作为国家授权投资机构,其原铁路生产经营性划拨土地,可采取授权经营方式配置,由中国铁路总公司依法盘活利用。参照《国务院关于城市优先发展公共交通的指导意见》(国发〔2012〕64号),按照土地利用总体规划和城市规划统筹安排铁路车站及线路周边用地,适度提高开发建设强度。创新节地技术,鼓励对现有铁路建设用地的地上、地下空间进行综合开发。符合划拨用地目录的建设用地使用权可继续划拨;开发利用授权经营土地需要改变土地用途或向中国铁路总公司以外的单位、个人转让的,应当依法办理出让手续。地方政府要支持铁路企业进行车站及线路用地一体规划,按照市场化、集约化原则实施综合开发,以开发收益支持铁路发展。(国土资源部、住房城乡建设部、财政部负责)

(五)强化企业经营管理,努力提高资产收益水平。中国铁路总公司要坚持企业化、市场化运作,推进现代企业制度建设,改善经营、增收节支,依托干线铁路陆续开通、运力大幅增长等有利条件,千方百计扩大市场份额,依托运输主业开展物流等增值服务,力争客运年均增长10%以上、货运实现稳步增长。建立完善成本核算体系、绩效考核体系,有效控制建设和运营成本,提高经营效益。要在抓紧清理资产的基础上,全面开展资产评估工作,摸清底数,盘活存量,优化增量,增强企业自我发展能力。要抓紧实现建设项目投产运行,做好站点设施和运营设备的

配套,充分发挥铁路网络整体效益,提高增量资产收益。(中国铁路总公司、财政部、铁路局负责)

(六)加快项目前期工作,形成铁路建设合力。中国铁路总公司、地方政府等项目业主要加强组织领导,密切协调配合,加大工作力度,切实做好建设方案、资金筹措和社会稳定风险分析等前期工作。中国铁路总公司要会同有关部门加强施工监管和运营管理,确保工程质量和运行安全。发展改革、国土资源、环境保护等部门要加强沟通协调,建立联动机制,加快项目审核,加快中西部地区和贫困地区铁路建设,确保"十二五"规划确定的铁路重点项目及时开工,按合理工期推进。银行等金融机构要根据自身承受能力继续积极支持铁路重点项目建设。中国铁路总公司继续享有国家对原铁道部的税收优惠政策,国务院及有关部门、地方政府对铁路实行的原有优惠政策继续执行。(中国铁路总公司、发展改革委、财政部、国土资源部、环境保护部、交通运输部、人民银行、税务总局、银监会负责)

国家发展改革委　财政部　国土资源部　银监会　国家铁路局《关于进一步鼓励和扩大社会资本投资建设铁路的实施意见》

（2015年7月10日　发改基础〔2015〕1610号）

各省、自治区、直辖市、新疆生产建设兵团发展改革委、财政厅、国土资源厅、中国铁路总公司、有关计划单列企业：

铁路是国民经济大动脉和关键基础设施，加快推进铁路建设，对稳增长、调结构、惠民生具有重要意义。吸引社会资本进入是深化铁路投融资体制改革、加快铁路建设的重要举措。为贯彻落实党的十八大和十八届三中、四中全会精神，按照《国务院关于改革铁路投融资体制加快推进铁路建设的意见》（国发〔2013〕33号）、《国务院关于创新重点领域投融资机制鼓励社会投资的指导意见》（国发〔2014〕60号）及《国家发展改革委关于当前更好发挥交通运输支撑引领经济社会发展作用的意见》（发改基础〔2015〕969号）的有关要求，进一步鼓励和扩大社会资本对铁路的投资，拓宽投融资渠道，完善投资环境，合理配置资源，促进市场竞争，推动体制机制创新，促进铁路事业加快发展，现提出以下实施意见：

一、全面开放铁路投资与运营市场

（一）积极鼓励社会资本全面进入铁路领域，列入中长期铁路网规划、国家批准的专项规划和区域规划的各类铁路项目，除法律法规明确禁止的外，均向社会资本开放。

（二）重点鼓励社会资本投资建设和运营城际铁路、市域（郊）铁路、资源开发性铁路以及支线铁路，鼓励社会资本参与投资铁路客货运输服务业务和铁路“走出去”项目。支持有实力的企业按照国家相关规定投资建设和运营干线铁路。

二、推进投融资方式多样化

（三）支持社会资本以独资、合资等多种投资方式建设和运营铁路，向社会资本开放铁路所有权和经营权。

（四）推广政府和社会资本合作（PPP）模式，运用特许经营、股权合作等方式，通过运输收益、相关开发收益等方式获取合理收益。

（五）支持铁路总公司以股权转让、股权置换、资产并购、重组改制等资本运作方式盘活铁路资产，广泛吸引社会资本参与，扩大铁路建设资金筹集渠道，优化存量资产结构。

（六）拓宽铁路发展基金吸引社会资本的渠道，扩大基金募集规模。按照特事特办的原则，支持通过设立专项信托计划和公募基金产品募集铁路发展基金，各类社会资金和基金投资铁路发展基金，按照约定获得合理稳定回报。

三、完善社会资本投资的实施机制

（七）做好项目遴选和公布。根据经济社会发展需要和规划要求，各级发展改革部门做好项目储备和筛选工作，及时向社会公开发布项目信息，优先推荐市场前景较好、投资预期收益较稳定的铁路项目。对社会资本提出的规划外项目，在科学论证的基础上，积极推进项目前期工作，并研究纳入相关规划。

（八）公开透明选择投资主体。通过招标、竞争性谈判等多种竞争方式，公平择优确定融资实力较强、信用状况良好、具备相关专业能力的投资主体。各地向社会公开发布投资主体选择公告，按照相关法律法规，依法确定投资主体。社会资本投资铁路项目根据国务院投融资体制改革的相关规定，按国家基本建设程序组织建设。

（九）明确实施机构及责任。地方引进社会资本的实施机构应是省级人民政府授权的相关部门、事业单位等机构，在授权范围内负责工程前期研究、项目实施方案编制、投资主体选择、项目合同签订、项目组织实施等工作。跨省（区、市）项目由相关省（区、市）协商确定实施机构。项目实施方案重点包括社会资本投资形式、投资主体基本条件、建设运营标准、监管要求、项目投资回报机制、投资主体选择方式、项目合同条款、项目风险、退出机制等内容。实施方案经过评估和批准后，作为投资主体选择和项目实施的重要依据，必要时应充分听取社会公众和专家意见。

（十）健全风险防范和监督机制。省级政府相关部门和投资者要对项目可能产生的政策风险、商业风险、环境风险、法律风险等进行充分分析，完善合同设计，建立健全纠纷解决、风险防范和监督机制。各地要根据财力状况，合理确定政府参与方式,防范政府债务风险。

(十一)完善退出机制。明确社会资本退出条件,按照有关法律和约定,为社会资本提供多元化、规范化、市场化的退出渠道,保障社会公共利益和经营者合法权益不受侵害。对涉及资产移交的政府和社会资本合作(PPP)项目在合作期满后,要按照合同约定的移交形式、移交内容和移交标准,及时组织开展项目验收、资产交割等工作,妥善做好项目移交。

(十二)加强后评价和绩效评价。实施机构定期组织开展社会资本投资铁路项目后评价和绩效评价,从安全、服务、效率等方面建立健全评价体系。评价结果可以作为政府加大支持和完善监管的依据,激励社会资本不断改善管理,推进技术创新,提高服务水平。

四、进一步改善社会资本投资环境

(十三)切实保障社会资本合法权益。按照相关法律法规,维护企业平等的市场主体地位。依法保障企业自主决策权,不干预企业在勘察设计、工程招投标、项目施工、设备采购等建设过程中的正常活动。支持企业自主选择合适的运输管理方式,有条件的可实行管内自主运输调度。鼓励不同投资主体按照平等互利的原则相互开放各类铁路资源,实现路网资源共享。对按规定实行市场调节价的铁路项目,由企业根据市场供求和竞争状况自主制定具体运价水平。

(十四)依法履行投资经营权利和义务。社会资本应按现代企业制度要求,完善企业法人治理结构。严格按照基本建设程序,履行项目法人责任。依法承担安全、质量和环境责任,按照国家关于铁路运输服务、运输调度等相关规定,切实履行运输企业社会责任和公共服务义务,服从国家应急调度和管理。

(十五)进一步改善国铁服务。铁路总公司要抓紧完善清算体系,公开清算规则,健全清算平台,向社会资本开放相关设施,积极提供技术支持、人才培养和管理服务,实现线路使用、车站服务、技术作业、设施设备维护、委托运输等各类铁路社会化服务项目的内容和收费标准公开透明,切实维护社会资本合法权益。

(十六)规范和简化国铁接轨手续。铁路总公司要进一步规范和简化接轨审核相关程序和手续,明确办理时限,积极支持社会资本投资铁路与国铁接轨。要按照公开公平的原则,在项目实施前与接轨企业及时协商确定接轨相关工程技术方案,签订接轨意向协议,明确接轨验收标准。合理界定接轨工程范围和资产界面,因接轨引起的相关改造工程投资,应明确分担标准,由双方平等协商,合理分担。

（十七）加强市场监管。国家铁路局加强对运输秩序的监管，探索建立市场化清算和争议协调、仲裁机制。各企业要按照合法、公平、诚信的原则，合理收取服务费用，自觉规范价格行为。各级价格主管部门加强对各类社会化服务项目和收费标准的监管，规范收费行为，依法查处价格违法行为，维护市场正常价格秩序。

五、加大对社会资本投资的政策支持

（十八）推动实施土地综合开发。社会资本投资铁路享受国家有关支持铁路建设实施土地综合开发的政策，通过开发铁路用地及站场毗邻区域土地、物业、商业、广告等资源提高收益。支持盘活既有铁路用地，在符合土地利用总体规划的前提下，鼓励新建项目按照一体规划、联动供应、立体开发、统筹建设的原则实施土地综合开发。各地要统筹做好铁路站场及毗邻地区相关规划，及时办理用地、规划许可等手续。

（十九）积极做好征地拆迁等工作。对社会资本投资的铁路项目，各地要切实负起征地拆迁主体责任，做好群众补偿安置工作，为项目建设创造良好条件。在保障被征地拆迁群众合法权益的基础上，允许地方政府以国有土地入股参与铁路项目建设。社会资本投资的铁路项目用地，在用地政策上与政府投资的铁路项目实行同等政策。

（二十）加强政府资金引导。对社会资本控股的城际铁路和中西部干线铁路项目，中央预算内投资可以视情况通过贷款贴息、投资补助等方式给予支持。对社会资本承担的公益性运输，按照事权与支出责任相适应的原则，建立合理的补偿制度。鼓励各地研究建立相应的政府资金支持政策。

（二十一）创新金融服务。鼓励金融机构按照商业可持续、风险可控原则支持社会资本投资铁路项目建设。鼓励金融机构为社会资本投资铁路项目创新担保方式，支持利用采矿权、特许经营权等进行担保贷款，积极探索利用铁路运输、土地综合开发等预期收益进行质押贷款。发挥政策性和开发性金融机构的作用，加大对符合条件的政府和社会资本合作（PPP）项目的信贷支持力度，为项目提供长期、稳定、低成本的资金支持。

（二十二）促进债权和股权融资。支持符合条件的企业通过发行企业债券、公司债券和债务融资工具等方式筹措铁路建设资金。允许符合条件的、以新建项目设立的企业为主体发行项目收益债,支持重大项目发行可续期债券。鼓励社会资本投资铁路的企业通过IPO(首次公开发行股票并上市)、增发、资产证券化等方式筹集资金用于铁路建设。

(二十三)实行税收优惠。社会资本投资的铁路项目符合《公共基础设施项目企业所得税优惠目录》规定条件的,自项目取得第一笔生产经营收入所属纳税年度起,第一年至第三年免征企业所得税,第四年至第六年减半征收企业所得税。

(二十四)加大配套外部电源建设。电网企业要积极支持社会资本投资的铁路建设,参照国家铁路配套外部电源建设的办法,通过电气化铁路还贷电价政策补偿电网投资。

六、建立健全工作机制

(二十五)进一步加快项目核准。深化行政审批制度改革,优化审核流程,推进建立并联审批机制和在线审批平台,明确咨询评估和核准时限,开辟绿色通道,加快核准进度。对于法律、法规没有明确规定作为项目审批前置条件的行政审批事项,一律不再作为前置审批。

(二十六)加强事中事后监管。国家铁路局要强化安全、质量等监督管理,依法开展检查、验收和责任追究,切实维护公众利益和公共安全。各有关部门要加强对项目建设、运营和相关经营活动的监督管理,规范行政许可,维护公平竞争秩序,建立健全社会资本投资铁路市场信用记录。

(二十七)充分发挥协商机制作用。国家发展改革委会同相关部门依托铁路投融资改革和建设项目前期工作协商会议制度,形成工作合力,及时研究推动社会资本投资铁路建设工作。近期重点推进蒙西至华中、长春至西巴彦花铁路等引进社会资本的示范项目实施。

(二十八)做好项目跟踪服务。各级发展改革部门要进一步增强对社会资本投资铁路项目的服务意识,协调矛盾解决问题。要建立信息平台,加强跟踪指导,掌握项目进展,及时沟通信息。做好舆论引导,营造良好氛围。

国务院办公厅关于印发交通运输领域中央与地方财政事权和支出责任划分改革方案的通知

（2019 年 6 月 26 日　国办发〔2019〕33 号）

各省、自治区、直辖市人民政府，国务院各部委、各直属机构：

《交通运输领域中央与地方财政事权和支出责任划分改革方案》已经党中央、国务院同意，现印发给你们，请结合实际认真贯彻落实。

交通运输领域中央与地方财政事权和支出责任划分改革方案

按照党中央、国务院有关决策部署，现就交通运输领域中央与地方财政事权和支出责任划分改革制定如下方案。

一、总体要求

（一）指导思想。以习近平新时代中国特色社会主义思想为指导，全面贯彻落实党的十九大和十九届二中、三中全会精神，统筹推进"五位一体"总体布局，协调推进"四个全面"战略布局，坚持和加强党的全面领导，坚持稳中求进工作总基调，坚持新发展理念，坚持推动高质量发展，坚持以供给侧结构性改革为主线，合理划分交通运输领域中央与地方财政事权和支出责任，通过改革形成与现代财政制度相匹配、与国家治理体系和治理能力现代化要求相适应的划分模式，为推进"四好农村路"建设、构建现代综合交通运输体系、建设交通强国提供有力保障。

（二）基本原则。

1. 充分调动各方积极性。在完善中央决策、地方执行机制的基础上，适度加强中央政府承担交通运输基本公共服务的职责和能力，落实好地方政府在中央授权范围内的责任，充分发挥地方政府区域管理优势和积极性，保障改革举措落实落地。

2. 坚持人民交通为人民。把满足人民日益增长的美好生活需要作为出发点和落脚点，提高交通运输基本公共服务供给效率，着力解决交通运输领域发展不平衡不充分问题，不断增强人民群众的获得感、幸福感、安全感。

3. 遵循交通运输行业发展规律。充分考虑行业特点，对运转情况良好、管理行之有效、符合行业发展规律的事项进行总结和确认，对存在问题的事项进行调整和完善，稳步推进相关改革。

二、主要内容

根据《国务院关于推进中央与地方财政事权和支出责任划分改革的指导意见》（国发〔2016〕49 号），按照上述总体要求和交通运输工作的特点，划分公路、水路、铁路、民航、邮政、综合交通六个方面的中央与地方财政事权和支出责任。

（一）中央财政事权。

1. 公路。(1)国道。中央承担国道（包括国家高速公路和普通国道）的宏观管理、专项规划、政策制定、监督评价、路网运行监测和协调，国家高速公路中由中央负责部分的建设和管理，普通国道中由中央负责部分的建设、管理和养护等职责。中央承担国家高速公路建设资本金中相应支出，承担普通国道建设、养护和管理中由中央负责事项的相应支出。(2)界河桥梁。中央承担专项规划、政策决定、监督评价职责，建设、养护、管理、运营等具体执行事项由中央委托地方实施。(3)边境口岸汽车出入境运输管理。中央承担专项规划、政策决定、监督评价职责，建设、养护、管理、运营等具体执行事项由中央委托地方实施。界河桥梁、边境口岸汽车出入境运输管理由中央承担支出责任。

2. 水路。(1)长江干线航道。中央承担专项规划、政策决定、监督评价职责，建设、养护、管理、运营等具体执行事项由中央实施。(2)西江航运干线。中央承担专项规划、政策决定、监督评价职责，建设、养护、管理、运营等具体执行事项视改革进展情况，逐步由中央实施；在改革到位之前，按照现行管理体制执行。(3)国境、国际通航河流航道。中央承担专项规划、政策决定、监督评价职责，建设、养护、管理（包括航运管理）、运营等具体执行事项由中央实施或委托地方实施。(4)中央管理水域水上安全监管和应急救助打捞。中央承担专项规划、政策决定、监督评价职责，具体执行事项由中央实施。上述水路领域事项由中央承担支出责任。

3. 铁路。(1)宏观管理。中央承担全国铁路的专项规划、政策决定、监督评价、路网统一调度和管理等职责。(2)由中央决策的铁路公益性运输。中央承担相应的管理职责,具体执行事项由中央(含中央企业)实施。(3)其他事项。中央承担国家及行业标准制定,铁路运输调度指挥,国家铁路、国家铁路运输企业实际管理合资铁路的安全保卫,铁路生产安全事故调查处理,铁路突发事件应急预案编制,交通卫生检疫等公共卫生管理,铁路行业科技创新等职责。上述铁路领域事项由中央(含中央企业)承担支出责任。

4. 民航。(1)空中交通管理。中央承担专项规划、政策决定、监督评价职责,具体执行事项由中央实施。(2)民航安全管理。中央承担政策决定、监督评价职责,具体执行事项由中央(含中央企业)实施。(3)专项任务机队建设和运营。中央承担相应的管理职责,具体执行事项由中央(含中央企业)实施。(4)重大和紧急航空运输。中央承担政策决定、监督评价等职责,具体执行事项由中央(含中央企业)实施。上述民航领域事项由中央(含中央企业)承担支出责任。

5. 邮政。(1)邮政普遍服务和特殊服务主干网络。中央承担专项规划、政策决定、监督评价职责,建设、维护、管理、运营等具体执行事项由中央(含中央企业)实施。(2)邮件和快件进出境设施。中央承担专项规划、政策决定、监督评价职责,建设、维护、管理、运营等具体执行事项由中央(含中央企业)实施或委托地方实施。(3)其他事项。中央承担保障邮政通信和信息安全等方面的职责。上述邮政领域事项由中央(含中央企业)承担支出责任。

此外,公路、水路、铁路、民航、邮政、综合交通领域中央履职能力建设,由中央承担财政事权和支出责任,主要包括相关领域中央履行行业管理职责所开展的全局性、战略性和前瞻性重大问题研究,发展战略、规划、政策、标准与相关法律法规制定,基础类、公益类国家及行业标准制定,行业监管,行业统计与运行监测,开展国际合作等事项。

(二)中央与地方共同财政事权。

1. 公路。(1)国家级口岸公路。中央承担专项规划、政策决定、监督评价职责,建设、养护、管理、运营等具体执行事项由地方实施。(2)国家区域性公路应急装备物资储备。中央承担专项规划、政策决定、监督评价职责,具体执行事项由地方实施。上述公路领域事项由中央和地方共同承担支出责任。

2. 水路。(1)京杭运河及其他内河高等级航道。中央承担专项规划、政策决定、监督评价职责,建设、养护、管理、运营等具体执行事项由地方实施。(2)沿海港口公共基础设施。中央承担沿海港口的专项规划、政策决定、监督评价职责,沿海港口公共基础设施的建设、养护、管理、运营等具体执行事项由地方实施。(3)重大海上溢油应急处置和海(水)上搜救。中央承担政策决定、监督评价等职责,具体执行事项由中央与地方共同实施。发挥地方政府组织能力强、贴近基层、获取信息便利的优势,强化地方政府在重大海上溢油应急处置和海(水)上搜救方面的相关职责。(4)水运绿色发展。中央承担专项规划、政策决定、监督评价职责,具体执行事项由地方实施。上述水路领域事项由中央与地方共同承担支出责任。

3. 铁路。中央(含中央企业)与地方共同承担干线铁路的组织实施职责,包括建设、养护、管理、运营等具体执行事项,其中干线铁路的运营管理由中央企业负责实施。中央(含中央企业)与地方共同承担支出责任。

4. 民航。中央与地方共同承担运输机场相关职责。其中,中央承担运输机场布局、建设规划、政策决定和相关审批工作等职责,国务院明确规定由民航局直接管理的北京首都国际机场、北京大兴国际机场、天津机场、西藏区内机场、洛阳机场的建设、维护、运营等具体执行事项由中央(含中央企业)负责实施;地方根据全国运输机场布局和建设规划,制定本行政区域内的运输机场建设规划,并负责建设、运营、机场公安等具体事项的执行实施。中央(含中央企业)与地方共同承担支出责任。

5. 邮政。(1)邮政业安全管理和安全监管。中央承担专项规划、政策决定、监督评价职责,具体执行事项由中央(含中央企业)与地方共同实施。(2)其他邮政公共服务。中央承担专项规划、政策决定、监督评价职责,具体执行事项由中央(含中央企业)与地方共同实施。上述邮政领域事项由中央(含中央企业)与地方共同承担支出责任。

6. 综合交通。(1)运输结构调整、全国性综合运输枢纽与集疏运体系。中央承担专项规划、政策决定、监督评价职责,建设、养护、管理、运营等具体执行事项由中央(含中央企业)与地方共同实施。(2)综合交通应急保障。中央与地方共同承担国家应急性交通运输公共服务、军民融合和国防交通动员能力建设与管理、国家特殊重点物资运输保障等职责。(3)综合交通行业管理信息化。中央承担专项规划、政策决定、监督评价职责,建设、维护、管理、运营等具体执行事项由地方实施。上述综合交通领域事项由中央(含中央企业)与地方共同承担支出责任。

(三)地方财政事权。

1. 公路。(1)国道。地方承担国道(包括国家高速公路和普通国道)的建设、养护、管理、运营、应急处置的相应职责和具体组织实施。地方负责筹集国家高速公路建设中除中央财政出资以外的其余资金,承担普通国道建设、养护、管理、运营中除中央支出以外的其余支出。(2)省道、农村公路、道路运输站场。地方承担专项规划、政策决定、监督评价职责,并承担建设、养护、管理、运营等具体事项的执行实施。(3)道路运输管理。地方承担专项规划、政策决定、监督评价职责,并承担具体事项的执行实施。省道、农村公路、道路运输站场和道路运输管理由地方承担支出责任。

2. 水路。(1)其他内河航道、内河港口公共锚地、陆岛交通码头。地方承担专项规划、政策决定、监督评价职责,并承担建设、养护、管理、运营等具体事项的执行实施。(2)客运码头安全检测设施、农村水上客渡运管理。地方承担专项规划、政策决定、监督评价职责,并承担建设、养护、管理、运营等具体事项的执行实施。(3)地方管理水域的水上安全监管和搜寻救助。地方承担具体事项的执行实施。上述水路领域事项由地方承担支出责任。

3. 铁路。(1)城际铁路、市域(郊)铁路、支线铁路、铁路专用线。建设、养护、管理、运营等具体执行事项由地方实施或由地方委托中央企业实施。(2)由地方决策的铁路公益性运输。地方承担相应的管理职责,具体执行事项由地方实施或由地方委托中央企业实施。(3)其他事项。地方承担铁路沿线(红线外)环境污染治理和铁路沿线安全环境整治,除国家铁路、国家铁路运输企业实际管理合资铁路外的其他铁路的安全保卫职责。上述铁路领域事项由地方承担支出责任。

4. 民航。地方承担通用机场相关职责,主要包括本行政区域内通用机场布局和建设规划、相关审批工作,并负责通用机场的建设、维护、运营等具体事项的执行实施(民航局及其所属企事业单位所有的通用机场除外),承担相应支出责任。

5. 邮政。地方承担邮政普遍服务、特殊服务和快递服务末端基础设施,邮政业环境污染治理等相关职责,负责规划、建设、维护、运营等具体事项的执行实施,承担相应支出责任。

6. 综合交通。地方承担一般性综合运输枢纽相关职责,主要包括专项规划、政策决定、监督评价等,负责建设、维护、管理、运营等具体事项的执行实施,承担相应支出责任。

此外,公路、水路、铁路、民航、邮政、综合交通领域地方履职能力建设,由地方承担财政事权和支出责任,主要包括相关领域地方履行行业管理职责所开展的重大问题研究、地方相关政策法规及地方标准制定,本行政区域内行业监管,本行政区域内行业统计与运行监测,应急性交通运输公共服务等事项。

中央与新疆生产建设兵团财政事权和支出责任划分,参照中央与地方划分原则执行;财政支持政策原则上参照新疆维吾尔自治区执行,并适当考虑新疆生产建设兵团的特殊因素。交通运输领域的其他未列事项,按照改革的总体要求和事项特点具体确定财政事权和支出责任。

三、配套措施

(一)加强组织领导,确保改革落实。各地区、各有关部门要增强“四个意识”,坚定“四个自信”,做到“两个维护”,切实加强组织领导与协调配合。国务院有关部门和单位要根据本方案,细化实化改革任务和举措,强化对改革任务进展情况的督查和评估。各地区要认真执行相关政策,履行好提供交通运输基本公共服务的职责,确保改革顺利实施。

(二)落实支出责任,强化投入保障。各地区、各有关部门要根据本方案,按规定做好预算安排和投资计划,切实落实支出责任。对属于地方财政事权的,原则上由地方政府通过自有财力安排,确保地方承担的支出责任落实到位。对地方政府履行财政事权、落实支出责任存在收支缺口的,上级政府可根据不同时期发展目标给予一定的资金支持。

(三)加强省级统筹,推进省以下改革。各地区要根据本方案精神,结合本地实际情况,按照财税体制改革要求,制定省以下交通运输领域财政事权和支出责任划分改革方案,组织推动相关改革工作。要加强省级统筹,适度加强省级政府承担交通运输基本公共服务的职责和能力,避免将过多支出责任交由基层政府承担。

(四)协同推进改革,形成良性互动。要积极稳妥统筹推进交通运输领域财政事权和支出责任划分改革,与交通运输领域现有重大改革有机衔接、整体推进、务求实效。要强化顶层设计,准确把握各项改革措施出台的时机、力度和节奏,形成良性互动、协同推进的局面。要完善预算管理制度,全面实施预算绩效管理,盘活存量资金,优化支出结构,着力提高交通运输领域资金配置效率和使用效益。

(五)完善配套制度,促进规范运行。各地区、各有关部门要在全面系统梳理交通运输领域财政事权方面相关法律制度的基础上,抓紧修订相关管理制度,推动研究完善相关法律、法规及部门规章，逐步实现交通运输领域财政事权和支出责任划分的法治化、规范化。

本方案自 2020 年 1 月 1 日起实施。

国务院办公厅转发国家发展改革委等单位关于推动都市圈市域(郊)铁路加快发展意见的通知

(2020 年 12 月 7 日　国办函〔2020〕116 号)

各省、自治区、直辖市人民政府,国务院各部委、各直属机构:

国家发展改革委、交通运输部、国家铁路局、中国国家铁路集团有限公司《关于推动都市圈市域(郊)铁路加快发展的意见》已经国务院同意,现转发给你们,请认真贯彻落实。

关于推动都市圈市域(郊)铁路加快发展的意见

国家发展改革委　交通运输部　国家铁路局
中国国家铁路集团有限公司

市域(郊)铁路是连接都市圈中心城市城区和周边城镇组团,为通勤客流提供快速度、大运量、公交化运输服务的轨道交通系统。发展市域(郊)铁路,对优化城市功能布局、促进大中小城市和小城镇协调发展、扩大有效投资等具有一举多得之效,有利于发挥中心城市辐射带动作用,有利于扩大公共交通服务供给、有效缓解城市交通拥堵、推进新型城镇化发展。为推动都市圈市域(郊)铁路加快发展,现提出以下意见。

一、总体要求

(一)指导思想。以习近平新时代中国特色社会主义思想为指导,全面贯彻党的十九大和十九届二中、三中、四中、五中全会精神,坚持以人民为中心的发展思想,坚持新发展理念,坚持推动高质量发展,顺应新型城镇化发展要求,积极有序推进都市圈市域(郊)铁路建设,统筹规划布局,加强资源共享,创新投融资模式,优化运营服务,强化与城市建设有机衔接、深度融合,进一步增强市域(郊)铁路运营供给能力、提高服务水平,为完善城市综合交通运输体系、优化大城市功能布局、引领现代化都市圈发展提供有力支撑。

(二)基本原则。

科学规划、有序推进。充分发挥市域(郊)铁路安全可靠、经济高效、绿色环保的优势,依据都市圈空间功能布局、产业人口分布和规划发展方向,综合交通需求、财力支撑、生态环保等因素,合理规划确定路网规模、系统制式、运营模式及投融资模式。

统筹衔接、资源共享。加强市域(郊)铁路规划与国土空间、城市群和都市圈、多层次轨道交通、城市综合交通体系、铁路枢纽、城市轨道交通等规划衔接,大力支持利用既有铁路富余能力或对既有铁路适当改造后开行市域(郊)列车,因地制宜规划新建线路。

明确责任、合作共赢。坚持政府引导、市场运作,强化政策支持和制度保障,充分发挥各方积极性,推动项目共建、资源共享,促进交通拥堵缓解、企业经营合理回报、群众出行更加便利,创造良好经济效益和社会效益。

改革引领、协同创新。创新体制机制,完善规划建设管理和政策法规,创造公平、公正、开放、平等的发展环境,支持地方政府、铁路企业和其他市场主体在项目建设、资金筹措、运营管理、标准规范等方面加强合作。

二、明确功能定位和技术标准

(三)功能定位。市域(郊)铁路主要布局在经济发达、人口聚集的都市圈内的中心城市,联通城区与郊区及周边城镇组团,采取灵活编组、高密度、公交化的运输组织方式,重点满足 1 小时通勤圈快速通达出行需求,与干线铁路、城际铁路、城市轨道交通形成网络层次清晰、功能定位合理、衔接一体高效的交通体系。市域(郊)铁路应突出对都市圈主要功能区的支撑和引导,线路尽可能串联5 万人及以上的城镇组团和重要工业园区、旅游景点等并设站,提高客流聚集能力。

(四)技术标准。市域(郊)铁路新建线路单程通行时间宜不超过 1 小时,设计速度宜为 100 ~160 公里/小时,平均站间距原则上不小于 3 公里,早晚高峰发车间隔不超过 10 分钟,具体技术标准应根据客流需求、服务范围、工程条件、用地标准等合理确定。统筹生态环境保护要求和工程环保措施效果,优化选址选线,集约节约通道资源,合理确定新线敷设方式,原则上以地面建设为主,困难路段可考虑采用高架方式,进出枢纽的个别路段可研究采用地下方式。从严控制工程造价,新建线路直接工程费用一般不高于同一地区轻轨工程费用的 75%。

三、完善规划体系

（五）责任主体和发展条件。都市圈所在地城市政府是发展市域（郊）铁路的责任主体。对符合市域（郊）铁路功能定位和技术标准相关要求的市域快轨、市域快线、市域铁路等，统筹纳入市域（郊）铁路规划管理。全面放开改造既有铁路开行市域（郊）列车的项目实施条件，城市政府和铁路企业协商决策后即可组织实施。在充分利用既有资源的基础上，重点支持京津冀、粤港澳大湾区、长三角、成渝、长江中游等财力有支撑、客流有基础、发展有需求的地区规划建设都市圈市域（郊）铁路，强化都市圈内中心城市城区与周边城镇组团便捷通勤，其他条件适宜地区有序推进。严控地方政府债务风险。

（六）规划编制和管理。都市圈所在地城市政府依据国土空间总体规划和交通等相关规划，会同相关方面在深入研究运输需求、功能定位、规划衔接、生态环保要求等基础上，坚持利用既有线路与新建线路相结合，合理确定线网布局，科学编制市域（郊）铁路建设规划，明确发展目标、建设规模与时序、系统制式、敷设方式、衔接换乘、资金筹措等，同步做好沿线及站点周边土地综合开发规划方案。规划范围主要在城市行政区域内，对具有同城化趋势、通勤需求较高的毗邻城市（镇）可予以延伸覆盖。跨越城市行政区域的规划编制及实施由省级发展改革部门做好统筹。都市圈市域（郊）铁路建设规划的报批和审核，比照城市轨道交通建设规划管理的相关规定执行，并做好与国土空间规划等衔接。

四、有序推进实施

（七）优先利用既有铁路。结合城市空间布局优化和铁路枢纽功能调整，加强对既有铁路资源利用的可行性论证，鼓励具备条件的城市内部铁路功能合理外迁，充分挖掘和释放运力，积极创造条件开行市域（郊）列车。支持通过优化运输组织、补强既有铁路、改扩建局部线路、改造站房站台、增建复线支线及联络线、增设车站等方式，公交化开行市域（郊）列车。

（八）有序推进新建项目。新建市域（郊）铁路项目由省级发展改革部门严格依据国家批准的规划按程序审批（核准），严禁以新建市域（郊）铁路名义变相建设地铁、轻轨项目。批准新建市域（郊）铁路项目的城市，要按照功能适应、标准适宜、经济适用的原则，严格落实项目建设条件，深化项目前期工作，加强技术方案比选，合理降低工程投资和运营成本，确保建设时机、规模与城市发展需求、财力相匹配，避免过度超前或重复建设。

（九）加强综合衔接配套。加强市域（郊）铁路与干线铁路、城际铁路、城市轨道交通一体化衔接，鼓励多线多点换乘，统筹协调系统制式，推动具备条件的跨线直通运行，充分发挥轨道交通网络整体效益。强化与机场、公路客站等重要交通枢纽高效衔接，按照零距离换乘、一体化服务和快速集散要求，推进基础设施、标识信息、运营管理等资源共享、互联互通。市域（郊）铁路站点应同步配套建设机动车、自行车通行和停放相关服务设施，并在线路和时刻上与城市内部各种交通方式做好衔接，便捷群众出行。

五、优化运营管理

（十）实行公交化运输组织。利用既有铁路开行市域（郊）列车的，要加强运输组织协调、客运组织优化，采取增加既有列车停站、提高重要客流集散地停站频率、增开通勤高峰时段列车等措施，满足快速通达出行需要。新建市域（郊）铁路的，应根据客流需求等设置越行条件，尽可能满足快慢线运输组织要求，推行“站站停”与“大站停”相结合的灵活运输组织模式，提供多样化、便捷化出行服务。

（十一）提升运营服务水平。优化市域（郊）铁路购票、进出站、乘车等环节的组织模式和流程，依托5G、物联网、人工智能、大数据等，拓展网络查询、移动支付等信息化、智能化应用，提供安全高效、便捷贴心的运输服务。推进市域（郊）铁路与其他轨道交通系统安检互信、资源共享、票制互通、支付兼容，切实提升衔接效率和服务品质。有关城市要完善提升运营服务水平的激励机制，加强服务标准化建设。

（十二）鼓励多元化运营管理。创新铁路企业与地方政府合作方式，通过自主运营、合作运营、委托运营、购买服务等市场化方式，因地制宜、因线施策合理选择市域（郊）铁路运营管理模式，实现互利共赢。在确保运营安全的前提下，鼓励运营主体多元化发展，支持铁路运输企业、城市轨道交通运营企业等具有相关经验的市场主体参与市域（郊）铁路运营。鼓励有条件的线路探索网运分离、所有权与经营权分离等模式，支持市场主体通过租用线路时刻和车辆设备等提供运输服务。

六、创新投融资方式

（十三）拓展资金筹措渠道。创新市域（郊）铁路市场化投融资模式，全面放开市场准入，培育多元投资主体，支持城市政府与企业共同出资成立一体化投资主体，吸引包括民间资本、外资在内的社会资本参与投资建设和运营管理。加大地方政府投入力度，支持地方政府专项债券用于收益较好的项目建设，研究以线路经过辖区土地出让收益支持市域（郊）铁路建设等政策。探索吸引保险资金等长期资本参与投资，支持通过发行企业债券、公司债券、非金融企业债务融资工具等方式融资。鼓励金融租赁公司创新适合市域（郊）铁路特点的金融产品和服务方式。

（十四）完善运营补贴机制。坚持市域（郊）铁路运营公共交通服务属性，相关城市要指导运营企业结合运输距离、乘客支付能力等，合理确定多层次、差别化的票价体系，并建立动态调整机制。综合考虑运营成本、服务质量、供需状况、财政能力、减免票价等因素，在加强成本规制、收入清算等基础上，城市政府应对运输线路作出规范性、制度性补贴安排。初期可通过加大补贴力度引导和支持市域（郊）铁路顺利开行，后期根据综合开发收益适当补贴运营，或以政府购买服务等方式，实现可持续运营。

（十五）加大综合开发力度。加大市域（郊）铁路沿线和站点及周边土地综合开发强度，合理确定综合开发规模和实施方案，统筹地上地下空间复合利用，积极推广地下空间开发、轨道交通上盖物业综合开发等节约用地的技术和模式，打造站城融合综合体。强化城市政府和铁路企业开发合作，根据国土空间规划和用途管控要求，落实用地性质变更等事项，有效盘活既有铁路站场及周边可开发铁路土地资产。创新收益分配机制，鼓励市域（郊）铁路相关企业通过物业开发、物业租赁和管理、车站和车辆商业开发等形式，构建综合开发溢价回收机制，支持市域（郊）铁路发展。

七、建立持续发展机制

（十六）加强铁路与地方协商合作。铁路企业应优化调整路网和枢纽功能分布，公开线路使用、车站服务等市场化服务收费标准、清算规则，进一步规范接轨等手续办理，明确具体办结时限。市域（郊）铁路运营企业要与城市政府积极协商，制定针对性的运营方案，强化企业运输安全主体责任，合理划分企业与政府权责。

（十七）健全技术标准和装备体系。以节约集约用地为原则，加快制定市域（郊）铁路用地控制指标，完善市域（郊）铁路建设运营等相关标准规范体系。支持地方、企业推进相关领域技术与管理创新，加大机车装备、控制系统等自主研发力度和国产化应用，加快突破关键零部件核心技术，完善市域（郊）铁路列车谱系,建立自主可控的技术装备体系,提高系统装备和技术标准的通用性,提升智能化、绿色化水平,打造具有国际竞争力的产业链。加强市域(郊)铁路人才培养,打造一支专业化、高素质的技术人才和管理干部队伍。

(十八)强化政府支持保障。国务院有关部门要加强对市域(郊)铁路规划建设工作的支持,指导地方科学编制规划,在用地、环评、安全监管等方面对建设项目给予支持,适时推出一批重点支持的项目。地方有关部门要优化审批流程,提高审批效率,加快要件办理、项目报批等工作。城市政府要完善监管体制机制,强化对市域(郊)铁路建设的事中事后监管,确保项目建设和运营安全。

(十九)完善协调监管机制。国家发展改革委、自然资源部、住房城乡建设部、交通运输部、国家铁路局和中国国家铁路集团有限公司、省级政府要建立有效协调沟通机制,及时总结评估市域(郊)铁路发展情况,协调解决重点难点问题,严肃处理违规行为,营造和维护公平有序的发展环境。省级政府有关部门要强化对市域(郊)铁路建设规划实施的全过程监管,城市政府要全面履行项目投资建设和运营管理主体责任。有关行业协会要建立常态化分析机制,定期发布市域(郊)铁路发展分析报告,引导可持续发展。

国务院办公厅转发国家发展改革委等单位关于进一步做好铁路规划建设工作意见的通知

（2021 年 3 月 15 日　国办函〔2021〕27 号）

各省、自治区、直辖市人民政府，国务院各部委、各直属机构：

国家发展改革委、交通运输部、国家铁路局、中国国家铁路集团有限公司《关于进一步做好铁路规划建设工作的意见》已经国务院同意，现转发给你们，请认真贯彻落实。

关于进一步做好铁路规划建设工作的意见

国家发展改革委　交通运输部　国家铁路局
中国国家铁路集团有限公司

铁路是关系国计民生的重要基础设施。党的十八大以来，我国铁路快速发展，取得了显著成就，为支撑和引领经济社会发展发挥了重要作用，成为国家现代化建设的重要引擎。与此同时，在铁路规划建设工作中，一些地方存在片面追求高标准、重高速轻普速、重投入轻产出等情况，铁路企业也面临经营压力较大、债务负担较重等问题。为进一步做好铁路规划建设工作，推动铁路高质量发展，现提出以下意见。

一、总体要求

坚持以习近平新时代中国特色社会主义思想为指导，全面贯彻党的十九大和十九届二中、三中、四中、五中全会精神，坚持新发展理念，坚持稳中求进工作总基调，以推动高质量发展为主题，以深化供给侧结构性改革为主线，科学有序推进铁路规划建设，防范化解债务风险，全面增强铁路安全质量效益、服务保障能力和综合发展实力。到 2035 年，使铁路网络布局结构更加优化完善，铁路债务规模和负债水平处于合理区间，为加快建设交通强国当好先行，为全面建设社会主义现代化国家提供有力支撑。

二、加强规划指导

根据国家经济社会发展和军民融合需要，综合考虑铁路与公路、水运、民航、城市交通等关系，加强与国土空间规划、区域发展规划的统筹衔接，科学编制铁路发展规划，形成分层分类、功能互补的规划体系。

国家级铁路发展规划包括铁路中长期规划和铁路五年发展规划。铁路中长期规划主要明确发展战略、网络骨架、通道功能等，确定基础设施空间布局，为铁路长远发展留出空间。铁路五年发展规划主要明确发展任务、项目安排、建设标准等，安排铁路规划建设阶段性工作。国家级铁路发展规划要合理布局现代综合交通枢纽，优化高速铁路与普速铁路结构，促进客运与货运协调发展。加快推动铁路进港口、物流园区和大型工矿企业，推动大宗及中长途货物运输向铁路转移。严格控制建设既有高铁的平行线路，既有高铁能力利用率不足80%的，原则上不得新建平行线路。新建铁路项目要严格按照国家批准的规划实施，规划内项目不得随意调整功能定位、建设时序和建设标准，未列入规划的项目原则上不得开工建设。

各地要根据国家级铁路发展规划，按照需求导向、效益为本的原则，编制城际、市域（郊）等区域性铁路发展规划并按程序报批。建立健全铁路建设规划管理机制，科学论证项目建设时机和方案。加强与国家铁路企业的沟通协调，统筹推进干线铁路、城际铁路、市域（郊）铁路和城市轨道交通多网融合、资源共享、支付兼容，具备条件的线路尽快实现安检互信、票制互通。严禁以新建城际铁路、市域（郊）铁路名义违规变相建设地铁、轻轨。

三、合理确定标准

规划建设贯通省会及特大城市、近期双向客流密度2500万人次/年以上、中长途客流比重在70%以上的高铁主通道线路，可采用时速350公里标准。规划建设串联规模较大的地级以上城市、近期双向客流密度2000万人次/年以上、路网功能较突出的高铁线路，可预留时速350公里条件。规划建设近期双向客流密度1500万人次/年以上的高铁区域连接线，可采用时速250公里标准。规划建设城际铁路线路，原则上采用时速200公里及以下标准。除此之外，规划建设中西部地区路网空白区域铁路新线一般采用客货共线标准。有关单位要加强对客流密度等技术指标的论证审核，对数据造假等行为依法依规严肃问责。

高速铁路运营后要尽快按照设计标准达速运行，普速铁路要充分用好通道资源，提高货物运输能力和集装箱多式联运比例，有富余资源的铁路可按照市场化方式适当开行城际列车和市域（郊）列车。

四、分类分层建设

干线铁路由中央与地方共同出资，中国国家铁路集团有限公司发挥主体作用，负责项目建设运营，效益预期较好的项目要积极吸引社会资本参与。城际铁路、市域（郊）铁路、支线铁路及铁路专用线以有关地方和企业出资为主，项目业主可自主选择建设运营方式。中国国家铁路集团有限公司要为项目业主办理与国家铁路接轨手续提供便利条件，及时开展评估论证，在开工前办完接轨手续。

五、有效控制造价

严把铁路建设项目审核关，做深做细前期工作，强化技术经济比选，合理确定建设标准、征拆范围和补偿标准，除国家重大战略需求外，要满足财务平衡的要求，避免盲目攀比、过度超前或重复建设。加强项目管理，鼓励采用自主化技术装备，优化施工组织，严禁擅自增加施工内容、提高标准或扩大规模，需增加中央财政出资的，要履行有关报批程序。新建城际铁路、市域（郊）铁路的功能定位、建设标准等发生重大变化，或线路里程、直接工程费用（扣除物价上涨因素）等与建设规划相比增幅超过20%的，要履行建设规划调整程序。

六、创新投融资体制

全面开放铁路建设运营市场，深化铁路投融资体制改革，分类分步推进铁路企业股份制改造和优质资产上市。制定公开透明、公平合理的路网使用、车站服务、委托运输等费用清算和收益分配规则，保障路网资源统筹配置、公平共享，确保投资者参与项目决策、建设、运营的合法权益。借鉴城市轨道交通开发模式，加强土地综合开发，既有可开发用地可依法依规变更用途，通过转让、出租等方式加快盘活，新增铁路综合开发用地要遵循国土空间规划，与城市建设统一规划、统筹建设、协同管理。

七、防范化解债务风险

妥善处理存量债务，严格控制新增债务。通过多种渠道增加铁路建设资本金来源，确保中西部铁路项目权益性资本金比例原则上不低于50%。中国国家铁路集团有限公司要用好铁路建设基金，增强出资能力。创新铁路债券发行方式，提高直接债务融资比例，有效降低融资成本。进一步理顺铁路运价体系，完善客运票价浮动机制，健全货运价格形成机制。各地要更好发挥地方政府专项债券作用，带动社会资本投资，保障铁路项目合理融资需求。国家有关部门要进一步调整中央预算内投资结构，加大对中西部铁路项目的支持力度。涉及西藏和四川、云南、甘肃、青海涉藏州县以及南疆、重点沿边地区的国家铁路项目，原则上以中央出资为主。科学研究界定铁路公益性运输范围并建立核算和补贴机制。建立健全铁路债务风险监测预警机制，加强地方项目出资能力、运营补亏能力等审核，合理控制债务负担较重、超出财政承受能力地区的铁路建设。

各地区、各有关单位要认真落实本意见要求，加强规划衔接、政策协同、资源统筹，强化联动协调，形成工作合力，共同推动铁路高质量发展。国家发展改革委会同交通运输部、国家铁路局、中国国家铁路集团有限公司等有关部门和单位建立健全工作机制，持续开展跟踪督导，适时组织阶段评估。

国家发展改革委《铁路项目中央预算内投资专项管理暂行办法》

（2021年2月8日 发改基础规〔2021〕197号）

第一章 总 则

第一条 为进一步规范铁路项目中央预算内投资管理，发挥中央资金使用效益，推动铁路项目建设，根据《政府投资条例》（国务院令第712号）、《中共中央国务院关于深化投融资体制改革的意见》（中发〔2016〕18号）、《国务院关于改革铁路投融资体制加快推进铁路建设的意见》（国发〔2013〕33号）、《国家发展改革委关于规范中央预算内投资资金安排方式及项目管理的通知》（发改投资规〔2020〕518号）以及有关法律法规，制定本办法。

第二条 使用中央预算内投资的新建、改扩建铁路项目适用本办法。

第三条 对符合本办法规定及相关条件的项目，原则上由国家发展改革委按照资本金注入等方式安排中央预算内投资，由中国国家铁路集团有限公司作为出资人代表投入项目。

第四条 遵循统筹兼顾、突出重点、公开公正、有效监管的原则，规范中央预算内投资安排和使用管理。

第二章 支持方向

第五条 按照客货并重、新建改扩建并举的原则，支持畅通中西部和东北地区骨干通道、强化边疆国防保障的干线铁路项目；支持京津冀、长三角、粤港澳大湾区等城际铁路项目；支持铁路货运能力提升项目；支持中欧班列铁路基础设施提级改造和重点铁路口岸扩能改造项目。

第六条 干线铁路支持范围包括中西部和东北地区，以及明确享受中西部地区支持政策的中央苏区、革命老区有关县市、贫困地区。

第三章 资金安排

第七条 国家发展改革委已在可研批复时承诺投资并明确投资额度的项目，原则上按照承诺额度上限，结合年度投资计划和工程建设进度，合理安排中央预算内年度投资计划。

第八条 国家发展改革委已在可研批复时承诺投资，但未明确投资额度的项目，将结合项目工程进度合理安排中央预算内投资计划。由中国国家铁路集团有限公司负责审批的新建铁路项目，按照集中力量办大事、难事、急事的要求，在下达年度投资计划时统筹考虑。根据铁路项目性质和所在区域，按不同比例计算资金支持规模。

第九条 项目资本金测算按不高于项目总投资的70%考虑，"十四五"期间，中央预算内投资安排标准如下：

（一）西部、东北、中部地区干线铁路项目累计安排规模分别不高于资本金的40%、40%、30%安排。

（二）东部、中部、西部省份重点城市群跨省和区域骨干城际铁路项目累计安排规模分别不高于资本金的10%、15%、20%。

（三）铁路货运能力提升项目安排规模不高于资本金的20%。

（四）中欧班列铁路基础设施提级改造项目（重点铁路口岸扩能改造）安排规模不高于资本金的20%。

（五）对涉及欠发达地区尤其是西藏及四省涉藏州县、南疆、重点沿边等地区的铁路项目，以及国家战略明确支持的重大铁路项目，经论证可以适当加大中央预算内投资支持力度。

第十条 国家发展改革委根据年度铁路项目中央预算内投资专项规模，结合中国国家铁路集团有限公司提出的年度计划需求申请，制定资金安排方案，作为年度投资计划下达的依据。

第四章 投资计划申请

第十一条 根据党中央、国务院的重大决策部署，国家发展改革委统一印发编制年度中央预算内投资计划的通知，明确计划编制的主要原则、重点安排方向、工作进度和有关工作要求。中国国家铁路集团有限公司按照要求编制下一年度铁路项目中央预算内投资计划申请，并将申请的资金项目填报录入重大建设项目库。未进入项目库的项目原则上不得申请中央预算内投资。

第十二条 申请中央预算内投资的项目需具备以下条件：

（一）符合本办法第五、六条确定的领域和方向；

（二）符合国家批准的中长期铁路网规划、五年发展规划和相关专项规划；

（三）按照有关规定，项目已通过全国投资项目在线审批监管平台完成审批、核准或备案，并具备开工条件；

（四）建设资金来源和建设条件基本落实；

（五）符合年度申报要求的其他条件。

第十三条 中国国家铁路集团有限公司应对铁路项目中央预算内投资申请是否符合政策要求、项目审批（核准、备案）是否符合有关规定、建设资金来源和建设条件是否落实等进行严格审查，对审查结果和申报材料的真实性、合规性负责，并提出年度工作重点任务、投资需求以及推进项目实施的保障和监管措施。

第五章 审核下达

第十四条 国家发展改革委受理中央预算投资计划申请后，重点对以下事项进行审核：

（一）是否符合铁路项目中央预算内投资专项的使用方向；

（二）是否符合中央预算内投资的安排原则；

（三）项目的资金来源和主要建设条件是否基本落实。

第十五条 国家发展改革委对报送的中央预算投资计划申请报告进行审核，一次或分次下达年度投资计划。在执行过程中，确需调整投资计划的，由原申请单位提出调整申请，国家发展改革委结合项目实施情况按规定进行调整，安排用于可形成有效支出的项目。

第六章 监管措施

第十六条 中国国家铁路集团有限公司按照职责分工严格监管，加强项目实施过程的跟踪检查，发现问题及时整改和作出处理，按月于每月 10 日前将项目的开工情况、投资完成情况、工程形象进度等数据通过重大建设项目库报送国家发展改革委。项目单位应通过全国投资项目在线审批监管平台如实报送项目开工建设、建设进度、竣工的基本信息。

第十七条 国家发展改革委适时对计划执行情况进行抽查，重点检查项目管理、资金使用、施工进度、工程质量等。防止转移、侵占或者挪用，保证中央投资的合理使用和项目建设实施。依托项目在线审批监管平台和国家重大建设项目库等信息化手段，对绩效目标实行跟踪监控，动态掌握专项投资绩效执行情况，对绩效监控中发现的问题督促项目单位及时整改。

第十八条 不涉及保密要求的投资项目，应当按照有关规定向社会公开，主动接受公众监督，对公众反映的情况，国家发展改革委、中国国家铁路集团有限公司应及时开展检查，确有问题的，要督促项目单位及时整改。

第十九条　国家发展改革委接受单位、个人对项目审批、资金安排、建设过程中的违法违规行为的举报，按照有关规定办理。

第二十条　国家发展改革委应按照有关规定对中央预算内投资的项目进行督导，对发现的问题按照有关规定及时作出处理。

第二十一条　项目出现下列情形之一，国家发展改革委责令限期整改，采取通报、批评或回收、扣减、暂停安排中央预算内投资等措施，并核减下一年度投资计划。

（一）未按工程进度要求实施，与既定目标相差较远的；

（二）擅自变更建设规模、内容和标准的；

（三）未按规定使用中央投资，有转移、侵占或者挪用的；

（四）提供虚假情况，骗取中央预算内投资的；

（五）拒不接受依法进行督导和监督检查的；

（六）其他违反国家法律法规和本办法规定的行为。

第七章　附　　则

第二十二条　国家发展改革委根据党中央、国务院决策部署和宏观调控要求，严格履行相关程序，对城际铁路等地方项目可以由省级发展改革部门作为资金申请主体，安排铁路项目中央预算内投资作为地方资本金，相关申请及监管程序参照本办法执行。省级发展改革部门加强监督检查，重点检查项目管理、资金使用、施工进度、工程质量等。严禁转移、侵占、挪用，确保中央投资的合理使用和项目建设实施。

第二十三条　本办法由国家发展改革委负责解释，自发布之日起施行，有效期至 2025 年 12 月 31 日。《中西部地区铁路项目中央预算内投资管理暂行办法（修订版）》（发改基础规〔2020〕1079 号）同时废止。

第二部分

建设用地使用权

一、土地划拨、出让和租赁

国土资源部《划拨用地目录》

（2001 年 10 月 22 日国土资源部令第 9 号发布　自 2001 年 10 月 22 日起施行）

一、根据《中华人民共和国土地管理法》和《中华人民共和国城市房地产管理法》的制定，制定本目录。

二、符合本目录的建设用地项目，由建设单位提出申请，经有批准权的人民政府批准，方可以划拨方式提供土地使用权。

三、对国家重点扶持的能源、交通、水利等基础设施用地项目，可以以划拨方式提供土地使用权。对以营利为目的，非国家重点扶持的能源、交通、水利等基础设施用地项目，应当以有偿方式提供土地使用权。

四、以划拨方式取得的土地使用权，因企业改制、土地使用权转让或者改变土地用途等不再符合本目录的，应当实行有偿使用。

五、本目录施行后，法律、行政法规和国务院的有关政策另有规定的，按有关规定执行。

六、本目录自发布之日起施行。原国家土地管理局颁布的《划拨用地项目目录》同时废止。

国家机关用地和军事用地

（一）党政机关和人民团体用地

1. 办公用地。

2. 安全、保密、通讯等特殊专用设施。

（二）军事用地

1. 指挥机关、地面和地下的指挥工程、作战工程。

2. 营区、训练场、试验场。

3. 军用公路、铁路专用线、机场、港口、码头。

4. 军用洞库、仓库、输电、输油、输气管线。

5. 军用通信、通讯线路、侦察、观测台站和测量、导航标志。

6. 国防军品科研、试验设施。

7. 其他军事设施。

城市基础设施用地和公益事业用地

（三）城市基础设施用地

1. 供水设施：包括水源地、取水工程、净水厂、输配水工程、水质检测中心、调度中心、控制中心。

2. 燃气供应设施：包括人工煤气生产设施、液化石油气气化站、液化石油气储配站、天然气输配气设施。

3. 供热设施：包括热电厂、热力网设施。

4. 公共交通设施：包括城市轻轨、地下铁路线路、公共交通车辆停车场、首末站（总站）、调度中心、整流站、车辆保养场。

5. 环境卫生设施：包括雨水处理设施、污水处理厂、垃圾（粪便）处理设施、其他环卫设施。

6. 道路广场：包括市政道路、市政广场。

7. 绿地：包括公共绿地（住宅小区、工程建设项目的配套绿地除外）、防护绿地。

（四）非营利性邮政设施用地

1. 邮件处理中心、邮政支局（所）。

2. 邮政运输、物流配送中心。

3. 邮件转运站。

4. 国际邮件互换局、交换站。

5. 集装容器（邮袋、报皮）维护调配处理场。

（五）非营利性教育设施用地

1. 学校教学、办公、实验、科研及校内文化体育设施。

2. 高等、中等、职业学校的学生宿舍、食堂、教学实习及训练基地。

3. 托儿所、幼儿园的教学、办公、园内活动场地。

4. 特殊教育学校（盲校、聋哑学校、弱智学校）康复、技能训练设施。

（六）公益性科研机构用地

1. 科学研究、调查、观测、实验、试验（站、场、基地）设施。

2. 科研机构办公设施。

(七)非营利性体育设施用地

1. 各类体育运动项目专业比赛和专业训练场(馆)、配套设施(高尔夫球场除外)。

2. 体育信息、科研、兴奋剂检测设施。

3. 全民健身运动设施(住宅小区、企业单位内配套的除外)。

(八)非营利性公共文化设施用地

1. 图书馆。

2. 博物馆。

3. 文化馆。

4. 青少年宫、青少年科技馆、青少年(儿童)活动中心。

(九)非营利性医疗卫生设施用地

1. 医院、门诊部(所)、急救中心(站)、城乡卫生院。

2. 各级政府所属的卫生防疫站(疾病控制中心)、健康教育所、专科疾病防治所(站)。

3. 各级政府所属的妇幼保健所(院、站)、母婴保健机构、儿童保健机构、血站(血液中心、中心血站)。

(十)非营利性社会福利设施用地

1. 福利性住宅。

2. 综合性社会福利设施。

3. 老年人社会福利设施。

4. 儿童社会福利设施。

5. 残疾人社会福利设施。

6. 收容遣送设施。

7. 殡葬设施。

国家重点扶持的能源、交通、水利等基础设施用地

(十一)石油天然气设施用地

1. 油(气、水)井场及作业配套设施。

2. 油(气、汽、水)计量站、转接站、增压站、热采站、处理厂(站)、联合站、注水(气、汽、化学助剂)站、配气(水)站、原油(气)库、海上油气陆上终端。

3. 防腐、防砂、钻井泥浆、三次采油制剂厂(站)、材料配制站(厂、车间)、预制厂(车间)。

4. 油(气)田机械、设备、仪器、管材加工和维修设施。

5. 油、气(汽)、水集输和长输管道、专用交通运输设施。

6. 油(气)田物资仓库(站)、露天货场、废旧料场、成品油(气)库(站)、液化气站。

7. 供排水设施、供配电设施、通讯设施。

8. 环境保护检测、污染治理、废旧料(物)综合处理设施。

9. 消防、安全、保卫设施。

(十二)煤炭设施用地

1. 矿井、露天矿、煤炭加工设施,共伴生矿物开采与加工场地。

2. 矿井通风、抽放瓦斯、煤层气开采、防火灌浆、井下热害防治设施。

3. 采掘场与疏干设施(含控制站)。

4. 自备发电厂、热电站、输变电设施。

5. 矿区内煤炭机电设备、仪器仪表、配件、器材供应与维修设施。

6. 矿区生产供水、供电、燃气、供气、通讯设施。

7. 矿山救护、消防防护设施。

8. 中心试验站。

9. 专用交通、运输设施。

(十三)电力设施用地

1. 发(变)电主厂房设施及配套库房设施。

2. 发(变)电厂(站)的专用交通设施。

3. 配套环保、安全防护设施。

4. 火力发电工程配电装置、网控楼、通信楼、微波塔。

5. 火力发电工程循环水管(沟)、冷却塔(池)、阀门井水工设施。

6. 火力发电工程燃料供应、供热设施,化学楼、输煤综合楼,启动锅炉房、空压机房。

7. 火力发电工程乙炔站、制氢(氧)站,化学水处理设施。

8. 核能发电工程应急给水储存室、循环水泵房、安全用水泵房、循环水进排水口及管沟、加氯间、配电装置。

9. 核能发电工程燃油储运及油处理设施。

10. 核能发电工程制氢站及相应设施。

11. 核能发电工程淡水水源设施,净水设施,污水、废水处理装置。

12. 新能源发电工程电机,厢变、输电(含专用送出工程)、变电站设施,资源观测设施。

13. 输配电线路塔(杆),巡线站、线路工区,线路维护、检修道路。

14. 变(配)电装置,直流输电换流站及接地极。

15. 输变电、配电工程给排水、水处理等水工设施。

16. 输变电工区、高压工区。

(十四)水利设施用地

1. 水利工程用地:包括挡水、泄水建筑物、引水系统、尾水系统、分洪道及其附属建筑物,附属道路、交通设施,供电、供水、供风、供热及制冷设施。

2. 水库淹没区。

3. 堤防工程。

4. 河道治理工程。

5. 水闸、泵站、涵洞、桥梁、道路工程及其管护设施。

6. 蓄滞洪区、防护林带、滩区安全建设工程。

7. 取水系统:包括水闸、堰、进水口、泵站、机电井及其管护设施。

8. 输(排)水设施(含明渠、暗渠、隧道、管道、桥、渡槽、倒虹、调蓄水库、水池渠系建筑物)、加压(抽、排)泵站、水厂。

9. 防汛抗旱通信设施,水文、气象测报设施。

10. 水土保持管理站、科研技术推广所(站)、试验地设施。

(十五)铁路交通设施用地

1. 铁路线路、车站及站场设施。

2. 铁路运输生产及维修、养护设施。

3. 铁路防洪、防冻、防雪、防风沙设施(含苗圃及植被保护带)、生产防疫、环保、水保设施。

4. 铁路给排水、供电、供暖、制冷、节能、专用通信、信号、信息系统设施。

5. 铁路轮渡、码头及相应的防风、防浪堤、护岸、栈桥、渡船整备设施。

6. 铁路专用物资仓储库(场)。

7. 铁路安全守备、消防、战备设施。

(十六)公路交通设施用地

1. 公路线路、桥梁、交叉工程、隧道和渡口。

2. 公路通信、监控、安全设施。

3. 高速公路服务区(区内经营性用地除外)。

4. 公路养护道班(工区)。

5. 公路线路用地界外设置的公路防护、排水、防洪、防雪、防波、防风沙设施及公路环境保护、监测设施。

(十七)水路交通设施用地

1. 码头、栈桥、防波堤、防沙导流堤、引堤、护岸、围堰水工工程。

2. 人工开挖的航道、港池、锚地及停泊区工程。

3. 港口生产作业区。

4. 港口机械设备停放场地及维修设施。

5. 港口专用铁路、公路、管道设施。

6. 港口给排水、供电、供暖、节能、防洪设施。

7. 水上安全监督(包括沿海和内河)、救助打捞、港航消防设施。

8. 通讯导航设施、环境保护设施。

9. 内河航运管理设施、内河航运枢纽工程、通航建筑物及管理维修区。

(十八)民用机场设施用地

1. 机场飞行区。

2. 公共航空运输客、货业务设施:包括航站楼、机场场区内的货运库(站)、特殊货物(危险品)业务仓库。

3. 空中交通管理系统。

4. 航材供应、航空器维修、适航检查及校验设施。

5. 机场地面专用设备、特种车辆保障设施。

6. 油料运输、中转、储油及加油设施。

7. 消防、应急救援、安全检查、机场公用设施。

8. 环境保护设施:包括污水处理、航空垃圾处理、环保监测、防噪声设施。

9. 训练机场、通用航空机场、公共航运机场中的通用航空业务配套设施。

法律、行政法规规定的其他用地

(十九)特殊用地

1. 监狱。

2. 劳教所。

3. 戒毒所、看守所、治安拘留所、收容教育所。

国土资源部《招标拍卖挂牌出让国有建设用地使用权规定》

（2002 年 5 月 9 日国土资源部令第 11 号发布　根据 2007 年 9 月 28 日国土资源部令第 39 号修订　修订后自 2007 年 11 月 1 日起施行）

第一条　为规范国有建设用地使用权出让行为，优化土地资源配置，建立公开、公平、公正的土地使用制度，根据《中华人民共和国物权法》、《中华人民共和国土地管理法》、《中华人民共和国城市房地产管理法》和《中华人民共和国土地管理法实施条例》，制定本规定。

第二条　在中华人民共和国境内以招标、拍卖或者挂牌出让方式在土地的地表、地上或者地下设立国有建设用地使用权的，适用本规定。

本规定所称招标出让国有建设用地使用权，是指市、县人民政府国土资源行政主管部门（以下简称出让人）发布招标公告，邀请特定或者不特定的自然人、法人和其他组织参加国有建设用地使用权投标，根据投标结果确定国有建设用地使用权人的行为。

本规定所称拍卖出让国有建设用地使用权，是指出让人发布拍卖公告，由竞买人在指定时间、地点进行公开竞价，根据出价结果确定国有建设用地使用权人的行为。

本规定所称挂牌出让国有建设用地使用权，是指出让人发布挂牌公告，按公告规定的期限将拟出让宗地的交易条件在指定的土地交易场所挂牌公布，接受竞买人的报价申请并更新挂牌价格，根据挂牌期限截止时的出价结果或者现场竞价结果确定国有建设用地使用权人的行为。

第三条　招标、拍卖或者挂牌出让国有建设用地使用权，应当遵循公开、公平、公正和诚信的原则。

第四条　工业、商业、旅游、娱乐和商品住宅等经营性用地以及同一宗地有两个以上意向用地者的，应当以招标、拍卖或者挂牌方式出让。

前款规定的工业用地包括仓储用地，但不包括采矿用地。

第五条　国有建设用地使用权招标、拍卖或者挂牌出让活动，应当有计划地进行。

市、县人民政府国土资源行政主管部门根据经济社会发展计划、产业政策、土地利用总体规划、土地利用年度计划、城市规划和土地市场状况，编制国有建设用地使用权出让年度计划，报经同级人民政府批准后，及时向社会公开发布。

第六条　市、县人民政府国土资源行政主管部门应当按照出让年度计划，会同城市规划等有关部门共同拟订拟招标拍卖挂牌出让地块的出让方案，报经市、县人民政府批准后，由市、县人民政府国土资源行政主管部门组织实施。

前款规定的出让方案应当包括出让地块的空间范围、用途、年限、出让方式、时间和其他条件等。

第七条　出让人应当根据招标拍卖挂牌出让地块的情况，编制招标拍卖挂牌出让文件。

招标拍卖挂牌出让文件应当包括出让公告、投标或者竞买须知、土地使用条件、标书或者竞买申请书、报价单、中标通知书或者成交确认书、国有建设用地使用权出让合同文本。

第八条　出让人应当至少在投标、拍卖或者挂牌开始日前20日，在土地有形市场或者指定的场所、媒介发布招标、拍卖或者挂牌公告，公布招标拍卖挂牌出让宗地的基本情况和招标拍卖挂牌的时间、地点。

第九条　招标拍卖挂牌公告应当包括下列内容：

（一）出让人的名称和地址；

（二）出让宗地的面积、界址、空间范围、现状、使用年期、用途、规划指标要求；

（三）投标人、竞买人的资格要求以及申请取得投标、竞买资格的办法；

（四）索取招标拍卖挂牌出让文件的时间、地点和方式；

（五）招标拍卖挂牌时间、地点、投标挂牌期限、投标和竞价方式等；

（六）确定中标人、竞得人的标准和方法；

（七）投标、竞买保证金；

（八）其他需要公告的事项。

第十条　市、县人民政府国土资源行政主管部门应当根据土地估价结果和政府产业政策综合确定标底或者底价。标底或者底价不得低于国家规定的最低价标准。

确定招标标底，拍卖和挂牌的起叫价、起始价、底价，投标、竞买保证金，应当实行集体决策。

招标标底和拍卖挂牌的底价，在招标开标前和拍卖挂牌出让活动结束之前应当保密。

第十一条 中华人民共和国境内外的自然人、法人和其他组织，除法律、法规另有规定外，均可申请参加国有建设用地使用权招标拍卖挂牌出让活动。

出让人在招标拍卖挂牌出让公告中不得设定影响公平、公正竞争的限制条件。挂牌出让的，出让公告中规定的申请截止时间，应当为挂牌出让结束日前2天。对符合招标拍卖挂牌公告规定条件的申请人，出让人应当通知其参加招标拍卖挂牌活动。

第十二条 市、县人民政府国土资源行政主管部门应当为投标人、竞买人查询拟出让土地的有关情况提供便利。

第十三条 投标、开标依照下列程序进行：

（一）投标人在投标截止时间前将标书投入标箱。招标公告允许邮寄标书的，投标人可以邮寄，但出让人在投标截止时间前收到的方为有效。

标书投入标箱后，不可撤回。投标人应当对标书和有关书面承诺承担责任。

（二）出让人按照招标公告规定的时间、地点开标，邀请所有投标人参加。由投标人或者其推选的代表检查标箱的密封情况，当众开启标箱，点算标书。投标人少于三人的，出让人应当终止招标活动。投标人不少于三人的，应当逐一宣布投标人名称、投标价格和投标文件的主要内容。

（三）评标小组进行评标。评标小组由出让人代表、有关专家组成，成员人数为五人以上的单数。

评标小组可以要求投标人对投标文件作出必要的澄清或者说明，但是澄清或者说明不得超出投标文件的范围或者改变投标文件的实质性内容。

评标小组应当按照招标文件确定的评标标准和方法，对投标文件进行评审。

（四）招标人根据评标结果，确定中标人。

按照价高者得的原则确定中标人的，可以不成立评标小组，由招标主持人根据开标结果，确定中标人。

第十四条 对能够最大限度地满足招标文件中规定的各项综合评价标准，或者能够满足招标文件的实质性要求且价格最高的投标人，应当确定为中标人。

第十五条 拍卖会依照下列程序进行：

（一）主持人点算竞买人；

（二）主持人介绍拍卖宗地的面积、界址、空间范围、现状、用途、使用年期、规划指标要求、开工和竣工时间以及其他有关事项；

（三）主持人宣布起叫价和增价规则及增价幅度。没有底价的，应当明确提示；

（四）主持人报出起叫价；

（五）竞买人举牌应价或者报价；

（六）主持人确认该应价或者报价后继续竞价；

（七）主持人连续三次宣布同一应价或者报价而没有再应价或者报价的，主持人落槌表示拍卖成交；

（八）主持人宣布最高应价或者报价者为竞得人。

第十六条　竞买人的最高应价或者报价未达到底价时，主持人应当终止拍卖。

拍卖主持人在拍卖中可以根据竞买人竞价情况调整拍卖增价幅度。

第十七条　挂牌依照以下程序进行：

（一）在挂牌公告规定的挂牌起始日，出让人将挂牌宗地的面积、界址、空间范围、现状、用途、使用年期、规划指标要求、开工时间和竣工时间、起始价、增价规则及增价幅度等，在挂牌公告规定的土地交易场所挂牌公布；

（二）符合条件的竞买人填写报价单报价；

（三）挂牌主持人确认该报价后，更新显示挂牌价格；

（四）挂牌主持人在挂牌公告规定的挂牌截止时间确定竞得人。

第十八条　挂牌时间不得少于 10 日。挂牌期间可根据竞买人竞价情况调整增价幅度。

第十九条　挂牌截止应当由挂牌主持人主持确定。挂牌期限届满，挂牌主持人现场宣布最高报价及其报价者，并询问竞买人是否愿意继续竞价。有竞买人表示愿意继续竞价的，挂牌出让转入现场竞价，通过现场竞价确定竞得人。挂牌主持人连续三次报出最高挂牌价格，没有竞买人表示愿意继续竞价的，按照下列规定确定是否成交：

（一）在挂牌期限内只有一个竞买人报价，且报价不低于底价，并符合其他条件的，挂牌成交；

（二）在挂牌期限内有两个或者两个以上的竞买人报价的，出价最高者为竞

得人;报价相同的,先提交报价单者为竞得人,但报价低于底价者除外;

(三)在挂牌期限内无应价者或者竞买人的报价均低于底价或者均不符合其他条件的,挂牌不成交。

第二十条 以招标、拍卖或者挂牌方式确定中标人、竞得人后,中标人、竞得人支付的投标、竞买保证金,转作受让地块的定金。出让人应当向中标人发出中标通知书或者与竞得人签订成交确认书。

中标通知书或者成交确认书应当包括出让人和中标人或者竞得人的名称,出让标的,成交时间、地点、价款以及签订国有建设用地使用权出让合同的时间、地点等内容。

中标通知书或者成交确认书对出让人和中标人或者竞得人具有法律效力。出让人改变竞得结果,或者中标人、竞得人放弃中标宗地、竞得宗地的,应当依法承担责任。

第二十一条 中标人、竞得人应当按照中标通知书或者成交确认书约定的时间,与出让人签订国有建设用地使用权出让合同。中标人、竞得人支付的投标、竞买保证金抵作土地出让价款;其他投标人、竞买人支付的投标、竞买保证金,出让人必须在招标拍卖挂牌活动结束后 5 个工作日内予以退还,不计利息。

第二十二条 招标拍卖挂牌活动结束后,出让人应在 10 个工作日内将招标拍卖挂牌出让结果在土地有形市场或者指定的场所、媒介公布。

出让人公布出让结果,不得向受让人收取费用。

第二十三条 受让人依照国有建设用地使用权出让合同的约定付清全部土地出让价款后,方可申请办理土地登记,领取国有建设用地使用权证书。

未按出让合同约定缴清全部土地出让价款的,不得发放国有建设用地使用权证书,也不得按出让价款缴纳比例分割发放国有建设用地使用权证书。

第二十四条 应当以招标拍卖挂牌方式出让国有建设用地使用权而擅自采用协议方式出让的,对直接负责的主管人员和其他直接责任人员依法给予处分;构成犯罪的,依法追究刑事责任。

第二十五条 中标人、竞得人有下列行为之一的,中标、竞得结果无效;造成损失的,应当依法承担赔偿责任:

(一)提供虚假文件隐瞒事实的;

(二)采取行贿、恶意串通等非法手段中标或者竞得的。

第二十六条 国土资源行政主管部门的工作人员在招标拍卖挂牌出让活动

中玩忽职守、滥用职权、徇私舞弊的，依法给予处分；构成犯罪的，依法追究刑事责任。

第二十七条　以招标拍卖挂牌方式租赁国有建设用地使用权的，参照本规定执行。

第二十八条　本规定自2007年11月1日起施行。

国土资源部关于坚持和完善土地招标拍卖挂牌出让制度的意见

（2011 年 5 月 11 日　国土资发〔2011〕63 号）

各省、自治区、直辖市国土资源厅（国土环境资源厅、国土资源局、国土资源和房屋管理局、规划和国土资源管理局），副省级城市国土资源主管部门，新疆生产建设兵团国土资源局：

去年以来，各地按照中央和部关于房地产市场调控政策要求，在坚持土地招标拍卖挂牌（以下简称招拍挂）制度基础上，积极探索创新城市住房用地出让政策，促进地价房价合理调整，取得了积极成效。为进一步落实《国务院办公厅关于进一步做好房地产市场调控工作有关问题的通知》（国办发〔2011〕1 号）的要求，完善招拍挂的供地政策，加强土地出让政策在房地产市场调控中的积极作用，现提出以下意见。

一、正确把握土地招拍挂出让政策的调控作用

国有土地使用权招拍挂出让制度是市场配置国有经营性建设用地的基本制度。它充分体现了公开公平公正竞争和诚实信用的市场基本原则，建立了反映市场供求关系、资源稀缺程度、环境损害成本的价格形成机制，完全符合社会主义市场经济体制的基本方向。坚持国有经营性建设用地招拍挂出让制度和在房地产市场运行正常条件下按“价高者得”原则取得土地，符合市场优化配置土地资源的基本原则，符合法律政策要求，同时在抑制行政权力干预市场，从源头上防治土地出让领域腐败中发挥了重要作用。

当前，部分城市商品住房价格居高不下，户型结构和保障性安居工程用地布局不合理，少数规划的商品住房优质地块和二三线城市商品住房土地出让存在着地价非理性上涨的可能。为进一步落实中央关于房地产市场调控各项政策和工作要求，积极主动发挥招拍挂出让土地政策的稳定市场、优化结构、促进地价房价合理调整、保障住房用地的作用，当前和今后一个时期，各级国土资源主管部门必须从完善土地市场机制、健全土地宏观调控体系、实施节约优先战略的基本要求

出发，以"保民生、促稳定"为重点，坚持土地招拍挂出让基本制度，创新和完善有效实现中央调控政策要求的土地出让政策和措施，主动解决商品住房建设项目供地、开发利用和监管中出现的新情况、新问题，实现土地经济效益与社会综合效益的统一、市场配置与宏观调控的统一，促进城市房地产市场健康发展。

二、完善住房用地招拍挂计划公示制度

市、县在向社会公布年度住房用地出让计划的基础上，建立计划出让地块开发建设的宗地条件公布机制，根据出让进度安排，进一步细化拟出让地块、地段的规划和土地使用条件，定期向社会发布细化的商品住房和保障性安居工程各类房屋建设用地信息，同时明确意向用地者申请用地的途径和方式，公开接受用地申请。单位和个人对列入出让计划的具体地块有使用意向并提出符合规定的申请后，应及时组织实施土地招拍挂出让。公示保障性安居工程项目划拨用地时，一并向社会公示申请用地单位，接受社会监督。

三、调整完善土地招拍挂出让政策

各地要根据当地土地市场、住房建设发展阶段，对需要出让的宗地，选择恰当的土地出让方式和政策，落实政府促进土地合理布局，节约集约利用，有效合理调整地价房价，保障民生，稳定市场预期的目标。

（一）限定房价或地价，以挂牌或拍卖方式出让政策性住房用地。

以"限房价、竞地价"方式出让土地使用权的，市、县国土资源主管部门应在土地出让前，会同住房建设、物价、规划行政主管部门，按相关政策规定确定住房销售条件，根据拟出让宗地所在区域商品住房销售价格水平，合理确定拟出让宗地的控制性房屋销售价格上限和住房套型面积标准，以此作为土地使用权转让的约束性条件，一并纳入土地出让方案，报经政府批准后，以挂牌、拍卖方式公开出让土地使用权，符合条件、承诺地价最高且不低于底价的为土地使用权竞得人。出让成交后，竞得人接受的宗地控制性房屋销售价格、成交地价、土地使用权转让条件及违约处罚条款等，均应在成交确认书和出让合同中明确。

以"限地价、竞房价"方式出让土地使用权的，市、县国土资源主管部门应在土地出让前，根据拟出让宗地的征地拆迁安置补偿费、土地前期开发成本、同一区域基准地价和市场地价水平、土地使用权转让条件、房屋销售价格和政府确定的房价控制目标等因素，综合确定拟出让宗地的出让价格，同时应确定房价的最高控制价（应低于同区域、同条件商品住房市场价），一并纳入土地出让方案，报经政府批准后，以挂牌、拍卖方式公开出让土地使用权，按照承诺销售房价最低者（开发商售房时的最高售价）确定为土地竞得人。招拍挂成交后，竞得人承诺的销售房价、成交地价、土地使用权转让条件及违约处罚条款等，均应在成交确认书和出让合同中明确。

（二）限定配建保障性住房建设面积，以挂牌或拍卖方式出让商品住房用地。

以“商品住房用地中配建保障性住房”方式出让土地使用权的，市、县国土资源主管部门应会同住房建设、规划、房屋管理和住房保障等部门确定拟出让宗地配建廉租房、经济适用房等保障性住房的面积、套数、建设进度、政府收回条件、回购价格及土地面积分摊办法等，纳入出让方案，经政府批准后，写入出让公告及文件，组织实施挂牌、拍卖。土地出让成交后，成交价款和竞得人承诺配建的保障性住房事项一并写入成交确认书和出让合同。

（三）对土地开发利用条件和出让地价进行综合评定，以招标方式确定土地使用权人。

以“土地利用综合条件最佳”为标准出让土地使用权，市、县国土资源主管部门应依据规划条件和土地使用标准按照宗地所在区域条件、政府对开发建设的要求，制定土地出让方案和评标标准，在依法确定土地出让底价的基础上，将土地价款及交付时间、开发建设周期、建设要求、土地节约集约程度、企业以往出让合同履行情况等影响土地开发利用的因素作为评标条件，合理确定各因素权重，会同有关部门制定标书，依法依纪，发布公告，组织招投标。经综合评标，以土地利用综合条件最佳确定土地使用者。确定中标人后，应向社会公示并将上述土地开发利用条件写入中标通知书和出让合同。

四、大力推进土地使用权出让网上运行

出让国有建设用地使用权涉及的出让公告、出让文件、竞买人资格、成交结果等，都应在部门户网站和各地国土资源主管部门的网上公开发布。积极推行国有经营性建设用地网上挂牌出让方式。市、县国土资源主管部门可以通过网上发布出让公告信息，明确土地开发利用、竞买人资格和违约处罚等条件，组织网上报价竞价并确定竞得人。网上挂牌出让成交后，市、县国土资源主管部门要按照国有土地招拍挂出让规范，及时与竞得人签订纸质件的成交确认书和出让合同。对竞得人需要进行相关资料审查的，建立网上成交后的审查制度，发现受让人存在违法违规行为或不具有竞买资格时，挂牌出让不成交，应重新组织出让，并对违规者进行处罚。

五、完善土地招拍挂出让合同

市、县国土资源主管部门要依据现行土地管理法律政策，对附加各类开发建设销售条件的政策性商品住房用地的出让，增加出让合同条款，完善出让合同内容，严格供后监管。政策性商品住房用地出让成交后，竞得人或中标人应当按照成交确认书或中标通知书的要求，按时与国土资源主管部门签订出让合同。建房套数、套型、面积比例、容积率、项目开竣工时间、销售对象条件、房屋销售价格上限、受让人承诺的销售房价、土地转让条件、配建要求等规划、建设、土地使用条件以及相应的违约责任，应当在土地出让合同或住房建设和销售合同中明确。

为保证政策性商品住房用地及时开发利用，市、县国土资源主管部门可以在出让合同中明确约定不得改变土地用途和性质、不得擅自提高或降低规定的建设标准、保障性住房先行建设和先行交付、不得违规转让土地使用权等内容，对违反规定或约定的，可在出让合同中增加"收回土地使用权并依法追究责任"等相关内容。

各地应当加强对政策性商品住房用地出让合同履行情况的监督检查，对违反合同约定的，应会同有关部门依法处罚，追究违约责任。

各省级国土资源主管部门要切实加强对市、县住房供地政策制度和组织实施工作的指导和监管，及时发现和解决出现的问题。也可按照本意见，探索其他用途土地出让方式和土地出让各环节的制度创新，进一步完善国有土地使用权招拍挂出让制度，保障和促进中央关于房地产市场调控政策的落实。

国土资源部　国家工商行政管理总局关于发布《国有建设用地使用权出让合同》示范文本的通知

（2008 年 4 月 29 日　国土资发〔2008〕86 号）

各省、自治区、直辖市国土资源厅（国土环境资源厅、国土资源局、国土资源和房屋管理局、房屋土地资源管理局）、工商行政管理局，新疆生产建设兵团土地管理局，计划单列市国土资源行政主管部门、工商行政管理局：

为贯彻落实《中华人民共和国物权法》和《国务院关于促进节约集约用地的通知》，规范国有建设用地使用权出让合同管理，国土资源部、国家工商行政管理总局组织制定了《国有建设用地使用权出让合同》示范文本（GF—2008—2601），现予印发，自 2008 年 7 月 1 日起执行。国土资源部、国家工商行政管理总局 2000 年和 2006 年发布的《国有土地使用权出让合同》示范文本和《国有土地使用权出让合同补充协议》示范文本（试行）同时废止。

各市、县国土资源管理部门要按照《国有建设用地使用权出让合同》示范文本（CF—2008—2601）的要求，规范签订国有建设用地使用权出让合同，督促用地者严格履行合同。省、自治区、直辖市国土资源厅（局）要对本行政区域内各市、县签订的出让合同进行统一编号，加强对出让合同执行情况的监管。

国有建设用地使用权出让合同

（示范文本　GF—2008—2601）

中华人民共和国国土资源部

中华人民共和国国家工商行政管理总局

合同编号：________________

国有建设用地使用权出让合同

本合同双方当事人：

出让人：中华人民共和国________________省（自治区，直辖市）________________市（县）________________局；通讯地址：________________；邮政编码：________________；电话：________________；传真：________________；开户银行：________________；账号：________________；受让人：________________；通讯地址：________________；邮政编码：________________；电话：________________；传真：________________；开户银行：________________；账号：________________。

第一章　总　　则

第一条　根据《中华人民共和国物权法》《中华人民共和国合同法》《中华人民共和国土地管理法》《中华人民共和国城市房地产管理法》等法律、有关行政法规及土地供应政策规定，双方本着平等、自愿、有偿、诚实信用的原则，订立本合同。

第二条　出让土地的所有权属中华人民共和国，出让人根据法律的授权出让国有建设用地使用权，地下资源、埋藏物不属于国有建设用地使用权出让范围。

第三条　受让人对依法取得的国有建设用地，在出让期限内享有占有、使用、收益和依法处置的权利，有权利用该土地依法建造建筑物、构筑物及其附属设施。

第二章　出让土地的交付与出让价款的缴纳

第四条　本合同项下出让宗地编号为________________，宗地总面积大写________________平方米（小写________________平方米），其中出让宗地面积为大写________________平方米（小写________________平方米）。

本合同项下的出让宗地坐落于________________。

本合同项下出让宗地的平面界址为________________；出让宗地的平面界址图见附件1。

本合同项下出让宗地的竖向界限以________________为上

界限,以为下界限,高差为＿＿＿＿＿米。出让宗地竖向界限见附件2。

出让宗地空间范围是以上述界址点所构成的垂直面和上、下界限高程平面封闭形成的空间范围。

第五条 本合同项下出让宗地的用途为＿＿＿＿＿＿＿＿＿＿＿＿＿＿＿。

第六条 出让人同意在＿＿＿＿＿年＿＿＿＿＿月＿＿＿＿＿日前将出让宗地交付给受让人,出让人同意在交付土地时该宗地应达到本条第＿＿＿＿＿项规定的土地条件:

(一)场地平整达到＿＿＿＿＿＿＿＿＿＿＿＿＿＿＿＿＿＿＿＿＿＿＿＿＿;周围基础设施达到＿＿＿＿＿＿＿＿＿＿＿＿＿＿＿＿＿＿＿＿＿＿＿＿＿＿;

(二)现状土地条件＿＿＿＿＿＿＿＿＿＿＿＿＿＿＿＿＿＿＿＿＿＿＿＿＿。

第七条 本合同项下的国有建设用地使用权出让年期为＿＿＿＿＿年,按本合同第六条约定的交付土地之日起算;原划拨(承租)国有建设用地使用权补办出让手续的,出让年期自合同签订之日起算。

第八条 本合同项下宗地的国有建设用地使用权出让价款为人民币大写＿＿＿＿元(小写＿＿＿＿元),每平方米人民币大写＿＿＿＿元(小写＿＿＿＿元)。

第九条 本合同项下宗地的定金为人民币大写＿＿＿＿元(小写＿＿＿＿元),定金抵作土地出让价款。

第十条 受让人同意按照本条第一款第＿＿＿＿＿项的规定向出让人支付国有建设用地使用权出让价款:

(一)本合同签订之日起＿＿＿＿日内,一次性付清国有建设用地使用权出让价款;

(二)按以下时间和金额分＿＿＿＿期向出让人支付国有建设用地使用权出让价款。

第一期人民币大写＿＿＿＿＿元(小写＿＿＿＿＿元),付款时间:＿＿＿＿＿年＿＿＿＿＿月＿＿＿＿＿日之前。

第二期人民币大写＿＿＿＿＿元(小写＿＿＿＿＿元),付款时间:＿＿＿＿＿年＿＿＿＿＿月＿＿＿＿＿日之前。

第＿＿＿＿＿期人民币大写＿＿＿＿＿元(小写＿＿＿＿＿元),付款时间:＿＿＿＿＿年＿＿＿＿＿月＿＿＿＿＿日之前。

第＿＿＿＿＿期人民币大写＿＿＿＿＿元(小写＿＿＿＿＿元),付款时间:＿＿＿＿＿年＿＿＿＿＿月＿＿＿＿＿日之前。

分期支付国有建设用地使用权出让价款的，受让人在支付第二期及以后各期国有建设用地使用权出让价款时，同意按照支付第一期土地出让价款之日中国人民银行公布的贷款利率，向出让人支付利息。

第十一条　受让人应在按本合同约定付清本宗地全部出让价款后，持本合同和出让价款缴纳凭证等相关证明材料，申请出让国有建设用地使用权登记。

第三章　土地开发建设与利用

第十二条　受让人同意本合同项下宗地开发投资强度按本条第__________项规定执行：

（一）本合同项下宗地用于工业项目建设，受让人同意本合同项下宗地的项目固定资产总投资不低于经批准或登记备案的金额人民币大写__________万元（小写__________万元），投资强度不低于每平方米人民币大写____________元（小写__________元）。本合同项下宗地建设项目的固定资产总投资包括建筑物、构筑物及其附属设施、设备投资和出让价款等。

（二）本合同项下宗地用于非工业项目建设，受让人承诺本合同项下宗地的开发投资总额不低于人民币大写__________万元（小写__________万元）。

第十三条　受让人在本合同项下宗地范围内新建建筑物、构筑物及其附属设施的，应符合市（县）政府规划管理部门确定的出让宗地规划条件（见附件3）。其中：

主体建筑物性质____；

附属建筑物性质____；

建筑总面积____平方米；

建筑容积率不高于______________________不低于____________________；

建筑限高____；

建筑密度不高于________________________不低于____________________；

绿地率不高于__________________________不低于____________________；

其他土地利用要求____。

第十四条　受让人同意本合同项下宗地建设配套按本条第________项规定执行：

（一）本合同项下宗地用于工业项目建设，根据规划部门确定的规划设计条件，本合同受让宗地范围内用于企业内部行政办公及生活服务设施的占地面积不超过受让宗地面积的__________%，即不超过__________平方米，建筑面积不超过__________平方米。受让人同意不在受让宗地范围内建造成套住宅、专家楼、宾馆、招待所和培训中心等非生产性设施；

（二）本合同项下宗地用于住宅项目建设，根据规划建设管理部门确定的规划建设条件，本合同受让宗地范围内住宅建设总套数不少于__________套。其中，套型建筑面积90平方米以下住房套数不少于__________套，住宅建设套型要求为______________。本合同项下宗地范围内套型建筑面积90平方米以下住房面积占宗地开发建设总面积的比例不低于__________%。本合同项下宗地范围内配套建设的经济适用住房、廉租住房等政府保障性住房，受让人同意建成后按本项下第__________种方式履行：

1. 移交给政府；

2. 由政府回购；

3. 按政府经济适用住房建设和销售管理的有关规定执行；

4. ____；

5. ____。

第十五条 受让人同意在本合同项下宗地范围内同步修建下列工程配套项目，并在建成后无偿移交给政府；

（1）____；

（2）____；

（3）____。

第十六条 受让人同意本合同项下宗地建设项目在________年________月__________日之前开工，在__________年__________月__________日之前竣工。

受让人不能按期开工，应提前30日向出让人提出延建申请，经出让人同意延建的，其项目竣工时间相应顺延，但延建期限不得超过一年。

第十七条 受让人在本合同项下宗地内进行建设时，有关用水、用气、污水及其他设施与宗地外主管线、用电变电站接口和引入工程，应按有关规定办理。

受让人同意政府为公用事业需要而敷设的各种管道与管线进出、通过、穿越受让宗地，但由此影响受让宗地使用功能的，政府或公用事业营建主体应当给予合理补偿。

第十八条 受让人应当按照本合同约定的土地用途、容积率利用土地，不得擅自改变。在出让期限内，需要改变本合同约定的土地用途的，双方同意按照本条第＿＿＿＿＿＿规定办理：

（一）由出让人有偿收回建设用地使用权；

（二）依法办理改变土地用途批准手续，签订国有建设用地使用权出让合同变更协议或者重新签订国有建设用地使用权出让合同，由受让人按照批准改变时新土地用途下建设用地使用权评估市场价格与原土地用途下建设用地使用权评估市场价格的差额补缴国有建设用地使用权出让价款，办理土地变更登记。

第十九条　本合同项下宗地在使用期限内，政府保留对本合同项下宗地的规划调整权，原规划如有修改，该宗地已有的建筑物不受影响，但在使用期限内该宗地建筑物、构筑物及其附属设施改建、翻建、重建，或者期限届满申请续期时，必须按届时有效的规划执行。

第二十条　对受让人依法使用的国有建设用地使用权，在本合同约定的使用年限届满前，出让人不得收回；在特殊情况下，根据社会公共利益需要提前收回国有建设用地使用权的，出让人应当依照法定程序报批，并根据收回时地上建筑物、构筑物及其附属设施的价值和剩余年期国有建设用地使用权的评估市场价格及经评估认定的直接损失给予土地使用者补偿。

第四章　国有建设用地使用权转让、出租、抵押

第二十一条　受让人按照本合同约定支付全部国有建设用地使用权出让价款，领取国有土地使用证后，有权将本合同项下的全部或部分国有建设用地使用权转让、出租、抵押。首次转让的，应当符合本条第＿＿＿＿＿＿项规定的条件：

（一）按照本合同约定进行投资开发，完成开发投资总额的百分之二十五以上；

（二）按照本合同约定进行投资开发，已形成工业用地或其他建设用地条件。

第二十二条　国有建设用地使用权的转让、出租及抵押合同，不得违背国家法律、法规规定和本合同约定。

第二十三条　国有建设用地使用权全部或部分转让后，本合同和土地登记文件中载明的权利、义务随之转移，国有建设用地使用权的使用年限为本合同约定的使用年限减去已经使用年限后的剩余年限。

本合同项下的全部或部分国有建设用地使用权出租后，本合同和土地登记文件中载明的权利、义务仍由受让人承担。

第二十四条　国有建设用地使用权转让、抵押的，转让、抵押双方应持本合同

和相应的转让、抵押合同及国有土地使用证，到国土资源管理部门申请办理土地变更登记。

第五章　期 限 届 满

第二十五条　本合同约定的使用年限届满，土地使用者需要继续使用本合同项下宗地的，应当至迟于届满前一年向出让人提交续期申请书，除根据社会公共利益需要收回本合同项下宗地的，出让人应当予以批准。

住宅建设用地使用权期限届满的，自动续期。

出让人同意续期的，土地使用者应当依法办理出让、租赁等有偿用地手续，重新签订出让、租赁等土地有偿使用合同，支付土地出让价款、租金等土地有偿使用费。

第二十六条　土地出让期限届满，土地使用者申请续期，因社会公共利益需要未获批准的，土地使用者应当交回国有土地使用证，并依照规定办理国有建设用地使用权注销登记，国有建设用地使用权由出让人无偿收回。出让人和土地使用者同意本合同项下宗地上的建筑物、构筑物及其附属设施，按本条第________项约定履行：

（一）由出让人收回地上建筑物、构筑物及其附属设施，并根据收回时地上建筑物、构筑物及其附属设施的残余价值，给予土地使用者相应补偿；

（二）由出让人无偿收回地上建筑物、构筑物及其附属设施。

第二十七条　土地出让期限届满，土地使用者没有申请续期的，土地使用者应当交回国有土地使用证，并依照规定办理国有建设用地使用权注销登记，国有建设用地使用权由出让人无偿收回。本合同项下宗地上的建筑物、构筑物及其附属设施，由出让人无偿收回，土地使用者应当保持地上建筑物、构筑物及其附属设施的正常使用功能，不得人为破坏。地上建筑物、构筑物及其附属设施失去正常使用功能的，出让人可要求土地使用者移动或拆除地上建筑物、构筑物及其附属设施，恢复场地平整。

第六章　不 可 抗 力

第二十八条　合同双方当事人任何一方由于不可抗力原因造成的本合同部分或全部不能履行，可以免除责任，但应在条件允许下采取一切必要的补救措施以减少因不可抗力造成的损失。当事人迟延履行期间发生的不可抗力，不具有免责效力。

第二十九条　遇有不可抗力的一方，应在7日内将不可抗力情况以信函、电报、传真等书面形式通知另一方，并在不可抗力发生后15日内，向另一方提交本合同部分或全部不能履行或需要延期履行的报告及证明。

第七章　违约责任

第三十条　受让人应当按照本合同约定，按时支付国有建设用地使用权出让价款。受让人不能按时支付国有建设用地使用权出让价款的，自滞纳之日起，每日按迟延支付款项的________‰向出让人缴纳违约金，延期付款超过60日，经出让人催交后仍不能支付国有建设用地使用权出让价款的，出让人有权解除合同，受让人无权要求返还定金，出让人并可请求受让人赔偿损失。

第三十一条　受让人因自身原因终止该项目投资建设，向出让人提出终止履行本合同并请求退还土地的，出让人报经原批准土地出让方案的人民政府批准后，分别按以下约定，退还除本合同约定的定金以外的全部或部分国有建设用地使用权出让价款（不计利息），收回国有建设用地使用权，该宗地范围内已建的建筑物、构筑物及其附属设施可不予补偿，出让人还可要求受让人清除已建建筑物、构筑物及其附属设施，恢复场地平整；但出让人愿意继续利用该宗地范围内已建的建筑物、构筑物及其附属设施的，应给予受让人一定补偿：

（一）受让人在本合同约定的开工建设日期届满一年前不少于60日向出让人提出申请的，出让人在扣除定金后退还受让人已支付的国有建设用地使用权出让价款；

（二）受让人在本合同约定的开工建设日期超过一年但未满二年，并在届满二年前不少于60日向出让人提出申请的，出让人应在扣除本合同约定的定金，并按照规定征收土地闲置费后，将剩余的已付国有建设用地使用权出让价款退还受让人。

第三十二条　受让人造成土地闲置，闲置满一年不满两年的，应依法缴纳土地闲置费；土地闲置满两年且未开工建设的，出让人有权无偿收回国有建设用地使用权。

第三十三条　受让人未能按照本合同约定日期或同意延建所另行约定日期开工建设的，每延期一日，应向出让人支付相当于国有建设用地使用权出让价款总额________‰的违约金，出让人有权要求受让人继续履约。

受让人未能按照本合同约定日期或同意延建所另行约定日期竣工的，每延期一日，应向出让人支付相当于国有建设用地使用权出让价款总额＿＿＿＿‰的违约金。

第三十四条 项目固定资产总投资、投资强度和开发投资总额未达到本合同约定标准的，出让人可以按照实际差额部分占约定投资总额和投资强度指标的比例，要求受让人支付相当于同比例国有建设用地使用权出让价款的违约金，并可要求受让人继续履约。

第三十五条 本合同项下宗地建筑容积率、建筑密度等任何一项指标低于本合同约定的最低标准的，出让人可以按照实际差额部分占约定最低标准的比例，要求受让人支付相当于同比例国有建设用地使用权出让价款的违约金，并有权要求受让人继续履行本合同；建筑容积率、建筑密度等任何一项指标高于本合同约定最高标准的，出让人有权收回高于约定的最高标准的面积部分，有权按照实际差额部分占约定标准的比例，要求受让人支付相当于同比例国有建设用地使用权出让价款的违约金。

第三十六条 工业建设项目的绿地率、企业内部行政办公及生活服务设施用地所占比例、企业内部行政办公及生活服务设施建筑面积等任何一项指标超过本合同约定标准的，受让人应当向出让人支付相当于宗地出让价款＿＿＿＿‰的违约金并自行拆除相应的绿化和建筑设施。

第三十七条 受让人按本合同约定支付国有建设用地使用权出让价款的，出让人必须按照本合同约定按时交付出让土地。由于出让人未按时提供出让土地而致使受让人本合同项下宗地占有延期的，每延期一日，出让人应当按受让人已经支付的国有建设用地使用权出让价款的＿＿＿＿‰向受让人给付违约金，土地使用年期自实际交付土地之日起算。出让人延期交付土地超过 60 日，经受让人催交后仍不能交付土地的，受让人有权解除合同，出让人应当双倍返还定金，并退还已经支付国有建设用地使用权出让价款的其余部分，受让人并可请求出让人赔偿损失。

第三十八条 出让人未能按期交付土地或交付的土地未能达到本合同约定的土地条件或单方改变土地使用条件的，受让人有权要求出让人按照规定的条件履行义务，并且赔偿延误履行而给受让人造成的直接损失。土地使用年期自达到约定的土地条件之日起算。

第八章 适用法律及争议解决

第三十九条 本合同订立、效力、解释、履行及争议的解决，适用中华人民共和国法律。

第四十条　因履行本合同发生争议,由争议双方协商解决,协商不成的,按本条第__________项约定的方式解决:

(一)提交__________仲裁委员会仲裁;

(二)依法向人民法院起诉。

第九章　附　　则

第四十一条　本合同项下宗地出让方案业经__________人民政府批准,本合同自双方签订之日起生效。

第四十二条　本合同双方当事人均保证本合同中所填写的姓名、通讯地址、电话、传真、开户银行、代理人等内容的真实有效,一方的信息如有变更,应于变更之日起 15 日内以书面形式告知对方,否则由此引起的无法及时告知的责任由信息变更方承担。

第四十三条　本合同和附件共__________页,以中文书写为准。

第四十四条　本合同的价款、金额、面积等项应当同时以大、小写表示,大小写数额应当一致,不一致的,以大写为准。

第四十五条　本合同未尽事宜,可由双方约定后作为合同附件,与本合同具有同等法律效力。

第四十六条　本合同一式__________份,出让人受让人各执__________份,具有同等法律效力。

出让人(章):　　　　　　　　　受让人(章):

法定代表人(委托代理人):　　　　法定代表人(委托代理人):

(签字):　　　　　　　　　　　(签字):

二〇______年______月______日

附件 1：

出让宗地平面界址图

北

界址图粘贴线

比例尺：1：

附件 2：

出让宗地竖向界限

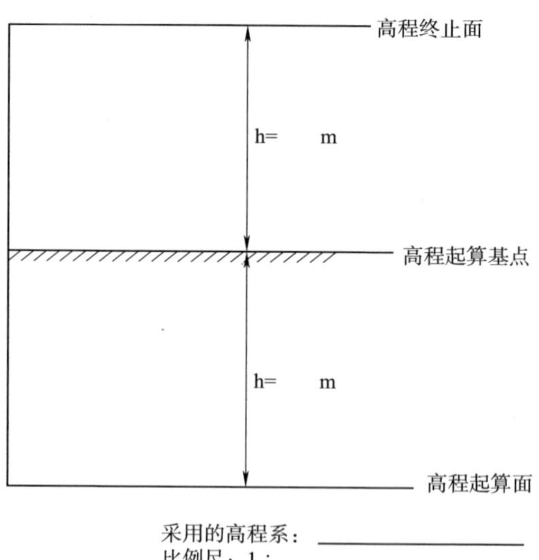

采用的高程系：

比例尺：1：

附件3：

市（县）政府规划管理部门确定的出让宗地规划条件

国有建设用地使用权出让合同使用说明

一、《国有建设用地使用权出让合同》包括合同正文、附件1（出让宗地平面界址图）、附件2（出让宗地竖向界限）和附件3〔市（县）政府规划管理部门确定的出让宗地规划条件〕。

二、本合同中的出让人为有权出让国有建设用地使用权的市、县人民政府国土资源行政主管部门。

三、出让人出让的土地必须是国有建设用地。本合同以宗地为单位进行填写。宗地是指土地权属界线封闭的地块或者空间。

四、本合同第四条中，出让宗地空间范围是以平面界址点所构成的垂直面和上、下界限高程平面封闭形成的空间范围。出让宗地的平面界限按宗地的界址点坐标填写；出让宗地的竖向界限，可以按照1985年国家高程系统为起算基点填写，也可以按照各地高程系统为起算基点填写。高差是垂直方向从起算面到终止面的距离。如：出让宗地的竖向界限以标高+60米（1985年国家高程系统）为上界限，以标高-10米（1985年国家高程系统）为下界限，高差为70米。

五、本合同第五条中，宗地用途按《土地利用现状分类》（中华人民共和国国家标准GB/T 21010—2007）规定的土地二级类填写。依据规划用途可以划分为不同宗地的，应先行分割成不同的宗地，再按宗地出让。属于同一宗地中包含两种或两种以上不同用途的，应当写明各类具体土地用途的出让年期及各类具体用途土地占宗地的面积比例和空间范围。

六、本合同第六条中，土地条件按照双方实际约定选择和填写。属于待开发建设的用地，选择第一项；属于原划拨（承租）建设用地使用权补办出让手续的，选择第二项。

七、本合同第十条中，建设用地使用权出让价款支付方式按双方实际约定选择和填写。双方约定建设用地使用权出让价款一次性付清的，选择第一款第一项；分期支付的，选择第一款第二项。

八、本合同第十二条中，宗地开发投资强度根据建设项目的性质选择和填写。

属于工业项目建设的，选择第一项；不属于工业项目建设的，选择第二项。

九、本合同第十三条中，受让宗地用于工业项目建设的，应当按照国土资源部《关于发布和实施〈工业项目建设用地控制指标〉的通知》（国土资发〔2008〕24号）要求，建筑容积率、建筑密度只填写最低限指标，即不低于"。新出台的法律政策对工业项目建筑容积率、建筑密度等有规定的，签订出让合同时，应当按照最新政策规定填写。

十、本合同第十四条中，宗地建设配套情况根据建设项目的性质选择和填写。宗地用于工业项目建设的，选择第一项；宗地用于住宅项目建设的，选择第二项。选择第一项的，宗地范围内用于企业行政办公及生活服务设施的占地面积占受让宗地面积的比例，按照国土资源部《关于发布和实施〈工业项目建设用地控制指标〉的通知》（国土资发〔2008〕24 号）的有关规定填写，原则上不得超过 7%；选择第二项的，按照《国务院关于促进节约集约用地的通知》（国发〔2008〕3 号）、国土资源部《关于认真贯彻〈国务院关于解决城市低收入家庭住房困难的若干意见〉进一步加强土地供应调控的通知》（国土资发〔2007〕236 号）的有关规定填写。新出台的法律政策对工业项目用地中企业行政办公及生活服务设施的用地面积比例、套型建筑面积 90 平方米以下住房套数及面积比例、商品住宅项目中配建经济适用住房和廉租住房等有规定的，签订出让合同时，应当按照最新政策规定填写。

十一、本合同第十六条中，受让宗地用于商品住宅项目建设的，出让宗地的开工时间和竣工时间，按照国土资源部《关于认真贯彻〈国务院关于解决城市低收入家庭住房困难的若干意见〉进一步加强土地供应调控的通知》（国土资发〔2007〕236 号）的有关规定填写，原则上开发时间最长不得超过三年。国家新出台的法律政策对出让宗地开工时间和竣工时间有规定的，签订出让合同时，应当按照最新规定填写。

十二、本合同第十八条中，在土地出让期限内，非经营性用地改变为经营性用地的，应当按照《国务院关于促进节约集约用地的通知》（国发〔2008〕3 号）的规定执行。国家新出台的法律政策对改变土地用途有规定的，签订出让合同时，应当按照最新规定填写。

十三、本合同第二十一条中，属于房屋开发的，选择第一项；属于土地综合开发的，选择第二项。

十四、本合同第三十条和第三十七条中，受让人不能按合同约定及时支付国有建设用地使用权出让价款，出让人不能按合同约定及时提供出让土地的，应当根据《国务院办公厅关于规范国有土地使用权出让收支管理的通知》（国办发〔2006〕100 号）的有关规定和双方当事人权利义务对等原则，违约金比例按 1%填写。国家新出台的法律政策对受让人不能按时支付国有建设用地使用权出让价款的违约金比例有规定的，签订出让合同时，应当按照最新规定填写。

十五、本合同由省、自治区、直辖市国土资源管理部门统一编号。

十六、本合同由国土资源部和国家工商行政管理总局负责解释。

国土资源部《协议出让国有土地使用权规定》

（2003 年 6 月 11 日国土资源部令第 21 号发布　自 2003 年 8 月 1 日起施行）

第一条　为加强国有土地资产管理，优化土地资源配置，规范协议出让国有土地使用权行为，根据《中华人民共和国城市房地产管理法》、《中华人民共和国土地管理法》和《中华人民共和国土地管理法实施条例》，制定本规定。

第二条　在中华人民共和国境内以协议方式出让国有土地使用权的，适用本规定。

本规定所称协议出让国有土地使用权，是指国家以协议方式将国有土地使用权在一定年限内出让给土地使用者，由土地使用者向国家支付土地使用权出让金的行为。

第三条　出让国有土地使用权，除依照法律、法规和规章的规定应当采用招标、拍卖或者挂牌方式外，方可采取协议方式。

第四条　协议出让国有土地使用权，应当遵循公开、公平、公正和诚实信用的原则。

以协议方式出让国有土地使用权的出让金不得低于按国家规定所确定的最低价。

第五条　协议出让最低价不得低于新增建设用地的土地有偿使用费、征地（拆迁）补偿费用以及按照国家规定应当缴纳的有关税费之和；有基准地价的地区，协议出让最低价不得低于出让地块所在级别基准地价的 70%。

低于最低价时国有土地使用权不得出让。

第六条　省、自治区、直辖市人民政府国土资源行政主管部门应当依据本规定第五条的规定拟定协议出让最低价，报同级人民政府批准后公布，由市、县人民政府国土资源行政主管部门实施。

第七条　市、县人民政府国土资源行政主管部门应当根据经济社会发展计划、国家产业政策、土地利用总体规划、土地利用年度计划、城市规划和土地市场状况，编制国有土地使用权出让计划，报同级人民政府批准后组织实施。

国有土地使用权出让计划经批准后，市、县人民政府国土资源行政主管部门应当在土地有形市场等指定场所，或者通过报纸、互联网等媒介向社会公布。

因特殊原因，需要对国有土地使用权出让计划进行调整的，应当报原批准机关批准，并按照前款规定及时向社会公布。

国有土地使用权出让计划应当包括年度土地供应总量、不同用途土地供应面积、地段以及供地时间等内容。

第八条　国有土地使用权出让计划公布后，需要使用土地的单位和个人可以根据国有土地使用权出让计划，在市、县人民政府国土资源行政主管部门公布的时限内，向市、县人民政府国土资源行政主管部门提出意向用地申请。

市、县人民政府国土资源行政主管部门公布计划接受申请的时间不得少于30日。

第九条　在公布的地段上，同一地块只有一个意向用地者的，市、县人民政府国土资源行政主管部门方可按照本规定采取协议方式出让；但商业、旅游、娱乐和商品住宅等经营性用地除外。

同一地块有两个或者两个以上意向用地者的，市、县人民政府国土资源行政主管部门应当按照《招标拍卖挂牌出让国有土地使用权规定》，采取招标、拍卖或者挂牌方式出让。

第十条　对符合协议出让条件的，市、县人民政府国土资源行政主管部门会同城市规划等有关部门，依据国有土地使用权出让计划、城市规划和意向用地者申请的用地项目类型、规模等，制定协议出让土地方案。

协议出让土地方案应当包括拟出让地块的具体位置、界址、用途、面积、年限、土地使用条件、规划设计条件、供地时间等。

第十一条　市、县人民政府国土资源行政主管部门应当根据国家产业政策和拟出让地块的情况，按照《城镇土地估价规程》的规定，对拟出让地块的土地价格进行评估，经市、县人民政府国土资源行政主管部门集体决策合理确定协议出让底价。

协议出让底价不得低于协议出让最低价。

协议出让底价确定后应当保密，任何单位和个人不得泄露。

第十二条　协议出让土地方案和底价经有批准权的人民政府批准后，市、县人民政府国土资源行政主管部门应当与意向用地者就土地出让价格等进行充分协商，协商一致且议定的出让价格不低于出让底价的，方可达成协议。

第十三条　市、县人民政府国土资源行政主管部门应当根据协议结果，与意向用地者签订《国有土地使用权出让合同》。

第十四条 《国有土地使用权出让合同》签订后 7 日内，市、县人民政府国土资源行政主管部门应当将协议出让结果在土地有形市场等指定场所，或者通过报纸、互联网等媒介向社会公布，接受社会监督。

公布协议出让结果的时间不得少于 15 日。

第十五条 土地使用者按照《国有土地使用权出让合同》的约定，付清土地使用权出让金、依法办理土地登记手续后，取得国有土地使用权。

第十六条 以协议出让方式取得国有土地使用权的土地使用者，需要将土地使用权出让合同约定的土地用途改变为商业、旅游、娱乐和商品住宅等经营性用途的，应当取得出让方和市、县人民政府城市规划部门的同意，签订土地使用权出让合同变更协议或者重新签订土地使用权出让合同，按变更后的土地用途，以变更时的土地市场价格补交相应的土地使用权出让金，并依法办理土地使用权变更登记手续。

第十七条 违反本规定，有下列行为之一的，对直接负责的主管人员和其他直接责任人员依法给予行政处分：

（一）不按照规定公布国有土地使用权出让计划或者协议出让结果的；

（二）确定出让底价时未经集体决策的；

（三）泄露出让底价的；

（四）低于协议出让最低价出让国有土地使用权的；

（五）减免国有土地使用权出让金的。

违反前款有关规定，情节严重构成犯罪的，依法追究刑事责任。

第十八条 国土资源行政主管部门工作人员在协议出让国有土地使用权活动中玩忽职守、滥用职权、徇私舞弊的，依法给予行政处分；构成犯罪的，依法追究刑事责任。

第十九条 采用协议方式租赁国有土地使用权的，参照本规定执行。

第二十条 本规定自 2003 年 8 月 1 日起施行。原国家土地管理局 1995 年 6 月 28 日发布的《协议出让国有土地使用权最低价确定办法》同时废止。

国土资源部关于印发《规范国有土地租赁若干意见》的通知

（1999 年 7 月 27 日　国土资发〔1999〕222 号）

各省、自治区、直辖市及计划单列市土地（国土）管理局（厅），解放军土地管理局，新疆生产建设兵团土地管理局：

近年来，一些地方土地管理部门深化土地使用制度改革，完善土地有偿使用方式，开展了国有土地租赁试点，取得了一定的经验。新颁布的《中华人民共和国土地管理法实施条例》（以下简称《条例》）已将国有土地租赁规定为国有土地有偿使用的一种方式。为贯彻实施《条例》，规范国有土地租赁行为，现将《规范国有土地租赁若干意见》（以下简称《意见》）印发给你们，请结合本地实际认真贯彻执行。

规范国有土地租赁若干意见

一、严格依照《中华人民共和国城市房地产管理法》《中华人民共和国土地管理法》的有关规定，确定国有土地租赁的适用范围。

国有土地租赁是指国家将国有土地出租给使用者使用，由使用者与县级以上人民政府土地行政主管部门签订一定年期的土地租赁合同，并支付租金的行为。国有土地租赁是国有土地有偿使用的一种形式，是出让方式的补充。当前应以完善国有土地出让为主，稳妥地推行国有土地租赁。

对原有建设用地，法律规定可以划拨使用的仍维持划拨，不实行有偿使用，也不实行租赁。对因发生土地转让、场地出租、企业改制和改变土地用途后依法应当有偿使用的，可以实行租赁。对于新增建设用地，重点仍应是推行和完善国有土地出让，租赁只作为出让方式的补充。对于经营性房地产开发用地，无论是利用原有建设用地，还是利用新增建设用地，都必须实行出让，不实行租赁。

二、国有土地租赁，可以采用招标、拍卖或者双方协议的方式，有条件的，必须采取招标、拍卖方式。采用双方协议方式出租国有土地的租金，不得低于出租底价和按国家规定的最低地价折算的最低租金标准,协议出租结果要报上级土地行政主管部门备案,并向社会公开披露,接受上级土地行政主管部门和社会监督。

三、国有土地租赁的租金标准应与地价标准相均衡。承租人取得土地使用权时未支付其他土地费用的,租金标准应按全额地价折算;承租人取得土地使用权时支付了征地、拆迁等土地费用的,租金标准应按扣除有关费用后的地价余额折算。

采用短期租赁的,一般按年度或季度支付租金;采用长期租赁的,应在国有土地租赁合同中明确约定土地租金支付时间、租金调整的时间间隔和调整方式。

四、国有土地租赁可以根据具体情况实行短期租赁和长期租赁。对短期使用或用于修建临时建筑物的土地,应实行短期租赁,短期租赁年限一般不超过 5 年;对需要进行地上建筑物、构筑物建设后长期使用的土地,应实行长期租赁,具体租赁期限由租赁合同约定,但最长租赁期限不得超过法律规定的同类用途土地出让最高年期。

五、租赁期限六个月以上的国有土地租赁,应当由市、县土地行政主管部门与土地使用者签订租赁合同。租赁合同内容应当包括出租方、承租方、出租宗地的位置、范围、面积、用途、租赁期限、土地使用条件、土地租金标准、支付时间和支付方式、土地租金标准调整的时间和调整幅度、出租方和承租方的权利义务等。

六、国有土地租赁,承租人取得承租土地使用权。承租人在按规定支付土地租金并完成开发建设后,经土地行政主管部门同意或根据租赁合同约定,可将承租土地使用权转租、转让或抵押。承租土地使用权转租、转让或抵押,必须依法登记。

承租人将承租土地转租或分租给第三人的,承租土地使用权仍由原承租人持有,承租人与第三人建立了附加租赁关系,第三人取得土地的他项权利。

承租人转让土地租赁合同的,租赁合同约定的权利义务随之转给第三人,承租土地使用权由第三人取得,租赁合同经更名后继续有效。

地上房屋等建筑物、构筑物依法抵押的,承租土地使用权可随之抵押,但承租土地使用权只能按合同租金与市场租金的差值及租期估价,抵押权实现时土地租赁合同同时转让。

在使用年期内,承租人有优先受让权,租赁土地在办理出让手续后,终止租赁关系。

七、国家对土地使用者依法取得的承租土地使用权,在租赁合同约定的使用年限届满前不收回；因社会公共利益的需要，依照法律程序提前收回的，应对承租人给予合理补偿。

承租土地使用权期满，承租人可申请续期，除根据社会公共利益需要收回该幅土地的，应予以批准。未申请续期或者虽申请续期但未获批准的，承租土地使用权由国家依法无偿收回，并可要求承租人拆除地上建筑物、构筑物，恢复土地原状。

承租人未按合同约定开发建设、未经土地行政主管部门同意转让、转租或不按合同约定按时交纳土地租金的，土地行政主管部门可以解除合同，依法收回承租土地使用权。

八、各级土地行政主管部门要切实加强国有土地租金的征收工作，协助财政部门作好土地租金的使用管理。收取的土地租金应当参照国有土地出让金的管理办法进行管理，按规定纳入当地国有土地有偿使用收入，专项用于城市基础设施建设和土地开发。

九、各省、市在本《意见》下发前对国有土地租赁适用范围已有规定或各地已签订《国有土地租赁合同》的，暂按已有规定及《国有土地租赁合同》的约定执行，并在今后工作中逐步规范；本《意见》下发后实施国有土地租赁的，一律按本《意见》要求规范办理。

二、权属登记和确权

不动产登记暂行条例

（2014 年 11 月 24 日国务院令第 656 号发布　根据 2019 年 3 月 24 日国务院令第 710 号《关于修改部分行政法规的决定》修订　修订后自公布之日起施行）

第一章　总　　则

第一条　为整合不动产登记职责，规范登记行为，方便群众申请登记，保护权利人合法权益，根据《中华人民共和国物权法》等法律，制定本条例。

第二条　本条例所称不动产登记，是指不动产登记机构依法将不动产权利归属和其他法定事项记载于不动产登记簿的行为。

本条例所称不动产，是指土地、海域以及房屋、林木等定着物。

第三条　不动产首次登记、变更登记、转移登记、注销登记、更正登记、异议登记、预告登记、查封登记等，适用本条例。

第四条　国家实行不动产统一登记制度。

不动产登记遵循严格管理、稳定连续、方便群众的原则。

不动产权利人已经依法享有的不动产权利，不因登记机构和登记程序的改变而受到影响。

第五条　下列不动产权利，依照本条例的规定办理登记：

（一）集体土地所有权；

（二）房屋等建筑物、构筑物所有权；

（三）森林、林木所有权；

（四）耕地、林地、草地等土地承包经营权；

（五）建设用地使用权；

（六）宅基地使用权；

（七）海域使用权；

（八）地役权；

（九）抵押权；

（十）法律规定需要登记的其他不动产权利。

第六条　国务院国土资源主管部门负责指导、监督全国不动产登记工作。

县级以上地方人民政府应当确定一个部门为本行政区域的不动产登记机构，负责不动产登记工作，并接受上级人民政府不动产登记主管部门的指导、监督。

第七条　不动产登记由不动产所在地的县级人民政府不动产登记机构办理；直辖市、设区的市人民政府可以确定本级不动产登记机构统一办理所属各区的不动产登记。

跨县级行政区域的不动产登记，由所跨县级行政区域的不动产登记机构分别办理。不能分别办理的，由所跨县级行政区域的不动产登记机构协商办理；协商不成的，由共同的上一级人民政府不动产登记主管部门指定办理。

国务院确定的重点国有林区的森林、林木和林地，国务院批准项目用海、用岛，中央国家机关使用的国有土地等不动产登记，由国务院国土资源主管部门会同有关部门规定。

第二章　不动产登记簿

第八条　不动产以不动产单元为基本单位进行登记。不动产单元具有唯一编码。

不动产登记机构应当按照国务院国土资源主管部门的规定设立统一的不动产登记簿。

不动产登记簿应当记载以下事项：

（一）不动产的坐落、界址、空间界限、面积、用途等自然状况；

（二）不动产权利的主体、类型、内容、来源、期限、权利变化等权属状况；

（三）涉及不动产权利限制、提示的事项；

（四）其他相关事项。

第九条　不动产登记簿应当采用电子介质，暂不具备条件的，可以采用纸质介质。不动产登记机构应当明确不动产登记簿唯一、合法的介质形式。

不动产登记簿采用电子介质的，应当定期进行异地备份，并具有唯一、确定的纸质转化形式。

第十条　不动产登记机构应当依法将各类登记事项准确、完整、清晰地记载于不动产登记簿。任何人不得损毁不动产登记簿，除依法予以更正外不得修改登记事项。

第十一条 不动产登记工作人员应当具备与不动产登记工作相适应的专业知识和业务能力。

不动产登记机构应当加强对不动产登记工作人员的管理和专业技术培训。

第十二条 不动产登记机构应当指定专人负责不动产登记簿的保管,并建立健全相应的安全责任制度。

采用纸质介质不动产登记簿的,应当配备必要的防盗、防火、防渍、防有害生物等安全保护设施。

采用电子介质不动产登记簿的,应当配备专门的存储设施,并采取信息网络安全防护措施。

第十三条 不动产登记簿由不动产登记机构永久保存。不动产登记簿损毁、灭失的,不动产登记机构应当依据原有登记资料予以重建。

行政区域变更或者不动产登记机构职能调整的,应当及时将不动产登记簿移交相应的不动产登记机构。

第三章 登 记 程 序

第十四条 因买卖、设定抵押权等申请不动产登记的,应当由当事人双方共同申请。

属于下列情形之一的,可以由当事人单方申请:

(一)尚未登记的不动产首次申请登记的;

(二)继承、接受遗赠取得不动产权利的;

(三)人民法院、仲裁委员会生效的法律文书或者人民政府生效的决定等设立、变更、转让、消灭不动产权利的;

(四)权利人姓名、名称或者自然状况发生变化,申请变更登记的;

(五)不动产灭失或者权利人放弃不动产权利,申请注销登记的;

(六)申请更正登记或者异议登记的;

(七)法律、行政法规规定可以由当事人单方申请的其他情形。

第十五条 当事人或者其代理人应当向不动产登记机构申请不动产登记。

不动产登记机构将申请登记事项记载于不动产登记簿前,申请人可以撤回登记申请。

第十六条 申请人应当提交下列材料,并对申请材料的真实性负责:

(一)登记申请书;

（二）申请人、代理人身份证明材料、授权委托书；

（三）相关的不动产权属来源证明材料、登记原因证明文件、不动产权属证书；

（四）不动产界址、空间界限、面积等材料；

（五）与他人利害关系的说明材料；

（六）法律、行政法规以及本条例实施细则规定的其他材料。

不动产登记机构应当在办公场所和门户网站公开申请登记所需材料目录和示范文本等信息。

第十七条　不动产登记机构收到不动产登记申请材料，应当分别按照下列情况办理：

（一）属于登记职责范围，申请材料齐全、符合法定形式，或者申请人按照要求提交全部补正申请材料的，应当受理并书面告知申请人；

（二）申请材料存在可以当场更正的错误的，应当告知申请人当场更正，申请人当场更正后，应当受理并书面告知申请人；

（三）申请材料不齐全或者不符合法定形式的，应当当场书面告知申请人不予受理并一次性告知需要补正的全部内容；

（四）申请登记的不动产不属于本机构登记范围的，应当当场书面告知申请人不予受理并告知申请人向有登记权的机构申请。

不动产登记机构未当场书面告知申请人不予受理的，视为受理。

第十八条　不动产登记机构受理不动产登记申请的，应当按照下列要求进行查验：

（一）不动产界址、空间界限、面积等材料与申请登记的不动产状况是否一致；

（二）有关证明材料、文件与申请登记的内容是否一致；

（三）登记申请是否违反法律、行政法规规定。

第十九条　属于下列情形之一的，不动产登记机构可以对申请登记的不动产进行实地查看：

（一）房屋等建筑物、构筑物所有权首次登记；

（二）在建建筑物抵押权登记；

（三）因不动产灭失导致的注销登记；

（四）不动产登记机构认为需要实地查看的其他情形。

对可能存在权属争议,或者可能涉及他人利害关系的登记申请,不动产登记机构可以向申请人、利害关系人或者有关单位进行调查。

不动产登记机构进行实地查看或者调查时,申请人、被调查人应当予以配合。

第二十条 不动产登记机构应当自受理登记申请之日起30个工作日内办结不动产登记手续,法律另有规定的除外。

第二十一条 登记事项自记载于不动产登记簿时完成登记。

不动产登记机构完成登记,应当依法向申请人核发不动产权属证书或者登记证明。

第二十二条 登记申请有下列情形之一的,不动产登记机构应当不予登记,并书面告知申请人:

(一)违反法律、行政法规规定的;

(二)存在尚未解决的权属争议的;

(三)申请登记的不动产权利超过规定期限的;

(四)法律、行政法规规定不予登记的其他情形。

第四章 登记信息共享与保护

第二十三条 国务院国土资源主管部门应当会同有关部门建立统一的不动产登记信息管理基础平台。

各级不动产登记机构登记的信息应当纳入统一的不动产登记信息管理基础平台,确保国家、省、市、县四级登记信息的实时共享。

第二十四条 不动产登记有关信息与住房城乡建设、农业、林业、海洋等部门审批信息、交易信息等应当实时互通共享。

不动产登记机构能够通过实时互通共享取得的信息,不得要求不动产登记申请人重复提交。

第二十五条 国土资源、公安、民政、财政、税务、工商、金融、审计、统计等部门应当加强不动产登记有关信息互通共享。

第二十六条 不动产登记机构、不动产登记信息共享单位及其工作人员应当对不动产登记信息保密;涉及国家秘密的不动产登记信息,应当依法采取必要的安全保密措施。

第二十七条 权利人、利害关系人可以依法查询、复制不动产登记资料,不动产登记机构应当提供。

有关国家机关可以依照法律、行政法规的规定查询、复制与调查处理事项有关的不动产登记资料。

第二十八条　查询不动产登记资料的单位、个人应当向不动产登记机构说明查询目的，不得将查询获得的不动产登记资料用于其他目的；未经权利人同意，不得泄露查询获得的不动产登记资料。

第五章　法 律 责 任

第二十九条　不动产登记机构登记错误给他人造成损害，或者当事人提供虚假材料申请登记给他人造成损害的，依照《中华人民共和国物权法》的规定承担赔偿责任。

第三十条　不动产登记机构工作人员进行虚假登记，损毁、伪造不动产登记簿，擅自修改登记事项，或者有其他滥用职权、玩忽职守行为的，依法给予处分；给他人造成损害的，依法承担赔偿责任；构成犯罪的，依法追究刑事责任。

第三十一条　伪造、变造不动产权属证书、不动产登记证明，或者买卖、使用伪造、变造的不动产权属证书、不动产登记证明的，由不动产登记机构或者公安机关依法予以收缴；有违法所得的，没收违法所得；给他人造成损害的，依法承担赔偿责任；构成违反治安管理行为的，依法给予治安管理处罚；构成犯罪的，依法追究刑事责任。

第三十二条　不动产登记机构、不动产登记信息共享单位及其工作人员，查询不动产登记资料的单位或者个人违反国家规定，泄露不动产登记资料、登记信息，或者利用不动产登记资料、登记信息进行不正当活动，给他人造成损害的，依法承担赔偿责任；对有关责任人员依法给予处分；有关责任人员构成犯罪的，依法追究刑事责任。

第六章　附　　则

第三十三条　本条例施行前依法颁发的各类不动产权属证书和制作的不动产登记簿继续有效。

不动产统一登记过渡期内，农村土地承包经营权的登记按照国家有关规定执行。

第三十四条　本条例实施细则由国务院国土资源主管部门会同有关部门制定。

第三十五条　本条例自 2015 年 3 月 1 日起施行。本条例施行前公布的行政法规有关不动产登记的规定与本条例规定不一致的，以本条例规定为准。

自然资源部《不动产登记暂行条例实施细则》

（2016 年 1 月 1 日国土资源部令第 63 号发布　根据 2019 年 7 月 24 日自然资源部令第 5 号《关于第一批废止和修改的部门规章的决定》修正　修正后自公布之日起施行）

第一章　总　　则

第一条　为规范不动产登记行为，细化不动产统一登记制度，方便人民群众办理不动产登记，保护权利人合法权益，根据《不动产登记暂行条例》（以下简称《条例》），制定本实施细则。

第二条　不动产登记应当依照当事人的申请进行，但法律、行政法规以及本实施细则另有规定的除外。

房屋等建筑物、构筑物和森林、林木等定着物应当与其所依附的土地、海域一并登记，保持权利主体一致。

第三条　不动产登记机构依照《条例》第七条第二款的规定，协商办理或者接受指定办理跨县级行政区域不动产登记的，应当在登记完毕后将不动产登记簿记载的不动产权利人以及不动产坐落、界址、面积、用途、权利类型等登记结果告知不动产所跨区域的其他不动产登记机构。

第四条　国务院确定的重点国有林区的森林、林木和林地，由自然资源部受理并会同有关部门办理，依法向权利人核发不动产权属证书。

国务院批准的项目用海、用岛的登记，由自然资源部受理，依法向权利人核发不动产权属证书。

第二章　不动产登记簿

第五条　《条例》第八条规定的不动产单元，是指权属界线封闭且具有独立使用价值的空间。

没有房屋等建筑物、构筑物以及森林、林木定着物的，以土地、海域权属界线封闭的空间为不动产单元。

有房屋等建筑物、构筑物以及森林、林木定着物的，以该房屋等建筑物、构筑物以及森林、林木定着物与土地、海域权属界线封闭的空间为不动产单元。

前款所称房屋，包括独立成幢、权属界线封闭的空间，以及区分套、层、间等可以独立使用、权属界线封闭的空间。

第六条　不动产登记簿以宗地或者宗海为单位编成，一宗地或者一宗海范围内的全部不动产单元编入一个不动产登记簿。

第七条　不动产登记机构应当配备专门的不动产登记电子存储设施，采取信息网络安全防护措施，保证电子数据安全。

任何单位和个人不得擅自复制或者篡改不动产登记簿信息。

第八条　承担不动产登记审核、登簿的不动产登记工作人员应当熟悉相关法律法规，具备与其岗位相适应的不动产登记等方面的专业知识。

自然资源部会同有关部门组织开展对承担不动产登记审核、登簿的不动产登记工作人员的考核培训。

第三章　登 记 程 序

第九条　申请不动产登记的，申请人应当填写登记申请书，并提交身份证明以及相关申请材料。

申请材料应当提供原件。因特殊情况不能提供原件的，可以提供复印件，复印件应当与原件保持一致。

第十条　处分共有不动产申请登记的，应当经占份额三分之二以上的按份共有人或者全体共同共有人共同申请，但共有人另有约定的除外。

按份共有人转让其享有的不动产份额，应当与受让人共同申请转移登记。

建筑区划内依法属于全体业主共有的不动产申请登记，依照本实施细则第三十六条的规定办理。

第十一条　无民事行为能力人、限制民事行为能力人申请不动产登记的，应当由其监护人代为申请。

监护人代为申请登记的，应当提供监护人与被监护人的身份证或者户口簿、有关监护关系等材料；因处分不动产而申请登记的，还应当提供为被监护人利益的书面保证。

父母之外的监护人处分未成年人不动产的，有关监护关系材料可以是人民法院指定监护的法律文书、经过公证的对被监护人享有监护权的材料或者其他材料。

第十二条　当事人可以委托他人代为申请不动产登记。

代理申请不动产登记的,代理人应当向不动产登记机构提供被代理人签字或者盖章的授权委托书。

自然人处分不动产,委托代理人申请登记的,应当与代理人共同到不动产登记机构现场签订授权委托书,但授权委托书经公证的除外。

境外申请人委托他人办理处分不动产登记的,其授权委托书应当按照国家有关规定办理认证或者公证。

第十三条 申请登记的事项记载于不动产登记簿前,全体申请人提出撤回登记申请的,登记机构应当将登记申请书以及相关材料退还申请人。

第十四条 因继承、受遗赠取得不动产,当事人申请登记的,应当提交死亡证明材料、遗嘱或者全部法定继承人关于不动产分配的协议以及与被继承人的亲属关系材料等,也可以提交经公证的材料或者生效的法律文书。

第十五条 不动产登记机构受理不动产登记申请后,还应当对下列内容进行查验:

(一)申请人、委托代理人身份证明材料以及授权委托书与申请主体是否一致;

(二)权属来源材料或者登记原因文件与申请登记的内容是否一致;

(三)不动产界址、空间界限、面积等权籍调查成果是否完备,权属是否清楚、界址是否清晰、面积是否准确;

(四)法律、行政法规规定的完税或者缴费凭证是否齐全。

第十六条 不动产登记机构进行实地查看,重点查看下列情况:

(一)房屋等建筑物、构筑物所有权首次登记,查看房屋坐落及其建造完成等情况;

(二)在建建筑物抵押权登记,查看抵押的在建建筑物坐落及其建造等情况;

(三)因不动产灭失导致的注销登记,查看不动产灭失等情况。

第十七条 有下列情形之一的,不动产登记机构应当在登记事项记载于登记簿前进行公告,但涉及国家秘密的除外:

(一)政府组织的集体土地所有权登记;

(二)宅基地使用权及房屋所有权,集体建设用地使用权及建筑物、构筑物所有权,土地承包经营权等不动产权利的首次登记;

(三)依职权更正登记;

(四)依职权注销登记;

（五）法律、行政法规规定的其他情形。

公告应当在不动产登记机构门户网站以及不动产所在地等指定场所进行，公告期不少于15个工作日。公告所需时间不计算在登记办理期限内。公告期满无异议或者异议不成立的，应当及时记载于不动产登记簿。

第十八条　不动产登记公告的主要内容包括：

（一）拟予登记的不动产权利人的姓名或者名称；

（二）拟予登记的不动产坐落、面积、用途、权利类型等；

（三）提出异议的期限、方式和受理机构；

（四）需要公告的其他事项。

第十九条　当事人可以持人民法院、仲裁委员会的生效法律文书或者人民政府的生效决定单方申请不动产登记。

有下列情形之一的，不动产登记机构直接办理不动产登记：

（一）人民法院持生效法律文书和协助执行通知书要求不动产登记机构办理登记的；

（二）人民检察院、公安机关依据法律规定持协助查封通知书要求办理查封登记的；

（三）人民政府依法做出征收或者收回不动产权利决定生效后，要求不动产登记机构办理注销登记的；

（四）法律、行政法规规定的其他情形。

不动产登记机构认为登记事项存在异议的，应当依法向有关机关提出审查建议。

第二十条　不动产登记机构应当根据不动产登记簿，填写并核发不动产权属证书或者不动产登记证明。

除办理抵押权登记、地役权登记和预告登记、异议登记，向申请人核发不动产登记证明外，不动产登记机构应当依法向权利人核发不动产权属证书。

不动产权属证书和不动产登记证明，应当加盖不动产登记机构登记专用章。

不动产权属证书和不动产登记证明样式，由自然资源部统一规定。

第二十一条　申请共有不动产登记的，不动产登记机构向全体共有人合并发放一本不动产权属证书；共有人申请分别持证的，可以为共有人分别发放不动产权属证书。

共有不动产权属证书应当注明共有情况，并列明全体共有人。

第二十二条 不动产权属证书或者不动产登记证明污损、破损的，当事人可以向不动产登记机构申请换发。符合换发条件的，不动产登记机构应当予以换发，并收回原不动产权属证书或者不动产登记证明。

不动产权属证书或者不动产登记证明遗失、灭失，不动产权利人申请补发的，由不动产登记机构在其门户网站上刊发不动产权利人的遗失、灭失声明 15 个工作日后，予以补发。

不动产登记机构补发不动产权属证书或者不动产登记证明的，应当将补发不动产权属证书或者不动产登记证明的事项记载于不动产登记簿，并在不动产权属证书或者不动产登记证明上注明“补发”字样。

第二十三条 因不动产权利灭失等情形，不动产登记机构需要收回不动产权属证书或者不动产登记证明的，应当在不动产登记簿上将收回不动产权属证书或者不动产登记证明的事项予以注明；确实无法收回的，应当在不动产登记机构门户网站或者当地公开发行的报刊上公告作废。

第四章 不动产权利登记

第一节 一般规定

第二十四条 不动产首次登记，是指不动产权利第一次登记。

未办理不动产首次登记的，不得办理不动产其他类型登记，但法律、行政法规另有规定的除外。

第二十五条 市、县人民政府可以根据情况对本行政区域内未登记的不动产，组织开展集体土地所有权、宅基地使用权、集体建设用地使用权、土地承包经营权的首次登记。

依照前款规定办理首次登记所需的权属来源、调查等登记材料，由人民政府有关部门组织获取。

第二十六条 下列情形之一的，不动产权利人可以向不动产登记机构申请变更登记：

（一）权利人的姓名、名称、身份证明类型或者身份证明号码发生变更的；

（二）不动产的坐落、界址、用途、面积等状况变更的；

（三）不动产权利期限、来源等状况发生变化的；

（四）同一权利人分割或者合并不动产的；

（五）抵押担保的范围、主债权数额、债务履行期限、抵押权顺位发生变化的；

（六）最高额抵押担保的债权范围、最高债权额、债权确定期间等发生变化的；

（七）地役权的利用目的、方法等发生变化的；

（八）共有性质发生变更的；

（九）法律、行政法规规定的其他不涉及不动产权利转移的变更情形。

第二十七条　因下列情形导致不动产权利转移的，当事人可以向不动产登记机构申请转移登记：

（一）买卖、互换、赠与不动产的；

（二）以不动产作价出资（入股）的；

（三）法人或者其他组织因合并、分立等原因致使不动产权利发生转移的；

（四）不动产分割、合并导致权利发生转移的；

（五）继承、受遗赠导致权利发生转移的；

（六）共有人增加或者减少以及共有不动产份额变化的；

（七）因人民法院、仲裁委员会的生效法律文书导致不动产权利发生转移的；

（八）因主债权转移引起不动产抵押权转移的；

（九）因需役地不动产权利转移引起地役权转移的；

（十）法律、行政法规规定的其他不动产权利转移情形。

第二十八条　有下列情形之一的，当事人可以申请办理注销登记：

（一）不动产灭失的；

（二）权利人放弃不动产权利的；

（三）不动产被依法没收、征收或者收回的；

（四）人民法院、仲裁委员会的生效法律文书导致不动产权利消灭的；

（五）法律、行政法规规定的其他情形。

不动产上已经设立抵押权、地役权或者已经办理预告登记，所有权人、使用权人因放弃权利申请注销登记的，申请人应当提供抵押权人、地役权人、预告登记权利人同意的书面材料。

第二节　集体土地所有权登记

第二十九条　集体土地所有权登记，依照下列规定提出申请：

（一）土地属于村农民集体所有的，由村集体经济组织代为申请，没有集体经济组织的，由村民委员会代为申请；

(二)土地分别属于村内两个以上农民集体所有的,由村内各集体经济组织代为申请,没有集体经济组织的,由村民小组代为申请;

(三)土地属于乡(镇)农民集体所有的,由乡(镇)集体经济组织代为申请。

第三十条 申请集体土地所有权首次登记的,应当提交下列材料:

(一)土地权属来源材料;

(二)权籍调查表、宗地图以及宗地界址点坐标;

(三)其他必要材料。

第三十一条 农民集体因互换、土地调整等原因导致集体土地所有权转移,申请集体土地所有权转移登记的,应当提交下列材料:

(一)不动产权属证书;

(二)互换、调整协议等集体土地所有权转移的材料;

(三)本集体经济组织三分之二以上成员或者三分之二以上村民代表同意的材料;

(四)其他必要材料。

第三十二条 申请集体土地所有权变更、注销登记的,应当提交下列材料:

(一)不动产权属证书;

(二)集体土地所有权变更、消灭的材料;

(三)其他必要材料。

第三节 国有建设用地使用权及房屋所有权登记

第三十三条 依法取得国有建设用地使用权,可以单独申请国有建设用地使用权登记。

依法利用国有建设用地建造房屋的,可以申请国有建设用地使用权及房屋所有权登记。

第三十四条 申请国有建设用地使用权首次登记,应当提交下列材料:

(一)土地权属来源材料;

(二)权籍调查表、宗地图以及宗地界址点坐标;

(三)土地出让价款、土地租金、相关税费等缴纳凭证;

(四)其他必要材料。

前款规定的土地权属来源材料,根据权利取得方式的不同,包括国有建设用地划拨决定书、国有建设用地使用权出让合同、国有建设用地使用权租赁合同以及国有建设用地使用权作价出资(入股)、授权经营批准文件。

申请在地上或者地下单独设立国有建设用地使用权登记的,按照本条规定办理。

第三十五条　申请国有建设用地使用权及房屋所有权首次登记的,应当提交下列材料:

(一)不动产权属证书或者土地权属来源材料;

(二)建设工程符合规划的材料;

(三)房屋已经竣工的材料;

(四)房地产调查或者测绘报告;

(五)相关税费缴纳凭证;

(六)其他必要材料。

第三十六条　办理房屋所有权首次登记时,申请人应当将建筑区划内依法属于业主共有的道路、绿地、其他公共场所、公用设施和物业服务用房及其占用范围内的建设用地使用权一并申请登记为业主共有。业主转让房屋所有权的,其对共有部分享有的权利依法一并转让。

第三十七条　申请国有建设用地使用权及房屋所有权变更登记的,应当根据不同情况,提交下列材料:

(一)不动产权属证书;

(二)发生变更的材料;

(三)有批准权的人民政府或者主管部门的批准文件;

(四)国有建设用地使用权出让合同或者补充协议;

(五)国有建设用地使用权出让价款、税费等缴纳凭证;

(六)其他必要材料。

第三十八条　申请国有建设用地使用权及房屋所有权转移登记的,应当根据不同情况,提交下列材料:

(一)不动产权属证书;

(二)买卖、互换、赠与合同;

(三)继承或者受遗赠的材料;

(四)分割、合并协议;

(五)人民法院或者仲裁委员会生效的法律文书;

(六)有批准权的人民政府或者主管部门的批准文件;

(七)相关税费缴纳凭证;

(八)其他必要材料。

不动产买卖合同依法应当备案的,申请人申请登记时须提交经备案的买卖合同。

第三十九条 具有独立利用价值的特定空间以及码头、油库等其他建筑物、构筑物所有权的登记,按照本实施细则中房屋所有权登记有关规定办理。

第四节 宅基地使用权及房屋所有权登记

第四十条 依法取得宅基地使用权,可以单独申请宅基地使用权登记。

依法利用宅基地建造住房及其附属设施的,可以申请宅基地使用权及房屋所有权登记。

第四十一条 申请宅基地使用权及房屋所有权首次登记的,应当根据不同情况,提交下列材料:

(一)申请人身份证和户口簿;

(二)不动产权属证书或者有批准权的人民政府批准用地的文件等权属来源材料;

(三)房屋符合规划或者建设的相关材料;

(四)权籍调查表、宗地图、房屋平面图以及宗地界址点坐标等有关不动产界址、面积等材料;

(五)其他必要材料。

第四十二条 因依法继承、分家析产、集体经济组织内部互换房屋等导致宅基地使用权及房屋所有权发生转移申请登记的,申请人应当根据不同情况,提交下列材料:

(一)不动产权属证书或者其他权属来源材料;

(二)依法继承的材料;

(三)分家析产的协议或者材料;

(四)集体经济组织内部互换房屋的协议;

(五)其他必要材料。

第四十三条 申请宅基地等集体土地上的建筑物区分所有权登记的,参照国有建设用地使用权及建筑物区分所有权的规定办理登记。

第五节 集体建设用地使用权及建筑物、构筑物所有权登记

第四十四条 依法取得集体建设用地使用权,可以单独申请集体建设用地使

用权登记。

依法利用集体建设用地兴办企业，建设公共设施，从事公益事业等的，可以申请集体建设用地使用权及地上建筑物、构筑物所有权登记。

第四十五条 申请集体建设用地使用权及建筑物、构筑物所有权首次登记的，申请人应当根据不同情况，提交下列材料：

（一）有批准权的人民政府批准用地的文件等土地权属来源材料；

（二）建设工程符合规划的材料；

（三）权籍调查表、宗地图、房屋平面图以及宗地界址点坐标等有关不动产界址、面积等材料；

（四）建设工程已竣工的材料；

（五）其他必要材料。

集体建设用地使用权首次登记完成后，申请人申请建筑物、构筑物所有权首次登记的，应当提交享有集体建设用地使用权的不动产权属证书。

第四十六条 申请集体建设用地使用权及建筑物、构筑物所有权变更登记、转移登记、注销登记的，申请人应当根据不同情况，提交下列材料：

（一）不动产权属证书；

（二）集体建设用地使用权及建筑物、构筑物所有权变更、转移、消灭的材料；

（三）其他必要材料。

因企业兼并、破产等原因致使集体建设用地使用权及建筑物、构筑物所有权发生转移的，申请人应当持相关协议及有关部门的批准文件等相关材料，申请不动产转移登记。

第六节 土地承包经营权登记

第四十七条 承包农民集体所有的耕地、林地、草地、水域、滩涂以及荒山、荒沟、荒丘、荒滩等农用地，或者国家所有依法由农民集体使用的农用地从事种植业、林业、畜牧业、渔业等农业生产的，可以申请土地承包经营权登记；地上有森林、林木的，应当在申请土地承包经营权登记时一并申请登记。

第四十八条 依法以承包方式在土地上从事种植业或者养殖业生产活动的，可以申请土地承包经营权的首次登记。

以家庭承包方式取得的土地承包经营权的首次登记，由发包方持土地承包经营合同等材料申请。

以招标、拍卖、公开协商等方式承包农村土地的，由承包方持土地承包经营合同申请土地承包经营权首次登记。

第四十九条 已经登记的土地承包经营权有下列情形之一的，承包方应当持原不动产权属证书以及其他证实发生变更事实的材料，申请土地承包经营权变更登记：

（一）权利人的姓名或者名称等事项发生变化的；

（二）承包土地的坐落、名称、面积发生变化的；

（三）承包期限依法变更的；

（四）承包期限届满，土地承包经营权人按照国家有关规定继续承包的；

（五）退耕还林、退耕还湖、退耕还草导致土地用途改变的；

（六）森林、林木的种类等发生变化的；

（七）法律、行政法规规定的其他情形。

第五十条 已经登记的土地承包经营权发生下列情形之一的，当事人双方应当持互换协议、转让合同等材料，申请土地承包经营权的转移登记：

（一）互换；

（二）转让；

（三）因家庭关系、婚姻关系变化等原因导致土地承包经营权分割或者合并的；

（四）依法导致土地承包经营权转移的其他情形。

以家庭承包方式取得的土地承包经营权，采取转让方式流转的，还应当提供发包方同意的材料。

第五十一条 已经登记的土地承包经营权发生下列情形之一的，承包方应当持不动产权属证书、证实灭失的材料等，申请注销登记：

（一）承包经营的土地灭失的；

（二）承包经营的土地被依法转为建设用地的；

（三）承包经营权人丧失承包经营资格或者放弃承包经营权的；

（四）法律、行政法规规定的其他情形。

第五十二条 以承包经营以外的合法方式使用国有农用地的国有农场、草场，以及使用国家所有的水域、滩涂等农用地进行农业生产，申请国有农用地的使用权登记的，参照本实施细则有关规定办理。

国有农场、草场申请国有未利用地登记的，依照前款规定办理。

第五十三条　国有林地使用权登记,应当提交有批准权的人民政府或者主管部门的批准文件,地上森林、林木一并登记。

第七节　海域使用权登记

第五十四条　依法取得海域使用权,可以单独申请海域使用权登记。

依法使用海域,在海域上建造建筑物、构筑物的,应当申请海域使用权及建筑物、构筑物所有权登记。

申请无居民海岛登记的,参照海域使用权登记有关规定办理。

第五十五条　申请海域使用权首次登记的,应当提交下列材料:

(一)项目用海批准文件或者海域使用权出让合同;

(二)宗海图以及界址点坐标;

(三)海域使用金缴纳或者减免凭证;

(四)其他必要材料。

第五十六条　有下列情形之一的,申请人应当持不动产权属证书、海域使用权变更的文件等材料,申请海域使用权变更登记:

(一)海域使用权人姓名或者名称改变的;

(二)海域坐落、名称发生变化的;

(三)改变海域使用位置、面积或者期限的;

(四)海域使用权续期的;

(五)共有性质变更的;

(六)法律、行政法规规定的其他情形。

第五十七条　有下列情形之一的,申请人可以申请海域使用权转移登记:

(一)因企业合并、分立或者与他人合资、合作经营、作价入股导致海域使用权转移的;

(二)依法转让、赠与、继承、受遗赠海域使用权的;

(三)因人民法院、仲裁委员会生效法律文书导致海域使用权转移的;

(四)法律、行政法规规定的其他情形。

第五十八条　申请海域使用权转移登记的,申请人应当提交下列材料:

(一)不动产权属证书;

(二)海域使用权转让合同、继承材料、生效法律文书等材料;

(三)转让批准取得的海域使用权,应当提交原批准用海的海洋行政主管部门批准转让的文件；

（四）依法需要补交海域使用金的，应当提交海域使用金缴纳的凭证；

（五）其他必要材料。

第五十九条 申请海域使用权注销登记的，申请人应当提交下列材料：

（一）原不动产权属证书；

（二）海域使用权消灭的材料；

（三）其他必要材料。

因围填海造地等导致海域灭失的，申请人应当在围填海造地等工程竣工后，依照本实施细则规定申请国有土地使用权登记，并办理海域使用权注销登记。

第八节 地役权登记

第六十条 按照约定设定地役权，当事人可以持需役地和供役地的不动产权属证书、地役权合同以及其他必要文件，申请地役权首次登记。

第六十一条 经依法登记的地役权发生下列情形之一的，当事人应当持地役权合同、不动产登记证明和证实变更的材料等必要材料，申请地役权变更登记：

（一）地役权当事人的姓名或者名称等发生变化；

（二）共有性质变更的；

（三）需役地或者供役地自然状况发生变化；

（四）地役权内容变更的；

（五）法律、行政法规规定的其他情形。

供役地分割转让办理登记，转让部分涉及地役权的，应当由受让人与地役权人一并申请地役权变更登记。

第六十二条 已经登记的地役权因土地承包经营权、建设用地使用权转让发生转移的，当事人应当持不动产登记证明、地役权转移合同等必要材料，申请地役权转移登记。

申请需役地转移登记的，或者需役地分割转让，转让部分涉及已登记的地役权的，当事人应当一并申请地役权转移登记，但当事人另有约定的除外。当事人拒绝一并申请地役权转移登记的，应当出具书面材料。不动产登记机构办理转移登记时，应当同时办理地役权注销登记。

第六十三条 已经登记的地役权，有下列情形之一的，当事人可以持不动产登记证明、证实地役权发生消灭的材料等必要材料，申请地役权注销登记：

（一）地役权期限届满；

（二）供役地、需役地归于同一人；

（三）供役地或者需役地灭失；

（四）人民法院、仲裁委员会的生效法律文书导致地役权消灭；

（五）依法解除地役权合同；

（六）其他导致地役权消灭的事由。

第六十四条 地役权登记，不动产登记机构应当将登记事项分别记载于需役地和供役地登记簿。

供役地、需役地分属不同不动产登记机构管辖的，当事人应当向供役地所在地的不动产登记机构申请地役权登记。供役地所在地不动产登记机构完成登记后，应当将相关事项通知需役地所在地不动产登记机构，并由其记载于需役地登记簿。

地役权设立后，办理首次登记前发生变更、转移的，当事人应当提交相关材料，就已经变更或者转移的地役权，直接申请首次登记。

第九节 抵押权登记

第六十五条 对下列财产进行抵押的，可以申请办理不动产抵押登记：

（一）建设用地使用权；

（二）建筑物和其他土地附着物；

（三）海域使用权；

（四）以招标、拍卖、公开协商等方式取得的荒地等土地承包经营权；

（五）正在建造的建筑物；

（六）法律、行政法规未禁止抵押的其他不动产。

以建设用地使用权、海域使用权抵押的，该土地、海域上的建筑物、构筑物一并抵押；以建筑物、构筑物抵押的，该建筑物、构筑物占用范围内的建设用地使用权、海域使用权一并抵押。

第六十六条 自然人、法人或者其他组织为保障其债权的实现，依法以不动产设定抵押的，可以由当事人持不动产权属证书、抵押合同与主债权合同等必要材料，共同申请办理抵押登记。

抵押合同可以是单独订立的书面合同，也可以是主债权合同中的抵押条款。

第六十七条 同一不动产上设立多个抵押权的，不动产登记机构应当按照受理时间的先后顺序依次办理登记，并记载于不动产登记簿。当事人对抵押权顺位另有约定的，从其规定办理登记。

第六十八条 有下列情形之一的，当事人应当持不动产权属证书、不动产登记证明、抵押权变更等必要材料，申请抵押权变更登记：

（一）抵押人、抵押权人的姓名或者名称变更的；

（二）被担保的主债权数额变更的；

（三）债务履行期限变更的；

（四）抵押权顺位变更的；

（五）法律、行政法规规定的其他情形。

因被担保债权主债权的种类及数额、担保范围、债务履行期限、抵押权顺位发生变更申请抵押权变更登记时，如果该抵押权的变更将对其他抵押权人产生不利影响的，还应当提交其他抵押权人书面同意的材料与身份证或者户口簿等材料。

第六十九条 因主债权转让导致抵押权转让的，当事人可以持不动产权属证书、不动产登记证明、被担保主债权的转让协议、债权人已经通知债务人的材料等相关材料，申请抵押权的转移登记。

第七十条 有下列情形之一的，当事人可以持不动产登记证明、抵押权消灭的材料等必要材料，申请抵押权注销登记：

（一）主债权消灭；

（二）抵押权已经实现；

（三）抵押权人放弃抵押权；

（四）法律、行政法规规定抵押权消灭的其他情形。

第七十一条 设立最高额抵押权的，当事人应当持不动产权属证书、最高额抵押合同与一定期间内将要连续发生的债权的合同或者其他登记原因材料等必要材料，申请最高额抵押权首次登记。

当事人申请最高额抵押权首次登记时，同意将最高额抵押权设立前已经存在的债权转入最高额抵押担保的债权范围的，还应当提交已存在债权的合同以及当事人同意将该债权纳入最高额抵押权担保范围的书面材料。

第七十二条 有下列情形之一的，当事人应当持不动产登记证明、最高额抵押权发生变更的材料等必要材料，申请最高额抵押权变更登记：

（一）抵押人、抵押权人的姓名或者名称变更的；

（二）债权范围变更的；

（三）最高债权额变更的；

（四）债权确定的期间变更的；

（五）抵押权顺位变更的；

（六）法律、行政法规规定的其他情形。

因最高债权额、债权范围、债务履行期限、债权确定的期间发生变更申请最高额抵押权变更登记时，如果该变更将对其他抵押权人产生不利影响的，当事人还应当提交其他抵押权人的书面同意文件与身份证或者户口簿等。

第七十三条　当发生导致最高额抵押权担保的债权被确定的事由，从而使最高额抵押权转变为一般抵押权时，当事人应当持不动产登记证明、最高额抵押权担保的债权已确定的材料等必要材料，申请办理确定最高额抵押权的登记。

第七十四条　最高额抵押权发生转移的，应当持不动产登记证明、部分债权转移的材料、当事人约定最高额抵押权随同部分债权的转让而转移的材料等必要材料，申请办理最高额抵押权转移登记。

债权人转让部分债权，当事人约定最高额抵押权随同部分债权的转让而转移的，应当分别申请下列登记：

（一）当事人约定原抵押权人与受让人共同享有最高额抵押权的，应当申请最高额抵押权的转移登记；

（二）当事人约定受让人享有一般抵押权、原抵押权人就扣减已转移的债权数额后继续享有最高额抵押权的，应当申请一般抵押权的首次登记以及最高额抵押权的变更登记；

（三）当事人约定原抵押权人不再享有最高额抵押权的，应当一并申请最高额抵押权确定登记以及一般抵押权转移登记。

最高额抵押权担保的债权确定前，债权人转让部分债权的，除当事人另有约定外，不动产登记机构不得办理最高额抵押权转移登记。

第七十五条　以建设用地使用权以及全部或者部分在建建筑物设定抵押的，应当一并申请建设用地使用权以及在建建筑物抵押权的首次登记。

当事人申请在建建筑物抵押权首次登记时，抵押财产不包括已经办理预告登记的预购商品房和已经办理预售备案的商品房。

前款规定的在建建筑物，是指正在建造、尚未办理所有权首次登记的房屋等建筑物。

第七十六条　申请在建建筑物抵押权首次登记的，当事人应当提交下列材料：

（一）抵押合同与主债权合同；

（二）享有建设用地使用权的不动产权属证书；

（三）建设工程规划许可证；

（四）其他必要材料。

第七十七条 在建建筑物抵押权变更、转移或者消灭的，当事人应当提交下列材料，申请变更登记、转移登记、注销登记：

（一）不动产登记证明；

（二）在建建筑物抵押权发生变更、转移或者消灭的材料；

（三）其他必要材料。

在建建筑物竣工，办理建筑物所有权首次登记时，当事人应当申请将在建建筑物抵押权登记转为建筑物抵押权登记。

第七十八条 申请预购商品房抵押登记，应当提交下列材料：

（一）抵押合同与主债权合同；

（二）预购商品房预告登记材料；

（三）其他必要材料。

预购商品房办理房屋所有权登记后，当事人应当申请将预购商品房抵押预告登记转为商品房抵押权首次登记。

第五章 其他登记

第一节 更正登记

第七十九条 权利人、利害关系人认为不动产登记簿记载的事项有错误，可以申请更正登记。

权利人申请更正登记的，应当提交下列材料：

（一）不动产权属证书；

（二）证实登记确有错误的材料；

（三）其他必要材料。

利害关系人申请更正登记的，应当提交利害关系材料、证实不动产登记簿记载错误的材料以及其他必要材料。

第八十条 不动产权利人或者利害关系人申请更正登记，不动产登记机构认为不动产登记簿记载确有错误的，应当予以更正；但在错误登记之后已经办理了涉及不动产权利处分的登记、预告登记和查封登记的除外。

不动产权属证书或者不动产登记证明填制错误以及不动产登记机构在办理更正登记中，需要更正不动产权属证书或者不动产登记证明内容的，应当书面通知权利人换发，并把换发不动产权属证书或者不动产登记证明的事项记载于登记簿。

不动产登记簿记载无误的，不动产登记机构不予更正，并书面通知申请人。

第八十一条 不动产登记机构发现不动产登记簿记载的事项错误，应当通知当事人在30个工作日内办理更正登记。当事人逾期不办理的，不动产登记机构应当在公告15个工作日后，依法予以更正；但在错误登记之后已经办理了涉及不动产权利处分的登记、预告登记和查封登记的除外。

第二节 异议登记

第八十二条 利害关系人认为不动产登记簿记载的事项错误，权利人不同意更正的，利害关系人可以申请异议登记。

利害关系人申请异议登记的，应当提交下列材料：

（一）证实对登记的不动产权利有利害关系的材料；

（二）证实不动产登记簿记载的事项错误的材料；

（三）其他必要材料。

第八十三条 不动产登记机构受理异议登记申请的，应当将异议事项记载于不动产登记簿，并向申请人出具异议登记证明。

异议登记申请人应当在异议登记之日起15日内，提交人民法院受理通知书、仲裁委员会受理通知书等提起诉讼、申请仲裁的材料；逾期不提交的，异议登记失效。

异议登记失效后，申请人就同一事项以同一理由再次申请异议登记的，不动产登记机构不予受理。

第八十四条 异议登记期间，不动产登记簿上记载的权利人以及第三人因处分权利申请登记的，不动产登记机构应当书面告知申请人该权利已经存在异议登记的有关事项。申请人申请继续办理的，应当予以办理，但申请人应当提供知悉异议登记存在并自担风险的书面承诺。

第三节 预告登记

第八十五条 有下列情形之一的，当事人可以按照约定申请不动产预告登记：

（一）商品房等不动产预售的；

（二）不动产买卖、抵押的；

（三）以预购商品房设定抵押权的；

（四）法律、行政法规规定的其他情形。

预告登记生效期间，未经预告登记的权利人书面同意，处分该不动产权利申请登记的，不动产登记机构应当不予办理。

预告登记后，债权未消灭且自能够进行相应的不动产登记之日起3个月内，当事人申请不动产登记的，不动产登记机构应当按照预告登记事项办理相应的登记。

第八十六条 申请预购商品房的预告登记，应当提交下列材料：

（一）已备案的商品房预售合同；

（二）当事人关于预告登记的约定；

（三）其他必要材料。

预售人和预购人订立商品房买卖合同后，预售人未按照约定与预购人申请预告登记，预购人可以单方申请预告登记。

预购人单方申请预购商品房预告登记，预售人与预购人在商品房预售合同中对预告登记附有条件和期限的，预购人应当提交相应材料。

申请预告登记的商品房已经办理在建建筑物抵押权首次登记的，当事人应当一并申请在建建筑物抵押权注销登记，并提交不动产权属转移材料、不动产登记证明。不动产登记机构应当先办理在建建筑物抵押权注销登记，再办理预告登记。

第八十七条 申请不动产转移预告登记的，当事人应当提交下列材料：

（一）不动产转让合同；

（二）转让方的不动产权属证书；

（三）当事人关于预告登记的约定；

（四）其他必要材料。

第八十八条 抵押不动产，申请预告登记的，当事人应当提交下列材料：

（一）抵押合同与主债权合同；

（二）不动产权属证书；

（三）当事人关于预告登记的约定；

（四）其他必要材料。

第八十九条 预告登记未到期，有下列情形之一的，当事人可以持不动产登记证明、债权消灭或者权利人放弃预告登记的材料，以及法律、行政法规规定的其他必要材料申请注销预告登记：

(一)预告登记的权利人放弃预告登记的；

(二)债权消灭的；

(三)法律、行政法规规定的其他情形。

第四节　查 封 登 记

第九十条　人民法院要求不动产登记机构办理查封登记的,应当提交下列材料:

(一)人民法院工作人员的工作证；

(二)协助执行通知书；

(三)其他必要材料。

第九十一条　两个以上人民法院查封同一不动产的,不动产登记机构应当为先送达协助执行通知书的人民法院办理查封登记,对后送达协助执行通知书的人民法院办理轮候查封登记。

轮候查封登记的顺序按照人民法院协助执行通知书送达不动产登记机构的时间先后进行排列。

第九十二条　查封期间,人民法院解除查封的,不动产登记机构应当及时根据人民法院协助执行通知书注销查封登记。

不动产查封期限届满,人民法院未续封的,查封登记失效。

第九十三条　人民检察院等其他国家有权机关依法要求不动产登记机构办理查封登记的,参照本节规定办理。

第六章　不动产登记资料的查询、保护和利用

第九十四条　不动产登记资料包括:

(一)不动产登记簿等不动产登记结果；

(二)不动产登记原始资料,包括不动产登记申请书、申请人身份材料、不动产权属来源、登记原因、不动产权籍调查成果等材料以及不动产登记机构审核材料。

不动产登记资料由不动产登记机构管理。不动产登记机构应当建立不动产登记资料管理制度以及信息安全保密制度,建设符合不动产登记资料安全保护标准的不动产登记资料存放场所。

不动产登记资料中属于归档范围的,按照相关法律、行政法规的规定进行归档管理,具体办法由自然资源部会同国家档案主管部门另行制定。

第九十五条 不动产登记机构应当加强不动产登记信息化建设,按照统一的不动产登记信息管理基础平台建设要求和技术标准,做好数据整合、系统建设和信息服务等工作,加强不动产登记信息产品开发和技术创新,提高不动产登记的社会综合效益。

各级不动产登记机构应当采取措施保障不动产登记信息安全。任何单位和个人不得泄露不动产登记信息。

第九十六条 不动产登记机构、不动产交易机构建立不动产登记信息与交易信息互联共享机制,确保不动产登记与交易有序衔接。

不动产交易机构应当将不动产交易信息及时提供给不动产登记机构。不动产登记机构完成登记后,应当将登记信息及时提供给不动产交易机构。

第九十七条 国家实行不动产登记资料依法查询制度。

权利人、利害关系人按照《条例》第二十七条规定依法查询、复制不动产登记资料的,应当到具体办理不动产登记的不动产登记机构申请。

权利人可以查询、复制其不动产登记资料。

因不动产交易、继承、诉讼等涉及的利害关系人可以查询、复制不动产自然状况、权利人及其不动产查封、抵押、预告登记、异议登记等状况。

人民法院、人民检察院、国家安全机关、监察机关等可以依法查询、复制与调查和处理事项有关的不动产登记资料。

其他有关国家机关执行公务依法查询、复制不动产登记资料的,依照本条规定办理。

涉及国家秘密的不动产登记资料的查询,按照保守国家秘密法的有关规定执行。

第九十八条 权利人、利害关系人申请查询、复制不动产登记资料应当提交下列材料:

(一)查询申请书;

(二)查询目的的说明;

(三)申请人的身份材料;

(四)利害关系人查询的,提交证实存在利害关系的材料。

权利人、利害关系人委托他人代为查询的,还应当提交代理人的身份证明材料、授权委托书。权利人查询其不动产登记资料无需提供查询目的的说明。

有关国家机关查询的,应当提供本单位出具的协助查询材料、工作人员的工作证。

第九十九条　有下列情形之一的，不动产登记机构不予查询，并书面告知理由：

（一）申请查询的不动产不属于不动产登记机构管辖范围的；

（二）查询人提交的申请材料不符合规定的；

（三）申请查询的主体或者查询事项不符合规定的；

（四）申请查询的目的不合法的；

（五）法律、行政法规规定的其他情形。

第一百条　对符合本实施细则规定的查询申请，不动产登记机构应当当场提供查询；因情况特殊，不能当场提供查询的，应当在 5 个工作日内提供查询。

第一百零一条　查询人查询不动产登记资料，应当在不动产登记机构设定的场所进行。

不动产登记原始资料不得带离设定的场所。

查询人在查询时应当保持不动产登记资料的完好，严禁遗失、拆散、调换、抽取、污损登记资料，也不得损坏查询设备。

第一百零二条　查询人可以查阅、抄录不动产登记资料。查询人要求复制不动产登记资料的，不动产登记机构应当提供复制。

查询人要求出具查询结果证明的，不动产登记机构应当出具查询结果证明。查询结果证明应注明查询目的及日期，并加盖不动产登记机构查询专用章。

第七章　法 律 责 任

第一百零三条　不动产登记机构工作人员违反本实施细则规定，有下列行为之一，依法给予处分；构成犯罪的，依法追究刑事责任：

（一）对符合登记条件的登记申请不予登记，对不符合登记条件的登记申请予以登记；

（二）擅自复制、篡改、毁损、伪造不动产登记簿；

（三）泄露不动产登记资料、登记信息；

（四）无正当理由拒绝申请人查询、复制登记资料；

（五）强制要求权利人更换新的权属证书。

第一百零四条　当事人违反本实施细则规定，有下列行为之一，构成违反治安管理行为的，依法给予治安管理处罚；给他人造成损失的，依法承担赔偿责任；

构成犯罪的,依法追究刑事责任:

(一)采用提供虚假材料等欺骗手段申请登记;

(二)采用欺骗手段申请查询、复制登记资料;

(三)违反国家规定,泄露不动产登记资料、登记信息;

(四)查询人遗失、拆散、调换、抽取、污损登记资料的;

(五)擅自将不动产登记资料带离查询场所、损坏查询设备的。

第八章 附 则

第一百零五条 本实施细则施行前,依法核发的各类不动产权属证书继续有效。不动产权利未发生变更、转移的,不动产登记机构不得强制要求不动产权利人更换不动产权属证书。

不动产登记过渡期内,农业部会同自然资源部等部门负责指导农村土地承包经营权的统一登记工作,按照农业部有关规定办理耕地的土地承包经营权登记。不动产登记过渡期后,由自然资源部负责指导农村土地承包经营权登记工作。

第一百零六条 不动产信托依法需要登记的,由自然资源部会同有关部门另行规定。

第一百零七条 军队不动产登记,其申请材料经军队不动产主管部门审核后,按照本实施细则规定办理。

第一百零八条 自然资源部委托北京市规划和自然资源委员会直接办理在京中央国家机关的不动产登记。

在京中央国家机关申请不动产登记时,应当提交《不动产登记暂行条例》及本实施细则规定的材料和有关机关事务管理局出具的不动产登记审核意见。不动产权属资料不齐全的,还应当提交由有关机关事务管理局确认盖章的不动产权属来源说明函。不动产权籍调查由有关机关事务管理局会同北京市规划和自然资源委员会组织进行的,还应当提交申请登记不动产单元的不动产权籍调查资料。

北京市规划和自然资源委员会办理在京中央国家机关不动产登记时,应当使用自然资源部制发的“自然资源部不动产登记专用章”。

第一百零九条 本实施细则自公布之日起施行。

自然资源部关于印发《在京中央和国家机关不动产登记办法》的通知

（2020 年 05 月 27 日　自然资发〔2020〕87 号）

中共中央直属机关事务管理局，国家机关事务管理局，全国人大常委会办公厅机关事务管理局，政协全国委员会办公厅机关事务管理局，北京市规划和自然资源委员会：

为规范在京中央和国家机关不动产登记，维护权利人合法权益，加强中央和国家机关国有资产管理，根据《物权法》《不动产登记暂行条例》《不动产登记暂行条例实施细则》等法律法规和规章，在总结实践工作经验的基础上，制定了《在京中央和国家机关不动产登记办法》，现予以印发，请认真贯彻落实。

在京中央和国家机关不动产登记办法

第一条 为规范在京中央和国家机关不动产登记，维护权利人合法权益，加强中央和国家机关国有资产管理，根据《中华人民共和国物权法》《不动产登记暂行条例》《不动产登记暂行条例实施细则》等法律法规和规章，制定本办法。

第二条 本办法所称在京中央和国家机关不动产是指：

（一）中央本级党的机关、人大机关、行政机关、政协机关、监察机关、审判机关、检察机关以及各民主党派、工商联、人民团体和参照公务员法管理的事业单位及所属单位使用的在北京市范围内的国有土地、房屋等不动产；

（二）机关事务分别属于中共中央直属机关事务管理局、国家机关事务管理局、全国人大常委会办公厅机关事务管理局、政协全国委员会办公厅机关事务管理局（上述机构以下简称各管理局）归口管理的中央各企事业单位及所属单位使用的在北京市范围内的国有土地、房屋等不动产，但中央企业及所属单位通过招拍挂等市场运作方式取得土地建设用于出售出租的房地产开发项目除外；

（三）按照国家有关规定应纳入在京中央和国家机关不动产进行管理的其他不动产。

第三条 在京中央和国家机关不动产登记适用本办法和《不动产登记暂行条例》《不动产登记暂行条例实施细则》《不动产登记资料查询暂行办法》等规定。

申请办理在京中央和国家机关不动产登记时,应当同时提交有关管理局出具的不动产登记申请审核意见书。

申请登记的不动产权属资料不齐全的,应当提交有关管理局确认盖章的不动产权属来源说明函;除涉及国家秘密外,办理登记时应当进行公告,公告期不少于30日。

在京中央和国家机关各单位使用的国有土地改变土地用途、使用性质或转移土地使用权的,申请办理变更登记、转移登记时,应当提交各管理局出具的载明同意改变土地用途、使用性质或转移权属的不动产登记申请审核意见书。

第四条 自然资源部委托北京市规划和自然资源委员会(以下简称市规划自然资源委)直接办理在京中央和国家机关不动产登记,保管、使用自然资源部制发的"自然资源部不动产登记专用章(1)",保存、管理在京中央和国家机关不动产登记资料,依法向权利人、利害关系人或有关国家机关提供可以查询、复制的登记资料。

市规划自然资源委依据各管理局对机关事务归口管理单位名录的年度更新和实时更新结果,为在京中央和国家机关各单位提供不动产登记服务。核发的不动产权证书或登记证明加盖"自然资源部不动产登记专用章(1)",作出的不予登记决定同时抄送有关管理局。

自然资源部对委托的不动产登记事务依法监督,有权对违反规定的登记行为予以纠正,必要时可以取消委托。

第五条 在京中央和国家机关各单位使用的国有土地发生权属争议的,由当事人协商解决,争议方均为中央和国家机关的,可以由有关管理局先行协调;协商不成的,可以由市规划自然资源委会同有关管理局调解;调解不成的,按照《土地权属争议调查处理办法》有关规定处理。土地权属争议处理的结果作为申请登记的不动产权属来源证明材料。

第六条 根据中共中央办公厅、国务院办公厅印发的《党政机关办公用房管理办法》有关规定,各管理局应当对在京中央和国家机关不动产中纳入权属统一登记的党政机关办公用房提供明细清单,市规划自然资源委按照"清单对账"方式经审核符合登记条件的,权属登记在有关管理局名下,并在不动产登记簿的附记栏注记使用单位。

党政机关办公用房的房屋所有权、土地使用权等不动产权利未经登记，或原产权单位撤销、重组更名的，可以由各管理局单方申请登记。各管理局应当就办公用房权属出具书面意见，并提供使用单位对办公用房范围予以认可的书面意见；原产权单位撤销或重组更名的，各管理局还应当提供机构改革文件、更名文件或机构编制部门的书面意见。

党政机关办公用房的土地使用权、房屋所有权均已登记的，产权单位应当配合申请转移登记。产权单位可以出具授权委托书，委托各管理局持相关申请材料一并申请登记。

第七条　在京中央和国家机关各单位原已取得的国有划拨土地，符合下列情形，且有关管理局出具载明同意继续保留划拨土地性质的不动产登记申请审核意见书的，办理登记时不再要求提供划拨确认相关材料：

（一）土地使用权人和土地用途未改变的；

（二）土地使用权人虽发生变化，但现使用权人仍为在京中央和国家机关，且土地用途仍为非经营性的；

（三）经各管理局批准，调整利用现有存量土地进行非经营性项目建设，且符合划拨用地政策的；

（四）其他按照国家规定可以保留划拨土地性质的。

第八条　在京中央和国家机关各单位使用的国有土地，属于《北京市实施〈土地管理法〉办法》1991 年 6 月 1 日施行前通过协议调整置换且未改变土地使用性质的，办理登记时以协议确认各方的土地使用权范围为准。

属于多家在京中央和国家机关共用同一宗土地，具备分宗条件且经各使用单位确认的，办理登记时可以按使用单位予以分宗。

属于同一宗土地存在多个用途，具备分宗条件的，办理登记时可以按用途予以分宗。

第九条　自然资源部指导市规划自然资源委会同各管理局建立在京中央和国家机关不动产登记申请审核意见和登记结果信息共享机制，以及研究解决不动产登记历史遗留问题和具体执行问题的工作机制。针对实际情况，可以制定本办法的实施细则。

第十条　本办法自印发之日起施行。

自然资源部《不动产登记资料查询暂行办法》

(2018 年 3 月 2 日国土资源部令第 80 号发布　根据 2019 年 7 月 24 日自然资源部令第 5 号《关于第一批废止和修改的部门规章的决定》修正　修正后自公布之日起施行)

第一章　总　　则

第一条　为了规范不动产登记资料查询活动,加强不动产登记资料管理、保护和利用,维护不动产交易安全,保护不动产权利人的合法权益,根据《中华人民共和国物权法》《不动产登记暂行条例》等法律法规,制定本办法。

第二条　本办法所称不动产登记资料,包括:

(一)不动产登记簿等不动产登记结果;

(二)不动产登记原始资料,包括不动产登记申请书、申请人身份材料、不动产权属来源、登记原因、不动产权籍调查成果等材料以及不动产登记机构审核材料。

不动产登记资料由不动产登记机构负责保存和管理。

第三条　县级以上人民政府不动产登记机构负责不动产登记资料查询管理工作。

第四条　不动产权利人、利害关系人可以依照本办法的规定,查询、复制不动产登记资料。

不动产权利人、利害关系人可以委托律师或者其他代理人查询、复制不动产登记资料。

第五条　不动产登记资料查询,遵循依法、便民、高效的原则。

第六条　不动产登记机构应当加强不动产登记信息化建设,以不动产登记信息管理基础平台为基础,通过运用互联网技术、设置自助查询终端、在相关场所设置登记信息查询端口等方式,为查询人提供便利。

第二章　一 般 规 定

第七条　查询不动产登记资料,应当在不动产所在地的市、县人民政府不动产登记机构进行,但法律法规另有规定的除外。

查询人到非不动产所在地的不动产登记机构申请查询的，该机构应当告知其到相应的机构查询。

不动产登记机构应当提供必要的查询场地，并安排专门人员负责不动产登记资料的查询、复制和出具查询结果证明等工作。

申请查询不动产登记原始资料，应当优先调取数字化成果，确有需求和必要，可以调取纸质不动产登记原始资料。

第八条　不动产权利人、利害关系人申请查询不动产登记资料，应当提交查询申请书以及不动产权利人、利害关系人的身份证明材料。

查询申请书应当包括下列内容：

（一）查询主体；

（二）查询目的；

（三）查询内容；

（四）查询结果要求；

（五）提交的申请材料清单。

第九条　不动产权利人、利害关系人委托代理人代为申请查询不动产登记资料的，被委托人应当提交双方身份证明原件和授权委托书。

授权委托书中应当注明双方姓名或者名称、公民身份号码或者统一社会信用代码、委托事项、委托时限、法律义务、委托日期等内容，双方签字或者盖章。

代理人受委托查询、复制不动产登记资料的，其查询、复制范围由授权委托书确定。

第十条　符合查询条件，查询人需要出具不动产登记资料查询结果证明或者复制不动产登记资料的，不动产登记机构应当当场提供。因特殊原因不能当场提供的，应当在 5 个工作日内向查询人提供。

查询结果证明应当注明出具的时间，并加盖不动产登记机构查询专用章。

第十一条　有下列情形之一的，不动产登记机构不予查询，并出具不予查询告知书：

（一）查询人提交的申请材料不符合本办法规定的；

（二）申请查询的主体或者查询事项不符合本办法规定的；

（三）申请查询的目的不符合法律法规规定的；

（四）法律、行政法规规定的其他情形。

查询人对不动产登记机构出具的不予查询告知书不服的，可以依法申请行政复议或者提起行政诉讼。

第十二条 申请查询的不动产登记资料涉及国家秘密的，不动产登记机构应当按照保守国家秘密法等有关规定执行。

第十三条 不动产登记机构应当建立查询记录簿，做好查询记录工作，记录查询人、查询目的或者用途、查询时间以及复制不动产登记资料的种类、出具的查询结果证明情况等。

第三章 权利人查询

第十四条 不动产登记簿上记载的权利人可以查询本不动产登记结果和本不动产登记原始资料。

第十五条 不动产权利人可以申请以下列索引信息查询不动产登记资料，但法律法规另有规定的除外：

（一）权利人的姓名或者名称、公民身份号码或者统一社会信用代码等特定主体身份信息；

（二）不动产具体坐落位置信息；

（三）不动产权属证书号；

（四）不动产单元号。

第十六条 不动产登记机构可以设置自助查询终端，为不动产权利人提供不动产登记结果查询服务。

自助查询终端应当具备验证相关身份证明以及出具查询结果证明的功能。

第十七条 继承人、受遗赠人因继承和受遗赠取得不动产权利的，适用本章关于不动产权利人查询的规定。

前款规定的继承人、受遗赠人查询不动产登记资料的，除提交本办法第八条规定的材料外，还应当提交被继承人或者遗赠人死亡证明、遗嘱或者遗赠抚养协议等可以证明继承或者遗赠行为发生的材料。

第十八条 清算组、破产管理人、财产代管人、监护人等依法有权管理和处分不动产权利的主体，参照本章规定查询相关不动产权利人的不动产登记资料。

依照本条规定查询不动产登记资料的，除提交本办法第八条规定的材料，还应当提交依法有权处分该不动产的材料。

第四章 利害关系人查询

第十九条 符合下列条件的利害关系人可以申请查询有利害关系的不动产

登记结果：

（一）因买卖、互换、赠与、租赁、抵押不动产构成利害关系的；

（二）因不动产存在民事纠纷且已经提起诉讼、仲裁而构成利害关系的；

（三）法律法规规定的其他情形。

第二十条　不动产的利害关系人申请查询不动产登记结果的，除提交本办法第八条规定的材料外，还应当提交下列利害关系证明材料：

（一）因买卖、互换、赠与、租赁、抵押不动产构成利害关系的，提交买卖合同、互换合同、赠与合同、租赁合同、抵押合同；

（二）因不动产存在相关民事纠纷且已经提起诉讼或者仲裁而构成利害关系的，提交受理案件通知书、仲裁受理通知书。

第二十一条　有买卖、租赁、抵押不动产意向，或者拟就不动产提起诉讼或者仲裁等，但不能提供本办法第二十条规定的利害关系证明材料的，可以提交本办法第八条规定材料，查询相关不动产登记簿记载的下列信息：

（一）不动产的自然状况；

（二）不动产是否存在共有情形；

（三）不动产是否存在抵押权登记、预告登记或者异议登记情形；

（四）不动产是否存在查封登记或者其他限制处分的情形。

第二十二条　受本办法第二十一条规定的当事人委托的律师，还可以申请查询相关不动产登记簿记载的下列信息：

（一）申请验证所提供的被查询不动产权利主体名称与登记簿的记载是否一致；

（二）不动产的共有形式；

（三）要求办理查封登记或者限制处分机关的名称。

第二十三条　律师受当事人委托申请查询不动产登记资料的，除提交本办法第八条、第九条规定的材料外，还应当提交律师证和律师事务所出具的证明材料。

律师持人民法院的调查令申请查询不动产登记资料的，除提交本办法第八条规定的材料外，还应当提交律师证、律师事务所出具的证明材料以及人民法院的调查令。

第二十四条　不动产的利害关系人可以申请以下列索引信息查询不动产登记资料：

（一）不动产具体坐落位置；

（二）不动产权属证书号；

（三）不动产单元号。

每份申请书只能申请查询一个不动产登记单元。

第二十五条 不动产利害关系人及其委托代理人，按照本办法申请查询的，应当承诺不将查询获得的不动产登记资料、登记信息用于其他目的，不泄露查询获得的不动产登记资料、登记信息，并承担由此产生的法律后果。

第五章 登记资料保护

第二十六条 查询人查询、复制不动产登记资料的，不得将不动产登记资料带离指定场所，不得拆散、调换、抽取、撕毁、污损不动产登记资料，也不得损坏查询设备。

查询人有前款行为的，不动产登记机构有权禁止该查询人继续查询不动产登记资料，并可以拒绝为其出具查询结果证明。

第二十七条 已有电子介质，且符合下列情形之一的纸质不动产登记原始资料可以销毁：

（一）抵押权登记、地役权登记已经注销且自注销之日起满五年的；

（二）查封登记、预告登记、异议登记已经注销且自注销之日起满五年的。

第二十八条 符合本办法第二十七条规定销毁条件的不动产登记资料应当在不动产登记机构指定的场所销毁。

不动产登记机构应当建立纸质不动产登记资料销毁清册，详细记录被销毁的纸质不动产登记资料的名称、数量、时间、地点，负责销毁以及监督销毁的人员应当在清册上签名。

第六章 罚 则

第二十九条 不动产登记机构及其工作人员违反本办法规定，有下列行为之一，对有关责任人员依法给予处分；涉嫌构成犯罪的，移送有关机关依法追究刑事责任：

（一）对符合查询、复制不动产登记资料条件的申请不予查询、复制，对不符合查询、复制不动产登记资料条件的申请予以查询、复制的；

（二）擅自查询、复制不动产登记资料或者出具查询结果证明的；

（三）泄露不动产登记资料、登记信息的；

（四）利用不动产登记资料进行不正当活动的；

（五）未履行对不动产登记资料的安全保护义务，导致不动产登记资料、登记信息毁损、灭失或者被他人篡改，造成严重后果的。

第三十条　查询人违反本办法规定，有下列行为之一，构成违反治安管理行为的，移送公安机关依法给予治安管理处罚；涉嫌构成犯罪的，移送有关机关依法追究刑事责任：

（一）采用提供虚假材料等欺骗手段申请查询、复制不动产登记资料的；

（二）泄露不动产登记资料、登记信息的；

（三）遗失、拆散、调换、抽取、污损、撕毁不动产登记资料的；

（四）擅自将不动产登记资料带离查询场所、损坏查询设备的；

（五）因扰乱查询、复制秩序导致不动产登记机构受损失的；

（六）滥用查询结果证明的。

第七章　附　　则

第三十一条　有关国家机关查询复制不动产登记资料以及国家机关之间共享不动产登记信息的具体办法另行规定。

第三十二条　《不动产登记暂行条例》实施前已经形成的土地、房屋、森林、林木、海域等登记资料，属于不动产登记资料。不动产登记机构应当依照本办法的规定提供查询。

第三十三条　公民、法人或者其他组织依据《中华人民共和国政府信息公开条例》，以申请政府信息公开的方式申请查询不动产登记资料的，有关自然资源主管部门应当告知其按照本办法的规定申请不动产登记资料查询。

第三十四条　本办法自公布之日起施行。2002 年 12 月 4 日国土资源部公布的《土地登记资料公开查询办法》（国土资源部令第 14 号）同时废止。

国家土地管理局《确定土地所有权和使用权的若干规定》

(1995年3月11日国家土地管理局〔1995〕国土〔籍〕字第26号发布　根据2010年12月3日国土资源部国土资发〔2010〕190号《关于修改部分规范性文件的决定》修正　修正后自公布之日起施行)

第一章　总　　则

第一条　为了确定土地所有权和使用权,依法进行土地登记,根据有关的法律、法规和政策,制订本规定。

第二条　土地所有权和使用权由县级以上人民政府确定,土地管理部门具体承办。

土地权属争议,由土地管理部门提出处理意见,报人民政府下达处理决定或报人民政府批准后由土地管理部门下达处理决定。

第二章　国家土地所有权

第三条　城市市区范围的内的土地属于国家所有。

第四条　依据一九五〇年《中华人民共和国土地改革法》及有关规定,凡当时没有将土地所有权分配给农民的土地属于国家所有;实施一九六二年《农村人民公社工作条例修正草案》(以下简称《六十条》)未划入农民集体范围内的土地属于国家所有。

第五条　国家建设征收的土地,属于国家所有。

第六条　开发利用国有土地,开发利用者依法享有土地使用权,土地所有权仍属国家。

注:根据《国土资源部关于公布继续有效的规范性文件目录的公告》(2011年第5号),"凡未列入本目录的国土资源部文件(包括原地质矿产部、原国家土地管理局发布的文件),原则上不再作为国土资源管理的依据"。该文件未列入国土资源部继续有效的规范性文件目录,但并未明确废止或失效。该文件未列入《自然资源部关于公布继续有效的规范性文件目录》(2019年第31号),但亦无明文予以废止。

第七条　国有铁路线路、车站、货场用地以及依法留用的其他铁路用地属于国家所有。土改时已分配给农民所有的原铁路用地和新建铁路两侧未经征收的农民集体所有土地属于农民集体所有。

第八条　县级以上(含县级)公路线路用地属于国家所有。公路两侧保护用地和公路其他用地凡未经征收的农民集体所有的土地仍属于农民集体所有。

第九条　国有电力、通讯,设施用地属于国家所有。但国有电力通讯杆塔占用农民集体所有的土地,未办理征收手续的,土地仍属于农民集体所有,对电力通讯经营单位可确定为他项权利。

第十条　军队接收的敌伪地产及解放后经人民政府批准征收、划拨的军事用地属于国家所有。

第十一条　河道堤防内的土地和堤防外的护堤地,无堤防河道历史最高洪水位或者设计洪水位以下的土地,除土改时已将所有权分配给农民,国家未征收,且迄今仍归农民集体使用的外,属于国家所有。

第十二条　县级以上(含县级)水利部门直接管理的水库、渠道等水利工程用地属于国家所有。水利工程管理和保护范围内未经征收的农民集体土地仍属于农民集体所有。

第十三条　国家建设对农民集体全部进行移民安置并调剂土地后,迁移农民集体原有土地转为国家所有。但移民后原集体仍继续使用的集体所有土地,国家未进行征收的,其所有权不变。

第十四条　因国家建设征收土地,农民集体建制被撤销或其人口全部转为非农业人口,其未经征收的土地,归国家所有。继续使用原有土地的原农民集体及其成员享有国有土地使用权。

第十五条　全民所有制单位和城镇集体所有制单位兼并农民集体企业的,办理有关手续后,被兼并的原农民集体企业使用的集体所有土地转为国家所有。乡(镇)企业依照国家建设征收土地的审批程序和补偿标准使用的非本乡(镇)村农民集体所有的土地,转为国家所有。

第十六条　一九六二年九月《六十条》公布以前,全民所有制单位,城市集体所有制单位和集体所有制的华侨农场使用的原农民集体所有的土地(含合作化之前的个人土地),迄今没有退给农民集体的,属于国家所有。

《六十条》公布时起至一九八二年五月《国家建设征用土地条例》公 布时止,全民所有制单位、城市集体所有制单位使用的农民集体所有的土地,有下列情形之一的，属于国家所有：

1. 签订过土地转移等有关协议的；

2. 经县级以上人民政府批准使用的；

3. 进行过一定补偿或安置劳动力的；

4. 接受农民集体馈赠的；

5. 已购买原集体所有的建筑物的；

6. 农民集体所有制企事业单位转为全民所有制或者城市集体所有制单位的。

一九八二年五月《国家建设征用土地条例》公布时起至一九八七年《土地管理法》开始施行时止，全民所有制单位、城市集体所有制单位违反规定使用折农民集体土地，依照有关规定进行了清查处理后仍由全民所有制单位、城市集体所有制单位使用的，确定为国家所有。

凡属上述情况以外未办理征地手续使用的农民集体土地，由县级以上地方人民政府根据具体情况，按当时规定补办征地手续，或退还农民集体。一九八七年《土地管理法》施行后违法占用的农民集体土地，必须依法处理后，再确定土地所有权。

第十七条 一九八六年三月中共中央、国务院《关于加强土地管理、制止乱占耕地的通知》发布之前，全民所有制单位、城市集体所有制单位租用农民集体所有的土地，按照有关规定处理后，能够恢复耕种的，退还农民集体耕种，所有权仍属于农民集体；已建成永久性建筑物的，由用地单位按租用时的规定，补办手续，土地归国家所有。凡已经按照有关规定处理了的，可按处理决定确定所有权和使用权。

第十八条 土地所有权有争议，不能依法证明争议土地属于农民集体所有的，属于国家所有。

第三章 集体土地所有权

第十九条 土地改革时分给农民并颁发了土地所有证的土地，属于农民集体所有；实施《六十条》时确定为集体所有的土地，属农民集体所有。依照第二章规定属于国家所有的除外。

第二十条 村农民集体所有的土地，按目前该村农民集体实际使用的本集体土地所有权界线确定所有权。

根据《六十条》确定的农民集体土地所有权，由于下列原因发生变更的，按变更后的现状确定集体土地所有权：

(一)由于村、队、社、场合并或分割等管理体制的变化引起土地所有权变更的;

(二)由于土地开发、国家征地、集体兴办企事业或者自然灾害等原因进行过土地调整的;

(三)由于农田基本建设和行政区划变动等原因重新划定土地所有权界线的。行政区划变动未涉及土地权属变更的,原土地权属不变。

第二十一条 农民集体连续使用其他农民集体所有的土地已满二十年的,应视为现使用者所有;连续使用不满二十年,或者虽满二十年但在二十年期满之前所有者曾向现使用者或有关部门提出归还的,由县级以上人民政府根据具体情况确定土地所有权。

第二十二条 乡(镇)或村在集体所有的土地上修建并管理的道路、水利设施用地,分别属于乡(镇)或村农民集体所有。

第二十三条 乡(镇)或村办企事业单位使用的集体土地,《六十条》公布以前使用的,分别属于该乡(镇)或村农民集体所有;《六十条》公布起至一九八二年国务院《村镇建房用地管理条例》发布时止使用的,有下列情况之一的,分别属于该乡(镇)或村农民集体所有:

1. 签订过用地协议的(不含租借);

2. 经县、乡(公社)、村(大队)批准或同意,并进行了适当的土地调整或者经过一定补偿的;

3. 通过购买房屋取得的;

4. 原集体企事业单位体制经批准变更的。

一九八二年国务院《村镇建房用地管理条例》发布时起至一九八七年《土地管理法》开始施行时止,乡(镇)、村办企事业单位违反规定使用的集体土地按照有关规定清查处理后,乡(镇)、村集体单位继续使用的,可确定为该乡(镇)或村集体所有。

乡(镇)、村办企事业单位用上述以外的方式占用的集体土地,或虽采用上述方式,但目前土地利用不合理的,如荒废、闲置等,应将其全部或部分土地退还原村或乡农民集体,或按有关规定进行处理。一九八七年《土地管理法》施行后违法占用的土地,须依法处理后再确定所有权。

第二十四条 乡(镇)企业使用本乡(镇)、村集体所有的土地,依照有关规定进行补偿和安置的,土地所有权转为乡(镇)农民集体所有。经依法批准的乡

(镇)、村公共设施、公益事业使用的农民集体土地,分别属于乡(镇)、村农民集体所有。

第二十五条 农民集体经依法批准以土地使用权作为联营条件与其他单位或个人举办联营企业的,或者农民集体经依法批准以集体所有的土地的使用权作价入股,举办外商投资企业和内联乡镇企业的,集体土地所有权不变。

第四章 国有土地使用权

第二十六条 土地使用权确定给直接使用土地的具有法人资格的单位或个人。但法律、法规、政策和本规定另有规定的除外。

第二十七条 土地使用者经国家依法划拨、出让或解放初期接收、沿用,或通过依法转让、继承、接受地上建筑物等方式使用国有土地的,可确定其国有土地使用权。

第二十八条 土地公有制之前,通过购买房屋或土地及租赁土地方式使用私有的土地,土地转为国有后迄今仍继续使用的,可确定现使用者国有土地使用权。

第二十九条 因原房屋拆除、改建或自然坍塌等原因,已经变更了实际土地使用者的,经依法审核批准,可将土地使用权确定给实际土地使用者、空地及房屋坍塌或拆除后两年以上仍未恢复使用的土地,由当地县级以上人民政府收回土地使用权。

第三十条 原宗教团体、寺观教堂宗教活动用地,被其他单位占用,原使用单位因恢复宗教活动需要退还使用的,应按有关规定予以退还。确属无法退还或土地使用权有争议的,经协商、处理确定土地使用权。

第三十一条 军事设施用地(含靶场、试验场、训练场)依照解放初土地接收文件和人民政府批准征收或划拨土地的文件确定土地使用权。土地使用权有争议的,按照国务院、中央军委有关文件规定处理后,再确定土地使用权。

国家确定的保留或地方代管的军事设施用地的土地使用权确定级军队,现由其他单位使用的,可依照有关规定确定为他项权利。

经国家批准撤销的军事设施,其土地使用权依照有关规定由当地县级以上人民政府收回并重新确定使用权。

第三十二条 依法接收、征收、划拨的铁路线路用地及其他铁路设施用地,现仍由铁路单位使用的,其使用权确定给铁路单位。铁路线路路基两侧依法取得使用权的保护用地,使用权确定给铁路单位。

第三十三条　国家水利、公路设施用地依照征收、划拨文件和有关法律、法规划定用地界线。

第三十四条　驻机关、企事业单位内的行政管理和服务性单位，经政府批准使用的土地，可以由土地管理部门商被驻单位规定土地的用途和其他限制条件后分别确定实际土地使用者的土地使用权。但租用房屋的除外。

第三十五条　原由铁路、公路、水利、电力、军队及其他单位和个人使用的土地，一九八二年五月《国家建设征用土地条例》公布之前，已经转由其他单位或个人使用的，除按照国家法律和政策应当退还的外，其国有土地使用权可确定给实际土地使用者，但严重影响上述部门的设施安全和正常使用的，暂不确定土地使用权，按照有关规定处理后，再确定土地使用权。一九八二年五月以后非法转让的，经依法处理后再确定使用权。

第三十六条　农民集体使用的国有土地，其使用权按县级以上人民政府主管部门审批、划拨文件确定；没有审批、划拨文件的，依照当时规定补办手续后，按使用现状确定；过去未明确划定使用界线的，由县级以上人民政府参照土地实际使用情况确定。

第三十七条　未按规定用途使用的国有土地，由县级以上人民政府收回重新安排使用，或者按有关规定处理后确定使用权。

第三十八条　一九八七年一月《土地管理法》施行之前重复划拨或重复征收的土地，可按目前实际使用情况或者根据最后一次划拨或征收文件确定使用权。

第三十九条　以土地使用权为条件与其他单位或个人合建房屋的，根据批准文件、合建协议或者投资数额确定土地使用权，但一九八二年《国家建设征用土地条例》公布后合建的，应依法办理土地转让手续后再确定土地使用权。

第四十条　以出让方式取得的土地使用权或以划拨方式取得的土地使用权补办出让手续后作为资产入股的，土地使用权确定给股份制企业。

国家以土地使用权作价入股的，土地使用权确定给股份制企业。

国家将土地使用权租赁给股分制企业的，土地使用权确定给股分制企业。企业以出让方式取得的土地使用权或以划拨方式取得的土地使用权补办出让手续后，出租给股分制企业的，土地使用权不变。

第四十一条　企业出让方式取得的土地使用权，企业破产后，经依法处置，确定给新的受让人；企业通过划拨方式取得的土地使用权，企业破产时，其土地使用权由县级以上人民政府收回后，根据有关规定进行处置。

第四十二条 法人之间合并，依法属于应当以有偿方式取得土地使用权的，原土地使用权应当办理有关手续，有偿取得土地使用权；依法可以以划拨形式取得土地使用权的，可以办理划拨土地权属变更登记，取得土地使用权。

第五章 集体土地建设用地使用权

第四十三条 乡（镇）村办企业事业单位和个人依法使用农民集体土地进行非农业建设的，可依法确定使用者集体土地建设用地使用权。对多占少用、占而不用的，其闲置部分不予确定使用权，并退还农民集体，另行安排使用。

第四十四条 依照本规定第二十五规定的农民集体土地，集体土地建设用地使用权确定给联营或股分企业。

第四十五条 一九八二年二月国务院发布《村镇建房用地管理条例》之前农村居民建房占用宅基地，超过当地政府规定的面积，在《村镇建房用地管理条例》施行后未经拆迁、改建、翻建的，可以暂按现有实际使用面积确定集体土地建设用地使用权。

第四十六条 一九八二年二月《村镇建房用地管理条例》发布时起至一九八七年一月《土地管理法》开始施行时止，农村居民建房占用的宅基地，其面积超过当地政府规定标准的，超过部分按一九八六年三月中共中央、国务院《关于加强土地管理、制止乱占耕地的通知》及地方人民政府的有关规定处理后，按处理后实际使用面积确定集体土地建设用地使用权。

第四十七条 符合当地政府分户建房规定而尚未分户的农村居民，其现有的宅基地没有超过分户建房用地合计面积标准的，可按现有宅基地面积确定集体土地建设用地使用权。

第四十八条 非农业户口居民（含华侨）原在农村的宅基地，房屋产权没有变化的，可依法确定其集体土地建设用地使用权。房屋拆除后没有批准重建的，土地使用权由集体收回。

第四十九条 接受转让、购买房屋取得的宅基地，与原有宅基地合计面积超过当地政府规定标准，按照有关规定处理后允许继续使用的，可暂确定其集体土地建设用地使用权。继承房屋取得的宅基地，可确定集体土地建设用地使用权。

第五十条 农村专业户宅基地以外的非农业建设用地与宅基地分别确定集体土地建设用地使用权。

第五十一条 按照本规定第四十五条至第四十九条的规定确定农村居民宅

基地集体土地建设用地使用权时，其面积超过当地政府规定标准的，可在土地登记卡和土地证书内注明超过标准面积的数量。以后分户建房或现有房屋拆迁、改建、翻建或政府依法实施规划重新建设时，按当地政府规定的面积标准重新确定使用权，其超过部分退还集体。

第五十二条　空闲或房屋坍塌、拆除两年以上未恢复使用的宅基地，不确定土地使用权。已经确定使用权的，由集体报经县级人民政府批准，注销其土地登记，土地由集体收回。

第六章　附　　则

第五十三条　一宗地由两个以上单位或个人共同使用的，可确定为共有土地使用权。共有土地使用权面积可以在共有使用人之间分摊。

第五十四条　地面与空中、地面与地下立体交叉使用土地的（楼房除外），土地使用权确定给地面使用者，空中和地下可确定为他项权利。

平面交叉使用土地的，可以确定为共有土地使用权；也可以将土地使用权确定给主要用途或优先使用单位，次要和服从使用单位可确定为他项权利。

上述两款中的交叉用地，如属合法批准征收、划拨的，可按批准文件确定使用权，其他用地单位确定为他项权利。

第五十五条　依法划定的铁路、公路、河道、水利工程、军事设施、危险品生产和储存地、风景区等区域的管理和保护范围内的土地，其土地的所有权和使用权依照土地管理有关法规确定。但对上述范围内的土地的用途，可以根据有关的规定增加适当的限制条件。

第五十六条　土地所有权或使用权证明文件上的四至界线与实地一致，但实地面积与批准面积不一致的，按实地四至界线计算土地面积，确定土地的所有权或使用权。

第五十七条　他项权利依照法律或当事人约定设定。他项权利可以与土地所有权或使用权同时确定，也可在土地所有权或使用权确定之后增设。

第五十八条　各级人民政府或人民法院已依法处理的土地权属争议，按处理决定确定土地所有权或使用权。

第五十九条　本规定由国家土地管理局负责解释。

第六十条　本规定自 1995 年 5 月 1 日起施行。1989 年 7 月 5 日国家土地管理局印发的《关于确定土地权属问题的若干意见》同时停止执行。

国土资源部《土地权属争议调查处理办法》

(2003 年 1 月 3 日国土资源部令第 17 号发布　根据 2010 年 11 月 30 日国土资源部令第 49 号《关于修改部分规章的决定》修正　修正后自公布之日起施行)

第一条　为依法、公正、及时地做好土地权属争议的调查处理工作,保护当事人的合法权益,维护土地的社会主义公有制,根据《中华人民共和国土地管理法》,制定本办法。

第二条　本办法所称土地权属争议,是指土地所有权或使用权归属争议。

第三条　调查处理土地权属争议,应当以法律、法规和土地管理规章为依据。从实际出发,尊重历史,面对现实。

第四条　县级以上国土资源行政主管部门负责土地权属争议案件(以下简称争议案件)的调查和调解工作;对需要依法作出处理决定的,拟定处理意见,报同级人民政府作出处理决定。

县级以上国土资源行政主管部门可以指定专门机构或者人员负责办理争议案件有关事宜。

第五条　个人之间、个人与单位、单位与单位之间发生的争议案件,由争议土地所在地的县级国土资源行政主管部门调查处理。

前款规定的个人之间、个人与单位、单位与单位之间发生的争议案件,可以根据当事人的申请,由乡级人民政府受理和处理。

第六条　设区的市、自治州国土资源行政主管部门调查处理下列争议案件:

(一)跨县级行政区域的;

(二)同级人民政府、上级国土资源部门交办或者其他部门转送的。

第七条　省、自治区、直辖市国土资源行政主管部门调查处理下列争议案件:

(一)跨设区的市、自治州行政区域的;

(二)争议一方为中央国家机关或者其直属单位,且涉及土地面积较大的;

(三)争议一方为军队,且涉及土地面积较大的;

(四)在本行政区域内有较大影响的;

(五)同级人民政府、国土资源部交办或者其他部门转送的。

第八条　国土资源部调查处理下列争议案件：

（一）国务院交办的；

（二）在全国范围内有重大影响的。

第九条　当事人发生土地权属争议，经协商不能解决的；可以依法向县级以上人民政府或者乡级人民政府提出处理申请，也可以依照本办法第五、六、七、八条的规定，向有关的国土资源行政主管部门提出调查处理申请。

第十条　申请调查处理土地权属争议的，应当符合下列条件：

（一）申请人与争议的土地有直接利害关系；

（二）有明确的请求处理对象、具体的处理请求和事实根据。

第十一条　申请调查处理土地权属争议的，应当提交书面申请书和有关证据材料，并按照被申请人数提交副本。

申请书应当载明以下事项：

（一）申请人和被申请人的姓名或者名称、地址、邮政编码、法定代表人姓名和职务；

（二）请求的事项、事实和理由；

（三）证人的姓名、工作单位、住址、邮政编码。

第十二条　当事人可以委托代理人代为申请土地权属争议的调查处理。委托代理人申请的，应当提交授权委托书。授权委托书应当写明委托事项和权限。

第十三条　对申请人提出的土地权属争议的申请，国土资源行政主管部门应当依照本办法第十条的规定进行审查，并在收到申请书之日起 7 个工作日内提出是否受理的意见。

认为应当受理的，在决定受理之日起 5 个工作日内将申请书副本发送被申请人。被申请人应当在接到申请书副本之日起 30 日内提交答辩书和有关证据材料。逾期不提交答辩书的，不影响案件的处理。

认为不应当受理的，应当及时拟定不予受理建议书，报同级人民政府作出不予受理决定。

当事人对不予受理决定不服的，可以依法申请行政复议或者提起行政诉讼。

同级人民政府、上级国土资源行政主管部门交办或者其他部门转办的争议案件，按照本条有关规定审查处理。

第十四条　下列案件不作为争议案件受理：

（一）土地侵权案件；

（二）行政区域边界争议案件；

（三）土地违法案件；

（四）农村土地承包经营权争议案件；

（五）其他不作为土地权属争议的案件。

第十五条 国土资源行政主管部门决定受理后，应当及时指定承办人，对当事人争议的事实情况进行调查。

第十六条 承办人与争议案件有利害关系的，应当申请回避；

当事人认为承办人与争议案件有利害关系的有权请求该承办人回避。承办人是否回避，由受理案件的国土资源行政主管部门决定。

第十七条 承办人在调查处理土地权属争议过程中，可以向有关单位或者个人调查取证。被调查的单位或者个人应当协助，并如实提供有关证明材料。

第十八条 在调查处理土地权属争议过程中，国土资源行政主管部门认为有必要对争议的土地进行实地调查的，应当通知当事人及有关人员到现现场。必要时，可以邀请有关部门派人协助调查。

第十九条 土地权属争议双方当事人对各自提出的事实和理由负有举证责任，应当及时向负责调查处理的国土资源行政主管部门提供有关证据材料。

第二十条 国土资源行政主管部门在调查处理争议案件时，应当审查双方当事人提供的有关证据材料：

（一）人民政府颁发的确定土地权属的凭证；

（二）人民政府或者主管部门批准征收、划拨、出让或者以其他方式批准使用土地的文件；

（三）争议双方当事人依法达成的书面协议；

（四）人民政府或者司法机关处理争议的文件或者附图；

（五）其他有关证明文件。

第二十一条 对当事人提供的证据材料，国土资源行政主管部门应当查证属实，方可作为认定事实的依据。

第二十二条 在土地所有权和使用权争议解决之前，任何一方不得改变土地利用的现状。

第二十三条 国土资源行政主管部门对受理的争议案件，应当在查清事实、分清权属关系的基础上先行调解，促使当事人以协商方式达成协议。调解应当坚持自愿、合法的原则。

第二十四条 调解达成协议的,应当制作调解书。调解书应当载明以下内容:

(一)当事人的姓名或者名称、法定代表人姓名和职务;

(二)争议的主要事实;

(三)协议内容及其他有关事项。

第二十五条 调解书经双方当事人签名或者盖章,由承办人署名并加盖国土资源行政主管部门的印章后生效的调解书具有法律效力,使土地登记的依据。

第二十六条 国土资源行政主管部门应当在调解书生效之日起 15 日内,依照民事诉讼法的有关规定,将调解书送达当事人,并同时报上级国土资源行政主管部门。

第二十七条 调解未达成协议的,国土资源行政主管部门应当及时提出调查处理意见,报同级人民政府作出处理决定。

第二十八条 国土资源行政主管部门应当自受理土地权属争议之日起 6 个月内提出调查处理意见。因情况复杂,在规定时间内不能提出调查处理意见的,经该国土资源行政主管部门负责人批准,可以适当延长。

第二十九条 调查处理意见应当包括以下内容:

(一)当事人的姓名或者名称、地址、法定代表人的姓名和职务;

(二)争议的事实和理由和要求;

(三)认定的事实和适用的法律、法规等依据;

(四)拟定的处理结论。

第三十条 国土资源行政主管部门提出调查处理意见后,应当在 5 个工作日内报同级人民政府,由人民政府下达处理决定。

国土资源行政主管部门的调查处理意见在报同级人民政府的同时,报上一级国土资源行政主管部门。

第三十一条 当事人对人民政府作出的处理决定不服的,可以依法行申请政复议或者提起行政诉讼。

在规定的时间内,当事人既不申请政复议,也不提起行政诉讼,处理决定即发生法律效力。生效的处理决定是土地登记的依据。

第三十二条 在土地权属争议调查处理过程中,国土资源行政主管部门的工作人员玩忽职守、滥用职权、徇斯舞弊,构成犯罪的,依法追究刑事责任;不构成犯罪的,由其所在单位或者上级机关依法给予行政处分。

第三十三条 乡级人民政府处理土地权属争议参照本办法执行。

第三十四条 调查处理争议案件的文书格式,由国土资源部统一制定。

第三十五条 调查处理争议案件的费用,依照国家有关规定执行。

第三十六条 本办法自 2003 年 3 月 1 日起施行。1995 年 12 月 18 日原国家土地管理局发布的《土地权属争议处理暂行办法》同时废止。

国土资源部办公厅对有关土地权属确认问题的复函

（2001 年 2 月 9 日　国土资厅函〔2001〕25 号）

陕西省人民政府法制办公室：

你办《关于〈确定土地所有权和使用权的若干规定〉第三十五条适用问题的请示》收悉。经研究，提出如下意见，供参考：

《确定土地所有权和使用权的若干规定》第三十五条规定不适用于借用土地问题的处理。

国土资源部关于土地确权有关问题的复函

（1999 年 6 月 4 日　国土资函〔1999〕217 号）

河北省土地管理局：

你局《关于对〈确定土地所有权和使用权的若干规定〉第三十五条具体含义进行解释的紧急请示》（冀土函字〔1999〕48 号）收悉。经研究，答复如下：

原国家土地管理局《确定土地所有权和使用权的若干规定》第三十五条规定："原由铁路、公路、水利、电力、军队及其他单位和个人使用的土地，1982 年 5 月《国家建设征用土地条例》公布之前，已经转由其他单位或个人使用的，除按照国家法律和政策应当退还的外，其国有土地使用权可确定给实际土地使用者"。上述规定，主要是指原土地使用者所使用的土地已经由现土地使用者使用，除按照国家法律和政策应当退还的外，只要不是强占性质，原则上按使用现状确定土地使用权。但租赁、借用的除外。对严重影响上述部门的设施安全和正常使用的，暂不确定土地使用权，按照有关规定处理后，再确定土地使用权。1982 年 5 月以后非法转让的，经依法处理后再确定使用权。

国土资源部办公厅关于确定土地所有权和使用权有关问题的复函

（1999 年 6 月 7 日国土资厅函〔1999〕112 号发布 根据 2010 年 12 月 3 日国土资源部国土资发〔2010〕190 号《关于修改部分规范性文件的决定》修正）

陕西省人民政府法制局：

你局《关于请求对〈确定土地所有权和使用权的若干规定〉第三十五条予以解释的函》收悉。经研究，现答复如下：

《确定土地所有权和使用权的若干规定》第三十五条中的“其他单位”。适用于铁路、公路、水利、电力、军队等部门以外的单位和个人，“上述部门”是指铁路、公路、水利、电力、军队及其他单位。

注：①根据《国土资源部关于修改部分规范性文件的决定》（国土资发〔2010〕190 号），“一、将下列规范性文件中的‘征用’修改为‘征收’……6.《关于确定土地所有权和使用权有关问题的复函》（国土资厅函〔1999〕112 号）”，文件根据该决定作相应修改。

②根据《国土资源部关于公布继续有效的规范性文件目录的公告》（2011 年第 5 号），“凡未列入本目录的国土资源部文件（包括原地质矿产部、原国家土地管理局发布的文件），原则上不再作为国土资源管理的依据”。该文件未列入国土资源部继续有效的规范性文件目录，但并未明确废止或失效。该文件未列入《自然资源部关于公布继续有效的规范性文件目录》（2019 年第 31 号），但亦无明文予以废止。

国土资源部关于铁路管理体制改革中办理变更土地登记有关问题的复函

(2005 年 8 月 2 日　国土资函〔2005〕627 号)

铁道部:

《关于请求对铁路管理体制中办理土地变更登记给予支持的函》(铁运函〔2005〕498 号)收悉。经研究,现函复如下:

在全国铁路系统管理体制改革中,因撤销铁路分局实行铁路局直接管理路段后,用地单位名称变更,用地单位及土地权属和用途未发生变更的,该用地单位应按《土地登记规则》的规定,到原土地登记机关办理名称变更登记手续。

注:根据《国土资源部关于公布继续有效的规范性文件目录的公告》(2011 年第 5 号),"凡未列入本目录的国土资源部文件(包括原地质矿产部、原国家土地管理局发布的文件),原则上不再作为国土资源管理的依据"。该文件未列入国土资源部继续有效的规范性文件目录,但并未明确废止或失效。该文件未列入《自然资源部关于公布继续有效的规范性文件目录》(2019 年第 31 号),但亦无明文予以废止。

国土资源部办公厅关于跨越或穿越铁路用地土地权属问题的复函

（2002 年 4 月 5 日　国土资厅函〔2002〕84 号）

山西省国土资源厅：

你厅《关于如何处理跨越或穿越铁路用地的土地权属的请示》（晋国土资发〔2002〕3 号）收悉。经研究，现函复如下：

根据《确定土地所有权和使用权的若干规定》第五十四条的规定，从已明确使用权或所有权的土地上跨越或地下穿越的公路、管线等（政府管理的城市市政管线除外，下同）的土地权属可确定为土地他项权利。公路、管线等的所有者或经营者为土地他项权利人，公路、管线等所穿越土地的使用权人或所有权人为土地他项权利义务人。具体土地登记时如需明确该类土地他项权利面积和范围的，公路、输油气管道、电信缆线、电力线路等土地他项权利面积可分别按有关法律规定的公路保护范围、输油气管道保护区、电信缆线保护区、电力线路保护区范围确定面积。

国土资源部关于对原铁路用地土地使用权问题的批复

(2001 年 10 月 10 日　国土资函〔2001〕441 号)

浙江省国土资源厅:

你厅《关于如何理解和执行(确定土地所有权和使用权的若干规定)第三十五条有关问题的请示》(浙土资〔2001〕31 号)收悉。经研究,批复如下:

原国家土地管理局《确定土地所有权和使用权若干规定》第 35 条中的"转由",是指转移土地使用权。但不包括租赁和借用。对租赁和借用铁路用地的,原则上仍应按照租赁和借用处理。

对 1982 年 5 月以前在租赁和借用的土地上自建房产,现已办理了合法手续,并且对铁路运行不直接妨碍的,经县级以上人民政府依法确权,可将土地使用权确定给现使用单位。

第三部分

铁 路 建 设

一、建设项目和建设用地审查报批

国务院办公厅关于全面开展工程建设项目审批制度改革的实施意见

(2019 年 3 月 13 日　国办发〔2019〕11 号)

各省、自治区、直辖市人民政府,国务院各部委、各直属机构:

工程建设项目审批制度改革是党中央、国务院在新形势下作出的重大决策,是推进政府职能转变和深化“放管服”改革、优化营商环境的重要内容。2018 年 5 月工程建设项目审批制度改革试点开展以来,试点地区按照国务院部署,对工程建设项目审批制度实施了全流程、全覆盖改革,基本形成统一的审批流程、统一的信息数据平台、统一的审批管理体系和统一的监管方式。经国务院同意,现就全面开展工程建设项目审批制度改革提出以下意见。

一、总体要求

(一)指导思想。以习近平新时代中国特色社会主义思想为指导,深入贯彻党的十九大和十九届二中、三中全会精神,坚持以人民为中心,牢固树立新发展理念,以推进政府治理体系和治理能力现代化为目标,以更好更快方便企业和群众办事为导向,加大转变政府职能和简政放权力度,全面开展工程建设项目审批制度改革,统一审批流程,统一信息数据平台,统一审批管理体系,统一监管方式,实现工程建设项目审批“四统一”。

(二)改革内容。对工程建设项目审批制度实施全流程、全覆盖改革。改革覆盖工程建设项目审批全过程(包括从立项到竣工验收和公共设施接入服务);主要是房屋建筑和城市基础设施等工程,不包括特殊工程和交通、水利、能源等领域的重大工程;覆盖行政许可等审批事项和技术审查、中介服务、市政公用服务以及备案等其他类型事项,推动流程优化和标准化。

(三)主要目标。2019 年上半年,全国工程建设项目审批时间压缩至 120 个工作日以内,省(自治区)和地级及以上城市初步建成工程建设项目审批制度框架和信息数据平台;到 2019 年底,工程建设项目审批管理系统与相关系统平台互联互通;试点地区继续深化改革,加大改革创新力度,进一步精简审批环节和事项,减少审批阶段,压减审批时间,加强辅导服务,提高审批效能。到2020年底,基本建成全国统一的工程建设项目审批和管理体系。

二、统一审批流程

(四)精简审批环节。精简审批事项和条件,取消不合法、不合理、不必要的审批事项,减少保留事项的前置条件。下放审批权限,按照方便企业和群众办事的原则,对下级机关有能力承接的审批事项,下放或委托下级机关审批。合并审批事项,对由同一部门实施的管理内容相近或者属于同一办理阶段的多个审批事项,整合为一个审批事项。转变管理方式,对能够用征求相关部门意见方式替代的审批事项,调整为政府内部协作事项。调整审批时序,地震安全性评价在工程设计前完成即可,环境影响评价、节能评价等评估评价和取水许可等事项在开工前完成即可;可以将用地预审意见作为使用土地证明文件申请办理建设工程规划许可证;将供水、供电、燃气、热力、排水、通信等市政公用基础设施报装提前到开工前办理,在工程施工阶段完成相关设施建设,竣工验收后直接办理接入事宜。试点地区要进一步精简审批环节,在加快探索取消施工图审查(或缩小审查范围)、实行告知承诺制和设计人员终身负责制等方面,尽快形成可复制可推广的经验。

(五)规范审批事项。各地要按照国务院统一要求,对本地区工程建设项目审批事项进行全面清理,统一审批事项和法律依据,逐步形成全国统一的审批事项名称、申请材料和审批时限。要本着合法、精简、效能的原则,制定国家、省(自治区)和地级及以上城市工程建设项目审批事项清单,明确各项审批事项的适用范围和前置条件,并实行动态管理。下级政府制定的审批事项清单原则上要与上级政府审批事项清单一致,超出上级政府审批事项清单范围的,要报上级机关备案,并说明理由。

(六)合理划分审批阶段。将工程建设项目审批流程主要划分为立项用地规划许可、工程建设许可、施工许可、竣工验收四个阶段。其中,立项用地规划许可阶段主要包括项目审批核准、选址意见书核发、用地预审、用地规划许可证核发等。工程建设许可阶段主要包括设计方案审查、建设工程规划许可证核发等。施工许可阶段主要包括设计审核确认、施工许可证核发等。竣工验收阶段主要包括规划、土地、消防、人防、档案等验收及竣工验收备案等。其他行政许可、强制性评估、中介服务、市政公用服务以及备案等事项纳入相关阶段办理或与相关阶段并行推进。每个审批阶段确定一家牵头部门，实行“一家牵头、并联审批、限时办结”，由牵头部门组织协调相关部门严格按照限定时间完成审批。

（七）分类制定审批流程。制定全国统一的工程建设项目审批流程图示范文本。地级及以上地方人民政府要根据示范文本，分别制定政府投资、社会投资等不同类型工程的审批流程图；同时可结合实际，根据工程建设项目类型、投资类别、规模大小等，进一步梳理合并审批流程。简化社会投资的中小型工程建设项目审批，对于带方案出让土地的项目，不再对设计方案进行审核，将工程建设许可和施工许可合并为一个阶段。试点地区要进一步加大改革力度，也可以在其他工程建设项目中探索将工程建设许可和施工许可合并为一个阶段。

（八）实行联合审图和联合验收。制定施工图设计文件联合审查和联合竣工验收管理办法。将消防、人防、技防等技术审查并入施工图设计文件审查，相关部门不再进行技术审查。实行规划、土地、消防、人防、档案等事项限时联合验收，统一竣工验收图纸和验收标准，统一出具验收意见。对于验收涉及的测绘工作，实行“一次委托、联合测绘、成果共享”。

（九）推行区域评估。在各类开发区、工业园区、新区和其他有条件的区域，推行由政府统一组织对压覆重要矿产资源、环境影响评价、节能评价、地质灾害危险性评估、地震安全性评价、水资源论证等评估评价事项实行区域评估。实行区域评估的，政府相关部门应在土地出让或划拨前，告知建设单位相关建设要求。

（十）推行告知承诺制。对通过事中事后监管能够纠正不符合审批条件的行为且不会产生严重后果的审批事项，实行告知承诺制。公布实行告知承诺制的工程建设项目审批事项清单及具体要求，申请人按照要求作出书面承诺的，审批部门可以根据申请人信用等情况直接作出审批决定。对已经实施区域评估范围内的工程建设项目，相应的审批事项实行告知承诺制。

三、统一信息数据平台

（十一）建立完善工程建设项目审批管理系统。地级及以上地方人民政府要按照“横向到边、纵向到底”的原则，整合建设覆盖地方各有关部门和区、县的工程建设项目审批管理系统，并与国家工程建设项目审批管理系统对接，实现审批数据实时共享。省级工程建设项目审批管理系统要将省级工程建设项目审批事项纳入系统管理，并与国家和本地区各城市工程建设项目审批管理系统实现审批数据实时共享。研究制定工程建设项目审批管理系统管理办法,通过工程建设项目审批管理系统加强对工程建设项目审批的指导和监督。地方工程建设项目审批管理系统要具备“多规合一”业务协同、在线并联审批、统计分析、监督管理等功能,在“一张蓝图”基础上开展审批,实现统一受理、并联审批、实时流转、跟踪督办。以应用为导向,打破“信息孤岛”,2019年底前实现工程建设项目审批管理系统与全国一体化在线政务服务平台的对接,推进工程建设项目审批管理系统与投资项目在线审批监管平台等相关部门审批信息系统的互联互通。地方人民政府要在工程建设项目审批管理系统整合建设资金安排上给予保障。

四、统一审批管理体系

(十二)“一张蓝图”统筹项目实施。统筹整合各类规划,划定各类控制线,构建“多规合一”的“一张蓝图”。依托工程建设项目审批管理系统,加强“多规合一”业务协同,统筹协调各部门对工程建设项目提出建设条件以及需要开展的评估评价事项等要求,为项目建设单位落实建设条件、相关部门加强监督管理提供依据,加速项目前期策划生成,简化项目审批或核准手续。

(十三)“一个窗口”提供综合服务。县级及以上城市人民政府要加强政务大厅建设,发挥服务企业群众、监督协调审批的作用。整合各部门和各市政公用单位分散设立的服务窗口,设立工程建设项目审批综合服务窗口。建立完善“前台受理、后台审核”机制,综合服务窗口统一收件、出件,实现“一个窗口”服务和管理。省级人民政府要统一制定本地区“一窗受理”的工作规程。鼓励为申请人提供工程建设项目审批咨询、指导、协调和代办等服务,帮助企业了解审批要求,提供相关工程建设项目的申请材料清单,提高申报通过率。

(十四)“一张表单”整合申报材料。各审批阶段均实行“一份办事指南,一张申请表单,一套申报材料,完成多项审批”的运作模式,牵头部门制定统一的办事指南和申报表格,每个审批阶段申请人只需提交一套申报材料。建立完善审批清单服务机制,主动为申请人提供项目需要审批的事项清单。不同审批阶段的审批部门应当共享申报材料,不得要求申请人重复提交。

(十五)“一套机制”规范审批运行。建立健全工程建设项目审批配套制度,明确部门职责,明晰工作规程,规范审批行为,确保审批各阶段、各环节无缝衔接。建立审批协调机制,协调解决部门意见分歧。建立跟踪督办制度,实时跟踪审批办理情况,对全过程实施督办。各级政府部门要主动加强与人大及司法机构的沟通协调配合,加快法律法规、规范性文件和标准规范的立改废释工作,修改或废止与工程建设项目审批制度改革要求不相符的相关制度,建立依法推进改革的长效机制。

五、统一监管方式

(十六)加强事中事后监管。进一步转变监管理念,完善事中事后监管体系,统一规范事中事后监管模式,建立以“双随机、一公开”监管为基本手段,以重点监管为补充,以信用监管为基础的新型监管机制,严肃查处违法违规行为。对于实行告知承诺制的审批事项,审批部门应当在规定时间内对承诺人履行承诺的情况进行检查,承诺人未履行承诺的,审批部门要依法撤销行政审批决定并追究承诺人的相应责任。

(十七)加强信用体系建设。建立工程建设项目审批信用信息平台,完善申请人信用记录,建立红黑名单制度,实行信用分级分类管理,出台工程建设项目审批守信联合激励和失信联合惩戒合作备忘录,对失信企业和从业人员进行严格监管。将企业和从业人员违法违规、不履行承诺的失信行为纳入工程建设项目审批管理系统,并与全国信用信息共享平台互联互通,加强信用信息共享,构建“一处失信、处处受限”的联合惩戒机制。

(十八)规范中介和市政公用服务。建立健全中介服务和市政公用服务管理制度,实行服务承诺制,明确服务标准和办事流程,规范服务收费。依托工程建设项目审批管理系统建立中介服务网上交易平台,对中介服务行为实施全过程监管。供水、供电、燃气、热力、排水、通信等市政公用服务要全部入驻政务服务大厅,实施统一规范管理,为建设单位提供“一站式”服务。

六、加强组织实施

(十九)强化组织领导。住房城乡建设部要切实担负起工程建设项目审批制度改革工作的组织协调和督促指导责任;各部门要密切协调配合,加强工程建设项目审批制度改革、投资审批制度改革等“放管服”各项改革任务的协同联动,形成改革合力。各省级人民政府要按照本实施意见要求,全面领导本地区工程建设项目审批制度改革工作,加强统筹协调、指导和督促,为改革工作提供组织和经费保障,积极推动各项改革措施落地。各省级人民政府要在本实施意见印发后 1 个月内制定具体实施方案,并报住房城乡建设部备案。各地方人民政府要高度重视工程建设项目审批制度改革工作,承担改革主体责任,成立以主要负责同志为组长的领导小组,明确责任部门,制定时间表、路线图,确保按时保质完成任务。

(二十)加强沟通反馈和培训。住房城乡建设部要建立上下联动的沟通反馈机制,及时了解地方工程建设项目审批制度改革工作情况,督促指导地方研究解决改革中遇到的问题。各地要针对重点、难点问题,采用集中培训、网络培训和专题培训等方式,加强对各级领导干部、工作人员和申请人的业务培训,对相关政策进行全面解读和辅导,提高改革能力和业务水平。

(二十一)严格督促落实。住房城乡建设部要会同相关部门建立工程建设项目审批制度改革评估评价机制,重点评估评价各地全流程、全覆盖改革和统一审批流程、统一信息数据平台、统一审批管理体系、统一监管方式等情况,并将有关情况报国务院。地方各级人民政府要加大对地方有关部门工作的督导力度,跟踪改革任务落实情况。各省级人民政府要定期向住房城乡建设部报送工作进展情况。对于工作推进不力、影响工程建设项目审批制度改革进程,特别是未按时完成阶段性工作目标的,要依法依规严肃问责。

(二十二)做好宣传引导。各地要通过多种形式及时宣传报道相关工作措施和取得的成效,加强舆论引导,增进社会公众对工程建设项目审批制度改革工作的了解和支持,及时回应群众关切,为顺利推进改革营造良好的舆论环境。

国家发展改革委关于进一步下放政府投资交通项目审批权的通知

（2017 年 1 月 25 日　发改基础〔2017〕189 号）

交通运输部、铁路局、民航局、中国铁路总公司，各省、自治区、直辖市及计划单列市、新疆生产建设兵团发展改革委：

经报国务院批准同意，我委以交通领域作为深化投资项目审批改革的重点，除涉及国务院、中央军委事权外，对能用规划实行有效管理的项目最大程度下放审批，仅保留少部分重大项目和中央投资为主项目的审批权限，同时加强规划管理和事中事后监管。现将有关事项通知如下：

一、下放政府投资交通项目审批事项

（一）列入国家批准的相关规划中非跨省的新建（含增建双线）普通铁路项目，铁路总公司投资为主的由铁路总公司自行决定，地方和社会投资为主的由省级政府审批可行性研究报告，均通过投资项目在线审批监管平台报国务院投资主管部门备案。

（二）列入国家批准的相关规划中的新建高速公路项目，由省级政府审批可行性研究报告，通过投资项目在线审批监管平台报国务院投资主管部门备案。

（三）列入国家批准的相关规划中的跨 10 万吨级及以上航道海域、跨大江大河（现状或规划为一级及以上通航段）的独立公（铁）路桥梁（隧道）项目，由省级政府审批可行性研究报告，通过投资项目在线审批监管平台报国务院投资主管部门备案。

（四）列入国家批准的相关规划中的交通行业直属院校、科研机构等中央本级非经营项目（使用中央预算内投资 5000 万元及以上项目除外），由行业部门审批可行性研究报告，通过投资项目在线审批监管平台报国务院投资主管部门备案。

二、强化规划引领和约束作用

在下放项目审批权限的同时，我委将强化规划引领和约束作用，提高“管”的有效性;提升行政服务质量和水平,增强“服”的主动性。加快实现从微观转向宏观、从审批转向监管、从项目安排转向制度供给,更好适应把握引领经济发展新常态。

(一)完善规划体系。借鉴城市轨道等交通项目审批权下放后以审批建设规划作为管理手段的经验,我委将强化交通规划编制、审批和组织实施,重要规划报国务院审批,实现简政放权后的有效管控。编制和完善铁路、公路、内河高等级航道、沿海港口、民用机场、油气管道等中长期布局规划,编制综合交通五年发展建设规划,编制或审批国防交通、城际铁路、城市轨道交通、高速公路、内河高等级航道、沿海港口、空管系统等专项建设规划,建立健全“中长期布局规划 + 五年发展建设规划 + 年度实施方案”相结合的规划管理体系,更好指导交通行业重大基础设施布局和项目建设实施。

(二)强化规划实施监管。我委将联合有关部门形成多方联动、共同监管工作格局,加强组织协调,层层分解、细化落实规划任务,明确各级责任主体,全程跟踪了解规划实施进展。充分利用信息化手段,依托投资项目在线审批监管平台等政府监管服务平台,运用市场、信用、法治等手段协同监管,切实保障规划有序实施。

(三)提升服务保障能力。对于下放的审批事项,我委将加强对承接单位的业务指导,开展规划、管理、技术等方面人才培训和交流,提高依法行政、依法管理的能力水平。完善交通项目有关报告编制和评估等规范,积极研究支持规划实施、项目建设的相关配套政策,协调解决跨部门、跨领域等重点难点问题。

三、有关要求

本次下放到省级政府的审批事项不得再行下放,由有关部门和单位自行审批或决定的事项不得再行转移。请各地方、有关部门和单位落实责任,完善制度办法,规范审批行为,加强能力建设,切实接住管好,提高行政效率和决策水平。

国务院关于发布政府核准的投资项目目录(2016年本)的通知(节录)

(2016年12月12日 国发〔2016〕72号)

三、交通运输

新建(含增建)铁路:列入国家批准的相关规划中的项目,中国铁路总公司为主出资的由其自行决定并报国务院投资主管部门备案,其他企业投资的由省级政府核准;地方城际铁路项目由省级政府按照国家批准的相关规划核准,并报国务院投资主管部门备案;其余项目由省级政府核准。

建设部 国家计委《建设项目选址规划管理办法》

（1991 年 8 月 23 日 建规〔1991〕583 号）

第一条 为了保障建设项目的选址和布局与城市规划密切结合，科学合理，提高综合效益，根据《中华人民共和国城市规划法》和国家基本建设程序的有关规定，制定本办法。

第二条 在城市规划区内新建、扩建、改建工程项目，编制、审批项目建议书和设计任务书，必须遵守本办法。

第三条 县级以上人民政府城市规划行政主管部门负责本行政区域内建设项目选址和布局的规划管理工作。

第四条 城市规划行政主管部门应当了解建设项目建议书阶段的选址工作。各级人民政府计划行政主管部门在审批项目建议书时，对拟安排在城市规划区内的建设项目，要征求同级人民政府城市规划行政主管部门的意见。

第五条 城市规划行政主管部门应当参加建设项目设计任务书阶段的选址工作，对确定安排在城市规划区内的建设项目从城市规划方面提出选址意见书。设计任务书报请批准时，必须附有城市规划行政主管部门的选址意见书。

第六条 建设项目选址意见书应当包括下列内容：

（一）建设项目的基本情况。

主要是建设项目名称、性质，用地与建设规模，供水与能源的需求量，采取的运输方式与运输量，以及废水、废气、废渣的排放方式和排放量。

（二）建设项目规划选址的主要依据。

1. 经批准的项目建议书；

2. 建设项目与城市规划布局的协调；

3. 建设项目与城市交通、通讯、能源、市政、防灾规划的衔接与协调；

4. 建设项目配套的生活设施与城市生活居住及公共设施规划的衔接与协调；

5. 建设项目对于城市环境可能造成的污染影响，以及与城市环境保护规划和风景名胜、文物古迹保护规划的协调。

（三）建设项目选址、用地范围和具体规划要求。

第七条 建设项目选址意见书，按建设项目计划审批权限实行分级规划管理。

县人民政府计划行政主管部门审批的建设项目，由县人民政府城市规划行政主管部门核发选址意见书；

地级、县级市人民政府计划行政主管部门审批的建设项目，由该市人民政府城市规划行政主管部门核发选址意见书；

直辖市、计划单列市人民政府计划行政主管部门审批的建设项目，由直辖市、计划单列市人民政府城市规划行政主管部门核发选址意见书；

省、自治区人民政府计划行政主管部门审批的建设项目，由项目所在地县、市人民政府城市规划行政主管部门提出审查意见，报省、自治区人民政府城市规划行政主管部门核发选址意见书；

中央各部门、公司审批的小型和限额以下的建设项目，由项目所在地县、市人民政府城市规划行政主管部门核发选址意见书；

国家审批的大中型和限额以上的建设项目，由项目所在地县、市人民政府城市规划行政主管部门提出审查意见，报省、自治区、直辖市、计划单列市人民政府城市规划行政主管部门核发选址意见书，并报国务院城市规划行政主管部门备案。

第八条 对符合手续的项目，各级人民政府城市规划行政主管部门应在规定的审批期限内核发选址意见书，不得无故拖延。

第九条 本办法自发布之日起施行。

国土资源部《建设项目用地预审管理办法》

（2001年7月25日国土资源部令第7号发布　2004年11月1日国土资源部令第27号修订　2008年11月29日国土资源部令第42号第一次修正　根据2016年11月29日国土资源部令第68号《关于修改〈建设项目用地预审管理办法〉的决定》第二次修正　修正后自2017年1月1日起施行）

第一条　为保证土地利用总体规划的实施，充分发挥土地供应的宏观调控作用，控制建设用地总量，根据《中华人民共和国土地管理法》、《中华人民共和国土地管理法实施条例》和《国务院关于深化改革严格土地管理的决定》，制定本办法。

第二条　本办法所称建设项目用地预审，是指国土资源主管部门在建设项目审批、核准、备案阶段，依法对建设项目涉及的土地利用事项进行的审查。

第三条　预审应当遵循下列原则：

（一）符合土地利用总体规划；

（二）保护耕地，特别是基本农田；

（三）合理和集约节约利用土地；

（四）符合国家供地政策。

第四条　建设项目用地实行分级预审。

需人民政府或有批准权的人民政府发展和改革等部门审批的建设项目，由该人民政府的国土资源主管部门预审。

需核准和备案的建设项目，由与核准、备案机关同级的国土资源主管部门预审。

第五条　需审批的建设项目在可行性研究阶段，由建设用地单位提出预审申请。

需核准的建设项目在项目申请报告核准前，由建设单位提出用地预审申请。

需备案的建设项目在办理备案手续后，由建设单位提出用地预审申请。

第六条　依照本办法第四条规定应当由国土资源部预审的建设项目，国土资源部委托项目所在地的省级国土资源主管部门受理,但建设项目占用规划确定的城市建设用地范围内土地的,委托市级国土资源主管部门受理。受理后,提出初审意见,转报国土资源部。

涉密军事项目和国务院批准的特殊建设项目用地,建设用地单位可直接向国土资源部提出预审申请。

应当由国土资源部负责预审的输电线塔基、钻探井位、通讯基站等小面积零星分散建设项目用地,由省级国土资源主管部门预审,并报国土资源部备案。

第七条 申请用地预审的项目建设单位,应当提交下列材料:

(一)建设项目用地预审申请表;

(二)建设项目用地预审申请报告,内容包括拟建项目的基本情况、拟选址占地情况、拟用地是否符合土地利用总体规划、拟用地面积是否符合土地使用标准、拟用地是否符合供地政策等;

(三)审批项目建议书的建设项目提供项目建议书批复文件,直接审批可行性研究报告或者需核准的建设项目提供建设项目列入相关规划或者产业政策的文件。

前款规定的用地预审申请表样式由国土资源部制定。

第八条 建设单位应当对单独选址建设项目是否位于地质灾害易发区、是否压覆重要矿产资源进行查询核实;位于地质灾害易发区或者压覆重要矿产资源的,应当依据相关法律法规的规定,在办理用地预审手续后,完成地质灾害危险性评估、压覆矿产资源登记等。

第九条 负责初审的国土资源主管部门在转报用地预审申请时,应当提供下列材料:

(一)依据本办法第十一条有关规定,对申报材料作出的初步审查意见;

(二)标注项目用地范围的土地利用总体规划图、土地利用现状图及其他相关图件;

(三)属于《土地管理法》第二十六条规定情形,建设项目用地需修改土地利用总体规划的,应当出具规划修改方案。

第十条 符合本办法第七条规定的预审申请和第九条规定的初审转报件,国土资源主管部门应当受理和接收。不符合的,应当场或在五日内书面通知申请人和转报人,逾期不通知的,视为受理和接收。

受国土资源部委托负责初审的国土资源主管部门应当自受理之日起二十日

内完成初审工作,并转报国土资源部。

第十一条 预审应当审查以下内容:

(一)建设项目用地是否符合国家供地政策和土地管理法律、法规规定的条件;

(二)建设项目选址是否符合土地利用总体规划,属《土地管理法》第二十六条规定情形,建设项目用地需修改土地利用总体规划的,规划修改方案是否符合法律、法规的规定;

(三)建设项目用地规模是否符合有关土地使用标准的规定;对国家和地方尚未颁布土地使用标准和建设标准的建设项目,以及确需突破土地使用标准确定的规模和功能分区的建设项目,是否已组织建设项目节地评价并出具评审论证意见。

占用基本农田或者其他耕地规模较大的建设项目,还应当审查是否已经组织踏勘论证。

第十二条 国土资源主管部门应当自受理预审申请或者收到转报材料之日起二十日内,完成审查工作,并出具预审意见。二十日内不能出具预审意见的,经负责预审的国土资源主管部门负责人批准,可以延长十日。

第十三条 预审意见应当包括对本办法第十一条规定内容的结论性意见和对建设用地单位的具体要求。

第十四条 预审意见是有关部门审批项目可行性研究报告、核准项目申请报告的必备文件。

第十五条 建设项目用地预审文件有效期为三年,自批准之日起计算。已经预审的项目,如需对土地用途、建设项目选址等进行重大调整的,应当重新申请预审。

未经预审或者预审未通过的,不得批复可行性研究报告、核准项目申请报告;不得批准农用地转用、土地征收,不得办理供地手续。预审审查的相关内容在建设用地报批时,未发生重大变化的,不再重复审查。

第十六条 本办法自 2009 年 1 月 1 日起施行。

国土资源部《建设用地审查报批管理办法》

(1999 年 3 月 2 日国土资源部令第 3 号发布　根据 2010 年 11 月 30 日国土资源部令第 49 号《关于修改部分规章的决定》第一次修正　根据 2016 年 11 月 29 日国土资源部令第 69 号《国土资源部关于修改〈建设用地审查报批管理办法〉的决定》第二次修正　修正后自 2017 年 1 月 1 日起施行)

第一条　为加强土地管理,规范建设用地审查报批工作,根据《中华人民共和国土地管理法》(以下简称《土地管理法》)、《中华人民共和国土地管理法实施条例》(以下简称《土地管理法实施条例》),制定本办法。

第二条　依法应当报国务院和省、自治区、直辖市人民政府批准的建设用地的申请、审查、报批和实施,适用本办法。

第三条　县级以上国土资源主管部门负责建设用地的申请受理、审查、报批工作。

第四条　在建设项目审批、核准、备案阶段,建设单位应当向建设项目批准机关的同级国土资源主管部门提出建设项目用地预审申请。

受理预审申请的国土资源主管部门应当依据土地利用总体规划、土地使用标准和国家土地供应政策,对建设项目的有关事项进行预审,出具建设项目用地预审意见。

第五条　在土地利用总体规划确定的城市建设用地范围外单独选址的建设项目使用土地的,建设单位应当向土地所在地的市、县国土资源主管部门提出用地申请。

建设单位提出用地申请时,应当填写《建设用地申请表》,并附具下列材料:

(一)建设项目用地预审意见;

(二)建设项目批准、核准或者备案文件;

(三)建设项目初步设计批准或者审核文件。

建设项目拟占用耕地的,还应当提出补充耕地方案;建设项目位于地质灾害易发区的,还应当提供地质灾害危险性评估报告。

第六条　国家重点建设项目中的控制工期的单体工程和因工期紧或者受季节影响急需动工建设的其他工程，可以由省、自治区、直辖市国土资源主管部门向国土资源部申请先行用地。

申请先行用地，应当提交下列材料：

（一）省、自治区、直辖市国土资源主管部门先行用地申请；

（二）建设项目用地预审意见；

（三）建设项目批准、核准或者备案文件；

（四）建设项目初步设计批准文件、审核文件或者有关部门确认工程建设的文件；

（五）国土资源部规定的其他材料。

经批准先行用地的，应当在规定期限内完成用地报批手续。

第七条　市、县国土资源主管部门对材料齐全、符合条件的建设用地申请，应当受理，并在收到申请之日起30日内拟订农用地转用方案、补充耕地方案、征收土地方案和供地方案，编制建设项目用地呈报说明书，经同级人民政府审核同意后，报上一级国土资源主管部门审查。

第八条　在土地利用总体规划确定的城市建设用地范围内，为实施城市规划占用土地的，由市、县国土资源主管部门拟订农用地转用方案、补充耕地方案和征收土地方案，编制建设项目用地呈报说明书，经同级人民政府审核同意后，报上一级国土资源主管部门审查。

在土地利用总体规划确定的村庄和集镇建设用地范围内，为实施村庄和集镇规划占用土地的，由市、县国土资源主管部门拟订农用地转用方案、补充耕地方案，编制建设项目用地呈报说明书，经同级人民政府审核同意后，报上一级国土资源主管部门审查。

报国务院批准的城市建设用地，农用地转用方案、补充耕地方案和征收土地方案可以合并编制，一年申报一次；国务院批准城市建设用地后，由省、自治区、直辖市人民政府对设区的市人民政府分期分批申报的农用地转用和征收土地实施方案进行审核并回复。

第九条　建设只占用国有农用地的，市、县国土资源主管部门只需拟订农用地转用方案、补充耕地方案和供地方案。

建设只占用农民集体所有建设用地的，市、县国土资源主管部门只需拟订征收土地方案和供地方案。

建设只占用国有未利用地,按照《土地管理法实施条例》第二十四条规定应由国务院批准的,市、县国土资源主管部门只需拟订供地方案;其他建设项目使用国有未利用地的,按照省、自治区、直辖市的规定办理。

第十条 建设项目用地呈报说明书应当包括用地安排情况、拟使用土地情况等,并应附具下列材料:

(一)经批准的市、县土地利用总体规划图和分幅土地利用现状图,占用基本农田的,同时提供乡级土地利用总体规划图;

(二)有资格的单位出具的勘测定界图及勘测定界技术报告书;

(三)地籍资料或者其他土地权属证明材料;

(四)为实施城市规划和村庄、集镇规划占用土地的,提供城市规划图和村庄、集镇规划图。

第十一条 农用地转用方案,应当包括占用农用地的种类、面积、质量等,以及符合规划计划、基本农田占用补划等情况。

补充耕地方案,应当包括补充耕地的位置、面积、质量,补充的期限,资金落实情况等,以及补充耕地项目备案信息。

征收土地方案,应当包括征收土地的范围、种类、面积、权属,土地补偿费和安置补助费标准,需要安置人员的安置途径等。

供地方案,应当包括供地方式、面积、用途等。

第十二条 有关国土资源主管部门收到上报的建设项目用地呈报说明书和有关方案后,对材料齐全、符合条件的,应当在5日内报经同级人民政府审核。同级人民政府审核同意后,逐级上报有批准权的人民政府,并将审查所需的材料及时送该级国土资源主管部门审查。

对依法应由国务院批准的建设项目用地呈报说明书和有关方案,省、自治区、直辖市人民政府必须提出明确的审查意见,并对报送材料的真实性、合法性负责。

省、自治区、直辖市人民政府批准农用地转用、国务院批准征收土地的,省、自治区、直辖市人民政府批准农用地转用方案后,应当将批准文件和下级国土资源主管部门上报的材料一并上报。

第十三条 有批准权的国土资源主管部门应当自收到上报的农用地转用方案、补充耕地方案、征收土地方案和供地方案并按规定征求有关方面意见后30日内审查完毕。

建设用地审查应当实行国土资源主管部门内部会审制度。

第十四条 农用地转用方案和补充耕地方案符合下列条件的,国土资源主管部门方可报人民政府批准:

(一)符合土地利用总体规划;

(二)确属必需占用农用地且符合土地利用年度计划确定的控制指标;

(三)占用耕地的,补充耕地方案符合土地整理开发专项规划且面积、质量符合规定要求;

(四)单独办理农用地转用的,必须符合单独选址条件。

第十五条 征收土地方案符合下列条件的,国土资源主管部门方可报人民政府批准:

(一)被征收土地界址、地类、面积清楚,权属无争议的;

(二)被征收土地的补偿标准符合法律、法规规定的;

(三)被征收土地上需要安置人员的安置途径切实可行。

建设项目施工和地质勘查需要临时使用农民集体所有的土地的,依法签订临时使用土地合同并支付临时使用土地补偿费,不得办理土地征收。

第十六条 供地方案符合下列条件的,国土资源主管部门方可报人民政府批准:

(一)符合国家的土地供应政策;

(二)申请用地面积符合建设用地标准和集约用地的要求;

(三)只占用国有未利用地的,符合规划、界址清楚、面积准确。

第十七条 农用地转用方案、补充耕地方案、征收土地方案和供地方案经有批准权的人民政府批准后,同级国土资源主管部门应当在收到批件后5日内将批复发出。

未按规定缴纳新增建设用地土地有偿使用费的,不予批复建设用地。其中,报国务院批准的城市建设用地,省、自治区、直辖市人民政府在设区的市人民政府按照有关规定缴纳新增建设用地土地有偿使用费后办理回复文件。

第十八条 经批准的农用地转用方案、补充耕地方案、征收土地方案和供地方案,由土地所在地的市、县人民政府组织实施。

第十九条 建设项目补充耕地方案经批准下达后,在土地利用总体规划确定的城市建设用地范围外单独选址的建设项目,由市、县国土资源主管部门负责监督落实;在土地利用总体规划确定的城市和村庄、集镇建设用地范围内,为实施城市规划和村庄、集镇规划占用土地的,由省、自治区、直辖市国土资源主管部门负责监督落实。

第二十条 征收土地公告和征地补偿、安置方案公告,按照《征收土地公告办法》的有关规定执行。

征地补偿、安置方案确定后,市、县国土资源主管部门应当依照征地补偿、安置方案向被征收土地的农村集体经济组织和农民支付土地补偿费、地上附着物和青苗补偿费,并落实需要安置农业人口的安置途径。

第二十一条 在土地利用总体规划确定的城市建设用地范围内,为实施城市规划占用土地的,经依法批准后,市、县国土资源主管部门应当公布规划要求,设定使用条件,确定使用方式,并组织实施。

第二十二条 以有偿使用方式提供国有土地使用权的,由市、县国土资源主管部门与土地使用者签订土地有偿使用合同,并向建设单位颁发《建设用地批准书》。土地使用者缴纳土地有偿使用费后,依照规定办理土地登记。

以划拨方式提供国有土地使用权的,由市、县国土资源主管部门向建设单位颁发《国有土地划拨决定书》和《建设用地批准书》,依照规定办理土地登记。《国有土地划拨决定书》应当包括划拨土地面积、土地用途、土地使用条件等内容。

建设项目施工期间,建设单位应当将《建设用地批准书》公示于施工现场。

市、县国土资源主管部门应当将提供国有土地的情况定期予以公布。

第二十三条 各级国土资源主管部门应当对建设用地进行跟踪检查。

对违反本办法批准建设用地或者未经批准非法占用土地的,应当依法予以处罚。

第二十四条 本办法自发布之日起施行。

国土资源部关于改进和优化建设项目用地预审和用地审查的通知

（2016 年 11 月 30 日　国土资规〔2016〕16 号）

各省、自治区、直辖市及计划单列市国土资源主管部门，新疆生产建设兵团国土资源局，解放军土地管理局，各派驻地方的国家土地督察局，部机关各司局：

为贯彻落实“简政放权、放管结合、优化服务”改革要求，进一步改进和优化建设项目用地预审和用地审查报批工作，现就有关事项通知如下：

一、认真贯彻党中央、国务院决策部署，高度重视改进和优化建设用地审批工作

（一）切实增强改进和优化建设用地审批工作的责任感和紧迫感。以用途管制为核心，以用地预审和用地审查为主要内容的现行建设用地审批制度，在严守耕地红线、保障发展需求、维护群众权益等方面发挥了长期重要的作用，但也存在着审查内容重复、时序结构不尽合理、报件准备周期长、标准化程度不够等问题。改进和优化建设用地审批制度，是贯彻落实党中央、国务院决策部署，适应把握引领经济发展新常态，积极推进供给侧结构性改革的内在要求；是深入落实“简政放权、放管结合、优化服务”的具体体现；是优化发展环境，激发市场活力，降低制度性交易成本，增强发展动能的务实举措；是回应社会关切，进一步提升国土资源服务效能的迫切需要。各级国土资源主管部门要充分认识改进和优化建设用地审批制度的重要意义，以思想的统一促行动上的自觉，以敬民之心，行简政之道，扎实抓好改进优化工作。

（二）准确把握改进和优化建设用地审批制度的总体要求。按照“明确定位、突出重点，系统梳理、减少重复，统筹衔接、强化协同，放管结合、优化服务”的原则，以依法依规、方便行政相对人为导向，部修正了《建设项目用地预审管理办法》和《建设用地审查报批管理办法》，通过去枝强干、调整时序、简化内容、优化流程等，实现建设用地审批“材料简化、时间缩短、难度降低”的目标。各级国土资源主管部门要准确把握改进和优化建设用地审批制度的方向目标和总体要求，

全面理解掌握修正后部门规章的各项规定，尽快调整适应和改进用地报批审查工作，切实提高用地保障的服务能力水平。

二、简化改进审查内容，切实提高建设用地审批效率

（三）简化对符合土地利用总体规划和土地使用标准的审查。严格土地利用总体规划管理，强化建设项目用地规划审查，建设项目必须依据规划布局确定选址，不得随意修改规划。属于《土地管理法》第二十六条规定情形（包括占用基本农田情形），确需修改土地利用总体规划的，必须对修改规划的必要性和可行性进行论证说明，在用地预审阶段编制规划修改方案（包括基本农田补划内容），并在建设项目用地报批前完成规划修改听证、规划实施影响评估和专家论证等工作。已通过用地预审的建设项目，在用地报批阶段原则上不再重复审查是否符合土地利用总体规划、是否符合土地使用标准等情况，但项目用地位置、规模、功能分区发生变化的，应依据土地利用总体规划和土地使用标准进行复核。在用地预审通过后、可行性研究报告批准或核准前，建设项目选址发生局部调整，不符合土地利用总体规划或者用地总规模超过土地使用标准的，应重新申请用地预审。

（四）简化对补充耕地和征地补偿等的审查。用地预审阶段，不再对补充耕地和征地补偿费用、矿山项目土地复垦资金安排情况进行审查，相应审查在用地报批阶段进行。但地方人民政府应切实履行保护耕地的法定职责、维护权利人的合法权益，建设单位必须承诺将补充耕地、征地补偿、土地复垦等相关费用纳入工程概算，省级国土资源主管部门承诺督促落实。对于地方有关部门批准立项、地方人民政府审批农用地转用，但土地征收需报国务院批准的建设项目，部在用地审查时不再审核农用地转用方案与补充耕地方案，只审查土地征收方案与土地供应方案。

（五）改进地质灾害危险性评估的审查。用地预审阶段，不再对单独选址的审批类建设项目是否开展地质灾害危险性评估进行审查。在用地报批阶段，部对地质灾害危险性评估情况进行形式性审查，地方国土资源主管部门应核实建设项目是否位于地质灾害易发区，位于地质灾害易发区的，应进一步核实建设单位是否按规定进行了地质灾害危险性评估；省级国土资源主管部门在提交建设项目用地审查报告时，应对是否进行地质灾害危险性评估进行说明。未按规定开展地质灾害危险性评估的，不得批准建设用地。

（六）改进压覆重要矿产资源的审查。用地预审阶段，不再对单独选址的审

批类建设项目是否压覆重要矿产资源进行审查。在用地报批阶段,建设项目涉及压覆重要矿产资源的,在建设单位说明已与矿业权人就压矿补偿问题进行协商、有关市县人民政府承诺做好压矿补偿协调工作的前提下,可办理用地审批手续;同时,省级国土资源主管部门应督促建设单位与矿业权人签订补偿协议,按规定办理压覆矿产资源审批和登记手续。对未签订补偿协议、未办理压覆矿产资源审批登记手续的,省级人民政府不得转发用地批复、市(县)人民政府不得供地。

(七)组织开展项目用地踏勘论证和节地评价。国家重点项目、线性工程等应避让基本农田,尽量不占或少占。确需占用基本农田或占用其他耕地规模较大(线性工程占用耕地100公顷以上、块状工程70公顷以上或占用耕地达到用地总面积50%以上,不包括水库类项目)的建设项目,省级国土资源主管部门应组织踏勘论证。对国家和地方尚未颁布土地使用标准和建设标准的建设项目,以及确需突破土地使用标准确定的规模和功能分区的建设项目,应按要求组织开展建设项目节地评价。同时需要开展踏勘论证和建设项目节地评价的建设项目,可将两项工作合并开展,出具踏勘论证和节地评价报告。

(八)改进城市建设用地的审查报批。报国务院批准用地的106个城市,按照"国家批规模、控结构,地方管项目、落用地"的原则,组织用地申报。报国务院审批农用地转用和土地征收时,不再报送标注用地位置的土地利用总体规划图,具体用地是否符合土地利用总体规划由省级审核农用地转用和土地征收实施方案时把关,不符合土地利用总体规划的实施方案,不得审核同意。

(九)适当缩小用地预审范围。不涉及新增建设用地,在土地利用总体规划确定的城镇建设用地范围内使用已批准建设用地进行建设的项目,可不进行建设项目用地预审。

三、加强事中事后监管,进一步提升服务保障水平

(十)强化实质性审查责任。地方国土资源主管部门对部只进行形式性审查的事项,要积极履行职责,加强实质性审查,做到权责一致,保证审查意见的真实、准确。

(十一)提高规范化水平。项目建设单位和省级国土资源主管部门应按照部统一规范的建设项目用地预审和用地报批申报材料格式(见附件),做好组卷工作,提高报件质量。部将更新后的用地预审和用地报批电子报盘软件下发后(国土资源部门户网站下载),省级以下国土资源主管部门要按照新要求组卷报批;不

符合新要求的,部政务大厅不予接收报件。部适时开展用地预审和用地审查集中培训,省级国土资源主管部门要加强业务指导,及时开展培训,确保各地全面掌握政策要求,提高业务能力水平。

(十二)加强实施监管。实行报件质量统计制度,对报部用地预审和用地审查项目报件质量差、补正多、不据实上报等情况,建立统计台账,并采取提醒、通报、约谈等方式,督促省级国土资源主管部门严格把关,确保报件质量。按照"谁审批、谁监管"的原则,严格落实监管责任,创新监管方式,提升监管能力,采取批后抽查、实地督察、部门联动等多种方式,对各地审查把关是否到位、是否存在未批先用、承诺事项是否落实等情况进行监督,发现问题及时提出整改意见,切实加强监督管理。加快完善用地审批业务系统与规划、供地、利用、卫片执法检查等系统的互联互通,完善综合监管体系,运用"大数据"分析技术,加强建设用地审批事中事后监管。

(十三)提升服务能力。大力推进用地预审和用地报批网上申报、受理、查询、批复等信息化建设,加快实现建设用地远程报批。积极做好政策解读宣传,回应社会关切,帮助行政相对人及时了解掌握相关政策和办事流程,方便行政相对人。做好政策过渡期间的有效衔接,实现制度、流程、系统的顺利过渡。与相关部门加强沟通联动,提前介入了解情况,积极履职,主动服务,及时协调解决重点建设项目用地中存在的问题。

本通知自 2017 年 1 月 1 日起执行,有效期 5 年。各地可依据《建设项目用地预审管理办法》《建设项目用地审查报批管理办法》和本通知要求,结合当地实际,制订相应的实施细则。

国土资源部关于转发国务院对国土资源部《报国务院批准的建设用地审查办法》批复的通知

（1999年10月28日国土资源部国土资发〔1999〕384号发布 根据2010年12月3日国土资源部国土资发〔2010〕190号《关于修改部分规范性文件的决定》修正 修正后自公布之日起施行）

各省、自治区、直辖市土地（国土）管理局（厅）、地矿厅（局），计划单列市土地管理局，解放军土地管理局，新疆生产建设兵团土地管理局：

《报国务院批准的建设用地审查办法》已经国务院批准，现印发给你们，请认真贯彻执行。

报国务院批准的建设用地审查办法

为认真贯彻实施《中华人民共和国土地管理法》（以下简称《土地管理法》）和《中华人民共和国土地管理法实施条例》（以下简称《实施条例》），规范需报国务院批准的建设用地审查工作，制定本办法。

一、审查范围

（一）按照建立最严格的土地管理制度的要求和《土地管理法》第四十四条的规定，下列建设占用土地，涉及农用地转为建设用地的，需报国务院批准：

1 国务院批准的建设项目；

2 国务院有关部门和国家计划单列企业批准的道路、管线工程和大型基础设施建设项目；

3 省、自治区、直辖市人民政府批准的道路、管线工程和大型基础设施建设项目；

4 在土地利用总体规划确定的直辖市、计划单列市和省、自治区人民政府所在地的城市以及人口在50万以上的城市建设用地规模范围内，为实施该规划按土地利用年度计划分批次用地。

(二)《土地管理法》第四十五条规定的征收下列土地的,需报国务院批准:

1 基本农田;

2 基本农田以外的耕地超过三十五公顷的;

3 其他土地超过七十公顷的。

(三)《实施条例》第二十四条规定的下列建设项目需要占用土地利用总体规划确定的国有未利用地作为建设用地的,需报国务院批准:

1 国家重点建设项目;

2 军事设施;

3 跨省、自治区、直辖市行政区域的建设项目;

4 国务院规定的其他建设项目。

二、审查原则

(一)切实保护耕地资源,保证国家建设用地。

(二)保护和改善生态环境,保障土地资源的可持续利用。

(三)占用耕地与补充耕地相平衡。

(四)依法、科学、集约、规范用地。

(五)严格办事程序,提高工作效率。

三、审查依据

(一)《土地管理法》《实施条例》等土地法律、法规和有关规定。

(二)国家有关产业政策。

(三)建设项目所在地土地利用总体规划和土地利用年度计划。

(四)建设用地定额指标和技术规范。

(五)建设项目用地预审报告书。

四、审查内容

(一)建设用地是否在需报国务院批准的范围之内。

(二)建设项目前期工作是否执行了国家规定的有关建设程序。

(三)建设用地是否在项目可行性研究阶段经过预审。

(四)建设用地是否符合当地土地利用总体规划,是否列入土地利用年度计划。

(五)农用地转用、补充耕地、征收土地和供地方案是否符合国家法律法规的规定和有关政策。

（六）用地面积是否符合国家规定的建设用地定额指标。

（七）补充耕地措施是否已经落实或能够落实。

（八）土地权属、地类、面积是否清楚、准确。

（九）建设项目选址压覆重要矿床的，是否经有权机关批准。

（十）建设用地位于地质灾害易发区的，是否提供了地质灾害危险性评估报告。

（十一）占用林地是否已经林业主管部门审核同意。

（十二）存在违法用地行为的，是否已依法查处。

（十三）其他内容是否符合国家法律、法规的规定和有关政策。

五、审查程序

（一）省、自治区、直辖市人民政府土地行政主管部门按照国家有关规定，拟定建设用地请示，并附对市、县人民政府拟定的农用地转用、补充耕地、征收土地和供地方案的书面审查意见，报省级人民政府同意后，由省级人民政府将建设用地请示呈报国务院。同时抄报国土资源部（抄报时并附资料10套、图件2套）。

（二）国务院将省级人民政府的建设用地请示转国土资源部商有关部门研究办理。省级人民政府的建设用地请示和报批资料、图件经国土资源部初审后，根据有关规定，由国土资源部就有关问题征求国务院有关部门意见，国务院有关部门自收到征求意见函之日起7个工作日内，应将意见书面反馈国土资源部。逾期未反馈意见又未说明情况的，按无意见处理。如国务院有关部门提出不同意见，由国土资源部负责协调。

（三）在综合国务院各有关部门意见的基础上，国土资源部采用部会审会议集体会审的办法，依据国家土地管理法律、法规和有关规定对建设用地进行审查，并提出建议批准或不予批准的意见。对建议批准的，形成审查报告，呈报国务院审批；对不予批准的，由国土资源部行文将建设用地请示退回报文的省级人民政府，并报国务院备案。

（四）建设用地经国务院批准后，由国土资源部负责办理建设用地批复文件，批复有关省、自治区、直辖市人民政府，并抄送国务院各有关部门，批复文件中注明“经国务院批准”字样。其中，按有关规定应缴纳新增建设用地土地有偿使用费的，在缴纳后，方可办理建设用地批复文件。

六、其他事项

（一）国土资源部对省级人民政府上报的建设用地请示和报批资料、图件进行初审，认为资料不齐全或内容不符合要求的，应通知其限期补报，逾期并不能说明原因的，可以将建设用地请示退回报文的省级人民政府。

（二）凡存在未批先用等违法用地行为的建设用地，必须依法查处，在追究有关责任人员行政或法律责任后，方可依法补办建设用地手续。

（三）经国务院批准的建设用地，凡不违反保密规定的，由国土资源部通过报刊向社会公告，接受社会监督。公告工作不收取任何费用。

（四）国土资源部需在每季度末将本季度建设用地审查情况综合汇总报告国务院。

国土资源部　交通运输部
铁道部关于进一步加强和改进公路、
铁路项目建设用地服务和监管的通知

（2011 年 3 月 2 日　国土资发〔2011〕30 号）

各省、自治区、直辖市国土资源、交通运输主管部门，各铁路局，新疆生产建设兵团国土资源局、各派驻地方的国家土地督察局：

近年来，公路、铁路建设快速发展，建设用地服务和监管工作逐年好转。但 2009 年度土地卫片执法检查结果显示，公路、铁路项目违法违规用地尚未得到有效遏制。为贯彻落实十部委《关于进一步加强和改进国家和省级重点工程项目建设用地服务和监管的通知》（国土资发〔2010〕87 号）要求，进一步加强和改进对公路、铁路项目建设用地的服务和监管工作，促进公路、铁路项目建设的顺利实施和依法依规用地，现就有关事项通知如下：

一、牢固树立依法依规、节约集约用地意识

公路、铁路项目事关国计民生，工期紧、任务重，而且大多属于线性工程，点多线长、用地类别多、涉及范围广，用地报批工作难度大。多数公路、铁路项目属于国家和省级重点工程，社会各界和人民群众广泛关注，能否依法依规、节约集约用地，对维护土地管理和利用秩序具有很强的导向和示范作用。地方各级国土资源主管部门和公路、铁路行业主管部门要切实负起责任，主动协调、相互配合，保障公路、铁路项目建设及时供地和依法依规、节约集约用地。

极研究推广节地的技术和工程措施，严禁多占多用。

二、进一步改进公路、铁路项目建设用地服务

地方各级国土资源主管部门要按照国土资源部《关于加快做好国务院批准单独选址建设项目用地审查工作的通知》（国土资发〔2010〕192 号）的要求，对符合条件的公路、铁路项目建设用地，积极主动服务，改进用地审查报批工作，提高审批效率。

要充分发挥土地利用总体规划的统筹管控作用，在地方政府的统一组织下，

国土资源主管部门会同有关部门,加快推进新一轮土地利用总体规划修编,将公路、铁路等重点基础设施项目纳入新一轮土地利用总体规划统筹安排,重点保障;要加强与公路、铁路行业主管部门的沟通协调,积极参与建设项目前期论证,科学合理选址(线),指导建设单位做好用地报件前期准备工作,确保及时申报;要强化用地预审,提前把好用地审查关,确保用地符合规划、纳入计划、符合用地标准,各类补偿安置费用和耕地占补平衡能够落实,征地能够实施。公路、铁路行业主管部门在土地利用总体规划编制、计划拟定、用地预审过程中,要主动提出用地需求,防止重复建设和超前建设,强化节约用地。

国土资源部将进一步加强用地审查、报批工作人员的业务培训,提高用地报批质量,促进各级国土资源主管部门及时发现和解决用地报批中存在的问题。对各省(区、市)申报的公路、铁路项目,同类补正问题多次提出而没有纠正的,国土资源部将进行通报。

国家重点公路、铁路建设项目,因工期紧急需开工建设的,在用地通过预审、项目可研批复后,桥梁、隧道、车站、特殊地基处理等控制性单体工程,以及受季节影响或与其他工程交叉干扰急需开工的工程,在设计审批部门确认工程选址和范围的前提下,可以申请并办理先行用地。先行开工工程涉及的拆迁安置用地,可一同申请办理先行用地。先行用地经批准后,要严格按照批准用地范围进行建设,同时抓紧申报正式用地,原则上应在6个月内完成。

公路、铁路项目正式报批用地时,可根据用地报批组卷进度,以市(地、州、盟)为单位分段报批用地。国家重点建设项目涉及的拆迁安置用地可随同项目用地一同报批;其他建设项目涉及的拆迁安置用地,在土地利用总体规划确定的城镇建设用地规划范围内的,按批次用地报批;在土地利用总体规划确定的城镇建设用地规划范围外的,可随同项目用地一同报批。对于建设施工中由于取弃土场等临时用地位置未确定等原因,难以完成土地复垦方案编制和评审工作,影响主体工程用地申报的,可由建设单位对此作出说明和承诺后报批用地。用地批准后,市、县国土资源主管部门在办理施工临时用地手续前,严格审核土地复垦资金和方案情况,土地复垦资金不落实、未按规定编制土地复垦方案的,不予办理临时用地手续。

加强项目建设用地规划设计管理,建设、设计单位应在设计过程中加强与各级国土资源主管部门沟通,及时提供有关信息,国土资源主管部门应加强服务、提前介入,加快用地手续办理。

三、切实加强行业指导和监管

各级公路、铁路行业主管部门要加强对建设、设计单位的指导和监督。在系统内积极宣传国土资源管理法律法规和政策的相关规定,进一步强化工作责任,认真落实耕地保护基本国策,切实增强建设单位依法依规用地和节约集约用地意识,依法履行建设用地审批程序,严格执行征地拆迁、补偿安置等各项政策要求。

对2009年度土地卫片执法检查发现的公路、铁路违法违规用地,行业主管部门和建设单位要积极配合国土资源主管部门做好整改工作,加快组卷报批,尽早完善用地手续。同时,对用地手续不完备的已建、在建公路、铁路项目进行一次全面清理整治,加快完善手续。

行业主管部门要严格履行监管职责,确定项目竣工时间要充分考虑项目用地申报、审批和征地实施等情况。建设用地未经依法审批,不得批准项目开工或以行政命令等手段强行要求开工。项目建设概算要足额安排征地补偿安置、补充耕地等费用,并依据有关规定安排被征地农民社会保障等费用,安排好搬迁农户建房等生活用地,切实维护农民权益,确保完成耕地占补任务。采取省部协议方式进行项目建设的,要确保协议签订后土地有关费用能够足额落实到位,用地报批工作顺利开展。

公路、铁路项目初步设计批准后,项目业主单位要及时、准确、完整地向国土资源主管部门提供设计文件和用地红线图,为建设用地组卷报批创造条件;公路沿线设施、铁路站场等项目在设计和建设过程中,要严格执行公路、铁路项目建设用地指标的规定,严禁超标准用地。国土资源主管部门要主动做好压覆矿产资源审核,指导项目主管部门做好协调工作。建设单位要主动与国土资源主管部门沟通,提前做好用地报批前期工作。建设单位必须积极配合国土资源主管部门协调征地拆迁中的有关问题,共同做好征地拆迁工作;要认真研究优化工程设计方案和施工组织方案,尽量少占耕地,节约集约用地;要严格依照国家有关政策规定缴纳相关税费,并督促施工单位及时进行土地复垦,确保耕地保护制度落到实处。

四、加强部门协调联动,严格监管

国土资源部、交通运输部、铁道部将建立多层次的用地协调机制,进一步健全共同责任机制,加强协调联动。

各级公路、铁路行业主管部门要加强对本区域工程建设情况的统筹规划,动态掌握项目建设用地手续办理情况,及时向上级主管部门上报用地手续办理情况。要积极配合国土资源主管部门履行监管职责。公路、铁路项目建设存在边报边用、未报即用等违法用地情况的,国土资源主管部门依法进行实地调查,勘查、测量面积时,建设单位应予以配合,并及时提供立项审批、用地报批等文件资料。未经国土资源主管部门检查核验,或者检查核验不合格的,主管部门不得通过项目竣工验收。

各级国土资源主管部门既要积极主动服务,也要严格规范管理。对先行用地建设项目超过批准范围使用土地,擅自改变公路、铁路用地性质进行建设的行为,要加大力度,严肃查处;严禁地方国土资源主管部门未经批准,擅自审批先行用地,一经发现,严格按非法批准用地查处;对制止无效、查处无法实施的公路、铁路项目违法用地,应当按照《关于进一步加强和规范对违反国土资源管理法律法规行为报告工作的意见》(国土资厅发〔2010〕58 号)要求,及时报告,省(区、市)国土资源主管部门对下级国土资源主管部门报告的违法行为,仍然制止无效、查处无法实施的,应当向省(区、市)人民政府和国土资源部专项报告,同时报告相关派驻地方的国家土地督察局。地方人民政府接到国土资源主管部门的报告后,对违法行为不制止、不组织查处、隐瞒不报、压案不查的,上级国土资源主管部门应会同有关部门,按照《关于实行党政领导干部问责的暂行规定》(中办发〔2009〕25 号)、《违反土地管理规定行为处分办法》(监察部、人力资源和社会保障部、国土资源部令第 15 号)的有关规定,追究政府主要领导人员和其他负有责任的领导人员的责任。

各派驻地方的国家土地督察局要进一步完善监管机制,加强建设用地审批事项审核督察,利用在线土地督察系统加强日常审核,组织开展实地核查。要通过与省级人民政府的定期通报机制,向省级人民政府及时通报重点建设项目违法用地情况;属于报国务院审批的单独选址项目用地,及时提出审核意见报国家土地总督察办公室,由国家土地总督察办公室在用地会审时提出意见,并向国务院有关部门通报;属于省级人民政府批准的重点建设项目用地,及时发出纠正整改意见。对违法用地情节和后果严重的,要报请国家土地总督察发出限期整改通知书,严肃查处,限期整改。

国家林业局《建设项目使用林地审核审批管理办法》

（2015 年 3 月 30 日国家林业局令第 35 号发布　根据 2016 年 9 月 22 日国家林业局令第 42 号《关于修改部分部门规章的决定》修改　修改后自公布之日起施行）

第一条　为了规范建设项目使用林地审核和审批，严格保护和合理利用林地，促进生态林业和民生林业发展，根据《中华人民共和国森林法》《中华人民共和国行政许可法》《中华人民共和国森林法实施条例》，制定本办法。

第二条　本办法所称建设项目使用林地，是指在林地上建造永久性、临时性的建筑物、构筑物，以及其他改变林地用途的建设行为。包括：

（一）进行勘查、开采矿藏和各项建设工程占用林地。

（二）建设项目临时占用林地。

（三）森林经营单位在所经营的林地范围内修筑直接为林业生产服务的工程设施占用林地。

第三条　建设项目应当不占或者少占林地，必须使用林地的，应当符合林地保护利用规划，合理和节约集约利用林地。

建设项目使用林地实行总量控制和定额管理。

建设项目限制使用生态区位重要和生态脆弱地区的林地，限制使用天然林和单位面积蓄积量高的林地，限制经营性建设项目使用林地。

第四条　占用和临时占用林地的建设项目应当遵守林地分级管理的规定：

（一）各类建设项目不得使用Ⅰ级保护林地。

（二）国务院批准、同意的建设项目，国务院有关部门和省级人民政府及其有关部门批准的基础设施、公共事业、民生建设项目，可以使用Ⅱ级及其以下保护林地。

（三）国防、外交建设项目，可以使用Ⅱ级及其以下保护林地。

注：根据 2018 年 8 月 4 日国家林业和草原局公告（2018 年第 12 号）附件《取消的国家林业和草原局规章和规范性文件设定的证明材料》，对第七条第三项证明材料予以取消。

（四）县（市、区）和设区的市、自治州人民政府及其有关部门批准的基础设施、公共事业、民生建设项目，可以使用Ⅱ级及其以下保护林地。

（五）战略性新兴产业项目、勘查项目、大中型矿山、符合相关旅游规划的生态旅游开发项目，可以使用Ⅱ级及其以下保护林地。其他工矿、仓储建设项目和符合规划的经营性项目，可以使用Ⅲ级及其以下保护林地。

（六）符合城镇规划的建设项目和符合乡村规划的建设项目，可以使用Ⅱ级及其以下保护林地。

（七）符合自然保护区、森林公园、湿地公园、风景名胜区等规划的建设项目，可以使用自然保护区、森林公园、湿地公园、风景名胜区范围内Ⅱ级及其以下保护林地。

（八）公路、铁路、通讯、电力、油气管线等线性工程和水利水电、航道工程等建设项目配套的采石（沙）场、取土场使用林地按照主体建设项目使用林地范围执行，但不得使用Ⅱ级保护林地中的有林地。其中，在国务院确定的国家所有的重点林区（以下简称重点国有林区）内，不得使用Ⅲ级以上保护林地中的有林地。

（九）上述建设项目以外的其他建设项目可以使用Ⅳ级保护林地。

本条第一款第（二）、（三）、（七）项以外的建设项目使用林地，不得使用一级国家级公益林地。

国家林业局根据特殊情况对具体建设项目使用林地另有规定的，从其规定。

第五条 建设项目占用林地的审核权限，按照《中华人民共和国森林法实施条例》的有关规定执行。

建设项目占用林地，经林业主管部门审核同意后，建设单位和个人应当依照法律法规的规定办理建设用地审批手续。

第六条 建设项目临时占用林地和森林经营单位在所经营的林地范围内修筑直接为林业生产服务的工程设施占用林地的审批权限，由县级以上地方人民政府林业主管部门按照省、自治区、直辖市有关规定办理。其中，重点国有林区内的建设项目，由省级林业主管部门审批。

第七条 占用林地和临时占用林地的用地单位或者个人提出使用林地申请，应当填写《使用林地申请表》，同时提供下列材料：

（一）用地单位的资质证明或者个人的身份证明。

（二）建设项目有关批准文件。包括：可行性研究报告批复、核准批复、备案确认文件、勘查许可证、采矿许可证、项目初步设计等批准文件；属于批次用地项目，提供经有关人民政府同意的批次用地说明书并附规划图。

（三）拟使用林地的有关材料。包括：林地权属证书、林地权属证书明细表或者林地证明；属于临时占用林地的，提供用地单位与被使用林地的单位、农村集体经济组织或者个人签订的使用林地补偿协议或者其他补偿证明材料；涉及使用国有林场等国有林业企事业单位经营的国有林地，提供其所属主管部门的意见材料及用地单位与其签订的使用林地补偿协议；属于符合自然保护区、森林公园、湿地公园、风景名胜区等规划的建设项目，提供相关规划或者相关管理部门出具的符合规划的证明材料，其中，涉及自然保护区和森林公园的林地，提供其主管部门或者机构的意见材料。

（四）建设项目使用林地可行性报告或者林地现状调查表。

第八条　修筑直接为林业生产服务的工程设施的森林经营单位提出使用林地申请，应当填写《使用林地申请表》，提供相关批准文件或者修筑工程设施必要性的说明，并提供工程设施内容、使用林地面积等情况说明。

第九条　建设项目需要使用林地的，用地单位或者个人应当向林地所在地的县级人民政府林业主管部门提出申请；跨县级行政区域的，分别向林地所在地的县级人民政府林业主管部门提出申请。

第十条　县级人民政府林业主管部门对材料齐全、符合条件的使用林地申请，应当在收到申请之日起 10 个工作日内，指派 2 名以上工作人员进行用地现场查验，并填写《使用林地现场查验表》。

第十一条　县级人民政府林业主管部门对建设项目拟使用的林地，应当在林地所在地的村（组）或者林场范围内将拟使用林地用途、范围、面积等内容进行公示，公示期不少于 5 个工作日。但是，依照相关法律法规的规定不需要公示的除外。

第十二条　按照规定需要报上级人民政府林业主管部门审核和审批的建设项目，下级人民政府林业主管部门应当将初步审查意见和全部材料报上级人民政府林业主管部门。

审查意见中应当包括以下内容：项目基本情况，拟使用林地和采伐林木情况，符合林地保护利用规划情况，使用林地定额情况，以及现场查验、公示情况等。

第十三条　有审核审批权的林业主管部门对申请材料不全或者不符合法定形式的，应当一次性书面告知用地单位或者个人限期补正；逾期未补正的，退还申请材料。

第十四条　符合本办法第三条、第四条规定的条件，并且符合国家供地政策，对生态环境不会造成重大影响，有审核审批权的人民政府林业主管部门应当作出准予使用林地的行政许可决定，按照国家规定的标准预收森林植被恢复费后，向用地单位或者个人核发准予行政许可决定书。不符合上述条件的，有关人民政府林业主管部门应当作出不予使用林地的行政许可决定，向用地单位或者个人核发不予行政许可决定书，告知不予许可的理由。

有审核审批权的人民政府林业主管部门对用地单位和个人提出的使用林地申请，应当在《中华人民共和国行政许可法》规定的期限内作出行政许可决定。

第十五条 建设项目需要使用林地的，用地单位或者个人应当一次申请。严禁化整为零、规避林地使用审核审批。

建设项目批准文件中已经明确分期或者分段建设的项目，可以根据分期或者分段实施安排，按照规定权限分次申请办理使用林地手续。

采矿项目总体占地范围确定，采取滚动方式开发的，可以根据开发计划分阶段按照规定权限申请办理使用林地手续。

公路、铁路、水利水电等建设项目配套的移民安置和专项设施迁建工程，可以分别具体建设项目，按照规定权限申请办理使用林地手续。

需要国务院或者国务院有关部门批准的公路、铁路、油气管线、水利水电等建设项目中的桥梁、隧道、围堰、导流（渠）洞、进场道路和输电设施等控制性单体工程和配套工程，根据有关开展前期工作的批文，可以由省级林业主管部门办理控制性单体工程和配套工程先行使用林地审核手续。整体项目申请时，应当附具单体工程和配套工程先行使用林地的批文及其申请材料，按照规定权限一次申请办理使用林地手续。

第十六条 国家或者省级重点的公路、铁路跨多个市（县），已经完成报批材料并且具备动工条件的，可以地级市为单位，由具有整体项目审核权限的人民政府林业主管部门分段审核。

大中型水利水电工程可以分别坝址、淹没区，由具有整体项目审核权限的人民政府林业主管部门分别审核。

第十七条 公路、铁路、输电线路、油气管线和水利水电、航道建设项目临时占用林地的，可以根据施工进展情况，一次或者分批次由具有整体项目审批权限的人民政府林业主管部门审批临时占用林地。

第十八条 抢险救灾等急需使用林地的建设项目，依据土地管理法律法规的有关规定，可以先行使用林地。用地单位或者个人应当在灾情结束后 6 个月内补办使用林地审核手续。属于临时用地的,灾后应当恢复林业生产条件,依法补偿后交还原林地使用者,不再办理用地审批手续。

第十九条 建设项目因设计变更等原因需要增加使用林地面积的,依据规定权限办理用地审核审批手续;需要改变使用林地位置或者减少使用林地面积的,向原审核审批机关申请办理变更手续。

第二十条 公路、铁路、水利水电、航道等建设项目临时占用的林地在批准期限届满后仍需继续使用的,应当在届满之日前 3 个月,由用地单位向原审批机关提出延续临时占用申请,并且提供本办法第七条第(三)项规定的有关补偿材料。原审批机关应当按照本办法规定的条件进行审查,作出延续行政许可决定。

第二十一条 国家依法保护林权权利人的合法权益。建设项目使用林地的,应当对涉及单位和个人的森林、林木、林地依法给予补偿。

第二十二条 建设项目临时占用林地期满后,用地单位应当在一年内恢复被使用林地的林业生产条件。

县级人民政府林业主管部门应当加强对用地单位使用林地情况的监管,督促用地单位恢复林业生产条件。

第二十三条 上级人民政府林业主管部门可以委托下级人民政府林业主管部门对建设项目使用林地实施行政许可。

第二十四条 经审核同意使用林地的建设项目,依照有关规定批准用地后,县级以上人民政府林业主管部门应当及时变更林地管理档案。

第二十五条 经审核同意使用林地的建设项目,准予行政许可决定书的有效期为两年。建设项目在有效期内未取得建设用地批准文件的,用地单位应当在有效期届满前 3 个月向原审核机关提出延期申请,原审核同意机关应当在准予行政许可决定书有效期届满前作出是否准予延期的决定。建设项目在有效期内未取得建设用地批准文件也未申请延期的,准予行政许可决定书失效。

第二十六条 《使用林地申请表》《使用林地现场查验表》式样,由国家林业局统一规定。

第二十七条 本办法所称Ⅰ、Ⅱ、Ⅲ、Ⅳ级保护林地,是指依据县级以上人民政府批准的林地保护利用规划确定的林地。

本办法所称国家级公益林林地,是指依据国家林业局、财政部的有关规定确定的公益林林地。

第二十八条 本办法所称“以上”均包含本数,“以下”均不包含本数。

第二十九条 本办法自2015年5月1日起施行。国家林业局于2001年1月4日发布、2011年1月25日修改的《占用征收征用林地审核审批管理办法》同时废止。

建设部关于统一实行建设用地规划许可证和建设工程规划许可证的通知

（1990年2月23日 〔90〕建规字第66号）

各省、自治区建委（建设厅），直辖市建委（规委）、城市规划局：

根据《城市规划法》的有关规定，城市土地利用与建设工程的规划管理将实行法定许可证制度。为了体现建设用地规划许可证和建设工程规划许可证的法律严肃性，促进城市规划管理工作的规范化，我部决定制定统一的建设用地规划许可证和建设工程规划许可证。现将有关事宜通知如下：

一、建设用地规划许可证

（一）申请建设用地规划许可证的一般程序：

1. 凡在城市规划区内进行建设需要申请用地的，必须持国家批准建设项目的有关文件，向城市规划行政主管部门提出定点申请；

2. 城市规划行政主管部门根据用地项目的性质、规模等，按照城市规划的要求，初步选定用地项目的具体位置和界限；

3. 根据需要，征求有关行政主管部门对用地位置和界限的具体意见；

4. 城市规划行政主管部门根据城市规划的要求向用地单位提供规划设计条件；

5. 审核用地单位提供的规划设计总图；

6. 核发建设用地规划许可证。

（二）建设用地规划许可证应当包括标有建设用地具体界限的附图和明确具体规划要求的附件。附图和附件是建设用地规划许可证的配套证件，具有同等的法律效力。附图和附件由发证单位根据法律、法规规定和实际情况制定。

二、建设工程规划许可证

（一）申请建设工程规划许可证的一般程序：

1. 凡在城市规划区内新建、扩建和改建建筑物、构筑物、道路、管线和其他工程设施的单位与个人，必须持有关批准文件向城市规划行政主管部门提出建设

申请;

2. 城市规划行政主管部门根据城市规划提出建设工程规划设计要求;

3. 城市规划行政主管部门征求并综合协调有关行政主管部门对建设工程设计方案的意见,审定建设工程初步设计方案;

4. 城市规划行政主管部门审核建设单位或个人提供的工程施工图后,核发建设工程规划许可证。

(二)建设工程规划许可证所包括的附图和附件,按照建筑物、构筑物、道路、管线以及个人建房等不同要求,由发证单位根据法律、法规规定和实际情况制定。附图和附件是建设工程规划许可证的配套证件,具有同等法律效力。

三、建设用地规划许可证和建设工程规划许可证,设市城市由市人民政府城市规划行政主管部门核发;县人民政府所在地镇和其他建制镇,由县人民政府城市规划行政主管部门核发。

四、当前,各地正在使用的建设工程规划许可证件,名称、形式多样,都是符合法律规定的,现行的证件可以继续使用,换证日期由各地自行决定。

二、土地征收与补偿

国有土地上房屋征收与补偿条例

（2011年1月21日国务院令第590号发布　自2011年1月21日起施行）

第一章　总　　则

第一条　为了规范国有土地上房屋征收与补偿活动，维护公共利益，保障被征收房屋所有权人的合法权益，制定本条例。

第二条　为了公共利益的需要，征收国有土地上单位、个人的房屋，应当对被征收房屋所有权人（以下称被征收人）给予公平补偿。

第三条　房屋征收与补偿应当遵循决策民主、程序正当、结果公开的原则。

第四条　市、县级人民政府负责本行政区域的房屋征收与补偿工作。

市、县级人民政府确定的房屋征收部门（以下称房屋征收部门）组织实施本行政区域的房屋征收与补偿工作。

市、县级人民政府有关部门应当依照本条例的规定和本级人民政府规定的职责分工，互相配合，保障房屋征收与补偿工作的顺利进行。

第五条　房屋征收部门可以委托房屋征收实施单位，承担房屋征收与补偿的具体工作。房屋征收实施单位不得以营利为目的。

房屋征收部门对房屋征收实施单位在委托范围内实施的房屋征收与补偿行为负责监督，并对其行为后果承担法律责任。

第六条　上级人民政府应当加强对下级人民政府房屋征收与补偿工作的监督。

国务院住房城乡建设主管部门和省、自治区、直辖市人民政府住房城乡建设主管部门应当会同同级财政、国土资源、发展改革等有关部门，加强对房屋征收与补偿实施工作的指导。

第七条　任何组织和个人对违反本条例规定的行为，都有权向有关人民政府、房屋征收部门和其他有关部门举报。接到举报的有关人民政府、房屋征收部门和其他有关部门对举报应当及时核实、处理。

监察机关应当加强对参与房屋征收与补偿工作的政府和有关部门或者单位及其工作人员的监察。

第二章 征收决定

第八条 为了保障国家安全、促进国民经济和社会发展等公共利益的需要，有下列情形之一，确需征收房屋的，由市、县级人民政府作出房屋征收决定：

（一）国防和外交的需要；

（二）由政府组织实施的能源、交通、水利等基础设施建设的需要；

（三）由政府组织实施的科技、教育、文化、卫生、体育、环境和资源保护、防灾减灾、文物保护、社会福利、市政公用等公共事业的需要；

（四）由政府组织实施的保障性安居工程建设的需要；

（五）由政府依照城乡规划法有关规定组织实施的对危房集中、基础设施落后等地段进行旧城区改建的需要；

（六）法律、行政法规规定的其他公共利益的需要。

第九条 依照本条例第八条规定，确需征收房屋的各项建设活动，应当符合国民经济和社会发展规划、土地利用总体规划、城乡规划和专项规划。保障性安居工程建设、旧城区改建，应当纳入市、县级国民经济和社会发展年度计划。

制定国民经济和社会发展规划、土地利用总体规划、城乡规划和专项规划，应当广泛征求社会公众意见，经过科学论证。

第十条 房屋征收部门拟定征收补偿方案，报市、县级人民政府。

市、县级人民政府应当组织有关部门对征收补偿方案进行论证并予以公布，征求公众意见。征求意见期限不得少于30日。

第十一条 市、县级人民政府应当将征求意见情况和根据公众意见修改的情况及时公布。

因旧城区改建需要征收房屋，多数被征收人认为征收补偿方案不符合本条例规定的，市、县级人民政府应当组织由被征收人和公众代表参加的听证会，并根据听证会情况修改方案。

第十二条 市、县级人民政府作出房屋征收决定前，应当按照有关规定进行社会稳定风险评估；房屋征收决定涉及被征收人数量较多的，应当经政府常务会议讨论决定。

作出房屋征收决定前，征收补偿费用应当足额到位、专户存储、专款专用。

第十三条 市、县级人民政府作出房屋征收决定后应当及时公告。公告应当载明征收补偿方案和行政复议、行政诉讼权利等事项。

市、县级人民政府及房屋征收部门应当做好房屋征收与补偿的宣传、解释工作。

房屋被依法征收的,国有土地使用权同时收回。

第十四条 被征收人对市、县级人民政府作出的房屋征收决定不服的,可以依法申请行政复议,也可以依法提起行政诉讼。

第十五条 房屋征收部门应当对房屋征收范围内房屋的权属、区位、用途、建筑面积等情况组织调查登记,被征收人应当予以配合。调查结果应当在房屋征收范围内向被征收人公布。

第十六条 房屋征收范围确定后,不得在房屋征收范围内实施新建、扩建、改建房屋和改变房屋用途等不当增加补偿费用的行为;违反规定实施的,不予补偿。

房屋征收部门应当将前款所列事项书面通知有关部门暂停办理相关手续。暂停办理相关手续的书面通知应当载明暂停期限。暂停期限最长不得超过1年。

第三章 补　　偿

第十七条 作出房屋征收决定的市、县级人民政府对被征收人给予的补偿包括:

(一)被征收房屋价值的补偿;

(二)因征收房屋造成的搬迁、临时安置的补偿;

(三)因征收房屋造成的停产停业损失的补偿。

市、县级人民政府应当制定补助和奖励办法,对被征收人给予补助和奖励。

第十八条 征收个人住宅,被征收人符合住房保障条件的,作出房屋征收决定的市、县级人民政府应当优先给予住房保障。具体办法由省、自治区、直辖市制定。

第十九条 对被征收房屋价值的补偿,不得低于房屋征收决定公告之日被征收房屋类似房地产的市场价格。被征收房屋的价值,由具有相应资质的房地产价格评估机构按照房屋征收评估办法评估确定。

对评估确定的被征收房屋价值有异议的,可以向房地产价格评估机构申请复核评估。对复核结果有异议的,可以向房地产价格评估专家委员会申请鉴定。

房屋征收评估办法由国务院住房城乡建设主管部门制定,制定过程中,应当向社会公开征求意见。

第二十条 房地产价格评估机构由被征收人协商选定;协商不成的,通过多数决定、随机选定等方式确定,具体办法由省、自治区、直辖市制定。

房地产价格评估机构应当独立、客观、公正地开展房屋征收评估工作,任何单位和个人不得干预。

第二十一条 被征收人可以选择货币补偿,也可以选择房屋产权调换。

被征收人选择房屋产权调换的,市、县级人民政府应当提供用于产权调换的房屋,并与被征收人计算、结清被征收房屋价值与用于产权调换房屋价值的差价。

因旧城区改建征收个人住宅,被征收人选择在改建地段进行房屋产权调换的,作出房屋征收决定的市、县级人民政府应当提供改建地段或者就近地段的房屋。

第二十二条 因征收房屋造成搬迁的,房屋征收部门应当向被征收人支付搬迁费;选择房屋产权调换的,产权调换房屋交付前,房屋征收部门应当向被征收人支付临时安置费或者提供周转用房。

第二十三条 对因征收房屋造成停产停业损失的补偿,根据房屋被征收前的效益、停产停业期限等因素确定。具体办法由省、自治区、直辖市制定。

第二十四条 市、县级人民政府及其有关部门应当依法加强对建设活动的监督管理,对违反城乡规划进行建设的,依法予以处理。

市、县级人民政府作出房屋征收决定前,应当组织有关部门依法对征收范围内未经登记的建筑进行调查、认定和处理。对认定为合法建筑和未超过批准期限的临时建筑的,应当给予补偿;对认定为违法建筑和超过批准期限的临时建筑的,不予补偿。

第二十五条 房屋征收部门与被征收人依照本条例的规定,就补偿方式、补偿金额和支付期限、用于产权调换房屋的地点和面积、搬迁费、临时安置费或者周转用房、停产停业损失、搬迁期限、过渡方式和过渡期限等事项,订立补偿协议。

补偿协议订立后,一方当事人不履行补偿协议约定的义务的,另一方当事人可以依法提起诉讼。

第二十六条 房屋征收部门与被征收人在征收补偿方案确定的签约期限内达不成补偿协议,或者被征收房屋所有权人不明确的,由房屋征收部门报请作出房屋征收决定的市、县级人民政府依照本条例的规定,按照征收补偿方案作出补偿决定,并在房屋征收范围内予以公告。

补偿决定应当公平，包括本条例第二十五条第一款规定的有关补偿协议的事项。

被征收人对补偿决定不服的，可以依法申请行政复议，也可以依法提起行政诉讼。

第二十七条 实施房屋征收应当先补偿、后搬迁。

作出房屋征收决定的市、县级人民政府对被征收人给予补偿后，被征收人应当在补偿协议约定或者补偿决定确定的搬迁期限内完成搬迁。

任何单位和个人不得采取暴力、威胁或者违反规定中断供水、供热、供气、供电和道路通行等非法方式迫使被征收人搬迁。禁止建设单位参与搬迁活动。

第二十八条 被征收人在法定期限内不申请行政复议或者不提起行政诉讼，在补偿决定规定的期限内又不搬迁的，由作出房屋征收决定的市、县级人民政府依法申请人民法院强制执行。

强制执行申请书应当附具补偿金额和专户存储账号、产权调换房屋和周转用房的地点和面积等材料。

第二十九条 房屋征收部门应当依法建立房屋征收补偿档案，并将分户补偿情况在房屋征收范围内向被征收人公布。

审计机关应当加强对征收补偿费用管理和使用情况的监督，并公布审计结果。

第四章 法律责任

第三十条 市、县级人民政府及房屋征收部门的工作人员在房屋征收与补偿工作中不履行本条例规定的职责，或者滥用职权、玩忽职守、徇私舞弊的，由上级人民政府或者本级人民政府责令改正，通报批评；造成损失的，依法承担赔偿责任；对直接负责的主管人员和其他直接责任人员，依法给予处分；构成犯罪的，依法追究刑事责任。

第三十一条 采取暴力、威胁或者违反规定中断供水、供热、供气、供电和道路通行等非法方式迫使被征收人搬迁，造成损失的，依法承担赔偿责任；对直接负责的主管人员和其他直接责任人员，构成犯罪的，依法追究刑事责任；尚不构成犯罪的，依法给予处分；构成违反治安管理行为的，依法给予治安管理处罚。

第三十二条 采取暴力、威胁等方法阻碍依法进行的房屋征收与补偿工作，构成犯罪的，依法追究刑事责任；构成违反治安管理行为的，依法给予治安管理处罚。

第三十三条 贪污、挪用、私分、截留、拖欠征收补偿费用的，责令改正，追回有关款项，限期退还违法所得，对有关责任单位通报批评、给予警告；造成损失的，依法承担赔偿责任；对直接负责的主管人员和其他直接责任人员，构成犯罪的，依法追究刑事责任；尚不构成犯罪的，依法给予处分。

第三十四条 房地产价格评估机构或者房地产估价师出具虚假或者有重大差错的评估报告的，由发证机关责令限期改正，给予警告，对房地产价格评估机构并处 5 万元以上 20 万元以下罚款，对房地产估价师并处 1 万元以上 3 万元以下罚款，并记入信用档案；情节严重的，吊销资质证书、注册证书；造成损失的，依法承担赔偿责任；构成犯罪的，依法追究刑事责任。

第五章 附　　则

第三十五条 本条例自公布之日起施行。2001 年 6 月 13 日国务院公布的《城市房屋拆迁管理条例》同时废止。本条例施行前已依法取得房屋拆迁许可证的项目，继续沿用原有的规定办理，但政府不得责成有关部门强制拆迁。

住房和城乡建设部关于印发《国有土地上房屋征收评估办法》的通知

（2011 年 6 月 3 日　建房〔2011〕77 号）

各省、自治区住房城乡建设厅，直辖市住房城乡建设委员会（房地局），新疆生产建设兵团建设局：

根据《国有土地上房屋征收与补偿条例》，我部制定了《国有土地上房屋征收评估办法》。现印发给你们，请遵照执行。

附件：

国有土地上房屋征收评估办法

第一条　为规范国有土地上房屋征收评估活动，保证房屋征收评估结果客观公平，根据《国有土地上房屋征收与补偿条例》，制定本办法。

第二条　评估国有土地上被征收房屋和用于产权调换房屋的价值，测算被征收房屋类似房地产的市场价格，以及对相关评估结果进行复核评估和鉴定，适用本办法。

第三条　房地产价格评估机构、房地产估价师、房地产价格评估专家委员会（以下称评估专家委员会）成员应当独立、客观、公正地开展房屋征收评估、鉴定工作，并对出具的评估、鉴定意见负责。

任何单位和个人不得干预房屋征收评估、鉴定活动。与房屋征收当事人有利害关系的，应当回避。

第四条　房地产价格评估机构由被征收人在规定时间内协商选定；在规定时间内协商不成的，由房屋征收部门通过组织被征收人按照少数服从多数的原则投票决定，或者采取摇号、抽签等随机方式确定。具体办法由省、自治区、直辖市制定。

房地产价格评估机构不得采取迎合征收当事人不当要求、虚假宣传、恶意低收费等不正当手段承揽房屋征收评估业务。

第五条 同一征收项目的房屋征收评估工作,原则上由一家房地产价格评估机构承担。房屋征收范围较大的,可以由两家以上房地产价格评估机构共同承担。

两家以上房地产价格评估机构承担的,应当共同协商确定一家房地产价格评估机构为牵头单位;牵头单位应当组织相关房地产价格评估机构就评估对象、评估时点、价值内涵、评估依据、评估假设、评估原则、评估技术路线、评估方法、重要参数选取、评估结果确定方式等进行沟通,统一标准。

第六条 房地产价格评估机构选定或者确定后,一般由房屋征收部门作为委托人,向房地产价格评估机构出具房屋征收评估委托书,并与其签订房屋征收评估委托合同。

房屋征收评估委托书应当载明委托人的名称、委托的房地产价格评估机构的名称、评估目的、评估对象范围、评估要求以及委托日期等内容。

房屋征收评估委托合同应当载明下列事项:

(一)委托人和房地产价格评估机构的基本情况;

(二)负责本评估项目的注册房地产估价师;

(三)评估目的、评估对象、评估时点等评估基本事项;

(四)委托人应提供的评估所需资料;

(五)评估过程中双方的权利和义务;

(六)评估费用及收取方式;

(七)评估报告交付时间、方式;

(八)违约责任;

(九)解决争议的方法;

(十)其他需要载明的事项。

第七条 房地产价格评估机构应当指派与房屋征收评估项目工作量相适应的足够数量的注册房地产估价师开展评估工作。

房地产价格评估机构不得转让或者变相转让受托的房屋征收评估业务。

第八条 被征收房屋价值评估目的应当表述为"为房屋征收部门与被征收人确定被征收房屋价值的补偿提供依据,评估被征收房屋的价值"。

用于产权调换房屋价值评估目的应当表述为"为房屋征收部门与被征收人计算被征收房屋价值与用于产权调换房屋价值的差价提供依据,评估用于产权调换房屋的价值"。

第九条　房屋征收评估前，房屋征收部门应当组织有关单位对被征收房屋情况进行调查，明确评估对象。评估对象应当全面、客观，不得遗漏、虚构。

房屋征收部门应当向受托的房地产价格评估机构提供征收范围内房屋情况，包括已经登记的房屋情况和未经登记建筑的认定、处理结果情况。调查结果应当在房屋征收范围内向被征收人公布。

对于已经登记的房屋，其性质、用途和建筑面积，一般以房屋权属证书和房屋登记簿的记载为准；房屋权属证书与房屋登记簿的记载不一致的，除有证据证明房屋登记簿确有错误外，以房屋登记簿为准。对于未经登记的建筑，应当按照市、县级人民政府的认定、处理结果进行评估。

第十条　被征收房屋价值评估时点为房屋征收决定公告之日。

用于产权调换房屋价值评估时点应当与被征收房屋价值评估时点一致。

第十一条　被征收房屋价值是指被征收房屋及其占用范围内的土地使用权在正常交易情况下，由熟悉情况的交易双方以公平交易方式在评估时点自愿进行交易的金额，但不考虑被征收房屋租赁、抵押、查封等因素的影响。

前款所述不考虑租赁因素的影响，是指评估被征收房屋无租约限制的价值；不考虑抵押、查封因素的影响，是指评估价值中不扣除被征收房屋已抵押担保的债权数额、拖欠的建设工程价款和其他法定优先受偿款。

第十二条　房地产价格评估机构应当安排注册房地产估价师对被征收房屋进行实地查勘，调查被征收房屋状况，拍摄反映被征收房屋内外部状况的照片等影像资料，做好实地查勘记录，并妥善保管。

被征收人应当协助注册房地产估价师对被征收房屋进行实地查勘，提供或者协助搜集被征收房屋价值评估所必需的情况和资料。

房屋征收部门、被征收人和注册房地产估价师应当在实地查勘记录上签字或者盖章确认。被征收人拒绝在实地查勘记录上签字或者盖章的，应当由房屋征收部门、注册房地产估价师和无利害关系的第三人见证，有关情况应当在评估报告中说明。

第十三条　注册房地产估价师应当根据评估对象和当地房地产市场状况，对市场法、收益法、成本法、假设开发法等评估方法进行适用性分析后，选用其中一种或者多种方法对被征收房屋价值进行评估。

被征收房屋的类似房地产有交易的，应当选用市场法评估；被征收房屋或者其类似房地产有经济收益的，应当选用收益法评估；被征收房屋是在建工程的，应当选用假设开发法评估。

可以同时选用两种以上评估方法评估的，应当选用两种以上评估方法评估，并对各种评估方法的测算结果进行校核和比较分析后，合理确定评估结果。

第十四条 被征收房屋价值评估应当考虑被征收房屋的区位、用途、建筑结构、新旧程度、建筑面积以及占地面积、土地使用权等影响被征收房屋价值的因素。

被征收房屋室内装饰装修价值，机器设备、物资等搬迁费用，以及停产停业损失等补偿，由征收当事人协商确定；协商不成的，可以委托房地产价格评估机构通过评估确定。

第十五条 房屋征收评估价值应当以人民币为计价的货币单位，精确到元。

第十六条 房地产价格评估机构应当按照房屋征收评估委托书或者委托合同的约定，向房屋征收部门提供分户的初步评估结果。分户的初步评估结果应当包括评估对象的构成及其基本情况和评估价值。房屋征收部门应当将分户的初步评估结果在征收范围内向被征收人公示。

公示期间，房地产价格评估机构应当安排注册房地产估价师对分户的初步评估结果进行现场说明解释。存在错误的，房地产价格评估机构应当修正。

第十七条 分户初步评估结果公示期满后，房地产价格评估机构应当向房屋征收部门提供委托评估范围内被征收房屋的整体评估报告和分户评估报告。房屋征收部门应当向被征收人转交分户评估报告。

整体评估报告和分户评估报告应当由负责房屋征收评估项目的两名以上注册房地产估价师签字，并加盖房地产价格评估机构公章。不得以印章代替签字。

第十八条 房屋征收评估业务完成后，房地产价格评估机构应当将评估报告及相关资料立卷、归档保管。

第十九条 被征收人或者房屋征收部门对评估报告有疑问的，出具评估报告的房地产价格评估机构应当向其作出解释和说明。

第二十条 被征收人或者房屋征收部门对评估结果有异议的，应当自收到评估报告之日起 10 日内，向房地产价格评估机构申请复核评估。

申请复核评估的，应当向原房地产价格评估机构提出书面复核评估申请，并指出评估报告存在的问题。

第二十一条 原房地产价格评估机构应当自收到书面复核评估申请之日起 10 日内对评估结果进行复核。复核后，改变原评估结果的，应当重新出具评估报告;评估结果没有改变的,应当书面告知复核评估申请人。

第二十二条 被征收人或者房屋征收部门对原房地产价格评估机构的复核结果有异议的,应当自收到复核结果之日起 10 日内,向被征收房屋所在地评估专家委员会申请鉴定。被征收人对补偿仍有异议的,按照《国有土地上房屋征收与补偿条例》第二十六条规定处理。

第二十三条 各省、自治区住房城乡建设主管部门和设区城市的房地产管理部门应当组织成立评估专家委员会,对房地产价格评估机构做出的复核结果进行鉴定。

评估专家委员会由房地产估价师以及价格、房地产、土地、城市规划、法律等方面的专家组成。

第二十四条 评估专家委员会应当选派成员组成专家组,对复核结果进行鉴定。专家组成员为 3 人以上单数,其中房地产估价师不得少于二分之一。

第二十五条 评估专家委员会应当自收到鉴定申请之日起 10 日内,对申请鉴定评估报告的评估程序、评估依据、评估假设、评估技术路线、评估方法选用、参数选取、评估结果确定方式等评估技术问题进行审核,出具书面鉴定意见。

经评估专家委员会鉴定,评估报告不存在技术问题的,应当维持评估报告;评估报告存在技术问题的,出具评估报告的房地产价格评估机构应当改正错误,重新出具评估报告。

第二十六条 房屋征收评估鉴定过程中,房地产价格评估机构应当按照评估专家委员会要求,就鉴定涉及的评估相关事宜进行说明。需要对被征收房屋进行实地查勘和调查的,有关单位和个人应当协助。

第二十七条 因房屋征收评估、复核评估、鉴定工作需要查询被征收房屋和用于产权调换房屋权属以及相关房地产交易信息的,房地产管理部门及其他相关部门应当提供便利。

第二十八条 在房屋征收评估过程中,房屋征收部门或者被征收人不配合、不提供相关资料的,房地产价格评估机构应当在评估报告中说明有关情况。

第二十九条 除政府对用于产权调换房屋价格有特别规定外,应当以评估方式确定用于产权调换房屋的市场价值。

第三十条 被征收房屋的类似房地产是指与被征收房屋的区位、用途、权利性质、档次、新旧程度、规模、建筑结构等相同或者相似的房地产。

被征收房屋类似房地产的市场价格是指被征收房屋的类似房地产在评估时

点的平均交易价格。确定被征收房屋类似房地产的市场价格,应当剔除偶然的和不正常的因素。

第三十一条 房屋征收评估、鉴定费用由委托人承担。但鉴定改变原评估结果的,鉴定费用由原房地产价格评估机构承担。复核评估费用由原房地产价格评估机构承担。房屋征收评估、鉴定费用按照政府价格主管部门规定的收费标准执行。

第三十二条 在房屋征收评估活动中,房地产价格评估机构和房地产估价师的违法违规行为,按照《国有土地上房屋征收与补偿条例》《房地产估价机构管理办法》《注册房地产估价师管理办法》等规定处罚。违反规定收费的,由政府价格主管部门依照《中华人民共和国价格法》规定处罚。

第三十三条 本办法自公布之日起施行。2003 年 12 月 1 日原建设部发布的《城市房屋拆迁估价指导意见》同时废止。但《国有土地上房屋征收与补偿条例》施行前已依法取得房屋拆迁许可证的项目,继续沿用原有规定。

国土资源部关于进一步做好征地管理工作的通知

（2010 年 6 月 26 日 国土资发〔2010〕96 号）

各省、自治区、直辖市国土资源厅（国土环境资源厅、国土资源局、国土资源和房屋管理局、规划和国土资源管理局），新疆生产建设兵团国土资源局：

为贯彻落实党中央、国务院关于做好征地工作的一系列指示精神，以及日前国务院办公厅《关于进一步严格征地拆迁管理工作切实维护群众合法权益的紧急通知》（国办发明电〔2010〕15 号，以下简称《紧急通知》）有关规定和要求，切实加强和改进征地管理，确保被征地农民原有生活水平不降低，长远生计有保障，现就有关事项通知如下：

一、推进征地补偿新标准实施，确保补偿费用落实到位

（一）全面实行征地统一年产值标准和区片综合地价。制定征地统一年产值标准和区片综合地价是完善征地补偿机制、实现同地同价的重要举措，也是提高征地补偿标准、维护农民权益的必然要求，各类建设征收农村集体土地都必须严格执行。对于新上建设项目，在用地预审时就要严格把关，确保项目按照公布实施的征地统一年产值标准和区片综合地价核算征地补偿费用，足额列入概算。建设用地位于同一年产值或区片综合地价区域的，征地补偿水平应基本保持一致，做到征地补偿同地同价。

各地应建立征地补偿标准动态调整机制，根据经济发展水平、当地人均收入增长幅度等情况，每 2 至 3 年对征地补偿标准进行调整，逐步提高征地补偿水平。目前实施的征地补偿标准已超过规定年限的省份，应按此要求尽快调整修订。未及时调整的，不予通过用地审查。

（二）探索完善征地补偿款预存制度。为防止拖欠征地补偿款，确保补偿费用及时足额到位，各地应探索和完善征地补偿款预存制度。在市县组织用地报批时，根据征地规模与补偿标准，测算征地补偿费用，由申请用地单位提前缴纳预存征地补偿款；对于城市建设用地和以出让方式供地的单独选址建设项目用地，由

当地政府预存征地补偿款。用地经依法批准后，根据批准情况对预存的征地补偿款及时核算，多退少补。

省级国土资源部门应结合本省（区、市）实际情况，会同有关部门，建立健全征地补偿款预存的有关规章制度，并在用地审查报批时审核把关。

（三）合理分配征地补偿费。实行征地统一年产值标准和区片综合地价后，省级国土资源部门要会同有关部门，按照征地补偿主要用于被征地农民的原则，结合近年来征地实施情况，制定完善征地补偿费分配办法，报省级政府批准后执行。

征地批后实施时，市县国土资源部门要按照确定的征地补偿安置方案，及时足额支付补偿安置费用；应支付给被征地农民的，要直接支付给农民个人，防止和及时纠正截留、挪用征地补偿安置费的问题。

二、采取多元安置途径，保障被征地农民生产生活

（四）优先进行农业安置。各地应结合当地实际，因地制宜，采取多种有效的征地安置方式。在一些通过土地整治增加了耕地以及农村集体经济组织预留机动地较多的农村地区，征地时应优先采取农业安置方式，将新增耕地或机动地安排给被征地农民，使其拥有一定面积的耕作土地，维持基本的生产条件和收入来源。

（五）规范留地安置。在土地利用总体规划确定的城镇建设用地范围内实施征地，可结合本地实际采取留地安置方式，但要加强引导和管理。留用地应安排在城镇建设用地范围内，并征为国有；涉及农用地转用的，要纳入年度土地利用计划，防止因留地安置扩大城市建设用地规模；留用地开发要符合城市建设规划和有关规定要求。实行留用地安置的地区，当地政府应制定严格的管理办法，确保留用地的安排规范有序，开发利用科学合理。

（六）推进被征地农民社会保障资金的落实。将被征地农民纳入社会保障，是解决被征地农民长远生计的有效途径。各级国土资源部门要在当地政府的统一领导下，配合有关部门，积极推进被征地农民社会保障制度建设。当前，解决被征地农民社保问题的关键在于落实社保资金，本着“谁用地、谁承担”的原则，鼓励各地结合征地补偿安置积极拓展社保资金渠道。各地在用地审查报批中，要对被征地农民社保资金落实情况严格把关，切实推进被征地农民社会保障资金的落实。

实行新型农村社会养老保险试点的地区，要做好被征地农民社会保障与新农保制度的衔接工作。被征地农民纳入新农保的，还应落实被征地农民的社会保障，不得以新农保代替被征地农民社会保障。

三、做好征地中农民住房拆迁补偿安置工作，解决好被征地农民居住问题

（七）切实做好征地涉及的拆迁补偿安置工作。各地要高度重视征地中农民住房拆迁工作，按照《紧急通知》规定要求切实加强管理。农民住房拆迁补偿安置涉及土地、规划、建设、户籍、民政管理等多方面，同时也关系到社会治安、环境整治以及民俗民风等社会问题，市县国土资源部门应在当地政府的统一组织领导和部署下，配合相关部门，建立协调机制，制订办法，共同做好拆迁工作。要严格执行相关法律法规和政策规定，履行有关程序，做到先安置后拆迁，坚决制止和纠正违法违规强制拆迁行为。

（八）住房拆迁要进行合理补偿安置。征地中拆迁农民住房应给予合理补偿，并因地制宜采取多元化安置方式，妥善解决好被拆迁农户居住问题。在城市远郊和农村地区，主要采取迁建安置方式，重新安排宅基地建房。拆迁补偿既要考虑被拆迁的房屋，还要考虑被征收的宅基地。房屋拆迁按建筑重置成本补偿，宅基地征收按当地规定的征地标准补偿。

在城乡结合部和城中村，原则上不再单独安排宅基地建房，主要采取货币或实物补偿的方式，由被拆迁农户自行选购房屋或政府提供的安置房。被拆迁农户所得的拆迁补偿以及政府补贴等补偿总和，应能保障其选购合理居住水平的房屋。

（九）统筹规划有序推进征地拆迁。在城乡结合部和城中村，当地政府应根据城市发展需要，合理预测一段时期内征地涉及的农民住房拆迁安置规模，统筹规划，对拆迁安置用地和建造安置住房提前作出安排，有序组织拆迁工作。安置房建设要符合城市发展规划，防止出现“重复拆迁”。在城市远郊和农村地区，实行迁建安置应在村庄和集镇建设用地范围内安排迁建用地，优先利用空闲地和闲置宅基地。纳入拆并范围的村庄，迁建安置应向规划的居民点集中。有条件的地方应结合新农村或中心村建设，统筹安排被拆迁农户的安置住房。

四、规范征地程序，提高征地工作透明度

（十）认真做好用地报批前告知、确认、听证工作。征地工作事关农民切身利益，征收农民土地要确保农民的知情权、参与权、申诉权和监督权。市县国土资源

部门要严格按照有关规定,征地报批前认真履行程序,充分听取农民意见。征地告知要切实落实到村组和农户,结合村务信息公开,采取广播、在村务公开栏和其他明显位置公告等方式,多形式、多途径告知征收土地方案。被征地农民有异议并提出听证的,当地国土资源部门应及时组织听证,听取被征地农民意见。对于群众提出的合理要求,必须妥善予以解决。

(十一)简化征地批后实施程序。为缩短征地批后实施时间,征地报批前履行了告知、确认和听证程序并完成土地权属、地类、面积、地上附着物和青苗等确认以及补偿登记的,可在征地报批的同时拟订征地补偿安置方案。征地批准后,征收土地公告和征地补偿安置方案公告可同步进行。公告中群众再次提出意见的,要认真做好政策宣传解释和群众思想疏导工作,得到群众的理解和支持,不得强行征地。

五、切实履行职责,加强征地管理

(十二)强化市县政府征地实施主体职责。依照法律规定,市县政府是征地组织实施的主体,对确定征地补偿标准、拆迁补偿安置、补偿费用及时足额支付到位、组织被征地农民就业培训、将被征地农民纳入社会保障等负总责。国土资源部门应在政府的统一组织领导下,认真履行部门职责,确保征地工作依法规范有序地进行。

(十三)落实征地批后实施反馈制度。建设用地批准后(其中国务院批准的城市建设用地,在省级政府审核同意农用地转用和土地征收实施方案后)6 个月内,市县国土资源部门应将征地批后实施完成情况,包括实施征地范围和规模、履行征地批后程序、征地补偿费用到位、被征地农民安置及社会保障落实等情况,通过在线报送系统及时报送省级国土资源部门和国土资源部。省级国土资源部门要督促、指导市县做好报送工作,检查核实报送信息,及时纠正不报送、迟报送及报送错误等问题。各级国土资源部门要充分运用报送信息,及时掌握、分析征地批后实施情况,加强用地批后监管,确保按批准要求实施征地。

国土资源部关于加快推进征地补偿安置争议协调裁决制度的通知

(2006 年 6 月 21 日 国土资发〔2006〕133 号)

各省、自治区、直辖市国土资源厅(国土环境资源厅、国土资源局、国土资源和房屋管理局、房屋土地资源管理局):

全国推行征地补偿安置争议协调裁决制度座谈会之后,按照部的统一部署,各地采取有效措施,积极推进征地补偿安置争议协调裁决制度建设,取得了一定进展。但是,一些地方对推行征地补偿安置争议协调裁决制度还存在着畏难情绪,思想认识不到位,工作缺乏主动性,协调裁决制度建设尚未在全国取得突破性进展。为进一步统一思想、提高认识,加快推进征地补偿安置争议协调裁决制度,及时化解因征地补偿安置引发的矛盾和纠纷,切实维护社会稳定,现就有关事项通知如下:

一、充分认识推行征地补偿安置争议协调裁决制度的紧迫性和重要性

推行征地补偿安置争议协调裁决制度,是构建社会主义和谐社会的客观需要。当前,我国正处在“发展机遇期”与“矛盾凸显期”,各种矛盾和纠纷纷繁复杂,突出多变。尤其是随着工业化、城市化进程的加快,因征地补偿安置引发的矛盾和纠纷日益突出,已成为人民群众日益关心的社会热点问题。一些地方由于征地补偿安置争议协调裁决制度不落实,致使许多因征地补偿引发的矛盾和纠纷得不到及时处理,部分地方甚至发生了群体性事件,影响了社会的稳定。全面推行征地补偿安置争议协调裁决制度,是建立和完善有效的群众利益诉求机制和权益保障机制的重要手段,对于引导被征地的农村集体经济组织和农民通过法定渠道化解征地矛盾,解决征地纠纷,切实维护社会稳定具有重要意义。

推行征地补偿安置争议协调裁决制度,是实施土地管理法规、完善征地程序的客观需要。征地补偿安置争议协调裁决制度,是《中华人民共和国土地管理法实施条例》为解决征地补偿安置争议确立的专门制度。2004 年《国务院关于深化改革严格土地管理的决定》(国发〔2004〕28 号)又提出了“加快建立和完善征地

补偿安置争议的协调和裁决机制,维护被征地农民和用地者的合法权益”。当前,随着农民对征地补偿的日益关注和补偿标准的不断提高,在实施征地中发生的矛盾、纠纷和冲突不断增加,迫切需要启动征地补偿安置争议协调裁决程序,来解决矛盾,化解纠纷,这对于保证土地管理法规的顺利实施、完善征地程序、切实强化国土资源管理部门在实施征地中的社会管理和公共服务职能具有重要意义。

推行征地补偿安置争议协调裁决制度,是有效化解征地实施中矛盾和纠纷的有效途径。在市、县政府实施征地过程中,一旦发生纠纷,迫切需要上级政府进行协调和裁决,尽快解决矛盾,避免陷入旷日持久的诉讼、上访,甚至激化矛盾,形成群体事件。湖南、重庆和安徽等省(市)推行征地补偿安置争议协调裁决制度的试点,已经在化解征地纠纷、维护社会稳定,规范政府行为、完善征地程序,普及法律法规、保护被征地农民合法权益等方面取得了良好效果。国务院领导对试点取得的成效给予了高度评价,对国土资源部全面推进这项工作给予了充分肯定。推行征地补偿安置争议协调裁决制度,是法规有要求,现实有需要,实践有经验,应当加快进行。

二、全面把握征地补偿安置争议协调裁决制度的基本内容

征地补偿安置争议协调裁决制度,是一项具有自身特点、专门针对征地补偿安置争议设立的纠纷解决制度,必须坚持政府主导、公众参与、重在协调的原则。各地在制定地方性的征地补偿安置争议协调裁决办法的过程中,要注意全面把握征地补偿安置争议协调裁决制度的基本内容:

(一)必须准确定位。协调裁决的范围是针对被征地农民与实施征地的市、县政府在补偿安置方面的争议。协调裁决不对经依法批准的征地合法性进行审查,不代替行政复议和诉讼。协调裁决的范围主要有:对市、县人民政府批准的征地补偿安置方案有异议的;对适用征地补偿安置方案涉及的对被征土地地类、人均耕地面积、被征土地前三年平均年产值的认定有异议的;实行区片综合地价计算征地补偿费的地区,对区片综合地价的适用标准和计算有异议的。

(二)必须兼顾合法性与合理性。协调要以土地管理法律、法规、规章和国家、省级人民政府有关政策为依据,主要是对市、县人民政府确定的征地补偿安置方案和实施过程进行合法性审查,同时兼顾合理性审查。合理性审查的标准是保证被征地农民原有生活水平不降低、长远生计有保障。各地要在对被征地农民原有生活水平调查、统计的基础上,逐步引入中立的中介组织对被征地土地进行评

估，进一步量化合理性审查的标准。

（三）必须规范协调和裁决的程序。在程序设定上，首先必须贯彻协调前置、重在协调的原则，即当事人应当先向拟定征地补偿安置方案的市、县人民政府的上一级人民政府申请协调。未经协调的案件，不能进行裁决。裁决机关受理裁决案件后，也要先行组织协调。经协调达不成一致意见的，依法作出裁决决定。协调意见书经双方当事人签字同意后，即发生法律效力。其次要体现便民、高效和公开的原则。裁决机关接受裁决申请的方式要多种多样，传真，电子邮件等形式都应当允许；协调和裁决都必须要有明确的时限要求，防止裁决案件久拖不决；协调和裁决的程序、过程和结果都要公开透明。

（四）必须建立灵活多样的协调裁决机制。各地要结合本地区的实际情况，大胆探索，按照居中协调和裁决的要求，积极探索灵活多样、符合本地区特点、有利于化解征地补偿安置纠纷的协调裁决机制。要借鉴国务院《信访条例》确立的政府主导、社会参与、有利于迅速解决纠纷的工作机制，在协调裁决工作中组织相关社会团体、法律援助机构、相关专业人员、社会志愿者等共同参与，综合运用咨询、教育、协商、调解、听证等方法，依法、及时处理征地补偿安置争议。

（五）必须依法告知当事人诉权。当事人对裁决机关作出的裁决决定不服的，可以在法定期限内依照《中华人民共和国行政复议法》和《中华人民共和国行政诉讼法》的有关规定申请行政复议或者提起行政诉讼。裁决决定中应当告知当事人诉权。

三、切实加强对推行征地补偿安置争议协调裁决制度的组织领导

明确职责任务，加强组织领导。各级国土资源管理部门要切实加强对推行征地补偿安置争议协调裁决制度的领导，从思想上高度重视，要把推行征地补偿安置争议协调裁决制度作为一项重要的政治任务，摆上重要的议事日程，专题研究部署，明确职责任务，主要负责同志负总责，分管领导亲自抓，建立健全领导责任制。要积极与当地政府沟通协调，争取政府的支持，尽快确立起分工明确、相互配合、规范运作、权责一致的工作机制。部决定将推行征地补偿安置争议协调裁决制度作为“完善体制、提高素质”活动的一项重要内容，作为考核省级国土资源管理部门主要领导执政能力和依法行政水平的重要指标。

采取有效措施，实现四个到位。征地补偿安置争议协调裁决制度涉及面广，问题复杂，推行这项制度，需要耗费大量的人力、物力和财力。各地要采取切实有

效的措施,努力实现机构、人员、经费、责任四到位。省、自治区、直辖市国土资源管理部门在机构编制比较紧张的情况下,要按照转变国土资源管理方式,强化国土资源管理职能的要求,通过内部调剂,为协调裁决机构增加编制,充实人员。同时,各地也可根据当地的实际情况,通过协调裁决委员会制来落实裁决机构,即由分管法制工作的领导牵头,聘请部分人大代表、政协委员、国土资源监察专员、政府有关部门的领导和工作人员、土地估价师和律师等作为协调裁决员,对协调裁决案件提出处理意见。

加强监督检查,确保年底到位。各地要按照本通知的要求,切实做好推行征地补偿安置争议协调裁决制度的各项工作,确保 2006 年底前,征地补偿安置争议协调裁决制度在全国省级国土资源管理部门全面到位。部将加大监督检查工作的力度,对全国各省级国土资源管理部门推行裁决制度的进行全面检查,要以是否出台裁决办法、是否落实裁决机构和人员、是否依法受理和办理裁决案件作为裁决制度是否到位的重要标志。

总结交流情况,推广先进经验。2007 年,部将召开全国推行征地补偿安置争议协调裁决制度经验交流会,总结、交流各地推行征地补偿安置争议协调裁决制度中所取得的好的经验和做法,认真研究解决存在的问题,不断完善制度建设,使征地补偿安置争议协调裁决制度成为化解征地矛盾的有效途径。

加快推行征地补偿安置争议协调裁决制度,事关社会主义和谐社会建设,事关社会稳定,事关广大农民的切身利益,意义十分重大,任务相当艰巨。各级国土资源管理部门要以坚定不移的决心和众志成城的信心,勇于担当,勇于实践,确保征地补偿安置争议协调裁决制度全面到位。

国土资源部《关于完善征地补偿安置制度的指导意见》

(2004 年 11 月 3 日 国土资发〔2004〕238 号)

为合理利用土地,保护被征地农民合法权益,维护社会稳定,根据法律有关规定和《国务院关于深化改革严格土地管理的决定》(国发〔2004〕28 号,以下简称《决定》)精神,现就完善征地补偿安置制度有关问题提出以下意见:

一、关于征地补偿标准

(一)统一年产值标准的制订。省级国土资源部门要会同有关部门制订省域内各县(市)耕地的最低统一年产值标准,报省级人民政府批准后公布执行。制订统一年产值标准可考虑被征收耕地的类型、质量、农民对土地的投入、农产品价格、农用地等级等因素。

(二)统一年产值倍数的确定。土地补偿费和安置补助费的统一年产值倍数,应按照保证被征地农民原有生活水平不降低的原则,在法律规定范围内确定;按法定的统一年产值倍数计算的征地补偿安置费用,不能使被征地农民保持原有生活水平,不足以支付因征地而导致无地农民社会保障费用的,经省级人民政府批准应当提高倍数;土地补偿费和安置补助费合计按 30 倍计算,尚不足以使被征地农民保持原有生活水平的,由当地人民政府统筹安排,从国有土地有偿使用收益中划出一定比例给予补贴。经依法批准占用基本农田的,征地补偿按当地人民政府公布的最高补偿标准执行。

(三)征地区片综合地价的制订。有条件的地区,省级国土资源部门可会同有关部门制订省域内各县(市)征地区片综合地价,报省级人民政府批准后公布执行,实行征地补偿。制订区片综合地价应考虑地类、产值、土地区位、农用地等级、人均耕地数量、土地供求关系、当地经济发展水平和城镇居民最低生活保障水平等因素。

(四)土地补偿费的分配。按照土地补偿费主要用于被征地农户的原则,土地补偿费应在农村集体经济组织内部合理分配。具体分配办法由省级人民政府制定。土地被全部征收,同时农村集体经济组织撤销建制的,土地补偿费应全部用于被征地农民生产生活安置。

二、关于被征地农民安置途径

(五)农业生产安置。征收城市规划区外的农民集体土地,应当通过利用农村集体机动地、承包农户自愿交回的承包地、承包地流转和土地开发整理新增加的耕地等,首先使被征地农民有必要的耕作土地,继续从事农业生产。

(六)重新择业安置。应当积极创造条件,向被征地农民提供免费的劳动技能培训,安排相应的工作岗位。在同等条件下,用地单位应优先吸收被征地农民就业。征收城市规划区内的农民集体土地,应当将因征地而导致无地的农民,纳入城镇就业体系,并建立社会保障制度。

(七)入股分红安置。对有长期稳定收益的项目用地,在农户自愿的前提下,被征地农村集体经济组织经与用地单位协商,可以以征地补偿安置费用入股,或以经批准的建设用地土地使用权作价入股。农村集体经济组织和农户通过合同约定以优先股的方式获取收益。

(八)异地移民安置。本地区确实无法为因征地而导致无地的农民提供基本生产生活条件的,在充分征求被征地农村集体经济组织和农户意见的前提下,可由政府统一组织,实行异地移民安置。

三、关于征地工作程序

(九)告知征地情况。在征地依法报批前,当地国土资源部门应将拟征地的用途、位置、补偿标准、安置途径等,以书面形式告知被征地农村集体经济组织和农户。在告知后,凡被征地农村集体经济组织和农户在拟征土地上抢栽、抢种、抢建的地上附着物和青苗,征地时一律不予补偿。

(十)确认征地调查结果。当地国土资源部门应对拟征土地的权属、地类、面积以及地上附着物权属、种类、数量等现状进行调查,调查结果应与被征地农村集体经济组织、农户和地上附着物产权人共同确认。

(十一)组织征地听证。在征地依法报批前,当地国土资源部门应告知被征地农村集体经济组织和农户,对拟征土地的补偿标准、安置途径有申请听证的权利。当事人申请听证的,应按照《国土资源听证规定》规定的程序和有关要求组织听证。

四、关于征地实施监管

(十二)公开征地批准事项。经依法批准征收的土地,除涉及国家保密规定等特殊情况外，国土资源部和省级国土资源部门通过媒体向社会公示征地批准事项。县（市）国土资源部门应按照《征用土地公告办法》规定，在被征地所在的村、组公告征地批准事项。

（十三）支付征地补偿安置费用。征地补偿安置方案经市、县人民政府批准后，应按法律规定的时限向被征地农村集体经济组织拨付征地补偿安置费用。当地国土资源部门应配合农业、民政等有关部门对被征地集体经济组织内部征地补偿安置费用的分配和使用情况进行监督。

（十四）征地批后监督检查。各级国土资源部门要对依法批准的征收土地方案的实施情况进行监督检查。因征地确实导致被征地农民原有生活水平下降的，当地国土资源部门应积极会同政府有关部门，切实采取有效措施，多渠道解决好被征地农民的生产生活，维护社会稳定。

国土资源部《关于完善农用地转用和土地征收审查报批工作的意见》

（2004 年 11 月 2 日　国土资发〔2004〕237 号）

为巩固土地市场治理整顿成果，根据《国务院关于深化改革严格土地管理的决定》（国发〔2004〕号，以下简称《决定》）精神，现就完善农用地转用和土地征收审查报批工作提出以下意见：

一、严格控制农用地转用和土地征收报批条件

（一）《决定》下发后，通过清理有关文件，对仍未纠正违法下放的农用地转用和土地征收审批权的地方，继续暂停该地农用地转用和土地征收报批。

（二）各省（自治区、直辖市）首先办理经国家发展改革委、国土资源部确认纳入 2004 年度农用地转用计划的重点急需建设项目的用地报批；年度计划有剩余指标的，再办理其他建设用地报批。年度农用地转用计划指标用完的省（自治区、直辖市）或市、县，2004 年底前暂停农用地转用和土地征收报批；没有计划指标，擅自批准用地的，按非法批地查处。

（三）对以往拖欠的农民征地补偿安置费，在 2004 年年底前未足额偿还的市、县，暂缓下达 2005 年度农用地转用计划指标，暂停农用地转用和土地征收报批。

（四）对 2004 年底前未按《关于基本农田保护中有关问题的整改意见》（国土资发〔2004〕号）的要求，将现有的基本农田落实到地块的市、县，暂缓下达 2005 年度农用地转用计划指标，暂停农用地转用和土地征收报批。

二、规范农用地转用和土地征收审查报批工作

（五）城市分批次建设用地严格按法律规定报批。分批次范围内的用地要提供土地开发建设整体方案，有控制性规划的，还应提供控制性规划。分批次范围内已有具体建设项目的，应附具项目名单，列明项目名称、性质、规模和用地面积。

（六）能源、交通、水利、矿山、军事设施等确需单独选址建设的项目，在《国务院关于投资体制改革的决定》（国发〔2004〕20 号）实施前批准立项的，仍按原规定报批用地；实施后，属国务院、国家发展改革等部门或省级人民政府批准、核准

的单独选址建设项目，涉及农用地转用和土地征收的，报国务院批准；除此之外的单独选址建设项目，涉及农用地转用和土地征收的，报省级人民政府批准，其中征收土地面积超过省级批准权限的，土地征收必须报国务院批准；建设项目确需占用基本农田的，必须报国务院批准。

（七）各类建设的用地必须符合土地利用总体规划。确需单独选址建设的项目，依法可以改变土地利用总体规划的，规划修改方案可以在报批用地时一并报批；其他项目用地涉及修改规划的，按法定程序修改规划后，方可报批用地。

（八）建设项目的可行性研究报告或其他有关文件没有明确分期建设的，应一次性报批农用地转用和土地征收。城市分批次建设用地，市、县每年报批应控制在 5 个批次内。

（九）农村集体建设和村民住宅建设在向集镇、乡镇工业小区和中心村集中过程中，新址用地必须符合规划，纳入计划；涉及占用农用地的，不得以土地置换为名，规避农用地转用报批手续。

（十）对违法用地，须先按有关规定进行处罚。确需补办用地手续的，在补办用地手续时，须附具对违法案件和有关责任人的处理意见及落实情况，征地补偿安置费用、耕地开垦费按违法用地期间最高标准支付和缴纳。

（十一）补充耕地实行边占边补的，耕地开垦费必须列入工程投资概算，补充耕地的土地开发整理项目须按有关规定验收；建设单位缴纳耕地开垦费的，报批用地时应附具耕地开垦费缴纳证明和代其补充耕地单位的证明。经依法批准占用基本农田的，耕地开垦费缴纳标准按当地最高标准执行。补充耕地实行先补后占的，报批用地时应附具补充耕地验收文件和资金来源情况的说明。

三、强化农用地转用和土地征收批后监督管理

（十二）城市分批次建设用地和单独选址建设项目用地涉及缴纳新增建设用地土地有偿使用费的，国土资源管理部门应全额下达新增建设用地土地有偿使用费缴款通知书，由市、县人民政府按有关规定缴纳后，再下达批复文件。

（十三）国务院批准的城市分批次建设用地的供地情况、省级人民政府批准的单独选址建设项目用地和城市分批次建设用地及供地情况，应及时向部和省级国土资源部门备案。对于未按规定时间及有关要求备案或在备案中弄虚作假的省（自治区、直辖市）或市、县，暂停其农用地转用和土地征收报批。

（十四）农用地转用和土地征收批准文件有效期两年。农用地转用或土地征

收经依法批准后,市、县两年内未用地或未实施征地补偿安置方案的,有关批准文件自动失效;两年内未提供给具体用地单位的,按未供应土地面积扣减该市、县下一年度的农用地转用计划指标。

(十五)征地补偿安置方案经依法批准后,征地补偿安置费用应按法律规定的期限全额支付给被征地农村集体经济组织;未按期全额支付到位的,市、县不得发放建设用地批准书,农村集体经济组织和农民有权拒绝建设单位动工用地。

(十六)对一个成片开发项目中包含多个建设项目的用地,在一次报批农用地转用和土地征收后,供地时应区分各个建设项目土地用途和用地性质,依据法律规定和国家供地政策分别供地。

(十七)城市分批次建设用地和单独选址建设项目用地经依法批准后,国土资源部门应通过新闻媒体或其他形式向社会公开批准情况;建设单位应将农用地转用、土地征收批准文件及建设用地批准书等在施工场地悬挂,接受社会的监督。

三、矿产资源压覆

国土资源部关于进一步做好建设项目压覆重要矿产资源审批管理工作的通知

（2010 年 9 月 8 日 国土资发〔2010〕137 号）

各省、自治区、直辖市国土资源厅（国土环境资源厅、国土资源局、国土资源和房屋管理局、规划和国土资源管理局）：

自 2000 年我部印发《关于规范建设项目压覆矿产资源审批工作的通知》（国土资发〔2000〕386 号）以来，各省（区、市）国土资源行政主管部门高度重视，积极探索，并结合本地实际制定管理办法，保证建设项目压覆矿产资源审批管理工作顺利进行。为总结经验，进一步规范压覆重要矿产资源审批管理工作，现将有关事项通知如下：

一、提高认识，加强领导

建设项目压覆矿产资源审批是《矿产资源法》确定的一项重要管理工作，对避免或减少压覆重要矿产资源、提高矿产资源保障能力，保障建设项目正常进行具有重要作用。各省级国土资源行政主管部门要充分认识压覆重要矿产资源审批管理工作的目的和意义，加强领导，进一步转变管理理念和管理方式，既要加强审批管理，又要做好服务；做到既保护矿产资源，又有利于建设项目顺利进行，维护矿业权人合法权益。

二、严格管理范围

凡建设项目实施后，导致其压覆区内已查明的重要矿产资源不能开发利用的，都应按本通知规定报批。未经批准，不得压覆重要矿产资源。

建设项目压覆区与勘查区块范围或矿区范围重叠但不影响矿产资源正常勘查开采的，不作压覆处理。矿山企业在本矿区范围内的建设项目压覆矿产资源不需审批。

重要矿产资源是指《矿产资源开采登记管理办法》附录所列 34 个矿种和省级

国土资源行政主管部门确定的本行政区优势矿产、紧缺矿产。

炼焦用煤、富铁矿、铬铁矿、富铜矿、钨、锡、锑、稀土、钼、铌钽、钾盐、金刚石矿产资源储量规模在中型以上的矿区原则上不得压覆，但国务院批准的或国务院组成部门按照国家产业政策批准的国家重大建设项目除外。

三、明确管理分工

建设项目压覆重要矿产资源由省级以上国土资源行政主管部门审批。压覆石油、天然气、放射性矿产，或压覆《矿产资源开采登记管理办法》附录所列矿种（石油、天然气、放射性矿产除外）累计查明资源储量数量达大型矿区规模以上的，或矿区查明资源储量规模达到大型并且压覆占三分之一以上的，由国土资源部负责审批。

四、规范报批要求

按本通知规定由国土资源部负责审批的，建设单位应履行以下手续：

（一）建设项目选址前，建设单位应向省级国土资源行政主管部门查询拟建项目所在地区的矿产资源规划、矿产资源分布和矿业权设置情况，各级国土资源行政主管部门应为建设单位查询提供便利条件。不压覆重要矿产资源的，由省级国土资源行政主管部门出具未压覆重要矿产资源的证明；确需压覆重要矿产资源的，建设单位应根据有关工程建设规范确定建设项目压覆重要矿产资源的范围，委托具有相应地质勘查资质的单位编制建设项目压覆重要矿产资源评估报告。

（二）有关材料经建设项目所在省（区、市）国土资源行政主管部门初审同意后，将以下材料（纸质和电子版各 1 套）报国土资源部：

1. 关于××××压覆重要矿产资源的申请函（编写提纲见附件 1）；

2. 关于××××压覆重要矿产资源的评估报告（编写提纲见附件 2）及评审意见书；

3. 省级国土资源行政主管部门出具的《关于对××××压覆重要矿产资源初审意见》（编写提纲见附件 3）；

4. 国土资源行政主管部门要求提交的其他有关资料。

（三）建设项目压覆已设置矿业权矿产资源的，新的土地使用权人还应同时与矿业权人签订协议，协议应包括矿业权人同意放弃被压覆矿区范围及相关补偿内容。补偿的范围原则上应包括：

1. 矿业权人被压覆资源储量在当前市场条件下所应缴的价款（无偿取得的

除外）；

2. 所压覆的矿产资源分担的勘查投资、已建的开采设施投入和搬迁相应设施等直接损失。

（四）建设单位应在收到同意压覆重要矿产资源的批复文件后45个工作日内，到项目所在地省级国土资源行政主管部门办理压覆重要矿产资源储量登记手续。45个工作日内不申请办理压覆重要矿产资源储量登记手续的，审批文件自动失效。

五、加强审批管理

各级国土资源行政主管部门要提高工作效率，规范管理，做好服务。

（一）凡符合审批要求的压覆重要矿产资源申请，国土资源部自受理之日起20个工作日内，做出准予压覆或者不准压覆的决定，并通知申请人和省（区、市）国土资源厅（局），由省（区、市）国土资源厅（局）通知相关矿业权人。

（二）省（区、市）国土资源厅（局）办理压覆重要矿产资源储量登记时应通知相应矿业权人在45个工作日内到原发证机关办理相应的勘查区块或矿区范围变更手续。逾期不办理的，由原发证机关直接进行勘查区块或矿区范围调整，并告知矿业权人。

（三）已批准建设项目压覆的矿产资源，各级国土资源行政主管部门不得设立矿业权。

六、做好与土地管理衔接

国土资源行政主管部门应加强协调，做好建设项目压覆重要矿产资源审批管理与土地管理的衔接。凡申请办理土地预审或用地审批的，要按照有关规定，提交省级国土资源行政主管部门出具的未压覆重要矿产资源证明或压覆重要矿产资源储量登记有关材料。否则，不予受理其用地申请。

在市级土地利用总体规划编制阶段，本级国土资源行政主管部门应根据当地已探明重要矿产资源储量分布状况，以及矿产资源规划安排的矿产资源勘查、开发利用和保护情况，充分考虑城市建设发展涉及压覆重要矿产资源问题，合理确定城市发展方向和新增城市建设用地布局。有条件的地方，可以统一开展调查，编制压覆重要矿产资源调查报告，经省级国土资源行政主管部门组织专家审查后，办理压覆重要矿产资源储量预登记。

在土地利用总体规划确定的城市建设用地范围内，已办理压覆重要矿产资源储量预登记的，不再办理项目压覆重要矿产资源审批手续，但市县国土资源行政主管部门应在出让或划拨用地前，到省级国土资源行政主管部门办理压覆重要矿产资源登记手续。

未统一开展建设压覆重要矿产资源的调查和预登记工作的城市，在办理建设项目用地预审和审批时，建设单位应严格按照本通知要求履行压覆重要矿产资源审批手续。

各省级国土资源行政主管部门要认真贯彻本通知精神，落实审批管理职责，做好宣传培训工作。结合矿产资源特点，提出本行政区优势矿产、紧缺矿产名录，制定具体的实施意见报部。要及时总结实施过程中发现的问题，并向国土资源部报告。

附件 1：

关于××××压覆重要矿产资源的申请函

（编写提纲）

国土资源部：

单独选址建设项目概述：简述立项背景、审批（备案）状况、项目基本情况（位置，拟用地范围、拐点坐标、面积，压覆区范围、拐点坐标、标高、面积）。

压覆重要矿产资源不可避免性简要说明。

压覆区矿产资源概况：矿种、资源储量类型、埋深、质量，并分矿区、矿业权人列出压覆的资源储量。

现按《国土资源部关于进一步规范建设项目压覆重要矿产资源管理的通知》的规定，将材料报上，请批准压覆建设用地压覆区范围内矿产资源。

附件：1.《关于××××压覆重要矿产资源的评估报告》及其附件、附图、附表

2. 建设用地压覆重要矿产资源不可避免性详细论证材料

3. 建设项目压覆矿业权的，应附与矿业权人签订的含矿业权人同意压覆并不动用已批准压覆的矿产资源的协议原件及矿业权许可证复印件（加盖矿业权人公章）

（联系人及联系电话：×××）

××××年××月××日

附件2：

关于××××压覆重要矿产资源的评估报告

（编写提纲）

第一章　概　　况

一、建设项目概况

简要说明项目由来、主管机关、建设单位、设计单位，建设项目批准（备案）机关及文号，拟建地点，拟用地范围、面积、坐标，拟投资规模。

二、目的任务

三、建设项目所在地概况

位置、交通，自然地理、社会经济概况。

四、建设项目用地及周边地区以往地质工作

简述以往地质勘查工作单位名称、工作时限、提交的地质成果、评审备案（审批、认定）情况及储量类型与数量；建设用地压覆区内矿区（产地）情况。

五、建设项目用地及周边地区矿业权设置情况

勘查、开采单位名称、矿种、范围及拐点坐标、法人、生产规模、探矿权、采矿权证号、有效期等情况；建设用地压覆区内探矿权、采矿权设置情况。

六、本次调查情况简述

（一）调查工作起止时间、工作范围及投入的主要工作量。

（二）调查依据（法律法规、标准、规范、储量报告）。

（三）调查工作方法及质量评述（主要包括地质测量工作方法、精度；地质编录、取样方法、化验及其质量等）。

（四）调查工作取得的主要成果。

第二章　建设项目压覆重要矿产资源必然性论证

一、建设项目必要性论证

二、建设项目压覆重要矿产资源不可避免性论证

（一）项目选址方案对比分析及现选址方案最优化论证。

（二）项目设计方案对比分析及现设计方案最优化论证。

三、项目社会经济效益评价

第三章　建设项目压覆重要资源储量估算

一、资源储量估算工业指标及其依据

二、资源储量估算方法的选择及依据

三、资源储量估算范围

确定的依据、方法,计算公式,压覆区边界拐点坐标、标高及面积

四、矿体圈定及块段划分原则

五、资源储量估算参数的确定

六、资源储量估算结果

按矿体(层)、矿区、探矿权、采矿权人估算被压覆的资源储量(含表格)。

七、资源储量变化情况评述

(一)本次结果与所依据的储量报告估算结果对比分析(储量类型、数量变化及其原因)。

(二)本次估算结果与对应储量表中资源储量数据对比分析(储量类型、数量变化及其原因)。

第四章　经济社会效益对比分析

详细论述建设项目与被压覆资源的经济社会效益对比分析。

第五章　结论及建议

附件:1. 项目批准(备案)等文件(复印件,加盖项目单位公章)

2. 编制压覆重要矿产资源评估报告单位资质证明文件(复印件,加盖本单位公章)

3. 编制压覆重要矿产资源评估报告委托函或者合同(原件)

4. 建设单位确定压覆区范围论证材料

附图:1. 地形地质图(1/10000 或 1/5000,标明项目的拟用地范围、压覆区范围)

2. 原储量报告在压覆区的资源储量计算图(或组图)

3. 资源储量计算图(或组图)

4. 压覆区(地段)地质(代表性)剖面图

5. 资源储量计算所利用工程的钻孔柱状图

6. 本次资源储量估算范围与所依据储量报告资源储量估算范围叠合图

7. 项目拟用地范围、压覆区范围、压覆区内探矿权、采矿权范围和矿区(产

地)资源储量估算范围叠合图

8. 建筑物平面分布图(含拐点坐标)

附表:1. 储量估算表

2. 测量成果表

3. 本次估算的资源储量与对应储量表资源储量对比变化表(储量类型、数量变化)

附件3:

关于对××××压覆重要矿产资源的初审意见

（编写提纲）

一、基本情况

(一)建设项目概况:简要说明建设项目由来、主管单位、建设单位,设计单位、批准(核准、备案)机关及文号,拟建地点,拟用地范围、面积、坐标、标高,拟投资规模。

(二)建设项目压覆区内矿产资源、探矿权与采矿权设置及协议签订情况,按矿区(产地)说明矿产资源分布情况。

二、建设项目选址及设计方案科学合理性审查意见

建设项目选址及设计方案是否符合实际情况、是否已经尽量避免或少压覆重要矿产资源。

三、压覆资源储量估算

(一)资源储量估算工业指标、估算方法、范围(建设项目压覆区边界拐点坐标、标高及面积)和参数确定的依据、方法的审查意见

(二)资源储量估算结果:按矿体(层)、矿区、矿业权人分列。

(三)《压覆重要矿产资源评估报告》的评审备案情况。

四、结论及建议

压覆与否的建议,负责协调处理压覆重要矿产资源涉及矿业权人权益的有关事宜等。

第四部分

经 营 开 发

一、土地综合开发

国务院办公厅关于支持铁路建设实施土地综合开发的意见

（2014 年 7 月 29 日　国办发〔2014〕37 号）

为落实《国务院关于改革铁路投融资体制加快推进铁路建设的意见》（国发〔2013〕33 号），实施铁路用地及站场毗邻区域土地综合开发利用政策，支持铁路建设，经国务院同意，现提出以下意见：

一、土地综合开发的基本原则

（一）支持铁路建设与新型城镇化相结合。按照新型城镇化要求，在保障铁路运输功能和运营安全的前提下，坚持“多式衔接、立体开发、功能融合、节约集约”的原则，对铁路站场及毗邻地区特定范围内的土地实施综合开发利用。通过市场方式供应土地，一体设计、统一联建方式开发利用土地，促进铁路站场及相关设施用地布局协调、交通设施无缝衔接、地上地下空间充分利用、铁路运输功能和城市综合服务功能大幅提高，形成铁路建设和城镇及相关产业发展的良性互动机制，促进铁路和城镇化可持续发展。

（二）政府引导与市场自主开发相结合。相关部门和地方政府要遵循铁路建设发展规律，坚持依法行政，完善土地综合开发相关管理制度，建立公平公开、有序竞争的市场环境。地方政府要在符合土地利用总体规划和城乡规划的前提下，统筹铁路站场及毗邻地区相关规划，合理确定土地综合开发的边界和规模，通过综合开发用地供应与铁路建设联动等措施，引导市场主体实施铁路用地及站场毗邻区域土地综合开发，有力有序推进铁路建设。

（三）盘活存量铁路用地与综合开发新老站场用地相结合。支持铁路运输企业以自主开发、转让、租赁等多种方式盘活利用现有建设用地，鼓励铁路运输企业对既有铁路站场及毗邻地区实施土地综合开发，促进铁路建设投资等主体对新建铁路站场及毗邻地区实施土地综合开发，提高铁路建设项目的资金筹集能力和收益水平。

二、支持盘活现有铁路用地推动土地综合开发

（四）科学编制既有铁路站场及周边地区改建规划。地方政府应主动与铁路运输企业协商，统筹编制既有铁路站场及毗邻地区相关规划，加强功能调整和空间优化，完善交通组织、用地布局和设施条件，增强铁路站场和周边地区的承载能力和服务功能，指导站场改建及周边地区土地综合开发，促进地上地下统一规划、统筹开发建设，实现对外交通与城市道路、公共交通一体化。

（五）给予既有铁路站场综合开发用地政策支持。支持铁路运输企业利用自有土地、平等协商收购相邻土地、依法取得政府供应土地或与其他市场主体合作，对既有铁路站场地区进行综合开发。市、县国土资源部门要依法为铁路运输企业利用自有土地进行土地产权整合和宗地合并、分拆等提供服务。政府供应既有铁路站场综合开发范围内的用地，应将综合开发的规划要求和铁路建设要求一并纳入土地供应的前提条件。

（六）促进铁路运输企业盘活各类现有土地资源。铁路运输企业依法取得的划拨用地，因转让或改变用途不再符合《划拨用地目录》的，可依法采取协议方式办理用地手续。经国家授权经营的土地，铁路运输企业在使用年限内可依法作价出资（入股）、租赁或在集团公司直属企业、控股公司、参股企业之间转让。

（七）鼓励提高铁路用地节约集约利用水平。利用铁路用地进行地上、地下空间开发的，在符合规划的前提下，可兼容一定比例其他功能，并可分层设立建设用地使用权。分层设立的建设用地使用权，符合《划拨用地目录》的，可按划拨方式办理用地手续；不符合《划拨用地目录》的，可按协议方式办理有偿用地手续。

三、鼓励新建铁路站场实施土地综合开发

（八）支持新建铁路站场与土地综合开发项目统一联建。新建铁路建设项目的投资主管部门、机构应与沿线地方政府按照一体规划、联动供应、立体开发、统筹建设的原则，协商确定铁路站场建设需配套安排的土地综合开发事项，明确土地综合开发项目与对应铁路站场、线路工程统一联建等相关事宜。

（九）合理确定土地综合开发的边界和规模。地方政府应按照新建铁路站场地区土地综合开发的基本要求，综合考虑建设用地供给能力、市场容纳能力、铁路建设投融资规模等因素，依据土地利用总体规划和城市、镇规划，合理划定综合开发用地边界。扣除站场用地后，同一铁路建设项目的综合开发用地总量按单个站场平均规模不超过 50 公顷控制，少数站场综合开发用地规模不超过 100 公顷。

（十）明确站场建设和土地综合开发的规划要求。地方政府在编制土地利用总体规划和城市总体规划时，要根据新建铁路线路和站场的选址，做好用地控制和预留。城乡规划部门要加强对站场建设与土地综合开发的规划管理，在编制铁路站场及周边地区的控制性详细规划时，应同步组织开展修建性详细规划编制或城市设计工作，深化建筑空间组织、道路交通规划、开发强度、建设时序等要求，大力推进铁路与城市轨道交通、公共交通、出租车等各类交通方式的无缝衔接，促进综合交通枢纽建设，方便乘客出行和换乘。在综合开发用地供应前，城乡规划部门应依据控制性详细规划提出规划设计条件。未确定规划条件的地块，不得供应。

（十一）采用市场化方式供应综合开发用地。新建铁路站场地区综合开发用地采用市场化方式供应，供地公告时间不得少于60个工作日。新建铁路项目未确定投资主体的，可在项目招标时，将土地综合开发权一并招标，新建铁路项目中标人同时取得土地综合开发权，相应用地可按开发分期约定一次或分期提供，供地价格按出让时的市场价确定。新建铁路项目已确定投资主体但未确定土地综合开发权的，综合开发用地采用招标拍卖挂牌方式供应，并将统一联建的铁路站场、线路工程及相关规划条件、铁路建设要求作为取得土地的前提条件。土地由铁路建设投资主体取得的，铁路建设和土地综合开发应统筹推进；土地由其他市场主体取得的，其他市场主体应与铁路建设投资主体协商安排铁路建设与土地综合开发相关事宜，确保铁路等各项建设按规划有序进行。

四、完善土地综合开发配套政策

（十二）统筹土地综合开发相关规划管理。地方政府应在编制土地利用总体规划和城市规划时，统筹考虑铁路用地及站场毗邻区域土地综合开发利用需求，并据此及时组织编制土地综合开发相关规划。如确需调整既有法定规划的，应按程序报批。严格建设工程设计总平面图审查。相关部门要完善土地综合开发规划管理方式，促进土地综合开发规范有序进行。

（十三）完善综合开发用地供应模式。土地综合开发可分期供应，分期供应的土地可成片提供，成片供应的土地应根据城市规划和实际情况进行分宗，按宗地用途和有关规定，核发划拨决定书或签订有偿使用合同。

（十四）落实综合开发用地指标支持政策。铁路建设项目配套安排的土地综合开发所需新增建设用地指标，经省级人民政府严格审核后，暂由国土资源部予以计划单列。

（十五）完善相关工程建设标准规范。有关部门要根据铁路与其他交通运输方式接驳、综合交通枢纽建设、站场设施功能混合、地上地下立体开发等需要，梳理、完善有关标准规范，加强各类标准的衔接协调。

五、加强土地综合开发的监管和协调

（十六）实行备案管理制度。供应与新建铁路站场统一联建的综合开发用地前，市、县国土资源部门应将土地综合开发的位置、规模、用地需求、规划条件及拟安排的供应分期等向国土资源部备案，并抄送住房城乡建设部。

（十七）严格土地开发利用管理。相关市、县国土资源部门应与取得综合开发用地使用权的主体签订土地综合开发利用协议，明确约定铁路站场、线路工程应先于土地综合开发项目建设。取得综合开发用地的主体未按约定优先建设铁路站场、线路工程的，不得为其办理土地、房产手续。

（十八）切实加强建设管理。对铁路站场、线路工程建设及土地综合开发涉及的各类建设项目，相关政府部门应加强项目资本金、土地使用标准及建设标准、质量和施工安全等方面的监督管理工作。取得综合开发用地使用权的主体应严格遵守房地产开发项目建设管理等相关规定。

实施铁路用地及站场毗邻区域土地综合开发利用，是加快铁路投融资体制改革和铁路建设的重要举措，是促进新型城镇化发展和节约集约用地的有力抓手，各地区、各有关部门要高度重视，认真落实本意见精神，在严格管理的前提下，积极稳妥予以推进。

国家发展改革委　自然资源部
住房城乡建设部　中国铁路总公司
关于推进高铁站周边区域合理开发建设的
指导意见

（2018 年 4 月 24 日　发改基础〔2018〕514 号）

各省、自治区、直辖市人民政府，新疆生产建设兵团：

随着我国高速铁路快速发展，沿线地区人民群众出行服务水平得到显著提升。依托高铁车站推进周边区域开发建设，有利于城市空间有效拓展和内部结构整合优化，有利于调整完善产业布局，促进交通、产业、城镇融合发展。近年来，一些地方依托高铁建设的有利条件，积极探索推进高铁车站周边区域开发建设，取得了一定发展成效，有的高铁车站周边区域已经成为城市最具人气和活力、发展最快的地区。但总体上看，我国高铁车站周边区域整体开发建设仍处于起步阶段，各方面对高铁建设和城镇化融合发展研究还不深入，个别地方高铁车站周边开发建设不同程度地存在初期规模过大、功能定位偏高、发展模式较单一、综合配套不完善等问题，对人口和产业吸引力不够，持续健康发展的基础不够牢固，潜藏着一定的社会经济风险。为推进高铁车站周边区域合理开发建设，提出如下意见。

一、总体要求

（一）指导思想。深入学习贯彻习近平新时代中国特色社会主义思想和党的十九大精神，坚持以人民为中心，坚持稳中求进工作总基调，坚持新发展理念，按照高质量发展要求，深化供给侧结构性改革，加强规划统筹和衔接，严控金融和地方政府债务风险，遵循城镇化发展规律，因地制宜、规范有序推进高铁车站周边区域开发建设，不断提升设施服务、产业发展、人口集聚、政策配套等支撑能力，促进高铁沿线城镇空间合理布局和城市空间结构优化，推动高铁建设与城市发展良性互动、有机协调。

（二）基本原则。规划协调、布局合理。统一规划，整体部署，严格依据城市总体规划、土地利用总体规划、综合交通规划等编制高铁车站周边开发建设规划，合理确定开发规模和边界，优化车站选址方案及车站周边区域空间结构、人口产业分布，杜绝边建设、边规划。

量力而行、有序建设。结合城市功能区划、区位优势、财力可能、人口资源环境条件等发展实际，根据规划确定开发目标、建设任务，兼顾当前和长远，合理把握建设节奏和时序，量力而行、循序渐进、有序发展，防止盲目追求规模和大干快上。

站城一体、综合配套。充分发挥高铁车站的辐射带动作用，围绕人的城镇化，统筹生产、生活、生态空间布局，走特色化、差异化发展之路，完善基础设施及公共服务设施配套，促进产城融合、宜居宜业，避免高铁沿线产业布局同质化和单一房地产功能开发。

市场运作、防范风险。按照市场化原则运作，创新投资、建设、运营、管理体制机制，强化政策支持保障，充分调动企业和社会资本的积极性，推进项目共建、资源共享，提升开发建设质量水平和效益，防范各种隐患、风险和损失。

二、重点任务

（三）强化规划引导和管控作用。坚持规划引领，充分论证高铁车站周边开发建设可行性、必要性，因城施策、因站而异推进高铁车站周边区域合理有序开发建设。对于既有站改造的高铁车站、位于中心城区或与既有产业园区等结合较好的高铁车站，有关城市要严格按照既有城市规划，结合城市功能提升和结构布局优化做好车站周边综合开发。对于城市外围新建的高铁车站周边具有开发潜力的，相关城市要依据城市总体规划、土地利用总体规划等统一布局，合理确定车站周边开发建设的功能定位、规模和边界，做好规划预留和控制，按照规划规范有序推进开发建设。要严格审查规划的合理性，定期评估规划实施情况和综合开发效益，把评估结果作为控制建设时序和分期建设的依据。

（四）合理确定高铁车站选址和规模。高铁车站选址要符合土地利用总体规划和城市总体规划，切实处理好高铁通达性和高铁车站周边开发建设之间的关系，既要满足技术标准条件，又要服务地方发展。铁路总公司和地方政府要依据相关规范要求，在城市枢纽总图规划编制及项目实施阶段，深入研究论证高铁车站与城市发展衔接问题，合理确定建设标准、线路走向、车站分布和建设规模。新建铁路选线应尽量减少对城市的分割,新建车站选址尽可能在中心城区或靠近城市建成区,确保人民群众乘坐高铁出行便利。高铁车站建设要规模适当、经济适用,切忌贪大求洋、追求奢华。

(五)严格节约集约用地。高铁车站周边开发建设要落实最严格的耕地保护制度和节约用地制度,依法办理建设用地审批手续。有关城市要综合考虑人口集聚规模和吸纳就业情况,按照城镇建设用地增加规模同吸纳农业转移人口落户数量相挂钩要求,合理确定高铁车站周边用地规模、结构、布局及土地开发和供应时序,坚决防控单纯房地产化倾向。统筹地上地下空间复合利用,积极推广地下空间开发利用、轨道交通上盖物业综合开发等节地技术和模式,提升节约集约用地水平。要按照“框定总量、限定容量、盘活存量、做优增量、提高质量”要求,依据城市规划、土地利用总体规划和土地使用标准对高铁站周边建设用地加强审查,严格土地用途管制。

(六)促进站城一体融合发展。高铁车站周边开发建设要突出产城融合、站城一体,与城市建成区合理分工,在城市功能布局、综合交通运输体系建设、基础设施共建共享等方面同步规划、协调推进。有关城市要结合自身资源禀赋、优势特色、发展定位等,甄选出发展基础条件优越、城市特色鲜明和发展潜力较大的产业,构建枢纽偏好型产业体系,避免沿线临近站点形成无序竞争、相互制约的局面。大城市高铁车站周边可研究有序发展高端服务业、商贸物流、商务会展等产业功能,中、小城市高铁车站应合理布局周边产业,稳妥发展商业零售、酒店、餐饮等产业功能。

(七)提升综合配套保障能力。高铁车站周边开发建设必须贯彻落实以人为本的新型城镇化发展理念,营造宜居宜业环境,提高交通便利性和公共服务能力,增强产业、人口集聚效应。强化城市内外交通衔接,加强新建高铁车站城市公共交通配套线路和换乘设施建设,实现与城市建成区、城市其他重要综合交通枢纽之间的快速连接、便捷直达。同时,完善公共服务体系,配套建设医疗、教育、休闲、娱乐等场所和设施,增强生活服务功能,使人“愿意来”“留得下”“活得好”,不断提升人民群众的幸福感和获得感。

(八)合理把握开发建设时序。尊重城市发展的客观规律,树立正确的政绩观和功成不必在我的理念,不追求短期的形象效果,量力而行,尽力而为,严禁借高铁车站周边开发建设名义盲目搞城市扩张。有关城市要根据相关规划、发展实际和财力可能,分阶段、分步骤地有序推进高铁车站周边区域开发建设,做到开发一片、成熟一片、成功一片。大城市初期应重点开发新建高铁车站周边 2 公里以内区域,可适当控制预留远期发展空间,避免摊子铺得过大、粗放低效发展。中小城市不宜过高预估高铁带动作用,避免照搬照抄大城市开发经验,硬造特色、盲目造城。新建铁路站场实施土地综合开发的,应当严格执行土地综合开发的边界和规模要求,扣除站场用地后,同一铁路建设项目的综合开发用地总量按单个站场平均规模不超过 50 公顷控制,少数站场综合开发用地规模不超过 100 公顷。

(九)防范地方政府债务风险。充分认识防范化解地方政府债务风险的重要性和紧迫性,牢牢守住不发生系统性金融风险的底线,切实防范高铁车站周边开发建设带来的地方政府债务风险。有关地方要进一步完善高铁车站周边开发建设项目和资金管理,加强成本收益分析评估,合理控制建设规模和节奏,防止脱离地方财力实际搞开发;严格执行预算法和担保法,落实地方政府债务限额管理和预算管理制度,依法规范举债,坚决遏制隐性债务增量,列入地方政府债务风险预警范围的高风险地区原则上不得举债搞建设。

(十)创新开发建设体制机制。进一步理顺政府与市场关系,充分发挥市场对资源配置的决定性作用,支持地方政府引入社会资本参与高铁车站周边开发建设。鼓励地方政府牵头建立投资建设主体、管理运营主体、综合开发主体等多方合作开发机制,完善支持高铁建设投资主体及出资人参与高铁车站周边区域综合开发的政策措施,发挥政府规划引导、政策支持、搭建发展平台、提供公共服务等作用,加强对市场的引导,切忌政府大包大揽。理清权责关系,完善综合开发、运营管理及收益分配机制,形成促进发展的多种合力。

三、组织实施

(十一)明确责任主体。地方政府要强化主体责任意识,各有关方面要严格按照本意见要求,进一步梳理既有高铁车站周边开发建设情况,对存在的问题加快整改落实,优化新建高铁车站选址,规范有序推进高铁周边开发建设,提升发展质量和综合效益。

(十二)严格监督管理。自然资源、住房城乡建设主管部门要依法依规对高铁车站周边开发建设严格进行管理,适时组织评估,严控建设规模和时序,加强用地监测,严肃查处违法违规批地用地行为和建设行为,并进一步做好房地产市场监督和管理。

(十三)强化协同联动。发展改革委、自然资源部、住房城乡建设部将与铁路总公司、相关地方政府和有关部门加强沟通协调和纵横联动，认真总结和梳理高铁车站周边开发建设中存在的困难和问题，及时规范纠偏，完善相关政策措施。

（十四）加强宣传引导。地方政府有关部门要准确把握高铁对经济社会发展的带动作用，主动加强政策解读，充分发挥媒体的舆论引导作用，及时总结和推广典型经验，形成客观、公正的舆论导向和氛围。

住房城乡建设部关于加强铁路站场地区综合开发有关规划工作的通知

（2015 年 12 月 25 日 建规〔2015〕227 号）

各省、自治区住房城乡建设厅，北京市规划委，天津市规划局，上海市规划和国土资源局，重庆市规划局，新疆生产建设兵团建设局：

为贯彻落实《国务院关于改革铁路投融资体制加快推进铁路建设的意见》（国发〔2013〕33 号）、《国务院办公厅关于支持铁路建设实施土地综合开发的意见》（国办发〔2014〕37 号），积极稳妥推进铁路站场地区土地综合开发，合理组织站场及周边地区道路交通，科学安排相关基础设施、公共服务设施建设，全力支持铁路建设，促进城市健康有序发展，现就加强有关规划工作通知如下：

一、充分认识加强铁路站场及周边地区规划的重要性和紧迫性

城市规划是铁路站场建设、综合开发的基本依据。加强铁路站场及周边地区有关城市规划工作，是实现铁路交通与城市交通相互衔接，推动铁路站场与周边地区协调发展的客观要求；是提高铁路交通运输效率和土地综合开发效益，促进铁路又好又快发展建设的重要保障。近些年，我国铁路建设特别是高铁建设取得了举世瞩目的成就，但一些高铁站场建设与所在城市发展相脱节，站场与周边地区功能不协调，站场基础设施、公共服务设施不完善，乘客换乘不方便等问题还很突出，尤其是一些高铁站场选址偏离城市发展方向和建设重点，一些站场周边不按规划盲目开发建设，导致城市重要基础设施建设无法发挥应有的带动作用。未来一个时期，我国各地既有站场改造和新设站场建设、铁路站场综合开发的任务还相当艰巨，必须大力加强铁路站场及周边地区有关城市规划工作。

二、总体要求

要坚持依法将铁路站场建设纳入城市规划，统筹铁路站场建设与城市发展，加强铁路站场选址方案论证审查，优化站场和周边地区用地布局，合理组织道路交通，完善基础设施、公共服务设施配套规划，保障铁路发展建设，支持站场综合开发。严格城市规划的实施管理和监督，强化规划对铁路站场建设和综合开发的

引领作用,以铁路建设推动旧城更新和新区建设,提升城市空间品质和风貌特色,促进城市全面健康协调发展。

三、主要工作要求

(一)加强和改进城市总体规划工作,促进铁路建设与城市发展相融合。要加强城市总体规划的前期研究,及时开展城市对外交通规划专题研究。在城市总体规划修改修编时,将铁路站场纳入城市总体规划确定的建设用地范围,按照城市规模等级、铁路站场等级和土地综合开发需要,统筹铁路选线、站场选址和用地布局;按照铁路长远发展和城市远景发展需要,做好铁路、站场及配套设施的相关用地规划预留。同时,加强历史文化遗产和风景名胜资源保护。

(二)加强城市设计,提高铁路站场地区的空间品质和风貌特色。要在总体城市设计中,将铁路站场及周边地区作为城市设计重要控制区,完善公共空间和景观规划指引,明确风貌特色建设要求。大力开展铁路站场及周边地区城市设计,结合功能分区、用地布局、交通组织、园林绿化等规划设想,深化细化站场及周边地区的空间形态、景观意向、建筑布局,明确建筑风格、体量、高度、色彩等控制要求,积极塑造符合地方气候特点,反映区域特征、民族特色、时代风貌的城市空间。

(三)增强专项规划的针对性,提升站场地区的承载能力和设施水平。编制城市综合交通体系、轨道交通线网、地下空间、地下管线和综合管廊等专项规划,应充分考虑铁路站场及周边地区综合开发的需要,完善道路系统、交通换乘、分层开发、管线综合等规划要求,并保持规划内容的衔接协调,保证铁路站场地区具有较强的交通集散能力、基础设施承载能力。开展铁路站场改造规划、新建站场综合开发建设规划时,必须落实各专项规划要求,使铁路站场地区成为基础设施完善、公共服务设施完备,符合铁路近期运输需要和中长期发展的城市功能组团。

(四)创新控制性详细规划,推动铁路站场建设和综合开发紧凑集约、低碳绿色、协调有序。要及时编制和调整控制性详细规划,加强功能整合,集约紧凑安排铁路站场与周边地区用地,适当提高用地开发强度,完善各类交通设施、基础设施和公共服务设施布局,强化铁路站场相关用地的规划管控和预留;按照绿色、循环、低碳发展要求,合理确定用地混合使用比例、绿色建筑比例,明确低影响开发、海绵城市建设要求;将站场及周边地区城市设计的主要内容和要求纳入控制性详细规划。对于既有站场改建,应及时开展铁路站场改造交通影响评价,根据交通条件合理确定开发强度。对于新建铁路站场,应开展铁路站场及周边地区一体化规划,确保交通组织和功能布局保持协调。对于城市规划范围内废弃的铁路站场,要加强与相关单位沟通,根据周边人口分布、基础设施等条件,合理调整规划,支持盘活土地资源。

（五）鼓励和支持编制铁路站场地区综合开发建设规划,积极稳妥推进土地综合开发。积极推动编制综合开发建设规划,统筹铁路站场用地功能、综合开发的投融资模式、资金规模、开发时序、组织管理等,鼓励开展铁路车站综合客运枢纽一体化规划设计,按照“一体化换乘”要求,深入论证铁路站场地区铁路交通与轨道交通、公共交通之间的协同与对接;以地下空间开发利用为重点,按照“分层开发、立体开发”理念,加强地下与地上的功能组织和空间布局。创新铁路站场、综合开发用地内功能的安排布局和公共空间的规划设计,提升服务能力、运行效率,增强空间特色、文化品味。

（六）加强规划实施管理和监督,依法依规推进铁路站场建设和土地综合开发。各城市城乡规划主管部门要配合相关部门、单位,按照铁路建设、站场综合开发和投融资需求,合理划定铁路综合开发的建设用地规模及边界。切实根据控制性详细规划提出规划条件,核发建设工程规划许可证。未编制控制性详细规划,不得提供规划条件;经核实不符合规划条件的,建设单位不得组织竣工验收。严格按照有关规定和要求,加快铁路站场和综合开发项目的规划审批。将规划确定或预留的铁路和站场用地作为规划强制性内容,不得随意调整;将铁路站场建设作为规划实施监督重要内容,严格查处违反城乡规划的行为。

四、保障措施

（一）加大规划协调力度。城乡规划主管部门要深刻认识推动站场综合开发、加快铁路建设的重大意义,在地方人民政府领导和支持下,加快相关城市规划编制、审批,加强与改革发展、国土、交通、铁路等相关部门、单位沟通协调,保持与土地利用总体规划、综合交通规划、铁路发展规划等衔接,促进新城新区建设、老旧城区改造更新、铁路站场建设等各项建设的协同,引导铁路建设,促进城市健康有序发展。

（二）加强重要问题研究。城乡规划主管部门要切实把握城市发展与铁路建设的内在联系,高度重视解决制约铁路站场综合开发的各类规划问题,在相关规划编制前,及时就铁路站场选址、土地规划使用、建设标准、开发强度等重要问题开展专题研究，及时征求铁路部门意见，提高规划的针对性、适用性。

（三）加快编制有关规划。城乡规划主管部门要着眼大局，抓紧抓好相关规划编制工作，着力解决无规可依、规划不完善的问题，保障铁路建设，支持站场地区综合开发。经充分研究论证，不符合铁路建设实际，不能满足铁路站场地区综合开发需要的城市规划，应按法定程序及时修改。

二、交通物流

国务院办公厅转发国家发展改革委交通运输部关于进一步降低物流成本实施意见的通知(节录)

(2020年5月20日　国办发〔2020〕10号)

二、加强土地和资金保障,降低物流要素成本

(七)保障物流用地需求。对国家及有关部门、省(自治区、直辖市)确定的国家物流枢纽、铁路专用线、冷链物流设施等重大物流基础设施项目,在建设用地指标方面给予重点保障。支持利用铁路划拨用地等存量土地建设物流设施。指导地方按照有关规定利用集体经营性建设用地建设物流基础设施。(自然资源部、中国国家铁路集团有限公司、省级人民政府负责)

(八)完善物流用地考核。指导地方政府合理设置物流用地绩效考核指标。在符合规划、不改变用途的前提下,对提高自有工业用地或仓储用地利用率、容积率并用于仓储、分拨转运等物流设施建设的,不再增收土地价款。(自然资源部、省级人民政府负责)

三、深入落实减税降费措施,降低物流税费成本

(十一)落实物流领域税费优惠政策。落实好大宗商品仓储用地城镇土地使用税减半征收等物流减税降费政策。(财政部、税务总局负责)

国务院办公厅关于推进电子商务与快递物流协同发展的意见(节录)

(2018 年 1 月 2 日　国办发〔2018〕1 号)

(六)保障基础设施建设用地。落实好现有相关用地政策,保障电子商务快递物流基础设施建设用地。在不改变用地主体、规划条件的前提下,利用存量房产和土地资源建设电子商务快递物流项目的,可在 5 年内保持土地原用途和权利类型不变,5 年期满后需办理相关用地手续的,可采取协议方式办理。(各省级人民政府、国土资源部负责)

国务院办公厅关于进一步推进物流降本增效促进实体经济发展的意见(节录)

(2017 年 8 月 7 日　国办发〔2017〕73 号)

二、加大降税清费力度,切实减轻企业负担

(六)完善物流领域相关税收政策。结合增值税立法,统筹研究统一物流各环节增值税税率。加大工作力度,2017 年年内完善交通运输业个体纳税人异地代开增值税发票管理制度。全面落实物流企业大宗商品仓储设施用地城镇土地使用税减半征收优惠政策。(财政部、税务总局负责)

三、加强重点领域和薄弱环节建设,提升物流综合服务能力

(十)加强对物流发展的规划和用地支持。研究制定指导意见,进一步发挥城乡规划对物流业发展的支持和保障作用。(住房城乡建设部负责)在土地利用总体规划、城市总体规划中综合考虑物流发展用地,统筹安排物流及配套公共服务设施用地选址和布局,在综合交通枢纽、产业集聚区等物流集散地布局和完善一批物流园区、配送中心等,确保规划和物流用地落实,禁止随意变更。对纳入国家和省级示范的物流园区新增物流仓储用地给予重点保障。鼓励通过"先租后让""租让结合"等多种方式向物流企业供应土地。对利用工业企业旧厂房、仓库和存量土地资源建设物流设施或提供物流服务,涉及原划拨土地使用权转让或租赁的,经批准可采取协议方式办理土地有偿使用手续。各地要研究建立重点物流基础设施建设用地审批绿色通道,提高审批效率。(各省级人民政府、国土资源部、住房城乡建设部负责)

三、土地使用权转让、出租、抵押

国务院办公厅关于完善建设用地使用权转让、出租、抵押二级市场的指导意见

（2019 年 7 月 6 日　国办发〔2019〕34 号）

各省、自治区、直辖市人民政府，国务院各部委、各直属机构：

土地市场是我国现代市场体系的重要组成部分，是资源要素市场的重要内容。改革开放以来，通过大力推行国有建设用地有偿使用制度，我国基本形成了以政府供应为主的土地一级市场和以市场主体之间转让、出租、抵押为主的土地二级市场，对建立和完善社会主义市场经济体制、促进土地资源的优化配置和节约集约利用、加快工业化和城镇化进程起到了重要作用。随着经济社会发展，土地二级市场运行发展中的一些问题逐步凸显，交易规则不健全、交易信息不对称、交易平台不规范、政府服务和监管不完善等问题比较突出，导致要素流通不畅，存量土地资源配置效率较低，难以满足经济高质量发展的需要。为完善建设用地使用权转让、出租、抵押二级市场，结合各地改革试点实践，经国务院同意，现提出以下意见。

一、总体要求

（一）指导思想。以习近平新时代中国特色社会主义思想为指导，全面贯彻党的十九大和十九届二中、三中全会精神，紧紧围绕统筹推进“五位一体”总体布局和协调推进“四个全面”战略布局，认真落实党中央、国务院决策部署，充分发挥市场在资源配置中的决定性作用，更好发挥政府作用，坚持问题导向，以建立城乡统一的建设用地市场为方向，以促进土地要素流通顺畅为重点，以提高存量土地资源配置效率为目的，以不动产统一登记为基础，与国土空间规划及相关产业规划相衔接，着力完善土地二级市场规则，健全服务和监管体系，提高节约集约用地水平，为完善社会主义市场经济体制、推动经济高质量发展提供用地保障。

（二）基本原则。

把握正确方向。坚持社会主义市场经济改革方向，突出市场在资源配置中的决定性作用，着力减少政府微观管理和直接干预。落实“放管服”改革总体要求，

强化监管责任，减少事前审批，创新和完善事中事后监管，激发市场活力，增强内生动力。

规范市场运行。完善交易规则，维护市场秩序，保证市场主体在公开、公平、公正的市场环境下进行交易，保障市场依法依规运行和健康有序发展，促进要素流动和平等交换，提高资源配置效率。

维护合法权益。坚持平等、全面、依法保护产权。充分尊重权利人意愿，保障市场主体合法权益，实现各类市场主体按照市场规则和市场价格依法平等使用和交易建设用地使用权，实现产权有效激励。切实维护土地所有权人权益，防止国有土地资产流失。

提高服务效能。强化服务意识，优化交易流程，降低交易成本，提高办事效率，方便群众办事，全面提升土地市场领域政府治理能力和水平。

（三）目标任务。建立产权明晰、市场定价、信息集聚、交易安全、监管有效的土地二级市场，市场规则健全完善，交易平台全面形成，服务和监管落实到位，市场秩序更加规范，制度性交易成本明显降低，土地资源配置效率显著提高，形成一、二级市场协调发展、规范有序、资源利用集约高效的现代土地市场体系。

（四）适用范围。建设用地使用权转让、出租、抵押二级市场的交易对象是国有建设用地使用权，重点针对土地交易以及土地连同地上建筑物、其他附着物等整宗地一并交易的情况。涉及到房地产交易的，应当遵守《中华人民共和国城市房地产管理法》《城市房地产开发经营管理条例》等法律法规规定。

二、完善转让规则，促进要素流通

（五）明确建设用地使用权转让形式。将各类导致建设用地使用权转移的行为都视为建设用地使用权转让，包括买卖、交换、赠与、出资以及司法处置、资产处置、法人或其他组织合并或分立等形式涉及的建设用地使用权转移。建设用地使用权转移的，地上建筑物、其他附着物所有权应一并转移。涉及到房地产转让的，按照房地产转让相关法律法规规定，办理房地产转让相关手续。

（六）明晰不同权能建设用地使用权转让的必要条件。以划拨方式取得的建设用地使用权转让，需经依法批准，土地用途符合《划拨用地目录》的，可不补缴土地出让价款，按转移登记办理；不符合《划拨用地目录》的，在符合规划的前提下，由受让方依法依规补缴土地出让价款。以出让方式取得的建设用地使用权转让，在符合法律法规规定和出让合同约定的前提下，应充分保障交易自由；原出让合同对转让条件另有约定的,从其约定。以作价出资或入股方式取得的建设用地使用权转让,参照以出让方式取得的建设用地使用权转让有关规定,不再报经原批准建设用地使用权作价出资或入股的机关批准;转让后,可保留为作价出资或入股方式,或直接变更为出让方式。

(七)完善土地分割、合并转让政策。分割、合并后的地块应具备独立分宗条件,涉及公共配套设施建设和使用的,转让双方应在合同中明确有关权利义务。拟分割宗地已预售或存在多个权利主体的,应取得相关权利人同意,不得损害权利人合法权益。

(八)实施差别化的税收政策。各地可根据本地实际,在地方权限内探索城镇土地使用税差别化政策,促进土地节约集约利用。

三、完善出租管理,提高服务水平

(九)规范以有偿方式取得的建设用地使用权出租管理。以出让、租赁、作价出资或入股等有偿方式取得的建设用地使用权出租或转租的,不得违反法律法规和有偿使用合同的相关约定。

(十)规范划拨建设用地使用权出租管理。以划拨方式取得的建设用地使用权出租的,应按照有关规定上缴租金中所含土地收益,纳入土地出让收入管理。宗地长期出租,或部分用于出租且可分割的,应依法补办出让、租赁等有偿使用手续。建立划拨建设用地使用权出租收益年度申报制度,出租人依法申报并缴纳相关收益的,不再另行单独办理划拨建设用地使用权出租的批准手续。

(十一)营造建设用地使用权出租环境。市、县自然资源主管部门应当提供建设用地使用权出租供需信息发布条件和场所,制定规范的出租合同文本,提供交易鉴证服务,保障权利人的合法权益。统计分析建设用地使用权出租情况及市场相关数据,定期发布出租市场动态信息和指南。

四、完善抵押机制,保障合法权益

(十二)明确不同权能建设用地使用权抵押的条件。以划拨方式取得的建设用地使用权可以依法依规设定抵押权,划拨土地抵押权实现时应优先缴纳土地出让收入。以出让、作价出资或入股等方式取得的建设用地使用权可以设定抵押权。以租赁方式取得的建设用地使用权,承租人在按规定支付土地租金并完成开发建设后,根据租赁合同约定,其地上建筑物、其他附着物连同土地可以依法一并抵押。

(十三)放宽对抵押权人的限制。自然人、企业均可作为抵押权人申请以建设用地使用权及其地上建筑物、其他附着物所有权办理不动产抵押相关手续，涉及企业之间债权债务合同的须符合有关法律法规的规定。

（十四）依法保障抵押权能。探索允许不以公益为目的的养老、教育等社会领域企业以有偿取得的建设用地使用权、设施等财产进行抵押融资。各地要进一步完善抵押权实现后保障原有经营活动持续稳定的配套措施，确保土地用途不改变、利益相关人权益不受损。探索建立建设用地使用权抵押风险提示机制和抵押资金监管机制，防控市场风险。

五、创新运行模式，规范市场秩序

（十五）建立交易平台。各地要在市、县自然资源主管部门现有的土地交易机构或平台基础上搭建城乡统一的土地市场交易平台，汇集土地二级市场交易信息，提供交易场所，办理交易事务，大力推进线上交易平台和信息系统建设。

（十六）规范交易流程。建立"信息发布—达成意向—签订合同—交易监管"的交易流程。交易双方可通过土地二级市场交易平台等渠道发布和获取市场信息；可自行协商交易，也可委托土地二级市场交易平台公开交易；达成一致后签订合同，依法申报交易价格，申报价格比标定地价低 20% 以上的，市、县人民政府可行使优先购买权。各地要加强交易事中事后监管，对违反有关法律法规或不符合出让合同约定、划拨决定书规定的，不予办理相关手续。

（十七）加强信息互通共享。加强涉地司法处置工作衔接，涉及建设用地使用权转移的案件，自然资源主管部门应当向人民法院提供所涉不动产的权利状况、原出让合同约定的权利义务情况等。建立健全执行联动机制，司法处置土地可进入土地二级市场交易平台交易。加强涉地资产处置工作衔接，政府有关部门或事业单位进行国有资产处置时涉及划拨建设用地使用权转移的，应征求自然资源主管部门意见，并将宗地有关情况如实告知当事人。自然资源、住房城乡建设、税务、市场监管等主管部门应加强对涉地股权转让的联合监管。加强建设用地使用权与房地产交易管理的衔接，建设用地使用权转让、出租、抵押涉及房地产转让、出租、抵押的，住房城乡建设主管部门与自然资源主管部门应当加强信息共享。

六、健全服务体系，加强监测监管

（十八）提供便捷高效的政务服务。在土地交易机构或平台内汇集交易、登记、税务、金融等相关部门或机构的办事窗口，大力发展"互联网 + 政务服务"，积极推进"一窗受理、一网通办、一站办结"，大力精简证明材料，压缩办理时间，提高办事效率和服务水平。发挥土地交易机构或平台的专业优势,提供法律、政策咨询服务,协调矛盾,化解纠纷,营造良好的交易环境。

(十九)培育和规范中介组织。发挥社会中介组织在市场交易活动中的桥梁作用,发展相关机构,为交易各方提供推介、展示、咨询、估价、经纪等服务。各地要加强指导和监管,引导社会中介组织诚信经营。

(二十)加强市场监测监管与调控。健全土地二级市场动态监测监管制度,完善监测监管信息系统。严格落实公示地价体系,定期更新和发布基准地价或标定地价;完善土地二级市场的价格形成、监测、指导、监督机制,防止交易价格异常波动。土地转让涉及房地产开发的相关资金来源应符合房地产开发企业购地和融资的相关规定。强化土地一、二级市场联动,加强土地投放总量、结构、时序等的衔接,适时运用财税、金融等手段,加强对土地市场的整体调控,维护市场平稳运行。

(二十一)完善土地市场信用体系。土地转让后,出让合同所载明的权利义务随之转移,受让人应依法履约。要加强对交易各方的信用监管,健全以"双随机、一公开"为基本手段、以重点监管为补充、以信用监管为基础的新型监管机制。各地要结合本地区实际,制定土地市场信用评价规则和约束措施,对失信责任主体实施联合惩戒,推进土地市场信用体系共建共治共享。

七、保障措施

(二十二)加强组织领导。各地区各有关部门要充分认识完善土地二级市场的重要性,结合实际研究制定实施细则和配套措施,确保各项工作举措和要求落实到位。各级自然资源、财政、住房城乡建设、国有资产监督管理、税务、市场监管、金融等主管部门要建立联动机制,明确分工,落实责任,做好人员和经费保障,有序推进土地二级市场建设。已依法入市的农村集体经营性建设用地使用权转让、出租、抵押,可参照本意见执行。

(二十三)重视宣传引导。加大对土地二级市场相关政策的宣传力度,及时总结推广各地典型经验和创新做法,扩大土地二级市场影响力、吸引力,调动市场主体参与积极性。合理引导市场预期,及时回应公众关切,营造良好的土地市场舆论氛围,提升市场主体和全社会依法规范、节约集约用地的意识,切实提高资源利用效率。

(二十四)严格责任追究。强化监督问责,对违反土地二级市场相关规定的地方政府和有关部门、单位以及责任人员严格实行责任追究,坚决打击各种腐败行为。

国土资源部关于国有划拨土地使用权抵押登记有关问题的通知

（2004 年 1 月 15 日　国土资发〔2004〕9 号）

各省、自治区、直辖市国土资源厅（国土环境资源厅、国土资源和房屋管理局、房屋土地管理局、规划和国土资源局）：

根据国家有关法律法规的规定，现将国有划拨土地使用权抵押登记中的有关问题通知如下：

以国有划拨土地使用权为标的物设定抵押，土地行政管理部门依法办理抵押登记手续，即视同已经具有审批权限的土地行政管理部门批准，不必再另行办理土地使用权抵押的审批手续。

国土资源部办公厅关于出让土地改变用途有关问题的复函

（2010 年 2 月 2 日　国土资厅函〔2010〕104 号）

湖南省国土资源厅：

《关于出让土地使用权改变土地用途如何办理相关手续的请示》（湘国土资〔2010〕3 号）收悉。经研究，函复如下：

根据《土地管理法》、《城市房地产管理法》和《协议出让国有土地使用权规范》（国土资发〔2006〕114 号）等法律政策规定，出让土地改变土地用途，经出让方和规划管理部门同意，原土地使用权人可以与市、县国土资源管理部门签订变更协议或重新签订出让合同，相应调整土地出让金。原土地使用权人应当按照变更协议或重新签订的出让合同约定，及时补缴出让金，办理土地登记。但出让合同、法律、法规、行政规定等明确必须收回土地使用权重新公开出让的，不得办理协议出让手续。

国土资源部办公厅关于协议出让土地改变用途补交出让金问题的复函

（2004 年 6 月 18 日 国土资厅函〔2004〕271 号）

河北省国土资源厅：

《关于协议出让土地改变用途如何补交出让金问题的请示》（冀国土资地字〔2004〕45 号）收悉。经研究，现函复如下：

土地使用者以协议出让方式取得国有土地使用权后，必须严格按照规定的土地用途和条件使用土地。土地使用者需要改变土地使用权出让合同约定的土地用途的，必须取得出让方和市、县人民政府城市规划行政主管部门的同意，签订土地使用权出让合同变更协议或者重新签订土地使用权出让合同，相应调整土地使用权出让金。经批准改变协议出让土地用途的，应按变更时的土地市场价格，分别计算变更后的土地用途的土地使用权出让金数额和原用途的土地使用权出让金数额，以差额部分计算应当补交的土地使用权出让金。

注：根据《国土资源部关于公布继续有效的规范性文件目录的公告》（2011 年第 5 号），"凡未列入本目录的国土资源部文件（包括原地质矿产部、原国家土地管理局发布的文件），原则上不再作为国土资源管理的依据"。该文件未列入国土资源部继续有效的规范性文件目录，但并未明确废止或失效。该文件未列入《自然资源部关于公布继续有效的规范性文件目录》（2019 年第 31 号），但亦无明文予以废止。

国土资源部办公厅关于为公司债券持有人办理国有土地使用权抵押登记有关问题的复函

(2010 年 8 月 4 日　国土资厅函〔2010〕803 号)

辽宁省国土资源厅:

你厅《关于为公司债券持有人办理国有土地使用权抵押登记的请示》(辽国土资发〔2010〕13 号)收悉。经研究,现对有关问题函复如下:

根据《物权法》《担保法》等有关法律法规的规定,以国有土地使用权为上市流通的公司债设定抵押担保的,债权人应为全体债券持有人。鉴于债券持有人具有不特定性,公司按照《公司债券发行试点办法》(中国证券监督管理委员会第 49 号令)有关规定依法聘请债券受托管理人的,在法律没有禁止性规定以及当事人之间没有禁止代为办理抵押登记约定的情形下,公司债券受托管理人可以代理全体公司债券持有人(抵押权人)申请土地使用权抵押登记。国土资源管理部门应当依据相关法律法规和《土地登记办法》(国土资源部第 40 号令)予以办理。

四、地价评估

自然资源部《划拨国有建设用地使用权地价评估指导意见(试行)》

(2019 年 5 月 31 日　自然资办函〔2019〕922 号)

前　言

为规范国有划拨建设用地使用权地价(以下简称“划拨地价”)评估行为,根据《中华人民共和国物权法》《中华人民共和国土地管理法》《中华人民共和国城市房地产管理法》《中华人民共和国资产评估法》等相关法律法规和土地估价国家标准、行业标准,制定本指导意见。

本指导意见由自然资源部提出并归口。

本指导意见起草单位:自然资源部自然资源开发利用司、中国土地估价师与土地登记代理人协会。

本指导意见由自然资源部负责解释。

一、地价定义

本指导意见所述划拨国有建设用地使用权地价,是指以划拨方式取得的、无年期限制的土地使用权价格。

二、引用的标准

下列标准所包含的条文,通过在本指导意见中引用而构成本指导意见的条文。本指导意见颁布时,所示版本均为有效。使用本指导意见的各方应使用下列各标准的最新版本。

GB/T 18508—2014《城镇土地估价规程》

GB/T 18507—2014《城镇土地分等定级规程》

GB/T 21010—2017《土地利用现状分类》

TD/T 1052—2017《标定地价规程》

TD/T 1009—2007《城市地价动态监测技术规范》

《国有建设用地使用权出让地价评估技术规范》(国土资厅发〔2018〕4 号)

三、评估方法

(1)成本逼近法

(2)市场比较法

(3)公示地价系数修正法

(4)收益还原法

(5)剩余法

划拨地价评估,应至少选用以上评估方法中的两种。

四、评估要点

除遵循《城镇土地估价规程》一般规定外,各方法还可按以下要点评估:

(一)成本逼近法

(1)采用成本逼近法评估划拨地价,应选用客观的土地取得及开发成本数据,包括土地取得费、土地开发费、税费、利息、利润等分项。

(2)合理确定土地取得费。结合估价对象所处区位及周边区域用地结构,分析在估价期日模拟获取估价对象类似用地可能采用的土地取得方式,测算相应土地取得费。

估价对象位于城市建成区外或远郊区域的,以估价对象周边区域平均征收补偿安置费用作为土地取得费。

估价对象位于城市建成区内的,可合理选择估价对象周边区域或类似地区的土地收储、国有土地上房屋征收或集体建设用地拆迁等案例,经期日、区位等修正后,算术平均确定估价对象土地取得费。有存量工业用地收储案例的,可优先选择使用。

(二)市场比较法

(1)运用市场比较法时,应选择与估价对象同类型的比较实例。比较实例主要来源于政府实际划拨供地案例,选择实例时可不考虑供后实际用途。

(2)原则上应在同一供需圈内或类似地区收集不少于三个实例。同一供需圈内可比实例不足时,可适当扩大供需圈范围直至满足条件。原则上应采用三年以内的实例,三年内可选实例不足时,可将选择年限适当扩大直至满足条件,评估时根据市场情况进行期日修正。需要增加比较实例来源时按照先调整范围后调整时间的原则处理。

(3)选择比较实例时应注意因各地供地政策不同造成的价格内涵不同,应保障比较实例能够修正到估价对象同一价格内涵。

（三）公示地价系数修正法

（1）待估宗地所在区域，政府已公布划拨土地使用权基准地价时，可选用基准地价系数修正法评估划拨地价。采用已完成更新但尚未向社会公布的划拨土地使用权基准地价，需经市、县自然资源主管部门书面同意。

（2）在已公布划拨土地使用权标定地价的城市，可运用标定地价系数修正法进行评估。

（四）收益还原法

地方政府对划拨土地收益有处置政策或通过研究测算能够明确收益构成的，可依据《城镇土地估价规程》运用收益还原法。

（五）剩余法

在《城镇土地估价规程》剩余法思路上衍生技术路线，通过出让土地使用权价格扣减土地增值收益的方法评估划拨地价，可定义为剩余（增值收益扣减）法。

地方已经公布经科学论证的土地增值收益的，可用出让土地使用权价格直接扣减相对应的土地增值收益。

对未公布土地增值收益的地区，估价机构可在满足数理统计要求的前提下，选择案例和技术路线测算土地增值收益。

对于仅在地方政府文件或基准地价中规定出让金缴纳比例的，不宜将其作为经科学论证的土地增值收益，不得直接扣减该比例测算划拨地价。

五、其他规定

公共管理与公共服务用地、交通运输等用地，在运用上述方法评估划拨地价时，应统筹考虑当地出让案例实际，合理确定划拨地价水平。

国土资源部《国有建设用地使用权出让地价评估技术规范》

（2018 年 3 月 9 日　国土资厅发〔2018〕4 号）

前　言

为规范国有建设用地使用权出让地价评估行为，根据《中华人民共和国物权法》《中华人民共和国土地管理法》《中华人民共和国城市房地产管理法》《中华人民共和国资产评估法》《招标拍卖挂牌出让国有建设用地使用权规定》《协议出让国有土地使用权规定》等相关规定和土地估价国家标准、行业标准，制定本规范。

本规范由国土资源部提出并归口。

本规范起草单位：国土资源部土地利用管理司、中国土地估价师与土地登记代理人协会。

本规范由国土资源部负责解释。

一、适用范围

在中华人民共和国境内出让国有建设用地使用权涉及的地价评估，以及因调整土地使用条件、发生土地增值等情况需补缴地价款的评估，适用本规范；国有建设用地使用权租赁、集体建设用地使用权依法入市、国有农用地使用权出让等涉及的地价评估，可参照本规范执行。

二、引用的标准

下列标准所包含的条文，通过在本规范中引用而构成本规范的条文。本规范颁布时，所示版本均为有效。使用本规范的各方应使用下列各标准的最新版本。

GB/T 18508—2014《城镇土地估价规程》

GB/T 18507—2014《城镇土地分等定级规程》

GB/T 21010—2017《土地利用现状分类》

GB/T 28406—2012《农用地估价规程》

TD/T 1052—2017《标定地价规程》

TD/T 1009—2007《城市地价动态监测技术规范》

三、依据

(1)《中华人民共和国物权法》

(2)《中华人民共和国土地管理法》

(3)《中华人民共和国城市房地产管理法》

(4)《中华人民共和国资产评估法》

(5)《中华人民共和国城镇国有土地使用权出让和转让暂行条例》(国务院令第55号)

(6)《招标拍卖挂牌出让国有建设用地使用权规定》(国土资源部令第39号)

(7)《协议出让国有土地使用权规定》(国土资源部令第21号)

(8)《节约集约利用土地规定》(国土资源部令第61号)

(9)《国务院关于加强国有土地资产管理的通知》(国发〔2001〕15号)

(10)《国务院关于深化改革严格土地管理的决定》(国发〔2004〕28号)

四、总则

(一)出让地价评估定义。本规范所称的土地使用权出让地价评估,是指土地估价专业评估师按照规定的程序和方法,参照当地正常市场价格水平,评估拟出让宗地土地使用权价格或应当补缴的地价款。

(二)出让地价评估目的。开展土地使用权出让地价评估,目的是为出让方通过集体决策确定土地出让底价,或核定应该补缴的地价款提供参考依据。

(三)评估原则。除《城镇土地估价规程》规定的土地估价基本原则外,土地使用权出让地价评估还需考虑以下原则:

价值主导原则:土地综合质量优劣是对地价产生影响的主要因素。

审慎原则:在评估中确定相关参数和结果时,应分析并充分考虑土地市场运行状况、有关行业发展状况,以及存在的风险。

公开市场原则:评估结果在公平、公正、公开的土地市场上可实现。

(四)评估方法。

(1)收益还原法

(2)市场比较法

(3)剩余法

(4)成本逼近法

(5)公示地价系数修正法

出让地价评估，应至少采用两种评估方法，包括(1)、(2)、(3)之一，以及(4)或(5)。因土地市场不发育等原因，无法满足上述要求的，应有详细的市场调查情况说明。

(五)评估程序。

(1)土地估价机构接受国土资源主管部门(或出让方)委托，明确估价目的等基本事项；

(2)拟订估价工作方案，收集所需背景资料；

(3)实地查勘；

(4)选定估价方法进行评估；

(5)确定估价结果，并根据当地市场情况、有关法律法规和政策规定，给出底价决策建议；

(6)撰写估价报告并由两名土地估价专业评估师签署，履行土地估价报告备案程序，取得电子备案号；

(7)提交估价报告；

(8)估价资料归档。

五、评估方法的运用

(一)收益还原法。除依照《城镇土地估价规程》的规定外，还需体现以下技术要求：

(1)确定土地收益，应通过调查市场实例进行比较后得出，符合当前市场的正常客观收益水平，并假设该收益水平在出让年期内保持稳定。对于待建、在建的土地，按规划建设条件选用可比较实例。用于测算收益水平的比较实例应不少于3个。

(2)确定各项费用时，应采用当前市场的客观费用。

(3)确定还原率时应详细说明确定的方法和依据，应充分考虑投资年期与收益风险之间的关系。

(二)市场比较法。除依照《城镇土地估价规程》的规定外，还需体现以下技术要求：

(1)在综合分析当地土地市场近三年交易实例的基础上，优先选用正常市场环境下的交易实例。原则上不采用竞价轮次较多、溢价率较高的交易实例；不能采用楼面地价历史最高或最低水平的交易实例。近三年内所在或相似区域的交易实例不足3个的,原则上不应选用市场比较法。

(2)比较实例的修正幅度不能超过30%,即:(实例修正后的比准价格-实例价格)/实例价格≤30%。

(3)各比较实例修正后的比准价格之间相差不能超过40%。即(高比准价格-低比准价格)/低比准价格≤40%,对超过40%的,应另选实例予以替换。实例不足无法替换的,应对各实例进行可比性分析,并作为确定取值权重考虑因素之一。

(三)剩余法。除依照《城镇土地估价规程》的规定外,还需体现以下技术要求:

(1)在假设项目开发情况时,按规划建设条件评估;容积率、绿地率等规划建设指标是区间值的,在区间上限、下限值中按最有效利用原则择一进行评估。

(2)假设的项目开发周期一般不超过3年。

(3)对于开发完成后拟用于出售的项目,售价取出让时当地市场同类不动产正常价格水平,不能采用估算的未来售价。

(4)开发完成后用于出租或自营的项目,按照本规范收益还原法的有关技术要求评估。

(5)利润率宜采用同一市场上类似不动产开发项目的平均利润率。利润率的取值应有客观、明确的依据,能够反映当地不动产开发行业平均利润水平。

(四)成本逼近法。除依照《城镇土地估价规程》的规定外,还需体现以下技术要求:

(1)国家或地方拟从土地出让收入或土地出让收益中计提(安排)的各类专项资金,包括农业土地开发资金、国有土地收益基金、农田水利建设资金、教育资金、保障性安居工程资金等,以及新增建设用地土地有偿使用费、新增耕地指标和城乡建设用地增减挂钩节余指标等指标流转费用,不得计入土地成本,也不得计入出让底价。

(2)土地取得成本应通过调查当地正常情况下取得土地实际发生的客观费用水平确定,需注意与当地土地征收、房屋征收和安置补偿等标准的差异。

(3)土地开发成本应通过调查所在区域开发同类土地的客观费用水平确定。对拟出让宗地超出所在区域开发同类土地客观费用水平的个例性实际支出,不能纳入成本。

(4)评估工业用地出让地价时,不得以当地工业用地出让最低价标准为基础,推算各项参数和取值后,评估出地价。

(五)公示地价系数修正法。除依照《城镇土地估价规程》的规定外,还需体现以下技术要求:

(1)采用的基准地价,应当已向社会公布。采用已完成更新但尚未向社会公布的基准地价,需经市、县国土资源主管部门书面同意。

(2)在已经开展标定地价公示的城市,可运用标定地价系数修正法进行评估。

六、特定情况评估要点

(一)场地未通平或通平不完全。

(1)土地开发程度不足。土地开发程度未达到当地正常水平的,先评估当地正常开发程序下的熟地地价,再根据当地各项通平开发所需的客观费用水平,逐项减价修正。

(2)有地上建筑物的土地出让评估。对土地连同建筑物或构筑物整体一并出让的,出让评估按出让时的规划建设条件进行。

当出让时以及出让后不改变现状、不重新设定规划建设条件的,评估结果等于净地价加地上建筑物重置价减去折旧;当出让时重新设定规划建设条件的,评估结果等于新设定规划建设条件下的净地价减去场内拆平工作费用。

作为整体出让的土地连同地上建筑物或构筑物,权属应为国有且无争议。

(二)特定条件的招拍挂出让方式。

(1)限地价、竞配建(或竞房价、竞自持面积等)。采用“限地价、竞房价(或竞自持面积)”方式出让的,在评估时应按本规范,评估出正常市场条件下的土地价格。

采用“限地价、竞配建”方式的,土地估价报告中应评估出正常市场条件下的土地价格,给出底价建议,以及根据市场情况建议采用的地价上限,并提出建议的起始价或起拍价,一般情况下应符合:起始价≤出让底价≤地价上限。当起始价≤地价上限≤出让底价时,地价上限与出让底价之间的差额,应按配建方式和配建成本,折算最低应配建的建筑面积,并在土地估价报告中明示。

(2)限房价、竞地价。采用“限房价、竞地价”方式出让的土地,在出让评估时,应充分考虑建成房屋首次售出后是否可上市流转。对不能上市流转,或只能由政府定价回购,或上市前需补缴土地收益的限价房开发项目,在采用剩余法评估时，按限定的房价取值。

(3)出让时约定租赁住宅面积比例。约定一定比例的，采用剩余法时，以市场正常租金水平为依据测算相应比例的不动产价值。纯租赁住宅用地出让，有租赁住宅用地可比实例的，优先采用市场比较法，实例不足的，应采用收益还原法。

(三)协议出让。

(1)对应当实行有偿使用，且可以不采用招标拍卖挂牌方式出让的。应按本规范评估其在设定开发建设条件下的正常市场价格，并提出建议的出让底价。同时，还应在土地估价报告中测算并对比说明该建议出让底价是否符合当地的协议出让最低价标准。

当地未公布协议出让最低价标准的，按拟出让土地所在级别基准地价的70%测算对比；拟出让土地在基准地价覆盖范围外的，按照本规范成本法的要求，与土地取得的各项成本费用之和进行对比。

评估结果低于协议出让最低价标准的，应在土地估价报告中有明确提示。

(2)划拨土地办理协议出让。使用权人申请以协议出让方式办理出让，出让时不改变土地及建筑物、构筑物现状的，应按本规范评估在现状使用条件下的出让土地使用权正常市场价格，减去划拨土地使用权价格，作为评估结果，并提出底价建议。出让时重新设定规划建设条件的，应按本规范评估在新设定规划建设条件下的出让土地使用权正常市场价格，减去现状使用条件下的划拨土地使用权价格，作为评估结果，并提出底价建议。

当地对划拨土地使用权补办出让手续应缴土地收益有明确规定的，应与评估结果进行对比，在土地估价报告中明确提示对比结果，合理确定应缴土地收益。

(四)已出让土地补缴地价款。

(1)估价期日的确定。土地出让后经原出让方批准改变用途或容积率等土地使用条件的，在评估需补缴地价款时，估价期日应以国土资源主管部门依法受理补缴地价申请时点为准。

(2)调整容积率补缴地价。调整容积率的，需补缴地价款等于楼面地价乘以新增建筑面积，楼面地价按新容积率规划条件下估价期日的楼面地价确定。

核定新增建筑面积，可以相关部门批准变更规划条件所新增的建筑面积为准，或竣工验收时实测的新增建筑面积为准。

因调低容积率造成地价增值的，补缴地价款可按估价期日新旧容积率规划条件下总地价的差额确定。

容积率调整前后均低于1的,按容积率为1核算楼面地价。

(3)调整用途补缴地价。调整用途的,需补缴地价款等于新、旧用途楼面地价之差乘以建筑面积。新、旧用途楼面地价均为估价期日的正常市场价格。

用地结构调整的,分别核算各用途建筑面积变化带来的地价增减额,合并计算应补缴地价款。各用途的楼面地价按调整结构后确定。

工业用地调整用途的,需补缴地价款等于新用途楼面地价乘以新用途建筑面积,减去现状工业用地价格。

(4)多项条件同时调整。多项用地条件同时调整的,应分别核算各项条件调整带来的地价增减额,合并计算应补缴地价款。

用途与容积率同时调整的。需补缴地价款等于新用途楼面地价乘以新增建筑面积,加上新、旧用途楼面地价之差乘以原建筑总面积。新用途楼面地价按新容积率、新用途规划条件的正常市场楼面地价确定,旧用途楼面地价按原容积率规划条件下的正常市场楼面地价确定。

因其他土地利用条件调整需补缴地价款的,参照上述技术思路评估。

核定需补缴地价款时,不能以土地出让金、土地增值收益或土地纯收益代替。

七、估价报告内容

除需符合《城镇土地估价规程》规定的报告内容和格式外,出让地价的土地估价报告还应符合下列要求:

(一)估价结果。涉及协议出让最低价标准、工业用地出让最低价标准等最低限价的,在土地估价报告的"估价结果"部分,应同时列出评估结果,以及相应最低限价标准。

在土地估价报告的"估价结果"部分,应有明确的底价决策建议及理由。

(二)报告组成要件。除《城镇土地估价规程》规定的附件内容外(机构依法备案的有关证明为必备要件),应视委托方提供材料情况,在土地估价报告后附具:

(1)涉及土地取得成本的相关文件、标准,以及委托方提供的征地拆迁补偿和安置协议等资料;

(2)已形成土地出让方案的,应附方案;

(3)报告中采用的相关实例的详细资料(包括照片);

(4)设定规划建设条件的相关文件依据。

国土资源部办公厅关于实施《城镇土地分等定级规程》和《城镇土地估价规程》有关问题的通知

（2015 年 3 月 18 日　国土资厅发〔2015〕12 号）

各省、自治区、直辖市国土资源主管部门，新疆生产建设兵团国土资源局，解放军土地管理局：

《城镇土地分等定级规程》（GB/T 18507—2014）和《城镇土地估价规程》（GB/T 18508—2014）（以下简称“规程”）国家技术标准已经公开发布，于 2014 年 12 月 1 日起实施。为贯彻执行好规程，现就有关问题通知如下：

一、加大宣传培训和指导监督力度

规程是各级国土资源主管部门、土地市场中介行业协会、土地估价机构及其有关人员在从事地价管理和地价评估工作时应遵循的国家技术标准。各级国土资源主管部门要会同行业协会，组织开展部门、机构和人员培训，在有关人员的后续教育中增加相应的内容和学时要求，加大规程的宣传推行和指导监督力度，促进土地市场中介行业健康发展。

二、严格按规程制订、更新并公布基准地价

市、县国土资源主管部门应严格按照规程，开展基准地价制订、更新和公布工作。基准地价每 3 年应全面更新一次；超过 6 年未全面更新的，在土地估价报告中不再使用基准地价系数修正法；不能以网格等形式借助计算机信息系统实时更新基准地价。基准地价以及全面更新成果应由省级国土资源主管部门组织验收后报部备案，然后由市、县国土资源主管部门及时向社会公开。省级国土资源主管部门要加强监督指导，确保基准地价及时更新、发布，对不符合规程规定的基准地价制订、更新工作及成果应及时予以纠正。部将建立全国基准地价备案系统，实行电子化备案。

三、加强宗地地价评估管理

土地估价机构和人员开展宗地地价评估工作，应严格依照规程出具土地估价报告(含土地估价技术报告),并且履行电子化备案程序,取得电子备案号。在土地出让、土地资产处置、土地收购储备等工作中需要进行宗地地价评估的,各级国土资源主管部门应注意检查所使用的土地估价报告是否具备电子备案号;在土地市场动态监测监管系统中上传土地出让合同时,应填写土地估价报告备案号。

四、严格执行出让地价评估有关规定

在国有建设用地使用权出让前,市、县国土资源主管部门应当按照规程和《关于发布〈国有建设用地使用权出让地价评估技术规范(试行)〉的通知》(国土资厅发〔2013〕20号)有关要求,组织对拟出让宗地的地价进行评估,出具土地估价报告。出具的土地估价报告应当在"估价结果"部分有明确底价决策建议及理由;涉及协议出让最低价标准、工业用地出让最低价标准等最低限价的,还应同时列出相应的最低限价标准。

已出让土地因调整容积率需评估补缴地价款的,若调整前原容积率低于1,可按新容积率规划条件下评估期日的楼面地价乘以新增建筑面积确定应补缴的地价款。对列入市县政府旧城区成片改造、棚户区改造计划的地块,政府主动调整涉及多宗土地的城镇控制性详细规划,在评估应补缴地价款时,楼面地价可按新容积率规划条件下评估期日的楼面地价确定。

五、加强土地市场中介行业监管

各级国土资源主管部门要认真履行土地市场监管职责,加强对土地估价等市场中介行业的监管,对发现的不符合规程和部有关文件规定的土地估价报告,应依法追究有关机构和人员责任,同时交由行业协会予以行业自律处罚。省级国土资源主管部门要指导行业协会加强自律管理,定期开展土地估价报告备案情况检查;严格执行土地估价报告抽查评议制度,定期组织行业协会和专家,对辖区内已备案的土地估价报告进行抽查和评议,向社会公布抽查评议结果。

本文件的有效期为5年。

五、土地储备、闲置土地处置与土地收回

国土资源部　财政部　中国人民银行 中国银行业监督管理委员会关于印发《土地储备管理办法》的通知

（2018 年 1 月 3 日　国土资规〔2017〕17 号）

各省、自治区、直辖市、副省级城市国土资源主管部门、财政厅（局），新疆生产建设兵团国土资源局、财务局，中国人民银行上海总部、各分行、营业管理部、省会（首府）城市中心支行、副省级城市中心支行，各省、自治区、直辖市银监局：

为加强和规范土地储备管理，根据相关法律法规和国务院有关文件的规定，国土资源部、财政部、中国人民银行、中国银行业监督管理委员会联合修订了《土地储备管理办法》。现予印发，请遵照执行。

土地储备管理办法

一、总体要求

（一）为贯彻落实党的十九大精神，落实加强自然资源资产管理和防范风险的要求，进一步规范土地储备管理，增强政府对城乡统一建设用地市场的调控和保障能力，促进土地资源的高效配置和合理利用，根据《国务院关于加强国有土地资产管理的通知》（国发〔2001〕15 号）、《国务院关于促进节约集约用地的通知》（国发〔2008〕3 号）、《国务院关于加强地方政府性债务管理的意见》（国发〔2014〕43 号）、《国务院办公厅关于规范国有土地使用权出让收支管理的通知》（国办发〔2006〕100 号），制定本办法。

（二）土地储备是指县级（含）以上国土资源主管部门为调控土地市场、促进土地资源合理利用，依法取得土地，组织前期开发、储存以备供应的行为。土地储备工作统一归口国土资源主管部门管理，土地储备机构承担土地储备的具体实施工作。财政部门负责土地储备资金及形成资产的监管。

（三）土地储备机构应为县级（含）以上人民政府批准成立、具有独立的法人资格、隶属于所在行政区划的国土资源主管部门、承担本行政辖区内土地储备工作的事业单位。国土资源主管部门对土地储备机构实施名录制管理。市、县级国土资源主管部门应将符合规定的机构信息逐级上报至省级国土资源主管部门，经省级国土资源主管部门审核后报国土资源部，列入全国土地储备机构名录，并定期更新。

二、储备计划

（四）各地应根据国民经济和社会发展规划、国土规划、土地利用总体规划、城乡规划等，编制土地储备三年滚动计划，合理确定未来三年土地储备规模，对三年内可收储的土地资源，在总量、结构、布局、时序等方面做出统筹安排，优先储备空闲、低效利用等存量建设用地。

（五）各地应根据城市建设发展和土地市场调控的需要，结合当地社会发展规划、土地储备三年滚动计划、年度土地供应计划、地方政府债务限额等因素，合理制定年度土地储备计划。年度土地储备计划内容应包括：

1. 上年度末储备土地结转情况（含上年度末的拟收储土地及入库储备土地的地块清单）；

2. 年度新增储备土地计划（含当年新增拟收储土地和新增入库储备土地规模及地块清单）；

3. 年度储备土地前期开发计划（含当年前期开发地块清单）；

4. 年度储备土地供应计划（含当年拟供应地块清单）；

5. 年度储备土地临时管护计划；

6. 年度土地储备资金需求总量。

其中，拟收储土地，是指已纳入土地储备计划或经县级（含）以上人民政府批准，目前已启动收回、收购、征收等工作，但未取得完整产权的土地；入库储备土地，是指土地储备机构已取得完整产权，纳入储备土地库管理的土地。

（六）国土资源主管部门应会同财政部门于每年第三季度，组织编制完成下一年度土地储备计划，提交省级国土资源主管部门备案后，报同级人民政府批准。因土地市场调控政策变化或低效用地再开发等原因，确需调整年度土地储备计划的，每年中期可调整一次，按原审批程序备案、报批。

三、入库储备标准

（七）储备土地必须符合土地利用总体规划和城乡规划。存在污染、文物遗存、矿产压覆、洪涝隐患、地质灾害风险等情况的土地，在按照有关规定由相关单位完成核查、评估和治理之前，不得入库储备。

（八）下列土地可以纳入储备范围：

1. 依法收回的国有土地；

2. 收购的土地；

3. 行使优先购买权取得的土地；

4. 已办理农用地转用、征收批准手续并完成征收的土地；

5. 其他依法取得的土地。

入库储备土地必须是产权清晰的土地。土地储备机构应对土地取得方式及程序的合规性、经济补偿、土地权利（包括用益物权和担保物权）等情况进行审核，不得为了收储而强制征收土地。对于取得方式及程序不合规、补偿不到位、土地权属不清晰、应办理相关不动产登记手续而尚未办理的土地，不得入库储备。

（九）收购土地的补偿标准，由土地储备机构与土地使用权人根据土地评估结果协商，经同级国土资源主管部门和财政部门确认，或地方法规规定的其他机构确认。

（十）储备土地入库前，土地储备机构应向不动产登记机构申请办理登记手续。储备土地登记的使用权类型统一确定为“其他（政府储备）”，登记的用途应符合相关法律法规的规定。

四、前期开发、管护与供应

（十一）土地储备机构负责理清入库储备土地产权，评估入库储备土地的资产价值。

（十二）土地储备机构应组织开展对储备土地必要的前期开发，为政府供应土地提供必要保障。

储备土地的前期开发应按照该地块的规划，完成地块内的道路、供水、供电、供气、排水、通讯、围挡等基础设施建设，并进行土地平整，满足必要的“通平”要求。具体工程要按照有关规定，选择工程勘察、设计、施工和监理等单位进行建设。

前期开发工程施工期间，土地储备机构应对工程实施监督管理。工程完成后，土地储备机构应按规定组织开展验收或委托专业机构进行验收，并按有关规定报所属国土资源主管部门备案。

（十三）土地储备机构应对纳入储备的土地采取自行管护、委托管护、临时利用等方式进行管护；建立巡查制度，对侵害储备土地权利的行为要做到早发现、早制止、早处理。对储备土地的管护，可以由土地储备机构的内设机构负责，也可由土地储备机构按照相关规定选择管护单位。

（十四）在储备土地未供应前，土地储备机构可将储备土地或连同地上建（构）筑物，通过出租、临时使用等方式加以利用。储备土地的临时利用，一般不超过两年，且不能影响土地供应。储备土地的临时利用应报同级国土资源主管部门同意。其中，在城市规划区内储备土地的临时使用，需搭建建（构）筑物的，在报批前，应当先经城市规划行政主管部门同意，不得修建永久性建筑物。

（十五）储备土地完成前期开发，并具备供应条件后，应纳入当地市、县土地供应计划，由市、县国土资源主管部门统一组织土地供应。供应已发证的储备土地之前，应收回并注销其不动产权证书及不动产登记证明，并在不动产登记簿中予以注销。

五、资金管理

（十六）土地储备资金收支管理严格执行财政部、国土资源部关于土地储备资金财务管理的规定。土地储备资金通过政府预算安排，实行专款专用。

（十七）土地储备机构应当严格按照规定用途使用土地储备资金，不得挪用。土地储备机构所需的日常经费，纳入政府预算，与土地储备资金实行分账核算，不得相互混用。

（十八）土地储备机构按规定编制土地储备资金收支项目预算，经同级国土资源主管部门审核，报同级财政部门审定后执行。年度终了，土地储备机构向同级财政部门报送土地储备资金收支项目决算，由同级财政部门审核或者由同级财政部门指定具有良好信誉、执业质量高的会计师事务所等相关中介机构进行审核。

（十九）土地储备资金应当建立绩效评价制度，绩效评价结果作为财政部门安排年度土地储备资金收支项目预算的依据。

（二十）土地储备专项债券资金管理执行财政部、国土资源部有关地方政府土地储备专项债券管理的规定。

六、监管责任

（二十一）信息化监管。国土资源部利用土地储备监测监管系统，监测监管土地储备机构业务开展情况。

列入全国土地储备机构名录的机构应按要求在土地储备监测监管系统中填报储备土地、已供储备土地、储备土地资产存量和增量、储备资金收支、土地储备专项债券等相关信息，接受主管部门监督管理。土地储备机构应按相关法律法规和规范性文件开展工作，违反相关要求的，将被给予警示直至退出名录。

（二十二）部门分工监管。各级国土资源主管部门及财政部门应按照职责分工，互相配合，保证土地储备工作顺利开展。

市县级国土资源主管部门应制定相关管理办法，监管土地储备机构、业务运行、资产管理及资金使用，定期考核，加强对土地储备机构的管理与指导；及时核准上传土地储备机构在土地储备监测监管系统中的信息，审核调整土地储备计划及资金需求，并配合财政部门做好土地储备专项债券额度管理及发行等相关工作。

省级国土资源主管部门负责制定本行政辖区内土地储备监管制度，对土地储备业务进行政策和业务指导，监管土地储备机构及本地区土地储备业务运行情况，审核土地储备机构名录、土地储备规模、资金及专项债券的需求，配合财政部门做好土地储备专项债券额度分配及发行等相关工作。

财政部门负责审核土地储备资金收支预决算、监督管理资金支付和收缴及土地储备专项债券发行、还本付息等工作。

（二十三）各级国土资源主管部门、财政部门、中国人民银行分支机构和银行业监督管理部门应建立符合本地实际的联合监管机制。按照职责分工，对储备土地、资产、资金、专项债券进行监督和指导。

七、其他要求

（二十四）各省、自治区、直辖市及计划单列市国土资源主管部门可依据本办法规定，结合当地实际，会同当地同级财政部门、人民银行及银行业监督管理部门制定具体实施办法。

（二十五）本办法由国土资源部会同财政部、中国人民银行及中国银行业监督管理委员会负责解释。

（二十六）本办法自发布之日起实施，有效期5年。《国土资源部　财政部　中国人民银行关于印发〈土地储备管理办法〉的通知》（国土资发〔2007〕277号）同时废止。

财政部　国土资源部　中国人民银行　中国银行业监督管理委员会关于规范土地储备和资金管理等相关问题的通知

（2016 年 2 月 2 日　财综〔2016〕4 号）

各省、自治区、直辖市、计划单列市财政厅（局）、国土资源主管部门，新疆生产建设兵团财务局、国土资源局，中国人民银行上海总部，各分行、营业管理部，省会（首府）城市中心支行、副省级城市中心支行，各省、自治区、直辖市银监局：

根据《预算法》以及《中共中央　国务院关于分类推进事业单位改革的指导意见》、《国务院关于加强地方政府性债务管理的意见》（国发〔2014〕43 号）等有关规定，为规范土地储备和资金管理行为，促进土地储备健康发展，现就有关问题通知如下：

一、清理压缩现有土地储备机构

各地区应当结合事业单位分类改革，对现有土地储备机构进行全面清理。为提高土地储备工作效率，精简机构和人员，每个县级以上（含县级）法定行政区划原则上只能设置一个土地储备机构，统一隶属于所在行政区划国土资源主管部门管理。对于重复设置的土地储备机构，应当在压缩归并的基础上，按规定重新纳入土地储备名录管理。鉴于土地储备机构承担的依法取得土地、进行前期开发、储存以备供应土地等工作主要是为政府部门行使职能提供支持保障，不能或不宜由市场配置资源，因此，按照事业单位分类改革的原则，各地区应当将土地储备机构统一划为公益一类事业单位。各地区应当将现有土地储备机构中从事政府融资、土建、基础设施建设、土地二级开发业务部分，从现有土地储备机构中剥离出去或转为企业，上述业务对应的人员、资产和债务等也相应剥离或划转。上述工作由地方各级国土资源主管部门商同级财政部门、人民银行分支机构、银监部门等机构提出具体意见，经同级人民政府批准后实施，并于 2016 年 12 月 31 日前完成。

二、进一步规范土地储备行为

按照《国土资源部　财政部　人民银行关于印发〈土地储备管理办法〉的通

知》(国土资发〔2007〕277 号)和《国土资源部　财政部　人民银行　银监会关于加强土地储备与融资管理的通知》(国土资发〔2012〕162 号)的规定,各地区应当进一步规范土地储备行为。土地储备工作只能由纳入名录管理的土地储备机构承担,各类城投公司等其他机构一律不得再从事新增土地储备工作。土地储备机构不得在土地储备职能之外,承担与土地储备职能无关的事务,包括城市基础设施建设、城镇保障性安居工程建设等事务,已经承担的上述事务应当按照本通知第一条规定限期剥离和划转。

三、合理确定土地储备总体规模

各地土地储备总体规模,应当根据当地经济发展水平、当地财力状况、年度土地供应量、年度地方政府债务限额、地方政府还款能力等因素确定。现有土地储备规模偏大的,要加快已储备土地的前期开发和供应进度,相应减少或停止新增以后年度土地储备规模,避免由于土地储备规模偏大而形成土地资源利用不充分和地方政府债务压力。

四、妥善处置存量土地储备债务

对清理甄别后认定为地方政府债务的截至 2014 年 12 月 31 日的存量土地储备贷款,应纳入政府性基金预算管理,偿债资金通过政府性基金预算统筹安排,并逐步发行地方政府债券予以置换。

五、调整土地储备筹资方式

土地储备机构新增土地储备项目所需资金,应当严格按照规定纳入政府性基金预算,从国有土地收益基金、土地出让收入和其他财政资金中统筹安排,不足部分在国家核定的债务限额内通过省级政府代发地方政府债券筹集资金解决。自 2016 年 1 月 1 日起,各地不得再向银行业金融机构举借土地储备贷款。地方政府应在核定的债务限额内,根据本地区土地储备相关政府性基金收入、地方政府性债务风险等因素,合理安排年度用于土地储备的债券发行规模和期限。

六、规范土地储备资金使用管理

根据《预算法》等法律法规规定,从 2016 年 1 月 1 日起,土地储备资金从以下渠道筹集:一是财政部门从已供应储备土地产生的土地出让收入中安排给土地储备机构的征地和拆迁补偿费用、土地开发费用等储备土地过程中发生的相关费用。二是财政部门从国有土地收益基金中安排用于土地储备的资金。三是发行地方政府债券筹集的土地储备资金。四是经财政部门批准可用于土地储备的其他资金。五是上述资金产生的利息收入。土地储备资金主要用于征收、收购、优先购买、收回土地以及储备土地供应前的前期开发等土地储备开支，不得用于土地储备机构日常经费开支。土地储备机构所需的日常经费，应当与土地储备资金实行分账核算，不得相互混用。

土地储备资金的使用范围包括：

（一）征收、收购、优先购买或收回土地需要支付的土地价款或征地和拆迁补偿费用。包括土地补偿费和安置补助费、地上附着物和青苗补偿费、拆迁补偿费，以及依法需要支付的与征收、收购、优先购买或收回土地有关的其他费用。

（二）征收、收购、优先购买或收回土地后进行必要的前期土地开发费用。储备土地的前期开发，仅限于与储备宗地相关的道路、供水、供电、供气、排水、通讯、照明、绿化、土地平整等基础设施建设。各地不得借土地储备前期开发，搭车进行与储备宗地无关的上述相关基础设施建设。

（三）按照本通知规定需要偿还的土地储备存量贷款本金和利息支出。

（四）经同级财政部门批准的与土地储备有关的其他支出。包括土地储备工作中发生的地籍调查、土地登记、地价评估以及管护中围栏、围墙等建设等支出。

七、推动土地收储政府采购工作

地方国土资源主管部门应当积极探索政府购买土地征收、收购、收回涉及的拆迁安置补偿服务。土地储备机构应当积极探索通过政府采购实施储备土地的前期开发，包括与储备宗地相关的道路、供水、供电、供气、排水、通讯、照明、绿化、土地平整等基础设施建设。地方财政部门、国土资源主管部门应当会同辖区内土地储备机构制定项目管理办法，并向社会公布项目实施内容、承接主体或供应商条件、绩效评价标准、最终结果、取得成效等相关信息，严禁层层转包。项目承接主体或供应商应当严格履行合同义务，按合同约定数额获取报酬，不得与土地使用权出让收入挂钩，也不得以项目所涉及的土地名义融资或者变相融资。对于违反规定的行为，将按照《预算法》《政府采购法》《政府采购法实施条例》《政府购买服务管理办法（暂行）》等规定进行处理。

八、加强土地储备项目收支预决算管理

土地储备机构应当于每年第三季度根据当地经济发展水平、上年度地方财力状况、近三年土地供应量、上年度地方政府债务限额、地方政府还款能力等因素，按照宗地编制下一年度土地储备资金收支项目预算，经主管部门审核后，报同级财政部门审定。其中：属于政府采购范围的应当按照规定编制政府采购预算，属于政府购买服务项目的应当同时编制政府购买服务预算，并严格按照有关规定执行。地方财政部门应当认真审核土地储备资金收支预算，统筹安排政府性基金预算、地方政府债券收入和存量贷款资金。土地储备支出首先从国有土地收益基金、土地出让收入、存量贷款资金中安排，不足部分再通过省级政府发行的地方政府债券筹集资金解决。财政部门应当及时批复土地储备机构土地储备项目收支预算。

土地储备机构应当严格按照同级财政部门批复的预算执行，并根据土地收购储备的工作进度，提出用款申请，经主管部门审核后，报同级财政部门审批。其中：属于财政性资金的土地储备支出，按照财政国库管理制度的有关规定执行。土地储备机构需要调整土地储备资金收支项目预算的，应当按照规定编制预算调整方案，经主管部门审核后，按照规定程序报同级财政部门批准后执行。

每年年度终了，土地储备机构要按照同级财政部门规定，向同级财政部门报送土地储备资金收支项目决算，并详细提供宗地支出情况。土地储备资金收支项目决算由同级财政部门负责审核或者由具有良好信誉、执业质量高的会计师事务所等相关中介机构进行审核。

土地储备机构应当按照国家关于资产管理的有关规定，做好土地储备资产的登记、核算、评估等各项工作。

九、落实好相关部门责任

规范土地储备和资金管理行为，是进一步完善土地储备制度，促进土地储备健康发展的重要举措。各级财政、国土资源部门和人民银行分支机构、银监部门等要高度重视，密切合作，周密部署，强化督导，确保上述各项工作顺利实施。

财政部、国土资源部、人民银行、银监会将按照职责分工，会同有关部门抓紧修订《土地储备管理办法》《土地储备资金财务管理暂行办法》《土地储备资金会计核算办法（试行）》《土地储备统计报表》等相关制度。

省级财政、国土资源主管部门和人民银行分支机构、银监部门应当加强对市县土地储备和资金管理工作的指导，督促市县相关部门认真贯彻落实本通知规定，并于2017年3月31日前，将本地区贯彻落实情况以书面形式报告财政部、国土资源部、人民银行和银监会。

此前土地储备和资金管理的相关规定与本通知规定不一致的，以本通知规定为准。

国土资源部《闲置土地处置办法》

(1999 年 4 月 28 日国土资源部令第 5 号发布　2012 年 6 月 1 日国土资源部令第 53 号修订　修订后自 2012 年 7 月 1 日起施行)

第一章　总　　则

第一条　为有效处置和充分利用闲置土地,规范土地市场行为,促进节约集约用地,根据《中华人民共和国土地管理法》、《中华人民共和国城市房地产管理法》及有关法律、行政法规,制定本办法。

第二条　本办法所称闲置土地,是指国有建设用地使用权人超过国有建设用地使用权有偿使用合同或者划拨决定书约定、规定的动工开发日期满一年未动工开发的国有建设用地。

已动工开发但开发建设用地面积占应动工开发建设用地总面积不足三分之一或者已投资额占总投资额不足百分之二十五,中止开发建设满一年的国有建设用地,也可以认定为闲置土地。

第三条　闲置土地处置应当符合土地利用总体规划和城乡规划,遵循依法依规、促进利用、保障权益、信息公开的原则。

第四条　市、县国土资源主管部门负责本行政区域内闲置土地的调查认定和处置工作的组织实施。

上级国土资源主管部门对下级国土资源主管部门调查认定和处置闲置土地工作进行监督管理。

第二章　调查和认定

第五条　市、县国土资源主管部门发现有涉嫌构成本办法第二条规定的闲置土地的,应当在三十日内开展调查核实,向国有建设用地使用权人发出《闲置土地调查通知书》。

国有建设用地使用权人应当在接到《闲置土地调查通知书》之日起三十日内,按照要求提供土地开发利用情况、闲置原因以及相关说明等材料。

第六条　《闲置土地调查通知书》应当包括下列内容:

(一)国有建设用地使用权人的姓名或者名称、地址;

（二）涉嫌闲置土地的基本情况；

（三）涉嫌闲置土地的事实和依据；

（四）调查的主要内容及提交材料的期限；

（五）国有建设用地使用权人的权利和义务；

（六）其他需要调查的事项。

第七条　市、县国土资源主管部门履行闲置土地调查职责，可以采取下列措施：

（一）询问当事人及其他证人；

（二）现场勘测、拍照、摄像；

（三）查阅、复制与被调查人有关的土地资料；

（四）要求被调查人就有关土地权利及使用问题作出说明。

第八条　有下列情形之一，属于政府、政府有关部门的行为造成动工开发延迟的，国有建设用地使用权人应当向市、县国土资源主管部门提供土地闲置原因说明材料，经审核属实的，依照本办法第十二条和第十三条规定处置：

（一）因未按照国有建设用地使用权有偿使用合同或者划拨决定书约定、规定的期限、条件将土地交付给国有建设用地使用权人，致使项目不具备动工开发条件的；

（二）因土地利用总体规划、城乡规划依法修改，造成国有建设用地使用权人不能按照国有建设用地使用权有偿使用合同或者划拨决定书约定、规定的用途、规划和建设条件开发的；

（三）因国家出台相关政策，需要对约定、规定的规划和建设条件进行修改的；

（四）因处置土地上相关群众信访事项等无法动工开发的；

（五）因军事管制、文物保护等无法动工开发的；

（六）政府、政府有关部门的其他行为。

因自然灾害等不可抗力导致土地闲置的，依照前款规定办理。

第九条　经调查核实，符合本办法第二条规定条件，构成闲置土地的，市、县国土资源主管部门应当向国有建设用地使用权人下达《闲置土地认定书》。

第十条　《闲置土地认定书》应当载明下列事项：

（一）国有建设用地使用权人的姓名或者名称、地址；

（二）闲置土地的基本情况；

（三）认定土地闲置的事实、依据；

（四）闲置原因及认定结论；

（五）其他需要说明的事项。

第十一条 《闲置土地认定书》下达后，市、县国土资源主管部门应当通过门户网站等形式向社会公开闲置土地的位置、国有建设用地使用权人名称、闲置时间等信息；属于政府或者政府有关部门的行为导致土地闲置的，应当同时公开闲置原因，并书面告知有关政府或者政府部门。

上级国土资源主管部门应当及时汇总下级国土资源主管部门上报的闲置土地信息，并在门户网站上公开。

闲置土地在没有处置完毕前，相关信息应当长期公开。闲置土地处置完毕后，应当及时撤销相关信息。

第三章 处置和利用

第十二条 因本办法第八条规定情形造成土地闲置的，市、县国土资源主管部门应当与国有建设用地使用权人协商，选择下列方式处置：

（一）延长动工开发期限。签订补充协议，重新约定动工开发、竣工期限和违约责任。从补充协议约定的动工开发日期起，延长动工开发期限最长不得超过一年；

（二）调整土地用途、规划条件。按照新用途或者新规划条件重新办理相关用地手续，并按照新用途或者新规划条件核算、收缴或者退还土地价款。改变用途后的土地利用必须符合土地利用总体规划和城乡规划；

（三）由政府安排临时使用。待原项目具备开发建设条件，国有建设用地使用权人重新开发建设。从安排临时使用之日起，临时使用期限最长不得超过两年；

（四）协议有偿收回国有建设用地使用权；

（五）置换土地。对已缴清土地价款、落实项目资金，且因规划依法修改造成闲置的，可以为国有建设用地使用权人置换其他价值相当、用途相同的国有建设用地进行开发建设。涉及出让土地的，应当重新签订土地出让合同，并在合同中注明为置换土地；

（六）市、县国土资源主管部门还可以根据实际情况规定其他处置方式。

除前款第四项规定外，动工开发时间按照新约定、规定的时间重新起算。

符合本办法第二条第二款规定情形的闲置土地，依照本条规定的方式处置。

第十三条　市、县国土资源主管部门与国有建设用地使用权人协商一致后，应当拟订闲置土地处置方案，报本级人民政府批准后实施。

闲置土地设有抵押权的，市、县国土资源主管部门在拟订闲置土地处置方案时，应当书面通知相关抵押权人。

第十四条　除本办法第八条规定情形外，闲置土地按照下列方式处理：

（一）未动工开发满一年的，由市、县国土资源主管部门报经本级人民政府批准后，向国有建设用地使用权人下达《征缴土地闲置费决定书》，按照土地出让或者划拨价款的百分之二十征缴土地闲置费。土地闲置费不得列入生产成本；

（二）未动工开发满两年的，由市、县国土资源主管部门按照《中华人民共和国土地管理法》第三十七条和《中华人民共和国城市房地产管理法》第二十六条的规定，报经有批准权的人民政府批准后，向国有建设用地使用权人下达《收回国有建设用地使用权决定书》，无偿收回国有建设用地使用权。闲置土地设有抵押权的，同时抄送相关土地抵押权人。

第十五条　市、县国土资源主管部门在依照本办法第十四条规定作出征缴土地闲置费、收回国有建设用地使用权决定前，应当书面告知国有建设用地使用权人有申请听证的权利。国有建设用地使用权人要求举行听证的，市、县国土资源主管部门应当依照《国土资源听证规定》依法组织听证。

第十六条　《征缴土地闲置费决定书》和《收回国有建设用地使用权决定书》应当包括下列内容：

（一）国有建设用地使用权人的姓名或者名称、地址；

（二）违反法律、法规或者规章的事实和证据；

（三）决定的种类和依据；

（四）决定的履行方式和期限；

（五）申请行政复议或者提起行政诉讼的途径和期限；

（六）作出决定的行政机关名称和作出决定的日期；

（七）其他需要说明的事项。

第十七条　国有建设用地使用权人应当自《征缴土地闲置费决定书》送达之日起三十日内，按照规定缴纳土地闲置费；自《收回国有建设用地使用权决定书》送达之日起三十日内，到市、县国土资源主管部门办理国有建设用地使用权注销登记，交回土地权利证书。

国有建设用地使用权人对《征缴土地闲置费决定书》和《收回国有建设用地使用权决定书》不服的，可以依法申请行政复议或者提起行政诉讼。

第十八条 国有建设用地使用权人逾期不申请行政复议、不提起行政诉讼，也不履行相关义务的，市、县国土资源主管部门可以采取下列措施：

（一）逾期不办理国有建设用地使用权注销登记，不交回土地权利证书的，直接公告注销国有建设用地使用权登记和土地权利证书；

（二）申请人民法院强制执行。

第十九条 对依法收回的闲置土地，市、县国土资源主管部门可以采取下列方式利用：

（一）依据国家土地供应政策，确定新的国有建设用地使用权人开发利用；

（二）纳入政府土地储备；

（三）对耕作条件未被破坏且近期无法安排建设项目的，由市、县国土资源主管部门委托有关农村集体经济组织、单位或者个人组织恢复耕种。

第二十条 闲置土地依法处置后土地权属和土地用途发生变化的，应当依据实地现状在当年土地变更调查中进行变更，并依照有关规定办理土地变更登记。

第四章 预防和监管

第二十一条 市、县国土资源主管部门供应土地应当符合下列要求，防止因政府、政府有关部门的行为造成土地闲置：

（一）土地权利清晰；

（二）安置补偿落实到位；

（三）没有法律经济纠纷；

（四）地块位置、使用性质、容积率等规划条件明确；

（五）具备动工开发所必需的其他基本条件。

第二十二条 国有建设用地使用权有偿使用合同或者划拨决定书应当就项目动工开发、竣工时间和违约责任等作出明确约定、规定。约定、规定动工开发时间应当综合考虑办理动工开发所需相关手续的时限规定和实际情况，为动工开发预留合理时间。

因特殊情况，未约定、规定动工开发日期，或者约定、规定不明确的，以实际交付土地之日起一年为动工开发日期。实际交付土地日期以交地确认书确定的时间为准。

第二十三条　国有建设用地使用权人应当在项目开发建设期间，及时向市、县国土资源主管部门报告项目动工开发、开发进度、竣工等情况。

国有建设用地使用权人应当在施工现场设立建设项目公示牌，公布建设用地使用权人、建设单位、项目动工开发、竣工时间和土地开发利用标准等。

第二十四条　国有建设用地使用权人违反法律法规规定和合同约定、划拨决定书规定恶意囤地、炒地的，依照本办法规定处理完毕前，市、县国土资源主管部门不得受理该国有建设用地使用权人新的用地申请，不得办理被认定为闲置土地的转让、出租、抵押和变更登记。

第二十五条　市、县国土资源主管部门应当将本行政区域内的闲置土地信息按宗录入土地市场动态监测与监管系统备案。闲置土地按照规定处置完毕后，市、县国土资源主管部门应当及时更新该宗土地相关信息。

闲置土地未按照规定备案的，不得采取本办法第十二条规定的方式处置。

第二十六条　市、县国土资源主管部门应当将国有建设用地使用权人闲置土地的信息抄送金融监管等部门。

第二十七条　省级以上国土资源主管部门可以根据情况，对闲置土地情况严重的地区，在土地利用总体规划、土地利用年度计划、建设用地审批、土地供应等方面采取限制新增加建设用地、促进闲置土地开发利用的措施。

第五章　法 律 责 任

第二十八条　市、县国土资源主管部门未按照国有建设用地使用权有偿使用合同或者划拨决定书约定、规定的期限、条件将土地交付给国有建设用地使用权人，致使项目不具备动工开发条件的，应当依法承担违约责任。

第二十九条　县级以上国土资源主管部门及其工作人员违反本办法规定，有下列情形之一的，依法给予处分；构成犯罪的，依法追究刑事责任：

（一）违反本办法第二十一条的规定供应土地的；

（二）违反本办法第二十四条的规定受理用地申请和办理土地登记的；

（三）违反本办法第二十五条的规定处置闲置土地的；

（四）不依法履行闲置土地监督检查职责，在闲置土地调查、认定和处置工作中徇私舞弊、滥用职权、玩忽职守的。

第六章　附　　则

第三十条　本办法中下列用语的含义：

动工开发:依法取得施工许可证后,需挖深基坑的项目,基坑开挖完毕;使用桩基的项目,打入所有基础桩;其他项目,地基施工完成三分之一。

已投资额、总投资额:均不含国有建设用地使用权出让价款、划拨价款和向国家缴纳的相关税费。

第三十一条 集体所有建设用地闲置的调查、认定和处置,参照本办法有关规定执行。

第三十二条 本办法自 2012 年 7 月 1 日起施行。

自然资源部办公厅关于政府原因闲置土地协议有偿收回相关政策的函

（2018 年 12 月 8 日　自然资办函〔2018〕1903 号）

海南省自然资源和规划厅：

《海南省国土资源厅关于请求给予闲置土地有偿收回政策支持的请示》（琼国土资〔2018〕142 号）收悉。现就因政府原因闲置土地协议有偿收回相关政策函复如下。

《城市房地产管理法》规定，土地使用权人必须按照土地使用权出让合同约定的土地用途、动工开发期限开发土地，超过出让合同约定的动工开发日期满二年未动工开发的可以无偿收回土地使用权，但是因不可抗力或者政府、政府有关部门的行为或者动工开发必需的前期工作造成动工开发迟延的除外。《闲置土地处置办法》（国土资源部令第 53 号）第十二条规定，属于政府、政府有关部门的行为以及因不可抗力造成动工开发延迟，可以协议有偿收回国有建设用地使用权。

在土地供应和闲置土地处置工作中，要严格落实履约责任，营造诚实守信的营商环境。一是要严格执行“净地”供应的有关规定。供地前要处理好土地的产权、补偿安置等经济法律关系，完成必要的通水、通电、通路、土地平整等前期开发。二是对于“净地”供应政策出台前已供应的“毛地”，应当按照合同或划拨决定书约定、规定的条款，由具体责任方实施拆迁安置和前期开发，确保履约到位。三是处置因政府原因造成的闲置土地，要区分具体情况：对于因政府未按约定履行拆迁安置、前期开发、及时交地等义务而导致土地闲置的，政府应积极主动解决问题，与土地使用权人签订补充协议，重新约定“净地”交付期限，为项目动工创造必要条件；在约定的期限内仍未能达到“净地”标准，要明确造成闲置的政府及有关部门责任并依法处理后，方可采取协议有偿收回的方式处置。对于因政府修改规划或规划建设条件、军事管制、文物保护以及不可抗力等原因，造成土地确实无法按原规划建设条件动工建设的，在土地使用权人同意协商的情况下，可以采取协议有偿收回的方式处置。

需要协议收回闲置土地使用权的，应当遵循协商一致和合理补偿的原则。市、县自然资源主管部门应当按照《闲置土地处置办法》的规定，在调查认定的基础上，及时告知土地使用权人有偿收回相关事宜，与当事人就收回范围、补偿标准、收回方式等进行协商。有偿收回的补偿金额应不低于土地使用权人取得土地的成本，综合考虑其合理的直接损失，参考市场价格，由双方共同协商确定。经协商达成一致的，市、县自然资源主管部门拟定闲置土地处置方案，报本级人民政府批准后，正式签订有偿收回协议并执行。

国家土地管理局《关于认定收回土地使用权行政决定法律性质的意见》

（1997 年 10 月 30 日　〔1997〕国土〔法〕字第 153 号）

收回土地使用权是人民政府及其土地管理部门一项重要的行政行为，主要采取行政处理决定和行政处罚决定两种方式进行。《行政处罚法》颁布施行后，除行政处理决定仍旧按照土地管理法律、法规的规定执行外，土地管理的各项行政处罚必须依照《行政处罚法》由土地管理法律、法规或者规章规定，并由行政机关依照《行政处罚法》规定的程序实施。为了进一步贯彻执行《行政处罚法》和土地管理法律、法规、规章，正确区分行政处理决定和行政处罚决定的界限，切实做到依法行政，现对认定收回土地使用权行政决定的法律性质提出如下意见：

一、依照《土地管理法》第十九条的规定，对用地单位已经撤销或者迁移的；未经原批准机关同意，连续二年未使用的；不按批准的用途使用的；公路、铁路、机场、矿场等经核准报废的，土地管理部门报县级以上人民政府批准，依法收回用地单位的国有划拨土地使用权，属于行政处理决定。人民政府依照该法第十九条的规定收回国有划拨土地使用权，其批准权限应与征用土地的批准权限相同。

二、依照《土地管理法》第三十三条的规定临时使用土地，期满不归还的，或者依照该法第十九条的规定土地使用权被收回，拒不交出土地的，土地管理部门责令交还土地，并处罚款的行为，属于行政处罚决定。

三、依照《城市房地产管理法》第十九条和《城镇国有土地使用权出让和转让暂行条例》第四十二条的规定在特殊情况下，根据社会公共利益的需要，人民政府或者土地管理部门依照法律程序提前收回出让的国有土地使用权，属于行政处理决定。

四、依照《城市房地产管理法》第二十一条第二款和《城镇国有土地使用权出

注：该文件未列入《国土资源部关于公布继续有效的规范性文件目录的公告》（2011 年第 5 号），但未明文废止。

让和转让暂行条例》第四十条的规定，土地使用权出让合同约定的使用年限届满，土地使用者未申请续期或者虽申请续期依照法律有关规定未获批准的，由人民政府或者土地管理部门依法无偿收回出让的国有土地使用权，属于行政处理决定。

五、依照《城市房地产管理法》第二十五条的规定，超过出让合同约定的动工开发日期满二年未动工开发的，人民政府或者土地管理部门依法无偿收回出让的国有土地使用权，属于行政处罚决定。

六、依照《城镇国有土地使用权出让和转让暂行条例》第十七条的规定，土地使用者未按出让合同规定的期限和条件开发、利用土地的，市、县人民政府土地管理部门无偿收回出让的国有土地使用权，属于行政处罚决定。

七、依照《城镇国有土地使用权出让和转让暂行条例》第四十七条第一款的规定，因迁移、解散、撤销、破产或者其他原因而停止使用土地，需要依法收回国有划拨土地使用权的，属于行政处理决定。依照该条例第四十七条第二款的规定，根据城市建设发展需要和城市规划的要求，市、县人民政府无偿收回国有划拨土地使用权的，也应属于行政处理决定。

八、依照《基本农田保护条例》第二十一条的规定，已办理审批手续的开发区和其他非农业建设占用的基本农田保护区内的耕地，未经原批准机关同意，连续二年未使用的，由县级人民政府土地管理部门报本级人民政府批准，收回用地单位土地使用权的，属于行政处理决定。

九、依照《土地复垦规定》第十七条的规定，根据规划设计企业不需要使用的土地或者未经当地土地管理部门同意，复垦后连续二年以上不使用的土地，因当地县级以上人民政府统筹安排而需要收回土地使用权，人民政府或者土地管理部门收回土地使用权的，属于行政处理决定。本意见自下发之日起，国家土地管理局在此之前发布的规章以及对土地管理法律、行政法规作出的有关规定和解释与本意见不一致的，均以本意见为准。

国家土地管理局政策法规司关于对收回国有土地使用权批准权限问题的答复

（1991 年 9 月 3 日）

黑龙江省土地管理局：

你局黑土呈〔1991〕第 80 号《关于执行〈中华人民共和国土地管理法〉第十九条有关问题的请示》收悉。经研究，现答复如下：

一、使用国有土地，有《土地管理法》第十九条规定情形之一的，应由市、县土地管理部门逐级呈送上级土地管理部门报原批准用地的人民政府批准收回用地单位的土地使用权。收回土地使用权的决定，可以由市、县土地管理部门依据人民政府的批准文件下达。

二、《土地管理法》第十九条未规定法定机关在行使收回土地使用权权利时承担有偿付费或者返还征地费的义务，应当无偿收回土地使用权。

注：该文件未列入《国土资源部关于公布继续有效的规范性文件目录的公告》（2011 年第 5 号），但未明文废止。

第五部分

改 制 重 组

国土资源部关于改革土地估价结果确认和土地资产处置审批办法的通知

（2001年2月13日　国土资发〔2001〕44号）

各省、自治区、直辖市国土资源厅（国土环境资源厅、国土资源和房屋管理局、房屋土地资源管理局、规划和国土资源局），计划单列市土地管理局（城乡规划土地局、规划国土局），解放军土地管理局，新疆生产建设兵团土地管理局：

为贯彻落实党中央、国务院关于政府要减少对经济事务审批事项，强化监督管理的要求，现就改革土地估价结果确认与土地资产处置审批办法的有关问题通知如下：

一、以土地估价报告备案取代土地估价结果确认审批

改革土地估价确认管理，取消确认审批，建立土地估价报告备案制度。企业改制需要进行土地估价的，应由企业自主选择土地估价机构进行评估。土地行政主管部门不再对土地估价结果进行确认。企业改制上报的土地估价报告，只要格式规范、要件齐备，土地行政主管部门将直接给予备案。

企业改制涉及的土地已经实行有偿使用或需要转为出让或承租土地的，不再进行处置审批，直接在市、县土地行政主管部门办理变更登记或有偿用地手续。企业委托进行土地估价的，土地估价报告同时交付备案。改制涉及的土地采用国家作价出资（入股）、授权经营方式处置的，土地估价报告应在省级以上土地行政主管部门办理土地资产处置审批时备案。

土地估价中介服务机构要与政府主管部门彻底脱钩，按照"客观、真实、公正"的要求，独立进行估价业务活动，对土地估价结果独立承担责任，并定期将业绩清单上报土地行政主管部门备案，接受监督。

市、县人民政府土地行政主管部门要定期公布当地的其准地价和标定地价，并提供地价查询服务，为社会和企业认定估价结果提供参考依据。

为维护国家和改制企业的土地权益，促使土地估价机构增强自律意识，提高执业质量和服务水平，土地行政主管部门将对土地估价机构和估价报告进行定期

抽查,对弄虚作假的,要追究责任,依法处理。

二、明确企业的国有划拨土地权益

企业原使用的划拨土地,改制前只要不改变土地用途,可继续以划拨方式使用。改制后只要用途符合法定的划拨用地范围,仍可继续以划拨方式使用。改制或改变用途后不再符合法定划拨用地范围的,应当依法实行有偿使用。

为支持和促进企业改革,企业改制时,可依据划拨土地的平均取得成本和开发成本,评定划拨土地使用权价格,作为原土地使用者的权益,计入企业资产。企业依法取得的划拨土地设定抵押权是,划拨土地使用权价格可作为使用者的权益,计入抵押标的;抵押权实现时,土地使用权可转为出让土地使用权,在扣缴土地使用权出让金后,抵押权人可优先受偿。划拨土地经批准可以转让,划拨土地使用权价格部分可计为转让方的合法收益,转让后的用途不符合法定划拨用地范围的,受让方应当申办有偿用地手续。划拨土地需要转为有偿使用土地的,应按出让土地使用权价格与划拨土地使用权价格差额部门核算出让金,并以此计算租金或增加国家资本金、国家股本金。

三、规范国家作价出资(入股)、授权经营处置方式的使用

对于省级以上人民政府批准实行授权经营或国家控股公司试点的企业,方可采用授权经营或国家作价出资(入股)方式配置土地。其中,经国务院批准改制的企业,土地资产处置方案应报国土资源部审批,其他企业的土地资产处置方案应报土地所在的省级土地行政主管部门审批。为方便与有关部门衔接,同一企业涉及在两个以上省(自治区、直辖市)审批土地资产处置的,企业可持有关省(自治区、直辖市)的处置批准文件到我部转办统一的公函。

土地资产处置方案报批程序如下:

(一)改制企业根据省级以上人民政府关于授权经营或国家控股公司试点的批准文件,拟订土地资产处置总体方案,向有批准权的土地行政主管部门申请核准;

(二)土地资产处置总体方案核准后,企业应自主委托具备相应土地估价资质的机构进行评估,并依据土地状况和估价结果,拟订土地资产处置的具体方案;

(三)企业向市、县土地行政主管部门申请初审,市、县土地行政主管部门对土地产权状况、地价水平进行审查并出具意见;

(四)企业持改制方案、土地估价报告、土地资产处置具体方案和初审意见,

到有批准权的土地行政主管部门办理土地估价报告备案和土地资产处置审批；

（五）企业持处置批准文件在财政部门办理国有资本金转增手续后，到土地所在的市、县土地行政主管部门办理土地变更登记。

国土资源部对土地资产处置方案核准和审批实行集体会审，各地也应实行集体决策。审批机关要简化审查内容，只对土地权属状况、土地处置方式和地价水平等内容进行重点审查。初审机关不干预土地资产处置方式。

四、加强对土地估价机构的监督管理

各级土地行政主管部门要切实转变对土地估价行业的管理方式，建立抽查制度，进一步加强对土地估价机构的监管。各地要定期对土地评估机构和土地估价报告进行随机检查，组织土地估价行业协会及有关专家对被抽查的机构和报告进行集体评议，对违法违规的机构或个人进行处罚。土地行政主管部门作出处罚决定前，应进行听证，抽查结果和处罚决定要向社会公布。

对在抽查评议中发现未与行政机关脱钩并改制而从事中介业务、土地估价报告和业绩清单不按规定备案、拒不接受主管部门检查、不遵守土地估价技术规范、弄虚作假评估的机构或个人，要视情节轻重，分别给予通报、警告、降低资质等级、吊销土地估价机构资质证书和土地估价师资格证书等处罚。

今后，在我部备案的土地估价机构和已报部备案的土地估价报告，由我部组织抽查。在省级土地行政主管部门备案的机构，由省级土地行政主管部门组织抽查，抽查结果应向我部报告。

土地行政主管部门要充分发挥土地估价师协会等行业组织的自律作用，加强教育培训工作，提高土地估价队伍的执业素质，促进土地估价行业的健康发展。

改革土地估价结果确认与土地资产处置审批办法，是土地行政主管部门贯彻落实党中央、国务院关于转变政府职能，改革审批制度，加强土地市场监督管理，促进土地估价行业发展的一项重大举措，各级土地行政主管部门要提高认识，认真贯彻执行。各地现有规定与本通知精神不一致的，要按照中央关于简化和减少行政审批事项，强化监督管理的要求做好衔接，按本通知精神加以规划。

国土资源部办公厅关于印发《企业改制土地资产处置审批意见（试行）》和《土地估价报告备案办法（试行）》的通知

（2001 年 5 月 29 日　国土资厅发〔2001〕42 号）

各省、自治区、直辖市国土资源厅（国土环境资源厅、国土资源和房屋管理局、房屋土地资源管理局、规划和国土资源局）：

根据《关于改革土地估价结果确认和土地资产处置审批办法的通知》（国土资发〔2001〕44 号）精神，部制定了《企业改制土地资产处置审批意见（试行）》（附件一）和《土地估价报告备案办法（试行）》（附件二）二个配套文件，现印发给你们，请遵照执行。执行中的有关问题请及时报部土地利用管理司。

附件 1：

企业改制土地资产处置审批意见（试行）

一、审批权限划分

（一）经国务院批准改制且符合以国家作价出资（入股）或授权经营方式配置土地条件的企业，其土地资产处置方案报部审批。经国务院批准改制具体包括以下两类：

1. 国务院直接批准、国务院会议纪要确定或国务院领导批准改制组建股份有限公司、有限责任公司的；

2. 国务院直接批准、国务院会议纪要确定或国务院领导批准改制组建境外上市企业的。

（二）无论哪类企业，若改制涉及的土已经实行有偿使用或需要转为出让或承租土地的，直接到土地所在地市、县土地行政主管部门申请办理变更登记或有偿用地手续。

（三）国务院有关部门、企业集团或地方人民政府批准改制且符合国家作价出资（入股）或授权经营方式配置土地的企业，其土地资产处置方案报土地所在地的省级土地行政主管部门审批。

为方便与有关部门衔接，同一企业涉及在两个以上省（自治区、直辖市）审批土地资产处置的，企业根据需要，可持有关省（区、市）的处置批准文件到我部转办统一的公函。

如果同一企业改制涉及的划拨土地，部分采用出让或租赁方式处置、部分采用国家作价出资（入股）或授权经营方式处置、部分土地采用保留划拨方式处置等多种处置方式并存的，土地资产处置总体方案一并拟订，按照国家作价出资（入股）或授权经营方式处置的审批权限报有批准权的土地行政主管部门一并核准，具体处置方案则按各种处置方式的审批权限分别在市县或省级以上土地行政主管部门办理。

二、采用国家作价出资（入股）或授权经营方式处置的范围和程序

（一）适用范围：

对于省级以上人民政府批准实行授权经营或国家控股公司试点的企业，方可采用授权经营或国家作价出资（入股）方式配置土地。

（二）报批程序：

1. 改制企业根据省级以上人民政府关于授权经营或国家控股公司试点的批准文件，拟定土地资产处置总体方案，向省或国务院土地行政主管部门申请核准；

2. 土地资产处置总体方案经核准后，企业应自主委托具备相应土地评估资质的机构进行评估，并依据土地状况和估价结果，拟定土地资产处置的具体方案；

3. 企业向市、县土地行政主管部门申请初审，市、县土地行政主管部门对土地产权状况、地价水平进行初步审查并出具意见，并附土地估价结果初审表（见附件二附表二）；

4. 企业持改制方案、土地估价报告、土地资产处置具体方案和初审意见，到有批准权的土地行政主管部门办理土地估价报告备案和土地资产处置审批；

5. 企业持处置批准文件在财政部门办理国有资本金转增手续后，到土地所在的市、县土地行政主管部门办理土地变更登记。

三、总体方案核准办理要求

（一）所需报件：

1. 土地资产处置总体方案核准申请文件；

2. 改制批准文件；

3. 批准实行授权经营或国家控股公司试点企业的文件；

4. 改制企业土地资产处置总体方案（涉及土地的基本类型、宗地、面积概略数及相应的处置方式等）；

5. 企业改制方案。

（二）审查内容：

1. 报文资格；

2. 采取授权经营或国家作价出资（入股）方式配置土地的资格；

3. 企业改制所涉及土地基本类型及各类土地对应的处置方式。

四、具体处置方案审批要求

（一）所需报件：

1. 土地估价报告备案和土地资产处置审批的申请文件（含土地估价报告备案表）；

2. 土地资产处置具体方案；

3. 土地估价报告和土地估价技术报告；

4. 土地资产处置总体方案核准文件；

5. 市、县土地行政主管部门对土地权属和地价水平的初审意见（含土地估价结果初审表）

（二）审查内容：

1. 土地处置方式；

2. 土地权属状况；

3. 地价水平等。

五、行文参考格式

（一）土地资产处置总体方案核准文件参考格式

关于核准 ××× 改制土地资产处置总体方案函

×××：

你公司《关于请核准 ××× 改制土地资产处置总体方案的函》及有关材料收悉。经审核，现函复如下：

鉴于你公司为国家授权投资机构（国家控股公司试点企业），同意你公司组建××××× 公司所涉及的拥有划拨土地使用权的×× 、×× 类生产和生产配套设施用地,可采用国家授权经营(国家作价出资(入股))方式处理;×× 、×× 类土地改制后仍符合法定的划拨用地范围,可继续以划拨方式使用;×× 、×× 类土地应当到土地所在地市、县土地行政主管部门办理国有土地出让(租赁)手续。

你公司应委托具有相应资质的土地估价机构对所涉及的土地进行评估并拟订具体的土地资产处置方案按规定报批,土地估价报告同时备案。

年 月 日

(二)土地估价报告备案与资产处置方案审批复函参考格式

关于×××改制土地估价报告备案和批准土地资产处置方案的函

×××:

你公司《关于申请土地估价报告备案与土地资产处置方案的函》及有关材料收悉。经审核,现函复如下:

一、××× 公司因组建××××× 公司的需要,委托×××× 机构对所涉及土地进行了评估,土地估价报告已报我部(厅、局)备案。估价报告编号为××× 。

二、组建×××× 公司涉及原国有划拨土地×××× 宗,面积××× 平方米,各宗地土地条件及价格详见附件。上述国有土地可按×××× 用途,以国家作价出资方式投入×××× 公司(授权你公司经营管理),土地使用年期为×× 年,根据当地地价水平和土地出让金标准,同意×××× 万元用于转增国家资本金。

(你公司取得该宗授权经营土地使用权后,可给拟组建的×××× 公司使用。如改变用途或向其他单位或个人转让,应报经土地行政主管部门批准,并补缴土地出让金。)

你公司要按国家有关规定,及时办理土地登记。

附件:××× 评估机构出具的土地估价结果一览表

年 月 日

(三)部转办公函参考格式

关于××× 改制土地资产处置方案的函

×××:

你公司《××× 关于改制土地资产处置方案的函》及有关材料收悉。经审核,现函复如下:×××× 公司因组×××× 股份有限公司的需要,委托××××

机构对所涉及土地进行了评估,估价报告已在土地所在地省级土地行政主管部门备案。

根据×××× 省×××× 文、×××× 省×××× 文和×××× 市×××× 文的批复,改制涉及土地共×××× 宗,面积 平方米,土地处置方式为:……。

年 月 日

附件2:

土地估价报告备案办法(试行)

一、备案范围

土地估价报告备案的范围是指:

1. 企业改制涉及的土地估价报告。

2. 土地评估机构完成的土地估价项目业绩清单。

二、备案要求

(一)企业改制涉及的土地估价报告按以下要求报土地行政主管部门备案:

1. 企业改制涉及的土地已经实行有偿使用或需要转为出让或承租土地的,改制企业在土地所在地市、县土地行政主管部门申请办理变更登记或有偿用地手续时,所涉及宗地的土地估价报告同时交付备案。

2. 企业改制涉及的土地采用国家作价出资(入股)、授权经营方式处置的,改制企业在省级以上土地行政主管部门申请办理土地资产处置时,土地估价报告同时在省级以上土地行政主管部门备案;同一企业涉及在两个以上省(自治区、直辖市)审批土地资产处置的,所涉及宗地的土地估价报告与土地资产处置审批分别到宗地所在省(区、市)备案。

(二)土地估价项目业绩清单按以下要求报土地行政主管部门备案:

1. 在国土资源部备案的土地评估机构,其土地估价报告项目业绩清单报国土资源部备案,同时抄报机构所在地省级土地行政主管部门。

2. 在省级土地行政主管部门备案的土地评估机构,其土地估价项目业绩清单报省级土地行政主管部门备案。

三、备案条件

(一)企业改制涉及的土地估价报告备案须具备以下条件:

1. 受托评估机构具有国土资源部和省级土地行政主管部门颁发的《土地评估机构资质证书》,从业范围符合资质证书的规定,并根据与委托方签订的合同约定条件出具了土地估价报告。

2. 土地估价报告符合土地估价报告规范格式要求,其内容完善,结构合理,表述清楚,资料真实可靠,依据充分。

3. 按规定提交以下相关材料,符合要件齐备要求:

(1)土地估价报告在省级以上土地行政主管部门备案的具体要件详见《企业改制土地资产处置审批要求(试行)》(附件一)中具体处置方式审批要求所需报件。

(2)土地估价报告在市、县土地行政主管部门备案的具体要件主要包括:

①土地估价报告备案的申请函件,并附《土地估价报告备案表》(见附表一)

②土地估价报告和土地估价技术报告;

③企业改制方案和土地资产处置方案;

④企业改制批准文件。

(二)土地估价项目业绩清单备案须具备以下条件:

1. 业绩清单所列的土地估价报告是土地评估机构独立或与其他机构合作完成,并已向委托方提交的土地估价报告(土地估价项目业绩清单见附表三)。

2. 业绩清单应包括土地评估机构上一季度上述所有的土地估价报告。

3. 业绩清单应在规定时间上报、上报时间以当地当日邮戳为准。(逾期未报的,视为上一季度无业绩清单。)

四、备案程序

(一)企业改制涉及的土地估价报告按以下程序备案:

1. 申请

改制企业持土地估价报告及资产处置申请文件、材料等要件向土地行政主管部门提出备案申请。

2. 受理与备案

土地行政主管部门对要件进行合规性审核,凡机构资质符合要求,要件齐备,土地估价报告符合规范格式,应予以备案,并由土地行政主管部门在《土地估价报告备案表》上签署备案意见。如下符合规定要求,则经补充有关材料或完善土地估价报告后予以备案。

（二）土地估价项目业绩清单按以下程序备案：

1. 报送业绩清单

土地评估机构在每季度的第一个星期一将上一季度的土地估价项目业绩清单报土地行政主管部门(同时附相应的电子文档)。

2. 审核与汇总

土地行政主管部门在收到各土地评估机构报送的业绩清单后,进行审核汇总,作为对土地估价报告进行随机抽查的依据。

国土资源部关于加强土地资产管理促进国有企业改革和发展的若干意见

(1999 年 11 月 25 日　国土资发〔1999〕433 号

为贯彻落实党的十五届四中全会通过的《中共中央关于国有企业改革和发展若干重大问题的决定》精神，推进国有企业改革和发展，现就进一步加强土地资产管理工作提出如下意见。

一、提高认识，转变观念，积极为国有企业改革和发展服务

各级人民政府土地行政主管部门要深入学习和领会党的十五届四中全会精神，充分认识合理处置土地资产对促进国有企业改革的重大意义。要从有利于搞活整个国有经济，促进国有经济布局战略调整和国有企业的战略性改组，推动企业科技进步出发，盘活和显化企业土地资产，积极参与和支持国有企业改革工作。要与企业改革的主管部门建立工作联系制度，及时了解企业改革和发展的进度与要求，在进一步贯彻落实《国有企业改革中划拨土地使用权管理暂行规定》(原国家土地管理局 8 号令)的基础上，遵循"明晰产权、显化资产、区分类型、合理处置、规范管理、促进发展"的原则，进一步加大土地资产管理力度。

二、区分类型，合理处置，完善土地资产配置体系，促进国有经济布局战略调整和国有企业战略性改组

国有企业改革时，经土地行政主管部门批准，可根据行业、企业类型和改革的需要，采用不同的土地资产处置方式和管理政策。

(一)在涉及国家安全的领域和对国家长期发展具有战略意义的高新技术开发领域，国有企业可继续以划拨方式使用土地。

(二)对于自然垄断的行业、提供重要公共产品和服务的行业，以及支柱产业和高新技术产业中的重要骨干企业，根据企业改革和发展的需要，主要采用授权经营和国家作价出资(入股)方式配置土地，国家以作价转为国家资本金或股本金的方式，向集团公司或企业注入土地资产。

(三)对于一般竞争性行业，应坚持以出让、租赁等方式配置土地。非国有资

本购买、兼并、参股原国有企业时,可将企业原划拨土地评估作价后同其他国有资产一并转为国有股,逐步通过股权转让变现;也可分割出与企业净负债额相当的土地转为出让土地,参与企业整体拍卖和兼并,剩余土地,购买方或兼并方有优先受让权和承租权。

(四)对承担国家计划内重点技术改造项目的国有企业,原划拨土地可继续以划拨方式使用,也可以作价出资(入股)方式向企业注入土地资产。

对其他采用成熟技术进行产品更新和技术改造的国有企业,可将原使用的划拨土地按出让方式处置,土地收益可作为应付账款暂留企业,全额用于技术改造,并参照技改贷款方式进行管理。

(五)各项土地资产配置政策涉及的具体行业划定和土地收益使用管理办法,由我部分别商国家经贸委、财政部确定。

三、明确土地权益,显化土地资产,理顺财产关系,加强土地资产运营监管

将国有企业改革和发展与完善土地资产处置方式、明确土地权益相结合,降低企业改革成本,促进国有企业综合运用多种方式实现土地资产价值。

(一)深化土地使用制度改革,完善和协调出让、租赁、作价出资(入股)、授权经营等不同处置方式之间的权责关系,降低国有企业土地资产配置的直接成本。国有企业改革时,可按规定自主选择土地资产处置方式,鼓励以货币、资本、股本等多种形态综合实现土地资产价值。

(二)土地资产处置时,要考虑划拨土地使用权的平均取得和开发投入成本,合理确定土地作价水平。采用授权经营、作价出资(入股)方式处置土地资产的,按政府应收取的土地出让金额计作国家资本金或股本金。

(三)进一步明确国家作价出资(入股)和授权经营土地使用权的权益。以作价出资(入股)方式处置的,土地使用权在使用年期内可依法转让、作价出资、租赁或抵押,改变用途的应补缴不同用途的土地出让金差价;以授权经营方式处置的,土地使用权在使用年期内可依法作价出资(入股)、租赁,或在集团公司直属企业、控股企业、参股企业之间转让,但改变用途或向集团公司以外的单位或个人转让时,应报经土地行政主管部门批准,并补缴土地出让金。

(四)国有土地资产进入企业资产的财务处理及土地资产监管办法,由我部商财政部确定。在有关规定出台前,各地可指定专门机构进行土地资产管理,有关规定出台后,再按统一办法进行财务处理及资产监管。

四、发挥土地资产效益,优化资产结构,减轻企业负担,促进国有企业减债脱困和安置职工

优化国有企业资产结构、减轻企业负担要与调整用地结构有机结合,采取有效措施,鼓励国有企业充分利用和盘活现有建设用地,促进国有企业减债、脱困和集约利用土地。

(一)为减轻企业负担,国有企业在改革前可继续以划拨方式使用原有土地;改革后的企业用地符合《划拨供地项目目录》的,可仍以划拨方式使用。国有和集体企业兼并国有企业涉及的土地,不属于划拨供地范围的,经土地行政主管部门批准,也可在一定年限内维持划拨使用。

(二)根据企业在生产经营过程中对土地利用的不同要求,进一步细化配置土地权利,降低用地成本。国有企业因铺设地上、地下管线等需要通过集体土地或其他单位、个人使用的国有土地的,可以通过设定土地他项权利的方式,保证企业正常生产运营。只对因行使特定的土地他项权利而对土地所有者、使用者造成的损失给予相应补偿。

(三)经土地行政主管部门批准,非上市国有企业可将其原使用的划拨土地通过土地交易场所转让变现,也可由土地行政主管部门收购储备或优先安排租赁、出让,土地收益设立专户,专项用于企业增资减债和结构调整。在规划许可的前提下,允许非上市国有企业在其原用地范围内自行提高土地利用率。

(四)国有及国有控股企业参与股票配售的,经土地行政主管部门批准,可以将原使用的划拨土地作价后注入企业,作为国有资本,用于认购配售的股票。

(五)国有企业破产时,其原使用的划拨土地可由市、县人民政府组织出让,变现资金设立专户,优先用于职工安置。已设立破产企业职工安置资金专户的城市,破产企业划拨土地出让收益可全部纳入专户,按规定统一用于城市内破产企业职工安置。

五、明确供地政策,完善土地市场,为国有企业改革和发展创造良好的外部条件

明确建设用地供应政策和外商投资企业用地政策,提供土地交易场所,加强中介机构管理,为国有企业改革和发展营造有利的外部条件。

(一)加强土地利用规划和计划管理,控制建设用地增量,严格执行供地目录,制止不合理的重复建设。对列入《禁止供地项目目录》项目,一律不得提供建

设用地;对列入《限制供地项目目录》的用地,要从严控制,不符合用地条件的,也不得提供建设用地。

(二)进一步明确外商投资企业用地政策,鼓励国有企业合理利用外资“嫁接改造”。国有企业与外资进行合资、合作,凡以出让、租赁、国家作价出资(入股)方式取得土地使用权的,不再另行缴纳场地使用费;凡符合《划拨供地项目目录》的,经土地行政主管部门批准,可按划拨方式用地。

(三)国有企业转让划拨土地使用权的,应到市、县土地行政主管部门设立的土地交易场所挂牌交易,以增加交易机会,减少交易成本;对有多个需求者的土地,可由土地行政主管部门组织招标拍卖,提高国有企业转让土地的收益。

(四)土地评估中介机构要与政府部门彻底脱钩,要加强行业自律,整顿行业秩序,规范中介行为,为国有企业改革和发展提供公平、公正的中介服务。

六、依法行政,规范操作,切实做好国有企业改革中的土地资产管理工作

各级土地行政主管部门要坚持依法行政,规范操作,优质服务,从快、从优做好国有企业改革中的土地登记、地价评估确认、处置方案策划和处置审批工作。

(一)加快土地调查、登记进度,允许有测绘力量的企业在权属调查完成后自行完成地籍测量。要结合土地证书年检,及时、准确办理企业土地登记,国有企业尚未进行初始土地登记的,允许在权属调查完成后先行改制,再根据土地使用权处置方案批复直接办理变更登记。要抓紧解决国有企业土地权属纠纷,对权属争议一时难以解决的,可将无争议土地剥离出来先行确权。要建立地籍资料公开查询、鉴证制度,及时为企业提供土地产权查询、鉴证服务。土地登记要严格执行国家规定的收费标准,切实减轻企业负担。

(二)规范企业改革中的土地价格评估工作。国有企业改革涉及的土地使用权应当进行地价评估,改制为上市公司的,必须选择具有A级土地评估资质的机构进行地价评估。土地评估机构要严格遵循国家法律法规,按照国家规定的技术标准,根据企业类型、处置方式及权利状况,科学选择评估方法和相关参数,合理确定估价结果,并出具规范的土地估价报告。

(三)加强土地资产处置方案策划,保证国有企业改革顺利进行。土地行政主管部门和土地评估机构要依据土地资产处置政策、企业改革方案和土地状况,帮助企业或行业选择土地资产处置方式,既可采用单一的处置方式,也可多种方式并用,设计适宜的土地资产处置方案。

（四）优化服务，搞好土地评估结果确认和处置方案的审批工作。国有企业改革涉及的划拨土地估价结果和处置方案，应经土地所在地市、县土地行政主管部门初审后，按企业隶属关系报同级人民政府土地行政主管部门审批。土地行政主管部门应在规定的时限内规范出具初审意见和土地估价结果及处置方案批复。

国土资源部办公厅关于企业产权转让涉及国有土地使用权转让有关问题的复函

（2006 年 4 月 10 日　国土资厅函〔2006〕160 号）

四川省国土资源厅：

你厅《关于企业产权转让涉及国有土地使用权转让有关问题的请示》（川国土资〔2006〕20 号）收悉。经研究，现答复如下：

一、企业转让国有产权涉及以出让方式取得的国有土地使用权及其地上建筑物、其他附着物的，必须取得合法产权证明，否则不得转让。

二、企业转让国有产权时未在土地有形市场公开进行转让国有土地使用权，而在产权交易机构转让成交的，国土资源管理部门应当依法办理土地使用权过户相关手续。

国土资源部办公厅关于股权转让涉及土地使用权变更有关问题的批复

(2004 年 5 月 31 日　国土资厅函〔2004〕224 号)

广东省国土资源厅:

你厅《关于股权转让涉及土地使用权变更有关问题的请示》(粤国土资〔2003〕256 号)收悉。经研究,现批复如下:

太古可口可乐香港有限公司将其全资拥有的独资企业——太古饮品(东莞)有限公司全部转让给可口可乐(中国)投资有限公司,属于企业资产的整体出售,其中包含土地使用权的转移。因此,该行为属于土地使用权转让,应按土地使用权转让的规定办理变更登记。

第六部分

房地产建设、交易和住房

住房和城乡建设部《建设用地容积率管理办法》

（2012年2月17日　建规〔2012〕22号）

第一条　为进一步规范建设用地容积率的管理，根据《中华人民共和国城乡规划法》《城市、镇控制性详细规划编制审批办法》等法律法规，制定本办法。

第二条　在城市、镇规划区内以划拨或出让方式提供国有土地使用权的建设用地的容积率管理，适用本办法。

第三条　容积率是指一定地块内，总建筑面积与建筑用地面积的比值。

容积率计算规则由省（自治区）、市、县人民政府城乡规划主管部门依据国家有关标准规范确定。

第四条　以出让方式提供国有土地使用权的，在国有土地使用权出让前，城市、县人民政府城乡规划主管部门应当依据控制性详细规划，提出容积率等规划条件，作为国有土地使用权出让合同的组成部分。未确定容积率等规划条件的地块，不得出让国有土地使用权。容积率等规划条件未纳入土地使用权出让合同的，土地使用权出让合同无效。

以划拨方式提供国有土地使用权的建设项目，建设单位应当向城市、县人民政府城乡规划主管部门提出建设用地规划许可申请，由城市、县人民政府城乡规划主管部门依据控制性详细规划核定建设用地容积率等控制性指标，核发建设用地规划许可证。建设单位在取得建设用地规划许可证后，方可向县级以上地方人民政府土地主管部门申请用地。

第五条　任何单位和个人都应当遵守经依法批准的控制性详细规划确定的容积率指标，不得随意调整。确需调整的，应当按本办法的规定进行，不得以政府会议纪要等形式代替规定程序调整容积率。

第六条　在国有土地使用权划拨或出让前需调整控制性详细规划确定的容积率的，应当遵照《城市、镇控制性详细规划编制审批办法》第二十条的规定执行。

第七条 国有土地使用权一经出让或划拨，任何建设单位或个人都不得擅自更改确定的容积率。符合下列情形之一的，方可进行调整：

（一）因城乡规划修改造成地块开发条件变化的；

（二）因城乡基础设施、公共服务设施和公共安全设施建设需要导致已出让或划拨地块的大小及相关建设条件发生变化的；

（三）国家和省、自治区、直辖市的有关政策发生变化的；

（四）法律、法规规定的其他条件。

第八条 国有土地使用权划拨或出让后，拟调整的容积率不符合划拨或出让地块控制性详细规划要求的，应当符合以下程序要求：

（一）建设单位或个人向控制性详细规划组织编制机关提出书面申请并说明变更理由；

（二）控制性详细规划组织编制机关应就是否需要收回国有土地使用权征求有关部门意见，并组织技术人员、相关部门、专家等对容积率修改的必要性进行专题论证；

（三）控制性详细规划组织编制机关应当通过本地主要媒体和现场进行公示等方式征求规划地段内利害关系人的意见，必要时应进行走访、座谈或组织听证；

（四）控制性详细规划组织编制机关提出修改或不修改控制性详细规划的建议，向原审批机关专题报告，并附有关部门意见及论证、公示等情况。经原审批机关同意修改的，方可组织编制修改方案；

（五）修改后的控制性详细规划应当按法定程序报城市、县人民政府批准。报批材料中应当附具规划地段内利害关系人意见及处理结果；

（六）经城市、县人民政府批准后，城乡规划主管部门方可办理后续的规划审批，并及时将变更后的容积率抄告土地主管部门。

第九条 国有土地使用权划拨或出让后，拟调整的容积率符合划拨或出让地块控制性详细规划要求的，应当符合以下程序要求：

（一）建设单位或个人向城市、县城乡规划主管部门提出书面申请报告，说明调整的理由并附拟调整方案，调整方案应表明调整前后的用地总平面布局方案、主要经济技术指标、建筑空间环境、与周围用地和建筑的关系、交通影响评价等内容；

（二）城乡规划主管部门应就是否需要收回国有土地使用权征求有关部门意见，并组织技术人员、相关部门、专家对容积率修改的必要性进行专题论证；

专家论证应根据项目情况确定专家的专业构成和数量，从建立的专家库中随机抽取有关专家，论证意见应当附专家名单和本人签名，保证专家论证的公正性、科学性。专家与申请调整容积率的单位或个人有利害关系的，应当回避；

（三）城乡规划主管部门应当通过本地主要媒体和现场进行公示等方式征求规划地段内利害关系人的意见，必要时应进行走访、座谈或组织听证；

（四）城乡规划主管部门依法提出修改或不修改建议并附有关部门意见、论证、公示等情况报城市、县人民政府批准；

（五）经城市、县人民政府批准后，城乡规划主管部门方可办理后续的规划审批，并及时将变更后的容积率抄告土地主管部门。

第十条 城市、县城乡规划主管部门应当将容积率调整程序、各环节责任部门等内容在办公地点和政府网站上公开。在论证后，应将参与论证的专家名单公开。

第十一条 城乡规划主管部门在对建设项目实施规划管理，必须严格遵守经批准的控制性详细规划确定的容积率。

对同一建设项目，在给出规划条件、建设用地规划许可、建设工程规划许可、建设项目竣工规划核实过程中，城乡规划主管部门给定的容积率均应符合控制性详细规划确定的容积率，且前后一致，并将各环节的审批结果公开，直至该项目竣工验收完成。

对于分期开发的建设项目，各期建设工程规划许可确定的建筑面积的总和，应该符合规划条件、建设用地规划许可证确定的容积率要求。

第十二条 县级以上地方人民政府城乡规划主管部门对建设工程进行核实时，要严格审查建设工程是否符合容积率要求。未经核实或经核实不符合容积率要求的，建设单位不得组织竣工验收。

第十三条 因建设单位或个人原因提出申请容积率调整而不能按期开工的项目，依据土地闲置处置有关规定执行。

第十四条 建设单位或个人违反本办法规定，擅自调整容积率进行建设的，县级以上地方人民政府城乡规划主管部门应按照《城乡规划法》第六十四条规定查处。

第十五条 违反本办法规定进行容积率调整或违反公开公示规定的，对相关责任人员依法给予处分。

第十六条 本办法自 2012 年 3 月 1 日起施行。

建设部《商品房销售管理办法》

(2001 年 4 月 4 日建设部令第 88 号发布 自 2001 年 6 月 1 日起施行)

第一章 总 则

第一条 为了规范商品房销售行为,保障商品房交易双方当事人的合法权益,根据《中华人民共和国城市房地产管理法》《城市房地产开发经营管理条例》,制定本办法。

第二条 商品房销售及商品房销售管理应当遵守本办法。

第三条 商品房销售包括商品房现售和商品房预售。

本办法所称商品房现售,是指房地产开发企业将竣工验收合格的商品房出售给买受人,并由买受人支付房价款的行为。

本办法所称商品房预售,是指房地产开发企业将正在建设中的商品房预先出售给买受人,并由买受人支付定金或者房价款的行为。

第四条 房地产开发企业可以自行销售商品房,也可以委托房地产中介服务机构销售商品房。

第五条 国务院建设行政主管部门负责全国商品房的销售管理工作。

省、自治区人民政府建设行政主管部门负责本行政区域内商品房的销售管理工作。

直辖市、市、县人民政府建设行政主管部门、房地产行政主管部门(以下统称房地产开发主管部门)按照职责分工,负责本行政区域内商品房的销售管理工作。

第二章 销 售 条 件

第六条 商品房预售实行预售许可制度。

商品房预售条件及商品房预售许可证明的办理程序,按照《城市房地产开发经营管理条例》和《城市商品房预售管理办法》的有关规定执行。

第七条 商品房现售,应当符合以下条件:

(一)现售商品房的房地产开发企业应当具有企业法人营业执照和房地产开发企业资质证书;

（二）取得土地使用权证书或者使用土地的批准文件；

（三）持有建设工程规划许可证和施工许可证；

（四）已通过竣工验收；

（五）拆迁安置已经落实；

（六）供水、供电、供热、燃气、通讯等配套基础设施具备交付使用条件，其他配套基础设施和公共设施具备交付使用条件或者已确定施工进度和交付日期；

（七）物业管理方案已经落实。

第八条 房地产开发企业应当在商品房现售前将房地产开发项目手册及符合商品房现售条件的有关证明文件报送房地产开发主管部门备案。

第九条 房地产开发企业销售设有抵押权的商品房，其抵押权的处理按照《中华人民共和国担保法》《城市房地产抵押管理办法》的有关规定执行。

第十条 房地产开发企业不得在未解除商品房买卖合同前，将作为合同标的物的商品房再行销售给他人。

第十一条 房地产开发企业不得采取返本销售或者变相返本销售的方式销售商品房。

房地产开发企业不得采取售后包租或者变相售后包租的方式销售未竣工商品房。

第十二条 商品住宅按套销售，不得分割拆零销售。

第十三条 商品房销售时，房地产开发企业选聘了物业管理企业的，买受人应当在订立商品房买卖合同时与房地产开发企业选聘的物业管理企业订立有关物业管理的协议。

第三章 广告与合同

第十四条 房地产开发企业、房地产中介服务机构发布商品房销售宣传广告，应当执行《中华人民共和国广告法》《房地产广告发布暂行规定》等有关规定，广告内容必须真实、合法、科学、准确。

第十五条 房地产开发企业、房地产中介服务机构发布的商品房销售广告和宣传资料所明示的事项，当事人应当在商品房买卖合同中约定。

第十六条 商品房销售时，房地产开发企业和买受人应当订立书面商品房买卖合同。

商品房买卖合同应当明确以下主要内容：

（一）当事人名称或者姓名和住所；

（二）商品房基本状况；

（三）商品房的销售方式；

（四）商品房价款的确定方式及总价款、付款方式、付款时间；

（五）交付使用条件及日期；

（六）装饰、设备标准承诺；

（七）供水、供电、供热、燃气、通讯、道路、绿化等配套基础设施和公共设施的交付承诺和有关权益、责任；

（八）公共配套建筑的产权归属；

（九）面积差异的处理方式；

（十）办理产权登记有关事宜；

（十一）解决争议的方法；

（十二）违约责任；

（十三）双方约定的其他事项。

第十七条　商品房销售价格由当事人协商议定，国家另有规定的除外。

第十八条　商品房销售可以按套（单元）计价，也可以按套内建筑面积或者建筑面积计价。

商品房建筑面积由套内建筑面积和分摊的共有建筑面积组成，套内建筑面积部分为独立产权，分摊的共有建筑面积部分为共有产权，买受人按照法律、法规的规定对其享有权利，承担责任。

按套（单元）计价或者按套内建筑面积计价的，商品房买卖合同中应当注明建筑面积和分摊的共有建筑面积。

第十九条　按套（单元）计价的现售房屋，当事人对现售房屋实地勘察后可以在合同中直接约定总价款。

按套（单元）计价的预售房屋，房地产开发企业应当在合同中附所售房屋的平面图。平面图应当标明详细尺寸，并约定误差范围。房屋交付时，套型与设计图纸一致，相关尺寸也在约定的误差范围内，维持总价款不变；套型与设计图纸不一致或者相关尺寸超出约定的误差范围，合同中未约定处理方式的，买受人可以退房或者与房地产开发企业重新约定总价款。买受人退房的，由房地产开发企业承担违约责任。

第二十条　按套内建筑面积或者建筑面积计价的，当事人应当在合同中载明合同约定面积与产权登记面积发生误差的处理方式。

合同未作约定的，按以下原则处理：

（一）面积误差比绝对值在3%以内（含3%）的，据实结算房价款；

（二）面积误差比绝对值超出3%时，买受人有权退房。买受人退房的，房地产开发企业应当在买受人提出退房之日起30日内将买受人已付房价款退还给买受人，同时支付已付房价款利息。买受人不退房的，产权登记面积大于合同约定面积时，面积误差比在3%以内（含3%）部分的房价款由买受人补足；超出3%部分的房价款由房地产开发企业承担，产权归买受人。产权登记面积小于合同约定面积时，面积误差比绝对值在3%以内（含3%）部分的房价款由房地产开发企业返还买受人；绝对值超出3%部分的房价款由房地产开发企业双倍返还买受人。

$$面积误差比=\frac{产权登记面积-合同约定面积}{合同约定面积}\times 100\%$$

因本办法第二十四条规定的规划设计变更造成面积差异，当事人不解除合同的，应当签署补充协议。

第二十一条 按建筑面积计价的，当事人应当在合同中约定套内建筑面积和分摊的共有建筑面积，并约定建筑面积不变而套内建筑面积发生误差以及建筑面积与套内建筑面积均发生误差时的处理方式。

第二十二条 不符合商品房销售条件的，房地产开发企业不得销售商品房，不得向买受人收取任何预订款性质费用。

符合商品房销售条件的，房地产开发企业在订立商品房买卖合同之前向买受人收取预订款性质费用的，订立商品房买卖合同时，所收费用应当抵作房价款；当事人未能订立商品房买卖合同的，房地产开发企业应当向买受人返还所收费用；当事人之间另有约定的，从其约定。

第二十三条 房地产开发企业应当在订立商品房买卖合同之前向买受人明示《商品房销售管理办法》和《商品房买卖合同示范文本》；预售商品房的，还必须明示《城市商品房预售管理办法》。

第二十四条 房地产开发企业应当按照批准的规划、设计建设商品房。商品房销售后，房地产开发企业不得擅自变更规划、设计。

经规划部门批准的规划变更、设计单位同意的设计变更导致商品房的结构型式、户型、空间尺寸、朝向变化，以及出现合同当事人约定的其他影响商品房质量或者使用功能情形的，地产开发企业应当在变更确立之日起10日内，书面通知买受人。

买受人有权在通知到达之日起15日内做出是否退房的书面答复。买受人在通知到达之日起15日内未作书面答复的，视同接受规划、设计变更以及由此引起的房价款的变更。房地产开发企业未在规定时限内通知买受人的，买受人有权退房；买受人退房的，由房地产开发企业承担违约责任。

第四章　销 售 代 理

第二十五条　房地产开发企业委托中介服务机构销售商品房的，受托机构应当是依法设立并取得工商营业执照的房地产中介服务机构。

房地产开发企业应当与受托房地产中介服务机构订立书面委托合同，委托合同应当载明委托期限、委托权限以及委托人和被委托人的权利、义务。

第二十六条　受托房地产中介服务机构销售商品房时，应当向买受人出示商品房的有关证明文件和商品房销售委托书。

第二十七条　受托房地产中介服务机构销售商品房时，应当如实向买受人介绍所代理销售商品房的有关情况。

受托房地产中介服务机构不得代理销售不符合销售条件的商品房。

第二十八条　受托房地产中介服务机构在代理销售商品房时不得收取佣金以外的其他费用。

第二十九条　商品房销售人员应当经过专业培训，方可从事商品房销售业务。

第五章　交　　付

第三十条　房地产开发企业应当按照合同约定，将符合交付使用条件的商品房按期交付给买受人。未能按期交付的，房地产开发企业应当承担违约责任。

因不可抗力或者当事人在合同中约定的其他原因，需延期交付的，房地产开发企业应当及时告知买受人。

第三十一条　房地产开发企业销售商品房时设置样板房的，应当说明实际交付的商品房质量、设备及装修与样板房是否一致，未作说明的，实际交付的商品房应当与样板房一致。

第三十二条　销售商品住宅时，房地产开发企业应当根据《商品住宅实行质量保证书和住宅使用说明书制度的规定》（以下简称《规定》），向买受人提供《住宅质量保证书》《住宅使用说明书》。

第三十三条　房地产开发企业应当对所售商品房承担质量保修责任。当事人应当在合同中就保修范围、保修期限、保修责任等内容做出约定。保修期从交付之日起计算。

商品住宅的保修期限不得低于建设工程承包单位向建设单位出具的质量保修书约定保修期的存续期；存续期少于《规定》中确定的最低保修期限的，保修期不得低于《规定》中确定的最低保修期限。

非住宅商品房的保修期限不得低于建设工程承包单位向建设单位出具的质量保修书约定保修期的存续期。

在保修期限内发生的属于保修范围的质量问题，房地产开发企业应当履行保修义务，并对造成的损失承担赔偿责任。因不可抗力或者使用不当造成的损坏，房地产开发企业不承担责任。

第三十四条 房地产开发企业应当在商品房交付使用前按项目委托具有房产测绘资格的单位实施测绘，测绘成果报房地产行政主管部门审核后用于房屋权属登记。

房地产开发企业应当在商品房交付使用之日起 60 日内，将需要由其提供的办理房屋权属登记的资料报送房屋所在地房地产行政主管部门。

房地产开发企业应当协助商品房买受人办理土地使用权变更和房屋所有权登记手续。

第三十五条 商品房交付使用后，买受人认为主体结构质量不合格的，可以依照有关规定委托工程质量检测机构重新核验。经核验，确属主体结构质量不合格的，买受人有权退房；给买受人造成损失的，房地产开发企业应当依法承担赔偿责任。

第六章 法律责任

第三十六条 未取得营业执照，擅自销售商品房的，由县级以上人民政府工商行政管理部门依照《城市房地产开发经营管理条例》的规定处罚。

第三十七条 未取得房地产开发企业资质证书，擅自销售商品房的，责令停止销售活动，处 5 万元以上 10 万元以下的罚款。

第三十八条 违反法律、法规规定，擅自预售商品房的，责令停止违法行为，没收违法所得；收取预付款的，可以并处已收取的预付款 1% 以下的罚款。

第三十九条 在未解除商品房买卖合同前，将作为合同标的物的商品房再行销售给他人的，处以警告，责令限期改正，并处 2 万元以上 3 万元以下罚款；构成犯罪的，依法追究刑事责任。

第四十条　房地产开发企业将未组织竣工验收、验收不合格或者对不合格按合格验收的商品房擅自交付使用的，按照《建设工程质量管理条例》的规定处罚。

第四十一条　房地产开发企业未按规定将测绘成果或者需要由其提供的办理房屋权属登记的资料报送房地产行政主管部门的，处以警告，责令限期改正，并可处以 2 万元以上 3 万元以下罚款。

第四十二条　房地产开发企业在销售商品房中有下列行为之一的，处以警告，责令限期改正，并可处以 1 万元以上 3 万元以下罚款。

（一）未按照规定的现售条件现售商品房的；

（二）未按照规定在商品房现售前将房地产开发项目手册及符合商品房现售条件的有关证明文件报送房地产开发主管部门备案的；

（三）返本销售或者变相返本销售商品房的；

（四）采取售后包租或者变相售后包租方式销售未竣工商品房的；

（五）分割拆零销售商品住宅的；

（六）不符合商品房销售条件，向买受人收取预订款性质费用的；

（七）未按照规定向买受人明示《商品房销售管理办法》《商品房买卖合同示范文本》《城市商品房预售管理办法》的；

（八）委托没有资格的机构代理销售商品房的。

第四十三条　房地产中介服务机构代理销售不符合销售条件的商品房的，处以警告，责令停止销售，并可处以 2 万元以上 3 万元以下罚款。

第四十四条　国家机关工作人员在商品房销售管理工作中玩忽职守、滥用职权、徇私舞弊，依法给予行政处分；构成犯罪的，依法追究刑事责任。

第七章　附　　则

第四十五条　本办法所称返本销售，是指房地产开发企业以定期向买受人返还购房款的方式销售商品房的行为。

本办法所称售后包租，是指房地产开发企业以在一定期限内承租或者代为出租买受人所购该企业商品房的方式销售商品房的行为。

本办法所称分割拆零销售，是指房地产开发企业以将成套的商品住宅分割为数部分分别出售给买受人的方式销售商品住宅的行为。

本办法所称产权登记面积，是指房地产行政主管部门确认登记的房屋面积。

第四十六条　省、自治区、直辖市人民政府建设行政主管部门可以根据本办法制定实施细则。

第四十七条 本办法由国务院建设行政主管部门负责解释。

第四十八条 本办法自 2001 年 6 月 1 日起施行。

建设部《城市商品房预售管理办法》

（1994年11月15日建设部令第40号发布　根据2001年8月15日建设部令第95号《关于修改〈城市商品房预售管理办法〉的决定》第一次修正　根据2004年7月20日建设部令第131号《关于修改〈城市商品房预售管理办法〉的决定》第二次修正　修正后自公布之日起施行）

第一条　为加强商品房预售管理，维护商品房交易双方的合法权益，根据《中华人民共和国城市房地产管理法》《城市房地产开发经营管理条例》，制定本办法。

第二条　本办法所称商品房预售是指房地产开发企业（以下简称开发企业）将正在建设中的房屋预先出售给承购人，由承购人支付定金或房价款的行为。

第三条　本办法适用于城市商品房预售的管理。

第四条　国务院建设行政主管部门归口管理全国城市商品房预售管理；

省、自治区建设行政主管部门归口管理本行政区域内城市商品房预售管理；

市、县人民政府建设行政主管部门或房地产行政主管部门（以下简称房地产管理部门）负责本行政区域内城市商品房预售管理。

第五条　商品房预售应当符合下列条件：

（一）已交付全部土地使用权出让金，取得土地使用权证书；

（二）持有建设工程规划许可证和施工许可证；

（三）按提供预售的商品房计算，投入开发建设的资金达到工程建设总投资的25%以上，并已经确定施工进度和竣工交付日期。

第六条　商品房预售实行许可制度。开发企业进行商品房预售，应当向房地产管理部门申请预售许可，取得《商品房预售许可证》。

未取得《商品房预售许可证》的，不得进行商品房预售。

第七条　开发企业申请预售许可，应当提交下列证件（复印件）及资料：

（一）商品房预售许可申请表；

（二）开发企业的《营业执照》和资质证书；

（三）土地使用权证、建设工程规划许可证、施工许可证；

(四)投入开发建设的资金占工程建设总投资的比例符合规定条件的证明;

(五)工程施工合同及关于施工进度的说明;

(六)商品房预售方案。预售方案应当说明预售商品房的位置、面积、竣工交付日期等内容,并应当附预售商品房分层平面图。

第八条 商品房预售许可依下列程序办理:

(一)受理。开发企业按本办法第七条的规定提交有关材料,材料齐全的,房地产管理部门应当当场出具受理通知书;材料不齐的,应当当场或者5日内一次性书面告知需要补充的材料。

(二)审核。房地产管理部门对开发企业提供的有关材料是否符合法定条件进行审核。

开发企业对所提交材料实质内容的真实性负责。

(三)许可。经审查,开发企业的申请符合法定条件的,房地产管理部门应当在受理之日起10日内,依法作出准予预售的行政许可书面决定,发送开发企业,并自作出决定之日起10日内向开发企业颁发、送达《商品房预售许可证》。

经审查,开发企业的申请不符合法定条件的,房地产管理部门应当在受理之日起10日内,依法作出不予许可的书面决定。书面决定应当说明理由,告知开发企业享有依法申请行政复议或者提起行政诉讼的权利,并送达开发企业。

商品房预售许可决定书、不予商品房预售许可决定书应当加盖房地产管理部门的行政许可专用印章,《商品房预售许可证》应当加盖房地产管理部门的印章。

(四)公示。房地产管理部门作出的准予商品房预售许可的决定,应当予以公开,公众有权查阅。

第九条 开发企业进行商品房预售,应当向承购人出示《商品房预售许可证》。售楼广告和说明书应当载明《商品房预售许可证》的批准文号。

第十条 商品房预售,开发企业应当与承购人签订商品房预售合同。开发企业应当自签约之日起30日内,向房地产管理部门和市、县人民政府土地管理部门办理商品房预售合同登记备案手续。

房地产管理部门应当积极应用网络信息技术,逐步推行商品房预售合同网上登记备案。

商品房预售合同登记备案手续可以委托代理人办理。委托代理人办理的,应当有书面委托书。

第十一条 开发企业预售商品房所得款项应当用于有关的工程建设。

商品房预售款监管的具体办法，由房地产管理部门制定。

第十二条　预售的商品房交付使用之日起 90 日内，承购人应当依法到房地产管理部门和市、县人民政府土地管理部门办理权属登记手续。开发企业应当予以协助，并提供必要的证明文件。

由于开发企业的原因，承购人未能在房屋交付使用之日起 90 日内取得房屋权属证书的，除开发企业和承购人有特殊约定外，开发企业应当承担违约责任。

第十三条　开发企业未取得《商品房预售许可证》预售商品房的，依照《城市房地产开发经营管理条例》第三十九条的规定处罚。

第十四条　开发企业不按规定使用商品房预售款项的，由房地产管理部门责令限期纠正，并可处以违法所得 3 倍以下但不超过 3 万元的罚款。

第十五条　开发企业隐瞒有关情况、提供虚假材料，或者采用欺骗、贿赂等不正当手段取得商品房预售许可的，由房地产管理部门责令停止预售，撤销商品房预售许可，并处 3 万元罚款。

第十六条　省、自治区建设行政主管部门、直辖市建设行政主管部门或房地产行政管理部门可以根据本办法制定实施细则。

第十七条　本办法由国务院建设行政主管部门负责解释。

第十八条　本办法自 1995 年 1 月 1 日起施行。

建设部《城市房地产抵押管理办法》

（1997年5月9日建设部令第56号发布　根据2001年8月15日建设部令第98号《关于修改〈城市房地产抵押管理办法〉的决定》第一次修正　根据2021年3月30日住房和城乡建设部令第52号《关于修改〈建筑工程施工许可管理办法〉等三部规章的决定》第二次修正　修正后自公布之日起施行）

第一章　总　　则

第一条　为了加强房地产抵押管理，维护房地产市场秩序，保障房地产抵押当事人的合法权益，根据《中华人民共和国城市房地产管理法》《中华人民共和国担保法》，制定本办法。

第二条　凡在城市规划区国有土地范围内从事房地产抵押活动的，应当遵守本办法。

地上无房屋（包括建筑物、构筑物及在建工程）的国有土地使用权设定抵押的，不适用本办法。

第三条　本办法所称房地产抵押，是指抵押人以其合法的房地产以不转移占有的方式向抵押权人提供债务履行担保的行为。债务人不履行债务时，债权人有权依法以抵押的房地产拍卖所得的价款优先受偿。

本办法所称抵押人，是指将依法取得的房地产提供给抵押权人，作为本人或者第三人履行债务担保的公民、法人或者其他组织。

本办法所称抵押权人，是指接受房地产抵押作为债务人履行债务担保的公民、法人或者其他组织。

本办法所称预购商品房贷款抵押，是指购房人在支付首期规定的房价款后，由贷款银行代其支付其余的购房款，将所购商品房抵押给贷款银行作为偿还贷款履行担保的行为。

本办法所称在建工程抵押，是指抵押人为取得在建工程继续建造资金的贷款，以其合法方式取得的土地使用权连同在建工程的投入资产，以不转移占有的方式抵押给贷款银行作为偿还贷款履行担保的行为。

第四条　以依法取得的房屋所有权抵押的，该房屋占用范围内的土地使用权必须同时抵押。

第五条　房地产抵押，应当遵循自愿、互利、公平和诚实信用的原则。

依法设定的房地产抵押，受国家法律保护。

第六条　国家实行房地产抵押登记制度。

第七条　国务院建设行政主管部门归口管理全国城市房地产抵押管理工作。

省、自治区建设行政主管部门归口管理本行政区域内的城市房地产抵押管理工作。

直辖市、市、县人民政府房地产行政主管部门（以下简称房地产管理部门）负责管理本行政区域内的房地产抵押管理工作。

第二章　房地产抵押权的设定

第八条　下列房地产不得设定抵押：

（一）权属有争议的房地产；

（二）用于教育、医疗、市政等公共福利事业的房地产；

（三）列入文物保护的建筑物和有重要纪念意义的其他建筑物；

（四）已依法公告列入拆迁范围的房地产；

（五）被依法查封、扣押、监管或者以其他形式限制的房地产；

（六）依法不得抵押的其他房地产。

第九条　同一房地产设定两个以上抵押权的，抵押人应当将已经设定过的抵押情况告知抵押权人。

抵押人所担保的债权不得超出其抵押物的价值。

房地产抵押后，该抵押房地产的价值大于所担保债权的余额部分，可以再次抵押，但不得超出余额部分。

第十条　以两宗以上房地产设定同一抵押权的，视为同一抵押房地产。但抵押当事人另有约定的除外。

第十一条　以在建工程已完工部分抵押的，其土地使用权随之抵押。

第十二条　以享受国家优惠政策购买的房地产抵押的，其抵押额以房地产权利人可以处分和收益的份额比例为限。

第十三条　国有企业、事业单位法人以国家授予其经营管理的房地产抵押的，应当符合国有资产管理的有关规定。

第十四条 以集体所有制企业的房地产抵押的，必须经集体所有制企业职工（代表）大会通过，并报其上级主管机关备案。

第十五条 以外商投资企业的房地产抵押的，必须经董事会通过，但企业章程另有规定的除外。

第十六条 以有限责任公司、股份有限公司的房地产抵押的，必须经董事会或者股东大会通过，但企业章程另有规定的除外。

第十七条 有经营期限的企业以其所有的房地产设定抵押的，所担保债务的履行期限不应当超过该企业的经营期限。

第十八条 以具有土地使用年限的房地产设定抵押的，所担保债务的履行期限不得超过土地使用权出让合同规定的使用年限减去已经使用年限后的剩余年限。

第十九条 以共有的房地产抵押的，抵押人应当事先征得其他共有人的书面同意。

第二十条 预购商品房贷款抵押的，商品房开发项目必须符合房地产转让条件并取得商品房预售许可证。

第二十一条 以已出租的房地产抵押的，抵押人应当将租赁情况告知抵押权人，并将抵押情况告知承租人。原租赁合同继续有效。

第二十二条 设定房地产抵押时，抵押房地产的价值可以由抵押当事人协商议定，也可以由房地产价格评估机构评估确定。

法律、法规另有规定的除外。

第二十三条 抵押当事人约定对抵押房地产保险的，由抵押人为抵押的房地产投保，保险费由抵押人负担。抵押房地产投保的，抵押人应当将保险单移送抵押权人保管。在抵押期间，抵押权人为保险赔偿的第一受益人。

第二十四条 企业、事业单位法人分立或者合并后，原抵押合同继续有效，其权利和义务由变更后的法人享有和承担。

抵押人死亡、依法被宣告死亡或者被宣告失踪时，其房地产合法继承人或者代管人应当继续履行原抵押合同。

第三章 房地产抵押合同的订立

第二十五条 房地产抵押，抵押当事人应当签订书面抵押合同。

第二十六条 房地产抵押合同应当载明下列主要内容：

（一）抵押人、抵押权人的名称或者个人姓名、住所；

（二）主债权的种类、数额；

（三）抵押房地产的处所、名称、状况、建筑面积、用地面积以及四至等；

（四）抵押房地产的价值；

（五）抵押房地产的占用管理人、占用管理方式、占用管理责任以及意外损毁、灭失的责任；

（六）债务人履行债务的期限；

（七）抵押权灭失的条件；

（八）违约责任；

（九）争议解决方式；

（十）抵押合同订立的时间与地点；

（十一）双方约定的其他事项。

第二十七条　以预购商品房贷款抵押的，须提交生效的预购房屋合同。

第二十八条　以在建工程抵押的，抵押合同还应当载明以下内容：

（一）《国有土地使用权证》、《建设用地规划许可证》和《建设工程规划许可证》编号；

（二）已交纳的土地使用权出让金或需交纳的相当于土地使用权出让金的款额；

（三）已投入在建工程的工程款；

（四）施工进度及工程竣工日期；

（五）已完成的工作量和工程量。

第二十九条　抵押权人要求抵押房地产保险的，以及要求在房地产抵押后限制抵押人出租、转让抵押房地产或者改变抵押房地产用途的，抵押当事人应当在抵押合同中载明。

第四章　房地产抵押登记

第三十条　房地产抵押合同自签订之日起30日内，抵押当事人应当到房地产所在地的房地产管理部门办理房地产抵押登记。

第三十一条　房地产抵押合同自抵押登记之日起生效。

第三十二条　办理房地产抵押登记，应当向登记机关交验下列文件：

（一）抵押当事人的身份证明或法人资格证明；

（二）抵押登记申请书；

（三）抵押合同；

（四）《国有土地使用权证》、《房屋所有权证》或《房地产权证》，共有的房屋还必须提交《房屋共有权证》和其他共有人同意抵押的证明；

（五）可以证明抵押人有权设定抵押权的文件与证明材料；

（六）可以证明抵押房地产价值的资料：

（七）登记机关认为必要的其他文件。

第三十三条 登记机关应当对申请人的申请进行审核。凡权属清楚、证明材料齐全的，应当在受理登记之日起 7 日内决定是否予以登记，对不予登记的，应当书面通知申请人。

第三十四条 以依法取得的房屋所有权证书的房地产抵押的，登记机关应当在原《房屋所有权证》上作他项权利记载后，由抵押人收执。并向抵押权人颁发《房屋他项权证》。

以预售商品房或者在建工程抵押的，登记机关应当在抵押合同上作记载。抵押的房地产在抵押期间竣工的，当事人应当在抵押人领取房地产权属证书后，重新办理房地产抵押登记。

第三十五条 抵押合同发生变更或者抵押关系终止时，抵押当事人应当在变更或者终止之日起 15 日内，到原登记机关办理变更或者注销抵押登记。

因依法处分抵押房地产而取得土地使用权和土地建筑物、其他附着物所有权的，抵押当事人应当自处分行为生效之日起 30 日内，到县级以上地方人民政府房地产管理部门申请房屋所有权转移登记，并凭变更后的房屋所有权证书向同级人民政府土地管理部门申请土地使用权变更登记。

第五章 抵押房地产的占用与管理

第三十六条 已作抵押的房地产，由抵押人占用与管理。

抵押人在抵押房地产占用与管理期间应当维护抵押房地产的安全与完好。抵押权人有权按照抵押合同的规定监督、检查抵押房地产的管理情况。

第三十七条 抵押权可以随债权转让。抵押权转让时，应当签订抵押权转让合同，并办理抵押权变更登记。抵押权转让后，原抵押权人应当告知抵押人。

经抵押权人同意，抵押房地产可以转让或者出租。

抵押房地产转让或者出租所得价款，应当向抵押权人提前清偿所担保的债权。超过债权数额的部分，归抵押人所有，不足部分由债务人清偿。

第三十八条 因国家建设需要，将已设定抵押权的房地产列入拆迁范围的，抵押人应当及时书面通知抵押权人；抵押双方可以重新设定抵押房地产，也可以依法清理债权债务，解除抵押合同。

第三十九条 抵押人占用与管理的房地产发生损毁、灭失的，抵押人应当及时将情况告知抵押权人，并应当采取措施防止损失的扩大。抵押的房地产因抵押人的行为造成损失使抵押房地产价值不足以作为履行债务的担保时，抵押权人有权要求抵押人重新提供或者增加担保以弥补不足。

抵押人对抵押房地产价值减少无过错的，抵押权人只能在抵押人因损害而得到的赔偿的范围内要求提供担保。抵押房地产价值未减少的部分，仍作为债务的担保。

第六章 抵押房地产的处分

第四十条 有下列情况之一的，抵押权人有权要求处分抵押的房地产：

（一）债务履行期满，抵押权人未受清偿的，债务人又未能与抵押权人达成延期履行协议的；

（二）抵押人死亡，或者被宣告死亡而无人代为履行到期债务的；或者抵押人的合法继承人、受遗赠人拒绝履行到期债务的；

（三）抵押人被依法宣告解散或者破产的；

（四）抵押人违反本办法的有关规定，擅自处分抵押房地产的；

（五）抵押合同约定的其他情况。

第四十一条 有本办法第四十条规定情况之一的，经抵押当事人协商可以通过拍卖等合法方式处分抵押房地产。协议不成的，抵押权人可以向人民法院提起诉讼。

第四十二条 抵押权人处分抵押房地产时，应当事先书面通知抵押人；抵押房地产为共有或者出租的，还应当同时书面通知共有人或承租人；在同等条件下，共有人或承租人依法享有优先购买权。

第四十三条 同一房地产设定两个以上抵押权时，以抵押登记的先后顺序受偿。

第四十四条 处分抵押房地产时，可以依法将土地上新增的房屋与抵押财产一同处分，但对处分新增房屋所得，抵押权人无权优先受偿。

第四十五条 以划拨方式取得的土地使用权连同地上建筑物设定的房地产抵押进行处分时，应当从处分所得的价款中缴纳相当于应当缴纳的土地使用权出让金的款额后，抵押权人方可优先受偿。

法律、法规另有规定的依照其规定。

第四十六条 抵押权人对抵押房地产的处分，因下列情况而中止：

（一）抵押权人请求中止的；

（二）抵押人申请愿意并证明能够及时履行债务，并经抵押权人同意的；

（三）发现被拍卖抵押物有权属争议的；

（四）诉讼或仲裁中的抵押房地产；

（五）其他应当中止的情况。

第四十七条 处分抵押房地产所得金额，依下列顺序分配：

（一）支付处分抵押房地产的费用；

（二）扣除抵押房地产应缴纳的税款；

（三）偿还抵押权人债权本息及支付违约金；

（四）赔偿由债务人违反合同而对抵押权人造成的损害；

（五）剩余金额交还抵押人。

处分抵押房地产所得金额不足以支付债务和违约金、赔偿金时，抵押权人有权向债务人追索不足部分。

第七章 法律责任

第四十八条 抵押人隐瞒抵押的房地产存在共有、产权争议或者被查封、扣押等情况的，抵押人应当承担由此产生的法律责任。

第四十九条 抵押人擅自以出售、出租、交换、赠与或者以其他方式处分抵押房地产的，其行为无效；造成第三人损失的，由抵押人予以赔偿。

第五十条 抵押当事人因履行抵押合同或者处分抵押房地产发生争议的，可以协商解决；协商不成的，抵押当事人可以根据双方达成的仲裁协议向仲裁机构申请仲裁；没有仲裁协议的，也可以直接向人民法院提起诉讼。

第五十一条 因国家建设需要，将已设定抵押权的房地产列入拆迁范围时，抵押人违反前述第三十八条的规定，不依法清理债务，也不重新设定抵押房地产的，抵押权人可以向人民法院提起诉讼。

第五十二条 登记机关工作人员玩忽职守、滥用职权，或者利用职务上的便利，索取他人财物，或者非法收受他人财物为他人谋取利益的，依法给予行政处分；构成犯罪的，依法追究刑事责任。

第八章　附　　则

第五十三条　在城市规划区外国有土地上进行房地产抵押活动的,参照本办法执行。

第五十四条　本办法由国务院建设行政主管部门负责解释。

第五十五条　本办法自 1997 年 6 月 1 日起施行。

建设部《城市房地产转让管理规定》

（1995 年 8 月 7 日建设部令第 45 号发布　根据 2001 年 8 月 15 日建设部令第 96 号《关于修改〈城市房地产转让管理规定〉的决定》修正　修正后自公布之日起施行）

第一条　为了加强对城市房地产转让的管理，维护房地产市场秩序，保障房地产转让当事人的合法权益，根据《中华人民共和国城市房地产管理法》，制定本规定。

第二条　凡在城市规划区国有土地范围内从事房地产转让，实施房地产转让管理，均应遵守本规定。

第三条　本规定所称房地产转让，是指房地产权利人通过买卖、赠与或者其他合法方式将其房地产转移给他人的行为。

前款所称其他合法方式，主要包括下列行为：

（一）以房地产作价入股、与他人成立企业法人，房地产权属发生变更的；

（二）一方提供土地使用权，另一方或者多方提供资金，合资、合作开发经营房地产，而使房地产权属发生变更的；

（三）因企业被收购、兼并或合并，房地产权属随之转移的；

（四）以房地产抵债的；

（五）法律、法规规定的其他情形。

第四条　国务院建设行政主管部门归口管理全国城市房地产转让工作。

省、自治区人民政府建设行政主管部门归口管理本行政区域内的城市房地产转让工作。

直辖市、市、县人民政府房地产行政主管部门（以下简称房地产管理部门）负责本行政区域内的城市房地产转让管理工作。

第五条　房地产转让时，房屋所有权和该房屋占用范围内的土地使用权同时转让。

第六条　下列房地产不得转让：

（一）以出让方式取得土地使用权但不符合本规定第十条规定的条件的；

（二）司法机关和行政机关依法裁定，决定查封或者以其他形式限制房地产权利的；

（三）依法收回土地使用权的；

（四）共有房地产，未经其他共有人书面同意的；

（五）权属有争议的；

（六）未依法登记领取权属证书的；

（七）法律、行政法规规定禁止转让的其他情形。

第七条　房地产转让，应当按照下列程序办理：

（一）房地产转让当事人签订书面转让合同；

（二）房地产转让当事人在房地产转让合同签订后 90 日内持房地产权属证书、当事人的合法证明、转让合同等有关文件向房地产所在地的房地产管理部门提出申请，并申报成交价格；

（三）房地产管理部门对提供的有关文件进行审查，并在 7 日内作出是否受理申请的书面答复，7 日内未作书面答复的，视为同意受理；

（四）房地产管理部门核实申报的成交价格，并根据需要对转让的房地产进行现场查勘和评估；

（五）房地产转让当事人按照规定缴纳有关税费；

（六）房地产管理部门办理房屋权属登记手续，核发房地产权属证书。

第八条　房地产转让合同应当载明下列主要内容：

（一）双方当事人的姓名或者名称、住所；

（二）房地产权属证书名称和编号；

（三）房地产座落位置、面积、四至界限；

（四）土地宗地号、土地使用权取得的方式及年限；

（五）房地产的用途或使用性质；

（六）成交价格及支付方式；

（七）房地产交付使用的时间；

（八）违约责任；

（九）双方约定的其他事项。

第九条　以出让方式取得土地使用权的，房地产转让时，土地使用权出让合同载明的权利、义务随之转移。

第十条　以出让方式取得土地使用权的，转让房地产时，应当符合下列条件：

（一）按照出让合同约定已经支付全部土地使用权出让金，并取得土地使用权证书；

（二）按照出让合同约定进行投资开发，属于房屋建设工程的，应完成开发投资总额的百分之二十五以上；属于成片开发土地的，依照规划对土地进行开发建设，完成供排水、供电、供热、道路交通、通信等市政基础设施、公用设施的建设，达到场地平整，形成工业用地或者其他建设用地条件。

转让房地产时房屋已经建成的，还应当持有房屋所有权证书。

第十一条 以划拨方式取得土地使用权的，转让房地产时，按照国务院的规定，报有批准权的人民政府审批。有批准权的人民政府准予转让的，除符合本规定第十二条所列的可以不办理土地使用权出让手续的情形外，应当由受让方办理土地使用权出让手续，并依照国家有关规定缴纳土地使用权出让金。

第十二条 以划拨方式取得土地使用权的，转让房地产时，属于下列情形之一的，经有批准权的人民政府批准，可以不办理土地使用权出让手续，但应当将转让房地产所获收益中的土地收益上缴国家或者作其他处理。土地收益的缴纳和处理的办法按照国务院规定办理。

（一）经城市规划行政主管部门批准，转让的土地用于建设《中华人民共和国城市房地产管理法》第二十三条规定的项目的；

（二）私有住宅转让后仍用于居住的；

（三）按照国务院住房制度改革有关规定出售公有住宅的；

（四）同一宗土地上部分房屋转让而土地使用权不可分割转让的；

（五）转让的房地产暂时难以确定土地使用权出让用途、年限和其他条件的；

（六）根据城市规划土地使用权不宜出让的；

（七）县级以上人民政府规定暂时无法或不需要采取土地使用权出让方式的其他情形。依照前款规定缴纳土地收益或作其他处理的，应当在房地产转让合同中注明。

第十三条 依照本规定第十二条规定转让的房地产再转让，需要办理出让手续、补交土地使用权出让金的，应当扣除已经缴纳的土地收益。

第十四条 国家实行房地产成交价格申报制度。

房地产权利人转让房地产，应当如实申报成交价格，不得瞒报或者作不实的申报。

房地产转让应当以申报的房地产成交价格作为缴纳税费的依据。成交价格明显低于正常市场价格的，以评估价格作为缴纳税费的依据。

第十五条 商品房预售按照建设部《城市商品房预售管理办法》执行。

第十六条 房地产管理部门在办理房地产转让时,其收费的项目和标准,必须经有批准权的物价部门和建设行政主管部门批准,不得擅自增加收费项目和提高收费标准。

第十七条 违反本规定第十条第一款和第十一条,未办理土地使用权出让手续,交纳土地使用权出让金的,按照《中华人民共和国城市房地产管理法》的规定进行处罚。

第十八条 房地产管理部门工作人员玩忽职守、滥用职权、徇私舞弊、索贿受贿的,依法给予行政处分;构成犯罪的,依法追究刑事责任。

第十九条 在城市规划区外的国有土地范围内进行房地产转让的,参照本规定执行。

第二十条 省、自治区人民政府建设行政主管部门、直辖市房地产行政主管部门可以根据本规定制定实施细则。

第二十一条 本规定由国务院建设行政主管部门负责解释。

第二十二条 本规定自 1995 年 9 月 1 日起施行。

住房和城乡建设部《商品房屋租赁管理办法》

(2010年第12月1日住房和城乡建设部令第6号发布　自2011年2月1日起施行)

第一条　为加强商品房屋租赁管理,规范商品房屋租赁行为,维护商品房屋租赁双方当事人的合法权益,根据《中华人民共和国城市房地产管理法》等有关法律、法规,制定本办法。

第二条　城市规划区内国有土地上的商品房屋租赁(以下简称房屋租赁)及其监督管理,适用本办法。

第三条　房屋租赁应当遵循平等、自愿、合法和诚实信用原则。

第四条　国务院住房和城乡建设主管部门负责全国房屋租赁的指导和监督工作。

县级以上地方人民政府建设(房地产)主管部门负责本行政区域内房屋租赁的监督管理。

第五条　直辖市、市、县人民政府建设(房地产)主管部门应当加强房屋租赁管理规定和房屋使用安全知识的宣传,定期分区域公布不同类型房屋的市场租金水平等信息。

第六条　有下列情形之一的房屋不得出租:

(一)属于违法建筑的;

(二)不符合安全、防灾等工程建设强制性标准的;

(三)违反规定改变房屋使用性质的;

(四)法律、法规规定禁止出租的其他情形。

第七条　房屋租赁当事人应当依法订立租赁合同。房屋租赁合同的内容由当事人双方约定,一般应当包括以下内容:

(一)房屋租赁当事人的姓名(名称)和住所;

(二)房屋的坐落、面积、结构、附属设施,家具和家电等室内设施状况;

（三）租金和押金数额、支付方式；

（四）租赁用途和房屋使用要求；

（五）房屋和室内设施的安全性能；

（六）租赁期限；

（七）房屋维修责任；

（八）物业服务、水、电、燃气等相关费用的缴纳；

（九）争议解决办法和违约责任；

（十）其他约定。

房屋租赁当事人应当在房屋租赁合同中约定房屋被征收或者拆迁时的处理办法。

建设（房地产）管理部门可以会同工商行政管理部门制定房屋租赁合同示范文本，供当事人选用。

第八条　出租住房的，应当以原设计的房间为最小出租单位，人均租住建筑面积不得低于当地人民政府规定的最低标准。

厨房、卫生间、阳台和地下储藏室不得出租供人员居住。

第九条　出租人应当按照合同约定履行房屋的维修义务并确保房屋和室内设施安全。未及时修复损坏的房屋，影响承租人正常使用的，应当按照约定承担赔偿责任或者减少租金。

房屋租赁合同期内，出租人不得单方面随意提高租金水平。

第十条　承租人应当按照合同约定的租赁用途和使用要求合理使用房屋，不得擅自改动房屋承重结构和拆改室内设施，不得损害其他业主和使用人的合法权益。

承租人因使用不当等原因造成承租房屋和设施损坏的，承租人应当负责修复或者承担赔偿责任。

第十一条　承租人转租房屋的，应当经出租人书面同意。

承租人未经出租人书面同意转租的，出租人可以解除租赁合同，收回房屋并要求承租人赔偿损失。

第十二条　房屋租赁期间内，因赠与、析产、继承或者买卖转让房屋的，原房屋租赁合同继续有效。

承租人在房屋租赁期间死亡的，与其生前共同居住的人可以按照原租赁合同租赁该房屋。

第十三条 房屋租赁期间出租人出售租赁房屋的，应当在出售前合理期限内通知承租人，承租人在同等条件下有优先购买权。

第十四条 房屋租赁合同订立后三十日内，房屋租赁当事人应当到租赁房屋所在地直辖市、市、县人民政府建设（房地产）主管部门办理房屋租赁登记备案。

房屋租赁当事人可以书面委托他人办理房屋租赁登记备案。

第十五条 办理房屋租赁登记备案，房屋租赁当事人应当提交下列材料：

（一）房屋租赁合同；

（二）房屋租赁当事人身份证明；

（三）房屋所有权证书或者其他合法权属证明；

（四）直辖市、市、县人民政府建设（房地产）主管部门规定的其他材料。

房屋租赁当事人提交的材料应当真实、合法、有效，不得隐瞒真实情况或者提供虚假材料。

第十六条 对符合下列要求的，直辖市、市、县人民政府建设（房地产）主管部门应当在三个工作日内办理房屋租赁登记备案，向租赁当事人开具房屋租赁登记备案证明：

（一）申请人提交的申请材料齐全并且符合法定形式；

（二）出租人与房屋所有权证书或者其他合法权属证明记载的主体一致；

（三）不属于本办法第六条规定不得出租的房屋。

申请人提交的申请材料不齐全或者不符合法定形式的，直辖市、市、县人民政府建设（房地产）主管部门应当告知房屋租赁当事人需要补正的内容。

第十七条 房屋租赁登记备案证明应当载明出租人的姓名或者名称，承租人的姓名或者名称、有效身份证件种类和号码，出租房屋的坐落、租赁用途、租金数额、租赁期限等。

第十八条 房屋租赁登记备案证明遗失的，应当向原登记备案的部门补领。

第十九条 房屋租赁登记备案内容发生变化、续租或者租赁终止的，当事人应当在三十日内，到原租赁登记备案的部门办理房屋租赁登记备案的变更、延续或者注销手续。

第二十条 直辖市、市、县建设（房地产）主管部门应当建立房屋租赁登记备案信息系统，逐步实行房屋租赁合同网上登记备案，并纳入房地产市场信息系统。

房屋租赁登记备案记载的信息应当包含以下内容：

（一）出租人的姓名（名称）、住所；

（二）承租人的姓名（名称）、身份证件种类和号码；

（三）出租房屋的坐落、租赁用途、租金数额、租赁期限；

（四）其他需要记载的内容。

第二十一条 违反本办法第六条规定的，由直辖市、市、县人民政府建设（房地产）主管部门责令限期改正，对没有违法所得的，可处以五千元以下罚款；对有违法所得的，可以处以违法所得一倍以上三倍以下，但不超过三万元的罚款。

第二十二条 违反本办法第八条规定的，由直辖市、市、县人民政府建设（房地产）主管部门责令限期改正，逾期不改正的，可处以五千元以上三万元以下罚款。

第二十三条 违反本办法第十四条第一款、第十九条规定的，由直辖市、市、县人民政府建设（房地产）主管部门责令限期改正；个人逾期不改正的，处以一千元以下罚款；单位逾期不改正的，处以一千元以上一万元以下罚款。

第二十四条 直辖市、市、县人民政府建设（房地产）主管部门对符合本办法规定的房屋租赁登记备案申请不予办理、对不符合本办法规定的房屋租赁登记备案申请予以办理，或者对房屋租赁登记备案信息管理不当，给租赁当事人造成损失的，对直接负责的主管人员和其他直接责任人员依法给予处分；构成犯罪的，依法追究刑事责任。

第二十五条 保障性住房租赁按照国家有关规定执行。

第二十六条 城市规划区外国有土地上的房屋租赁和监督管理，参照本办法执行。

第二十七条 省、自治区、直辖市人民政府住房和城乡建设主管部门可以依据本办法制定实施细则。

第二十八条 本办法自2011年2月1日起施行，建设部1995年5月9日发布的《城市房屋租赁管理办法》（建设部令第42号）同时废止。

国务院办公厅关于加快发展保障性租赁住房的意见

（2021 年 6 月 24 日 国办发〔2021〕22 号）

各省、自治区、直辖市人民政府，国务院各部委、各直属机构：

近年来，各地区、各有关部门认真贯彻落实党中央、国务院决策部署，扎实推进住房保障工作，有效改善了城镇户籍困难群众住房条件，但新市民、青年人等群体住房困难问题仍然比较突出，需加快完善以公租房、保障性租赁住房和共有产权住房为主体的住房保障体系。经国务院同意，现就加快发展保障性租赁住房，促进解决好大城市住房突出问题，提出以下意见。

一、指导思想

以习近平新时代中国特色社会主义思想为指导，全面贯彻党的十九大和十九届二中、三中、四中、五中全会精神，立足新发展阶段、贯彻新发展理念、构建新发展格局，坚持以人民为中心，坚持房子是用来住的、不是用来炒的定位，突出住房的民生属性，扩大保障性租赁住房供给，缓解住房租赁市场结构性供给不足，推动建立多主体供给、多渠道保障、租购并举的住房制度，推进以人为核心的新型城镇化，促进实现全体人民住有所居。

二、基础制度

（一）明确对象标准。保障性租赁住房主要解决符合条件的新市民、青年人等群体的住房困难问题，以建筑面积不超过 70 平方米的小户型为主，租金低于同地段同品质市场租赁住房租金，准入和退出的具体条件、小户型的具体面积由城市人民政府按照保基本的原则合理确定。

（二）引导多方参与。保障性租赁住房由政府给予土地、财税、金融等政策支持，充分发挥市场机制作用，引导多主体投资、多渠道供给，坚持“谁投资、谁所有”，主要利用集体经营性建设用地、企事业单位自有闲置土地、产业园区配套用地和存量闲置房屋建设，适当利用新供应国有建设用地建设，并合理配套商业服务设施。支持专业化规模化住房租赁企业建设和运营管理保障性租赁住房。

（三）坚持供需匹配。城市人民政府要摸清保障性租赁住房需求和存量土地、房屋资源情况，结合现有租赁住房供求和品质状况，从实际出发，因城施策，采取新建、改建、改造、租赁补贴和将政府的闲置住房用作保障性租赁住房等多种方式，切实增加供给，科学确定"十四五"保障性租赁住房建设目标和政策措施，制定年度建设计划，并向社会公布。

（四）严格监督管理。城市人民政府要建立健全住房租赁管理服务平台，加强对保障性租赁住房建设、出租和运营管理的全过程监督，强化工程质量安全监管。保障性租赁住房不得上市销售或变相销售，严禁以保障性租赁住房为名违规经营或骗取优惠政策。

（五）落实地方责任。城市人民政府对本地区发展保障性租赁住房，促进解决新市民、青年人等群体住房困难问题负主体责任。省级人民政府对本地区发展保障性租赁住房工作负总责，要加强组织领导和监督检查，对城市发展保障性租赁住房情况实施监测评价。

三、支持政策

（一）进一步完善土地支持政策。

1. 人口净流入的大城市和省级人民政府确定的城市，在尊重农民集体意愿的基础上，经城市人民政府同意，可探索利用集体经营性建设用地建设保障性租赁住房；应支持利用城区、靠近产业园区或交通便利区域的集体经营性建设用地建设保障性租赁住房；农村集体经济组织可通过自建或联营、入股等方式建设运营保障性租赁住房；建设保障性租赁住房的集体经营性建设用地使用权可以办理抵押贷款。

2. 人口净流入的大城市和省级人民政府确定的城市，对企事业单位依法取得使用权的土地，经城市人民政府同意，在符合规划、权属不变、满足安全要求、尊重群众意愿的前提下，允许用于建设保障性租赁住房，并变更土地用途，不补缴土地价款，原划拨的土地可继续保留划拨方式；允许土地使用权人自建或与其他市场主体合作建设运营保障性租赁住房。

3. 人口净流入的大城市和省级人民政府确定的城市，经城市人民政府同意，在确保安全的前提下，可将产业园区中工业项目配套建设行政办公及生活服务设施的用地面积占项目总用地面积的比例上限由7%提高到15%，建筑面积占比上限相应提高，提高部分主要用于建设宿舍型保障性租赁住房，严禁建设成套商品住宅;鼓励将产业园区中各工业项目的配套比例对应的用地面积或建筑面积集中起来,统一建设宿舍型保障性租赁住房。

4. 对闲置和低效利用的商业办公、旅馆、厂房、仓储、科研教育等非居住存量房屋,经城市人民政府同意,在符合规划原则、权属不变、满足安全要求、尊重群众意愿的前提下,允许改建为保障性租赁住房;用作保障性租赁住房期间,不变更土地使用性质,不补缴土地价款。

5. 人口净流入的大城市和省级人民政府确定的城市,应按照职住平衡原则,提高住宅用地中保障性租赁住房用地供应比例,在编制年度住宅用地供应计划时,单列租赁住房用地计划、优先安排、应保尽保,主要安排在产业园区及周边、轨道交通站点附近和城市建设重点片区等区域,引导产城人融合、人地房联动;保障性租赁住房用地可采取出让、租赁或划拨等方式供应,其中以出让或租赁方式供应的,可将保障性租赁住房租赁价格及调整方式作为出让或租赁的前置条件,允许出让价款分期收取。新建普通商品住房项目,可配建一定比例的保障性租赁住房,具体配建比例和管理方式由市县人民政府确定。鼓励在地铁上盖物业中建设一定比例的保障性租赁住房。

(二)简化审批流程。各地要精简保障性租赁住房项目审批事项和环节,构建快速审批流程,提高项目审批效率。利用非居住存量土地和非居住存量房屋建设保障性租赁住房,可由市县人民政府组织有关部门联合审查建设方案,出具保障性租赁住房项目认定书后,由相关部门办理立项、用地、规划、施工、消防等手续。不涉及土地权属变化的项目,可用已有用地手续等材料作为土地证明文件,不再办理用地手续。探索将工程建设许可和施工许可合并为一个阶段。实行相关各方联合验收。

(三)给予中央补助资金支持。中央通过现有经费渠道,对符合规定的保障性租赁住房建设任务予以补助。

(四)降低税费负担。综合利用税费手段,加大对发展保障性租赁住房的支持力度。利用非居住存量土地和非居住存量房屋建设保障性租赁住房,取得保障性租赁住房项目认定书后,比照适用住房租赁增值税、房产税等税收优惠政策。对保障性租赁住房项目免收城市基础设施配套费。

(五)执行民用水电气价格。利用非居住存量土地和非居住存量房屋建设保障性租赁住房,取得保障性租赁住房项目认定书后,用水、用电、用气价格按照居民标准执行。

（六）进一步加强金融支持。

1. 加大对保障性租赁住房建设运营的信贷支持力度，支持银行业金融机构以市场化方式向保障性租赁住房自持主体提供长期贷款；按照依法合规、风险可控、商业可持续原则，向改建、改造存量房屋形成非自有产权保障性租赁住房的住房租赁企业提供贷款。完善与保障性租赁住房相适应的贷款统计，在实施房地产信贷管理时予以差别化对待。

2. 支持银行业金融机构发行金融债券，募集资金用于保障性租赁住房贷款投放。支持企业发行企业债券、公司债券、非金融企业债务融资工具等公司信用类债券，用于保障性租赁住房建设运营。企业持有运营的保障性租赁住房具有持续稳定现金流的，可将物业抵押作为信用增进，发行住房租赁担保债券。支持商业保险资金按照市场化原则参与保障性租赁住房建设。

四、组织实施

（一）做好政策衔接。各地要把解决新市民、青年人等群体住房困难问题摆上重要议事日程，高度重视保障性租赁住房建设。要对现有各类政策支持租赁住房进行梳理，包括通过利用集体建设用地建设租赁住房试点、中央财政支持住房租赁市场发展试点、非房地产企业利用自有土地建设租赁住房试点、发展政策性租赁住房试点建设的租赁住房等，符合规定的均纳入保障性租赁住房规范管理，不纳入的不得享受利用非居住存量土地和非居住存量房屋建设保障性租赁住房不补缴土地价款等国家对保障性租赁住房的专门支持政策。

（二）强化部门协作。住房城乡建设部要加强对发展保障性租赁住房工作的组织协调和督促指导，会同有关部门组织做好发展保障性租赁住房情况监测评价，及时总结宣传经验做法。国家发展改革委、财政部、自然资源部、人民银行、税务总局、银保监会、证监会等部门和单位要加强政策协调、工作衔接，强化业务指导、调研督促。各有关部门和单位要按职责分工，加强协作、形成合力，确保各项政策落实到位。

国务院关于解决城市低收入家庭住房困难的若干意见

（2007 年 8 月 7 日　国发〔2007〕24 号）

各省、自治区、直辖市人民政府，国务院各部委、各直属机构：

住房问题是重要的民生问题。党中央、国务院高度重视解决城市居民住房问题，始终把改善群众居住条件作为城市住房制度改革和房地产业发展的根本目的。20 多年来，我国住房制度改革不断深化，城市住宅建设持续快速发展，城市居民住房条件总体上有了较大改善。但也要看到，城市廉租住房制度建设相对滞后，经济适用住房制度不够完善，政策措施还不配套，部分城市低收入家庭住房还比较困难。为切实加大解决城市低收入家庭住房困难工作力度，现提出以下意见：

一、明确指导思想、总体要求和基本原则

（一）指导思想。以邓小平理论和"三个代表"重要思想为指导，深入贯彻落实科学发展观，按照全面建设小康社会和构建社会主义和谐社会的目标要求，把解决城市（包括县城，下同）低收入家庭住房困难作为维护群众利益的重要工作和住房制度改革的重要内容，作为政府公共服务的一项重要职责，加快建立健全以廉租住房制度为重点、多渠道解决城市低收入家庭住房困难的政策体系。

（二）总体要求。以城市低收入家庭为对象，进一步建立健全城市廉租住房制度，改进和规范经济适用住房制度，加大棚户区、旧住宅区改造力度，力争到"十一五"期末，使低收入家庭住房条件得到明显改善，农民工等其他城市住房困难群体的居住条件得到逐步改善。

（三）基本原则。解决低收入家庭住房困难，要坚持立足国情，满足基本住房需要；统筹规划，分步解决；政府主导，社会参与；统一政策，因地制宜；省级负总责，市县抓落实。

二、进一步建立健全城市廉租住房制度

（四）逐步扩大廉租住房制度的保障范围。城市廉租住房制度是解决低收入家庭住房困难的主要途径。2007年底前，所有设区的城市要对符合规定住房困难条件、申请廉租住房租赁补贴的城市低保家庭基本做到应保尽保；2008年底前，所有县城要基本做到应保尽保。“十一五”期末，全国廉租住房制度保障范围要由城市最低收入住房困难家庭扩大到低收入住房困难家庭；2008年底前，东部地区和其他有条件的地区要将保障范围扩大到低收入住房困难家庭。

（五）合理确定廉租住房保障对象和保障标准。廉租住房保障对象的家庭收入标准和住房困难标准，由城市人民政府按照当地统计部门公布的家庭人均可支配收入和人均住房水平的一定比例，结合城市经济发展水平和住房价格水平确定。廉租住房保障面积标准，由城市人民政府根据当地家庭平均住房水平及财政承受能力等因素统筹研究确定。廉租住房保障对象的家庭收入标准、住房困难标准和保障面积标准实行动态管理，由城市人民政府每年向社会公布一次。

（六）健全廉租住房保障方式。城市廉租住房保障实行货币补贴和实物配租等方式相结合，主要通过发放租赁补贴，增强低收入家庭在市场上承租住房的能力。每平方米租赁补贴标准由城市人民政府根据当地经济发展水平、市场平均租金、保障对象的经济承受能力等因素确定。其中，对符合条件的城市低保家庭，可按当地的廉租住房保障面积标准和市场平均租金给予补贴。

（七）多渠道增加廉租住房房源。要采取政府新建、收购、改建以及鼓励社会捐赠等方式增加廉租住房供应。小户型租赁住房短缺和住房租金较高的地方，城市人民政府要加大廉租住房建设力度。新建廉租住房套型建筑面积控制在50平方米以内，主要在经济适用住房以及普通商品住房小区中配建，并在用地规划和土地出让条件中明确规定建成后由政府收回或回购；也可以考虑相对集中建设。积极发展住房租赁市场，鼓励房地产开发企业开发建设中小户型住房面向社会出租。

（八）确保廉租住房保障资金来源。地方各级人民政府要根据廉租住房工作的年度计划，切实落实廉租住房保障资金：一是地方财政要将廉租住房保障资金纳入年度预算安排。二是住房公积金增值收益在提取贷款风险准备金和管理费用之后全部用于廉租住房建设。三是土地出让净收益用于廉租住房保障资金的比例不得低于10%，各地还可根据实际情况进一步适当提高比例。四是廉租住房租金收入实行收支两条线管理，专项用于廉租住房的维护和管理。对中西部财政困难地区，通过中央预算内投资补助和中央财政廉租住房保障专项补助资金等方式给予支持。

三、改进和规范经济适用住房制度

（九）规范经济适用住房供应对象。经济适用住房供应对象为城市低收入住房困难家庭，并与廉租住房保障对象衔接。经济适用住房供应对象的家庭收入标准和住房困难标准，由城市人民政府确定，实行动态管理，每年向社会公布一次。低收入住房困难家庭要求购买经济适用住房的，由该家庭提出申请，有关单位按规定的程序进行审查，对符合标准的，纳入经济适用住房供应对象范围。过去享受过福利分房或购买过经济适用住房的家庭不得再购买经济适用住房。已经购买了经济适用住房的家庭又购买其他住房的，原经济适用住房由政府按规定回购。

（十）合理确定经济适用住房标准。经济适用住房套型标准根据经济发展水平和群众生活水平，建筑面积控制在60平方米左右。各地要根据实际情况，每年安排建设一定规模的经济适用住房。房价较高、住房结构性矛盾突出的城市，要增加经济适用住房供应。

（十一）严格经济适用住房上市交易管理。经济适用住房属于政策性住房，购房人拥有有限产权。购买经济适用住房不满5年，不得直接上市交易，购房人因各种原因确需转让经济适用住房的，由政府按照原价格并考虑折旧和物价水平等因素进行回购。购买经济适用住房满5年，购房人可转让经济适用住房，但应按照届时同地段普通商品住房与经济适用住房差价的一定比例向政府交纳土地收益等价款，具体交纳比例由城市人民政府确定，政府可优先回购；购房人向政府交纳土地收益等价款后，也可以取得完全产权。上述规定应在经济适用住房购房合同中予以明确。政府回购的经济适用住房，继续向符合条件的低收入住房困难家庭出售。

（十二）加强单位集资合作建房管理。单位集资合作建房只能由距离城区较远的独立工矿企业和住房困难户较多的企业，在符合城市规划前提下，经城市人民政府批准，并利用自用土地组织实施。单位集资合作建房纳入当地经济适用住房供应计划，其建设标准、供应对象、产权关系等均按照经济适用住房的有关规定执行。在优先满足本单位住房困难职工购买基础上房源仍有多余的，由城市人民政府统一向符合经济适用住房购买条件的家庭出售，或以成本价收购后用作廉租住房。各级国家机关一律不得搞单位集资合作建房；任何单位不得新征用或新购买土地搞集资合作建房；单位集资合作建房不得向非经济适用住房供应对象出售。

四、逐步改善其他住房困难群体的居住条件

(十三)加快集中成片棚户区的改造。对集中成片的棚户区,城市人民政府要制定改造计划,因地制宜进行改造。棚户区改造要符合以下要求:困难住户的住房得到妥善解决;住房质量、小区环境、配套设施明显改善;困难家庭的负担控制在合理水平。

(十四)积极推进旧住宅区综合整治。对可整治的旧住宅区要力戒大拆大建。要以改善低收入家庭居住环境和保护历史文化街区为宗旨,遵循政府组织、居民参与的原则,积极进行房屋维修养护、配套设施完善、环境整治和建筑节能改造。

(十五)多渠道改善农民工居住条件。用工单位要向农民工提供符合基本卫生和安全条件的居住场所。农民工集中的开发区和工业园区,应按照集约用地的原则,集中建设向农民工出租的集体宿舍,但不得按商品住房出售。城中村改造时,要考虑农民工的居住需要,在符合城市规划和土地利用总体规划的前提下,集中建设向农民工出租的集体宿舍。有条件的地方,可比照经济适用住房建设的相关优惠政策,政府引导,市场运作,建设符合农民工特点的住房,以农民工可承受的合理租金向农民工出租。

五、完善配套政策和工作机制

(十六)落实解决城市低收入家庭住房困难的经济政策和建房用地。一是廉租住房和经济适用住房建设、棚户区改造、旧住宅区整治一律免收城市基础设施配套费等各种行政事业性收费和政府性基金。二是廉租住房和经济适用住房建设用地实行行政划拨方式供应。三是对廉租住房和经济适用住房建设用地,各地要切实保证供应。要根据住房建设规划,在土地供应计划中予以优先安排,并在申报年度用地指标时单独列出。四是社会各界向政府捐赠廉租住房房源的,执行公益性捐赠税收扣除的有关政策。五是社会机构投资廉租住房或经济适用住房建设、棚户区改造、旧住宅区整治的,可同时给予相关的政策支持。

(十七)确保住房质量和使用功能。廉租住房和经济适用住房建设、棚户区改造以及旧住宅区整治,要坚持经济、适用的原则。要提高规划设计水平,在较小的户型内实现基本的使用功能。要按照发展节能省地环保型住宅的要求,推广新材料、新技术、新工艺。要切实加强施工管理,确保施工质量。有关住房质量和使用功能等方面的要求,应在建设合同中予以明确。

(十八)健全工作机制。城市人民政府要抓紧开展低收入家庭住房状况调查,于2007年底之前建立低收入住房困难家庭住房档案,制订解决城市低收入家庭住房困难的工作目标、发展规划和年度计划,纳入当地经济社会发展规划和住房建设规划,并向社会公布。要按照解决城市低收入家庭住房困难的年度计划,确保廉租住房保障的各项资金落实到位;确保廉租住房、经济适用住房建设用地落实到位,并合理确定区位布局。要规范廉租住房保障和经济适用住房供应的管理,建立健全申请、审核和公示办法,并于2007年9月底之前向社会公布;要严格做好申请人家庭收入、住房状况的调查审核,完善轮候制度,特别是强化廉租住房的年度复核工作,健全退出机制。要严肃纪律,坚决查处弄虚作假等违纪违规行为和有关责任人员,确保各项政策得以公开、公平、公正实施。

(十九)落实工作责任。省级人民政府对本地区解决城市低收入家庭住房困难工作负总责,要对所属城市人民政府实行目标责任制管理,加强监督指导。有关工作情况,纳入对城市人民政府的政绩考核之中。解决城市低收入家庭住房困难是城市人民政府的重要责任。城市人民政府要把解决城市低收入家庭住房困难摆上重要议事日程,加强领导,落实相应的管理工作机构和具体实施机构,切实抓好各项工作;要接受人民群众的监督,每年在向人民代表大会所作的《政府工作报告》中报告解决城市低收入家庭住房困难年度计划的完成情况。

房地产市场宏观调控部际联席会议负责研究提出解决城市低收入家庭住房困难的有关政策,协调解决工作实施中的重大问题。国务院有关部门要按照各自职责,加强对各地工作的指导,抓好督促落实。建设部会同发展改革委、财政部、国土资源部等有关部门抓紧完善廉租住房管理办法和经济适用住房管理办法。民政部会同有关部门抓紧制定城市低收入家庭资格认定办法。财政部会同建设部、民政部等有关部门抓紧制定廉租住房保障专项补助资金的实施办法。发展改革委会同建设部抓紧制定中央预算内投资对中西部财政困难地区新建廉租住房项目的支持办法。财政部、税务总局抓紧研究制定廉租住房建设、经济适用住房建设和住房租赁的税收支持政策。人民银行会同建设部、财政部等有关部门抓紧研究提出对廉租住房和经济适用住房建设的金融支持意见。

(二十)加强监督检查。2007年底前,直辖市、计划单列市和省会(首府)城市要把解决城市低收入家庭住房困难的发展规划和年度计划报建设部备案,其他城市报省(区、市)建设主管部门备案。建设部会同监察部等有关部门负责本意见执行情况的监督检查,对工作不落实、措施不到位的地区,要通报批评,限期整改,并追究有关领导责任。对在解决城市低收入家庭住房困难工作中以权谋私、玩忽职守的,要依法依规追究有关责任人的行政和法律责任。

(二十一)继续抓好国务院关于房地产市场各项调控政策措施的落实。各地区、各有关部门要在认真解决城市低收入家庭住房困难的同时,进一步贯彻落实国务院关于房地产市场各项宏观调控政策措施。要加大住房供应结构调整力度,认真落实《国务院办公厅转发建设部等部门关于调整住房供应结构稳定住房价格意见的通知》(国办发〔2006〕37 号),重点发展中低价位、中小套型普通商品住房,增加住房有效供应。城市新审批、新开工的住房建设,套型建筑面积 90 平方米以下住房面积所占比重,必须达到开发建设总面积的 70% 以上。廉租住房、经济适用住房和中低价位、中小套型普通商品住房建设用地的年度供应量不得低于居住用地供应总量的 70%。要加大住房需求调节力度,引导合理的住房消费,建立符合国情的住房建设和消费模式。要加强市场监管,坚决整治房地产开发、交易、中介服务、物业管理及房屋拆迁中的违法违规行为,维护群众合法权益。要加强房地产价格的监管,抑制房地产价格过快上涨,保持合理的价格水平,引导房地产市场健康发展。

(二十二)凡过去文件规定与本意见不一致的,以本意见为准。

国务院办公厅关于全面推进城镇老旧小区改造工作的指导意见

（2020 年 7 月 10 日　国办发〔2020〕23 号）

各省、自治区、直辖市人民政府，国务院各部委、各直属机构：

城镇老旧小区改造是重大民生工程和发展工程，对满足人民群众美好生活需要、推动惠民生扩内需、推进城市更新和开发建设方式转型、促进经济高质量发展具有十分重要的意义。为全面推进城镇老旧小区改造工作，经国务院同意，现提出以下意见：

一、总体要求

（一）指导思想。以习近平新时代中国特色社会主义思想为指导，全面贯彻党的十九大和十九届二中、三中、四中全会精神，按照党中央、国务院决策部署，坚持以人民为中心的发展思想，坚持新发展理念，按照高质量发展要求，大力改造提升城镇老旧小区，改善居民居住条件，推动构建“纵向到底、横向到边、共建共治共享”的社区治理体系，让人民群众生活更方便、更舒心、更美好。

（二）基本原则。

坚持以人为本，把握改造重点。从人民群众最关心最直接最现实的利益问题出发，征求居民意见并合理确定改造内容，重点改造完善小区配套和市政基础设施，提升社区养老、托育、医疗等公共服务水平，推动建设安全健康、设施完善、管理有序的完整居住社区。

坚持因地制宜，做到精准施策。科学确定改造目标，既尽力而为又量力而行，不搞“一刀切”、不层层下指标；合理制定改造方案，体现小区特点，杜绝政绩工程、形象工程。

坚持居民自愿，调动各方参与。广泛开展“美好环境与幸福生活共同缔造”活动，激发居民参与改造的主动性、积极性，充分调动小区关联单位和社会力量支持、参与改造，实现决策共谋、发展共建、建设共管、效果共评、成果共享。

坚持保护优先，注重历史传承。兼顾完善功能和传承历史，落实历史建筑保护修缮要求，保护历史文化街区，在改善居住条件、提高环境品质的同时，展现城市特色，延续历史文脉。

坚持建管并重，加强长效管理。以加强基层党建为引领，将社区治理能力建设融入改造过程，促进小区治理模式创新，推动社会治理和服务重心向基层下移，完善小区长效管理机制。

（三）工作目标。2020 年新开工改造城镇老旧小区 3.9 万个，涉及居民近 700 万户；到 2022 年，基本形成城镇老旧小区改造制度框架、政策体系和工作机制；到“十四五”期末，结合各地实际，力争基本完成 2000 年底前建成的需改造城镇老旧小区改造任务。

二、明确改造任务

（一）明确改造对象范围。城镇老旧小区是指城市或县城（城关镇）建成年代较早、失养失修失管、市政配套设施不完善、社区服务设施不健全、居民改造意愿强烈的住宅小区（含单栋住宅楼）。各地要结合实际，合理界定本地区改造对象范围，重点改造 2000 年底前建成的老旧小区。

（二）合理确定改造内容。城镇老旧小区改造内容可分为基础类、完善类、提升类 3 类。

1. 基础类。为满足居民安全需要和基本生活需求的内容，主要是市政配套基础设施改造提升以及小区内建筑物屋面、外墙、楼梯等公共部位维修等。其中，改造提升市政配套基础设施包括改造提升小区内部及与小区联系的供水、排水、供电、弱电、道路、供气、供热、消防、安防、生活垃圾分类、移动通信等基础设施，以及光纤入户、架空线规整（入地）等。

2. 完善类。为满足居民生活便利需要和改善型生活需求的内容，主要是环境及配套设施改造建设、小区内建筑节能改造、有条件的楼栋加装电梯等。其中，改造建设环境及配套设施包括拆除违法建设，整治小区及周边绿化、照明等环境，改造或建设小区及周边适老设施、无障碍设施、停车库（场）、电动自行车及汽车充电设施、智能快件箱、智能信包箱、文化休闲设施、体育健身设施、物业用房等配套设施。

3. 提升类。为丰富社区服务供给、提升居民生活品质、立足小区及周边实际条件积极推进的内容，主要是公共服务设施配套建设及其智慧化改造，包括改造或建设小区及周边的社区综合服务设施、卫生服务站等公共卫生设施、幼儿园等教育设施、周界防护等智能感知设施，以及养老、托育、助餐、家政保洁、便民市场、便利店、邮政快递末端综合服务站等社区专项服务设施。

各地可因地制宜确定改造内容清单、标准和支持政策。

（三）编制专项改造规划和计划。各地要进一步摸清既有城镇老旧小区底数，建立项目储备库。区分轻重缓急，切实评估财政承受能力，科学编制城镇老旧小区改造规划和年度改造计划，不得盲目举债铺摊子。建立激励机制，优先对居民改造意愿强、参与积极性高的小区（包括移交政府安置的军队离退休干部住宅小区）实施改造。养老、文化、教育、卫生、托育、体育、邮政快递、社会治安等有关方面涉及城镇老旧小区的各类设施增设或改造计划，以及电力、通信、供水、排水、供气、供热等专业经营单位的相关管线改造计划，应主动与城镇老旧小区改造规划和计划有效对接，同步推进实施。国有企事业单位、军队所属城镇老旧小区按属地原则纳入地方改造规划和计划统一组织实施。

三、建立健全组织实施机制

（一）建立统筹协调机制。各地要建立健全政府统筹、条块协作、各部门齐抓共管的专门工作机制，明确各有关部门、单位和街道（镇）、社区职责分工，制定工作规则、责任清单和议事规程，形成工作合力，共同破解难题，统筹推进城镇老旧小区改造工作。

（二）健全动员居民参与机制。城镇老旧小区改造要与加强基层党组织建设、居民自治机制建设、社区服务体系建设有机结合。建立和完善党建引领城市基层治理机制，充分发挥社区党组织的领导作用，统筹协调社区居民委员会、业主委员会、产权单位、物业服务企业等共同推进改造。搭建沟通议事平台，利用“互联网＋共建共治共享”等线上线下手段，开展小区党组织引领的多种形式基层协商，主动了解居民诉求，促进居民形成共识，发动居民积极参与改造方案制定、配合施工、参与监督和后续管理、评价和反馈小区改造效果等。组织引导社区内机关、企事业单位积极参与改造。

（三）建立改造项目推进机制。区县人民政府要明确项目实施主体，健全项目管理机制，推进项目有序实施。积极推动设计师、工程师进社区，辅导居民有效参与改造。为专业经营单位的工程实施提供支持便利，禁止收取不合理费用。鼓励选用经济适用、绿色环保的技术、工艺、材料、产品。改造项目涉及历史文化街区、历史建筑的，应严格落实相关保护修缮要求。落实施工安全和工程质量责任，组织做好工程验收移交，杜绝安全隐患。充分发挥社会监督作用，畅通投诉举报渠道。结合城镇老旧小区改造，同步开展绿色社区创建。

（四）完善小区长效管理机制。结合改造工作同步建立健全基层党组织领导，社区居民委员会配合，业主委员会、物业服务企业等参与的联席会议机制，引导居民协商确定改造后小区的管理模式、管理规约及业主议事规则，共同维护改造成果。建立健全城镇老旧小区住宅专项维修资金归集、使用、续筹机制，促进小区改造后维护更新进入良性轨道。

四、建立改造资金政府与居民、社会力量合理共担机制

（一）合理落实居民出资责任。按照谁受益、谁出资原则，积极推动居民出资参与改造，可通过直接出资、使用（补建、续筹）住宅专项维修资金、让渡小区公共收益等方式落实。研究住宅专项维修资金用于城镇老旧小区改造的办法。支持小区居民提取住房公积金，用于加装电梯等自住住房改造。鼓励居民通过捐资捐物、投工投劳等支持改造。鼓励有需要的居民结合小区改造进行户内改造或装饰装修、家电更新。

（二）加大政府支持力度。将城镇老旧小区改造纳入保障性安居工程，中央给予资金补助，按照“保基本”的原则，重点支持基础类改造内容。中央财政资金重点支持改造2000年底前建成的老旧小区，可以适当支持2000年后建成的老旧小区，但需要限定年限和比例。省级人民政府要相应做好资金支持。市县人民政府对城镇老旧小区改造给予资金支持，可以纳入国有住房出售收入存量资金使用范围；要统筹涉及住宅小区的各类资金用于城镇老旧小区改造，提高资金使用效率。支持各地通过发行地方政府专项债券筹措改造资金。

（三）持续提升金融服务力度和质效。支持城镇老旧小区改造规模化实施运营主体采取市场化方式，运用公司信用类债券、项目收益票据等进行债券融资，但不得承担政府融资职能，杜绝新增地方政府隐性债务。国家开发银行、农业发展银行结合各自职能定位和业务范围，按照市场化、法治化原则，依法合规加大对城镇老旧小区改造的信贷支持力度。商业银行加大产品和服务创新力度，在风险可控、商业可持续前提下，依法合规对实施城镇老旧小区改造的企业和项目提供信贷支持。

（四）推动社会力量参与。鼓励原产权单位对已移交地方的原职工住宅小区改造给予资金等支持。公房产权单位应出资参与改造。引导专业经营单位履行

社会责任,出资参与小区改造中相关管线设施设备的改造提升;改造后专营设施设备的产权可依照法定程序移交给专业经营单位,由其负责后续维护管理。通过政府采购、新增设施有偿使用、落实资产权益等方式,吸引各类专业机构等社会力量投资参与各类需改造设施的设计、改造、运营。支持规范各类企业以政府和社会资本合作模式参与改造。支持以"平台 + 创业单元"方式发展养老、托育、家政等社区服务新业态。

(五)落实税费减免政策。专业经营单位参与政府统一组织的城镇老旧小区改造,对其取得所有权的设施设备等配套资产改造所发生的费用,可以作为该设施设备的计税基础,按规定计提折旧并在企业所得税前扣除;所发生的维护管理费用,可按规定计入企业当期费用税前扣除。在城镇老旧小区改造中,为社区提供养老、托育、家政等服务的机构,提供养老、托育、家政服务取得的收入免征增值税,并减按 90% 计入所得税应纳税所得额;用于提供社区养老、托育、家政服务的房产、土地,可按现行规定免征契税、房产税、城镇土地使用税和城市基础设施配套费、不动产登记费等。

五、完善配套政策

(一)加快改造项目审批。各地要结合审批制度改革,精简城镇老旧小区改造工程审批事项和环节,构建快速审批流程,积极推行网上审批,提高项目审批效率。可由市县人民政府组织有关部门联合审查改造方案,认可后由相关部门直接办理立项、用地、规划审批。不涉及土地权属变化的项目,可用已有用地手续等材料作为土地证明文件,无需再办理用地手续。探索将工程建设许可和施工许可合并为一个阶段,简化相关审批手续。不涉及建筑主体结构变动的低风险项目,实行项目建设单位告知承诺制的,可不进行施工图审查。鼓励相关各方进行联合验收。

(二)完善适应改造需要的标准体系。各地要抓紧制定本地区城镇老旧小区改造技术规范,明确智能安防建设要求,鼓励综合运用物防、技防、人防等措施满足安全需要。及时推广应用新技术、新产品、新方法。因改造利用公共空间新建、改建各类设施涉及影响日照间距、占用绿化空间的,可在广泛征求居民意见基础上一事一议予以解决。

(三)建立存量资源整合利用机制。各地要合理拓展改造实施单元,推进相邻小区及周边地区联动改造,加强服务设施、公共空间共建共享。加强既有用地集约混合利用，在不违反规划且征得居民等同意的前提下，允许利用小区及周边存量土地建设各类环境及配套设施和公共服务设施。其中，对利用小区内空地、荒地、绿地及拆除违法建设腾空土地等加装电梯和建设各类设施的，可不增收土地价款。整合社区服务投入和资源，通过统筹利用公有住房、社区居民委员会办公用房和社区综合服务设施、闲置锅炉房等存量房屋资源，增设各类服务设施，有条件的地方可通过租赁住宅楼底层商业用房等其他符合条件的房屋发展社区服务。

（四）明确土地支持政策。城镇老旧小区改造涉及利用闲置用房等存量房屋建设各类公共服务设施的，可在一定年期内暂不办理变更用地主体和土地使用性质的手续。增设服务设施需要办理不动产登记的，不动产登记机构应依法积极予以办理。

六、强化组织保障

（一）明确部门职责。住房城乡建设部要切实担负城镇老旧小区改造工作的组织协调和督促指导责任。各有关部门要加强政策协调、工作衔接、调研督导，及时发现新情况新问题，完善相关政策措施。研究对城镇老旧小区改造工作成效显著的地区给予有关激励政策。

（二）落实地方责任。省级人民政府对本地区城镇老旧小区改造工作负总责，要加强统筹指导，明确市县人民政府责任，确保工作有序推进。市县人民政府要落实主体责任，主要负责同志亲自抓，把推进城镇老旧小区改造摆上重要议事日程，以人民群众满意度和受益程度、改造质量和财政资金使用效率为衡量标准，调动各方面资源抓好组织实施，健全工作机制，落实好各项配套支持政策。

（三）做好宣传引导。加大对优秀项目、典型案例的宣传力度，提高社会各界对城镇老旧小区改造的认识，着力引导群众转变观念，变“要我改”为“我要改”，形成社会各界支持、群众积极参与的浓厚氛围。要准确解读城镇老旧小区改造政策措施，及时回应社会关切。

财政部　国土资源部　建设部《已购公有住房和经济适用住房上市出售土地出让金和收益分配管理的若干规定》

（1999年7月15日　财综字〔1999〕113号）

为了深化城镇住房制度改革，培育和发展住房二级市场，规范已购公有住房和经济适用住房上市出售的收益分配和管理，根据《中华人民共和国城市房地产管理法》和《国务院关于深化城镇住房制度改革加快住房建设的通知》的有关规定，现对已购公有住房和经济适用住房上市出售土地出让金和收益分配管理问题规定如下：

一、职工个人购买的经济适用住房和按成本价购买的公有住房，房屋产权归职工个人所有。

二、已购公有住房和经济适用住房上市出售时，由购房者按规定缴纳土地出让金或相当于土地出让金的价款。缴纳标准按不低于所购买的已购公有住房或经济适用住房坐落位置的标定地价的10%确定。

购房者缴纳土地出让金或相当于土地出让金的价款后，按出让土地使用权的商品住宅办理产权登记。

三、职工个人上市出售已购公有住房取得的价款，扣除住房面积标准的经济适用住房价款和原支付超过住房面积标准的房价款以及有关税费后的净收益，按规定缴纳所得收益。其中，住房面积标准内的净收益按超额累进比例或一定比例缴纳；超过住房面积标准的净收益全额缴纳。

职工个人上市出售已购经济适用住房，原则上不再缴纳所得收益。

四、土地出让金按规定全额上交财政；相当于土地出让金的价款和所得收益，已购公有住房产权属行政机关的，全额上交财政；属事业单位的，50%上交财政，50%返还事业单位；属企业的，全额返还企业。

五、上交财政的相当于土地出让金的价款和所得收益，按已购公有住房原产权单位的财务隶属关系和财政体制，分别上交中央财政和地方财政，专项用于住房补贴;返还给企业和事业单位的相当于土地出让金的价款和所得收益,分别纳入企业和单位住房基金管理,专项用于住房补贴。

六、土地出让金、相当于土地出让金的价款和所得收益缴纳和返还的具体办法,由各地财政部门会同土地行政管理部门和房产行政主管部门制定。

七、本规定由财政部商国土资源部、建设部负责解释。

八、本规定自发布之日起执行。各地区、各部门有关文件与本规定有抵触的,一律以本规定为准。

国土资源部关于已购公有住房和经济适用住房上市出售中有关土地问题的通知

（1999 年 9 月 22 日　国土资用发〔1999〕31 号）

各省、自治区、直辖市及计划单列市土地（国土）管理局（厅），解放军土地管理局，新疆生产建设兵团土地管理局：

财政部、国土资源部、建设部《关于已购公有住房和经济适用住房上市出售补交土地出让金和收益分配管理的若干规定》（财综字〔1999〕113 号）下发后，各地纷纷对与该文有关的土地管理问题提出咨询。为加快工作进程，规范操作，现就有关问题通知如下：

一、关于标定地价与缴纳土地出让金额的测算

（一）已购公有住房和经济适用住房上市出售补交土地出让金或相当于土地出让金价款的计算公式为：

补交土地价款（元）= 标定地价（元/平方米）× 缴纳比例（≥10%）× 上市房屋分摊土地面积（平方米）× 年期修正系数

已有标定地价的城镇，不再另行评估；上市房屋尚未确定分摊土地面积的，可用上市房屋建筑面积（平方米）× 整幢建筑总用地面积（平方米）/ 整幢建筑总建筑面积（平方米）计算分摊土地面积后，直接按上述公式确定应缴纳的土地出让金或相当于土地出让金价款。已有基准地价但未评估标定地价的城镇，可在简化修正系数体系后，采用基准地价系数修正法测算标定地价，测算公式为：

标定地价（元/平方米）= 基准地价（元/平方米）× 区位修正系数 × 容积率修正系数

（二）为满足已购公有住房和经济适用住房上市需要，加快工作进度，对没有基准地价修正系数体系的城镇，可暂采用以下简便方法确定已购公有住房和经济适用住房上市出售补交土地出让金或相当于土地出让金价款：

注：该文件未列入《国土资源部关于公布继续有效的规范性文件目录的公告》（2011 年第 5 号），但未明文废止。

补交土地价款(元)=其准地价(元/平方米)×所在建筑总层数修正系数×缴纳比例(≥10%)×上市房屋建筑面积(平方米)×年期修正系数

对于建筑层数差异较小的城市,为便于土地出让金及相应价款的征收,也可采用如下公式确定:

补交土地价款(元)=基准地价(元/平方米)×所在区域建筑平均层数修正系数×缴纳比例(≥10%)×上市房屋建筑面积(平方米)×年期修正系数

上述公式中,区位修正系数由各地依据房屋所处的位置、交通便捷程度、基本生活设施和公用服务设施状况、环境质量等因素,对照基准地价因素修正体系具体确定,变动范围一般为-20%至+20%;容积率修正系数根据基准地价修正系数体系确定;建筑总层数修正系数的参考标准见附表一;区域建筑平均层数修正系数的参考标准见附表二;年期修正系数的参考标准见附表三。

各地土地行政主管部门应当以简明、直观的图、表等方式按等级或区域公布基准地价、标定地价的测算结果及有关修正系数,以方便房屋买卖双方能自行概算应缴纳的土地出让金数额或相当于土地出让金价款。有条件的地方,可建立计算机查询系统。

二、关于土地使用权出让年期的确定

已购公有住房和经济适用住房所在宗地为划拨土地的,从同一建筑的第一套房屋上市交易之日起计算土地出让年期,确定出让土地使用权截止日。此后其他各套房屋上市时,其土地出让年期相应缩短,以使同一宗地的出让土地使用权保持相同的截止日。土地出让年期可根据各地具体情况确定,但最高不超过70年。

已购公有住房所在宗地为出让土地的,其土地出让年期仍以原《国有土地使用权出让合同》和《国有土地使用证》规定的出让年期为准,明确相应的剩余使用年期。

三、关于土地出让金和相当于土地出让金价款的区分

土地出让金或相当于土地出让金价款由购买方缴纳,购买方应在交易双方签订房屋买卖合同后,持房屋买卖合同、原房屋产权人的房屋所有权证及国有土地使用证或土地产权证明等材料到房屋所在地市、县土地行政主管部门办理有关手续。已购公有住房和经济适用住房所在宗地为划拨土地的,需缴纳出让金,办理土地出让手续;已购公有住房所在宗地为出让土地的,需缴纳相当于土地出让金的价款,办理土地转让手续。购房者在缴纳了有关价款后,方可领取国有土地使用证,取得出让土地使用权。

四、关于土地出让合同签订

为完善土地使用权出让手续，降低成本，简化操作程序，已购公有住房和经济适用住房所在宗地为划拨土地的，只在同一建筑内第一套房屋上市交易时，购买方与土地行政主管部门签订土地使用权出让合同，确定土地的有关权益和土地权益人的权利义务后，其他各套房屋上市交易时，只履行相应手续，不必再重复签订合同。具体可按如下方式办理：

同一建筑的第一套房屋上市交易时，土地行政主管部门应拟订上市房屋所在宗地的《国有土地使用权出让合同》，载明宗地位置、面积、建筑面积、土地用途、土地出让截止日期及土地使用者的权利、义务等，并在《国有土地使用权出让金缴纳通知单》（以下简称通知单）中载明住户姓名、交易日期、房屋面积、分摊的土地面积和权益、土地出让金额等，注明其权利义务源于该宗地的《国有土地使用权出让合同》。第一套房屋的购买方与土地行政主管部门签订出让合同后，其他各套房屋上市交易时，购买方签收了土地行政主管部门签发的《通知单》，并缴清了土地出让金后，即可视为认定了该宗地的《国有土地使用权出让合同》，注明其权利义务的《通知单》即可作为购买方取得出让土地使用权的权源文件。购买方领取国有土地使用证后，取得出让土地使用权。

附表一

建筑总层数修正系数参考标准

建筑总层数	1	2	3	4	5	6	7	8	9	10	11	12	12 以上
修正系数	1	0.75	0.61	0.55	0.50	0.46	0.42	0.39	0.36	0.34	0.32	0.31	0.30

附表二

区域建筑平均层数修正系数参考标准

区域建筑平均层数	1	1.25	1.50	1.75	2	2.25	2.50	2.75	3	4	5	6	7	8	9	10
修正系数	1	0.94	0.88	0.82	0.77	0.74	0.71	0.69	0.67	0.61	0.57	0.54	0.51	0.49	0.48	0.46

附表三

年期修正系数的参考标准

出让年期	70~66	65~61	60~56	55~51	50~46	45~41	40~36	35~31	30~26	25~21	20 以下
修正系数	1.00	0.95	0.90	0.85	0.80	0.75	0.70	0.65	0.60	0.55	0.50

物业管理条例

（2003年6月8日国务院令第379号发布 根据2007年8月26日国务院令第504号《关于修改〈物业管理条例〉的决定》第一次修订 根据2016年2月6日国务院令第666号《关于修改部分行政法规的决定》第二次修订 根据2018年3月19日国务院令第698号《关于修改和废止部分行政法规的决定》第三次修订 修订后自公布之日起施行）

第一章 总 则

第一条 为了规范物业管理活动，维护业主和物业服务企业的合法权益，改善人民群众的生活和工作环境，制定本条例。

第二条 本条例所称物业管理，是指业主通过选聘物业服务企业，由业主和物业服务企业按照物业服务合同约定，对房屋及配套的设施设备和相关场地进行维修、养护、管理，维护物业管理区域内的环境卫生和相关秩序的活动。

第三条 国家提倡业主通过公开、公平、公正的市场竞争机制选择物业服务企业。

第四条 国家鼓励采用新技术、新方法，依靠科技进步提高物业管理和服务水平。

第五条 国务院建设行政主管部门负责全国物业管理活动的监督管理工作。

县级以上地方人民政府房地产行政主管部门负责本行政区域内物业管理活动的监督管理工作。

第二章 业主及业主大会

第六条 房屋的所有权人为业主。

业主在物业管理活动中，享有下列权利：

（一）按照物业服务合同的约定，接受物业服务企业提供的服务；

（二）提议召开业主大会会议，并就物业管理的有关事项提出建议；

（三）提出制定和修改管理规约、业主大会议事规则的建议；

（四）参加业主大会会议，行使投票权；

（五）选举业主委员会成员，并享有被选举权；

（六）监督业主委员会的工作；

（七）监督物业服务企业履行物业服务合同；

（八）对物业共用部位、共用设施设备和相关场地使用情况享有知情权和监督权；

（九）监督物业共用部位、共用设施设备专项维修资金（以下简称专项维修资金）的管理和使用；

（十）法律、法规规定的其他权利。

第七条 业主在物业管理活动中，履行下列义务：

（一）遵守管理规约、业主大会议事规则；

（二）遵守物业管理区域内物业共用部位和共用设施设备的使用、公共秩序和环境卫生的维护等方面的规章制度；

（三）执行业主大会的决定和业主大会授权业主委员会作出的决定；

（四）按照国家有关规定交纳专项维修资金；

（五）按时交纳物业服务费用；

（六）法律、法规规定的其他义务。

第八条 物业管理区域内全体业主组成业主大会。

业主大会应当代表和维护物业管理区域内全体业主在物业管理活动中的合法权益。

第九条 一个物业管理区域成立一个业主大会。

物业管理区域的划分应当考虑物业的共用设施设备、建筑物规模、社区建设等因素。具体办法由省、自治区、直辖市制定。

第十条 同一个物业管理区域内的业主，应当在物业所在地的区、县人民政府房地产行政主管部门或者街道办事处、乡镇人民政府的指导下成立业主大会，并选举产生业主委员会。但是，只有一个业主的，或者业主人数较少且经全体业主一致同意，决定不成立业主大会的，由业主共同履行业主大会、业主委员会职责。

第十一条 下列事项由业主共同决定：

（一）制定和修改业主大会议事规则；

（二）制定和修改管理规约；

（三）选举业主委员会或者更换业主委员会成员；

（四）选聘和解聘物业服务企业；

（五）筹集和使用专项维修资金；

（六）改建、重建建筑物及其附属设施；

（七）有关共有和共同管理权利的其他重大事项。

第十二条　业主大会会议可以采用集体讨论的形式，也可以采用书面征求意见的形式；但是，应当有物业管理区域内专有部分占建筑物总面积过半数的业主且占总人数过半数的业主参加。

业主可以委托代理人参加业主大会会议。

业主大会决定本条例第十一条第（五）项和第（六）项规定的事项，应当经专有部分占建筑物总面积 2/3 以上的业主且占总人数 2/3 以上的业主同意；决定本条例第十一条规定的其他事项，应当经专有部分占建筑物总面积过半数的业主且占总人数过半数的业主同意。

业主大会或者业主委员会的决定，对业主具有约束力。

业主大会或者业主委员会作出的决定侵害业主合法权益的，受侵害的业主可以请求人民法院予以撤销。

第十三条　业主大会会议分为定期会议和临时会议。

业主大会定期会议应当按照业主大会议事规则的规定召开。经 20% 以上的业主提议，业主委员会应当组织召开业主大会临时会议。

第十四条　召开业主大会会议，应当于会议召开 15 日以前通知全体业主。

住宅小区的业主大会会议，应当同时告知相关的居民委员会。

业主委员会应当做好业主大会会议记录。

第十五条　业主委员会执行业主大会的决定事项，履行下列职责：

（一）召集业主大会会议，报告物业管理的实施情况；

（二）代表业主与业主大会选聘的物业服务企业签订物业服务合同；

（三）及时了解业主、物业使用人的意见和建议，监督和协助物业服务企业履行物业服务合同；

（四）监督管理规约的实施；

（五）业主大会赋予的其他职责。

第十六条　业主委员会应当自选举产生之日起 30 日内，向物业所在地的区、县人民政府房地产行政主管部门和街道办事处、乡镇人民政府备案。

业主委员会委员应当由热心公益事业、责任心强、具有一定组织能力的业主担任。

业主委员会主任、副主任在业主委员会成员中推选产生。

第十七条 管理规约应当对有关物业的使用、维护、管理，业主的共同利益，业主应当履行的义务，违反管理规约应当承担的责任等事项依法作出约定。

管理规约应当尊重社会公德，不得违反法律、法规或者损害社会公共利益。

管理规约对全体业主具有约束力。

第十八条 业主大会议事规则应当就业主大会的议事方式、表决程序、业主委员会的组成和成员任期等事项作出约定。

第十九条 业主大会、业主委员会应当依法履行职责，不得作出与物业管理无关的决定，不得从事与物业管理无关的活动。

业主大会、业主委员会作出的决定违反法律、法规的，物业所在地的区、县人民政府房地产行政主管部门或者街道办事处、乡镇人民政府，应当责令限期改正或者撤销其决定，并通告全体业主。

第二十条 业主大会、业主委员会应当配合公安机关，与居民委员会相互协作，共同做好维护物业管理区域内的社会治安等相关工作。

在物业管理区域内，业主大会、业主委员会应当积极配合相关居民委员会依法履行自治管理职责，支持居民委员会开展工作，并接受其指导和监督。

住宅小区的业主大会、业主委员会作出的决定，应当告知相关的居民委员会，并认真听取居民委员会的建议。

第三章 前期物业管理

第二十一条 在业主、业主大会选聘物业服务企业之前，建设单位选聘物业服务企业的，应当签订书面的前期物业服务合同。

第二十二条 建设单位应当在销售物业之前，制定临时管理规约，对有关物业的使用、维护、管理，业主的共同利益，业主应当履行的义务，违反临时管理规约应当承担的责任等事项依法作出约定。

建设单位制定的临时管理规约，不得侵害物业买受人的合法权益。

第二十三条 建设单位应当在物业销售前将临时管理规约向物业买受人明示，并予以说明。

物业买受人在与建设单位签订物业买卖合同时，应当对遵守临时管理规约予以书面承诺。

第二十四条 国家提倡建设单位按照房地产开发与物业管理相分离的原则，

通过招投标的方式选聘物业服务企业。

住宅物业的建设单位，应当通过招投标的方式选聘物业服务企业；投标人少于 3 个或者住宅规模较小的，经物业所在地的区、县人民政府房地产行政主管部门批准，可以采用协议方式选聘物业服务企业。

第二十五条　建设单位与物业买受人签订的买卖合同应当包含前期物业服务合同约定的内容。

第二十六条　前期物业服务合同可以约定期限；但是，期限未满、业主委员会与物业服务企业签订的物业服务合同生效的，前期物业服务合同终止。

第二十七条　业主依法享有的物业共用部位、共用设施设备的所有权或者使用权，建设单位不得擅自处分。

第二十八条　物业服务企业承接物业时，应当对物业共用部位、共用设施设备进行查验。

第二十九条　在办理物业承接验收手续时，建设单位应当向物业服务企业移交下列资料：

（一）竣工总平面图，单体建筑、结构、设备竣工图，配套设施、地下管网工程竣工图等竣工验收资料；

（二）设施设备的安装、使用和维护保养等技术资料；

（三）物业质量保修文件和物业使用说明文件；

（四）物业管理所必需的其他资料。

物业服务企业应当在前期物业服务合同终止时将上述资料移交给业主委员会。

第三十条　建设单位应当按照规定在物业管理区域内配置必要的物业管理用房。

第三十一条　建设单位应当按照国家规定的保修期限和保修范围，承担物业的保修责任。

第四章　物业管理服务

第三十二条　从事物业管理活动的企业应当具有独立的法人资格。

国务院建设行政主管部门应当会同有关部门建立守信联合激励和失信联合惩戒机制，加强行业诚信管理。

第三十三条　一个物业管理区域由一个物业服务企业实施物业管理。

第三十四条 业主委员会应当与业主大会选聘的物业服务企业订立书面的物业服务合同。

物业服务合同应当对物业管理事项、服务质量、服务费用、双方的权利义务、专项维修资金的管理与使用、物业管理用房、合同期限、违约责任等内容进行约定。

第三十五条 物业服务企业应当按照物业服务合同的约定,提供相应的服务。

物业服务企业未能履行物业服务合同的约定,导致业主人身、财产安全受到损害的,应当依法承担相应的法律责任。

第三十六条 物业服务企业承接物业时,应当与业主委员会办理物业验收手续。

业主委员会应当向物业服务企业移交本条例第二十九条第一款规定的资料。

第三十七条 物业管理用房的所有权依法属于业主。未经业主大会同意,物业服务企业不得改变物业管理用房的用途。

第三十八条 物业服务合同终止时,物业服务企业应当将物业管理用房和本条例第二十九条第一款规定的资料交还给业主委员会。

物业服务合同终止时,业主大会选聘了新的物业服务企业的,物业服务企业之间应当做好交接工作。

第三十九条 物业服务企业可以将物业管理区域内的专项服务业务委托给专业性服务企业,但不得将该区域内的全部物业管理一并委托给他人。

第四十条 物业服务收费应当遵循合理、公开以及费用与服务水平相适应的原则,区别不同物业的性质和特点,由业主和物业服务企业按照国务院价格主管部门会同国务院建设行政主管部门制定的物业服务收费办法,在物业服务合同中约定。

第四十一条 业主应当根据物业服务合同的约定交纳物业服务费用。业主与物业使用人约定由物业使用人交纳物业服务费用的,从其约定,业主负连带交纳责任。

已竣工但尚未出售或者尚未交给物业买受人的物业,物业服务费用由建设单位交纳。

第四十二条 县级以上人民政府价格主管部门会同同级房地产行政主管部门,应当加强对物业服务收费的监督。

第四十三条 物业服务企业可以根据业主的委托提供物业服务合同约定以外的服务项目，服务报酬由双方约定。

第四十四条 物业管理区域内，供水、供电、供气、供热、通信、有线电视等单位应当向最终用户收取有关费用。

物业服务企业接受委托代收前款费用的，不得向业主收取手续费等额外费用。

第四十五条 对物业管理区域内违反有关治安、环保、物业装饰装修和使用等方面法律、法规规定的行为，物业服务企业应当制止，并及时向有关行政管理部门报告。

有关行政管理部门在接到物业服务企业的报告后，应当依法对违法行为予以制止或者依法处理。

第四十六条 物业服务企业应当协助做好物业管理区域内的安全防范工作。发生安全事故时，物业服务企业在采取应急措施的同时，应当及时向有关行政管理部门报告，协助做好救助工作。

物业服务企业雇请保安人员的，应当遵守国家有关规定。保安人员在维护物业管理区域内的公共秩序时，应当履行职责，不得侵害公民的合法权益。

第四十七条 物业使用人在物业管理活动中的权利义务由业主和物业使用人约定，但不得违反法律、法规和管理规约的有关规定。

物业使用人违反本条例和管理规约的规定，有关业主应当承担连带责任。

第四十八条 县级以上地方人民政府房地产行政主管部门应当及时处理业主、业主委员会、物业使用人和物业服务企业在物业管理活动中的投诉。

第五章 物业的使用与维护

第四十九条 物业管理区域内按照规划建设的公共建筑和共用设施，不得改变用途。

业主依法确需改变公共建筑和共用设施用途的，应当在依法办理有关手续后告知物业服务企业；物业服务企业确需改变公共建筑和共用设施用途的，应当提请业主大会讨论决定同意后，由业主依法办理有关手续。

第五十条 业主、物业服务企业不得擅自占用、挖掘物业管理区域内的道路、场地，损害业主的共同利益。

因维修物业或者公共利益，业主确需临时占用、挖掘道路、场地的，应当征得业主委员会和物业服务企业的同意；物业服务企业确需临时占用、挖掘道路、场地的，应当征得业主委员会的同意。

业主、物业服务企业应当将临时占用、挖掘的道路、场地，在约定期限内恢复原状。

第五十一条 供水、供电、供气、供热、通信、有线电视等单位，应当依法承担物业管理区域内相关管线和设施设备维修、养护的责任。

前款规定的单位因维修、养护等需要，临时占用、挖掘道路、场地的，应当及时恢复原状。

第五十二条 业主需要装饰装修房屋的，应当事先告知物业服务企业。

物业服务企业应当将房屋装饰装修中的禁止行为和注意事项告知业主。

第五十三条 住宅物业、住宅小区内的非住宅物业或者与单幢住宅楼结构相连的非住宅物业的业主，应当按照国家有关规定交纳专项维修资金。

专项维修资金属于业主所有，专项用于物业保修期满后物业共用部位、共用设施设备的维修和更新、改造，不得挪作他用。

专项维修资金收取、使用、管理的办法由国务院建设行政主管部门会同国务院财政部门制定。

第五十四条 利用物业共用部位、共用设施设备进行经营的，应当在征得相关业主、业主大会、物业服务企业的同意后，按照规定办理有关手续。业主所得收益应当主要用于补充专项维修资金，也可以按照业主大会的决定使用。

第五十五条 物业存在安全隐患，危及公共利益及他人合法权益时，责任人应当及时维修养护，有关业主应当给予配合。

责任人不履行维修养护义务的，经业主大会同意，可以由物业服务企业维修养护，费用由责任人承担。

第六章 法律责任

第五十六条 违反本条例的规定，住宅物业的建设单位未通过招投标的方式选聘物业服务企业或者未经批准，擅自采用协议方式选聘物业服务企业的，由县级以上地方人民政府房地产行政主管部门责令限期改正，给予警告，可以并处10万元以下的罚款。

第五十七条 违反本条例的规定，建设单位擅自处分属于业主的物业共用部位、共用设施设备的所有权或者使用权的，由县级以上地方人民政府房地产行政主管部门处 5 万元以上 20 万元以下的罚款;给业主造成损失的,依法承担赔偿责任。

第五十八条 违反本条例的规定,不移交有关资料的,由县级以上地方人民政府房地产行政主管部门责令限期改正;逾期仍不移交有关资料的,对建设单位、物业服务企业予以通报,处 1 万元以上 10 万元以下的罚款。

第五十九条 违反本条例的规定,物业服务企业将一个物业管理区域内的全部物业管理一并委托给他人的,由县级以上地方人民政府房地产行政主管部门责令限期改正,处委托合同价款 30% 以上 50% 以下的罚款。委托所得收益,用于物业管理区域内物业共用部位、共用设施设备的维修、养护,剩余部分按照业主大会的决定使用;给业主造成损失的,依法承担赔偿责任。

第六十条 违反本条例的规定,挪用专项维修资金的,由县级以上地方人民政府房地产行政主管部门追回挪用的专项维修资金,给予警告,没收违法所得,可以并处挪用数额 2 倍以下的罚款;构成犯罪的,依法追究直接负责的主管人员和其他直接责任人员的刑事责任。

第六十一条 违反本条例的规定,建设单位在物业管理区域内不按照规定配置必要的物业管理用房的,由县级以上地方人民政府房地产行政主管部门责令限期改正,给予警告,没收违法所得,并处 10 万元以上 50 万元以下的罚款。

第六十二条 违反本条例的规定,未经业主大会同意,物业服务企业擅自改变物业管理用房的用途的,由县级以上地方人民政府房地产行政主管部门责令限期改正,给予警告,并处 1 万元以上 10 万元以下的罚款;有收益的,所得收益用于物业管理区域内物业共用部位、共用设施设备的维修、养护,剩余部分按照业主大会的决定使用。

第六十三条 违反本条例的规定,有下列行为之一的,由县级以上地方人民政府房地产行政主管部门责令限期改正,给予警告,并按照本条第二款的规定处以罚款;所得收益,用于物业管理区域内物业共用部位、共用设施设备的维修、养护,剩余部分按照业主大会的决定使用:

(一)擅自改变物业管理区域内按照规划建设的公共建筑和共用设施用途的;

(二)擅自占用、挖掘物业管理区域内道路、场地,损害业主共同利益的;

(三)擅自利用物业共用部位、共用设施设备进行经营的。

个人有前款规定行为之一的,处 1000 元以上 1 万元以下的罚款;单位有前款规定行为之一的，处 5 万元以上 20 万元以下的罚款。

第六十四条 违反物业服务合同约定，业主逾期不交纳物业服务费用的，业主委员会应当督促其限期交纳；逾期仍不交纳的，物业服务企业可以向人民法院起诉。

第六十五条 业主以业主大会或者业主委员会的名义，从事违反法律、法规的活动，构成犯罪的，依法追究刑事责任；尚不构成犯罪的，依法给予治安管理处罚。

第六十六条 违反本条例的规定，国务院建设行政主管部门、县级以上地方人民政府房地产行政主管部门或者其他有关行政管理部门的工作人员利用职务上的便利，收受他人财物或者其他好处，不依法履行监督管理职责，或者发现违法行为不予查处，构成犯罪的，依法追究刑事责任；尚不构成犯罪的，依法给予行政处分。

第七章 附 则

第六十七条 本条例自 2003 年 9 月 1 日起施行。

建设部办公厅关于对《物业管理条例》有关条款理解适用问题的批复

（2003 年 10 月 17 日　建办法函〔2003〕509 号）

黑龙江省建设厅：

你厅《关于〈物业管理条例〉有关条款解释的请示》（黑建函〔2003〕121 号）收悉。经研究，批复如下：

一、根据我国《立法法》的规定，地方性法规可以作为《物业管理条例》第五十二条规定中“依法承担物业管理区域内相关管线和设施设备的维修、养护责任”的依据。

二、根据《物业管理条例》第五十二条的规定，物业管理区域内相关管线和设施设备的维修、养护责任的划分，法律法规有规定的，依照其规定；法律法规没有规定的，应当通过合同约定来确定；没有合同或者合同没有约定的，由当事人协商解决；如果供水、供电、供气、供热、通讯、有线电视等供应价格已包含了物业管理区域内相关管线和设施设备的维修、养护费用的，物业管理区域内相关管线和设施设备的维修、养护责任由相应的供应单位承担。

此复。

国家发展改革委　建设部《物业服务收费管理办法》

（2003 年 11 月 13 日　发改价格〔2003〕1864 号）

第一条　为规范物业服务收费行为，保障业主和物业管理企业的合法权益，根据《中华人民共和国价格法》和《物业管理条例》，制定本办法。

第二条　本办法所称物业服务收费，是指物业管理企业按照物业服务合同的约定，对房屋及配套的设施设备和相关场地进行维修、养护、管理，维护相关区域内的环境卫生和秩序，向业主所收取的费用。

第三条　国家提倡业主通过公开、公平、公正的市场竞争机制选择物业管理企业；鼓励物业管理企业开展正当的价格竞争，禁止价格欺诈，促进物业服务收费通过市场竞争形成。

第四条　国务院价格主管部门会同国务院建设行政主管部门负责全国物业服务收费的监督管理工作。

县级以上地方人民政府价格主管部门会同同级房地产行政主管部门负责本行政区域内物业服务收费的监督管理工作。

第五条　物业服务收费应当遵循合理、公开以及费用与服务水平相适应的原则。

第六条　物业服务收费应当区分不同物业的性质和特点分别实行政府指导价和市场调节价。具体定价形式由省、自治区、直辖市人民政府价格主管部门会同房地产行政主管部门确定。

第七条　物业服务收费实行政府指导价的，有定价权限的人民政府价格主管部门应当会同房地产行政主管部门根据物业管理服务等级标准等因素，制定相应的基准价及其浮动幅度，并定期公布。具体收费标准由业主与物业管理企业根据规定的基准价和浮动幅度在物业服务合同中约定。

实行市场调节价的物业服务收费，由业主与物业管理企业在物业服务合同中约定。

第八条　物业管理企业应当按照政府价格主管部门的规定实行明码标价，在物业管理区域内的显著位置，将服务内容、服务标准以及收费项目、收费标准等有关情况进行公示。

第九条　业主与物业管理企业可以采取包干制或者酬金制等形式约定物业服务费用。

包干制是指由业主向物业管理企业支付固定物业服务费用，盈余或者亏损均由物业管理企业享有或者承担的物业服务计费方式。

酬金制是指在预收的物业服务资金中按约定比例或者约定数额提取酬金支付给物业管理企业，其余全部用于物业服务合同约定的支出，结余或者不足均由业主享有或者承担的物业服务计费方式。

第十条　建设单位与物业买受人签订的买卖合同，应当约定物业管理服务内容、服务标准、收费标准、计费方式及计费起始时间等内容，涉及物业买受人共同利益的约定应当一致。

第十一条　实行物业服务费用包干制的，物业服务费用的构成包括物业服务成本、法定税费和物业管理企业的利润。

实行物业服务费用酬金制的，预收的物业服务资金包括物业服务支出和物业管理企业的酬金。

物业服务成本或者物业服务支出构成一般包括以下部分：

1. 管理服务人员的工资、社会保险和按规定提取的福利费等；
2. 物业共用部位、共用设施设备的日常运行、维护费用；
3. 物业管理区域清洁卫生费用；
4. 物业管理区域绿化养护费用；
5. 物业管理区域秩序维护费用；
6. 办公费用；
7. 物业管理企业固定资产折旧；
8. 物业共用部位、共用设施设备及公众责任保险费用；
9. 经业主同意的其他费用。

物业共用部位、共用设施设备的大修、中修和更新、改造费用，应当通过专项维修资金予以列支，不得计入物业服务支出或者物业服务成本。

第十二条　实行物业服务费用酬金制的，预收的物业服务支出属于代管性质，为所交纳的业主所有，物业管理企业不得将其用于物业服务合同约定以外的支出。

物业管理企业应当向业主大会或者全体业主公布物业服务资金年度预决算并每年不少于一次公布物业服务资金的收支情况。

业主或者业主大会对公布的物业服务资金年度预决算和物业服务资金的收支情况提出质询时,物业管理企业应当及时答复。

第十三条 物业服务收费采取酬金制方式,物业管理企业或者业主大会可以按照物业服务合同约定聘请专业机构对物业服务资金年度预决算和物业服务资金的收支情况进行审计。

第十四条 物业管理企业在物业服务中应当遵守国家的价格法律法规,严格履行物业服务合同,为业主提供质价相符的服务。

第十五条 业主应当按照物业服务合同的约定按时足额交纳物业服务费用或者物业服务资金。业主违反物业服务合同约定逾期不交纳服务费用或者物业服务资金的,业主委员会应当督促其限期交纳;逾期仍不交纳的,物业管理企业可以依法追缴。

业主与物业使用人约定由物业使用人交纳物业服务费用或者物业服务资金的,从其约定,业主负连带交纳责任。

物业发生产权转移时,业主或者物业使用人应当结清物业服务费用或者物业服务资金。

第十六条 纳入物业管理范围的已竣工但尚未出售,或者因开发建设单位原因未按时交给物业买受人的物业,物业服务费用或者物业服务资金由开发建设单位全额交纳。

第十七条 物业管理区域内,供水、供电、供气、供热、通讯、有线电视等单位应当向最终用户收取有关费用。物业管理企业接受委托代收上述费用的,可向委托单位收取手续费,不得向业主收取手续费等额外费用。

第十八条 利用物业共用部位、共用设施设备进行经营的,应当在征得相关业主、业主大会、物业管理企业的同意后,按照规定办理有关手续。业主所得收益应当主要用于补充专项维修资金,也可以按照业主大会的决定使用。

第十九条 物业管理企业已接受委托实施物业服务并相应收取服务费用的,其他部门和单位不得重复收取性质和内容相同的费用。

第二十条 物业管理企业根据业主的委托提供物业服务合同约定以外的服务,服务收费由双方约定。

第二十一条 政府价格主管部门会同房地产行政主管部门，应当加强对物业管理企业的服务内容、标准和收费项目、标准的监督。物业管理企业违反价格法律、法规和规定，由政府价格主管部门依据《中华人民共和国价格法》和《价格违法行为行政处罚规定》予以处罚。

第二十二条 各省、自治区、直辖市人民政府价格主管部门、房地产行政主管部门可以依据本办法制定具体实施办法，并报国家发展和改革委员会、建设部备案。

第二十三条 本办法由国家发展和改革委员会会同建设部负责解释。

第二十四条 本办法自2004年1月1日起执行，原国家计委、建设部印发的《城市住宅小区物业管理服务收费暂行办法》（计价费〔1996〕266号）同时废止。

第七部分

铁路安全、土地监察与调查

铁路安全管理条例

（2013 年 7 月 24 日国务院令第 639 号发布　自 2014 年 1 月 1 日起施行）

第一章　总　　则

第一条　为了加强铁路安全管理，保障铁路运输安全和畅通，保护人身安全和财产安全，制定本条例。

第二条　铁路安全管理坚持安全第一、预防为主、综合治理的方针。

第三条　国务院铁路行业监督管理部门负责全国铁路安全监督管理工作，国务院铁路行业监督管理部门设立的铁路监督管理机构负责辖区内的铁路安全监督管理工作。国务院铁路行业监督管理部门和铁路监督管理机构统称铁路监管部门。

国务院有关部门依照法律和国务院规定的职责，负责铁路安全管理的有关工作。

第四条　铁路沿线地方各级人民政府和县级以上地方人民政府有关部门应当按照各自职责，加强保障铁路安全的教育，落实护路联防责任制，防范和制止危害铁路安全的行为，协调和处理保障铁路安全的有关事项，做好保障铁路安全的有关工作。

第五条　从事铁路建设、运输、设备制造维修的单位应当加强安全管理，建立健全安全生产管理制度，落实企业安全生产主体责任，设置安全管理机构或者配备安全管理人员，执行保障生产安全和产品质量安全的国家标准、行业标准，加强对从业人员的安全教育培训，保证安全生产所必需的资金投入。

铁路建设、运输、设备制造维修单位的工作人员应当严格执行规章制度，实行标准化作业，保证铁路安全。

第六条　铁路监管部门、铁路运输企业等单位应当按照国家有关规定制定突发事件应急预案，并组织应急演练。

第七条　禁止扰乱铁路建设、运输秩序。禁止损坏或者非法占用铁路设施设备、铁路标志和铁路用地。

任何单位或者个人发现损坏或者非法占用铁路设施设备、铁路标志、铁路用地以及其他影响铁路安全的行为,有权报告铁路运输企业,或者向铁路监管部门、公安机关或者其他有关部门举报。接到报告的铁路运输企业、接到举报的部门应当根据各自职责及时处理。

对维护铁路安全作出突出贡献的单位或者个人,按照国家有关规定给予表彰奖励。

第二章　铁路建设质量安全

第八条　铁路建设工程的勘察、设计、施工、监理以及建设物资、设备的采购,应当依法进行招标。

第九条　从事铁路建设工程勘察、设计、施工、监理活动的单位应当依法取得相应资质,并在其资质等级许可的范围内从事铁路工程建设活动。

第十条　铁路建设单位应当选择具备相应资质等级的勘察、设计、施工、监理单位进行工程建设,并对建设工程的质量安全进行监督检查,制作检查记录留存备查。

第十一条　铁路建设工程的勘察、设计、施工、监理应当遵守法律、行政法规关于建设工程质量和安全管理的规定,执行国家标准、行业标准和技术规范。

铁路建设工程的勘察、设计、施工单位依法对勘察、设计、施工的质量负责,监理单位依法对施工质量承担监理责任。

高速铁路和地质构造复杂的铁路建设工程实行工程地质勘察监理制度。

第十二条　铁路建设工程的安全设施应当与主体工程同时设计、同时施工、同时投入使用。安全设施投资应当纳入建设项目概算。

第十三条　铁路建设工程使用的材料、构件、设备等产品,应当符合有关产品质量的强制性国家标准、行业标准。

第十四条　铁路建设工程的建设工期,应当根据工程地质条件、技术复杂程度等因素,按照国家标准、行业标准和技术规范合理确定、调整。

任何单位和个人不得违反前款规定要求铁路建设、设计、施工单位压缩建设工期。

第十五条　铁路建设工程竣工,应当按照国家有关规定组织验收,并由铁路运输企业进行运营安全评估。经验收、评估合格,符合运营安全要求的,方可投入运营。

第十六条　在铁路线路及其邻近区域进行铁路建设工程施工,应当执行铁路营业线施工安全管理规定。铁路建设单位应当会同相关铁路运输企业和工程设计、施工单位制定安全施工方案，按照方案进行施工。施工完毕应当及时清理现场，不得影响铁路运营安全。

第十七条 新建、改建设计开行时速120公里以上列车的铁路或者设计运输量达到国务院铁路行业监督管理部门规定的较大运输量标准的铁路，需要与道路交叉的，应当设置立体交叉设施。

新建、改建高速公路、一级公路或者城市道路中的快速路，需要与铁路交叉的，应当设置立体交叉设施，并优先选择下穿铁路的方案。

已建成的属于前两款规定情形的铁路、道路为平面交叉的，应当逐步改造为立体交叉。

新建、改建高速铁路需要与普通铁路、道路、渡槽、管线等设施交叉的，应当优先选择高速铁路上跨方案。

第十八条 设置铁路与道路立体交叉设施及其附属安全设施所需费用的承担，按照下列原则确定：

（一）新建、改建铁路与既有道路交叉的，由铁路方承担建设费用；道路方要求超过既有道路建设标准建设所增加的费用，由道路方承担；

（二）新建、改建道路与既有铁路交叉的，由道路方承担建设费用；铁路方要求超过既有铁路线路建设标准建设所增加的费用，由铁路方承担；

（三）同步建设的铁路和道路需要设置立体交叉设施以及既有铁路道口改造为立体交叉的，由铁路方和道路方按照公平合理的原则分担建设费用。

第十九条 铁路与道路立体交叉设施及其附属安全设施竣工验收合格后，应当按照国家有关规定移交有关单位管理、维护。

第二十条 专用铁路、铁路专用线需要与公用铁路网接轨的，应当符合国家有关铁路建设、运输的安全管理规定。

第三章 铁路专用设备质量安全

第二十一条 设计、制造、维修或者进口新型铁路机车车辆，应当符合国家标准、行业标准，并分别向国务院铁路行业监督管理部门申请领取型号合格证、制造许可证、维修许可证或者进口许可证，具体办法由国务院铁路行业监督管理部门制定。

铁路机车车辆的制造、维修、使用单位应当遵守有关产品质量的法律、行政法规以及国家其他有关规定，确保投入使用的机车车辆符合安全运营要求。

第二十二条　生产铁路道岔及其转辙设备、铁路信号控制软件和控制设备、铁路通信设备、铁路牵引供电设备的企业，应当符合下列条件并经国务院铁路行业监督管理部门依法审查批准：

（一）有按照国家标准、行业标准检测、检验合格的专业生产设备；

（二）有相应的专业技术人员；

（三）有完善的产品质量保证体系和安全管理制度；

（四）法律、行政法规规定的其他条件。

第二十三条　铁路机车车辆以外的直接影响铁路运输安全的铁路专用设备，依法应当进行产品认证的，经认证合格方可出厂、销售、进口、使用。

第二十四条　用于危险化学品和放射性物品运输的铁路罐车、专用车辆以及其他容器的生产和检测、检验，依照有关法律、行政法规的规定执行。

第二十五条　用于铁路运输的安全检测、监控、防护设施设备，集装箱和集装化用具等运输器具，专用装卸机械、索具、篷布、装载加固材料或者装置，以及运输包装、货物装载加固等，应当符合国家标准、行业标准和技术规范。

第二十六条　铁路机车车辆以及其他铁路专用设备存在缺陷，即由于设计、制造、标识等原因导致同一批次、型号或者类别的铁路专用设备普遍存在不符合保障人身、财产安全的国家标准、行业标准的情形或者其他危及人身、财产安全的不合理危险的，应当立即停止生产、销售、进口、使用；设备制造者应当召回缺陷产品，采取措施消除缺陷。具体办法由国务院铁路行业监督管理部门制定。

第四章　铁路线路安全

第二十七条　铁路线路两侧应当设立铁路线路安全保护区。铁路线路安全保护区的范围，从铁路线路路堤坡脚、路堑坡顶或者铁路桥梁（含铁路、道路两用桥，下同）外侧起向外的距离分别为：

（一）城市市区高速铁路为 10 米，其他铁路为 8 米；

（二）城市郊区居民居住区高速铁路为 12 米，其他铁路为 10 米；

（三）村镇居民居住区高速铁路为 15 米，其他铁路为 12 米；

（四）其他地区高速铁路为 20 米，其他铁路为 15 米。

前款规定距离不能满足铁路运输安全保护需要的，由铁路建设单位或者铁路运输企业提出方案，铁路监督管理机构或者县级以上地方人民政府依照本条第三款规定程序划定。

在铁路用地范围内划定铁路线路安全保护区的,由铁路监督管理机构组织铁路建设单位或者铁路运输企业划定并公告。在铁路用地范围外划定铁路线路安全保护区的,由县级以上地方人民政府根据保障铁路运输安全和节约用地的原则,组织有关铁路监督管理机构、县级以上地方人民政府国土资源等部门划定并公告。

铁路线路安全保护区与公路建筑控制区、河道管理范围、水利工程管理和保护范围、航道保护范围或者石油、电力以及其他重要设施保护区重叠的,由县级以上地方人民政府组织有关部门依照法律、行政法规的规定协商划定并公告。

新建、改建铁路的铁路线路安全保护区范围,应当自铁路建设工程初步设计批准之日起 30 日内,由县级以上地方人民政府依照本条例的规定划定并公告。铁路建设单位或者铁路运输企业应当根据工程竣工资料进行勘界,绘制铁路线路安全保护区平面图,并根据平面图设立标桩。

第二十八条 设计开行时速 120 公里以上列车的铁路应当实行全封闭管理。铁路建设单位或者铁路运输企业应当按照国务院铁路行业监督管理部门的规定在铁路用地范围内设置封闭设施和警示标志。

第二十九条 禁止在铁路线路安全保护区内烧荒、放养牲畜、种植影响铁路线路安全和行车瞭望的树木等植物。

禁止向铁路线路安全保护区排污、倾倒垃圾以及其他危害铁路安全的物质。

第三十条 在铁路线路安全保护区内建造建筑物、构筑物等设施,取土、挖砂、挖沟、采空作业或者堆放、悬挂物品,应当征得铁路运输企业同意并签订安全协议,遵守保证铁路安全的国家标准、行业标准和施工安全规范,采取措施防止影响铁路运输安全。铁路运输企业应当派员对施工现场实行安全监督。

第三十一条 铁路线路安全保护区内既有的建筑物、构筑物危及铁路运输安全的,应当采取必要的安全防护措施;采取安全防护措施后仍不能保证安全的,依照有关法律的规定拆除。

拆除铁路线路安全保护区内的建筑物、构筑物,清理铁路线路安全保护区内的植物,或者对他人在铁路线路安全保护区内已依法取得的采矿权等合法权利予以限制,给他人造成损失的,应当依法给予补偿或者采取必要的补救措施。但是,拆除非法建设的建筑物、构筑物的除外。

第三十二条 在铁路线路安全保护区及其邻近区域建造或者设置的建筑物、

构筑物、设备等,不得进入国家规定的铁路建筑限界。

第三十三条　在铁路线路两侧建造、设立生产、加工、储存或者销售易燃、易爆或者放射性物品等危险物品的场所、仓库,应当符合国家标准、行业标准规定的安全防护距离。

第三十四条　在铁路线路两侧从事采矿、采石或者爆破作业,应当遵守有关采矿和民用爆破的法律法规,符合国家标准、行业标准和铁路安全保护要求。

在铁路线路路堤坡脚、路堑坡顶、铁路桥梁外侧起向外各1000米范围内,以及在铁路隧道上方中心线两侧各1000米范围内,确需从事露天采矿、采石或者爆破作业的,应当与铁路运输企业协商一致,依照有关法律法规的规定报县级以上地方人民政府有关部门批准,采取安全防护措施后方可进行。

第三十五条　高速铁路线路路堤坡脚、路堑坡顶或者铁路桥梁外侧起向外各200米范围内禁止抽取地下水。

在前款规定范围外,高速铁路线路经过的区域属于地面沉降区域,抽取地下水危及高速铁路安全的,应当设置地下水禁止开采区或者限制开采区,具体范围由铁路监督管理机构会同县级以上地方人民政府水行政主管部门提出方案,报省、自治区、直辖市人民政府批准并公告。

第三十六条　在电气化铁路附近从事排放粉尘、烟尘及腐蚀性气体的生产活动,超过国家规定的排放标准,危及铁路运输安全的,由县级以上地方人民政府有关部门依法责令整改,消除安全隐患。

第三十七条　任何单位和个人不得擅自在铁路桥梁跨越处河道上下游各1000米范围内围垦造田、拦河筑坝、架设浮桥或者修建其他影响铁路桥梁安全的设施。

因特殊原因确需在前款规定的范围内进行围垦造田、拦河筑坝、架设浮桥等活动的,应当进行安全论证,负责审批的机关在批准前应当征求有关铁路运输企业的意见。

第三十八条　禁止在铁路桥梁跨越处河道上下游的下列范围内采砂、淘金:

(一)跨河桥长500米以上的铁路桥梁,河道上游500米,下游3000米;

(二)跨河桥长100米以上不足500米的铁路桥梁,河道上游500米,下游2000米;

(三)跨河桥长不足100米的铁路桥梁,河道上游500米,下游1000米。

有关部门依法在铁路桥梁跨越处河道上下游划定的禁采范围大于前款规定

的禁采范围的,按照划定的禁采范围执行。

县级以上地方人民政府水行政主管部门、国土资源主管部门应当按照各自职责划定禁采区域、设置禁采标志,制止非法采砂、淘金行为。

第三十九条 在铁路桥梁跨越处河道上下游各500米范围内进行疏浚作业,应当进行安全技术评价,有关河道、航道管理部门应当征求铁路运输企业的意见,确认安全或者采取安全技术措施后,方可批准进行疏浚作业。但是,依法进行河道、航道日常养护、疏浚作业的除外。

第四十条 铁路、道路两用桥由所在地铁路运输企业和道路管理部门或者道路经营企业定期检查、共同维护,保证桥梁处于安全的技术状态。

铁路、道路两用桥的墩、梁等共用部分的检测、维修由铁路运输企业和道路管理部门或者道路经营企业共同负责,所需费用按照公平合理的原则分担。

第四十一条 铁路的重要桥梁和隧道按照国家有关规定由中国人民武装警察部队负责守卫。

第四十二条 船舶通过铁路桥梁应当符合桥梁的通航净空高度并遵守航行规则。

桥区航标中的桥梁航标、桥柱标、桥梁水尺标由铁路运输企业负责设置、维护,水面航标由铁路运输企业负责设置,航道管理部门负责维护。

第四十三条 下穿铁路桥梁、涵洞的道路应当按照国家标准设置车辆通过限高、限宽标志和限高防护架。城市道路的限高、限宽标志由当地人民政府指定的部门设置并维护,公路的限高、限宽标志由公路管理部门设置并维护。限高防护架在铁路桥梁、涵洞、道路建设时设置,由铁路运输企业负责维护。

机动车通过下穿铁路桥梁、涵洞的道路,应当遵守限高、限宽规定。

下穿铁路涵洞的管理单位负责涵洞的日常管理、维护,防止淤塞、积水。

第四十四条 铁路线路安全保护区内的道路和铁路线路路堑上的道路、跨越铁路线路的道路桥梁,应当按照国家有关规定设置防止车辆以及其他物体进入、坠入铁路线路的安全防护设施和警示标志,并由道路管理部门或者道路经营企业维护、管理。

第四十五条 架设、铺设铁路信号和通信线路、杆塔应当符合国家标准、行业标准和铁路安全防护要求。铁路运输企业、为铁路运输提供服务的电信企业应当加强对铁路信号和通信线路、杆塔的维护和管理。

第四十六条 设置或者拓宽铁路道口、铁路人行过道,应当征得铁路运输企业的同意。

第四十七条 铁路与道路交叉的无人看守道口应当按照国家标准设置警示标志;有人看守道口应当设置移动栏杆、列车接近报警装置、警示灯、警示标志、铁路道口路段标线等安全防护设施。

道口移动栏杆、列车接近报警装置、警示灯等安全防护设施由铁路运输企业设置、维护;警示标志、铁路道口路段标线由铁路道口所在地的道路管理部门设置、维护。

第四十八条 机动车或者非机动车在铁路道口内发生故障或者装载物掉落的,应当立即将故障车辆或者掉落的装载物移至铁路道口停止线以外或者铁路线路最外侧钢轨 5 米以外的安全地点。无法立即移至安全地点的,应当立即报告铁路道口看守人员;在无人看守道口,应当立即在道口两端采取措施拦停列车,并就近通知铁路车站或者公安机关。

第四十九条 履带车辆等可能损坏铁路设施设备的车辆、物体通过铁路道口,应当提前通知铁路道口管理单位,在其协助、指导下通过,并采取相应的安全防护措施。

第五十条 在下列地点,铁路运输企业应当按照国家标准、行业标准设置易于识别的警示、保护标志:

(一)铁路桥梁、隧道的两端;

(二)铁路信号、通信光(电)缆的埋设、铺设地点;

(三)电气化铁路接触网、自动闭塞供电线路和电力贯通线路等电力设施附近易发生危险的地点。

第五十一条 禁止毁坏铁路线路、站台等设施设备和铁路路基、护坡、排水沟、防护林木、护坡草坪、铁路线路封闭网及其他铁路防护设施。

第五十二条 禁止实施下列危及铁路通信、信号设施安全的行为:

(一)在埋有地下光(电)缆设施的地面上方进行钻探,堆放重物、垃圾,焚烧物品,倾倒腐蚀性物质;

(二)在地下光(电)缆两侧各 1 米的范围内建造、搭建建筑物、构筑物等设施;

(三)在地下光(电)缆两侧各 1 米的范围内挖砂、取土;

(四)在过河光(电)缆两侧各 100 米的范围内挖砂、抛锚或者进行其他危及光(电)缆安全的作业。

第五十三条 禁止实施下列危害电气化铁路设施的行为:

(一)向电气化铁路接触网抛掷物品;

(二)在铁路电力线路导线两侧各500米的范围内升放风筝、气球等低空飘浮物体;

(三)攀登铁路电力线路杆塔或者在杆塔上架设、安装其他设施设备;

(四)在铁路电力线路杆塔、拉线周围20米范围内取土、打桩、钻探或者倾倒有害化学物品;

(五)触碰电气化铁路接触网。

第五十四条 县级以上各级人民政府及其有关部门、铁路运输企业应当依照地质灾害防治法律法规的规定,加强铁路沿线地质灾害的预防、治理和应急处理等工作。

第五十五条 铁路运输企业应当对铁路线路、铁路防护设施和警示标志进行经常性巡查和维护;对巡查中发现的安全问题应当立即处理,不能立即处理的应当及时报告铁路监督管理机构。巡查和处理情况应当记录留存。

第五章 铁路运营安全

第五十六条 铁路运输企业应当依照法律、行政法规和国务院铁路行业监督管理部门的规定,制定铁路运输安全管理制度,完善相关作业程序,保障铁路旅客和货物运输安全。

第五十七条 铁路机车车辆的驾驶人员应当参加国务院铁路行业监督管理部门组织的考试,考试合格方可上岗。具体办法由国务院铁路行业监督管理部门制定。

第五十八条 铁路运输企业应当加强铁路专业技术岗位和主要行车工种岗位从业人员的业务培训和安全培训,提高从业人员的业务技能和安全意识。

第五十九条 铁路运输企业应当加强运输过程中的安全防护,使用的运输工具、装载加固设备以及其他专用设施设备应当符合国家标准、行业标准和安全要求。

第六十条 铁路运输企业应当建立健全铁路设施设备的检查防护制度,加强对铁路设施设备的日常维护检修,确保铁路设施设备性能完好和安全运行。

铁路运输企业的从业人员应当按照操作规程使用、管理铁路设施设备。

第六十一条 在法定假日和传统节日等铁路运输高峰期或者恶劣气象条件

下，铁路运输企业应当采取必要的安全应急管理措施，加强铁路运输安全检查，确保运输安全。

第六十二条 铁路运输企业应当在列车、车站等场所公告旅客、列车工作人员以及其他进站人员遵守的安全管理规定。

第六十三条 公安机关应当按照职责分工，维护车站、列车等铁路场所和铁路沿线的治安秩序。

第六十四条 铁路运输企业应当按照国务院铁路行业监督管理部门的规定实施火车票实名购买、查验制度。

实施火车票实名购买、查验制度的，旅客应当凭有效身份证件购票乘车；对车票所记载身份信息与所持身份证件或者真实身份不符的持票人，铁路运输企业有权拒绝其进站乘车。

铁路运输企业应当采取有效措施为旅客实名购票、乘车提供便利，并加强对旅客身份信息的保护。铁路运输企业工作人员不得窃取、泄露旅客身份信息。

第六十五条 铁路运输企业应当依照法律、行政法规和国务院铁路行业监督管理部门的规定，对旅客及其随身携带、托运的行李物品进行安全检查。

从事安全检查的工作人员应当佩戴安全检查标志，依法履行安全检查职责，并有权拒绝不接受安全检查的旅客进站乘车和托运行李物品。

第六十六条 旅客应当接受并配合铁路运输企业在车站、列车实施的安全检查，不得违法携带、夹带管制器具，不得违法携带、托运烟花爆竹、枪支弹药等危险物品或者其他违禁物品。

禁止或者限制携带的物品种类及其数量由国务院铁路行业监督管理部门会同公安机关规定，并在车站、列车等场所公布。

第六十七条 铁路运输托运人托运货物、行李、包裹，不得有下列行为：

（一）匿报、谎报货物品名、性质、重量；

（二）在普通货物中夹带危险货物，或者在危险货物中夹带禁止配装的货物；

（三）装车、装箱超过规定重量。

第六十八条 铁路运输企业应当对承运的货物进行安全检查，并不得有下列行为：

（一）在非危险货物办理站办理危险货物承运手续；

（二）承运未接受安全检查的货物；

（三）承运不符合安全规定、可能危害铁路运输安全的货物。

第六十九条 运输危险货物应当依照法律法规和国家其他有关规定使用专用的设施设备，托运人应当配备必要的押运人员和应急处理器材、设备以及防护用品，并使危险货物始终处于押运人员的监管之下；危险货物发生被盗、丢失、泄漏等情况，应当按照国家有关规定及时报告。

第七十条 办理危险货物运输业务的工作人员和装卸人员、押运人员，应当掌握危险货物的性质、危害特性、包装容器的使用特性和发生意外的应急措施。

第七十一条 铁路运输企业和托运人应当按照操作规程包装、装卸、运输危险货物，防止危险货物泄漏、爆炸。

第七十二条 铁路运输企业和托运人应当依照法律法规和国家其他有关规定包装、装载、押运特殊药品，防止特殊药品在运输过程中被盗、被劫或者发生丢失。

第七十三条 铁路管理信息系统及其设施的建设和使用，应当符合法律法规和国家其他有关规定的安全技术要求。

铁路运输企业应当建立网络与信息安全应急保障体系，并配备相应的专业技术人员负责网络和信息系统的安全管理工作。

第七十四条 禁止使用无线电台（站）以及其他仪器、装置干扰铁路运营指挥调度无线电频率的正常使用。

铁路运营指挥调度无线电频率受到干扰的，铁路运输企业应当立即采取排查措施并报告无线电管理机构、铁路监管部门；无线电管理机构、铁路监管部门应当依法排除干扰。

第七十五条 电力企业应当依法保障铁路运输所需电力的持续供应，并保证供电质量。

铁路运输企业应当加强用电安全管理，合理配置供电电源和应急自备电源。

遇有特殊情况影响铁路电力供应的，电力企业和铁路运输企业应当按照各自职责及时组织抢修，尽快恢复正常供电。

第七十六条 铁路运输企业应当加强铁路运营食品安全管理，遵守有关食品安全管理的法律法规和国家其他有关规定，保证食品安全。

第七十七条 禁止实施下列危害铁路安全的行为：

（一）非法拦截列车、阻断铁路运输；

（二）扰乱铁路运输指挥调度机构以及车站、列车的正常秩序；

（三）在铁路线路上放置、遗弃障碍物；

（四）击打列车；

（五）擅自移动铁路线路上的机车车辆，或者擅自开启列车车门、违规操纵列车紧急制动设备；

（六）拆盗、损毁或者擅自移动铁路设施设备、机车车辆配件、标桩、防护设施和安全标志；

（七）在铁路线路上行走、坐卧或者在未设道口、人行过道的铁路线路上通过；

（八）擅自进入铁路线路封闭区域或者在未设置行人通道的铁路桥梁、隧道通行；

（九）擅自开启、关闭列车的货车阀、盖或者破坏施封状态；

（十）擅自开启列车中的集装箱箱门，破坏箱体、阀、盖或者施封状态；

（十一）擅自松动、拆解、移动列车中的货物装载加固材料、装置和设备；

（十二）钻车、扒车、跳车；

（十三）从列车上抛扔杂物；

（十四）在动车组列车上吸烟或者在其他列车的禁烟区域吸烟；

（十五）强行登乘或者以拒绝下车等方式强占列车；

（十六）冲击、堵塞、占用进出站通道或者候车区、站台。

第六章　监 督 检 查

第七十八条　铁路监管部门应当对从事铁路建设、运输、设备制造维修的企业执行本条例的情况实施监督检查，依法查处违反本条例规定的行为，依法组织或者参与铁路安全事故的调查处理。

铁路监管部门应当建立企业违法行为记录和公告制度，对违反本条例被依法追究法律责任的从事铁路建设、运输、设备制造维修的企业予以公布。

第七十九条　铁路监管部门应当加强对铁路运输高峰期和恶劣气象条件下运输安全的监督管理，加强对铁路运输的关键环节、重要设施设备的安全状况以及铁路运输突发事件应急预案的建立和落实情况的监督检查。

第八十条　铁路监管部门和县级以上人民政府安全生产监督管理部门应当建立信息通报制度和运输安全生产协调机制。发现重大安全隐患，铁路运输企业难以自行排除的，应当及时向铁路监管部门和有关地方人民政府报告。地方人民政府获悉铁路沿线有危及铁路运输安全的重要情况，应当及时通报有关的铁路运输企业和铁路监管部门。

第八十一条 铁路监管部门发现安全隐患,应当责令有关单位立即排除。重大安全隐患排除前或者排除过程中无法保证安全的,应当责令从危险区域内撤出人员、设备,停止作业;重大安全隐患排除后方可恢复作业。

第八十二条 实施铁路安全监督检查的人员执行监督检查任务时,应当佩戴标志或者出示证件。任何单位和个人不得阻碍、干扰安全监督检查人员依法履行安全检查职责。

第七章 法律责任

第八十三条 铁路建设单位和铁路建设的勘察、设计、施工、监理单位违反本条例关于铁路建设质量安全管理的规定的,由铁路监管部门依照有关工程建设、招标投标管理的法律、行政法规的规定处罚。

第八十四条 铁路建设单位未对高速铁路和地质构造复杂的铁路建设工程实行工程地质勘察监理,或者在铁路线路及其邻近区域进行铁路建设工程施工不执行铁路营业线施工安全管理规定,影响铁路运营安全的,由铁路监管部门责令改正,处10万元以上50万元以下的罚款。

第八十五条 依法应当进行产品认证的铁路专用设备未经认证合格,擅自出厂、销售、进口、使用的,依照《中华人民共和国认证认可条例》的规定处罚。

第八十六条 铁路机车车辆以及其他专用设备制造者未按规定召回缺陷产品,采取措施消除缺陷的,由国务院铁路行业监督管理部门责令改正;拒不改正的,处缺陷产品货值金额1%以上10%以下的罚款;情节严重的,由国务院铁路行业监督管理部门吊销相应的许可证件。

第八十七条 有下列情形之一的,由铁路监督管理机构责令改正,处2万元以上10万元以下的罚款:

(一)用于铁路运输的安全检测、监控、防护设施设备,集装箱和集装化用具等运输器具、专用装卸机械、索具、篷布、装载加固材料或者装置、运输包装、货物装载加固等,不符合国家标准、行业标准和技术规范;

(二)不按照国家有关规定和标准设置、维护铁路封闭设施、安全防护设施;

(三)架设、铺设铁路信号和通信线路、杆塔不符合国家标准、行业标准和铁路安全防护要求,或者未对铁路信号和通信线路、杆塔进行维护和管理;

(四)运输危险货物不依照法律法规和国家其他有关规定使用专用的设施

设备。

第八十八条 在铁路线路安全保护区内烧荒、放养牲畜、种植影响铁路线路安全和行车瞭望的树木等植物，或者向铁路线路安全保护区排污、倾倒垃圾以及其他危害铁路安全的物质的，由铁路监督管理机构责令改正，对单位可以处 5 万元以下的罚款，对个人可以处 2000 元以下的罚款。

第八十九条 未经铁路运输企业同意或者未签订安全协议，在铁路线路安全保护区内建造建筑物、构筑物等设施，取土、挖砂、挖沟、采空作业或者堆放、悬挂物品，或者违反保证铁路安全的国家标准、行业标准和施工安全规范，影响铁路运输安全的，由铁路监督管理机构责令改正，可以处 10 万元以下的罚款。

铁路运输企业未派员对铁路线路安全保护区内施工现场进行安全监督的，由铁路监督管理机构责令改正，可以处 3 万元以下的罚款。

第九十条 在铁路线路安全保护区及其邻近区域建造或者设置的建筑物、构筑物、设备等进入国家规定的铁路建筑限界，或者在铁路线路两侧建造、设立生产、加工、储存或者销售易燃、易爆或者放射性物品等危险物品的场所、仓库不符合国家标准、行业标准规定的安全防护距离的，由铁路监督管理机构责令改正，对单位处 5 万元以上 20 万元以下的罚款，对个人处 1 万元以上 5 万元以下的罚款。

第九十一条 有下列行为之一的，分别由铁路沿线所在地县级以上地方人民政府水行政主管部门、国土资源主管部门或者无线电管理机构等依照有关水资源管理、矿产资源管理、无线电管理等法律、行政法规的规定处罚：

（一）未经批准在铁路线路两侧各 1000 米范围内从事露天采矿、采石或者爆破作业；

（二）在地下水禁止开采区或者限制开采区抽取地下水；

（三）在铁路桥梁跨越处河道上下游各 1000 米范围内围垦造田、拦河筑坝、架设浮桥或者修建其他影响铁路桥梁安全的设施；

（四）在铁路桥梁跨越处河道上下游禁止采砂、淘金的范围内采砂、淘金；

（五）干扰铁路运营指挥调度无线电频率正常使用。

第九十二条 铁路运输企业、道路管理部门或者道路经营企业未履行铁路、道路两用桥检查、维护职责的，由铁路监督管理机构或者上级道路管理部门责令改正；拒不改正的，由铁路监督管理机构或者上级道路管理部门指定其他单位进行养护和维修，养护和维修费用由拒不履行义务的铁路运输企业、道路管理部门或者道路经营企业承担。

第九十三条 机动车通过下穿铁路桥梁、涵洞的道路未遵守限高、限宽规定的，由公安机关依照道路交通安全管理法律、行政法规的规定处罚。

第九十四条 违反本条例第四十八条、第四十九条关于铁路道口安全管理的规定的，由铁路监督管理机构责令改正，处1000元以上5000元以下的罚款。

第九十五条 违反本条例第五十一条、第五十二条、第五十三条、第七十七条规定的，由公安机关责令改正，对单位处1万元以上5万元以下的罚款，对个人处500元以上2000元以下的罚款。

第九十六条 铁路运输托运人托运货物、行李、包裹时匿报、谎报货物品名、性质、重量，或者装车、装箱超过规定重量的，由铁路监督管理机构责令改正，可以处2000元以下的罚款；情节较重的，处2000元以上2万元以下的罚款；将危险化学品谎报或者匿报为普通货物托运的，处10万元以上20万元以下的罚款。

铁路运输托运人在普通货物中夹带危险货物，或者在危险货物中夹带禁止配装的货物的，由铁路监督管理机构责令改正，处3万元以上20万元以下的罚款。

第九十七条 铁路运输托运人运输危险货物未配备必要的应急处理器材、设备、防护用品，或者未按照操作规程包装、装卸、运输危险货物的，由铁路监督管理机构责令改正，处1万元以上5万元以下的罚款。

第九十八条 铁路运输托运人运输危险货物不按照规定配备必要的押运人员，或者发生危险货物被盗、丢失、泄漏等情况不按照规定及时报告的，由公安机关责令改正，处1万元以上5万元以下的罚款。

第九十九条 旅客违法携带、夹带管制器具或者违法携带、托运烟花爆竹、枪支弹药等危险物品或者其他违禁物品的，由公安机关依法给予治安管理处罚。

第一百条 铁路运输企业有下列情形之一的，由铁路监管部门责令改正，处2万元以上10万元以下的罚款：

（一）在非危险货物办理站办理危险货物承运手续；

（二）承运未接受安全检查的货物；

（三）承运不符合安全规定、可能危害铁路运输安全的货物；

（四）未按照操作规程包装、装卸、运输危险货物。

第一百零一条 铁路监管部门及其工作人员应当严格按照本条例规定的处罚种类和幅度，根据违法行为的性质和具体情节行使行政处罚权，具体办法由国务院铁路行业监督管理部门制定。

第一百零二条 铁路运输企业工作人员窃取、泄露旅客身份信息的，由公安机关依法处罚。

第一百零三条　从事铁路建设、运输、设备制造维修的单位违反本条例规定，对直接负责的主管人员和其他直接责任人员依法给予处分。

第一百零四条　铁路监管部门及其工作人员不依照本条例规定履行职责的，对负有责任的领导人员和直接责任人员依法给予处分。

第一百零五条　违反本条例规定，给铁路运输企业或者其他单位、个人财产造成损失的，依法承担民事责任。

违反本条例规定，构成违反治安管理行为的，由公安机关依法给予治安管理处罚；构成犯罪的，依法追究刑事责任。

第八章　附　　则

第一百零六条　专用铁路、铁路专用线的安全管理参照本条例的规定执行。

第一百零七条　本条例所称高速铁路，是指设计开行时速 250 公里以上（含预留），并且初期运营时速 200 公里以上的客运列车专线铁路。

第一百零八条　本条例自 2014 年 1 月 1 日起施行。2004 年 12 月 27 日国务院公布的《铁路运输安全保护条例》同时废止。

交通运输部　公安部　自然资源部　生态环境部　住房和城乡建设部　水利部　应急管理部《高速铁路安全防护管理办法》

（2020年5月6日交通运输部、公安部、自然资源部、生态环境部、住房和城乡建设部、水利部、应急管理部令第8号发布　自2020年7月1日起施行）

第一章　总　　则

第一条　为了加强高速铁路安全防护，防范铁路外部风险，保障高速铁路安全和畅通，维护人民生命财产安全，根据《中华人民共和国铁路法》《中华人民共和国安全生产法》《中华人民共和国反恐怖主义法》《铁路安全管理条例》等法律、行政法规，制定本办法。

第二条　本办法适用于设计开行时速250公里以上（含预留），并且初期运营时速200公里以上的客运列车专线铁路（以下称高速铁路）。

第三条　高速铁路安全防护坚持安全第一、预防为主、依法管理、综合治理的方针，坚持技防、物防、人防相结合，构建政府部门依法管理、企业实施主动防范、社会力量共同参与的综合治理格局。

第四条　国家铁路局负责全国高速铁路安全监督管理工作。地区铁路监督管理局负责辖区内的高速铁路安全监督管理工作。

国家铁路局和地区铁路监督管理局（以下统称铁路监管部门）应当按照法定职责，健全完善高速铁路安全防护标准，加强行政执法，协调相关单位及时消除危及高速铁路安全的隐患。

第五条　各级公安、自然资源、生态环境、住房和城乡建设、交通运输、水利、应急管理等部门和消防救援机构（以下统称相关部门）应当依照法定职责，协调和处理保障高速铁路安全的有关事项，做好保障高速铁路安全的相关工作，防范和制止危害高速铁路安全的行为。

第六条　从事高速铁路运输、建设、设备制造维修的相关企业应当落实安全生产主体责任，建立、健全安全生产责任制和高速铁路安全防护相关管理制度，执行国家关于高速铁路安全防护的相关标准，保障安全生产管理机构或者人员配备，加强对从业人员的教育培训，改善安全生产条件，保证高速铁路安全防护所必需的资金投入。

第七条　铁路监管部门、铁路运输企业等单位应当按照国家有关规定制定突发事件应急预案，并组织应急演练。

铁路运输企业应当按照《中华人民共和国突发事件应对法》等国家有关规定，在车站、列车等场所配备报警装置以及必要的应急救援设备设施和人员。

第八条　铁路监管部门、高速铁路沿线地方各级人民政府相关部门应当落实"谁执法谁普法"的普法责任制，加强保障高速铁路安全有关法律法规、安全生产知识的宣传教育，增强安全防护意识，防范危害高速铁路安全的行为。

第九条　支持和鼓励社会力量积极参与高速铁路安全防护工作，铁路监管部门和相关部门以及铁路运输企业应当建立并公开监督举报渠道，根据各自职责及时处理影响高速铁路安全的问题。

对维护高速铁路安全作出突出贡献的单位或者个人，按照有关规定给予表彰奖励。

第二章　线路安全防护

第十条　铁路监管部门应当推动协调相关部门、高速铁路沿线地方人民政府构建高速铁路综合治理体系，健全治安防控运行机制，落实高速铁路护路联防责任制。

第十一条　国家铁路局应当联合国务院相关部门和有关企业、地区铁路监督管理局应当联合地方人民政府及相关部门和有关企业，推动建立安全信息通报和问题督办机制，做到协调配合、齐抓共管、联防联控。

第十二条　高速铁路线路安全保护区的划定，按照《铁路安全管理条例》等法律、行政法规和国家有关规定执行。高速铁路线路安全保护区用地依法纳入国土空间规划统筹安排。

铁路建设单位或者铁路运输企业应当配合地区铁路监督管理局或者地方人民政府开展高速铁路线路安全保护区划定工作。地方人民政府组织划定高速铁路线路安全保护区的，高速铁路线路安全保护区划定并公告完成后，铁路建设单位或者铁路运输企业应当将相关资料提供给地区铁路监督管理局。

建设跨河、临河的高速铁路桥梁等工程设施并划定高速铁路线路安全保护区的,应当符合防洪标准、岸线规划等要求,其工程建设方案应当按照《中华人民共和国水法》《中华人民共和国防洪法》有关规定报经有关水行政主管部门或者经授权的流域管理机构审查同意。

建设跨越或者穿越航道、临航道的高速铁路桥梁、隧道等工程设施并划定高速铁路线路安全保护区的,应当按照《中华人民共和国航道法》有关规定开展航道通航条件影响评价,并报送有关交通运输主管部门或者航道管理机构审核。

第十三条 禁止在高速铁路线路安全保护区内烧荒、放养牲畜。

禁止向高速铁路线路安全保护区排污、倾倒垃圾以及其他危害铁路安全的物质。

禁止擅自进入、毁坏、移动高速铁路安全防护设施。

在高速铁路线路安全保护区内建造建筑物、构筑物等设施,取土、挖砂、挖沟、采空作业或者堆放、悬挂物品,必须符合保证高速铁路安全的国家标准、行业标准,征得铁路运输企业同意并签订安全协议,遵守施工安全规范,采取措施防止影响铁路运输安全。铁路运输企业应当公布办理相关手续的部门以及相应的渠道,及时办理相关手续,并派员对施工现场实行安全监督。

第十四条 高速铁路与道路立体交叉设施及其附属安全设施竣工验收合格后,应当按照国家规定移交有关单位管理、维护。

上跨高速铁路的道路桥梁及其他建筑物、构筑物的管理部门或者经营企业应当建立定期检查及维护机制,定期检查道路桥梁及其他建筑物、构筑物,以及相关的安全防护设施、警示标志,加强风险研判,采取有效措施,防止道路桥梁构筑物、附着物等坠入高速铁路线路。

对可能影响高速铁路安全的检查、维护行为,应当提前与铁路运输企业沟通,共同制定安全保障措施。铁路运输企业应当提供便利条件。

第十五条 下穿高速铁路桥梁、涵洞的道路,其限高、限宽标志和限高防护架应当符合国家标准,由公路管理部门或者当地人民政府指定的部门、铁路运输企业等按照有关规定设置、维护。

下穿高速铁路桥梁、涵洞的道路进行改造时,施工单位要与铁路运输企业协商一致后实施,严格控制桥梁、涵洞下净高,并根据路面标高的变化及时调整限高防护架的设置。

第十六条 跨越、下穿或者并行高速铁路线路的油气、供气供热、供排水、电力等管线规划、设计、施工应当满足相关国家标准、行业标准及管理规定。施工前应当向铁路运输企业通报，与铁路运输企业协商一致后方可施工，必要时铁路运输企业可以派员进行安全防护。对跨越高速铁路的电力线路，应当采取可靠的防坠落措施。

跨越、下穿高速铁路的油气、供气供热、供排水等管线应当设置满足国家相关技术规范和标准要求的安全保护设施。下穿时，优先选择在铁路桥梁、预留管线涵洞、综合管廊等既有设施处穿越；特殊条件下，需穿越路基时，应当进行专项设计，满足路基沉降的限制指标。

并行高速铁路的油气、供气供热、供排水等管线敷设时，最小水平净距应当满足相关国家标准、行业标准和安全保护要求。

油气、供气供热、供排水、电力等管线的产权单位或者经营企业应当加强检查维护管理，确保状态良好。铁路运输企业应当积极配合。

第十七条 在高速铁路线路两侧建造、设立生产、加工、储存或者销售易燃、易爆或者放射性物品等危险物品的场所、仓库的，应当符合国家标准、行业标准规定的安全防护距离。

第十八条 在高速铁路线路两侧从事采矿、采石或者爆破作业的，应当遵守有关采矿和民用爆炸物品的法律法规，符合保障安全生产的国家标准、行业标准和铁路安全保护的相关要求。

在高速铁路线路路堤坡脚、路堑坡顶、铁路桥梁外侧起向外各 1000 米范围内，以及在铁路隧道上方中心线两侧各 1000 米范围内，确需从事露天采矿、采石或者爆破作业的，应当充分考虑高速铁路安全需求，依法进行安全评估、安全监理，与铁路运输企业协商一致，依照法律法规规定报经有关主管部门批准，并采取相应的安全防护措施。

矿产资源开采过程中，在矿井、水平、采区设计时，对高速铁路及其主要配套建筑物、构筑物应当划定保护矿柱。

新建高速铁路用地与探矿权人的矿产资源勘查范围、采矿权人的采矿采石影响范围发生重叠或者在尾矿库溃坝冲击范围的，或者新建高速铁路线路跨越上述范围的，铁路建设单位应当与有关权利主体协商一致，签订安全协议，共同制定安全保障措施，按照国家有关规定处理，确保矿山生产经营单位安全生产条件符合相关规定。

第十九条 禁止违反有关规定在高速铁路桥梁跨越处河道上下游的一定范围内采砂、淘金。县级以上地方人民政府水行政主管部门、自然资源主管部门应当按照各自职责划定并公告禁采区域、设置禁采标志,制止非法采砂、淘金行为。

禁止在高速铁路线路路堤坡脚、路堑坡顶或者铁路桥梁外侧起向外各200米范围内抽取地下水;200米范围外,高速铁路线路经过的区域属于地面沉降区域,抽取地下水危及高速铁路安全的,应当设置地下水禁止开采区或者限制开采区,具体范围由地区铁路监督管理局会同县级以上地方人民政府水行政主管部门提出方案,报省、自治区、直辖市人民政府批准并公告。

第二十条 在高速铁路附近从事排放粉尘、烟尘及腐蚀性气体的生产活动,应当严格执行国家规定的排放标准。

生态环境主管部门应当加大检查和管理力度,对相关违法行为依法进行处罚。

第二十一条 有关单位和个人在高速铁路邻近区域内施工、建造构筑物或者从事其他生产经营活动,应当遵守保证高速铁路安全的法律法规和相关标准,采取措施防止影响高速铁路运输安全。

第二十二条 在高速铁路线路及其邻近区域进行施工作业,应当符合工程建设安全管理规定,并执行铁路营业线施工安全管理规定。建设单位应当会同设计、施工单位与铁路运输企业共同制定安全施工方案,按照方案进行施工。施工完毕应当及时清理现场,不得影响高速铁路运营安全。

铁路运输企业应当向社会公布办理铁路营业线施工手续的部门以及相应的渠道,及时办理相关手续。

在高速铁路线路安全保护区内和纳入邻近营业线施工计划的施工,铁路运输企业应当按照国家规定派员对施工现场实行安全监督。

第二十三条 邻近高速铁路的杆塔应当按照国家标准、行业标准和铁路安全防护要求进行设计安装,杆塔产权单位应当建立定期检查维护制度,确保杆塔牢固稳定。

在高速铁路线路安全保护区内,禁止种植妨碍行车瞭望或者有倒伏危险可能影响线路、电力、牵引供电安全的树木等植物;对已种植的,应当依法限期迁移或者修剪、砍伐。

铁路运输企业发现高速铁路线路安全保护区内既有的林木存在可能危及高速铁路安全隐患的,应当告知其产权人或者管理人及时采取措施消除安全隐患。

产权人或者管理人拒绝或者怠于处置的，铁路运输企业应当及时向铁路沿线林业主管部门报告，由林业主管部门协调产权人或者管理人采取措施消除安全隐患。

第二十四条　在高速铁路电力线路导线两侧各 500 米范围内，不得升放风筝、气球、孔明灯等飘浮物体，不得使用弓弩、弹弓、汽枪等攻击性器械从事可能危害高速铁路安全的行为。在高速铁路电力线路导线两侧升放无人机的，应当遵守国家有关规定。

对高速铁路线路两侧的塑料大棚、彩钢棚、广告牌、防尘网等轻质建筑物、构筑物，其所有权人或者实际控制人应当采取加固防护措施，并对塑料薄膜、锡箔纸、彩钢瓦、铁皮等建造、构造材料及时清理，防止大风天气条件下危害高速铁路安全。

第二十五条　铁路运输企业应当对高速铁路线路、防护设施、警示标志、安全环境等进行经常性巡查和维护；对巡查中发现的安全问题应当立即处理，不能立即处理的应当及时报告地区铁路监督管理局或者其他相关部门。巡查和处理情况应当记录留存。

第三章　安全防护设施及管理

第二十六条　高速铁路应当实行全封闭管理，范围包括线路、车站、动车存放场所、隧道斜井和竖井的出入口，以及其他与运行相关的附属设备设施处所。铁路建设单位或者铁路运输企业应当按照国家铁路局的规定在铁路用地范围内设置封闭设施和警示标志。

高速铁路与普速铁路共用车站的并行地段，在高速铁路线路与普速铁路线路间设置物理隔离；区间的并行地段，在普速铁路外侧依照高速铁路线路标准进行封闭。

高速铁路高架桥下的铁路用地，应当根据周边生产、生活环境情况，按照确保高速铁路设备设施安全的要求，实行封闭管理或者保护性利用管理。

铁路运输企业应当建立进出高速铁路线路作业门的管理制度。

第二十七条　铁路运输企业应当在客运车站广场、售票厅、进出站口、安检区、直梯及电扶梯、候车区、站台、通道、车厢、动车存放场所等重要场所和其他人员密集的场所，以及高速铁路桥梁、隧道、重要设备设施处所和路基重要区段等重点部位配备、安装监控系统。监控系统应当符合相关国家标准、行业标准，与当地公共安全视频监控系统实现图像资源共享。

客运车站以及动车存放场所周界应当设置实体围墙。车站广场应当设置防冲撞设施,有条件的设置硬隔离设施。

第二十八条 铁路运输企业应当在高速铁路沿线桥头、隧道口、路基地段等易进入重点区段安装、设置周界入侵报警系统。站台两端应当安装、设置警示标志和封闭设施,防止无关人员进入高速铁路线路。高速铁路周界入侵报警系统应当符合相关国家标准、行业标准。

高速铁路沿线视频监控建设应当纳入当地公共安全视频监控建设联网应用工作体系,并充分利用公共通信杆塔等资源,减少重复建设。

第二十九条 铁路运输企业应当根据沿线的自然灾害、地质条件、线路环境等情况,建立必要的灾害监测系统。

第三十条 高速铁路长大隧道、高架桥、旅客聚集区等重点区域,应当按照国家有关规定设置紧急情况下的应急疏散逃生通道并保证畅通,同时安装、设置指示标识。高速铁路长大隧道的照明设施设备、消防设施应当保持状态良好。

第三十一条 在下列地点,应当按照国家有关规定安装、设置防止车辆以及其他物体进入、坠入高速铁路线路的安全防护设施和警示标志:

(一)高速铁路路堑上的道路;

(二)位于高速铁路线路安全保护区内的道路;

(三)跨越高速铁路线路的道路桥梁及其他建筑物、构筑物。

第三十二条 船舶通过高速铁路桥梁应当符合桥梁的通航净空高度并遵守航行规则。桥区航标中的桥梁航标、桥柱标、桥梁水尺标由铁路运输企业负责设置、维护,水面航标由铁路运输企业负责设置,航道管理部门负责维护。

建设跨越通航水域的高速铁路桥梁,应当根据有关规定同步设计、同步建设桥梁防撞设施。铁路运输企业或者铁路桥梁产权单位负责防撞设施的维护管理。

第三十三条 铁路建设单位应当按照相关法律法规和国家标准、行业标准,在建设高速铁路客运站和直接为其运营服务的段、厂、调度指挥中心、到发中转货场、仓库时,确保相关安全防护设备设施同时设计、同时施工、同时投入生产和使用。

第四章 运营安全防护

第三十四条 除生产作业或者监督检查工作需要外,任何人一律不得进入动车组司机室。

进入动车组司机室,应当严格遵守国家安全管理规定和铁路运输企业安全生产制度。

第三十五条 旅客购买高速铁路列车车票、乘坐高速铁路列车,应当出示有效身份证件。对车票所记载身份信息与所持身份证件或者真实身份不符的持票人,铁路运输企业有权拒绝其进站乘车,并报告公安机关。

依照有关规定办理的高铁快运,铁路运输企业应当对客户身份进行查验,登记身份信息,并按规定对运送的物品进行安全检查。

铁路运输企业应当为公安机关依法履行职责提供数据支持和协助。

第三十六条 铁路禁止或者限制携带的物品种类及其数量由国家铁路局会同公安部规定。铁路运输企业应当在高速铁路车站、列车等场所对禁止或者限制携带的物品种类及其数量进行公布,并通过广播、视频等形式进行宣传。

第三十七条 铁路运输企业应当依照法律、行政法规和有关规定,承担安全检查的主体责任,设立相应的安检机构和安检场地,配备与运量相适应的安全检查人员和设备设施,对进入高速铁路车站的人员、物品进行安全检查。

从事安全检查的工作人员应当经过识别和处置危险物品等相关专业知识培训并考试合格。安全检查工作人员应当佩戴安全检查标志,依法履行安全检查职责,并有权拒绝不接受安全检查的旅客进站乘车或者经高速铁路运输物品。

第三十八条 禁止任何单位和个人扰乱高速铁路建设和运输秩序,损坏或者非法占用高速铁路设施设备、相关标志和高速铁路用地。

铁路运输企业应当按规定配备安保人员和相应设备、设施,加强安全检查和保卫工作。有关重点目标管理单位应当依照《中华人民共和国反恐怖主义法》等相关法律法规的规定,履行防范和应对处置恐怖活动职责,制定建立公共安全视频图像信息系统值班监看、信息保存使用、运行维护等管理制度,落实对重要岗位人员进行安全背景审查,以及对进入重点目标的人员、物品和交通工具进行安全检查等相关工作。

公安机关应当按照法定职责,维护高速铁路车站、列车等场所和高速铁路沿线的治安秩序,依法监督检查指导铁路运输企业治安保卫工作;依法查处摆放障碍、破坏设施、损坏设备、盗割电缆、擅自进入高速铁路线路等危及高速铁路运输安全和秩序的违法行为。

第三十九条 高速铁路的重要桥梁和隧道按照国家有关规定进行守护。

第四十条 县级以上各级人民政府相关部门、铁路运输企业应当依照自然灾害防治法律法规的规定,加强高速铁路沿线灾害隐患的排查、治理、通报、预防和应急处理等工作。

高速铁路勘察、设计阶段应当加强地质灾害危险性评估工作,尽量避开地质灾害隐患威胁,无法避让的,应当在设计、建设阶段及时采取治理措施排除地质灾害隐患风险,为铁路建设及运营提供安全环境。

高速铁路规划、勘察、设计、建设,应当优化地质选线,加强沿线区域地震活动性研究。位于活动断裂带的高速铁路,沿线应当装设地震预警监测系统。大型桥梁、隧道、站房等重点工程,应当强化场址地震安全性评价,满足抗震设防相关标准。

县级以上各级人民政府相关部门、铁路运输企业应当依照法律、行政法规的规定,建立地质灾害、气象灾害等预警信息互联互通机制,研判灾害对高速铁路安全的影响,及时进行预报预警。铁路运输企业应当针对不同灾害等级或者情况采取相应的防范措施。

第四十一条 铁路运输企业应当依照有关法律法规和技术标准要求,建立高速铁路网络安全保障体系,落实网络安全管理制度和技术防护措施,制定网络安全事件应急预案,采取有效措施确保网络安全稳定运行,保护旅客、托运人电子信息安全。

第四十二条 铁路运输企业应当遵守消防法律法规规章和消防技术标准,落实消防安全主体责任,制定消防安全制度、消防安全操作规程,配置符合要求的消防设施、器材,设置消防安全标志、组织防火检查,及时消除火灾隐患,制定灭火和应急疏散预案,并定期演练。

消防救援机构等相关部门依法履行消防监督管理职责。

第五章 监 督 管 理

第四十三条 铁路监管部门应当制定年度安全监督检查计划,重点对以下事项进行监督检查:

(一)铁路运输高峰期和恶劣气象条件下关键时期的运输安全;

(二)高速铁路开通运营、重要设施设备运用状态、沿线外部环境等铁路运输安全关键环节;

(三)铁路运输突发事件应急预案的建立和落实情况。

铁路监管部门根据需要,可以牵头协调组织相关部门开展高速铁路安全防护联合监督检查。

第四十四条 铁路监管部门应当对监督检查过程中发现的问题，以及铁路运输企业等单位报送的问题进行梳理分析。对影响高速铁路运营安全的，应当及时采取函告、约谈等方式督促相关企业或者地方政府相关部门落实责任、消除隐患；对安全防护推进不力的部门和单位，可以在铁路监管部门政府网站上向社会公告。

对高速铁路事故隐患，铁路监管部门应当责令有关单位立即排除，并加强督办落实；重大事故隐患排除前或者排除过程中无法保证安全的，铁路监管部门应当责令从危险区域内撤出人员、设备，停止作业，重大事故隐患排除后方可恢复。

相关部门发现铁路安全隐患，属于职责范围内的，应当依法责令有关单位或者个人立即排除。

第四十五条 铁路监管部门和相关部门应当依照法律法规和相关职责规定对影响高速铁路安全的行为进行处罚。

第四十六条 发生涉及高速铁路运输安全的突发事件后，铁路运输企业及其所属的生产经营单位应当立即采取措施组织抢救，防止事故扩大，减少人员伤亡和财产损失，并向事件发生地地方人民政府及相关部门和地区铁路监督管理局报告。

第四十七条 事件发生地相关部门和地区铁路监督管理局接到报告后，应当依照有关法律、行政法规的规定和应急预案要求，立即采取措施控制事态发展，组织开展应急救援和处置工作，并按规定报告。

第六章 附 则

第四十八条 本办法自 2020 年 7 月 1 日起施行。

国家铁路局　交通运输部　住房和城乡建设部　中国国家铁路集团有限公司《关于铁路沿线安全环境管理“双段长”制实施指导意见》

（2021 年 2 月 20 日　国铁安监〔2021〕6 号）

各省、自治区、直辖市、新疆生产建设兵团交通运输厅（局、委）、住房和城乡建设厅（委、管委、局），北京市城市管理委员会，天津市城市管理委员会，上海市绿化和市容管理局，重庆市城市管理局，各铁路局集团公司，各地区铁路监督管理局：

全面推行铁路沿线安全环境管理“双段长”制是认真贯彻落实习近平总书记关于铁路安全工作重要指示精神的具体行动，是落实地方政府铁路沿线安全环境整治主体责任的有效举措，是确保人民群众生命财产安全、保障铁路安全运营和持续健康发展的制度创新。近年来，铁路沿线各级地方政府和铁路运输企业积极探索、组织实施“双段长”制，协调整合各方力量，有力促进了铁路沿线安全环境监管和综合整治等工作。为进一步加强铁路沿线安全环境管理工作，健全长效机制，现就“双段长”制实施提出以下意见。

一、基本原则

各级地方政府和铁路运输企业坚持安全第一、分级领导、问题导向原则，建立健全以地方政府主管领导牵头负责、铁路运输企业主责的责任体系，落实安全责任，协调各方力量，实施“协同监管，综合整治”，形成一级抓一级、层层抓落实的工作格局，解决铁路沿线安全环境监管的突出问题，全面消除安全隐患，有效净化铁路沿线环境。

二、组织形式

铁路沿线市（区）政府与铁路局集团公司层面做好组织协调工作，县（区）对应铁路站段、乡（镇、街道）对应铁路车间设立两级“双段长”制，村（社区）与铁路班组严格执行巡查任务。由铁路部门主动与地方政府联系协调建立，具体组成由各地根据实际确定。

三、主要任务

（一）县（区）、铁路站段“双段长”工作任务。

1. 负责本行政区域内“双段长”各项工作，制定相关工作制度，定期组织联席会议和工作考核。

2. 研究解决重点安全环境隐患问题，定期组织综合整治和联合执法，消除安全隐患。

3. 制定铁路沿线安全环境联合巡查计划，并严格落实，确保安全隐患得到及时发现和妥善处置。

4. 建立完善的安全隐患问题库，对铁路沿线安全环境隐患实施闭环管理。

5. 加强市政建设和铁路交汇工程的管控，督促指导施工单位按要求办理相关施工手续，确保路地双方工程有序推进。

（二）乡（镇、街道）、铁路车间“双段长”工作任务。

1. 落实“双段长”工作制度，制定巡回图，确保铁路沿线安全环境巡查有序进行。

2. 督促指导村（社区）、班组的日常铁路沿线安全环境巡查工作，建立巡查记录和问题台账。

3. 定期开展联合巡查，及时发现并制止危及铁路安全的违法行为，对不能立即处理的安全隐患问题逐级上报。

4. 现场设置工作公示牌，及时处置群众举报的各类铁路沿线安全环境问题。

5. 定期对现场巡视人员进行业务培训，不断提高铁路沿线安全环境隐患的辨识和处置能力。

四、工作要求

（一）加强组织领导。

铁路沿线各省（自治区、直辖市）政府明确主管部门负责总体工作。铁路沿线市（区）政府会同铁路局集团公司设置双段长制办公室，组织本行政区域内“双段长”各项工作，确保到 2021 年 6 月底前全面建立健全“双段长”制。

（二）健全工作机制。

各级双段长要与相关职能部门建立铁路沿线环境综合整治和管控协调机制，加强日常管理的信息互通，资源共享，协调联动，共同管控铁路沿线安全环境，统一规划铁路沿线环境建设。路地双方要落实经费保障,地方政府应将铁路沿线安全环境治理工作所需经费纳入财政预算。

(三)强化考核问责。

定期对铁路沿线安全环境情况开展检查,结合本地区铁路沿线安全环境隐患问题发生数量和由环境因素引发的铁路交通事故情况,实行绩效评价考核,考核结果作为路地双方党政领导干部综合考核评价的重要依据。

(四)加强社会监督。

建立铁路管理保护信息公开平台,在铁路沿线显著位置设立双段长制公示牌,标明双段长职责、管护目标、监督电话等内容,接受社会监督。进一步做好宣传舆论引导,提高全社会对铁路安全保护工作的责任意识和参与意识。

国土资源部《国土资源执法监督规定》

（2018 年 1 月 2 日国土资源部令第 79 号发布　自 2018 年 3 月 1 日起施行）

第一条　为了规范国土资源执法监督行为，依法履行国土资源执法监督职责，切实保护国土资源，维护公民、法人和其他组织的合法权益，根据《中华人民共和国土地管理法》《中华人民共和国矿产资源法》等法律法规，制定本规定。

第二条　本规定所称国土资源执法监督，是指县级以上国土资源主管部门依照法定职权和程序，对公民、法人和其他组织执行和遵守国土资源法律法规的情况进行监督检查，并对违反国土资源法律法规的行为进行制止和查处的行政执法活动。

第三条　国土资源执法监督，遵循依法、规范、严格、公正、文明的原则。

第四条　县级以上国土资源主管部门应当强化遥感监测、视频监控等科技和信息化手段的应用，也可以通过购买社会服务等方式，发挥现代科技对执法监督工作的支撑作用，提升执法监督效能。

第五条　对在执法监督工作中认真履行职责，依法执行公务成绩显著的国土资源主管部门及其执法人员，由上级国土资源主管部门给予通报表扬。

第六条　县级以上国土资源主管部门依照法律法规规定，履行下列执法监督职责：

（一）对执行和遵守国土资源法律法规的情况进行检查；

（二）对发现的违反国土资源法律法规的行为进行制止，责令限期改正；

（三）对涉嫌违反国土资源法律法规的行为进行调查；

（四）对违反国土资源法律法规的行为依法实施行政处罚和行政处理；

（五）对违反国土资源法律法规依法应当追究国家工作人员行政纪律责任的，依照有关规定提出行政处分建议；

（六）对违反国土资源法律法规涉嫌犯罪的，向公安、检察机关移送案件有关材料；

（七）法律法规规定的其他职责。

第七条　县级以上地方国土资源主管部门根据工作需要，可以委托国土资源执法监督队伍行使执法监督职权。具体职权范围由委托机关决定。

上级国土资源主管部门应当加强对下级国土资源主管部门行政执法行为的监督和指导。

第八条 县级以上地方国土资源主管部门应当加强与人民法院、人民检察院和公安机关的沟通和协作,依法配合有关机关查处涉嫌国土资源犯罪的行为。

第九条 从事国土资源执法监督的工作人员应当具备下列条件:

(一)具有较高的政治素质,忠于职守、秉公执法、清正廉明;

(二)熟悉国土资源法律法规和相关专业知识;

(三)取得国土资源执法证件。

第十条 国土资源执法人员经过考核合格后,方可取得国土资源执法证件。

国土资源主管部门应当定期组织对执法人员的业务培训。

执法人员不得超越法定职权使用执法证件,不得将执法证件用于国土资源执法监督以外的活动。

第十一条 国土资源部负责省级以上国土资源主管部门执法证件的颁发工作。

省级国土资源主管部门负责市、县国土资源主管部门执法证件的颁发工作。

国土资源执法证件的样式,由国土资源部规定。

第十二条 单位名称、执法人员信息等发生变化的,应当申领新的执法证件。

遗失执法证件的,应当及时向所在国土资源主管部门书面报告。有关国土资源主管部门在门户网站声明作废后,核发新的执法证件。

省级国土资源主管部门应当在每年1月底前,通过国土资源执法综合监管平台将上年度执法人员基本信息、培训、发证以及变更、注销、撤销等情况报国土资源部备案。

国土资源部和省级国土资源主管部门应当结合备案情况定期审验相关信息。

第十三条 因调离、辞职、退休或者其他情形不再履行国土资源执法监督职责的,有关国土资源主管部门应当收回其执法证件,由发证机关予以注销。

第十四条 有下列情形之一的,有关国土资源主管部门应当收回其执法证件,并报发证机关备案:

(一)因涉嫌违法违纪被立案审查,尚未作出结论的;

(二)暂时停止履行执法监督职责的;

(三)擅自涂改、转借执法证件的;

（四）有利用执法证件开展与执法监督职责无关的活动，尚未造成严重后果的；

（五）因其他原因应当收回执法证件的。

本条第一、二种情形消除后，经审查合格，可以继续履行执法监督职责的，应当将执法证件及时发还。

第十五条　有下列情形之一的，有关国土资源主管部门应当收回其执法证件，逐级上报发证机关，由发证机关予以撤销，并在门户网站上公布：

（一）弄虚作假取得执法证件的；

（二）在执法监督活动中存在徇私舞弊、滥用职权、玩忽职守等行为，不再适合履行执法监督职责的；

（三）利用执法证件开展与执法监督职责无关的活动，造成严重后果的；

（四）有其他依法应当撤销执法证件情形的。

执法证件被撤销的，不得再重新申领。

第十六条　国土资源执法人员依法履行执法监督职责时，应当主动出示执法证件，并且不得少于 2 人。

第十七条　县级以上国土资源主管部门可以组织特邀国土资源监察专员参与国土资源执法监督活动，为国土资源执法监督工作提供意见和建议。

第十八条　市、县国土资源主管部门可以根据工作需要，聘任信息员、协管员，收集国土资源违法行为信息，协助及时发现国土资源违法行为。

第十九条　县级以上国土资源主管部门履行执法监督职责，依法可以采取下列措施：

（一）要求被检查的单位或者个人提供有关文件和资料，进行查阅或者予以复制；

（二）要求被检查的单位或者个人就有关问题作出说明，询问违法案件的当事人、嫌疑人和证人；

（三）进入被检查单位或者个人违法现场进行勘测、拍照、录音和摄像等；

（四）责令当事人停止正在实施的违法行为，限期改正；

（五）对当事人拒不停止违法行为的，应当将违法事实书面报告本级人民政府和上一级国土资源主管部门，也可以提请本级人民政府协调有关部门和单位采取相关措施；

（六）对涉嫌违反国土资源法律法规的单位和个人，依法暂停办理其与该行

为有关的审批或者登记发证手续;

（七）对执法监督中发现有严重违反国土资源法律法规,国土资源管理秩序混乱,未积极采取措施消除违法状态的地区,其上级国土资源主管部门可以建议本级人民政府约谈该地区人民政府主要负责人;

（八）执法监督中发现有地区存在违反国土资源法律法规的苗头性或者倾向性问题,可以向该地区的人民政府或者国土资源主管部门进行反馈,提出执法监督建议;

（九）法律法规规定的其他措施。

第二十条 县级以上地方国土资源主管部门应当按照有关规定保障国土资源执法监督工作的经费、车辆、装备等必要条件,并为执法人员提供人身意外伤害保险等职业风险保障。

第二十一条 市、县国土资源主管部门应当建立执法巡查制度,制订巡查工作计划,组织开展巡查活动,及时发现、报告和依法制止国土资源违法行为。

第二十二条 国土资源部在全国部署开展土地矿产卫片执法监督。

省级国土资源主管部门按照国土资源部的统一部署,组织所辖行政区域内的市、县国土资源主管部门开展土地矿产卫片执法监督,并向国土资源部报告结果。

第二十三条 省级以上国土资源主管部门实行国土资源违法案件挂牌督办和公开通报制度。

符合下列条件之一的违法案件可以挂牌督办:

（一）公众反映强烈,影响社会稳定的;

（二）给国家、人民群众利益造成重大损害的;

（三）造成耕地大量破坏,或者非法采出矿产品价值数额巨大的;

（四）其他需要挂牌督办的。

省级以上国土资源主管部门应当将重大典型案件和挂牌督办案件的案情、处理结果向社会公开通报。

第二十四条 对上级国土资源主管部门交办的国土资源违法案件,下级国土资源主管部门拖延办理的,上级国土资源主管部门可以发出督办通知,责令限期办理;必要时,可以派员督办或者挂牌督办。

第二十五条 县级以上国土资源主管部门实行行政执法全过程记录制度。根据情况可以采取下列记录方式,实现全过程留痕和可回溯管理:

（一）将行政执法文书作为全过程记录的基本形式;

（二）对现场检查、随机抽查、调查取证、听证、行政强制、送达等容易引发争议的行政执法过程，进行音像记录；

（三）对直接涉及重大财产权益的现场执法活动和执法场所，进行音像记录。

第二十六条　县级以上国土资源主管部门实行重大行政执法决定法制审核制度。在作出重大行政处罚决定前，由该部门的法制工作机构对拟作出决定的合法性、适当性进行审核。未经法制审核或者审核未通过的，不得作出决定。

重大行政处罚决定，包括没收违法采出的矿产品、没收违法所得、没收违法建筑物、限期拆除违法建筑物、吊销勘查许可证或者采矿许可证等。

第二十七条　县级以上国土资源主管部门的执法监督机构提请法制审核的，应当提交以下材料：

（一）处罚决定文本；

（二）案件调查报告；

（三）法律法规规章依据；

（四）相关的证据材料；

（五）需要提供的其他相关材料。

第二十八条　法制审核原则上采取书面审核的方式，审核以下内容：

（一）执法主体是否合法；

（二）是否超越本机关执法权限；

（三）违法定性是否准确；

（四）法律适用是否正确；

（五）程序是否合法；

（六）行政裁量权行使是否适当。

第二十九条　县级以上国土资源主管部门的法制工作机构自收到送审材料之日起5个工作日内完成审核。情况复杂需要进一步调查研究的，可以适当延长，但延长期限不超过10个工作日。

经过审核，对拟作出的重大行政处罚决定符合本规定第二十八条的，法制工作机构出具通过法制审核的书面意见；对不符合规定的，不予通过法制审核。

第三十条　县级以上国土资源主管部门实行行政执法公示制度。县级以上国土资源主管部门建立行政执法公示平台，依法及时向社会公开下列信息，接受社会公众监督：

（一）本部门执法查处的法律依据、管辖范围、工作流程、救济方式等相关规定；

（二）本部门国土资源执法证件持有人姓名、编号等信息；

（三）本部门作出的生效行政处罚决定和行政处理决定；

（四）本部门公开挂牌督办案件处理结果；

（五）本部门认为需要公开的其他执法监督事项。

第三十一条 有下列情形之一的，县级以上国土资源主管部门及其执法人员，应当采取相应处置措施，履行执法监督职责：

（一）对于下达《责令停止违法行为通知书》后制止无效的，及时报告本级人民政府和上一级国土资源主管部门；

（二）依法申请人民法院强制执行，人民法院不予受理的，应当作出明确记录。

第三十二条 上级国土资源主管部门应当通过检查、抽查等方式，评议考核下级国土资源主管部门执法监督工作。

评议考核结果应当在适当范围内予以通报，并作为年度责任目标考核、评优、奖惩的重要依据，以及干部任用的重要参考。

评议考核不合格的，上级国土资源主管部门可以对其主要负责人进行约谈，责令限期整改。

第三十三条 县级以上国土资源主管部门实行错案责任追究制度。国土资源执法人员在查办国土资源违法案件过程中，因过错造成损害后果的，所在的国土资源主管部门应当予以纠正，并依照有关规定追究相关人员的过错责任。

第三十四条 县级以上国土资源主管部门及其执法人员有下列情形之一，致使公共利益或者公民、法人和其他组织的合法权益遭受重大损害的，应当依法给予处分：

（一）对发现的国土资源违法行为未依法制止的；

（二）应当依法立案查处，无正当理由，未依法立案查处的；

（三）已经立案查处，依法应当申请强制执行、提出处分建议或者移送有权机关追究行政纪律或者刑事责任，无正当理由，未依法申请强制执行、提出处分建议、移送有权机关的。

第三十五条 县级以上国土资源主管部门及其执法人员有下列情形之一的，应当依法给予处分；构成犯罪的，依法追究刑事责任：

（一）伪造、销毁、藏匿证据，造成严重后果的；

（二）篡改案件材料，造成严重后果的；

（三）不依法履行职责，致使案件调查、审核出现重大失误的；

（四）违反保密规定，向案件当事人泄露案情，造成严重后果的；

（五）越权干预案件调查处理，造成严重后果的；

（六）有其他徇私舞弊、玩忽职守、滥用职权行为的。

第三十六条　阻碍国土资源主管部门依法履行执法监督职责，对国土资源执法人员进行威胁、侮辱、殴打或者故意伤害，构成违反治安管理行为的，依法给予治安管理处罚；构成犯罪的，依法追究刑事责任。

第三十七条　本规定自 2018 年 3 月 1 日起施行。原国家土地管理局 1995 年 6 月 12 日发布的《土地监察暂行规定》同时废止。

国家土地总督察办公室《重大土地问题实地核查办法》

（2009年6月20日　国土督办发〔2009〕16号）

第一章　总　　则

第一条　为切实履行国家土地督察职责，规范对重大土地问题的实地核查工作，提高国家土地督察机构快速反应和应急处置能力，根据《国务院办公厅关于建立国家土地督察制度有关问题的通知》的有关规定，结合国家土地督察实践，制定本办法。

第二条　本办法所称重大土地问题，是指领导批示、媒体曝光、群众信访和通过其他途径反映的土地违规违法性质严重、社会影响恶劣的问题。

本办法所称实地核查，是指国家土地督察机构履行土地督察职责，依照规定的权限和程序，对督察区域发生的重大土地问题进行现场检查、核实，提出处理意见并向国家土地总督察、副总督察作出报告的行为。

第三条　国家土地督察机构开展重大土地问题实地核查时，应当遵循以下原则：

（一）依法独立行使土地督察职权，不受其他行政机关、社会团体和个人的干涉；

（二）实事求是，依法依规，客观公正；

（三）不改变、不取代地方人民政府及其国土资源行政主管部门查处土地违规违法行为的职权；

（四）快速反应，亲临现场，查清事实，正确处置，及时报告。

第四条　对重大土地问题开展实地核查，由有关派驻地方的国家土地督察局（以下简称国家土地督察局）独立组织实施；必要时，也可由国家土地总督察办公

注：该文件未列入《国土资源部关于公布继续有效的规范性文件目录的公告》（2011年第5号），但未明文废止。

室协调组织实施。

第五条　国家土地督察局应当根据土地督察工作总体要求和实际工作需要，建立和完善重大土地问题快速反应机制和应急工作预案，科学预防和有效应对相关土地突发事件。

第二章　核查事项、内容和标准

第六条　国家土地督察局应当对督察区域内发生的下列重大土地问题开展实地核查：

（一）中央领导批示的土地问题；

（二）国家土地总督察、副总督察批示的土地问题；

（三）有重要影响的新闻媒体报道反映的生地问题；

（四）群众信访举报的影响较大、性质恶劣的土地问题；

（五）其他应当进行实地核查的土地问题。

第七条　国家土地督察局开展重大土地问题实地核查时，应当核实查明以下内容：

（一）基本事实和用地情况；

（二）是否有违反土地管理法律法规和政策规定的行为；

（三）违反土地管理法律法规和政策的性质和情节；

（四）有关责任主体应负的责任；

（五）其他需要核查的情况。

第八条　重大土地问题实地核查应当达到以下标准：

（一）及时、快速进入现场并采取有效措施，防止事态扩大和恶化；

（二）对问题及相关情况核查内容清楚，证据确凿，定性准确；

（三）处理问题的依据适用正确，意见恰当；

（四）报告反馈迅速。

第三章　核 查 实 施

第九条　国家土地督察局在开展重大土地问题实地核查前，应及时启动应急工作预案，成立工作组，对问题进行登记，收集相关信息和卷宗、图件资料，确定核查时间、路线、内容和标准，做好相关准备工作。

第十条　重大土地问题实地核查形式可分为公开或者不公开两种，具体实施时应当根据实际情况选择采用。

第十一条 国家土地督察局采取公开形式进行实地核查的,可以通知有关地方人民政府或者国土资源等行政主管部门予以配合。

第十二条 执行重大土地问题实地核查任务时,国家土地督察机构工作人员不得少于两人,并且应当出示表明工作身份的证件或者文件。

第十三条 实地核查可以选择采用以下方式进行,同时填制《重大土地问题实地核查工作记录》。

(一)现场踏勘;

(二)拍摄取证;

(三)走访群众,约见当事人,并制作谈话记录;

(四)与地方人民政府及有关部门座谈;

(五)调阅卷宗,查阅、复制有关材料;

(六)其他有效方式。

第十四条 国家土地督察局在开展重大土地问题实地核查时,发现土地违规违法行为属实且仍处于继续状态的,应当协调、督促地方人民政府或者国土资源部门及时采取有效措施,制止土地违规违法行为。

对涉及土地管理的大型群体性或者突发性事件等重大紧急问题,应当现场协调、督促地方人民政府或者国土资源部门立即采取有效措施,防止事态扩大和恶化。

第十五条 国家土地督察局应在获得重大土地问题信息后 24 小时内迅速启动实地核查,对涉及土地管理的大型群体性或者突发性事件等重大紧急问题,应及时向国家土地总督察、副总督察报告工作进展,并在 5 个工作日内完成核查工作;对其他重大土地问题,应在 10 个工作日内完成核查工作。

特殊情况下,经请示国家土地总督察、副总督察同意,可适当延长工作时限。国家土地总督察、副总督察另有要求的,按要求时限完成。

第四章 核 查 报 告

第十六条 重大土地问题实地核查结束后,国家土地督察局应及时向国家土地总督察、副总督察作出书面报告。书面报告应包含下列内容:

(一)问题来源及基本情况;

(二)核查组织开展情况及查明的事实;

(三)现场督察处置的事项及效果;

（四）对问题性质的界定及责任认定；

（五）处理意见和建议；

（六）下一步的工作打算。

第十七条　国家土地督察局应当及时跟踪督察重大土地问题的处理进展和后续工作，并向国家土地总督察、副总督察报告。

第十八条　重大土地问题实地核查结束后，国家土地督察局应当对《重大土地问题实地核查工作记录》、核查报告以及相关材料进行归档或者建立电子档案备查。

第五章　工作纪律和责任

第十九条　负责实地核查的人员应严格遵守保密纪律，妥善保管核查资料，不得随意泄漏、扩散核查工作的内容和进展情况。未经审核同意，不得以个人或者单位名义就被核查重大土地问题的定性及处理发表意见。

第二十条　国家土地督察局开展重大土地问题实地核查工作中，不认真履行职责、监督检查不力，或者给督察工作造成不良影响的，应承担相应责任。

土地调查条例

（2008年2月7日国务院令第518号发布　根据2016年2月6日国务院令第666号《关于修改部分行政法规的决定》第一次修订　根据2018年3月19日国务院令第698号《关于修改和废止部分行政法规的决定》第二次修订　修订后自公布之日起施行）

第一章　总　　则

第一条　为了科学、有效地组织实施土地调查，保障土地调查数据的真实性、准确性和及时性，根据《中华人民共和国土地管理法》和《中华人民共和国统计法》，制定本条例。

第二条　土地调查的目的，是全面查清土地资源和利用状况，掌握真实准确的土地基础数据，为科学规划、合理利用、有效保护土地资源，实施最严格的耕地保护制度，加强和改善宏观调控提供依据，促进经济社会全面协调可持续发展。

第三条　土地调查工作按照全国统一领导、部门分工协作、地方分级负责、各方共同参与的原则组织实施。

第四条　土地调查所需经费，由中央和地方各级人民政府共同负担，列入相应年度的财政预算，按时拨付，确保足额到位。

土地调查经费应当统一管理、专款专用、从严控制支出。

第五条　报刊、广播、电视和互联网等新闻媒体，应当及时开展土地调查工作的宣传报道。

第二章　土地调查的内容和方法

第六条　国家根据国民经济和社会发展需要，每10年进行一次全国土地调查；根据土地管理工作的需要，每年进行土地变更调查。

第七条　土地调查包括下列内容：

（一）土地利用现状及变化情况，包括地类、位置、面积、分布等状况；

（二）土地权属及变化情况，包括土地的所有权和使用权状况；

（三）土地条件，包括土地的自然条件、社会经济条件等状况。

进行土地利用现状及变化情况调查时，应当重点调查基本农田现状及变化情况，包括基本农田的数量、分布和保护状况。

第八条　土地调查采用全面调查的方法，综合运用实地调查统计、遥感监测等手段。

第九条　土地调查采用《土地利用现状分类》国家标准、统一的技术规程和按照国家统一标准制作的调查基础图件。

土地调查技术规程，由国务院国土资源主管部门会同国务院有关部门制定。

第三章　土地调查的组织实施

第十条　县级以上人民政府国土资源主管部门会同同级有关部门进行土地调查。

乡(镇)人民政府、街道办事处和村(居)民委员会应当广泛动员和组织社会力量积极参与土地调查工作。

第十一条　县级以上人民政府有关部门应当积极参与和密切配合土地调查工作，依法提供土地调查需要的相关资料。

社会团体以及与土地调查有关的单位和个人应当依照本条例的规定，配合土地调查工作。

第十二条　全国土地调查总体方案由国务院国土资源主管部门会同国务院有关部门拟订，报国务院批准。县级以上地方人民政府国土资源主管部门会同同级有关部门按照国家统一要求，根据本行政区域的土地利用特点，编制地方土地调查实施方案，报上一级人民政府国土资源主管部门备案。

第十三条　在土地调查中，需要面向社会选择专业调查队伍承担的土地调查任务，应当通过招标投标方式组织实施。

承担土地调查任务的单位应当具备以下条件：

(一)具有法人资格；

(二)有与土地调查相关的工作业绩；

(三)有完备的技术和质量管理制度；

(四)有经过培训且考核合格的专业技术人员。

国务院国土资源主管部门应当会同国务院有关部门加强对承担土地调查任务单位的监管和服务。

第十四条　土地调查人员应当坚持实事求是，恪守职业道德，具有执行调查任务所需要的专业知识。

土地调查人员应当接受业务培训,经考核合格领取全国统一的土地调查员工作证。

第十五条 土地调查人员应当严格执行全国土地调查总体方案和地方土地调查实施方案、《土地利用现状分类》国家标准和统一的技术规程,不得伪造、篡改调查资料,不得强令、授意调查对象提供虚假的调查资料。

土地调查人员应当对其登记、审核、录入的调查资料与现场调查资料的一致性负责。

第十六条 土地调查人员依法独立行使调查、报告、监督和检查职权,有权根据工作需要进行现场调查,并按照技术规程进行现场作业。

土地调查人员有权就与调查有关的问题询问有关单位和个人,要求有关单位和个人如实提供相关资料。

土地调查人员进行现场调查、现场作业以及询问有关单位和个人时,应当出示土地调查员工作证。

第十七条 接受调查的有关单位和个人应当如实回答询问,履行现场指界义务,按照要求提供相关资料,不得转移、隐匿、篡改、毁弃原始记录和土地登记簿等相关资料。

第十八条 各地方、各部门、各单位的负责人不得擅自修改土地调查资料、数据,不得强令或者授意土地调查人员篡改调查资料、数据或者编造虚假数据,不得对拒绝、抵制篡改调查资料、数据或者编造虚假数据的土地调查人员打击报复。

第四章 调查成果处理和质量控制

第十九条 土地调查形成下列调查成果:

(一)数据成果;

(二)图件成果;

(三)文字成果;

(四)数据库成果。

第二十条 土地调查成果实行逐级汇交、汇总统计制度。

土地调查数据的处理和上报应当按照全国土地调查总体方案和有关标准进行。

第二十一条 县级以上地方人民政府对本行政区域的土地调查成果质量负

总责，主要负责人是第一责任人。

县级以上人民政府国土资源主管部门会同同级有关部门对调查的各个环节实行质量控制，建立土地调查成果质量控制岗位责任制，切实保证调查的数据、图件和被调查土地实际状况三者一致，并对其加工、整理、汇总的调查成果的准确性负责。

第二十二条　国务院国土资源主管部门会同国务院有关部门统一组织土地调查成果质量的抽查工作。抽查结果作为评价土地调查成果质量的重要依据。

第二十三条　土地调查成果实行分阶段、分级检查验收制度。前一阶段土地调查成果经检查验收合格后，方可开展下一阶段的调查工作。

土地调查成果检查验收办法，由国务院国土资源主管部门会同国务院有关部门制定。

第五章　调查成果公布和应用

第二十四条　国家建立土地调查成果公布制度。

土地调查成果应当向社会公布，并接受公开查询，但依法应当保密的除外。

第二十五条　全国土地调查成果，报国务院批准后公布。

地方土地调查成果，经本级人民政府审核，报上一级人民政府批准后公布。

全国土地调查成果公布后，县级以上地方人民政府方可逐级依次公布本行政区域的土地调查成果。

第二十六条　县级以上人民政府国土资源主管部门会同同级有关部门做好土地调查成果的保存、管理、开发、应用和为社会公众提供服务等工作。

国家通过土地调查，建立互联共享的土地调查数据库，并做好维护、更新工作。

第二十七条　土地调查成果是编制国民经济和社会发展规划以及从事国土资源规划、管理、保护和利用的重要依据。

第二十八条　土地调查成果应当严格管理和规范使用，不作为依照其他法律、行政法规对调查对象实施行政处罚的依据，不作为划分部门职责分工和管理范围的依据。

第六章　表彰和处罚

第二十九条　对在土地调查工作中做出突出贡献的单位和个人，应当按照国家有关规定给予表彰或者奖励。

第三十条　地方、部门、单位的负责人有下列行为之一的，依法给予处分；构

成犯罪的,依法追究刑事责任:

(一)擅自修改调查资料、数据的;

(二)强令、授意土地调查人员篡改调查资料、数据或者编造虚假数据的;

(三)对拒绝、抵制篡改调查资料、数据或者编造虚假数据的土地调查人员打击报复的。

第三十一条 土地调查人员不执行全国土地调查总体方案和地方土地调查实施方案、《土地利用现状分类》国家标准和统一的技术规程,或者伪造、篡改调查资料,或者强令、授意接受调查的有关单位和个人提供虚假调查资料的,依法给予处分,并由县级以上人民政府国土资源主管部门、统计机构予以通报批评。

第三十二条 接受调查的单位和个人有下列行为之一的,由县级以上人民政府国土资源主管部门责令限期改正,可以处5万元以下的罚款;构成违反治安管理行为的,由公安机关依法给予治安管理处罚;构成犯罪的,依法追究刑事责任:

(一)拒绝或者阻挠土地调查人员依法进行调查的;

(二)提供虚假调查资料的;

(三)拒绝提供调查资料的;

(四)转移、隐匿、篡改、毁弃原始记录、土地登记簿等相关资料的。

第三十三条 县级以上地方人民政府有下列行为之一的,由上级人民政府予以通报批评;情节严重的,对直接负责的主管人员和其他直接责任人员依法给予处分:

(一)未按期完成土地调查工作,被责令限期完成,逾期仍未完成的;

(二)提供的土地调查数据失真,被责令限期改正,逾期仍未改正的。

第七章 附 则

第三十四条 军用土地调查,由国务院国土资源主管部门会同军队有关部门按照国家统一规定和要求制定具体办法。

中央单位使用土地的调查数据汇总内容的确定和成果的应用管理,由国务院国土资源主管部门会同国务院管理机关事务工作的机构负责。

第三十五条 县级以上人民政府可以按照全国土地调查总体方案和地方土地调查实施方案成立土地调查领导小组,组织和领导土地调查工作。必要时,可以设立土地调查领导小组办公室负责土地调查日常工作。

第三十六条 本条例自公布之日起施行。

国土资源部《土地调查条例实施办法》

（2009年6月17日国土资源部令第45号发布　根据2016年1月5日国土资源部令第64号《关于修改和废止部分部门规章的决定》第一次修正　根据2019年7月24日自然资源部令第5号《关于第一批废止和修改的部门规章的决定》第二次修正　修正后自公布之日起施行）

第一章　总　　则

第一条　为保证土地调查的有效实施，根据《土地调查条例》（以下简称条例），制定本办法。

第二条　土地调查是指对土地的地类、位置、面积、分布等自然属性和土地权属等社会属性及其变化情况，以及永久基本农田状况进行的调查、监测、统计、分析的活动。

第三条　土地调查包括全国土地调查、土地变更调查和土地专项调查。

全国土地调查，是指国家根据国民经济和社会发展需要，对全国城乡各类土地进行的全面调查。

土地变更调查，是指在全国土地调查的基础上，根据城乡土地利用现状及权属变化情况，随时进行城镇和村庄地籍变更调查和土地利用变更调查，并定期进行汇总统计。

土地专项调查，是指根据自然资源管理需要，在特定范围、特定时间内对特定对象进行的专门调查，包括耕地后备资源调查、土地利用动态遥感监测和勘测定界等。

第四条　全国土地调查，由国务院全国土地调查领导小组统一组织，县级以上人民政府土地调查领导小组遵照要求实施。

土地变更调查，由自然资源部会同有关部门组织，县级以上自然资源主管部门会同有关部门实施。

土地专项调查，由县级以上自然资源主管部门组织实施。

第五条　县级以上地方自然资源主管部门应当配合同级财政部门，根据条例规定落实地方人民政府土地调查所需经费。必要时,可以与同级财政部门共同制定土地调查经费从新增建设用地土地有偿使用费、国有土地使用权有偿出让收入等土地收益中列支的管理办法。

第六条 在土地调查工作中作出突出贡献的单位和个人,由有关自然资源主管部门按照国家规定给予表彰或者奖励。

第二章 土地调查机构及人员

第七条 国务院全国土地调查领导小组办公室设在自然资源部,县级以上地方人民政府土地调查领导小组办公室设在同级自然资源主管部门。

县级以上自然资源主管部门应当明确专门机构和人员,具体负责土地变更调查和土地专项调查等工作。

第八条 土地调查人员包括县级以上自然资源政主管部门和相关部门的工作人员,有关事业单位的人员以及承担土地调查任务单位的人员。

第九条 土地调查人员应当经过省级以上自然资源主管部门组织的业务培训,通过全国统一的土地调查人员考核,领取土地调查员工作证。

已取得自然资源部、人力资源和社会保障部联合颁发的土地登记代理人资格证书的人员,可以直接申请取得土地调查员工作证。

土地调查员工作证由自然资源部统一制发,按照规定统一编号管理。

第十条 承担国家级土地调查任务的单位,应当具备以下条件:

(一)近三年内有累计合同额1000万元以上,经县级以上自然资源主管部门验收合格的土地调查项目;

(二)有专门的质量检验机构和专职质量检验人员,有完善有效的土地调查成果质量保证制度;

(三)近三年内无土地调查成果质量不良记录,并未被列入失信名单;

(四)取得土地调查员工作证的技术人员不少于20名;

(五)自然资源部规章、规范性文件规定的其他条件。

第三章 土地调查的组织实施

第十一条 开展全国土地调查,由自然资源部会同有关部门在开始前一年度拟订全国土地调查总体方案,报国务院批准后实施。

全国土地调查总体方案应当包括调查的主要任务、时间安排、经费落实、数据要求、成果公布等内容。

第十二条　县级以上地方自然资源主管部门应当会同同级有关部门，根据全国土地调查总体方案和上级土地调查实施方案的要求，拟定本行政区域的土地调查实施方案，报上一级人民政府自然资源主管部门备案。

第十三条　土地变更调查由自然资源部统一部署，以县级行政区为单位组织实施。

县级以上自然资源主管部门应当按照国家统一要求，组织实施土地变更调查，保持调查成果的现势性和准确性。

第十四条　土地变更调查中的城镇和村庄地籍变更调查，应当根据土地权属等变化情况，以宗地为单位，随时调查，及时变更地籍图件和数据库。

第十五条　土地变更调查中的土地利用变更调查，应当以全国土地调查和上一年度土地变更调查结果为基础，全面查清本年度本行政区域内土地利用状况变化情况，更新土地利用现状图件和土地利用数据库，逐级汇总上报各类土地利用变化数据。

土地利用变更调查的统一时点为每年12月31日。

第十六条　土地变更调查，包括下列内容：

（一）行政和权属界线变化状况；

（二）土地所有权和使用权变化情况；

（三）地类变化情况；

（四）永久基本农田位置、数量变化情况；

（五）自然资源部规定的其他内容。

第十七条　土地专项调查由县级以上自然资源主管部门组织实施，专项调查成果报上一级自然资源主管部门备案。

全国性的土地专项调查，由自然资源部组织实施。

第十八条　土地调查应当执行国家统一的土地利用现状分类标准、技术规程和自然资源部的有关规定，保证土地调查数据的统一性和准确性。

第十九条　上级自然资源主管部门应当加强对下级自然资源主管部门土地调查工作的指导，并定期组织人员进行监督检查，及时掌握土地调查进度，研究解决土地调查中的问题。

第二十条　县级以上自然资源主管部门应当建立土地调查进度的动态通报制度。

上级自然资源主管部门应当根据全国土地调查、土地变更调查和土地专项调查确定的工作时限,定期通报各地工作的完成情况,对工作进度缓慢的地区,进行重点督导和检查。

第二十一条 从事土地调查的单位和个人,应当遵守国家有关保密的法律法规和规定。

第四章 调查成果的公布和应用

第二十二条 土地调查成果包括数据成果、图件成果、文字成果和数据库成果。

土地调查数据成果,包括各类土地分类面积数据、不同权属性质面积数据、永久基本农田面积数据和耕地坡度分级面积数据等。

土地调查图件成果,包括土地利用现状图、地籍图、宗地图、永久基本农田分布图、耕地坡度分级专题图等。

土地调查文字成果,包括土地调查工作报告、技术报告、成果分析报告和其他专题报告等。

土地调查数据库成果,包括土地利用数据库和地籍数据库等。

第二十三条 县级以上自然资源主管部门应当按照要求和有关标准完成数据处理、文字报告编写等成果汇总统计工作。

第二十四条 土地调查成果实行逐级汇交制度。

县级以上地方自然资源主管部门应当将土地调查形成的数据成果、图件成果、文字成果和数据库成果汇交上一级自然资源主管部门汇总。

土地调查成果汇总的内容主要包括数据汇总、图件编制、文字报告编写和成果分析等。

第二十五条 全国土地调查成果的检查验收,由各级土地调查领导小组办公室按照下列程序进行:

(一)县级组织调查单位和相关部门,对调查成果进行全面自检,形成自检报告,报市(地)级复查;

(二)市(地)级复查合格后,向省级提出预检申请;

(三)省级对调查成果进行全面检查,验收合格后上报;

(四)全国土地调查领导小组办公室对成果进行核查,根据需要对重点区域、重点地类进行抽查,形成确认意见。

第二十六条 全国土地调查成果的公布,依照条例第二十五条规定进行。

土地变更调查成果，由各级自然资源主管部门报本级人民政府批准后，按照国家、省、市、县的顺序依次公布。

土地专项调查成果，由有关自然资源主管部门公布。

第二十七条 土地调查上报的成果质量实行分级负责制。县级以上自然资源主管部门应当对本级上报的调查成果认真核查，确保调查成果的真实、准确。

上级自然资源主管部门应当定期对下级自然资源主管部门的土地调查成果质量进行监督。

第二十八条 经依法公布的土地调查成果，是编制国民经济和社会发展规划、有关专项规划以及自然资源管理的基础和依据。

建设用地报批、土地整治项目立项以及其他需要使用土地基础数据与图件资料的活动，应当以国家确认的土地调查成果为基础依据。

各级土地利用总体规划修编，应当以经国家确定的土地调查成果为依据，校核规划修编基数。

第五章 法律责任

第二十九条 接受土地调查的单位和个人违反条例第十七条的规定，无正当理由不履行现场指界义务的，由县级以上人民政府自然资源主管部门责令限期改正，逾期不改正的，依照条例第三十二条的规定进行处罚。

第三十条 承担土地调查任务的单位有下列情形之一的，县级以上自然资源主管部门应当责令限期改正，逾期不改正的，终止土地调查任务，并将该单位报送国家信用平台：

（一）在土地调查工作中弄虚作假的；

（二）无正当理由，未按期完成土地调查任务的；

（三）土地调查成果有质量问题，造成严重后果的。

第三十一条 承担土地调查任务的单位不符合条例第十三条和本办法第十条规定的相关条件，弄虚作假，骗取土地调查任务的，县级以上自然资源主管部门应当终止该单位承担的土地调查任务，并将该单位报送国家信用平台。

第三十二条 土地调查人员违反条例第三十一条规定的，由自然资源部注销土地调查员工作证，不得再次参加土地调查人员考核。

第三十三条 自然资源主管部门工作人员在土地调查工作中玩忽职守、滥用职权、徇私舞弊,构成犯罪的,依法追究刑事责任;尚不构成犯罪的,依法给予处分。

第六章　附　　则

第三十四条　本办法自公布之日起施行。

第八部分

房地产税收

中华人民共和国城镇土地使用税暂行条例

（1988 年 9 月 27 日国务院令第 17 号发布　根据 2006 年 12 月 31 日国务院令第 483 号《关于修改〈中华人民共和国城镇土地使用税暂行条例〉的决定》第一次修订　根据 2011 年 1 月 8 日国务院令第 588 号《关于废止和修改部分行政法规的决定》第二次修订　根据 2013 年 12 月 7 日国务院令第 645 号《关于修改部分行政法规的决定》第三次修订　根据 2019 年 3 月 2 日国务院令第 709 号《关于修改部分行政法规的决定》第四次修订　修订后自公布之日起施行）

第一条　为了合理利用城镇土地，调节土地级差收入，提高土地使用效益，加强土地管理，制定本条例。

第二条　在城市、县城、建制镇、工矿区范围内使用土地的单位和个人，为城镇土地使用税（以下简称土地使用税）的纳税人，应当依照本条例的规定缴纳土地使用税。

前款所称单位，包括国有企业、集体企业、私营企业、股份制企业、外商投资企业、外国企业以及其他企业和事业单位、社会团体、国家机关、军队以及其他单位；所称个人，包括个体工商户以及其他个人。

第三条　土地使用税以纳税人实际占用的土地面积为计税依据，依照规定税额计算征收。

前款土地占用面积的组织测量工作，由省、自治区、直辖市人民政府根据实际情况确定。

第四条　土地使用税每平方米年税额如下：

（一）大城市 1.5 元至 30 元；

（二）中等城市 1.2 元至 24 元；

（三）小城市 0.9 元至 18 元；

（四）县城、建制镇、工矿区 0.6 元至 12 元。

第五条　省、自治区、直辖市人民政府，应当在本条例第四条规定的税额幅度内，根据市政建设状况、经济繁荣程度等条件，确定所辖地区的适用税额幅度。

市、县人民政府应当根据实际情况，将本地区土地划分为若干等级，在省、自治区、直辖市人民政府确定的税额幅度内，制定相应的适用税额标准，报省、自治区、直辖市人民政府批准执行。

经省、自治区、直辖市人民政府批准，经济落后地区土地使用税的适用税额标准可以适当降低，但降低额不得超过本条例第四条规定最低税额的30%。经济发达地区土地使用税的适用税额标准可以适当提高，但须报经财政部批准。

第六条　下列土地免缴土地使用税：

（一）国家机关、人民团体、军队自用的土地；

（二）由国家财政部门拨付事业经费的单位自用的土地；

（三）宗教寺庙、公园、名胜古迹自用的土地；

（四）市政街道、广场、绿化地带等公共用地；

（五）直接用于农、林、牧、渔业的生产用地；

（六）经批准开山填海整治的土地和改造的废弃土地，从使用的月份起免缴土地使用税5年至10年；

（七）由财政部另行规定免税的能源、交通、水利设施用地和其他用地。

第七条　除本条例第六条规定外，纳税人缴纳土地使用税确有困难需要定期减免的，由县以上税务机关批准。

第八条　土地使用税按年计算、分期缴纳。缴纳期限由省、自治区、直辖市人民政府确定。

第九条　新征收的土地，依照下列规定缴纳土地使用税：

（一）征收的耕地，自批准征收之日起满1年时开始缴纳土地使用税；

（二）征收的非耕地，自批准征收次月起缴纳土地使用税。

第十条　土地使用税由土地所在地的税务机关征收。土地管理机关应当向土地所在地的税务机关提供土地使用权属资料。

第十一条　土地使用税的征收管理，依照《中华人民共和国税收征收管理法》及本条例的规定执行。

第十二条　土地使用税收入纳入财政预算管理。

第十三条　本条例的实施办法由省、自治区、直辖市人民政府制定。

第十四条　本条例自1988年11月1日起施行，各地制定的土地使用费办法同时停止执行。

中华人民共和国土地增值税暂行条例

（1993 年 12 月 13 日国务院令第 138 号发布　根据 2011 年 1 月 8 日国务院令第 588 号《关于废止和修改部分行政法规的决定》修订　修订后自公布之日起施行）

第一条　为了规范土地、房地产市场交易秩序，合理调节土地增值收益，维护国家权益，制定本条例。

第二条　转让国有土地使用权、地上的建筑物及其附着物（以下简称转让房地产）并取得收入的单位和个人，为土地增值税的纳税义务人（以下简称纳税人），应当依照本条例缴纳土地增值税。

第三条　土地增值税按照纳税人转让房地产所取得的增值额和本条例第七条规定的税率计算征收。

第四条　纳税人转让房地产所取得的收入减除本条例第六条规定扣除项目金额后的余额，为增值额。

第五条　纳税人转让房地产所取得的收入，包括货币收入、实物收入和其他收入。

第六条　计算增值额的扣除项目：

（一）取得土地使用权所支付的金额；

（二）开发土地的成本、费用；

（三）新建房及配套设施的成本、费用，或者旧房及建筑物的评估价格；

（四）与转让房地产有关的税金；

（五）财政部规定的其他扣除项目。

第七条　土地增值税实行四级超率累进税率：

增值额未超过扣除项目金额 50% 的部分，税率为 30%。

增值额超过扣除项目金额 50%、未超过扣除项目金额 100% 的部分，税率为 40%。

增值额超过扣除项目金额 100%、未超过扣除项目金额 200% 的部分，税率为 50%。

增值额超过扣除项目金额 200% 的部分，税率为 60%。

第八条　有下列情形之一的，免征土地增值税：

（一）纳税人建造普通标准住宅出售，增值额未超过扣除项目金额 20% 的；

（二）因国家建设需要依法征收、收回的房地产。

第九条　纳税人有下列情形之一的，按照房地产评估价格计算征收：

（一）隐瞒、虚报房地产成交价格的；

（二）提供扣除项目金额不实的；

（三）转让房地产的成交价格低于房地产评估价格，又无正当理由的。

第十条　纳税人应当自转让房地产合同签订之日起 7 日内向房地产所在地主管税务机关办理纳税申报，并在税务机关核定的期限内缴纳土地增值税。

第十一条　土地增值税由税务机关征收。土地管理部门、房产管理部门应当向税务机关提供有关资料，并协助税务机关依法征收土地增值税。

第十二条　纳税人未按照本条例缴纳土地增值税的，土地管理部门、房产管理部门不得办理有关的权属变更手续。

第十三条　土地增值税的征收管理，依据《中华人民共和国税收征收管理法》及本条例有关规定执行。

第十四条　本条例由财政部负责解释，实施细则由财政部制定。

第十五条　本条例自 1994 年 1 月 1 日起施行。各地区的土地增值费征收办法，与本条例相抵触的，同时停止执行。

财政部《中华人民共和国土地增值税暂行条例实施细则》

（1995 年 1 月 27 日　财法字〔1995〕6 号）

第一条　根据《中华人民共和国土地增值税暂行条例》（以下简称条例）第十四条规定，制定本细则。

第二条　条例第二条所称的转让国有土地使用权、地上的建筑物及其附着物并取得收入，是指以出售或者其他方式有偿转让房地产的行为。不包括以继承、赠与方式无偿转让房地产的行为。

第三条　条例第二条所称的国有土地，是指按国家法律规定属于国家所有的土地。

第四条　条例第二条所称的地上的建筑物，是指建于土地上的一切建筑物，包括地上地下的各种附属设施。

条例第二条所称的附着物，是指附着于土地上的不能移动，一经移动即遭损坏的物品。

第五条　条例第二条所称的收入，包括转让房地产的全部价款及有关的经济收益。

第六条　条例第二条所称的单位，是指各类企业单位、事业单位、国家机关和社会团体及其他组织。

条例第二条所称个人，包括个体经营者。

第七条　条例第六条所列的计算增值额的扣除项目，具体为：

（一）取得土地使用权所支付的金额，是指纳税人为取得土地使用权所支付的地价款和按国家统一规定交纳的有关费用。

（二）开发土地和新建房及配套设施（以下简称房地产开发）的成本，是指纳税人房地产开发项目实际发生的成本（以下简称房地产开发成本），包括土地征用及拆迁补偿费、前期工程费、建筑安装工程费、基础设施费、公共配套设施费、开发间接费用。

土地征用及拆迁补偿费，包括土地征用费、耕地占用税、劳动力安置费及有关地上、地下附着物拆迁补偿的净支出、安置动迁用房支出等。

前期工程费，包括规划、设计、项目可行性研究和水文、地质、勘察、测绘、"三通一平"等支出。

建筑安装工程费，是指以出包方式支付给承包单位的建筑安装工程费，以自营方式发生的建筑安装工程费。

基础设施费，包括开发小区内道路、供水、供电、供气、排污、排洪、通讯、照明、环卫、绿化等工程发生的支出。

公共配套设施费，包括不能有偿转让的开发小区内公共配套设施发生的支出。

开发间接费用，是指直接组织、管理开发项目发生的费用，包括工资、职工福利费、折旧费、修理费、办公费、水电费、劳动保护费、周转房摊销等。

（三）开发土地和新建房及配套设施的费用（以下简称房地产开发费用），是指与房地产开发项目有关的销售费用、管理费用、财务费用。

财务费用中的利息支出，凡能够按转让房地产项目计算分摊并提供金融机构证明的，允许据实扣除，但最高不能超过按商业银行同类同期贷款利率计算的金额。其他房地产开发费用，按本条（一）、（二）项规定计算的金额之和的5%以内计算扣除。

凡不能按转让房地产项目计算分摊利息支出或不能提供金融机构证明的，房地产开发费用按本条（一）、（二）项规定计算的金额之和的10%以内计算扣除。

上述计算扣除的具体比例，由各省、自治区、直辖市人民政府规定。

（四）旧房及建筑物的评估价格，是指在转让已使用的房屋及建筑物时，由政府批准设立的房地产评估机构评定的重置成本价乘以成新度折扣率后的价格。评估价格须经当地税务机关确认。

（五）与转让房地产有关的税金，是指在转让房地产时缴纳的营业税、城市维护建设税、印花税。因转让房地产交纳的教育费附加，也可视同税金予以扣除。

（六）根据条例第六条（五）项规定，对从事房地产开发的纳税人可按本条（一）、（二）项规定计算的金额之和，加计20%的扣除。

第八条　土地增值税以纳税人房地产成本核算的最基本的核算项目或核算对象为单位计算。

第九条　纳税人成片受让土地使用权后，分期分批开发、转让房地产的，其扣除项目金额的确定,可按转让土地使用权的面积占总面积的比例计算分摊,或按建筑面积计算分摊,也可按税务机关确认的其他方式计算分摊。

第十条 条例第七条所列四级超率累进税率,每级“增值额未超过扣除项目金额”的比例,均包括本比例数。

计算土地增值税税额,可按增值额乘以适用的税率减去扣除项目金额乘以速算扣除系数的简便方法计算,具体公式如下:

(一)增值额未超过扣除项目金额 50% 的

土地增值税税额 = 增值额 ×30%

(二)增值额超过扣除项目金额 50%,未超过 100% 的

土地增值税税额 = 增值额 ×40% - 扣除项目金额 ×5%

(三)增值额超过扣除项目金额 100%,未超过 200% 的

土地增值税税额 = 增值额 ×50% - 扣除项目金额 ×15%

(四)增值额超过扣除项目金额 200% 的

土地增值税税额 = 增值额 ×60% - 扣除项目金额 ×35%

公式中的 5%、15%、35% 为速算扣除系数。

第十一条 条例第八条(一)项所称的普通标准住宅,是指按所在地一般民用住宅标准建造的居住用住宅。高级公寓、别墅、度假村等不属于普通标准住宅。普通标准住宅与其他住宅的具体划分界限由各省、自治区、直辖市人民政府规定。

纳税人建造普通标准住宅出售,增值额未超过本细则第七条(一)、(二)、(三)、(五)、(六)项扣除项目金额之和 20% 的,免征土地增值税;增值额超过扣除项目金额之和 20% 的,应就其全部增值额按规定计税。

条例第八条(二)项所称的因国家建设需要依法征用、收回的房地产,是指因城市实施规划、国家建设的需要而被政府批准征用的房产或收回的土地使用权。

因城市实施规划、国家建设的需要而搬迁,由纳税人自行转让原房地产的,比照本规定免征土地增值税。

符合上述免税规定的单位和个人,须向房地产所在地税务机关提出免税申请,经税务机关审核后,免予征收土地增值税。

第十二条 个人因工作调动或改善居住条件而转让原自用住房,经向税务机关申报核准,凡居住满五年或五年以上的,免予征收土地增值税;居住满三年未满五年的,减半征收土地增值税。居住未满三年的,按规定计征土地增值税。

第十三条 条例第九条所称的房地产评估价格,是指由政府批准设立的房地

产评估机构根据相同地段、同类房地产进行综合评定的价格。评估价格须经当地税务机关确认。

第十四条　条例第九条(一)项所称的隐瞒、虚报房地产成交价格,是指纳税人不报或有意低报转让土地使用权、地上建筑物及其附着物价款的行为。

条例第九条(二)项所称的提供扣除项目金额不实的,是指纳税人在纳税申报时不据实提供扣除项目金额的行为。

条例第九条(三)项所称的转让房地产的成交价格低于房地产评估价格,又无正当理由的,是指纳税人申报的转让房地产的实际成交价低于房地产评估机构评定的交易价,纳税人又不能提供凭据或无正当理由的行为。

隐瞒、虚报房地产成交价格,应由评估机构参照同类房地产的市场交易价格进行评估。税务机关根据评估价格确定转让房地产的收入。

提供扣除项目金额不实的,应由评估机构按照房屋重置成本价乘以成新度折扣率计算的房屋成本价和取得土地使用权时的基准地价进行评估。税务机关根据评估价格确定扣除项目金额。

转让房地产的成交价格低于房地产评估价格,又无正当理由的,由税务机关参照房地产评估价格确定转让房地产的收入。

第十五条　根据条例第十条的规定,纳税人应按照下列程序办理纳税手续:

(一)纳税人应在转让房地产合同签订后的七日内,到房地产所在地主管税务机关办理纳税申报,并向税务机关提交房屋及建筑物产权、土地使用权证书,土地转让、房产买卖合同,房地产评估报告及其他与转让房地产有关的资料。

纳税人因经常发生房地产转让而难以在每次转让后申报的,经税务机关审核同意后,可以定期进行纳税申报,具体期限由税务机关根据情况确定。

(二)纳税人按照税务机关核定的税额及规定的期限缴纳土地增值税。

第十六条　纳税人在项目全部竣工结算前转让房地产取得的收入,由于涉及成本确定或其他原因,而无法据以计算土地增值税的,可以预征土地增值税,待该项目全部竣工、办理结算后再进行清算,多退少补。具体办法由各省、自治区、直辖市地方税务局根据当地情况制定。

第十七条　条例第十条所称的房地产所在地,是指房地产的座落地。纳税人转让房地产座落在两个或两个以上地区的,应按房地产所在地分别申报纳税。

第十八条　条例第十一条所称的土地管理部门、房产管理部门应当向税务机关提供有关资料,是指向房地产所在地主管税务机关提供有关房屋及建筑物产权、土地使用权、土地出让金数额、土地基准地价、房地产市场交易价格及权属变更等方面的资料。

第十九条 纳税人未按规定提供房屋及建筑物产权、土地使用权证书,土地转让、房产买卖合同,房地产评估报告及其他与转让房地产有关资料的,按照《中华人民共和国税收征收管理法》(以下简称《征管法》)第三十九条的规定进行处理。

纳税人不如实申报房地产交易额及规定扣除项目金额造成少缴或未缴税款的,按照《征管法》第四十条的规定进行处理。

第二十条 土地增值税以人民币为计算单位。转让房地产所取得的收入为外国货币的,以取得收入当天或当月 1 日国家公布的市场汇价折合成人民币,据以计算应纳土地增值税税额。

第二十一条 条例第十五条所称的各地区的土地增值费征收办法是指与本条例规定的计征对象相同的土地增值费、土地收益金等征收办法。

第二十二条 本细则由财政部解释,或者由国家税务总局解释。

第二十三条 本细则自发布之日起施行。

第二十四条 1994 年 1 月 1 日至本细则发布之日期间的土地增值税参照本细则的规定计算征收。

财政部　税务总局关于继续实施企业改制重组有关土地增值税政策的公告

（2021年5月31日　财政部　税务总局公告2021年第21号）

为支持企业改制重组，优化市场环境，现就继续执行有关土地增值税政策公告如下：

一、企业按照《中华人民共和国公司法》有关规定整体改制，包括非公司制企业改制为有限责任公司或股份有限公司，有限责任公司变更为股份有限公司，股份有限公司变更为有限责任公司，对改制前的企业将国有土地使用权、地上的建筑物及其附着物（以下称房地产）转移、变更到改制后的企业，暂不征土地增值税。

本公告所称整体改制是指不改变原企业的投资主体，并承继原企业权利、义务的行为。

二、按照法律规定或者合同约定，两个或两个以上企业合并为一个企业，且原企业投资主体存续的，对原企业将房地产转移、变更到合并后的企业，暂不征土地增值税。

三、按照法律规定或者合同约定，企业分设为两个或两个以上与原企业投资主体相同的企业，对原企业将房地产转移、变更到分立后的企业，暂不征土地增值税。

四、单位、个人在改制重组时以房地产作价入股进行投资，对其将房地产转移、变更到被投资的企业，暂不征土地增值税。

五、上述改制重组有关土地增值税政策不适用于房地产转移任意一方为房地产开发企业的情形。

六、改制重组后再转让房地产并申报缴纳土地增值税时，对“取得土地使用权所支付的金额”，按照改制重组前取得该宗国有土地使用权所支付的地价款和按国家统一规定缴纳的有关费用确定；经批准以国有土地使用权作价出资入股的，为作价入股时县级及以上自然资源部门批准的评估价格。按购房发票确定扣除项目金额的，按照改制重组前购房发票所载金额并从购买年度起至本次转让年度止每年加计5%计算扣除项目金额，购买年度是指购房发票所载日期的当年。

七、纳税人享受上述税收政策，应按税务机关规定办理。

八、本公告所称不改变原企业投资主体、投资主体相同，是指企业改制重组前后出资人不发生变动，出资人的出资比例可以发生变动；投资主体存续，是指原企业出资人必须存在于改制重组后的企业，出资人的出资比例可以发生变动。

九、本公告执行期限为2021年1月1日至2023年12月31日。企业改制重组过程中涉及的土地增值税尚未处理的，符合本公告规定可按本公告执行。

中华人民共和国房产税暂行条例

（1986年9月15日国务院令第90号发布 根据2011年1月8日国务院令第588号《关于废止和修改部分行政法规的决定》修订 修订后自公布之日起施行）

第一条 房产税在城市、县城、建制镇和工矿区征收。

第二条 房产税由产权所有人缴纳。产权属于全民所有的，由经营管理的单位缴纳。产权出典的，由承典人缴纳。产权所有人、承典人不在房产所在地的，或者产权未确定及租典纠纷未解决的，由房产代管人或者使用人缴纳。

前款列举的产权所有人、经营管理单位、承典人、房产代管人或者使用人，统称为纳税义务人（以下简称纳税人）。

第三条 房产税依照房产原值一次减除10%至30%后的余值计算缴纳。具体减除幅度，由省、自治区、直辖市人民政府规定。

没有房产原值作为依据的，由房产所在地税务机关参考同类房产核定。

房产出租的，以房产租金收入为房产税的计税依据。

第四条 房产税的税率，依照房产余值计算缴纳的，税率为1.2%；依照房产租金收入计算缴纳的，税率为12%。

第五条 下列房产免纳房产税：

一、国家机关、人民团体、军队自用的房产；

二、由国家财政部门拨付事业经费的单位自用的房产；

三、宗教寺庙、公园、名胜古迹自用的房产；

四、个人所有非营业用的房产；

五、经财政部批准免税的其他房产。

第六条 除本条例第五条规定者外，纳税人纳税确有困难的，可由省、自治区、直辖市人民政府确定，定期减征或者免征房产税。

第七条 房产税按年征收、分期缴纳。纳税期限由省、自治区、直辖市人民政府规定。

第八条 房产税的征收管理，依照《中华人民共和国税收征收管理法》的规定办理。

第九条 房产税由房产所在地的税务机关征收。

第十条 本条例由财政部负责解释;施行细则由省、自治区、直辖市人民政府制定,抄送财政部备案。

第十一条 本条例自 1986 年 10 月 1 日起施行。

财政部　国家税务总局关于股改及合资铁路运输企业房产税　城镇土地使用税有关政策的通知

（2009年11月25日　财税〔2009〕132号）

各省、自治区、直辖市、计划单列市财政厅（局）、地方税务局，新疆生产建设兵团财政局：

为支持铁路股份制改革和合资铁路发展，经国务院批准，现对股改铁路运输企业和合资铁路运输公司房产税、城镇土地使用税有关政策明确如下：

对股改铁路运输企业及合资铁路运输公司自用的房产、土地暂免征收房产税和城镇土地使用税。其中股改铁路运输企业是指铁路运输企业经国务院批准进行股份制改革成立的企业；合资铁路运输公司是指由铁道部及其所属铁路运输企业与地方政府、企业或其他投资者共同出资成立的铁路运输企业。

中华人民共和国契税暂行条例

（1997 年 7 月 7 日国务院令第 224 号发布　根据 2019 年 3 月 2 日国务院令第 709 号《关于修改部分行政法规的决定》修订　修订后自公布之日起施行）

第一条　在中华人民共和国境内转移土地、房屋权属，承受的单位和个人为契税的纳税人，应当依照本条例的规定缴纳契税。

第二条　本条例所称转移土地、房屋权属是指下列行为：

（一）国有土地使用权出让；

（二）土地使用权转让，包括出售、赠与和交换；

（三）房屋买卖；

（四）房屋赠与；

（五）房屋交换。

前款第二项土地使用权转让，不包括农村集体土地承包经营权的转移。

第三条　契税税率为 3%～5%。

契税的适用税率，由省、自治区、直辖市人民政府在前款规定的幅度内按照本地区的实际情况确定，并报财政部和国家税务总局备案。

第四条　契税的计税依据：

（一）国有土地使用权出让、土地使用权出售、房屋买卖，为成交价格；

（二）土地使用权赠与、房屋赠与，由征收机关参照土地使用权出售、房屋买卖的市场价格核定；

（三）土地使用权交换、房屋交换，为所交换的土地使用权、房屋的价格的差额。

前款成交价格明显低于市场价格并且无正当理由的，或者所交换土地使用权、房屋的价格的差额明显不合理并且无正当理由的，由征收机关参照市场价格核定。

第五条　契税应纳税额，依照本条例第三条规定的税率和第四条规定的计税依据计算征收。应纳税额计算公式：

应纳税额 = 计税依据 × 税率

应纳税额以人民币计算。转移土地、房屋权属以外汇结算的，按照纳税义务发生之日中国人民银行公布的人民币市场汇率中间价折合成人民币计算。

第六条　有下列情形之一的，减征或者免征契税：

（一）国家机关、事业单位、社会团体、军事单位承受土地、房屋用于办公、教学、医疗、科研和军事设施的，免征；

（二）城镇职工按规定第一次购买公有住房的，免征；

（三）因不可抗力灭失住房而重新购买住房的，酌情准予减征或者免征；

（四）财政部规定的其他减征、免征契税的项目。

第七条　经批准减征、免征契税的纳税人改变有关土地、房屋的用途，不再属于本条例第六条规定的减征、免征契税范围的，应当补缴已经减征、免征的税款。

第八条　契税的纳税义务发生时间，为纳税人签订土地、房屋权属转移合同的当天，或者纳税人取得其他具有土地、房屋权属转移合同性质凭证的当天。

第九条　纳税人应当自纳税义务发生之日起 10 日内，向土地、房屋所在地的契税征收机关办理纳税申报，并在契税征收机关核定的期限内缴纳税款。

第十条　纳税人办理纳税事宜后，契税征收机关应当向纳税人开具契税完税凭证。

第十一条　纳税人应当持契税完税凭证和其他规定的文件材料，依法向土地管理部门、房产管理部门办理有关土地、房屋的权属变更登记手续。

纳税人未出具契税完税凭证的，土地管理部门、房产管理部门不予办理有关土地、房屋的权属变更登记手续。

第十二条　契税征收机关为土地、房屋所在地的税务机关。

土地管理部门、房产管理部门应当向契税征收机关提供有关资料，并协助契税征收机关依法征收契税。

第十三条　契税的征收管理，依照本条例和有关法律、行政法规的规定执行。

第十四条　财政部根据本条例制定细则。

第十五条　本条例自 1997 年 10 月 1 日起施行。1950 年 4 月 3 日中央人民政府政务院发布的《契税暂行条例》同时废止。

财政部《中华人民共和国契税暂行条例细则》

（1997 年 10 月 28 日　财法字〔1997〕52 号）

第一条　根据《中华人民共和国契税暂行条例》（以下简称条例）的规定，制定本细则。

第二条　条例所称土地、房屋权属，是指土地使用权，房屋所有权。

第三条　条例所称承受，是指以受让，购买、受赠、交换等方式取得土地、房屋权属的行为。

第四条　条例所称单位，是指企业单位、事业单位、国家机关、军事单位和社会团体以及其他组织。

条例所称个人，是指个体经营者及其他个人。

第五条　条例所称国有土地使用权出让，是指土地使用者向国家交付土地使用权出让费用，国家将国有土地使用权在一定年限内让予土地使用者的行为。

第六条　条例所称土地使用权转让，是指土地使用者以出售、赠与、交换或者其他方式将土地使用权转移给其他单位和个人的行为。

条例所称土地使用权出售，是指土地使用者以土地使用权作为交易条件，取得货币、实物、无形资产或者其他经济利益的行为。

条例所称土地使用权赠与，是指土地使用者将其土地使用权无偿转让给受赠者的行为。

条例所称土地使用权交换，是指土地使用者之间相互交换土地使用权的行为。

第七条　条例所称房屋买卖，是指房屋所有者将其房屋出售，由承受者交付货币、实物、无形资产或者其他经济利益的行为。

条例所称房屋赠与，是指房屋所有者将其房屋无偿转让给受赠者的行为。

条例所称房屋交换，是指房屋所有者之间相互交换房屋的行为。

第八条　土地、房屋权属以下列方式转移的，视同土地使用权转让、房屋买卖或者房屋赠与征税：

（一）以土地、房屋权属作价投资、入股；

（二）以土地、房屋权属抵债；

（三）以获奖方式承受土地、房屋权属；

（四）以预购方式或者预付集资建房款方式承受土地、房屋权属。

第九条　条例所称成交价格，是指土地、房屋权属转移合同确定的价格。包括承受者应交付的货币、实物、无形资产或者其他经济利益。

第十条　土地使用权交换、房屋交换，交换价格不相等的，由多交付货币、实物、无形资产或者其他经济利益的一方缴纳税款。交换价格相等的，免征契税。

土地使用权与房屋所有权之间相互交换，按照前款征税。

第十一条　以划拨方式取得土地使用权的，经批准转让房地产时，应由房地产转让者补缴契税。其计税依据为补缴的土地使用权出让费用或者土地收益。

第十二条　条例所称用于办公的，是指办公室（楼）以及其他直接用于办公的土地、房屋。

条例所称用于教学的，是指教室（教学楼）以及其他直接用于教学的土地、房屋。

条例所称用于医疗的，是指门诊部以及其他直接用于医疗的土地、房屋。

条例所称用于科研的，是指科学试验的场所以及其他直接用于科研的土地、房屋。

条例所称用于军事设施的，是指：

（一）地上和地下的军事指挥作战工程；

（二）军用的机场、港口、码头；

（三）军用的库房、营区、训练场、试验场；

（四）军用的通信、导航、观测台站；

（五）其他直接用于军事设施的土地、房屋。

本条所称其他直接用于办公、教学、医疗、科研的以及其他直接用于军事设施的土地、房屋的具体范围，由省、自治区、直辖市人民政府确定。

第十三条　条例所称城镇职工按规定第一次购买公有住房的，是指经县以上人民政府批准，在国家规定标准面积以内购买的公有住房。城镇职工享受免征契税，仅限于第一次购买的公有住房。超过国家规定标准面积的部分，仍应按照规定缴纳契税。

第十四条　条例所称不可抗力，是指自然灾害、战争等不能预见、不能避免并不能克服的客观情况。

第十五条 根据条例第六条的规定，下列项目减征、免征契税：

（一）土地、房屋被县级以上人民政府征用、占用后，重新承受土地、房屋权属的，是否减征或者免征契税，由省、自治区、直辖市、人民政府确定。

（二）纳税人承受荒山、荒沟、荒丘、荒滩土地使用权，用于农、林、牧、渔业生产的，免征契税。

（三）依照我国有关法律规定以及我国缔结或参加的双边和多边条约或协定的规定应当予以免税的外国驻华使馆、领事馆、联合国驻华机构及其外交代表、领事官员和其他外交人员承受土地、房屋权属的，经外交部确认，可以免征契税。

第十六条 纳税人符合减征或者免征契税规定的，应当在签订土地、房屋权属转移合同后 10 日内，向土地、房屋所在地的契税征收机关办理减征或者免征契税手续。

第十七条 纳税人因改变土地、房屋用途应当补缴已经减征、免征契税的，其纳税义务发生时间为改变有关土地、房屋用途的当天。

第十八条 条例所称其他具有土地、房屋权属转移合同性质凭证，是指具有合同效力的契约、协议、合约、单据、确认书以及由省、自治区、直辖市人民政府确定的其他凭证。

第十九条 条例所称有关资料，是指土地管理部门、房产管理部门办理土地、房屋权属变更登记手续的有关土地、房屋权属、土地出让费用、成交价格以及其他权属变更方面的资料。

第二十条 征收机关可以根据征收管理的需要，委托有关单位代征契税，具体代征单位由省、自治区、直辖市人民政府确定。

代征手续费的支付比例，由财政部另行规定。

第二十一条 省、自治区、直辖市人民政府根据条例和本细则的规定制定实施办法，并报财政部和国家税务总局备案。

第二十二条 本细则自 1997 年 10 月 1 日起施行。此前财政部关于契税的各项规定同时废止。

财政部　税务总局关于继续执行企业事业单位改制重组有关契税政策的公告

（2021 年 4 月 26 日　财政部　税务总局公告 2021 年第 17 号）

为支持企业、事业单位改制重组，优化市场环境，现就继续执行有关契税政策公告如下：

一、企业改制

企业按照《中华人民共和国公司法》有关规定整体改制，包括非公司制企业改制为有限责任公司或股份有限公司，有限责任公司变更为股份有限公司，股份有限公司变更为有限责任公司，原企业投资主体存续并在改制（变更）后的公司中所持股权（股份）比例超过 75%，且改制（变更）后公司承继原企业权利、义务的，对改制（变更）后公司承受原企业土地、房屋权属，免征契税。

二、事业单位改制

事业单位按照国家有关规定改制为企业，原投资主体存续并在改制后企业中出资（股权、股份）比例超过 50% 的，对改制后企业承受原事业单位土地、房屋权属，免征契税。

三、公司合并

两个或两个以上的公司，依照法律规定、合同约定，合并为一个公司，且原投资主体存续的，对合并后公司承受原合并各方土地、房屋权属，免征契税。

四、公司分立

公司依照法律规定、合同约定分立为两个或两个以上与原公司投资主体相同的公司，对分立后公司承受原公司土地、房屋权属，免征契税。

五、企业破产

企业依照有关法律法规规定实施破产，债权人（包括破产企业职工）承受破产企业抵偿债务的土地、房屋权属，免征契税；对非债权人承受破产企业土地、房屋权属，凡按照《中华人民共和国劳动法》等国家有关法律法规政策妥善安置原企业全部职工规定,与原企业全部职工签订服务年限不少于三年的劳动用工合同的,对其承受所购企业土地、房屋权属,免征契税;与原企业超过30%的职工签订服务年限不少于三年的劳动用工合同的,减半征收契税。

六、资产划转

对承受县级以上人民政府或国有资产管理部门按规定进行行政性调整、划转国有土地、房屋权属的单位,免征契税。

同一投资主体内部所属企业之间土地、房屋权属的划转,包括母公司与其全资子公司之间,同一公司所属全资子公司之间,同一自然人与其设立的个人独资企业、一人有限公司之间土地、房屋权属的划转,免征契税。

母公司以土地、房屋权属向其全资子公司增资,视同划转,免征契税。

七、债权转股权

经国务院批准实施债权转股权的企业,对债权转股权后新设立的公司承受原企业的土地、房屋权属,免征契税。

八、划拨用地出让或作价出资

以出让方式或国家作价出资(入股)方式承受原改制重组企业、事业单位划拨用地的,不属上述规定的免税范围,对承受方应按规定征收契税。

九、公司股权(股份)转让

在股权(股份)转让中,单位、个人承受公司股权(股份),公司土地、房屋权属不发生转移,不征收契税。

十、有关用语含义

本公告所称企业、公司,是指依照我国有关法律法规设立并在中国境内注册的企业、公司。

本公告所称投资主体存续,是指原改制重组企业、事业单位的出资人必须存在于改制重组后的企业,出资人的出资比例可以发生变动。

本公告所称投资主体相同,是指公司分立前后出资人不发生变动,出资人的出资比例可以发生变动。

十一、本公告自2021年1月1日起至2023年12月31日执行

自执行之日起,企业、事业单位在改制重组过程中,符合本公告规定但已缴纳契税的,可申请退税;涉及的契税尚未处理且符合本公告规定的,可按本公告执行。

第九部分

司 法 解 释

一、土地使用权、工程建设与矿业权

最高人民法院关于适用《中华人民共和国民法典》物权编的解释(一)

(2020年12月25日最高人民法院审判委员会第1825次会议通过　自2021年1月1日起施行　法释〔2020〕24号)

为正确审理物权纠纷案件,根据《中华人民共和国民法典》等相关法律规定,结合审判实践,制定本解释。

第一条　因不动产物权的归属,以及作为不动产物权登记基础的买卖、赠与、抵押等产生争议,当事人提起民事诉讼的,应当依法受理。当事人已经在行政诉讼中申请一并解决上述民事争议,且人民法院一并审理的除外。

第二条　当事人有证据证明不动产登记簿的记载与真实权利状态不符、其为该不动产物权的真实权利人,请求确认其享有物权的,应予支持。

第三条　异议登记因民法典第二百二十条第二款规定的事由失效后,当事人提起民事诉讼,请求确认物权归属的,应当依法受理。异议登记失效不影响人民法院对案件的实体审理。

第四条　未经预告登记的权利人同意,转让不动产所有权等物权,或者设立建设用地使用权、居住权、地役权、抵押权等其他物权的,应当依照民法典第二百二十一条第一款的规定,认定其不发生物权效力。

第五条　预告登记的买卖不动产物权的协议被认定无效、被撤销,或者预告登记的权利人放弃债权的,应当认定为民法典第二百二十一条第二款所称的"债权消灭"。

第六条　转让人转让船舶、航空器和机动车等所有权,受让人已经支付合理价款并取得占有,虽未经登记,但转让人的债权人主张其为民法典第二百二十五条所称的"善意第三人"的,不予支持,法律另有规定的除外。

第七条　人民法院、仲裁机构在分割共有不动产或者动产等案件中作出并依法生效的改变原有物权关系的判决书、裁决书、调解书,以及人民法院在执行程序中作出的拍卖成交裁定书、变卖成交裁定书、以物抵债裁定书，应当认定为民法典第二百二十九条所称导致物权设立、变更、转让或者消灭的人民法院、仲裁机构的法律文书。

第八条 依据民法典第二百二十九条至第二百三十一条规定享有物权，但尚未完成动产交付或者不动产登记的权利人，依据民法典第二百三十五条至第二百三十八条的规定，请求保护其物权的，应予支持。

第九条 共有份额的权利主体因继承、遗赠等原因发生变化时，其他按份共有人主张优先购买的，不予支持，但按份共有人之间另有约定的除外。

第十条 民法典第三百零五条所称的"同等条件"，应当综合共有份额的转让价格、价款履行方式及期限等因素确定。

第十一条 优先购买权的行使期间，按份共有人之间有约定的，按照约定处理；没有约定或者约定不明的，按照下列情形确定：

（一）转让人向其他按份共有人发出的包含同等条件内容的通知中载明行使期间的，以该期间为准；

（二）通知中未载明行使期间，或者载明的期间短于通知送达之日起十五日的，为十五日；

（三）转让人未通知的，为其他按份共有人知道或者应当知道最终确定的同等条件之日起十五日；

（四）转让人未通知，且无法确定其他按份共有人知道或者应当知道最终确定的同等条件的，为共有份额权属转移之日起六个月。

第十二条 按份共有人向共有人之外的人转让其份额，其他按份共有人根据法律、司法解释规定，请求按照同等条件优先购买该共有份额的，应予支持。其他按份共有人的请求具有下列情形之一的，不予支持：

（一）未在本解释第十一条规定的期间内主张优先购买，或者虽主张优先购买，但提出减少转让价款、增加转让人负担等实质性变更要求；

（二）以其优先购买权受到侵害为由，仅请求撤销共有份额转让合同或者认定该合同无效。

第十三条 按份共有人之间转让共有份额，其他按份共有人主张依据民法典第三百零五条规定优先购买的，不予支持，但按份共有人之间另有约定的除外。

第十四条 受让人受让不动产或者动产时，不知道转让人无处分权，且无重大过失的，应当认定受让人为善意。

真实权利人主张受让人不构成善意的,应当承担举证证明责任。

第十五条 具有下列情形之一的,应当认定不动产受让人知道转让人无处分权:

(一)登记簿上存在有效的异议登记;

(二)预告登记有效期内,未经预告登记的权利人同意;

(三)登记簿上已经记载司法机关或者行政机关依法裁定、决定查封或者以其他形式限制不动产权利的有关事项;

(四)受让人知道登记簿上记载的权利主体错误;

(五)受让人知道他人已经依法享有不动产物权。

真实权利人有证据证明不动产受让人应当知道转让人无处分权的,应当认定受让人具有重大过失。

第十六条 受让人受让动产时,交易的对象、场所或者时机等不符合交易习惯的,应当认定受让人具有重大过失。

第十七条 民法典第三百一十一条第一款第一项所称的"受让人受让该不动产或者动产时",是指依法完成不动产物权转移登记或者动产交付之时。

当事人以民法典第二百二十六条规定的方式交付动产的,转让动产民事法律行为生效时为动产交付之时;当事人以民法典第二百二十七条规定的方式交付动产的,转让人与受让人之间有关转让返还原物请求权的协议生效时为动产交付之时。

法律对不动产、动产物权的设立另有规定的,应当按照法律规定的时间认定权利人是否为善意。

第十八条 民法典第三百一十一条第一款第二项所称"合理的价格",应当根据转让标的物的性质、数量以及付款方式等具体情况,参考转让时交易地市场价格以及交易习惯等因素综合认定。

第十九条 转让人将民法典第二百二十五条规定的船舶、航空器和机动车等交付给受让人的,应当认定符合民法典第三百一十一条第一款第三项规定的善意取得的条件。

第二十条 具有下列情形之一,受让人主张依据民法典第三百一十一条规定取得所有权的,不予支持:

(一)转让合同被认定无效;

(二)转让合同被撤销。

第二十一条 本解释自 2021 年 1 月 1 日起施行。

最高人民法院关于适用《中华人民共和国民法典》有关担保制度的解释

（2020年12月25日最高人民法院审判委员会第1824次会议通过　自2021年1月1日起施行　法释〔2020〕28号）

为正确适用《中华人民共和国民法典》有关担保制度的规定，结合民事审判实践，制定本解释。

一、关于一般规定

第一条　因抵押、质押、留置、保证等担保发生的纠纷，适用本解释。所有权保留买卖、融资租赁、保理等涉及担保功能发生的纠纷，适用本解释的有关规定。

第二条　当事人在担保合同中约定担保合同的效力独立于主合同，或者约定担保人对主合同无效的法律后果承担担保责任，该有关担保独立性的约定无效。主合同有效的，有关担保独立性的约定无效不影响担保合同的效力；主合同无效的，人民法院应当认定担保合同无效，但是法律另有规定的除外。

因金融机构开立的独立保函发生的纠纷，适用《最高人民法院关于审理独立保函纠纷案件若干问题的规定》。

第三条　当事人对担保责任的承担约定专门的违约责任，或者约定的担保责任范围超出债务人应当承担的责任范围，担保人主张仅在债务人应当承担的责任范围内承担责任的，人民法院应予支持。

担保人承担的责任超出债务人应当承担的责任范围，担保人向债务人追偿，债务人主张仅在其应当承担的责任范围内承担责任的，人民法院应予支持；担保人请求债权人返还超出部分的，人民法院依法予以支持。

第四条　有下列情形之一，当事人将担保物权登记在他人名下，债务人不履行到期债务或者发生当事人约定的实现担保物权的情形，债权人或者其受托人主张就该财产优先受偿的，人民法院依法予以支持：

（一）为债券持有人提供的担保物权登记在债券受托管理人名下；

（二）为委托贷款人提供的担保物权登记在受托人名下；

（三）担保人知道债权人与他人之间存在委托关系的其他情形。

第五条 机关法人提供担保的，人民法院应当认定担保合同无效，但是经国务院批准为使用外国政府或者国际经济组织贷款进行转贷的除外。

居民委员会、村民委员会提供担保的，人民法院应当认定担保合同无效，但是依法代行村集体经济组织职能的村民委员会，依照村民委员会组织法规定的讨论决定程序对外提供担保的除外。

第六条 以公益为目的的非营利性学校、幼儿园、医疗机构、养老机构等提供担保的，人民法院应当认定担保合同无效，但是有下列情形之一的除外：

（一）在购入或者以融资租赁方式承租教育设施、医疗卫生设施、养老服务设施和其他公益设施时，出卖人、出租人为担保价款或者租金实现而在该公益设施上保留所有权；

（二）以教育设施、医疗卫生设施、养老服务设施和其他公益设施以外的不动产、动产或者财产权利设立担保物权。

登记为营利法人的学校、幼儿园、医疗机构、养老机构等提供担保，当事人以其不具有担保资格为由主张担保合同无效的，人民法院不予支持。

第七条 公司的法定代表人违反公司法关于公司对外担保决议程序的规定，超越权限代表公司与相对人订立担保合同，人民法院应当依照民法典第六十一条和第五百零四条等规定处理：

（一）相对人善意的，担保合同对公司发生效力；相对人请求公司承担担保责任的，人民法院应予支持。

（二）相对人非善意的，担保合同对公司不发生效力；相对人请求公司承担赔偿责任的，参照适用本解释第十七条的有关规定。

法定代表人超越权限提供担保造成公司损失，公司请求法定代表人承担赔偿责任的，人民法院应予支持。

第一款所称善意，是指相对人在订立担保合同时不知道且不应当知道法定代表人超越权限。相对人有证据证明已对公司决议进行了合理审查，人民法院应当认定其构成善意，但是公司有证据证明相对人知道或者应当知道决议系伪造、变造的除外。

第八条 有下列情形之一，公司以其未依照公司法关于公司对外担保的规定作出决议为由主张不承担担保责任的，人民法院不予支持：

（一）金融机构开立保函或者担保公司提供担保；

（二）公司为其全资子公司开展经营活动提供担保；

（三）担保合同系由单独或者共同持有公司三分之二以上对担保事项有表决权的股东签字同意。

上市公司对外提供担保，不适用前款第二项、第三项的规定。

第九条　相对人根据上市公司公开披露的关于担保事项已经董事会或者股东大会决议通过的信息，与上市公司订立担保合同，相对人主张担保合同对上市公司发生效力，并由上市公司承担担保责任的，人民法院应予支持。

相对人未根据上市公司公开披露的关于担保事项已经董事会或者股东大会决议通过的信息，与上市公司订立担保合同，上市公司主张担保合同对其不发生效力，且不承担担保责任或者赔偿责任的，人民法院应予支持。

相对人与上市公司已公开披露的控股子公司订立的担保合同，或者相对人与股票在国务院批准的其他全国性证券交易场所交易的公司订立的担保合同，适用前两款规定。

第十条　一人有限责任公司为其股东提供担保，公司以违反公司法关于公司对外担保决议程序的规定为由主张不承担担保责任的，人民法院不予支持。公司因承担担保责任导致无法清偿其他债务，提供担保时的股东不能证明公司财产独立于自己的财产，其他债权人请求该股东承担连带责任的，人民法院应予支持。

第十一条　公司的分支机构未经公司股东（大）会或者董事会决议以自己的名义对外提供担保，相对人请求公司或者其分支机构承担担保责任的，人民法院不予支持，但是相对人不知道且不应当知道分支机构对外提供担保未经公司决议程序的除外。

金融机构的分支机构在其营业执照记载的经营范围内开立保函，或者经有权从事担保业务的上级机构授权开立保函，金融机构或者其分支机构以违反公司法关于公司对外担保决议程序的规定为由主张不承担担保责任的，人民法院不予支持。金融机构的分支机构未经金融机构授权提供保函之外的担保，金融机构或者其分支机构主张不承担担保责任的，人民法院应予支持，但是相对人不知道且不应当知道分支机构对外提供担保未经金融机构授权的除外。

担保公司的分支机构未经担保公司授权对外提供担保，担保公司或者其分支机构主张不承担担保责任的，人民法院应予支持，但是相对人不知道且不应当知道分支机构对外提供担保未经担保公司授权的除外。

公司的分支机构对外提供担保，相对人非善意，请求公司承担赔偿责任的，参照本解释第十七条的有关规定处理。

第十二条 法定代表人依照民法典第五百五十二条的规定以公司名义加入债务的,人民法院在认定该行为的效力时,可以参照本解释关于公司为他人提供担保的有关规则处理。

第十三条 同一债务有两个以上第三人提供担保,担保人之间约定相互追偿及分担份额,承担了担保责任的担保人请求其他担保人按照约定分担份额的,人民法院应予支持;担保人之间约定承担连带共同担保,或者约定相互追偿但是未约定分担份额的,各担保人按照比例分担向债务人不能追偿的部分。

同一债务有两个以上第三人提供担保,担保人之间未对相互追偿作出约定且未约定承担连带共同担保,但是各担保人在同一份合同书上签字、盖章或者按指印,承担了担保责任的担保人请求其他担保人按照比例分担向债务人不能追偿部分的,人民法院应予支持。

除前两款规定的情形外,承担了担保责任的担保人请求其他担保人分担向债务人不能追偿部分的,人民法院不予支持。

第十四条 同一债务有两个以上第三人提供担保,担保人受让债权的,人民法院应当认定该行为系承担担保责任。受让债权的担保人作为债权人请求其他担保人承担担保责任的,人民法院不予支持;该担保人请求其他担保人分担相应份额的,依照本解释第十三条的规定处理。

第十五条 最高额担保中的最高债权额,是指包括主债权及其利息、违约金、损害赔偿金、保管担保财产的费用、实现债权或者实现担保物权的费用等在内的全部债权,但是当事人另有约定的除外。

登记的最高债权额与当事人约定的最高债权额不一致的,人民法院应当依据登记的最高债权额确定债权人优先受偿的范围。

第十六条 主合同当事人协议以新贷偿还旧贷,债权人请求旧贷的担保人承担担保责任的,人民法院不予支持;债权人请求新贷的担保人承担担保责任的,按照下列情形处理:

(一)新贷与旧贷的担保人相同的,人民法院应予支持;

(二)新贷与旧贷的担保人不同,或者旧贷无担保新贷有担保的,人民法院不予支持,但是债权人有证据证明新贷的担保人提供担保时对以新贷偿还旧贷的事实知道或者应当知道的除外。

主合同当事人协议以新贷偿还旧贷,旧贷的物的担保人在登记尚未注销的情形下同意继续为新贷提供担保，在订立新的贷款合同前又以该担保财产为其他债权人设立担保物权，其他债权人主张其担保物权顺位优先于新贷债权人的，人民法院不予支持。

第十七条　主合同有效而第三人提供的担保合同无效，人民法院应当区分不同情形确定担保人的赔偿责任：

（一）债权人与担保人均有过错的，担保人承担的赔偿责任不应超过债务人不能清偿部分的二分之一；

（二）担保人有过错而债权人无过错的，担保人对债务人不能清偿的部分承担赔偿责任；

（三）债权人有过错而担保人无过错的，担保人不承担赔偿责任。

主合同无效导致第三人提供的担保合同无效，担保人无过错的，不承担赔偿责任；担保人有过错的，其承担的赔偿责任不应超过债务人不能清偿部分的三分之一。

第十八条　承担了担保责任或者赔偿责任的担保人，在其承担责任的范围内向债务人追偿的，人民法院应予支持。

同一债权既有债务人自己提供的物的担保，又有第三人提供的担保，承担了担保责任或者赔偿责任的第三人，主张行使债权人对债务人享有的担保物权的，人民法院应予支持。

第十九条　担保合同无效，承担了赔偿责任的担保人按照反担保合同的约定，在其承担赔偿责任的范围内请求反担保人承担担保责任的，人民法院应予支持。

反担保合同无效的，依照本解释第十七条的有关规定处理。当事人仅以担保合同无效为由主张反担保合同无效的，人民法院不予支持。

第二十条　人民法院在审理第三人提供的物的担保纠纷案件时，可以适用民法典第六百九十五条第一款、第六百九十六条第一款、第六百九十七条第二款、第六百九十九条、第七百条、第七百零一条、第七百零二条等关于保证合同的规定。

第二十一条　主合同或者担保合同约定了仲裁条款的，人民法院对约定仲裁条款的合同当事人之间的纠纷无管辖权。

债权人一并起诉债务人和担保人的，应当根据主合同确定管辖法院。

债权人依法可以单独起诉担保人且仅起诉担保人的，应当根据担保合同确定管辖法院。

第二十二条 人民法院受理债务人破产案件后，债权人请求担保人承担担保责任，担保人主张担保债务自人民法院受理破产申请之日起停止计息的，人民法院对担保人的主张应予支持。

第二十三条 人民法院受理债务人破产案件，债权人在破产程序中申报债权后又向人民法院提起诉讼，请求担保人承担担保责任的，人民法院依法予以支持。

担保人清偿债权人的全部债权后，可以代替债权人在破产程序中受偿；在债权人的债权未获全部清偿前，担保人不得代替债权人在破产程序中受偿，但是有权就债权人通过破产分配和实现担保债权等方式获得清偿总额中超出债权的部分，在其承担担保责任的范围内请求债权人返还。

债权人在债务人破产程序中未获全部清偿，请求担保人继续承担担保责任的，人民法院应予支持；担保人承担担保责任后，向和解协议或者重整计划执行完毕后的债务人追偿的，人民法院不予支持。

第二十四条 债权人知道或者应当知道债务人破产，既未申报债权也未通知担保人，致使担保人不能预先行使追偿权的，担保人就该债权在破产程序中可能受偿的范围内免除担保责任，但是担保人因自身过错未行使追偿权的除外。

二、关于保证合同

第二十五条 当事人在保证合同中约定了保证人在债务人不能履行债务或者无力偿还债务时才承担保证责任等类似内容，具有债务人应当先承担责任的意思表示的，人民法院应当将其认定为一般保证。

当事人在保证合同中约定了保证人在债务人不履行债务或者未偿还债务时即承担保证责任、无条件承担保证责任等类似内容，不具有债务人应当先承担责任的意思表示的，人民法院应当将其认定为连带责任保证。

第二十六条 一般保证中，债权人以债务人为被告提起诉讼的，人民法院应予受理。债权人未就主合同纠纷提起诉讼或者申请仲裁，仅起诉一般保证人的，人民法院应当驳回起诉。

一般保证中，债权人一并起诉债务人和保证人的，人民法院可以受理，但是在作出判决时，除有民法典第六百八十七条第二款但书规定的情形外，应当在判决书主文中明确，保证人仅对债务人财产依法强制执行后仍不能履行的部分承担保证责任。

债权人未对债务人的财产申请保全，或者保全的债务人的财产足以清偿债务,债权人申请对一般保证人的财产进行保全的,人民法院不予准许。

第二十七条　一般保证的债权人取得对债务人赋予强制执行效力的公证债权文书后,在保证期间内向人民法院申请强制执行,保证人以债权人未在保证期间内对债务人提起诉讼或者申请仲裁为由主张不承担保证责任的,人民法院不予支持。

第二十八条　一般保证中,债权人依据生效法律文书对债务人的财产依法申请强制执行,保证债务诉讼时效的起算时间按照下列规则确定:

(一)人民法院作出终结本次执行程序裁定,或者依照民事诉讼法第二百五十七条第三项、第五项的规定作出终结执行裁定的,自裁定送达债权人之日起开始计算;

(二)人民法院自收到申请执行书之日起一年内未作出前项裁定的,自人民法院收到申请执行书满一年之日起开始计算,但是保证人有证据证明债务人仍有财产可供执行的除外。

一般保证的债权人在保证期间届满前对债务人提起诉讼或者申请仲裁,债权人举证证明存在民法典第六百八十七条第二款但书规定情形的,保证债务的诉讼时效自债权人知道或者应当知道该情形之日起开始计算。

第二十九条　同一债务有两个以上保证人,债权人以其已经在保证期间内依法向部分保证人行使权利为由,主张已经在保证期间内向其他保证人行使权利的,人民法院不予支持。

同一债务有两个以上保证人,保证人之间相互有追偿权,债权人未在保证期间内依法向部分保证人行使权利,导致其他保证人在承担保证责任后丧失追偿权,其他保证人主张在其不能追偿的范围内免除保证责任的,人民法院应予支持。

第三十条　最高额保证合同对保证期间的计算方式、起算时间等有约定的,按照其约定。

最高额保证合同对保证期间的计算方式、起算时间等没有约定或者约定不明,被担保债权的履行期限均已届满的,保证期间自债权确定之日起开始计算;被担保债权的履行期限尚未届满的,保证期间自最后到期债权的履行期限届满之日起开始计算。

前款所称债权确定之日,依照民法典第四百二十三条的规定认定。

第三十一条　一般保证的债权人在保证期间内对债务人提起诉讼或者申请仲裁后,又撤回起诉或者仲裁申请,债权人在保证期间届满前未再行提起诉讼或者申请仲裁,保证人主张不再承担保证责任的,人民法院应予支持。

连带责任保证的债权人在保证期间内对保证人提起诉讼或者申请仲裁后,又撤回起诉或者仲裁申请,起诉状副本或者仲裁申请书副本已经送达保证人的,人民法院应当认定债权人已经在保证期间内向保证人行使了权利。

第三十二条 保证合同约定保证人承担保证责任直至主债务本息还清时为止等类似内容的,视为约定不明,保证期间为主债务履行期限届满之日起六个月。

第三十三条 保证合同无效,债权人未在约定或者法定的保证期间内依法行使权利,保证人主张不承担赔偿责任的,人民法院应予支持。

第三十四条 人民法院在审理保证合同纠纷案件时,应当将保证期间是否届满、债权人是否在保证期间内依法行使权利等事实作为案件基本事实予以查明。

债权人在保证期间内未依法行使权利的,保证责任消灭。保证责任消灭后,债权人书面通知保证人要求承担保证责任,保证人在通知书上签字、盖章或者按指印,债权人请求保证人继续承担保证责任的,人民法院不予支持,但是债权人有证据证明成立了新的保证合同的除外。

第三十五条 保证人知道或者应当知道主债权诉讼时效期间届满仍然提供保证或者承担保证责任,又以诉讼时效期间届满为由拒绝承担保证责任或者请求返还财产的,人民法院不予支持;保证人承担保证责任后向债务人追偿的,人民法院不予支持,但是债务人放弃诉讼时效抗辩的除外。

第三十六条 第三人向债权人提供差额补足、流动性支持等类似承诺文件作为增信措施,具有提供担保的意思表示,债权人请求第三人承担保证责任的,人民法院应当依照保证的有关规定处理。

第三人向债权人提供的承诺文件,具有加入债务或者与债务人共同承担债务等意思表示的,人民法院应当认定为民法典第五百五十二条规定的债务加入。

前两款中第三人提供的承诺文件难以确定是保证还是债务加入的,人民法院应当将其认定为保证。

第三人向债权人提供的承诺文件不符合前三款规定的情形,债权人请求第三人承担保证责任或者连带责任的,人民法院不予支持,但是不影响其依据承诺文件请求第三人履行约定的义务或者承担相应的民事责任。

三、关于担保物权

(一)担保合同与担保物权的效力

第三十七条　当事人以所有权、使用权不明或者有争议的财产抵押，经审查构成无权处分的，人民法院应当依照民法典第三百一十一条的规定处理。

当事人以依法被查封或者扣押的财产抵押，抵押权人请求行使抵押权，经审查查封或者扣押措施已经解除的，人民法院应予支持。抵押人以抵押权设立时财产被查封或者扣押为由主张抵押合同无效的，人民法院不予支持。

以依法被监管的财产抵押的，适用前款规定。

第三十八条　主债权未受全部清偿，担保物权人主张就担保财产的全部行使担保物权的，人民法院应予支持，但是留置权人行使留置权的，应当依照民法典第四百五十条的规定处理。

担保财产被分割或者部分转让，担保物权人主张就分割或者转让后的担保财产行使担保物权的，人民法院应予支持，但是法律或者司法解释另有规定的除外。

第三十九条　主债权被分割或者部分转让，各债权人主张就其享有的债权份额行使担保物权的，人民法院应予支持，但是法律另有规定或者当事人另有约定的除外。

主债务被分割或者部分转移，债务人自己提供物的担保，债权人请求以该担保财产担保全部债务履行的，人民法院应予支持；第三人提供物的担保，主张对未经其书面同意转移的债务不再承担担保责任的，人民法院应予支持。

第四十条　从物产生于抵押权依法设立前，抵押权人主张抵押权的效力及于从物的，人民法院应予支持，但是当事人另有约定的除外。

从物产生于抵押权依法设立后，抵押权人主张抵押权的效力及于从物的，人民法院不予支持，但是在抵押权实现时可以一并处分。

第四十一条　抵押权依法设立后，抵押财产被添附，添附物归第三人所有，抵押权人主张抵押权效力及于补偿金的，人民法院应予支持。

抵押权依法设立后，抵押财产被添附，抵押人对添附物享有所有权，抵押权人主张抵押权的效力及于添附物的，人民法院应予支持，但是添附导致抵押财产价值增加的，抵押权的效力不及于增加的价值部分。

抵押权依法设立后，抵押人与第三人因添附成为添附物的共有人，抵押权人主张抵押权的效力及于抵押人对共有物享有的份额的，人民法院应予支持。

本条所称添附，包括附合、混合与加工。

第四十二条　抵押权依法设立后，抵押财产毁损、灭失或者被征收等，抵押权人请求按照原抵押权的顺位就保险金、赔偿金或者补偿金等优先受偿的，人民法院院应予支持。

给付义务人已经向抵押人给付了保险金、赔偿金或者补偿金,抵押权人请求给付义务人向其给付保险金、赔偿金或者补偿金的,人民法院不予支持,但是给付义务人接到抵押权人要求向其给付的通知后仍然向抵押人给付的除外。

抵押权人请求给付义务人向其给付保险金、赔偿金或者补偿金的,人民法院可以通知抵押人作为第三人参加诉讼。

第四十三条 当事人约定禁止或者限制转让抵押财产但是未将约定登记,抵押人违反约定转让抵押财产,抵押权人请求确认转让合同无效的,人民法院不予支持;抵押财产已经交付或者登记,抵押权人请求确认转让不发生物权效力的,人民法院不予支持,但是抵押权人有证据证明受让人知道的除外;抵押权人请求抵押人承担违约责任的,人民法院依法予以支持。

当事人约定禁止或者限制转让抵押财产且已经将约定登记,抵押人违反约定转让抵押财产,抵押权人请求确认转让合同无效的,人民法院不予支持;抵押财产已经交付或者登记,抵押权人主张转让不发生物权效力的,人民法院应予支持,但是因受让人代替债务人清偿债务导致抵押权消灭的除外。

第四十四条 主债权诉讼时效期间届满后,抵押权人主张行使抵押权的,人民法院不予支持;抵押人以主债权诉讼时效期间届满为由,主张不承担担保责任的,人民法院应予支持。主债权诉讼时效期间届满前,债权人仅对债务人提起诉讼,经人民法院判决或者调解后未在民事诉讼法规定的申请执行时效期间内对债务人申请强制执行,其向抵押人主张行使抵押权的,人民法院不予支持。

主债权诉讼时效期间届满后,财产被留置的债务人或者对留置财产享有所有权的第三人请求债权人返还留置财产的,人民法院不予支持;债务人或者第三人请求拍卖、变卖留置财产并以所得价款清偿债务的,人民法院应予支持。

主债权诉讼时效期间届满的法律后果,以登记作为公示方式的权利质权,参照适用第一款的规定;动产质权、以交付权利凭证作为公示方式的权利质权,参照适用第二款的规定。

第四十五条 当事人约定当债务人不履行到期债务或者发生当事人约定的实现担保物权的情形,担保物权人有权将担保财产自行拍卖、变卖并就所得的价款优先受偿的,该约定有效。因担保人的原因导致担保物权人无法自行对担保财产进行拍卖、变卖,担保物权人请求担保人承担因此增加的费用的,人民法院应予支持。

当事人依照民事诉讼法有关“实现担保物权案件”的规定，申请拍卖、变卖担保财产，被申请人以担保合同约定仲裁条款为由主张驳回申请的，人民法院经审查后，应当按照以下情形分别处理：

（一）当事人对担保物权无实质性争议且实现担保物权条件已经成就的，应当裁定准许拍卖、变卖担保财产；

（二）当事人对实现担保物权有部分实质性争议的，可以就无争议的部分裁定准许拍卖、变卖担保财产，并告知可以就有争议的部分申请仲裁；

（三）当事人对实现担保物权有实质性争议的，裁定驳回申请，并告知可以向仲裁机构申请仲裁。

债权人以诉讼方式行使担保物权的，应当以债务人和担保人作为共同被告。

（二）不动产抵押

第四十六条　不动产抵押合同生效后未办理抵押登记手续，债权人请求抵押人办理抵押登记手续的，人民法院应予支持。

抵押财产因不可归责于抵押人自身的原因灭失或者被征收等导致不能办理抵押登记，债权人请求抵押人在约定的担保范围内承担责任的，人民法院不予支持；但是抵押人已经获得保险金、赔偿金或者补偿金等，债权人请求抵押人在其所获金额范围内承担赔偿责任的，人民法院依法予以支持。

因抵押人转让抵押财产或者其他可归责于抵押人自身的原因导致不能办理抵押登记，债权人请求抵押人在约定的担保范围内承担责任的，人民法院依法予以支持，但是不得超过抵押权能够设立时抵押人应当承担的责任范围。

第四十七条　不动产登记簿就抵押财产、被担保的债权范围等所作的记载与抵押合同约定不一致的，人民法院应当根据登记簿的记载确定抵押财产、被担保的债权范围等事项。

第四十八条　当事人申请办理抵押登记手续时，因登记机构的过错致使其不能办理抵押登记，当事人请求登记机构承担赔偿责任的，人民法院依法予以支持。

第四十九条　以违法的建筑物抵押的，抵押合同无效，但是一审法庭辩论终结前已经办理合法手续的除外。抵押合同无效的法律后果，依照本解释第十七条的有关规定处理。

当事人以建设用地使用权依法设立抵押，抵押人以土地上存在违法的建筑物为由主张抵押合同无效的，人民法院不予支持。

第五十条　抵押人以划拨建设用地上的建筑物抵押，当事人以该建设用地使用权不能抵押或者未办理批准手续为由主张抵押合同无效或者不生效的，人民法院不予支持。抵押权依法实现时，拍卖、变卖建筑物所得的价款，应当优先用于补缴建设用地使用权出让金。

当事人以划拨方式取得的建设用地使用权抵押，抵押人以未办理批准手续为由主张抵押合同无效或者不生效的，人民法院不予支持。已经依法办理抵押登记，抵押权人主张行使抵押权的，人民法院应予支持。抵押权依法实现时所得的价款，参照前款有关规定处理。

第五十一条 当事人仅以建设用地使用权抵押，债权人主张抵押权的效力及于土地上已有的建筑物以及正在建造的建筑物已完成部分的，人民法院应予支持。债权人主张抵押权的效力及于正在建造的建筑物的续建部分以及新增建筑物的，人民法院不予支持。

当事人以正在建造的建筑物抵押，抵押权的效力范围限于已办理抵押登记的部分。当事人按照担保合同的约定，主张抵押权的效力及于续建部分、新增建筑物以及规划中尚未建造的建筑物的，人民法院不予支持。

抵押人将建设用地使用权、土地上的建筑物或者正在建造的建筑物分别抵押给不同债权人的，人民法院应当根据抵押登记的时间先后确定清偿顺序。

第五十二条 当事人办理抵押预告登记后，预告登记权利人请求就抵押财产优先受偿，经审查存在尚未办理建筑物所有权首次登记、预告登记的财产与办理建筑物所有权首次登记时的财产不一致、抵押预告登记已经失效等情形，导致不具备办理抵押登记条件的，人民法院不予支持；经审查已经办理建筑物所有权首次登记，且不存在预告登记失效等情形的，人民法院应予支持，并应当认定抵押权自预告登记之日起设立。

当事人办理了抵押预告登记，抵押人破产，经审查抵押财产属于破产财产，预告登记权利人主张就抵押财产优先受偿的，人民法院应当在受理破产申请时抵押财产的价值范围内予以支持，但是在人民法院受理破产申请前一年内，债务人对没有财产担保的债务设立抵押预告登记的除外。

（三）动产与权利担保

第五十三条 当事人在动产和权利担保合同中对担保财产进行概括描述，该描述能够合理识别担保财产的，人民法院应当认定担保成立。

第五十四条 动产抵押合同订立后未办理抵押登记，动产抵押权的效力按照下列情形分别处理：

（一）抵押人转让抵押财产，受让人占有抵押财产后，抵押权人向受让人请求行使抵押权的，人民法院不予支持，但是抵押权人能够举证证明受让人知道或者应当知道已经订立抵押合同的除外；

（二）抵押人将抵押财产出租给他人并移转占有，抵押权人行使抵押权的，租赁关系不受影响，但是抵押权人能够举证证明承租人知道或者应当知道已经订立抵押合同的除外；

（三）抵押人的其他债权人向人民法院申请保全或者执行抵押财产，人民法院已经作出财产保全裁定或者采取执行措施，抵押权人主张对抵押财产优先受偿的，人民法院不予支持；

（四）抵押人破产，抵押权人主张对抵押财产优先受偿的，人民法院不予支持。

第五十五条　债权人、出质人与监管人订立三方协议，出质人以通过一定数量、品种等概括描述能够确定范围的货物为债务的履行提供担保，当事人有证据证明监管人系受债权人的委托监管并实际控制该货物的，人民法院应当认定质权于监管人实际控制货物之日起设立。监管人违反约定向出质人或者其他人放货、因保管不善导致货物毁损灭失，债权人请求监管人承担违约责任的，人民法院依法予以支持。

在前款规定情形下，当事人有证据证明监管人系受出质人委托监管该货物，或者虽然受债权人委托但是未实际履行监管职责，导致货物仍由出质人实际控制的，人民法院应当认定质权未设立。债权人可以基于质押合同的约定请求出质人承担违约责任，但是不得超过质权有效设立时出质人应当承担的责任范围。监管人未履行监管职责，债权人请求监管人承担责任的，人民法院依法予以支持。

第五十六条　买受人在出卖人正常经营活动中通过支付合理对价取得已被设立担保物权的动产，担保物权人请求就该动产优先受偿的，人民法院不予支持，但是有下列情形之一的除外：

（一）购买商品的数量明显超过一般买受人；

（二）购买出卖人的生产设备；

（三）订立买卖合同的目的在于担保出卖人或者第三人履行债务；

（四）买受人与出卖人存在直接或者间接的控制关系；

（五）买受人应当查询抵押登记而未查询的其他情形。

前款所称出卖人正常经营活动，是指出卖人的经营活动属于其营业执照明确记载的经营范围，且出卖人持续销售同类商品。前款所称担保物权人，是指已经办理登记的抵押权人、所有权保留买卖的出卖人、融资租赁合同的出租人。

第五十七条 担保人在设立动产浮动抵押并办理抵押登记后又购入或者以融资租赁方式承租新的动产，下列权利人为担保价款债权或者租金的实现而订立担保合同，并在该动产交付后十日内办理登记，主张其权利优先于在先设立的浮动抵押权的，人民法院应予支持：

（一）在该动产上设立抵押权或者保留所有权的出卖人；

（二）为价款支付提供融资而在该动产上设立抵押权的债权人；

（三）以融资租赁方式出租该动产的出租人。

买受人取得动产但未付清价款或者承租人以融资租赁方式占有租赁物但是未付清全部租金，又以标的物为他人设立担保物权，前款所列权利人为担保价款债权或者租金的实现而订立担保合同，并在该动产交付后十日内办理登记，主张其权利优先于买受人为他人设立的担保物权的，人民法院应予支持。

同一动产上存在多个价款优先权的，人民法院应当按照登记的时间先后确定清偿顺序。

第五十八条 以汇票出质，当事人以背书记载"质押"字样并在汇票上签章，汇票已经交付质权人的，人民法院应当认定质权自汇票交付质权人时设立。

第五十九条 存货人或者仓单持有人在仓单上以背书记载"质押"字样，并经保管人签章，仓单已经交付质权人的，人民法院应当认定质权自仓单交付质权人时设立。没有权利凭证的仓单，依法可以办理出质登记的，仓单质权自办理出质登记时设立。

出质人既以仓单出质，又以仓储物设立担保，按照公示的先后确定清偿顺序；难以确定先后的，按照债权比例清偿。

保管人为同一货物签发多份仓单，出质人在多份仓单上设立多个质权，按照公示的先后确定清偿顺序；难以确定先后的，按照债权比例受偿。

存在第二款、第三款规定的情形，债权人举证证明其损失系由出质人与保管人的共同行为所致，请求出质人与保管人承担连带赔偿责任的，人民法院应予支持。

第六十条 在跟单信用证交易中，开证行与开证申请人之间约定以提单作为担保的，人民法院应当依照民法典关于质权的有关规定处理。

在跟单信用证交易中，开证行依据其与开证申请人之间的约定或者跟单信用证的惯例持有提单,开证申请人未按照约定付款赎单,开证行主张对提单项下货物优先受偿的,人民法院应予支持;开证行主张对提单项下货物享有所有权的,人民法院不予支持。

在跟单信用证交易中,开证行依据其与开证申请人之间的约定或者跟单信用证的惯例,通过转让提单或者提单项下货物取得价款,开证申请人请求返还超出债权部分的,人民法院应予支持。

前三款规定不影响合法持有提单的开证行以提单持有人身份主张运输合同项下的权利。

第六十一条 以现有的应收账款出质,应收账款债务人向质权人确认应收账款的真实性后,又以应收账款不存在或者已经消灭为由主张不承担责任的,人民法院不予支持。

以现有的应收账款出质,应收账款债务人未确认应收账款的真实性,质权人以应收账款债务人为被告,请求就应收账款优先受偿,能够举证证明办理出质登记时应收账款真实存在的,人民法院应予支持;质权人不能举证证明办理出质登记时应收账款真实存在,仅以已经办理出质登记为由,请求就应收账款优先受偿的,人民法院不予支持。

以现有的应收账款出质,应收账款债务人已经向应收账款债权人履行了债务,质权人请求应收账款债务人履行债务的,人民法院不予支持,但是应收账款债务人接到质权人要求向其履行的通知后,仍然向应收账款债权人履行的除外。

以基础设施和公用事业项目收益权、提供服务或者劳务产生的债权以及其他将有的应收账款出质,当事人为应收账款设立特定账户,发生法定或者约定的质权实现事由时,质权人请求就该特定账户内的款项优先受偿的,人民法院应予支持;特定账户内的款项不足以清偿债务或者未设立特定账户,质权人请求折价或者拍卖、变卖项目收益权等将有的应收账款,并以所得的价款优先受偿的,人民法院依法予以支持。

第六十二条 债务人不履行到期债务,债权人因同一法律关系留置合法占有的第三人的动产,并主张就该留置财产优先受偿的,人民法院应予支持。第三人以该留置财产并非债务人的财产为由请求返还的,人民法院不予支持。

企业之间留置的动产与债权并非同一法律关系,债务人以该债权不属于企业持续经营中发生的债权为由请求债权人返还留置财产的,人民法院应予支持。

企业之间留置的动产与债权并非同一法律关系,债权人留置第三人的财产,第三人请求债权人返还留置财产的,人民法院应予支持。

四、关于非典型担保

第六十三条 债权人与担保人订立担保合同,约定以法律、行政法规尚未规定可以担保的财产权利设立担保,当事人主张合同无效的,人民法院不予支持。当事人未在法定的登记机构依法进行登记,主张该担保具有物权效力的,人民法院不予支持。

第六十四条 在所有权保留买卖中,出卖人依法有权取回标的物,但是与买受人协商不成,当事人请求参照民事诉讼法"实现担保物权案件"的有关规定,拍卖、变卖标的物的,人民法院应予准许。

出卖人请求取回标的物,符合民法典第六百四十二条规定的,人民法院应予支持;买受人以抗辩或者反诉的方式主张拍卖、变卖标的物,并在扣除买受人未支付的价款以及必要费用后返还剩余款项的,人民法院应当一并处理。

第六十五条 在融资租赁合同中,承租人未按照约定支付租金,经催告后在合理期限内仍不支付,出租人请求承租人支付全部剩余租金,并以拍卖、变卖租赁物所得的价款受偿的,人民法院应予支持;当事人请求参照民事诉讼法"实现担保物权案件"的有关规定,以拍卖、变卖租赁物所得价款支付租金的,人民法院应予准许。

出租人请求解除融资租赁合同并收回租赁物,承租人以抗辩或者反诉的方式主张返还租赁物价值超过欠付租金以及其他费用的,人民法院应当一并处理。当事人对租赁物的价值有争议的,应当按照下列规则确定租赁物的价值:

(一)融资租赁合同有约定的,按照其约定;

(二)融资租赁合同未约定或者约定不明的,根据约定的租赁物折旧以及合同到期后租赁物的残值来确定;

(三)根据前两项规定的方法仍然难以确定,或者当事人认为根据前两项规定的方法确定的价值严重偏离租赁物实际价值的,根据当事人的申请委托有资质的机构评估。

第六十六条 同一应收账款同时存在保理、应收账款质押和债权转让,当事人主张参照民法典第七百六十八条的规定确定优先顺序的,人民法院应予支持。

在有追索权的保理中,保理人以应收账款债权人或者应收账款债务人为被告提起诉讼,人民法院应予受理;保理人一并起诉应收账款债权人和应收账款债务人的，人民法院可以受理。

应收账款债权人向保理人返还保理融资款本息或者回购应收账款债权后，请求应收账款债务人向其履行应收账款债务的，人民法院应予支持。

第六十七条　在所有权保留买卖、融资租赁等合同中，出卖人、出租人的所有权未经登记不得对抗的“善意第三人”的范围及其效力，参照本解释第五十四条的规定处理。

第六十八条　债务人或者第三人与债权人约定将财产形式上转移至债权人名下，债务人不履行到期债务，债权人有权对财产折价或者以拍卖、变卖该财产所得价款偿还债务的，人民法院应当认定该约定有效。当事人已经完成财产权利变动的公示，债务人不履行到期债务，债权人请求参照民法典关于担保物权的有关规定就该财产优先受偿的，人民法院应予支持。

债务人或者第三人与债权人约定将财产形式上转移至债权人名下，债务人不履行到期债务，财产归债权人所有的，人民法院应当认定该约定无效，但是不影响当事人有关提供担保的意思表示的效力。当事人已经完成财产权利变动的公示，债务人不履行到期债务，债权人请求对该财产享有所有权的，人民法院不予支持；债权人请求参照民法典关于担保物权的规定对财产折价或者以拍卖、变卖该财产所得的价款优先受偿的，人民法院应予支持；债务人履行债务后请求返还财产，或者请求对财产折价或者以拍卖、变卖所得的价款清偿债务的，人民法院应予支持。

债务人与债权人约定将财产转移至债权人名下，在一定期间后再由债务人或者其指定的第三人以交易本金加上溢价款回购，债务人到期不履行回购义务，财产归债权人所有的，人民法院应当参照第二款规定处理。回购对象自始不存在的，人民法院应当依照民法典第一百四十六条第二款的规定，按照其实际构成的法律关系处理。

第六十九条　股东以将其股权转移至债权人名下的方式为债务履行提供担保，公司或者公司的债权人以股东未履行或者未全面履行出资义务、抽逃出资等为由，请求作为名义股东的债权人与股东承担连带责任的，人民法院不予支持。

第七十条　债务人或者第三人为担保债务的履行，设立专门的保证金账户并由债权人实际控制，或者将其资金存入债权人设立的保证金账户，债权人主张就账户内的款项优先受偿的，人民法院应予支持。当事人以保证金账户内的款项浮动为由，主张实际控制该账户的债权人对账户内的款项不享有优先受偿权的，人民法院不予支持。

在银行账户下设立的保证金分户,参照前款规定处理。

当事人约定的保证金并非为担保债务的履行设立,或者不符合前两款规定的情形,债权人主张就保证金优先受偿的,人民法院不予支持,但是不影响当事人依照法律的规定或者按照当事人的约定主张权利。

五、附　　则

第七十一条　本解释自 2021 年 1 月 1 日起施行。

最高人民法院关于审理涉及国有土地使用权合同纠纷案件适用法律问题的解释

（2004 年 11 月 23 日最高人民法院审判委员会第 1334 次会议通过　根据 2020 年 12 月 23 日最高人民法院审判委员会第 1823 次会议通过的《最高人民法院关于修改〈最高人民法院关于在民事审判工作中适用《中华人民共和国工会法》若干问题的解释〉等二十七件民事类司法解释的决定》修正　修正后自 2021 年 1 月 1 日起施行　法释〔2020〕17 号）

为正确审理国有土地使用权合同纠纷案件，依法保护当事人的合法权益，根据《中华人民共和国民法典》《中华人民共和国土地管理法》《中华人民共和国城市房地产管理法》等法律规定，结合民事审判实践，制定本解释。

一、土地使用权出让合同纠纷

第一条　本解释所称的土地使用权出让合同，是指市、县人民政府自然资源主管部门作为出让方将国有土地使用权在一定年限内让与受让方，受让方支付土地使用权出让金的合同。

第二条　开发区管理委员会作为出让方与受让方订立的土地使用权出让合同，应当认定无效。

本解释实施前，开发区管理委员会作为出让方与受让方订立的土地使用权出让合同，起诉前经市、县人民政府自然资源主管部门追认的，可以认定合同有效。

第三条　经市、县人民政府批准同意以协议方式出让的土地使用权，土地使用权出让金低于订立合同时当地政府按照国家规定确定的最低价的，应当认定土地使用权出让合同约定的价格条款无效。

当事人请求按照订立合同时的市场评估价格交纳土地使用权出让金的，应予支持；受让方不同意按照市场评估价格补足，请求解除合同的，应予支持。因此造成的损失，由当事人按照过错承担责任。

第四条 土地使用权出让合同的出让方因未办理土地使用权出让批准手续而不能交付土地，受让方请求解除合同的，应予支持。

第五条 受让方经出让方和市、县人民政府城市规划行政主管部门同意，改变土地使用权出让合同约定的土地用途，当事人请求按照起诉时同种用途的土地出让金标准调整土地出让金的，应予支持。

第六条 受让方擅自改变土地使用权出让合同约定的土地用途，出让方请求解除合同的，应予支持。

二、土地使用权转让合同纠纷

第七条 本解释所称的土地使用权转让合同，是指土地使用权人作为转让方将出让土地使用权转让于受让方，受让方支付价款的合同。

第八条 土地使用权人作为转让方与受让方订立土地使用权转让合同后，当事人一方以双方之间未办理土地使用权变更登记手续为由，请求确认合同无效的，不予支持。

第九条 土地使用权人作为转让方就同一出让土地使用权订立数个转让合同，在转让合同有效的情况下，受让方均要求履行合同的，按照以下情形分别处理：

（一）已经办理土地使用权变更登记手续的受让方，请求转让方履行交付土地等合同义务的，应予支持；

（二）均未办理土地使用权变更登记手续，已先行合法占有投资开发土地的受让方请求转让方履行土地使用权变更登记等合同义务的，应予支持；

（三）均未办理土地使用权变更登记手续，又未合法占有投资开发土地，先行支付土地转让款的受让方请求转让方履行交付土地和办理土地使用权变更登记等合同义务的，应予支持；

（四）合同均未履行，依法成立在先的合同受让方请求履行合同的，应予支持。

未能取得土地使用权的受让方请求解除合同、赔偿损失的，依照民法典的有关规定处理。

第十条 土地使用权人与受让方订立合同转让划拨土地使用权，起诉前经有批准权的人民政府同意转让，并由受让方办理土地使用权出让手续的，土地使用权人与受让方订立的合同可以按照补偿性质的合同处理。

第十一条　土地使用权人与受让方订立合同转让划拨土地使用权,起诉前经有批准权的人民政府决定不办理土地使用权出让手续,并将该划拨土地使用权直接划拨给受让方使用的,土地使用权人与受让方订立的合同可以按照补偿性质的合同处理。

三、合作开发房地产合同纠纷

第十二条　本解释所称的合作开发房地产合同,是指当事人订立的以提供出让土地使用权、资金等作为共同投资,共享利润、共担风险合作开发房地产为基本内容的合同。

第十三条　合作开发房地产合同的当事人一方具备房地产开发经营资质的,应当认定合同有效。

当事人双方均不具备房地产开发经营资质的,应当认定合同无效。但起诉前当事人一方已经取得房地产开发经营资质或者已依法合作成立具有房地产开发经营资质的房地产开发企业的,应当认定合同有效。

第十四条　投资数额超出合作开发房地产合同的约定,对增加的投资数额的承担比例,当事人协商不成的,按照当事人的违约情况确定;因不可归责于当事人的事由或者当事人的违约情况无法确定的,按照约定的投资比例确定;没有约定投资比例的,按照约定的利润分配比例确定。

第十五条　房屋实际建筑面积少于合作开发房地产合同的约定,对房屋实际建筑面积的分配比例,当事人协商不成的,按照当事人的违约情况确定;因不可归责于当事人的事由或者当事人违约情况无法确定的,按照约定的利润分配比例确定。

第十六条　在下列情形下,合作开发房地产合同的当事人请求分配房地产项目利益的,不予受理;已经受理的,驳回起诉:

(一)依法需经批准的房地产建设项目未经有批准权的人民政府主管部门批准;

(二)房地产建设项目未取得建设工程规划许可证;

(三)擅自变更建设工程规划。

因当事人隐瞒建设工程规划变更的事实所造成的损失,由当事人按照过错承担。

第十七条　房屋实际建筑面积超出规划建筑面积,经有批准权的人民政府主管部门批准后，当事人对超出部分的房屋分配比例协商不成的，按照约定的利润分配比例确定。对增加的投资数额的承担比例，当事人协商不成的，按照约定的投资比例确定；没有约定投资比例的，按照约定的利润分配比例确定。

第十八条 当事人违反规划开发建设的房屋，被有批准权的人民政府主管部门认定为违法建筑责令拆除，当事人对损失承担协商不成的，按照当事人过错确定责任；过错无法确定的，按照约定的投资比例确定责任；没有约定投资比例的，按照约定的利润分配比例确定责任。

第十九条 合作开发房地产合同约定仅以投资数额确定利润分配比例，当事人未足额交纳出资的，按照当事人的实际投资比例分配利润。

第二十条 合作开发房地产合同的当事人要求将房屋预售款充抵投资参与利润分配的，不予支持。

第二十一条 合作开发房地产合同约定提供土地使用权的当事人不承担经营风险，只收取固定利益的，应当认定为土地使用权转让合同。

第二十二条 合作开发房地产合同约定提供资金的当事人不承担经营风险，只分配固定数量房屋的，应当认定为房屋买卖合同。

第二十三条 合作开发房地产合同约定提供资金的当事人不承担经营风险，只收取固定数额货币的，应当认定为借款合同。

第二十四条 合作开发房地产合同约定提供资金的当事人不承担经营风险，只以租赁或者其他形式使用房屋的，应当认定为房屋租赁合同。

四、其　　他

第二十五条 本解释自 2005 年 8 月 1 日起施行；施行后受理的第一审案件适用本解释。

本解释施行前最高人民法院发布的司法解释与本解释不一致的，以本解释为准。

最高人民法院关于破产企业国有划拨土地使用权应否列入破产财产等问题的批复

（2002年10月11日最高人民法院审判委员会第1245次会议通过 根据2020年12月23日最高人民法院审判委员会第1823次会议通过的《最高人民法院关于修改〈最高人民法院关于破产企业国有划拨土地使用权应否列入破产财产等问题的批复〉等二十九件商事类司法解释的决定》修正 修正后自2021年1月1日起施行 法释〔2020〕18号）

湖北省高级人民法院：

你院鄂高法〔2002〕158号《关于破产企业国有划拨土地使用权应否列入破产财产以及有关抵押效力认定等问题的请示》收悉。经研究，答复如下：

一、根据《中华人民共和国土地管理法》第五十八条第一款第（三）项及《城镇国有土地使用权出让和转让暂行条例》第四十七条的规定，破产企业以划拨方式取得的国有土地使用权不属于破产财产，在企业破产时，有关人民政府可以予以收回，并依法处置。纳入国家兼并破产计划的国有企业，其依法取得的国有土地使用权，应依据国务院有关文件规定办理。

二、企业对其以划拨方式取得的国有土地使用权无处分权，以该土地使用权设定抵押，未经有审批权限的人民政府或土地行政管理部门批准的，不影响抵押合同效力；履行了法定的审批手续，并依法办理抵押登记的，抵押权自登记时设立。根据《中华人民共和国城市房地产管理法》第五十一条的规定，抵押权人只有在以抵押标的物折价或拍卖、变卖所得价款缴纳相当于土地使用权出让金的款项后，对剩余部分方可享有优先受偿权。但纳入国家兼并破产计划的国有企业，其用以划拨方式取得的国有土地使用权设定抵押的，应依据国务院有关文件规定办理。

三、国有企业以关键设备、成套设备、建筑物设定抵押的，如无其他法定的无效情形,不应当仅以未经政府主管部门批准为由认定抵押合同无效。

本批复自公布之日起施行,正在审理或者尚未审理的案件,适用本批复,但对提起再审的判决、裁定已经发生法律效力的案件除外。

此复。

最高人民法院民二庭关于“股东以土地使用权的部分年限对应价值作价出资，期满后收回土地是否构成抽逃出资”的答复

（2009年7月29日　〔2009〕民二他字第5号函）

辽宁省高级人民法院：

你院（2006）辽民二终字第314号《关于鞍山市人民政府与大连大锻锻造有限公司、鞍山第一工程机械股份有限公司、鞍山市国有资产监督管理委员会加工承揽合同欠款纠纷一案的请示报告》收悉。经研究，答复如下：

根据我国公司法及相关法律法规的规定，股份有限公司设立时发起人可以用土地使用权出资。土地使用权不同于土地所有权，其具有一定的存续期间即年限，发起人将土地使用权出资实际是将土地使用权的某部分年限作价用于出资，发起人可以将土地使用权的全部年限作价用于出资，作为公司的资本。发起人将土地使用权的部分年限作价作为出资投入公司，在其他发起人同意且公司章程没有相反的规定时，并不违反法律法规的禁止性规定，此时发起人投入公司的资本数额应当是土地使用权该部分年限作价的价值。

在该部分年限届至后，土地使用权在该部分年限内的价值已经为公司所享有和使用，且该部分价值也已经凝结为公司财产，发起人事实上无法抽回。由于土地使用权的剩余年限并未作价并用于出资，所以发起人收回土地使用权是取回自己财产的行为，这种行为与发起人出资后再将原先出资的资本抽回的行为具有明显的区别，不应认定为抽逃出资。发起人取回剩余年限的土地使用权后，公司的资本没有发生变动，所以无须履行公示程序。

本案中，你院应当查明作为股东的鞍山市人民政府在公司即鞍山一工设立时投入的570620平方米土地使用权作价1710万元所对应的具体年限。如果该作价1710万元的土地使用权对应的出资年限就是10年，在10年期满后，鞍山市人

民政府将剩余年限的土地使用权收回,不构成抽逃出资,也无需履行公示程序;反之,则鞍山市人民政府存在抽逃出资的行为,其应当承担对公司债务的赔偿责任,但以抽逃出资的价值为限。

以上意见,仅供参考。

最高人民法院
关于能否将国有土地使用权折价
抵偿给抵押权人问题的批复

（1998 年 9 月 1 日最高人民法院审判委员会第 1019 次会议通过　自 1998 年 9 月 9 日起施行　法释〔1998〕25 号）

四川省高级人民法院：

你院川高法〔1998〕19 号《关于能否将国有土地使用权以国土部门认定的价格抵偿给抵押权人的请示》收悉。经研究，答复如下：

在依法以国有土地使用权作抵押的担保纠纷案件中，债务履行期届满抵押权人未受清偿的，可以通过拍卖的方式将土地使用权变现。如果无法变现，债务人又没有其他可供清偿的财产时，应当对国有土地使用权依法评估。人民法院可以参考政府土地管理部门确认的地价评估结果将土地使用权折价，经抵押权人同意，将折价后的土地使用权抵偿给抵押权人，土地使用权由抵押权人享有。

此复。

最高人民法院关于审理建设工程施工合同纠纷案件适用法律问题的解释(一)

(2020年12月25日最高人民法院审判委员会第1825次会议通过　自2021年1月1日起施行　法释〔2020〕25号)

为正确审理建设工程施工合同纠纷案件,依法保护当事人合法权益,维护建筑市场秩序,促进建筑市场健康发展,根据《中华人民共和国民法典》《中华人民共和国建筑法》《中华人民共和国招标投标法》《中华人民共和国民事诉讼法》等相关法律规定,结合审判实践,制定本解释。

第一条　建设工程施工合同具有下列情形之一的,应当依据民法典第一百五十三条第一款的规定,认定无效:

(一)承包人未取得建筑业企业资质或者超越资质等级的;

(二)没有资质的实际施工人借用有资质的建筑施工企业名义的;

(三)建设工程必须进行招标而未招标或者中标无效的。

承包人因转包、违法分包建设工程与他人签订的建设工程施工合同,应当依据民法典第一百五十三条第一款及第七百九十一条第二款、第三款的规定,认定无效。

第二条　招标人和中标人另行签订的建设工程施工合同约定的工程范围、建设工期、工程质量、工程价款等实质性内容,与中标合同不一致,一方当事人请求按照中标合同确定权利义务的,人民法院应予支持。

招标人和中标人在中标合同之外就明显高于市场价格购买承建房产、无偿建设住房配套设施、让利、向建设单位捐赠财物等另行签订合同,变相降低工程价款,一方当事人以该合同背离中标合同实质性内容为由请求确认无效的,人民法院应予支持。

第三条　当事人以发包人未取得建设工程规划许可证等规划审批手续为由,

请求确认建设工程施工合同无效的，人民法院应予支持，但发包人在起诉前取得建设工程规划许可证等规划审批手续的除外。

发包人能够办理审批手续而未办理，并以未办理审批手续为由请求确认建设工程施工合同无效的，人民法院不予支持。

第四条　承包人超越资质等级许可的业务范围签订建设工程施工合同，在建设工程竣工前取得相应资质等级，当事人请求按照无效合同处理的，人民法院不予支持。

第五条　具有劳务作业法定资质的承包人与总承包人、分包人签订的劳务分包合同，当事人请求确认无效的，人民法院依法不予支持。

第六条　建设工程施工合同无效，一方当事人请求对方赔偿损失的，应当就对方过错、损失大小、过错与损失之间的因果关系承担举证责任。

损失大小无法确定，一方当事人请求参照合同约定的质量标准、建设工期、工程价款支付时间等内容确定损失大小的，人民法院可以结合双方过错程度、过错与损失之间的因果关系等因素作出裁判。

第七条　缺乏资质的单位或者个人借用有资质的建筑施工企业名义签订建设工程施工合同，发包人请求出借方与借用方对建设工程质量不合格等因出借资质造成的损失承担连带赔偿责任的，人民法院应予支持。

第八条　当事人对建设工程开工日期有争议的，人民法院应当分别按照以下情形予以认定：

（一）开工日期为发包人或者监理人发出的开工通知载明的开工日期；开工通知发出后，尚不具备开工条件的，以开工条件具备的时间为开工日期；因承包人原因导致开工时间推迟的，以开工通知载明的时间为开工日期。

（二）承包人经发包人同意已经实际进场施工的，以实际进场施工时间为开工日期。

（三）发包人或者监理人未发出开工通知，亦无相关证据证明实际开工日期的，应当综合考虑开工报告、合同、施工许可证、竣工验收报告或者竣工验收备案表等载明的时间，并结合是否具备开工条件的事实，认定开工日期。

第九条　当事人对建设工程实际竣工日期有争议的，人民法院应当分别按照以下情形予以认定：

（一）建设工程经竣工验收合格的，以竣工验收合格之日为竣工日期；

（二）承包人已经提交竣工验收报告，发包人拖延验收的，以承包人提交验收报告之日为竣工日期；

（三）建设工程未经竣工验收，发包人擅自使用的，以转移占有建设工程之日为竣工日期。

第十条 当事人约定顺延工期应当经发包人或者监理人签证等方式确认，承包人虽未取得工期顺延的确认，但能够证明在合同约定的期限内向发包人或者监理人申请过工期顺延且顺延事由符合合同约定，承包人以此为由主张工期顺延的，人民法院应予支持。

当事人约定承包人未在约定期限内提出工期顺延申请视为工期不顺延的，按照约定处理，但发包人在约定期限后同意工期顺延或者承包人提出合理抗辩的除外。

第十一条 建设工程竣工前，当事人对工程质量发生争议，工程质量经鉴定合格的，鉴定期间为顺延工期期间。

第十二条 因承包人的原因造成建设工程质量不符合约定，承包人拒绝修理、返工或者改建，发包人请求减少支付工程价款的，人民法院应予支持。

第十三条 发包人具有下列情形之一，造成建设工程质量缺陷，应当承担过错责任：

（一）提供的设计有缺陷；

（二）提供或者指定购买的建筑材料、建筑构配件、设备不符合强制性标准；

（三）直接指定分包人分包专业工程。

承包人有过错的，也应当承担相应的过错责任。

第十四条 建设工程未经竣工验收，发包人擅自使用后，又以使用部分质量不符合约定为由主张权利的，人民法院不予支持；但是承包人应当在建设工程的合理使用寿命内对地基基础工程和主体结构质量承担民事责任。

第十五条 因建设工程质量发生争议的，发包人可以以总承包人、分包人和实际施工人为共同被告提起诉讼。

第十六条 发包人在承包人提起的建设工程施工合同纠纷案件中，以建设工程质量不符合合同约定或者法律规定为由，就承包人支付违约金或者赔偿修理、返工、改建的合理费用等损失提出反诉的，人民法院可以合并审理。

第十七条 有下列情形之一，承包人请求发包人返还工程质量保证金的，人民法院应予支持：

（一）当事人约定的工程质量保证金返还期限届满；

（二）当事人未约定工程质量保证金返还期限的，自建设工程通过竣工验收之日起满二年；

（三）因发包人原因建设工程未按约定期限进行竣工验收的，自承包人提交工程竣工验收报告九十日后当事人约定的工程质量保证金返还期限届满；当事人未约定工程质量保证金返还期限的，自承包人提交工程竣工验收报告九十日后起满二年。

发包人返还工程质量保证金后，不影响承包人根据合同约定或者法律规定履行工程保修义务。

第十八条 因保修人未及时履行保修义务，导致建筑物毁损或者造成人身损害、财产损失的，保修人应当承担赔偿责任。

保修人与建筑物所有人或者发包人对建筑物毁损均有过错的，各自承担相应的责任。

第十九条 当事人对建设工程的计价标准或者计价方法有约定的，按照约定结算工程价款。

因设计变更导致建设工程的工程量或者质量标准发生变化，当事人对该部分工程价款不能协商一致的，可以参照签订建设工程施工合同时当地建设行政主管部门发布的计价方法或者计价标准结算工程价款。

建设工程施工合同有效，但建设工程经竣工验收不合格的，依照民法典第五百七十七条规定处理。

第二十条 当事人对工程量有争议的，按照施工过程中形成的签证等书面文件确认。承包人能够证明发包人同意其施工，但未能提供签证文件证明工程量发生的，可以按照当事人提供的其他证据确认实际发生的工程量。

第二十一条 当事人约定，发包人收到竣工结算文件后，在约定期限内不予答复，视为认可竣工结算文件的，按照约定处理。承包人请求按照竣工结算文件结算工程价款的，人民法院应予支持。

第二十二条 当事人签订的建设工程施工合同与招标文件、投标文件、中标通知书载明的工程范围、建设工期、工程质量、工程价款不一致，一方当事人请求将招标文件、投标文件、中标通知书作为结算工程价款的依据的，人民法院应予支持。

第二十三条 发包人将依法不属于必须招标的建设工程进行招标后，与承包人另行订立的建设工程施工合同背离中标合同的实质性内容，当事人请求以中标合同作为结算建设工程价款依据的，人民法院应予支持，但发包人与承包人因客观情况发生了在招标投标时难以预见的变化而另行订立建设工程施工合同的除外。

第二十四条 当事人就同一建设工程订立的数份建设工程施工合同均无效，但建设工程质量合格，一方当事人请求参照实际履行的合同关于工程价款的约定折价补偿承包人的，人民法院应予支持。

实际履行的合同难以确定，当事人请求参照最后签订的合同关于工程价款的约定折价补偿承包人的，人民法院应予支持。

第二十五条 当事人对垫资和垫资利息有约定，承包人请求按照约定返还垫资及其利息的，人民法院应予支持，但是约定的利息计算标准高于垫资时的同类贷款利率或者同期贷款市场报价利率的部分除外。

当事人对垫资没有约定的，按照工程欠款处理。

当事人对垫资利息没有约定，承包人请求支付利息的，人民法院不予支持。

第二十六条 当事人对欠付工程价款利息计付标准有约定的，按照约定处理。没有约定的，按照同期同类贷款利率或者同期贷款市场报价利率计息。

第二十七条 利息从应付工程价款之日开始计付。当事人对付款时间没有约定或者约定不明的，下列时间视为应付款时间：

（一）建设工程已实际交付的，为交付之日；

（二）建设工程没有交付的，为提交竣工结算文件之日；

（三）建设工程未交付，工程价款也未结算的，为当事人起诉之日。

第二十八条 当事人约定按照固定价结算工程价款，一方当事人请求对建设工程造价进行鉴定的，人民法院不予支持。

第二十九条 当事人在诉讼前已经对建设工程价款结算达成协议，诉讼中一方当事人申请对工程造价进行鉴定的，人民法院不予准许。

第三十条 当事人在诉讼前共同委托有关机构、人员对建设工程造价出具咨询意见，诉讼中一方当事人不认可该咨询意见申请鉴定的，人民法院应予准许，但双方当事人明确表示受该咨询意见约束的除外。

第三十一条 当事人对部分案件事实有争议的，仅对有争议的事实进行鉴定，但争议事实范围不能确定，或者双方当事人请求对全部事实鉴定的除外。

第三十二条 当事人对工程造价、质量、修复费用等专门性问题有争议，人民法院认为需要鉴定的，应当向负有举证责任的当事人释明。当事人经释明未申请鉴定,虽申请鉴定但未支付鉴定费用或者拒不提供相关材料的,应当承担举证不能的法律后果。

一审诉讼中负有举证责任的当事人未申请鉴定,虽申请鉴定但未支付鉴定费用或者拒不提供相关材料,二审诉讼中申请鉴定,人民法院认为确有必要的,应当依照民事诉讼法第一百七十条第一款第三项的规定处理。

第三十三条 人民法院准许当事人的鉴定申请后,应当根据当事人申请及查明案件事实的需要,确定委托鉴定的事项、范围、鉴定期限等,并组织当事人对争议的鉴定材料进行质证。

第三十四条 人民法院应当组织当事人对鉴定意见进行质证。鉴定人将当事人有争议且未经质证的材料作为鉴定依据的,人民法院应当组织当事人就该部分材料进行质证。经质证认为不能作为鉴定依据的,根据该材料作出的鉴定意见不得作为认定案件事实的依据。

第三十五条 与发包人订立建设工程施工合同的承包人,依据民法典第八百零七条的规定请求其承建工程的价款就工程折价或者拍卖的价款优先受偿的,人民法院应予支持。

第三十六条 承包人根据民法典第八百零七条规定享有的建设工程价款优先受偿权优于抵押权和其他债权。

第三十七条 装饰装修工程具备折价或者拍卖条件,装饰装修工程的承包人请求工程价款就该装饰装修工程折价或者拍卖的价款优先受偿的,人民法院应予支持。

第三十八条 建设工程质量合格,承包人请求其承建工程的价款就工程折价或者拍卖的价款优先受偿的,人民法院应予支持。

第三十九条 未竣工的建设工程质量合格,承包人请求其承建工程的价款就其承建工程部分折价或者拍卖的价款优先受偿的,人民法院应予支持。

第四十条 承包人建设工程价款优先受偿的范围依照国务院有关行政主管部门关于建设工程价款范围的规定确定。

承包人就逾期支付建设工程价款的利息、违约金、损害赔偿金等主张优先受偿的,人民法院不予支持。

第四十一条 承包人应当在合理期限内行使建设工程价款优先受偿权,但最长不得超过十八个月,自发包人应当给付建设工程价款之日起算。

第四十二条 发包人与承包人约定放弃或者限制建设工程价款优先受偿权,

损害建筑工人利益，发包人根据该约定主张承包人不享有建设工程价款优先受偿权的，人民法院不予支持。

第四十三条 实际施工人以转包人、违法分包人为被告起诉的，人民法院应当依法受理。

实际施工人以发包人为被告主张权利的，人民法院应当追加转包人或者违法分包人为本案第三人，在查明发包人欠付转包人或者违法分包人建设工程价款的数额后，判决发包人在欠付建设工程价款范围内对实际施工人承担责任。

第四十四条 实际施工人依据民法典第五百三十五条规定，以转包人或者违法分包人怠于向发包人行使到期债权或者与该债权有关的从权利，影响其到期债权实现，提起代位权诉讼的，人民法院应予支持。

第四十五条 本解释自 2021 年 1 月 1 日起施行。

最高人民法院关于审理矿业权纠纷案件适用法律若干问题的解释

（2017 年 2 月 20 日最高人民法院审判委员会第 1710 次会议通过　根据 2020 年 12 月 23 日最高人民法院审判委员会第 1823 次会议通过的《最高人民法院关于修改〈最高人民法院关于在民事审判工作中适用《中华人民共和国工会法》若干问题的解释〉等二十七件民事类司法解释的决定》修正　修正后自 2021 年 1 月 1 日起施行　法释〔2020〕17 号）

为正确审理矿业权纠纷案件，依法保护当事人的合法权益，根据《中华人民共和国民法典》《中华人民共和国矿产资源法》《中华人民共和国环境保护法》等法律法规的规定，结合审判实践，制定本解释。

第一条　人民法院审理探矿权、采矿权等矿业权纠纷案件，应当依法保护矿业权流转，维护市场秩序和交易安全，保障矿产资源合理开发利用，促进资源节约与环境保护。

第二条　县级以上人民政府自然资源主管部门作为出让人与受让人签订的矿业权出让合同，除法律、行政法规另有规定的情形外，当事人请求确认自依法成立之日起生效的，人民法院应予支持。

第三条　受让人请求自矿产资源勘查许可证、采矿许可证载明的有效期起始日确认其探矿权、采矿权的，人民法院应予支持。

矿业权出让合同生效后、矿产资源勘查许可证或者采矿许可证颁发前，第三人越界或者以其他方式非法勘查开采，经出让人同意已实际占有勘查作业区或者矿区的受让人，请求第三人承担停止侵害、排除妨碍、赔偿损失等侵权责任的，人民法院应予支持。

第四条　出让人未按照出让合同的约定移交勘查作业区或者矿区、颁发矿产资源勘查许可证或者采矿许可证，受让人请求解除出让合同的，人民法院应予支持。

受让人勘查开采矿产资源未达到自然资源主管部门批准的矿山地质环境保

护与土地复垦方案要求，在自然资源主管部门规定的期限内拒不改正，或者因违反法律法规被吊销矿产资源勘查许可证、采矿许可证，或者未按照出让合同的约定支付矿业权出让价款，出让人解除出让合同的，人民法院应予支持。

第五条 未取得矿产资源勘查许可证、采矿许可证，签订合同将矿产资源交由他人勘查开采的，人民法院应依法认定合同无效。

第六条 矿业权转让合同自依法成立之日起具有法律约束力。矿业权转让申请未经自然资源主管部门批准，受让人请求转让人办理矿业权变更登记手续的，人民法院不予支持。

当事人仅以矿业权转让申请未经自然资源主管部门批准为由请求确认转让合同无效的，人民法院不予支持。

第七条 矿业权转让合同依法成立后，在不具有法定无效情形下，受让人请求转让人履行报批义务或者转让人请求受让人履行协助报批义务的，人民法院应予支持，但法律上或者事实上不具备履行条件的除外。

人民法院可以依据案件事实和受让人的请求，判决受让人代为办理报批手续，转让人应当履行协助义务，并承担由此产生的费用。

第八条 矿业权转让合同依法成立后，转让人无正当理由拒不履行报批义务，受让人请求解除合同、返还已付转让款及利息，并由转让人承担违约责任的，人民法院应予支持。

第九条 矿业权转让合同约定受让人支付全部或者部分转让款后办理报批手续，转让人在办理报批手续前请求受让人先履行付款义务的，人民法院应予支持，但受让人有确切证据证明存在转让人将同一矿业权转让给第三人、矿业权人将被兼并重组等符合民法典第五百二十七条规定情形的除外。

第十条 自然资源主管部门不予批准矿业权转让申请致使矿业权转让合同被解除，受让人请求返还已付转让款及利息，采矿权人请求受让人返还获得的矿产品及收益，或者探矿权人请求受让人返还勘查资料和勘查中回收的矿产品及收益的，人民法院应予支持，但受让人可请求扣除相关的成本费用。

当事人一方对矿业权转让申请未获批准有过错的，应赔偿对方因此受到的损失；双方均有过错的，应当各自承担相应的责任。

第十一条 矿业权转让合同依法成立后、自然资源主管部门批准前，矿业权人又将矿业权转让给第三人并经自然资源主管部门批准、登记，受让人请求解除转让合同、返还已付转让款及利息，并由矿业权人承担违约责任的，人民法院应予支持。

第十二条 当事人请求确认矿业权租赁、承包合同自依法成立之日起生效的，人民法院应予支持。

矿业权租赁、承包合同约定矿业权人仅收取租金、承包费，放弃矿山管理，不履行安全生产、生态环境修复等法定义务，不承担相应法律责任的，人民法院应依法认定合同无效。

第十三条 矿业权人与他人合作进行矿产资源勘查开采所签订的合同，当事人请求确认自依法成立之日起生效的，人民法院应予支持。

合同中有关矿业权转让的条款适用本解释关于矿业权转让合同的规定。

第十四条 矿业权人为担保自己或者他人债务的履行，将矿业权抵押给债权人的，抵押合同自依法成立之日起生效，但法律、行政法规规定不得抵押的除外。

当事人仅以未经主管部门批准或者登记、备案为由请求确认抵押合同无效的，人民法院不予支持。

第十五条 当事人请求确认矿业权之抵押权自依法登记时设立的，人民法院应予支持。

颁发矿产资源勘查许可证或者采矿许可证的自然资源主管部门根据相关规定办理的矿业权抵押备案手续，视为前款规定的登记。

第十六条 债务人不履行到期债务或者发生当事人约定的实现抵押权的情形，抵押权人依据民事诉讼法第一百九十六条、第一百九十七条规定申请实现抵押权的，人民法院可以拍卖、变卖矿业权或者裁定以矿业权抵债，但矿业权竞买人、受让人应具备相应的资质条件。

第十七条 矿业权抵押期间因抵押人被兼并重组或者矿床被压覆等原因导致矿业权全部或者部分灭失，抵押权人请求就抵押人因此获得的保险金、赔偿金或者补偿金等款项优先受偿或者将该款项予以提存的，人民法院应予支持。

第十八条 当事人约定在自然保护区、风景名胜区、重点生态功能区、生态环境敏感区和脆弱区等区域内勘查开采矿产资源，违反法律、行政法规的强制性规定或者损害环境公共利益的，人民法院应依法认定合同无效。

第十九条 因越界勘查开采矿产资源引发的侵权责任纠纷，涉及自然资源主管部门批准的勘查开采范围重复或者界限不清的，人民法院应告知当事人先向自然资源主管部门申请解决。

第二十条 因他人越界勘查开采矿产资源，矿业权人请求侵权人承担停止侵害、排除妨碍、返还财产、赔偿损失等侵权责任的，人民法院应予支持，但探矿权人请求侵权人返还越界开采的矿产品及收益的除外。

第二十一条 勘查开采矿产资源造成环境污染，或者导致地质灾害、植被毁损等生态破坏，国家规定的机关或者法律规定的组织提起环境公益诉讼的，人民法院应依法予以受理。

国家规定的机关或者法律规定的组织为保护国家利益、环境公共利益提起诉讼的，不影响因同一勘查开采行为受到人身、财产损害的自然人、法人和非法人组织依据民事诉讼法第一百一十九条的规定提起诉讼。

第二十二条 人民法院在审理案件中，发现无证勘查开采，勘查资质、地质资料造假，或者勘查开采未履行生态环境修复义务等违法情形的，可以向有关行政主管部门提出司法建议，由其依法处理；涉嫌犯罪的，依法移送侦查机关处理。

第二十三条 本解释施行后，人民法院尚未审结的一审、二审案件适用本解释规定。本解释施行前已经作出生效裁判的案件，本解释施行后依法再审的，不适用本解释。

二、房地产与物业

最高人民法院《关于当前形势下进一步做好房地产纠纷案件审判工作的指导意见》

(2009年7月9日 法发〔2009〕42号)

当前,稳定房地产市场,保障房地产业的健康发展,是党和国家应对国际金融危机影响,促进经济平稳较快发展的重大决策部署。充分发挥人民法院的审判职能作用,切实做好房地产纠纷案件审判工作,是人民法院为大局服务、为人民司法的必然要求。各级人民法院要深刻认识当前形势下做好房地产纠纷案件审判工作的重要意义,准确把握宏观经济形势发生的客观变化,在法律和国家政策规定框架内,适用原则性和灵活性相统一的方法,妥善审理房地产案件,为国家"保增长、保民生、保稳定"的工作大局提供强有力的司法保障。现就做好房地产纠纷案件的审判工作,提出如下指导意见。

一、切实依法维护国有土地使用权出让市场。要依照物权法、合同法、城市房地产管理法等法律及最高人民法院《关于审理涉及国有土地使用权合同纠纷案件适用法律问题的解释》的规定,尽可能维持土地使用权出让合同效力,依法保护守约方的合法权益,促进土地使用权出让市场的平稳发展。

二、切实依法维护国有土地使用权转让市场。要正确理解城市房地产管理法等法律、行政法规关于土地使用权转让条件的规定,准确把握物权效力与合同效力的区分原则,尽可能维持合同效力,促进土地使用权的正常流转。

三、切实依法保护国家投资基础设施建设拉大内需政策的落实。要依照法律规定,结合国家政策,妥善审理好涉及国家重大工程、重点项目的建设工程施工合同纠纷案件;要慎用财产保全措施,尽可能加快案件审理进度,发挥财产效益,为重点工程按期完工提供司法保障。

四、加大对招标投标法的贯彻力度。要依照招标投标法和最高人民法院《关于审理建设工程施工合同纠纷案件适用法律问题的解释》的规定，准确把握“黑白合同”的认定标准，依法维护中标合同的实质性内容；对案件审理中发现的带有普遍性的违反招标投标法等法律、行政法规和司法解释规定的问题，要及时与建设行政管理部门沟通、协商，共同研究提出从源头上根治的工作方案，切实维护建筑市场秩序。

五、妥善处理因发包人资金困难产生的发包人拖欠工程款、承包人拖欠劳务分包人工程款等连锁纠纷案件。要统筹协调各方当事人的利益，加大案件调解力度，力争通过案件审判盘活现有的存量资金，实现当事人双赢、多赢的结果。调解不成的，要综合考虑连锁案件的整体情况，根据当事人的偿付能力和对方的资金需求，确定还款期限、还款方式，最大限度避免连锁案件引发群体事件影响社会稳定。

六、妥善处理非法转包、违法分包、肢解发包、不具备法定资质的实际施工人借用资质承揽工程等违法行为，以保证工程质量。对规避标准化法关于国家强制性标准的规定，降低建材标号，擅自缩减施工流程，降低工程质量标准等危及建筑产品安全的行为，要按照法律规定和合同约定严格予以处理；构成犯罪的，交由有关部门依法追究责任人的刑事责任。

七、妥善处理各类房屋买卖合同纠纷案件，依法稳定房屋交易市场。要依照法律和最高人民法院《关于审理商品房买卖合同纠纷案件适用法律若干问题的解释》的规定，妥善处理房屋销售广告纠纷，认购协议中定金纠纷、房屋质量纠纷、房屋面积纠纷，制裁恶意违约行为，保护购房人利益；对于房地产开发商确因资金暂时困难未按时交付房屋的，要多做双方当事人的调解工作，确无调解可能的案件，可以根据案件的具体情况，依法合理调整违约金数额，公平解决违约责任问题；对于买受人请求解除商品房合同纠纷案件，要严格依法审查，对不符合解除条件的不能解除；要引导当事人理性面对市场经营风险，共同维护诚信的市场交易秩序。对矛盾有可能激化的敏感案件和群体性案件，要及时向当地党委汇报，与政府主管部门沟通情况，力争将不稳定因素化解在萌芽状态。

八、妥善审理商品房抵押贷款合同纠纷案件，维护房地产金融体系安全。在审理因商品房买受人拖欠银行贷款产生的纠纷案件中，要依法保护银行的合法权益；对涉嫌利用虚假房地产交易套取银行信贷资金等违法犯罪活动的，要及时向侦查机关提供线索；对案件中出现的新情况、新问题及时与房地产主管部门、银行业进行沟通，依法支持金融监管机构有效行使管理职能，防范房地产金融体系风险。

九、妥善处理拖欠租金引发的房屋租赁合同纠纷案件。在处理小型企业租赁他人厂房、仓库等经营性用房的案件时，如果承租人因资金短缺临时拖欠租金，但企业仍处于正常生产经营状态的，要从维护企业的生存发展入手，加大调解力度，尽可能促成合同继续履行。

十、妥善采用多种途径处理房地产纠纷案件。房地产案件的审判涉及到房地产企业和广大人民群众的切身利益，要从保障企业合法权益，保障人民群众居住权益的角度，切实贯彻“调解优先、调判结合”原则，大力加强诉讼调解工作；要借助行政调解、人民调解力量，多种途径、多种方式化解纠纷，维护稳定，切实防止房地产纠纷转变为群体性行为。

十一、加强对当前形势下房地产业审判工作新情况、新问题的进一步研究。房地产业在国民经济中的重要作用，决定了国际金融危机对房地产业的影响是深远的，要加强对房地产案件审判的前瞻性研究，密切关注国内外经济形势变化可能引发的房地产纠纷案件，对案件审判中出现的新情况、新问题及时提出应对的司法政策；要及时总结审判经验，有效提高解决疑难复杂问题的能力，为房地产业的健康、持续发展提供可靠的司法保证。

最高人民法院关于审理城镇房屋租赁合同纠纷案件具体应用法律若干问题的解释

(2009年6月22日最高人民法院审判委员会第1469次会议通过　根据2020年12月23日最高人民法院审判委员会第1823次会议通过的《最高人民法院关于修改〈最高人民法院关于在民事审判工作中适用《中华人民共和国工会法》若干问题的解释〉等二十七件民事类司法解释的决定》修正　修正后自2021年1月1日起施行　法释〔2020〕17号)

为正确审理城镇房屋租赁合同纠纷案件,依法保护当事人的合法权益,根据《中华人民共和国民法典》等法律规定,结合民事审判实践,制定本解释。

第一条　本解释所称城镇房屋,是指城市、镇规划区内的房屋。

乡、村庄规划区内的房屋租赁合同纠纷案件,可以参照本解释处理。但法律另有规定的,适用其规定。

当事人依照国家福利政策租赁公有住房、廉租住房、经济适用住房产生的纠纷案件,不适用本解释。

第二条　出租人就未取得建设工程规划许可证或者未按照建设工程规划许可证的规定建设的房屋,与承租人订立的租赁合同无效。但在一审法庭辩论终结前取得建设工程规划许可证或者经主管部门批准建设的,人民法院应当认定有效。

第三条　出租人就未经批准或者未按照批准内容建设的临时建筑,与承租人订立的租赁合同无效。但在一审法庭辩论终结前经主管部门批准建设的,人民法院应当认定有效。

租赁期限超过临时建筑的使用期限,超过部分无效。但在一审法庭辩论终结前经主管部门批准延长使用期限的,人民法院应当认定延长使用期限内的租赁期间有效。

第四条　房屋租赁合同无效，当事人请求参照合同约定的租金标准支付房屋占有使用费的，人民法院一般应予支持。

当事人请求赔偿因合同无效受到的损失，人民法院依照民法典第一百五十七条和本解释第七条、第十一条、第十二条的规定处理。

第五条　出租人就同一房屋订立数份租赁合同，在合同均有效的情况下，承租人均主张履行合同的，人民法院按照下列顺序确定履行合同的承租人：

（一）已经合法占有租赁房屋的；

（二）已经办理登记备案手续的；

（三）合同成立在先的。

不能取得租赁房屋的承租人请求解除合同、赔偿损失的，依照民法典的有关规定处理。

第六条　承租人擅自变动房屋建筑主体和承重结构或者扩建，在出租人要求的合理期限内仍不予恢复原状，出租人请求解除合同并要求赔偿损失的，人民法院依照民法典第七百一十一条的规定处理。

第七条　承租人经出租人同意装饰装修，租赁合同无效时，未形成附合的装饰装修物，出租人同意利用的，可折价归出租人所有；不同意利用的，可由承租人拆除。因拆除造成房屋毁损的，承租人应当恢复原状。

已形成附合的装饰装修物，出租人同意利用的，可折价归出租人所有；不同意利用的，由双方各自按照导致合同无效的过错分担现值损失。

第八条　承租人经出租人同意装饰装修，租赁期间届满或者合同解除时，除当事人另有约定外，未形成附合的装饰装修物，可由承租人拆除。因拆除造成房屋毁损的，承租人应当恢复原状。

第九条　承租人经出租人同意装饰装修，合同解除时，双方对已形成附合的装饰装修物的处理没有约定的，人民法院按照下列情形分别处理：

（一）因出租人违约导致合同解除，承租人请求出租人赔偿剩余租赁期内装饰装修残值损失的，应予支持；

（二）因承租人违约导致合同解除，承租人请求出租人赔偿剩余租赁期内装饰装修残值损失的，不予支持。但出租人同意利用的，应在利用价值范围内予以适当补偿；

（三）因双方违约导致合同解除，剩余租赁期内的装饰装修残值损失，由双方根据各自的过错承担相应的责任；

（四）因不可归责于双方的事由导致合同解除的，剩余租赁期内的装饰装修残值损失，由双方按照公平原则分担。法律另有规定的，适用其规定。

第十条 承租人经出租人同意装饰装修，租赁期间届满时，承租人请求出租人补偿附合装饰装修费用的，不予支持。但当事人另有约定的除外。

第十一条 承租人未经出租人同意装饰装修或者扩建发生的费用，由承租人负担。出租人请求承租人恢复原状或者赔偿损失的，人民法院应予支持。

第十二条 承租人经出租人同意扩建，但双方对扩建费用的处理没有约定的，人民法院按照下列情形分别处理：

（一）办理合法建设手续的，扩建造价费用由出租人负担；

（二）未办理合法建设手续的，扩建造价费用由双方按照过错分担。

第十三条 房屋租赁合同无效、履行期限届满或者解除，出租人请求负有腾房义务的次承租人支付逾期腾房占有使用费的，人民法院应予支持。

第十四条 租赁房屋在承租人按照租赁合同占有期限内发生所有权变动，承租人请求房屋受让人继续履行原租赁合同的，人民法院应予支持。但租赁房屋具有下列情形或者当事人另有约定的除外：

（一）房屋在出租前已设立抵押权，因抵押权人实现抵押权发生所有权变动的；

（二）房屋在出租前已被人民法院依法查封的。

第十五条 出租人与抵押权人协议折价、变卖租赁房屋偿还债务，应当在合理期限内通知承租人。承租人请求以同等条件优先购买房屋的，人民法院应予支持。

第十六条 本解释施行前已经终审，本解释施行后当事人申请再审或者按照审判监督程序决定再审的案件，不适用本解释。

最高人民法院关于审理建筑物区分所有权纠纷案件适用法律若干问题的解释

（2009 年 3 月 23 日由最高人民法院审判委员会第 1464 次会议通过　根据 2020 年 12 月 23 日最高人民法院审判委员会第 1823 次会议通过的《最高人民法院关于修改〈最高人民法院关于在民事审判工作中适用《中华人民共和国工会法》若干问题的解释〉等二十七件民事类司法解释的决定》修正　修正后自 2021 年 1 月 1 日起施行　法释〔2020〕17 号）

为正确审理建筑物区分所有权纠纷案件，依法保护当事人的合法权益，根据《中华人民共和国民法典》等法律的规定，结合民事审判实践，制定本解释。

第一条　依法登记取得或者依据民法典第二百二十九条至第二百三十一条规定取得建筑物专有部分所有权的人，应当认定为民法典第二编第六章所称的业主。

基于与建设单位之间的商品房买卖民事法律行为，已经合法占有建筑物专有部分，但尚未依法办理所有权登记的人，可以认定为民法典第二编第六章所称的业主。

第二条　建筑区划内符合下列条件的房屋，以及车位、摊位等特定空间，应当认定为民法典第二编第六章所称的专有部分：

（一）具有构造上的独立性，能够明确区分；

（二）具有利用上的独立性，可以排他使用；

（三）能够登记成为特定业主所有权的客体。

规划上专属于特定房屋，且建设单位销售时已经根据规划列入该特定房屋买卖合同中的露台等，应当认定为前款所称的专有部分的组成部分。

本条第一款所称房屋，包括整栋建筑物。

第三条　除法律、行政法规规定的共有部分外，建筑区划内的以下部分，也应当认定为民法典第二编第六章所称的共有部分：

（一）建筑物的基础、承重结构、外墙、屋顶等基本结构部分，通道、楼梯、大堂等公共通行部分，消防、公共照明等附属设施、设备，避难层、设备层或者设备间等结构部分；

（二）其他不属于业主专有部分，也不属于市政公用部分或者其他权利人所有的场所及设施等。

建筑区划内的土地，依法由业主共同享有建设用地使用权，但属于业主专有的整栋建筑物的规划占地或者城镇公共道路、绿地占地除外。

第四条 业主基于对住宅、经营性用房等专有部分特定使用功能的合理需要，无偿利用屋顶以及与其专有部分相对应的外墙面等共有部分的，不应认定为侵权。但违反法律、法规、管理规约，损害他人合法权益的除外。

第五条 建设单位按照配置比例将车位、车库，以出售、附赠或者出租等方式处分给业主的，应当认定其行为符合民法典第二百七十六条有关“应当首先满足业主的需要”的规定。

前款所称配置比例是指规划确定的建筑区划内规划用于停放汽车的车位、车库与房屋套数的比例。

第六条 建筑区划内在规划用于停放汽车的车位之外，占用业主共有道路或者其他场地增设的车位，应当认定为民法典第二百七十五条第二款所称的车位。

第七条 处分共有部分，以及业主大会依法决定或者管理规约依法确定应由业主共同决定的事项，应当认定为民法典第二百七十八条第一款第（九）项规定的有关共有和共同管理权利的“其他重大事项”。

第八条 民法典第二百七十八条第二款和第二百八十三条规定的专有部分面积可以按照不动产登记簿记载的面积计算；尚未进行物权登记的，暂按测绘机构的实测面积计算；尚未进行实测的，暂按房屋买卖合同记载的面积计算。

第九条 民法典第二百七十八条第二款规定的业主人数可以按照专有部分的数量计算，一个专有部分按一人计算。但建设单位尚未出售和虽已出售但尚未交付的部分，以及同一买受人拥有一个以上专有部分的，按一人计算。

第十条 业主将住宅改变为经营性用房，未依据民法典第二百七十九条的规定经有利害关系的业主一致同意，有利害关系的业主请求排除妨害、消除危险、恢复原状或者赔偿损失的，人民法院应予支持。

将住宅改变为经营性用房的业主以多数有利害关系的业主同意其行为进行

抗辩的，人民法院不予支持。

第十一条　业主将住宅改变为经营性用房，本栋建筑物内的其他业主，应当认定为民法典第二百七十九条所称“有利害关系的业主”。建筑区划内，本栋建筑物之外的业主，主张与自己有利害关系的，应证明其房屋价值、生活质量受到或者可能受到不利影响。

第十二条　业主以业主大会或者业主委员会作出的决定侵害其合法权益或者违反了法律规定的程序为由，依据民法典第二百八十条第二款的规定请求人民法院撤销该决定的，应当在知道或者应当知道业主大会或者业主委员会作出决定之日起一年内行使。

第十三条　业主请求公布、查阅下列应当向业主公开的情况和资料的，人民法院应予支持：

（一）建筑物及其附属设施的维修资金的筹集、使用情况；

（二）管理规约、业主大会议事规则，以及业主大会或者业主委员会的决定及会议记录；

（三）物业服务合同、共有部分的使用和收益情况；

（四）建筑区划内规划用于停放汽车的车位、车库的处分情况；

（五）其他应当向业主公开的情况和资料。

第十四条　建设单位、物业服务企业或者其他管理人等擅自占用、处分业主共有部分、改变其使用功能或者进行经营性活动，权利人请求排除妨害、恢复原状、确认处分行为无效或者赔偿损失的，人民法院应予支持。

属于前款所称擅自进行经营性活动的情形，权利人请求建设单位、物业服务企业或者其他管理人等将扣除合理成本之后的收益用于补充专项维修资金或者业主共同决定的其他用途的，人民法院应予支持。行为人对成本的支出及其合理性承担举证责任。

第十五条　业主或者其他行为人违反法律、法规、国家相关强制性标准、管理规约，或者违反业主大会、业主委员会依法作出的决定，实施下列行为的，可以认定为民法典第二百八十六条第二款所称的其他“损害他人合法权益的行为”：

（一）损害房屋承重结构，损害或者违章使用电力、燃气、消防设施，在建筑物内放置危险、放射性物品等危及建筑物安全或者妨碍建筑物正常使用；

（二）违反规定破坏、改变建筑物外墙面的形状、颜色等损害建筑物外观；

（三）违反规定进行房屋装饰装修；

（四）违章加建、改建，侵占、挖掘公共通道、道路、场地或者其他共有部分。

第十六条 建筑物区分所有权纠纷涉及专有部分的承租人、借用人等物业使用人的，参照本解释处理。

专有部分的承租人、借用人等物业使用人，根据法律、法规、管理规约、业主大会或者业主委员会依法作出的决定，以及其与业主的约定，享有相应权利，承担相应义务。

第十七条 本解释所称建设单位，包括包销期满，按照包销合同约定的包销价格购买尚未销售的物业后，以自己名义对外销售的包销人。

第十八条 人民法院审理建筑物区分所有权案件中，涉及有关物权归属争议的，应当以法律、行政法规为依据。

第十九条 本解释自 2009 年 10 月 1 日起施行。

因物权法施行后实施的行为引起的建筑物区分所有权纠纷案件，适用本解释。

本解释施行前已经终审，本解释施行后当事人申请再审或者按照审判监督程序决定再审的案件，不适用本解释。

最高人民法院关于审理商品房买卖合同纠纷案件适用法律若干问题的解释

(2003年3月24日最高人民法院审判委员会第1267次会议通过　根据2020年12月23日最高人民法院审判委员会第1823次会议通过的《最高人民法院关于修改〈最高人民法院关于在民事审判工作中适用《中华人民共和国工会法》若干问题的解释〉等二十七件民事类司法解释的决定》修正　修正后自2021年1月1日起施行　法释〔2020〕17号)

为正确、及时审理商品房买卖合同纠纷案件,根据《中华人民共和国民法典》《中华人民共和国城市房地产管理法》等相关法律,结合民事审判实践,制定本解释。

第一条　本解释所称的商品房买卖合同,是指房地产开发企业(以下统称为出卖人)将尚未建成或者已竣工的房屋向社会销售并转移房屋所有权于买受人,买受人支付价款的合同。

第二条　出卖人未取得商品房预售许可证明,与买受人订立的商品房预售合同,应当认定无效,但是在起诉前取得商品房预售许可证明的,可以认定有效。

第三条　商品房的销售广告和宣传资料为要约邀请,但是出卖人就商品房开发规划范围内的房屋及相关设施所作的说明和允诺具体确定,并对商品房买卖合同的订立以及房屋价格的确定有重大影响的,构成要约。该说明和允诺即使未载入商品房买卖合同,亦应当为合同内容,当事人违反的,应当承担违约责任。

第四条　出卖人通过认购、订购、预订等方式向买受人收受定金作为订立商品房买卖合同担保的,如果因当事人一方原因未能订立商品房买卖合同,应当按照法律关于定金的规定处理;因不可归责于当事人双方的事由,导致商品房买卖合同未能订立的,出卖人应当将定金返还买受人。

第五条　商品房的认购、订购、预订等协议具备《商品房销售管理办法》第十六条规定的商品房买卖合同的主要内容,并且出卖人已经按照约定收受购房款的,该协议应当认定为商品房买卖合同。

第六条 当事人以商品房预售合同未按照法律、行政法规规定办理登记备案手续为由,请求确认合同无效的,不予支持。

当事人约定以办理登记备案手续为商品房预售合同生效条件的,从其约定,但当事人一方已经履行主要义务,对方接受的除外。

第七条 买受人以出卖人与第三人恶意串通,另行订立商品房买卖合同并将房屋交付使用,导致其无法取得房屋为由,请求确认出卖人与第三人订立的商品房买卖合同无效的,应予支持。

第八条 对房屋的转移占有,视为房屋的交付使用,但当事人另有约定的除外。

房屋毁损、灭失的风险,在交付使用前由出卖人承担,交付使用后由买受人承担;买受人接到出卖人的书面交房通知,无正当理由拒绝接收的,房屋毁损、灭失的风险自书面交房通知确定的交付使用之日起由买受人承担,但法律另有规定或者当事人另有约定的除外。

第九条 因房屋主体结构质量不合格不能交付使用,或者房屋交付使用后,房屋主体结构质量经核验确属不合格,买受人请求解除合同和赔偿损失的,应予支持。

第十条 因房屋质量问题严重影响正常居住使用,买受人请求解除合同和赔偿损失的,应予支持。

交付使用的房屋存在质量问题,在保修期内,出卖人应当承担修复责任;出卖人拒绝修复或者在合理期限内拖延修复的,买受人可以自行或者委托他人修复。修复费用及修复期间造成的其他损失由出卖人承担。

第十一条 根据民法典第五百六十三条的规定,出卖人迟延交付房屋或者买受人迟延支付购房款,经催告后在三个月的合理期限内仍未履行,解除权人请求解除合同的,应予支持,但当事人另有约定的除外。

法律没有规定或者当事人没有约定,经对方当事人催告后,解除权行使的合理期限为三个月。对方当事人没有催告的,解除权人自知道或者应当知道解除事由之日起一年内行使。逾期不行使的,解除权消灭。

第十二条 当事人以约定的违约金过高为由请求减少的,应当以违约金超过造成的损失30%为标准适当减少;当事人以约定的违约金低于造成的损失为由请求增加的，应当以违约造成的损失确定违约金数额。

第十三条 商品房买卖合同没有约定违约金数额或者损失赔偿额计算方法，违约金数额或者损失赔偿额可以参照以下标准确定：

逾期付款的，按照未付购房款总额，参照中国人民银行规定的金融机构计收逾期贷款利息的标准计算。

逾期交付使用房屋的，按照逾期交付使用房屋期间有关主管部门公布或者有资格的房地产评估机构评定的同地段同类房屋租金标准确定。

第十四条 由于出卖人的原因，买受人在下列期限届满未能取得不动产权属证书的，除当事人有特殊约定外，出卖人应当承担违约责任：

（一）商品房买卖合同约定的办理不动产登记的期限；

（二）商品房买卖合同的标的物为尚未建成房屋的，自房屋交付使用之日起90日；

（三）商品房买卖合同的标的物为已竣工房屋的，自合同订立之日起90日。

合同没有约定违约金或者损失数额难以确定的，可以按照已付购房款总额，参照中国人民银行规定的金融机构计收逾期贷款利息的标准计算。

第十五条 商品房买卖合同约定或者《城市房地产开发经营管理条例》第三十二条规定的办理不动产登记的期限届满后超过一年，由于出卖人的原因，导致买受人无法办理不动产登记，买受人请求解除合同和赔偿损失的，应予支持。

第十六条 出卖人与包销人订立商品房包销合同，约定出卖人将其开发建设的房屋交由包销人以出卖人的名义销售的，包销期满未销售的房屋，由包销人按照合同约定的包销价格购买，但当事人另有约定的除外。

第十七条 出卖人自行销售已经约定由包销人包销的房屋，包销人请求出卖人赔偿损失的，应予支持，但当事人另有约定的除外。

第十八条 对于买受人因商品房买卖合同与出卖人发生的纠纷，人民法院应当通知包销人参加诉讼；出卖人、包销人和买受人对各自的权利义务有明确约定的，按照约定的内容确定各方的诉讼地位。

第十九条 商品房买卖合同约定，买受人以担保贷款方式付款、因当事人一方原因未能订立商品房担保贷款合同并导致商品房买卖合同不能继续履行的，对方当事人可以请求解除合同和赔偿损失。因不可归责于当事人双方的事由未能订立商品房担保贷款合同并导致商品房买卖合同不能继续履行的，当事人可以请求解除合同，出卖人应当将收受的购房款本金及其利息或者定金返还买受人。

第二十条 因商品房买卖合同被确认无效或者被撤销、解除，致使商品房担保贷款合同的目的无法实现，当事人请求解除商品房担保贷款合同的，应予支持。

第二十一条 以担保贷款为付款方式的商品房买卖合同的当事人一方请求确认商品房买卖合同无效或者撤销、解除合同的，如果担保权人作为有独立请求权第三人提出诉讼请求，应当与商品房担保贷款合同纠纷合并审理；未提出诉讼请求的，仅处理商品房买卖合同纠纷。担保权人就商品房担保贷款合同纠纷另行起诉的，可以与商品房买卖合同纠纷合并审理。

商品房买卖合同被确认无效或者被撤销、解除后，商品房担保贷款合同也被解除的，出卖人应当将收受的购房贷款和购房款的本金及利息分别返还担保权人和买受人。

第二十二条 买受人未按照商品房担保贷款合同的约定偿还贷款，亦未与担保权人办理不动产抵押登记手续，担保权人起诉买受人，请求处分商品房买卖合同项下买受人合同权利的，应当通知出卖人参加诉讼；担保权人同时起诉出卖人时，如果出卖人为商品房担保贷款合同提供保证的，应当列为共同被告。

第二十三条 买受人未按照商品房担保贷款合同的约定偿还贷款，但是已经取得不动产权属证书并与担保权人办理了不动产抵押登记手续，抵押权人请求买受人偿还贷款或者就抵押的房屋优先受偿的，不应当追加出卖人为当事人，但出卖人提供保证的除外。

第二十四条 本解释自 2003 年 6 月 1 日起施行。

《中华人民共和国城市房地产管理法》施行后订立的商品房买卖合同发生的纠纷案件，本解释公布施行后尚在一审、二审阶段的，适用本解释。

《中华人民共和国城市房地产管理法》施行后订立的商品房买卖合同发生的纠纷案件，在本解释公布施行前已经终审，当事人申请再审或者按照审判监督程序决定再审的，不适用本解释。

《中华人民共和国城市房地产管理法》施行前发生的商品房买卖行为，适用当时的法律、法规和《最高人民法院关于审理房地产管理法施行前房地产开发经营案件若干问题的解答》。

最高人民法院关于《城市房地产抵押管理办法》在建工程抵押规定与上位法是否冲突问题的答复

（2012 年 11 月 28 日　〔2012〕行他字第 8 号）

山东省高级人民法院：

你院鲁高法函〔2012〕3 号请示收悉，经征求全国人大常委会法制工作委员会、住房和城乡建设部意见，答复如下：

在建工程属于《担保法》规定的可以抵押的财产范围。法律对在建工程抵押权人的范围没有作出限制性规定，《城市房地产抵押管理办法》第三条第五款有关在建工程抵押的规定，是针对贷款银行作为抵押权人时的特别规定，但并不限制贷款银行以外的主体成为在建工程的抵押权人。

最高人民法院
关于审理房屋登记案件若干问题的规定

（2010年8月2日最高人民法院审判委员会第1491次会议通过　自2010年11月18日起施行　法释〔2010〕15号）

为正确审理房屋登记案件，根据《中华人民共和国物权法》《中华人民共和国城市房地产管理法》《中华人民共和国行政诉讼法》等有关法律规定，结合行政审判实际，制定本规定。

第一条　公民、法人或者其他组织对房屋登记机构的房屋登记行为以及与查询、复制登记资料等事项相关的行政行为或者相应的不作为不服，提起行政诉讼的，人民法院应当依法受理。

第二条　房屋登记机构根据人民法院、仲裁委员会的法律文书或者有权机关的协助执行通知书以及人民政府的征收决定办理的房屋登记行为，公民、法人或者其他组织不服提起行政诉讼的，人民法院不予受理，但公民、法人或者其他组织认为登记与有关文书内容不一致的除外。

房屋登记机构作出未改变登记内容的换发、补发权属证书、登记证明或者更新登记簿的行为，公民、法人或者其他组织不服提起行政诉讼的，人民法院不予受理。

房屋登记机构在行政诉讼法施行前作出的房屋登记行为，公民、法人或者其他组织不服提起行政诉讼的，人民法院不予受理。

第三条　公民、法人或者其他组织对房屋登记行为不服提起行政诉讼的，不受下列情形的影响：

（一）房屋灭失；

（二）房屋登记行为已被登记机构改变；

（三）生效法律文书将房屋权属证书、房屋登记簿或者房屋登记证明作为定案证据采用。

第四条　房屋登记机构为债务人办理房屋转移登记，债权人不服提起诉讼，符合下列情形之一的，人民法院应当依法受理：

（一）以房屋为标的物的债权已办理预告登记的；

（二）债权人为抵押权人且房屋转让未经其同意的；

（三）人民法院依债权人申请对房屋采取强制执行措施并已通知房屋登记机构的；

（四）房屋登记机构工作人员与债务人恶意串通的。

第五条　同一房屋多次转移登记，原房屋权利人、原利害关系人对首次转移登记行为提起行政诉讼的，人民法院应当依法受理。

原房屋权利人、原利害关系人对首次转移登记行为及后续转移登记行为一并提起行政诉讼的，人民法院应当依法受理；人民法院判决驳回原告就在先转移登记行为提出的诉讼请求，或者因保护善意第三人确认在先房屋登记行为违法的，应当裁定驳回原告对后续转移登记行为的起诉。

原房屋权利人、原利害关系人未就首次转移登记行为提起行政诉讼，对后续转移登记行为提起行政诉讼的，人民法院不予受理。

第六条　人民法院受理房屋登记行政案件后，应当通知没有起诉的下列利害关系人作为第三人参加行政诉讼：

（一）房屋登记簿上载明的权利人；

（二）被诉异议登记、更正登记、预告登记的权利人；

（三）人民法院能够确认的其他利害关系人。

第七条　房屋登记行政案件由房屋所在地人民法院管辖，但有下列情形之一的也可由被告所在地人民法院管辖：

（一）请求房屋登记机构履行房屋转移登记、查询、复制登记资料等职责的；

（二）对房屋登记机构收缴房产证行为提起行政诉讼的；

（三）对行政复议改变房屋登记行为提起行政诉讼的。

第八条　当事人以作为房屋登记行为基础的买卖、共有、赠与、抵押、婚姻、继承等民事法律关系无效或者应当撤销为由，对房屋登记行为提起行政诉讼的，人民法院应当告知当事人先行解决民事争议，民事争议处理期间不计算在行政诉讼起诉期限内；已经受理的，裁定中止诉讼。

第九条　被告对被诉房屋登记行为的合法性负举证责任。被告保管证据原件的，应当在法庭上出示。被告不保管原件的，应当提交与原件核对一致的复印件、复制件并作出说明。当事人对被告提交的上述证据提出异议的，应当提供相应的证据。

第十条 被诉房屋登记行为合法的，人民法院应当判决驳回原告的诉讼请求。

第十一条 被诉房屋登记行为涉及多个权利主体或者房屋可分，其中部分主体或者房屋的登记违法应予撤销的，可以判决部分撤销。

被诉房屋登记行为违法，但该行为已被登记机构改变的，判决确认被诉行为违法。

被诉房屋登记行为违法，但判决撤销将给公共利益造成重大损失或者房屋已为第三人善意取得的，判决确认被诉行为违法，不撤销登记行为。

第十二条 申请人提供虚假材料办理房屋登记，给原告造成损害，房屋登记机构未尽合理审慎职责的，应当根据其过错程度及其在损害发生中所起作用承担相应的赔偿责任。

第十三条 房屋登记机构工作人员与第三人恶意串通违法登记，侵犯原告合法权益的，房屋登记机构与第三人承担连带赔偿责任。

第十四条 最高人民法院以前所作的相关的司法解释，凡与本规定不一致的，以本规定为准。

农村集体土地上的房屋登记行政案件参照本规定。

最高人民法院
关于审理物业服务纠纷案件
适用法律若干问题的解释

（2009年4月20日最高人民法院审判委员会第1466次会议通过　根据2020年12月23日最高人民法院审判委员会第1823次会议通过的《最高人民法院关于修改〈最高人民法院关于在民事审判工作中适用《中华人民共和国工会法》若干问题的解释〉等二十七件民事类司法解释的决定》修正　修正后自2021年1月1日起施行　法释〔2020〕17号）

为正确审理物业服务纠纷案件，依法保护当事人的合法权益，根据《中华人民共和国民法典》等法律规定，结合民事审判实践，制定本解释。

第一条　业主违反物业服务合同或者法律、法规、管理规约，实施妨碍物业服务与管理的行为，物业服务人请求业主承担停止侵害、排除妨碍、恢复原状等相应民事责任的，人民法院应予支持。

第二条　物业服务人违反物业服务合同约定或者法律、法规、部门规章规定，擅自扩大收费范围、提高收费标准或者重复收费，业主以违规收费为由提出抗辩的，人民法院应予支持。

业主请求物业服务人退还其已经收取的违规费用的，人民法院应予支持。

第三条　物业服务合同的权利义务终止后，业主请求物业服务人退还已经预收，但尚未提供物业服务期间的物业费的，人民法院应予支持。

第四条　因物业的承租人、借用人或者其他物业使用人实施违反物业服务合同，以及法律、法规或者管理规约的行为引起的物业服务纠纷，人民法院可以参照关于业主的规定处理。

第五条　本解释自2009年10月1日起施行。

本解释施行前已经终审，本解释施行后当事人申请再审或者按照审判监督程序决定再审的案件，不适用本解释。

三、执　　行

最高人民法院关于办理申请人民法院强制执行国有土地上房屋征收补偿决定案件若干问题的规定

（2012年2月27日最高人民法院审判委员会第1543次会议通过　自2012年4月10日起施行　法释〔2012〕4号）

为依法正确办理市、县级人民政府申请人民法院强制执行国有土地上房屋征收补偿决定（以下简称征收补偿决定）案件，维护公共利益，保障被征收房屋所有权人的合法权益，根据《中华人民共和国行政诉讼法》《中华人民共和国行政强制法》《国有土地上房屋征收与补偿条例》（以下简称《条例》）等有关法律、行政法规规定，结合审判实际，制定本规定。

第一条　申请人民法院强制执行征收补偿决定案件，由房屋所在地基层人民法院管辖，高级人民法院可以根据本地实际情况决定管辖法院。

第二条　申请机关向人民法院申请强制执行，除提供《条例》第二十八条规定的强制执行申请书及附具材料外，还应当提供下列材料：

（一）征收补偿决定及相关证据和所依据的规范性文件；

（二）征收补偿决定送达凭证、催告情况及房屋被征收人、直接利害关系人的意见；

（三）社会稳定风险评估材料；

（四）申请强制执行的房屋状况；

（五）被执行人的姓名或者名称、住址及与强制执行相关的财产状况等具体情况；

（六）法律、行政法规规定应当提交的其他材料。

强制执行申请书应当由申请机关负责人签名，加盖申请机关印章，并注明日期。

强制执行的申请应当自被执行人的法定起诉期限届满之日起三个月内提出；逾期申请的，除有正当理由外，人民法院不予受理。

第三条 人民法院认为强制执行的申请符合形式要件且材料齐全的，应当在接到申请后五日内立案受理，并通知申请机关；不符合形式要件或者材料不全的应当限期补正，并在最终补正的材料提供后五日内立案受理；不符合形式要件或者逾期无正当理由不补正材料的，裁定不予受理。

申请机关对不予受理的裁定有异议的，可以自收到裁定之日起十五日内向上一级人民法院申请复议，上一级人民法院应当自收到复议申请之日起十五日内作出裁定。

第四条 人民法院应当自立案之日起三十日内作出是否准予执行的裁定；有特殊情况需要延长审查期限的，由高级人民法院批准。

第五条 人民法院在审查期间，可以根据需要调取相关证据、询问当事人、组织听证或者进行现场调查。

第六条 征收补偿决定存在下列情形之一的，人民法院应当裁定不准予执行：

（一）明显缺乏事实根据；

（二）明显缺乏法律、法规依据；

（三）明显不符合公平补偿原则，严重损害被执行人合法权益，或者使被执行人基本生活、生产经营条件没有保障；

（四）明显违反行政目的，严重损害公共利益；

（五）严重违反法定程序或者正当程序；

（六）超越职权；

（七）法律、法规、规章等规定的其他不宜强制执行的情形。

人民法院裁定不准予执行的，应当说明理由，并在五日内将裁定送达申请机关。

第七条 申请机关对不准予执行的裁定有异议的，可以自收到裁定之日起十五日内向上一级人民法院申请复议，上一级人民法院应当自收到复议申请之日起三十日内作出裁定。

第八条 人民法院裁定准予执行的，应当在五日内将裁定送达申请机关和被执行人，并可以根据实际情况建议申请机关依法采取必要措施，保障征收与补偿活动顺利实施。

第九条 人民法院裁定准予执行的,一般由作出征收补偿决定的市、县级人民政府组织实施,也可以由人民法院执行。

第十条 《条例》施行前已依法取得房屋拆迁许可证的项目,人民法院裁定准予执行房屋拆迁裁决的,参照本规定第九条精神办理。

第十一条 最高人民法院以前所作的司法解释与本规定不一致的,按本规定执行。

最高人民法院 国土资源部 建设部 关于依法规范人民法院执行和国土资源房地产管理部门协助执行若干问题的通知

(2004年3月1日 法发〔2004〕5号)

各省、自治区、直辖市高级人民法院，解放军军事法院，新疆维吾尔自治区高级人民法院生产建设兵团分院；各省、自治区、直辖市国土资源厅（国土环境资源厅、国土资源和房屋管理局、房屋土地资源管理局、规划和国土资源局），新疆生产建设兵团国土资源局；各省、自治区建设厅，新疆生产建设兵团建设局，各直辖市房地产管理局：

为保证人民法院生效判决、裁定及其他生效法律文书依法及时执行，保护当事人的合法权益，根据《中华人民共和国民事诉讼法》《中华人民共和国土地管理法》《中华人民共和国城市房地产管理法》等有关法律规定，现就规范人民法院执行和国土资源、房地产管理部门协助执行的有关问题通知如下：

一、人民法院在办理案件时，需要国土资源、房地产管理部门协助执行的，国土资源、房地产管理部门应当按照人民法院的生效法律文书和协助执行通知书办理协助执行事项。

国土资源、房地产管理部门依法协助人民法院执行时，除复制有关材料所必需的工本费外，不得向人民法院收取其他费用。登记过户的费用按照国家有关规定收取。

二、人民法院对土地使用权、房屋实施查封或者进行实体处理前，应当向国土资源、房地产管理部门查询该土地、房屋的权属。

人民法院执行人员到国土资源、房地产管理部门查询土地、房屋权属情况时，应当出示本人工作证和执行公务证，并出具协助查询通知书。

人民法院执行人员到国土资源、房地产管理部门办理土地使用权或者房屋查封、预查封登记手续时，应当出示本人工作证和执行公务证，并出具查封、预查封裁定书和协助执行通知书。

三、对人民法院查封或者预查封的土地使用权、房屋,国土资源、房地产管理部门应当及时办理查封或者预查封登记。

国土资源、房地产管理部门在协助人民法院执行土地使用权、房屋时,不对生效法律文书和协助执行通知书进行实体审查。国土资源、房地产管理部门认为人民法院查封、预查封或者处理的土地、房屋权属错误的,可以向人民法院提出审查建议,但不应当停止办理协助执行事项。

四、人民法院在国土资源、房地产管理部门查询并复制或者抄录的书面材料,由土地、房屋权属的登记机构或者其所属的档案室(馆)加盖印章。无法查询或者查询无结果的,国土资源、房地产管理部门应当书面告知人民法院。

五、人民法院查封时,土地、房屋权属的确认以国土资源、房地产管理部门的登记或者出具的权属证明为准。权属证明与权属登记不一致的,以权属登记为准。

在执行人民法院确认土地、房屋权属的生效法律文书时,应当按照人民法院生效法律文书所确认的权利人办理土地、房屋权属变更、转移登记手续。

六、土地使用权和房屋所有权归属同一权利人的,人民法院应当同时查封;土地使用权和房屋所有权归属不一致的,查封被执行人名下的土地使用权或者房屋。

七、登记在案外人名下的土地使用权、房屋,登记名义人(案外人)书面认可该土地、房屋实际属于被执行人时,执行法院可以采取查封措施。

如果登记名义人否认该土地、房屋属于被执行人,而执行法院、申请执行人认为登记为虚假时,须经当事人另行提起诉讼或者通过其他程序,撤销该登记并登记在被执行人名下之后,才可以采取查封措施。

八、对被执行人因继承、判决或者强制执行取得,但尚未办理过户登记的土地使用权、房屋的查封,执行法院应当向国土资源、房地产管理部门提交被执行人取得财产所依据的继承证明、生效判决书或者执行裁定书及协助执行通知书,由国土资源、房地产管理部门办理过户登记手续后,办理查封登记。

九、对国土资源、房地产管理部门已经受理被执行人转让土地使用权、房屋的过户登记申请,尚未核准登记的,人民法院可以进行查封,已核准登记的,不得进行查封。

十、人民法院对可以分割处分的房屋应当在执行标的额的范围内分割查封,不可分割的房屋可以整体查封。

分割查封的，应当在协助执行通知书中明确查封房屋的具体部位。

十一、人民法院对土地使用权、房屋的查封期限不得超过二年。期限届满可以续封一次，续封时应当重新制作查封裁定书和协助执行通知书，续封的期限不得超过一年。确有特殊情况需要再续封的，应当经过所属高级人民法院批准，且每次再续封的期限不得超过一年。

查封期限届满，人民法院未办理继续查封手续的，查封的效力消灭。

十二、人民法院在案件执行完毕后，对未处理的土地使用权、房屋需要解除查封的，应当及时作出裁定解除查封，并将解除查封裁定书和协助执行通知书送达国土资源、房地产管理部门。

十三、被执行人全部缴纳土地使用权出让金但尚未办理土地使用权登记的，人民法院可以对该土地使用权进行预查封。

十四、被执行人部分缴纳土地使用权出让金但尚未办理土地使用权登记的，对可以分割的土地使用权，按已缴付的土地使用权出让金，由国土资源管理部门确认被执行人的土地使用权，人民法院可以对确认后的土地使用权裁定预查封。对不可以分割的土地使用权，可以全部进行预查封。

被执行人在规定的期限内仍未全部缴纳土地出让金的，在人民政府收回土地使用权的同时，应当将被执行人缴纳的按照有关规定应当退还的土地出让金交由人民法院处理，预查封自动解除。

十五、下列房屋虽未进行房屋所有权登记，人民法院也可以进行预查封：

（一）作为被执行人的房地产开发企业，已办理了商品房预售许可证且尚未出售的房屋；

（二）被执行人购买的已由房地产开发企业办理了房屋权属初始登记的房屋；

（三）被执行人购买的办理了商品房预售合同登记备案手续或者商品房预告登记的房屋。

十六、国土资源、房地产管理部门应当依据人民法院的协助执行通知书和所附的裁定书办理预查封登记。土地、房屋权属在预查封期间登记在被执行人名下的，预查封登记自动转为查封登记，预查封转为正式查封后，查封期限从预查封之日起开始计算。

十七、预查封的期限为二年。期限届满可以续封一次，续封时应当重新制作预查封裁定书和协助执行通知书，预查封的续封期限为一年。确有特殊情况需要再续封的,应当经过所属高级人民法院批准,且每次再续封的期限不得超过一年。

十八、预查封的效力等同于正式查封。预查封期限届满之日,人民法院未办理预查封续封手续的,预查封的效力消灭。

十九、两个以上人民法院对同一宗土地使用权、房屋进行查封的,国土资源、房地产管理部门为首先送达协助执行通知书的人民法院办理查封登记手续后,对后来办理查封登记的人民法院作轮候查封登记,并书面告知该土地使用权、房屋已被其他人民法院查封的事实及查封的有关情况。

二十、轮候查封登记的顺序按照人民法院送达协助执行通知书的时间先后进行排列。查封法院依法解除查封的,排列在先的轮候查封自动转为查封;查封法院对查封的土地使用权、房屋全部处理的,排列在后的轮候查封自动失效;查封法院对查封的土地使用权、房屋部分处理的,对剩余部分,排列在后的轮候查封自动转为查封。

预查封的轮侯登记参照第十九条和本条第一款的规定办理。

二十一、已被人民法院查封、预查封并在国土资源、房地产管理部门办理了查封、预查封登记手续的土地使用权、房屋,被执行人隐瞒真实情况,到国土资源、房地产管理部门办理抵押、转让等手续的,人民法院应当依法确认其行为无效,并可视情节轻重,依法追究有关人员的法律责任。国土资源、房地产管理部门应当按照人民法院的生效法律文书撤销不合法的抵押、转让等登记,并注销所颁发的证照。

二十二、国土资源、房地产管理部门对被人民法院依法查封、预查封的土地使用权、房屋,在查封、预查封期间不得办理抵押、转让等权属变更、转移登记手续。

国土资源、房地产管理部门明知土地使用权、房屋已被人民法院查封、预查封,仍然办理抵押、转让等权属变更、转移登记手续的,对有关的国土资源、房地产管理部门和直接责任人可以依照民事诉讼法第一百零二条的规定处理。

二十三、在变价处理土地使用权、房屋时,土地使用权、房屋所有权同时转移;土地使用权与房屋所有权归属不一致的,受让人继受原权利人的合法权利。

二十四、人民法院执行集体土地使用权时,经与国土资源管理部门取得一致意见后,可以裁定予以处理,但应当告知权利受让人到国土资源管理部门办理土地征用和国有土地使用权出让手续,缴纳土地使用权出让金及有关税费。

对处理农村房屋涉及集体土地的,人民法院应当与国土资源管理部门协商一致后再行处理。

二十五、人民法院执行土地使用权时,不得改变原土地用途和出让年限。

二十六、经申请执行人和被执行人协商同意,可以不经拍卖、变卖,直接裁定将被执行人以出让方式取得的国有土地使用权及其地上房屋经评估作价后交由申请执行人抵偿债务,但应当依法向国土资源和房地产管理部门办理土地、房屋权属变更、转移登记手续。

二十七、人民法院制作的土地使用权、房屋所有权转移裁定送达权利受让人时即发生法律效力,人民法院应当明确告知权利受让人及时到国土资源、房地产管理部门申请土地、房屋权属变更、转移登记。

国土资源、房地产管理部门依据生效法律文书进行权属登记时,当事人的土地、房屋权利应当追溯到相关法律文书生效之时。

二十八、人民法院进行财产保全和先予执行时适用本通知。

二十九、本通知下发前已经进行的查封,自本通知实施之日起计算期限。

三十、本通知自 2004 年 3 月 1 日起实施。

第十部分

部分地方规定

山东省人民政府办公厅关于促进高速铁路建设的意见

(2019 年 7 月 16 日　鲁政办字〔2019〕128 号)

各市人民政府,各县(市、区)人民政府,省政府各部门、各直属机构,各大企业,各高等院校:

为促进全省高速铁路(含城际铁路,下同)快速健康发展,加快构建覆盖全省的现代化高速铁路网络,经省政府同意,现提出以下意见。

一、强化规划引领

(一)科学编制高速铁路网规划。省交通运输部门负责编制全省高速铁路发展规划。规划紧扣国家和省综合交通发展战略,与国家《中长期铁路网规划》、全省国土空间规划、产业布局紧密衔接,与全省经济社会发展协调适应,充分发挥高速铁路对经济社会发展的基础性、先导性作用。(省交通运输厅负责)

(二)严格维护规划严肃性。增强规划执行力和刚性约束,严格高速铁路项目规划建设管理程序,对规划内项目要按计划积极开展前期工作,落实建设条件,加大推进力度,在规划时限内完成建设任务。根据经济社会发展需要,适时按程序对规划进行调整。(省交通运输厅、省发展改革委负责)

(三)合理规划线位和站场布局。在充分调研论证基础上,科学确定高速铁路线位走向和站场布局,做好与其他交通方式的有效衔接。统筹枢纽功能定位,合理确定高速铁路站房规模,高速铁路站房原则上按县级站 5000 平方米、市级站 10000 平方米规划。如确需增加站房面积,经审批机关同意后,按照“谁提出、谁出资”的原则,增加部分的建设和运营费用由提出增加面积的政府或单位承担。(省交通运输厅、省发展改革委、沿线各市政府负责)

(四)科学确定技术标准。对具有通道功能的高速铁路项目,原则上采用 350 公里/小时的技术标准;对城际铁路项目,可根据实际情况采用合理的技术标准。(省交通运输厅、省发展改革委负责)

二、加大项目推进力度

(五)协同推进项目前期工作。省政府有关部门按照“三定”规定的职责,对口指导相关支持性文件编制报批工作，开辟绿色通道，简化审批流程；业主单位负责具体开展可行性研究报告编制、勘察设计、规划选址、用地预审、环境影响评价、社会稳定风险评价等各项手续办理；沿线地方政府给予积极配合，共同推进项目前期工作。（省发展改革委、省财政厅、省自然资源厅、省生态环境厅、省住房城乡建设厅、省交通运输厅、省水利厅、省文化和旅游厅、省海洋局、沿线各市政府负责）

（六）保障建设用地。省自然资源部门会同有关部门、单位，积极争取国家对我省高速铁路建设用地的支持，负责指导协调办理土地、林地、湿地、海域、自然保护地等有关手续；市、县（市、区）政府负责落实耕地占补平衡、永久基本农田补划，安排高速铁路站场市政配套设施建设用地。（省自然资源厅、省水利厅、省海洋局、沿线各市政府负责）

（七）完善站场市政配套设施。沿线地方政府结合高速铁路站区建设，统筹城市规划布局，积极完善通站道路、站前广场、水、电、气、暖、公共交通等配套设施，市政配套工程要与高速铁路项目同步设计、同步实施、同步使用。（沿线各市政府负责）

（八）完善项目建设协调机制。各市铁路建设主管部门和业主单位要积极协调解决高速铁路与公路、管线、林地、河道、生态红线交叉穿越等项目建设出现的问题，重大问题及时报省铁路建设领导小组研究解决。（沿线各市政府负责）

三、做好征地拆迁工作

（九）明确征地拆迁主体责任。高速铁路项目所在市、县（市、区）政府是征地拆迁工作责任主体和实施主体，负责统筹做好文物保护、管线迁移、耕地占补平衡、征地拆迁、补偿安置、取（弃）土场和临时用地手续办理及永久基本农田补划、压覆矿产协调、建设用地组卷报批、建设环境维护等相关工作。（沿线各市政府负责）

（十）依法合规征地拆迁。高速铁路项目沿线地方政府要严格执行有关政策标准，依法合规做好征地拆迁工作，切实维护被征拆群众、企业和相关权利人合法权益。要加强红线范围内用地管控，防止出现抢栽抢种、乱搭乱建等行为。（沿线各市政府负责）

四、创新投融资机制

（十一）加大政府投入力度。加大 1000 亿元规模的省铁路发展基金募集力度。省财政部门和相关部门、单位要积极筹措资金,全面落实300亿元省级引导资金出资任务,省级资金原则上与社会资金同比例认缴到位。(省财政厅负责)

(十二)增强铁路平台融资能力。积极推进省铁路发展基金市场化运营,发挥省级铁路建设投融资平台作用,努力实现铁路投融资与支出偿债能力间的平衡。省级采取资本金注入、政府债券、资源整合、铁路沿线土地综合开发等方式,推进全省高速铁路快速健康发展。(省财政厅、省自然资源厅负责)

(十三)实施铁路沿线土地综合开发。认真贯彻落实《国务院办公厅关于支持铁路建设实施土地综合开发的意见》(国办发〔2014〕37号),制定全省铁路沿线土地综合开发实施意见,鼓励对新建高速铁路站场及毗邻区域实施土地综合开发,沿线地方政府要做好土地控制和预留,开发所得收益经审计部门审计后,全部用于铁路建设和弥补运营亏损。(省交通运输厅、省自然资源厅、沿线各市政府负责)

(十四)明确资本金分担比例。对国家主导建设的高速铁路项目,山东铁路投资控股集团履行省方出资人代表职责,省方资本金由省与沿线市原则上按照5∶5比例分担;对省级主导建设的高速铁路项目,省方资本金由省与沿线市原则上按5∶5比例分担。沿线地方政府负责境内征地拆迁费用,并以可行性研究报告批复的额度计入股份,如实际征地拆迁费用超出批复额度,超出部分按有关程序审计后计入资本公积。对于市域(郊)铁路、旅游观光铁路等其他项目,按照"谁受益、谁投资"原则,由相关市或企业自主建设。(省交通运输厅、省发展改革委、沿线各市政府负责)

(十五)拓宽投融资渠道。支持社会资本通过投资省铁路发展基金、PPP(政府和社会资本合作)、股权投资等方式参与全省高速铁路建设。积极争取金融机构对高速铁路建设提供中长期优惠贷款。探索建立铁路运营亏损补贴机制,各级政府多渠道筹措资金,每年对建成运营亏损铁路给予补贴。(省财政厅、沿线各市政府负责)

五、强化监督管理

(十六)加强质量安全监管。对国家审批的铁路项目,省交通运输部门配合国家铁路监管部门做好相关工作。对我省审批的铁路项目,省交通运输部门可采取政府购买服务等方式,实施质量监管;沿线地方政府按照属地管理原则负责铁路建设的安全监管。建设单位和施工企业严格履行安全生产主体责任,确保安全

生产各项法规制度规范落到实处。（省交通运输厅、沿线各市政府负责）

（十七）优化铁路沿线环境。省住房城乡建设部门牵头，组织铁路沿线地方政府及相关部门，推进铁路沿线环境综合整治工作，营造良好的铁路建设运营环境。（省住房城乡建设厅、沿线各市政府负责）

六、加强组织领导

（十八）完善组织领导机制。省铁路建设领导小组负责统筹推进全省高速铁路建设，研究制定有关政策措施，解决重大问题，督导重点项目建设进度。各市政府要加强组织领导，落实相应机构和人员。省有关部门、单位要主动作为，跟踪服务，创造良好外部环境，形成推进建设合力。（省铁路建设领导小组各成员单位、沿线各市政府负责）

湖北省人民政府关于进一步加快铁路建设发展的若干意见

（2018年2月14日　鄂政发〔2018〕8号）

各市、州、县人民政府，省政府各部门：

为全面贯彻落实党中央、国务院关于建设交通强国的重大决策和省委、省政府关于全面建设社会主义现代化强省的总体部署，抢抓机遇推动全省铁路又好又快发展，结合我省实际，现提出如下意见：

一、总体要求

（一）深刻认识加快铁路建设发展的重大意义。铁路是战略性、全局性的重要基础设施，铁路运输具有运量大、全天候、成本低、节能环保等特点。加快铁路建设是弥补我省基础设施短板，推动交通领域供给侧结构性改革，发挥基础设施投资对经济增长拉动作用的重要支撑。加快铁路发展是构筑立体交通运输体系，增强我省区域竞争力，推动湖北长江经济带发展，形成沟通"一带一路"大通道和发展开放型经济的重要基础。提高铁路运输能力和效率，是降低社会综合物流成本，满足群众多样化出行需求，实现全面建成小康社会目标，开启"建成支点、走在前列"新征程的重要保障。各地各部门要把思想统一到省委、省政府决策部署上来，瞄准我省铁路通道不足、枢纽能力不强、运输组织不优等薄弱环节，精准发力，主动作为，齐心协力推动新一轮铁路建设发展。

（二）准确把握铁路建设发展的新形势。要把握和适应铁路投融资体制改革的新变化，充分利用宏观环境、经济基础、技术能力、管理手段等有利的外部条件，进一步发挥地方在铁路规划、建设方面的主动性，在配合做好国家干线铁路项目建设的同时，努力承担起地方铁路投资融资、建设实施、运营管理等方面的主体责任。针对铁路项目建设周期长、投资大、公益性强、盈利能力差的特点，科学谋划项目，深化投融资体制改革，统筹政府和市场投入，为铁路建设发展提供有力保障，为社会提供优质高效的公共服务产品。

（三）明确全省铁路建设发展总体目标。以扩大通道规模、加密区域线路、提升枢纽能力、完善路网结构、优化运输组织、提高运营效率为重点，通过5～10年努力，全省新建铁路4000公里，其中高速铁路2600公里，构建“四纵三横”普速铁路网和“三纵三横两斜”高铁网，实现市市通快速铁路，力争90%以上县通铁路，武汉至武汉城市圈内各市1小时通达，武汉至周边城市群主要城市1～2小时通达，武汉至全国其他主要经济区中心城市5小时左右通达。

二、统筹推进重点铁路项目建设

（四）加快补齐发展短板。把加快高铁建设作为未来一段时期铁路建设的主攻方向，加快建设呼和浩特至南宁、郑州至万州、武汉至西安高铁通道，争取分段建设武汉通达重庆、上海方向的沿江高铁通道，推动建设北京至九龙新的高铁通道，尽快形成以武汉为中心的“米”字形铁路网。结合国家《中长期铁路网规划》，推动实施武汉铁路枢纽改造升级，全面提升武汉枢纽功能和在全国路网中的地位，高标准规划建设襄阳、宜昌综合性枢纽，加快形成荆门、荆州、黄冈等区域性枢纽。进一步扩大普速铁路路网规模，提高铁路运输覆盖范围和服务质量。

（五）努力构建多式联运新优势。建成蒙华等干线货运铁路，加快建设重点港口疏港铁路，科学规划建设重点地区资源开发铁路、重点园区支线铁路、重点企业专线铁路，实现省内主要开发区、主要港口通达铁路，并与国家干线铁路网高效衔接。加快发展铁水、铁公联运，积极探索铁空联运，全面发挥我省立体交通、多式联运优势，努力降低社会物流成本。支持货运支线、铁路专线发挥共享功能，面向社会提供公共服务，提高投资效益和社会效益。支持企业对货运铁路以及与之衔接的港口码头、疏港道路、物流基地等进行整体投资、一体化管理，提供联程式和一单到底服务。加快建设全国性和区域性铁路物流中心，积极发展铁路集装箱运输。继续培育中欧班列（武汉），发挥长江黄金水道优势，拓展中欧班列辐射纵深，依托铁路和水陆运输网络，构建我省沟通国内、通江达海、直达欧亚的综合运输新格局。

（六）积极发展地方特色铁路。合理规划和有序建设城际铁路，积极发展市域（郊）铁路，因地制宜建设旅游观光铁路，加快探索并鼓励既有铁路重轨轻用改造，为群众出行提供便捷多样的选择。

（七）科学确定各类项目建设时序。根据国家铁路网建设总体布局和我省实际，抓紧编制出台全省铁路中长期发展规划和分年度实施计划，根据轻重缓急科学确定建设时序。按照优先推进通道、枢纽、基地建设，适时推进城际、市域

(郊)、支线建设的原则,集中资金力量,加快补齐短板,夯实基础,培育优势,提高群众获得感。保持合理投资强度,"十三五"时期每年新开工 3 ~4 个项目,今后根据发展需要和项目前期工作进度,合理确定建设规模和项目实施时机。

(八)统筹铁路建设与城市发展相关规划。各市(州)、县(市、区)人民政府要做好铁路建设规划与土地利用总体规划、城市规划、产业布局规划的协调,根据发展需要预留铁路建设通道、客货运站场及铁路综合开发建设条件。做好火车站规划选址,充分考虑铁路运输与公路、水路以及城市交通等多种运输方式的衔接,实现旅客零距离换乘和货运无缝对接。

三、深化铁路投融资体制改革

(九)分类分层推进铁路项目建设。我省与中国铁路总公司共同投资建设的铁路项目,由省级铁路投融资平台履行省方出资人代表职责。我省规划建设的具有通道功能的项目和城际铁路项目,由省级铁路投融资平台主导,牵头负责项目前期、建设实施和运营管理等工作。市域(郊)铁路、旅游观光铁路、货运支线专线铁路,一般由所在市州县人民政府或企业主导投资,省级铁路投融资平台可参与投资、建设和管理。

(十)鼓励社会资本参与铁路建设。鼓励各类社会资本参与我省铁路建设,对新建和存量铁路项目,积极探索采用 PPP(政府和社会资本合作)方式建设和运营,大力推行投资 + EPC(工程总承包)等铁路建设投融资模式。对社会资本参与铁路建设但难以获取合理回报的,各地政府可采取投资补助、配置土地和其他项目外资源等方式,以合理对价吸引各类投资人。探索依法向社会资本转让既有铁路地方股权,转让收益用于铁路建设。放开城际铁路、市域(郊)铁路、资源开发性铁路和支线铁路的所有权、经营权,支持各类投资主体参与铁路建设和运营。

(十一)明确资本金分担比例。我省与中国铁路总公司共同出资建设的国家干线铁路项目,省方资本金由省与沿线市(州)按照 5:5 比例分担。省内城际铁路、跨市(州)普速铁路项目,资本金由省与沿线市(州)按照 4:6 比例分担。市域(郊)铁路、城市重轨轻用铁路、旅游观光铁路、不跨市(州)的普速铁路及货运支线、专线等项目,按照"谁受益、谁投资"原则,由相关市(州)或受益企业主导建设,也可吸引社会资本投资建设,省级一般不承担资本金出资责任。新建铁路建设项目若需提供贷款担保,按照"谁主导、谁负责"的原则办理。对超出铁路设计规范或已批复事项之外的扩大站房面积、提高技术标准、增设车站或连接线等内容，经审批机关同意后，按照"谁提出、谁投资"原则承担出资。市(州)本级与所辖县(市、区)资本金出资比例和资金筹措方案，由项目所在市(州)人民政府确定。

(十二)发挥铁路建设投融资平台主体作用。省级铁路投融资平台要根据全省铁路发展总体目标和建设规划，发挥全省铁路建设主力军作用，做好铁路建设与自身发展的长远谋划，全面完成承担的铁路建设任务，努力实现铁路投融资与支出偿债能力之间的平衡。省人民政府采取资本金注入、安排政府债券、给予投资补助、划入国有资产、安排土地开发计划等方式，帮助省级铁路投融资平台缓解铁路主业收入难以覆盖投资和运营成本问题，促进铁路建设可持续发展。支持省级铁路投融资平台通过市场方式依法优先对新建铁路项目站场及线路周边土地进行综合开发，今后 10 年，省人民政府每年根据实际情况优先安排用地指标，满足新建铁路项目沿线综合开发用地需求。省级铁路投融资平台可围绕铁路建设主业，延伸产业链条，发展物流和旅游等关联产业，增强多元化经营能力，培植自身造血机能，土地综合开发和辅业经营所得收益用于铁路项目建设和弥补运营亏损。

四、促进铁路可持续发展

(十三)加大政策支持力度。今后 5 年，根据铁路项目建设实际，省人民政府每年安排财政性资金作为省级铁路建设资本金，保证铁路项目建设需要，以后根据铁路建设发展情况，再确定资本金规模。省级资本金分年度注入省级铁路投融资平台，由其统筹用于需省级政府出资的铁路项目建设。适度扩大地方政府债券支持铁路建设规模，对铁路建设任务重的地方，在安排地方政府债券时予以适当倾斜。积极争取发行铁路专项债券，研究设立铁路建设发展基金。市(州)、县(市、区)人民政府在安排中长期和年度预算时，应充分保障境内铁路建设资金需要。拓宽市场化融资渠道，争取金融机构对我省铁路建设提供中长期优惠贷款。

(十四)开展铁路沿线土地综合开发。根据《国务院办公厅关于支持铁路建设实施土地综合开发的意见》(国办发〔2014〕37 号)精神，扣除站场用地后，由所在地政府对新建铁路项目的单个站场按不超过 50 公顷、少数站场不超过 100 公顷进行规划控制，用于实施土地综合开发。支持已建成铁路项目法人以自主开发、转让、租赁等方式盘活铁路用地资源。建立土地增值收益分配机制，利用土地综合开发收益支持铁路建设和弥补运营亏损。允许不同市场主体参与铁路沿线土地综合开发利用,合理分享投资产生的土地增值收益。推动铁路站场分层设立建设用地使用权,提高土地节约集约利用水平。

(十五)完善铁路运营补亏机制。建立和完善企业为主、商业运作、政府支持的省内客运铁路运营补亏长效机制。已建成的 4 条城际铁路,继续按照省人民政府确定的补亏机制执行。城际铁路项目法人要通过开展综合开发和多种经营、优化运输组织方案、加强成本控制等方式,逐步减少亏损。其他由省内主导新建的城际铁路,参照上述规定执行,以后根据实际情况,逐步完善补亏机制。新建市域(郊)铁路由所在市(州)、县(市、区)人民政府制定补亏机制。新建货运支线、专线铁路,由项目法人自负盈亏,跨市(州)的货运铁路,项目法人可通过沿线土地综合开发等方式筹措运营补亏资金。对缴纳补亏资金有困难的市(州)、县(市、区),可采取以土地换资金方式,提供适当规模土地给铁路项目法人进行综合开发,获取的收益用于弥补运营亏损。

五、做好征地拆迁工作

(十六)加强规划用地控制。铁路沿线市(州)、县(市、区)人民政府要按照铁路项目批准文件确定的红线范围,加强规划用地管控,实施红线保护,建立政府管控和群众监督相结合的机制,防止出现抢栽抢种、乱搭乱建等行为。要结合铁路站场建设,对周边城镇发展及交通规划进行统筹布局,完善配套设施。要依法划设铁路安全区,并向社会公告,加强对安全区的巡查监管,及时处置违反铁路安全法律法规的行为。

(十七)落实征地拆迁责任主体。铁路沿线市(州)、县(市、区)人民政府是实施征地拆迁工作的责任主体,以“包任务、包进度、包费用”方式,全面负责辖区内铁路项目征地拆迁及安置等工作。沿线市(州)、县(市、区)人民政府安排的境内铁路项目资本金优先用于征地拆迁。

(十八)依法做好征地拆迁工作。铁路沿线市(州)、县(市、区)人民政府应当严格执行国家和省有关政策标准,对依法应由市州县政府制定拆迁补偿标准的,根据不同类型建筑物情况,结合当地实际制定并提前公示分类拆迁补偿标准。特殊情况由项目业主与地方政府协商,委托有资质的评估机构评估后,据实补偿。坚持依法征地拆迁,维护群众合法权益,保证工作进度,确保社会稳定。新建项目可行性研究(项目核准)阶段,项目法人与沿线市(州)、县(市、区)人民政府签订征地拆迁包干协议,初步设计阶段签订征地拆迁实施协议,全部征地拆迁工作应在实施协议约定的时间内完成。

六、完善推进工作机制

（十九）加强组织领导。各市（州）、县（市、区）人民政府要加强组织领导，统筹部署本地铁路建设发展，科学编制铁路建设规划，深入论证建设方案，切实落实建设条件，制定可行的保障措施。要加强宣传引导，动员社会和群众支持铁路建设。要明确相应机构和人员，负责铁路项目前期和建设协调等工作，将工作任务落实到具体责任单位和责任人。省有关部门要主动研究支持铁路建设发展的政策措施，帮助解决涉及本行业、本系统的突出问题。省发展改革委要做好难点问题协调和重点工作督办，重大问题及时报告省人民政府。发挥省重点铁路项目建设指挥部作用，不定期召开指挥部会议，研究解决重大问题，推动重大项目实施。

（二十）完善前期工作机制。建立铁路项目前期工作任务、责任、时限清单管理制度，省发展改革委负责统筹协调全省铁路项目前期推进工作，对重大项目前期工作列出清单，各责任单位分别负责落实。完善项目前期工作主办责任制度，项目法人和项目所在市（州）人民政府对具体项目的前期工作总进度负责，项目法人负责组织项目审批所需各类专题报告编制工作。各市（州）、县（市、区）人民政府要主动为设计单位提供各类环境敏感区、矿产资源分布和路网、线网规划等资料，积极配合勘察设计单位开展现场勘察、设计文件编制等工作并提供保障服务。各行业主管部门按时限要求完成项目涉及的行业审查和要件审批，对需报国家部委审批的事项，省有关部门要负责衔接争取落实。要强化部门之间的协调配合，优化流程，平行作业，实行并联审批，做到限时办结。

（二十一）优化外部环境。各地各有关部门要强化服务意识，畅通投诉受理渠道，定期组织开展铁路建设环境整治活动。各级公安机关要做好铁路项目建设周边治安环境治理。省重点铁路项目建设指挥部办公室要围绕铁路项目建设开展专项督查，及时发现问题，化解矛盾，督促整改，为铁路建设营造良好环境。

贵州省人民政府关于加快铁路建设的意见

（2016 年 6 月 16 日　黔府发〔2016〕18 号）

各市、自治州人民政府，贵安新区管委会，各县（市、区、特区）人民政府，省政府各部门、各直属机构：

为认真贯彻落实《国务院关于改革铁路投融资体制加快推进铁路建设的意见》（国发〔2013〕33 号）、《国务院办公厅关于支持铁路建设实施土地综合开发的意见》（国办发〔2014〕37 号）和《中共贵州省委贵州省人民政府关于推进供给侧结构性改革提高经济发展质量和效益的意见》（黔党发〔2016〕6 号）精神，加快建成适应全省弯道取直、后发赶超、同步小康的现代化铁路网，充分发挥我省作为西南地区重要陆路交通枢纽的区位优势，现就进一步加快全省铁路建设提出如下意见。

一、明确铁路建设目标任务

全省铁路网规划 2030 年规模约 7500 公里（其中高速铁路约 2500 公里）。截至 2015 年底，全省铁路营业里程 3037 公里（其中高速铁路 701 公里），在建 1196 公里（其中高速铁路 955 公里），铁路建设任务依然艰巨。未来一段时期，我省将牢固树立创新、协调、绿色、开放、共享五大新发展理念，紧紧抓住国家推进供给侧结构性改革机遇，通过创新投融资体制机制，拓宽投融资渠道，合理配置资源，完善投资环境，进一步加大铁路投资和建设力度。加快建成贵阳至昆明、重庆、成都、南宁等高速铁路，铜仁至玉屏、安顺至六盘水、贵阳至兴义等城际铁路，叙永至毕节、瓮安至马场坪等资源开发性铁路。到 2020 年，全省铁路营业里程达到 4000 公里以上（其中高速铁路超过 1500 公里），实现贵阳至周边省会城市及全国主要经济区 2 ~7 小时铁路交通圈，基本实现贵阳至省内其他市（州）中心城市 1 ~2 小时到达。到 2030 年，省内相邻市（州）实现铁路连接，全省铁路网基本建成。

二、支持采取 PPP 模式引进社会资本投资铁路建设

创造公平竞争、平等参与的市场环境，通过特许经营、沿线土地综合开发、股

权合作、政府购买服务等多种方式，支持采取 PPP 模式引进社会资本投资建设运营城际铁路、市域（郊）铁路、资源开发性铁路、支线铁路等。省发展改革委、省铁建办、省财政厅要总结瓮安至马场坪铁路 PPP 项目经验，创新铁路 PPP 模式，制定支持地方铁路项目采取 PPP 模式建设运营的政策措施，进一步规范实施程序。各级人民政府铁路出资人代表作为 PPP 项目的实施机构，负责编制铁路 PPP 项目实施方案。

三、强化贵州铁路发展基金融资功能

支持贵州铁路投资有限责任公司按照省人民政府批复的方案，运作好贵州铁路发展基金，省财政每年安排一定规模资金作为基金引导资金，撬动保险、银行、信托等各类金融资本和社会资本参与铁路建设，力争 2020 年基金规模达到 600 亿元。

四、建立购买服务机制加大财政支持

创新铁路公共服务供给方式，将铁路建设运营等公共服务事项由直接投入转变为购买服务。由省财政厅将铁路建设、筹融资、运营管理等服务内容纳入《贵州省政府向社会力量购买服务指导性目录》，确定购买服务计划，配合有关单位加强绩效评价，监督、指导铁路公共服务购买主体依法开展购买服务工作。省发展改革委作为省铁路公共服务的购买主体，向省人民政府铁路出资人代表自行购买铁路公共服务。铁路建设资金由省级财政预算按《省人民政府关于设立贵州铁路投资有限责任公司的批复》（黔府函〔2008〕127 号）明确的政策作制度性持续安排，新增地方债券规模优先安排用于铁路建设省级出资，营业税改增值税后原财政支出政策不变、规模不减，通过购买服务方式予以安排。铁路沿线地方人民政府要加大财政性资金投入力度，确保铁路建设出资及时足额到位。

五、依托铁路沿线土地综合开发筹资

省国土资源厅负责组织制定贯彻落实国务院关于支持铁路建设实施土地综合开发有关政策的实施细则，指导省人民政府铁路出资人代表牵头编制和实施铁路沿线土地综合开发方案，综合开发收益用于我省境内铁路项目建设、债务偿还和运营补助。铁路沿线地方人民政府要统筹考虑铁路用地及站场毗邻区域土地综合开发利用需求，在扣除站场用地后，优先安排 50 ~ 100 公顷毗邻站前广场的土地作为铁路综合开发备选用地，并做好用地控制和预留。省国土资源厅每年优先安排不少于 200 公顷土地综合开发利用计划指标，由省人民政府铁路出资人代表牵头负责用于省内铁路沿线土地综合开发。鼓励集约节约用地,强化建设用地开发强度、土地投资强度,支持省人民政府铁路出资人代表会同相关铁路项目公司对铁路站场周边零散小、剩余未使用的项目建设用地,经依法批准后,采取置换、转让等方式进行整合,实现集中利用,切实提高土地利用强度和效率。铁路沿线地方人民政府要支持土地综合开发主体依法做好用地报批、补偿、征收、安置等各项工作,各有关部门在土地计划、项目审批等方面给予支持,对有关税费按规定给予优惠和减免。

六、增强铁路投资主体投资能力

深化国有企业改革,整合资源,注入省属优质资产,推动将水红铁路、黄织铁路省方股权划入贵州铁路投资有限责任公司,实现铁路省属股权统一管理。支持贵州铁路投资有限责任公司整合重组其他关联度高、互补性强的企业,进一步改善资产结构,强化造血功能,逐步从投融资平台向经营实体性公司转变,增强融资能力。支持贵州铁路投资有限责任公司开展资本运作、资产整合,拓展物业开发、商贸物流、物资供应等多元化经营,推动实体经营和资本运营、产业资本和金融资本相融合。

七、创新融资方式扩大项目融资

鼓励金融机构围绕铁路建设运营创新金融产品、提供综合金融服务解决方案,在贷款规模、贷款条件等方面向我省地方铁路项目倾斜,给予中长期优惠信贷支持。支持省人民政府铁路出资人代表和各市(州)、贵安新区铁路投资主体通过发行企业债券、公司债、中长期票据、短期融资券等扩大直接融资规模。支持地方铁路项目公司通过项目收益债、融资租赁等途径融资。支持铁路沿线地方人民政府通过整合资源、政府购买服务、探索运营补助等方式为地方铁路项目融资提供增信。省发展改革委、省铁建办会同省相关部门适时召开铁路建设政银企对接会,协调解决项目建设融资问题。

八、明确铁路建设省市出资比例

2016年及以后新开工的国家或省控股铁路项目,省内出资由省和沿线市(州)、贵安新区按照6:4比例分担。项目融资需提供担保的,由项目公司出资方按出资比例分别提供担保。

九、做好项目前期工作

依据国家批复的铁路网规划,省发展改革委、省铁建办负责统筹推进铁路项目前期工作，按照定时间表、定路线图、定工作量和定责任人的原则制定前期工作方案，积极做好项目储备。有关市（州）人民政府、贵安新区管委会或项目单位具体负责及时完成项目审批所需前置性文件的办理。省直有关部门要加强指导和协调，对需要国家批复的事项，由省直有关部门负责衔接国家对口部门；对需要省直有关部门批复的事项，省直有关部门要及时办理。

十、做好建设用地保障

省人民政府批准建设的地方铁路建设项目，急需开工建设的控制工期的单体工程，以及有工期要求或受季节影响急需开工建设的其他工程，在完成项目审批（核准、备案）和初步设计后，由项目建设单位按程序向国土资源部申请办理先行用地手续，省国土资源厅要加强指导，并积极争取国家对我省地方铁路建设用地指标的倾斜支持，保障项目重点工程如期开工建设用地需求。省国土资源厅、省住房城乡建设厅等有关部门要加强对规划铁路线路、铁路站场及附属配套设施建设用地的控制及预留，在相关规划中明确用地范围及线路廊道的管制要求。各市（州）人民政府、贵安新区管委会负责统筹安排铁路站场市政配套设施建设用地，落实耕地和林地占补平衡指标，合理确定补偿单价，支持耕地占补平衡指标跨市（州）和贵安新区流转解决。

十一、落实地方人民政府土地房屋征收工作主体责任

铁路沿线地方人民政府要切实担负起土地房屋征收实施的主体责任，与建设单位密切配合，做深做细土地房屋征收前期工作；按照设计红线征收范围，及时会同建设、设计、监理单位和被征收人尽快完成调查取证和原始数量的核备工作，防止抢栽抢种、抢建抢搭；加大征收工作力度，按时完成征收任务，确保项目建设有序推进。铁路项目土地房屋征收费用按照概算由市（州）人民政府、贵安新区管委会包干使用，超概算部分先由项目所在市（州）人民政府、贵安新区管委会承担，项目建成后再行结算。土地房屋征收工作纳入铁路沿线地方人民政府目标绩效考核。

十二、加强铁路建设资金监管

各级发展改革、财政、审计、国土资源等部门要加强对铁路建设资金的监督管理。各级土地房屋征收工作部门要规范资金支付流程，严格资金使用和管理，加强日常监督检查。各级铁路投资主体要按照主管单位年初下达的投资计划，严格铁路项目建设单位资金申报审核，规范铁路建设资金拨付程序，及时足

额拨付资金。铁路项目建设单位要切实担负起铁路建设资金使用和监管主体责任,确保铁路建设资金专款专用。审计部门要加强对铁路建设资金拨付、使用情况的审计监督,对贪污、挪用铁路建设资金等行为要依法移交有关部门严肃处理。

十三、强化地方铁路项目质量监督

未纳入国家铁路局和中国铁路总公司监管体系的地方铁路项目,项目建设单位应在项目开工前,按照国家有关规定和程序办理工程质量监督手续。监督工作由省交通建设工程质量监督局商成都铁路监管部门同意自行组织或通过政府购买服务方式委托符合国家规定条件的工程质量监督机构负责。

十四、营造良好建设营运环境

加大铁路规划、重大项目和相关政策的宣传力度,及时报道重点工程动态和重大建设成果,营造全社会关心、支持铁路建设的良好氛围。省有关部门和各市(州)人民政府、贵安新区管委会要认真贯彻落实国家和省有关土地房屋征收补偿政策,依法保护被征收对象合法权益,严格落实失地农民社会保障政策。征收补偿要公开、公平、公正,资金要及时足额拨付到位,严禁以任何理由截留、挤占、挪用。严禁任何单位和个人强行分包铁路工程,强行供应施工材料、刁难施工单位。严禁设置障碍阻塞交通、拦截工程车辆等影响铁路建设进度的行为。加强铁路护路联防工作,把铁路运输的安防、护路设施纳入铁路建设,采取各种措施,切实保护沿线群众的人身和财产安全。对破坏铁路设施、盗窃铁路设备、哄抢铁路建设物资、非法收购铁路器材等不法行为,当地公安机关要依法及时予以严厉打击。

河北省人民政府办公厅
关于加快城际铁路建设工作的通知

（2015 年 11 月 6 日　冀政办字〔2015〕146 号）

各市（含定州、辛集市）人民政府，省政府有关部门：

为加快推进我省城际铁路建设，更好地完成京津冀城际铁路网规划建设和资金筹集任务，经省政府同意，现就加快城际铁路建设工作有关事项通知如下：

一、坚持线网规划先行

大力发展轨道交通，将轨道交通列为我省“十三五”基础设施建设的重点任务。会同北京、天津市和中国铁路总公司抓紧修编京津冀地区城际铁路网规划，力争早日获得国家发展改革委批复。积极争取将我省城际铁路项目纳入国家铁路发展十三五规划、国家中长期铁路网发展规划、京津冀协同发展规划和北京新机场外围配套综合交通规划等专项规划。

二、做强省级融资平台

（一）设立河北省城际铁路发展基金，由财政性资金作为引导，通过设立优先股提供固定收益回报等制度安排，吸引社会投资人参与投资，为我省城际铁路建设提供资金保障。河北省城际铁路发展基金由河北建投交通投资有限公司（以下简称河北建投交通）负责管理和运作，主要用于我省规划建设的城际铁路项目资本金出资，规模暂定为 180 亿元（今后可根据规划批复及项目实施情况提请省政府调整），募集期为 5 年。资金主要来源：省级财政资金，省财政将现行省级铁路建设资金补贴政策延长至 2020 年，共计安排投入 30 亿元；市级财政资金，各市财政预算安排共 60 亿元，年均 12 亿元，其中石家庄、唐山、廊坊市各 2 亿元，保定、沧州、邯郸市各 1 亿元，承德、张家口、秦皇岛、邢台、衡水市各 0.6 亿元；国有企业国有资产收益，省属国有企业国有资产收益出资 10 亿元，鉴于当前国有企业盈利下降、国有资产收益较少，可暂按年均 2000 万元安排，待国有企业盈利形势好转后补齐；河北建投集团出资 30 亿元，年均 6 亿元，其中，河北建投交通出资 20 亿元，年均 4 亿元；社会资本，计划引入社会资本 50 亿元。

（二）支持河北建投交通引入央企、民企及省属企业集团，通过加大资本金的方式增强融资能力。鼓励和支持河北建投交通主导和参与我省铁路建设。进一步深化与中国铁路总公司的合作，加快推进国家铁路网规划中我省项目的建设；贯彻落实京津冀协同发展交通一体化战略，支持京津冀城际铁路投资公司扩大对我省城际铁路的投资规模，加快京津冀城际铁路网建设；充分利用市场资源，发挥市场主体作用，积极引导社会资本进入城际铁路建设领域。

三、用好土地开发政策

（一）贯彻落实《国务院办公厅关于支持铁路建设实施土地综合开发的意见》（国办发〔2014〕37 号）和《河北省人民政府办公厅关于支持铁路建设实施土地综合开发利用的意见》（冀政办字〔2015〕73 号）精神，以开发收益支持铁路建设与发展。

（二）成立由省发展改革委、省国土资源厅等省有关部门分管负责同志组成的省铁路土地综合开发工作领导小组，领导小组办公室设在省铁路建设管理办公室，省国土资源厅等省有关部门要指定相关处室，专人负责承办铁路土地综合开发相关工作。

（三）省政府授权河北建投交通作为我省与中国铁路总公司合资合作铁路建设项目土地综合开发的执行主体，代表我省与中国铁路总公司进行合作开发。鼓励河北建投交通依法对其控股的既有铁路和由其主导建设的城际铁路的站场及毗邻地区实施土地综合开发，提高铁路建设资金筹集能力和收益水平。

（四）省铁路土地综合开发工作领导小组办公室根据新建铁路项目实施情况制定年度铁路土地综合开发方案。省国土资源厅要按照国办发〔2014〕37 号和冀政办字〔2015〕73 号文件确定的综合开发用地规模，协调保证年度铁路土地综合开发用地。支持河北建投交通与相关市对依法取得的铁路沿线土地进行联合开发，以开发收益支持其城际铁路建设投入、筹融资运作，以及补贴运营亏损。

（五）对新建项目站场周边土地的综合开发，省铁路土地综合开发工作领导小组办公室协调项目业主和当地政府，根据项目规划情况选定综合开发地块及综合开发模式，可根据具体情况选择由当地政府自主进行土地综合开发或由河北建投交通进行综合开发或由项目业主进行综合开发，开发收益全部用于支持项目建设和运营。对既有铁路周边土地的综合开发，可由铁路运输企业根据实际情况选择到当地政府办理相应手续后自主开发或联合河北建投交通和其他市场主体合作开发或交由地方政府开发,开发收益合理分配。省政府将在土地出让金地方提留部分给予减免政策支持。

四、创新建设运营模式

(一)根据跨省、跨市城际轨道交通和市域轨道交通不同特点,在投资主体、技术标准和融资建设等方面探索创新。要积极研究探索利用PPP模式,调动社会资本参与城际铁路项目建设。

(二)我省城际铁路建设投资任务原则上由河北建投交通承担。城际铁路所途经市(含定州、辛集市)既可按照省市6:4的比例承担项目资本金,也可负责征地拆迁工作及费用,征拆费用经相关各方认可后作为资本金计入项目公司股份。具体出资模式由各方根据实际情况协商确定。

(三)深入研究城际铁路运营管理模式,合理设置城际铁路项目公司组织架构,可托管业务全部引入竞争机制,建设市场化、高效率的城际铁路运输企业。

(四)积极探索城际铁路建设工作模式。以京唐城际铁路为试点,加强与国家发展改革委、北京市、天津市、中国铁路总公司和京津冀城际铁路投资公司沟通,加快推进京唐城际铁路项目前期工作,争取早日开工。在项目建设运营过程中试行"以地养路"模式,探索切实可行的资金筹措、建设运营新模式。

安徽省人民政府关于进一步加快安徽铁路建设的若干意见

（2015年3月8日　皖政〔2015〕27号）

各市、县人民政府，省政府各部门、各直属机构：

铁路是国民经济和社会发展的重要基础设施，是综合交通运输体系的重要组成部分。近年来，我省铁路建设取得显著成就，快速客运铁路网加快形成，普通铁路网不断完善，铁路运输能力和技术水平大幅提高，在全国铁路网中的枢纽地位明显提升，有力支撑了全省经济社会持续健康较快发展。为进一步加快全省铁路发展，提出如下意见：

一、指导思想

以邓小平理论、“三个代表”重要思想、科学发展观为指导，深入贯彻落实党的十八大和十八届三中、四中全会和习近平总书记系列重要讲话精神，创新铁路投融资体制机制，调动各方面力量，着力推进客运专线建设，畅通能源运输通道，加快城际铁路和城市轨道交通发展，完善路网布局和结构，强化多种交通方式一体化客货运枢纽建设，构筑现代综合交通运输体系，为打造“三个强省”、建设“美好安徽”提供有力支撑。

二、目标任务

（一）发展目标。到2020年，全省铁路营业里程达到6790公里，现代化铁路运输体系基本建立，较好地适应经济社会发展的需要。一是建成以合肥为中心，联接所有设区市、通达全国主要城市的快速客运铁路网，全省客运专线达到2842公里，合肥成为全国重要的铁路枢纽。二是建成较为完善的普通铁路网，能源运输通道更加通畅，全省普通铁路达到3335公里，电气化率达到67%，货物运输能力显著提升。三是建设皖江、皖北城际铁路，全省城际铁路达到370公里，实现中心城市之间、中心城市至周边主要城镇快速客运铁路联通。四是所有设区市完成城市轨道交通规划，有条件的城市建设轨道交通主干线路，全省城市轨道交通达到243公里，在城市公共交通中的骨干作用有效发挥。五是依托铁路重点站场，基本建成不同交通方式有机衔接的全省综合交通枢纽体系。

（二）建设任务。2020 年前，全省建设新线铁路 3608 公里，复线改造 198 公里，电气化 1495 公里。一是建设合肥—福州、南京—安庆、郑州—徐州（安徽段）、商丘—合肥—杭州、黄山—杭州、合肥—安庆、池州—九江、合肥—滁州—南京、芜湖—宣城—绩溪、淮北—萧县等客运专线，合肥—新桥机场—六安、南陵—繁昌—芜湖—江北集中区、淮北—宿州—阜阳、蚌埠—滁州—南京、庐江—巢湖—马鞍山—扬州等城际铁路，庐江—铜陵、六安—安庆—景德镇等普通铁路，合肥城市轨道交通 1、2、3、4、5 号线和芜湖、淮南、马鞍山、铜陵等城市轨道交通主干线路，实施符夹铁路扩能改造和合肥—杭州、合肥—九江等铁路电气化改造。二是建设合肥南、芜湖、蚌埠南、黄山北、安庆西、阜阳西、合肥西、芜湖北等高铁站综合交通客运枢纽和阜阳北货运枢纽、马鞍山郑蒲港铁水联运系统。三是推进宿松—黄梅—黄石、合肥—武汉、合肥—六安—安康客运专线，铜陵—南陵—宣城铁路，亳州—蚌埠、池州—九华山—黄山—金华、天长—滁州—马鞍山、合肥—芜湖—宣城—宁国城际铁路等项目前期工作。到 2020 年，全省铁路建设总投资 4370 亿元，其中城市轨道交通投资 1061 亿元；全省新增铁路里程 3204 公里，其中，客运专线 2076 公里，城际铁路 370 公里，普通铁路 515 公里，城市轨道交通 243 公里。

三、创新投融资体制

（三）进一步发挥铁路建设投资基金融资功能。以优先股等方式吸纳各类社会资本进入省铁路建设投资基金，2017 年前将基金规模扩大至 200 亿元，2020 年前力争达到 600 亿元。基金筹集和使用具体方案，由省投资集团提出，报省政府批准后实施。

（四）依托铁路沿线土地综合开发筹资。认真贯彻落实国务院关于支持铁路建设实施土地综合开发的有关精神，实施铁路沿线土地综合开发，开发收益全额用于我省境内铁路项目建设、债务偿还和运营补亏。国家与省合资合作铁路项目，按照共同确定的土地开发方案和国家批准的用地指标，由项目公司或出资方组建开发主体实施土地综合开发。省内合资的铁路项目，按照国家相关政策规定确定土地开发方案，由省政府出资人代表与沿线市、县人民政府指定机构，联合组建开发主体实施土地综合开发。2020 年前，省每年安排不低于 3000 亩新增建设用地指标，专项用于铁路沿线综合开发，收益全额用于省级铁路建设资本金。土地综合开发筹资具体办法，由省国土资源厅会同相关单位提出，报省政府批准后实施。

（五）有效利用各类金融资源。鼓励金融机构对铁路建设提供中长期优惠信贷支持，按合同约定及时足额到位资金。支持省投资集团和各市铁路投资机构，通过发行企业债券、中长期票据、短期融资券等方式扩大直接融资规模。支持使用国外政府和国际金融组织优惠贷款，有效降低融资成本。完善融资担保增信体系，鼓励有条件的融资性担保机构为铁路建设项目提供担保。

（六）鼓励社会资本投资铁路建设。创造公平竞争、平等进入的市场环境，通过项目资源优化配置、沿线土地合作开发等多种方式，吸引社会资本参与我省城际铁路、市域（郊）铁路、资源开发性铁路、支线铁路的投资经营，多渠道筹措铁路建设资金。支持铁路建设单位通过融资租赁、PPP 等模式融资。支持通过规范方式向社会资本转让既有合资铁路省方股权，转让收益全部用于铁路发展。

四、加大政府投入

（七）加大财税政策支持力度。全省铁路建筑安装、铁路基金运营以及铁路偿债期间运输业务的营业税、增值税及附加、所得税，属于地方部分，入省级金库，通过省财政预算安排，统筹用于全省铁路建设。进一步加大铁路建设支持力度，通过资本金注入、定向补贴、基金注资等方式支持铁路建设，发挥财政资金引导和撬动作用。自 2014 年起连续 7 年，除铁路相关税收收入支持外，省政府每年安排财政预算资金 10 亿元、一般债券 10 亿元；2015 年至 2017 年三年内，《中共安徽省委安徽省人民政府关于加快铁路建设的若干意见》（皖发〔2009〕25 号）确定的 20 亿元地勘基金出资全部落实到位；省投资集团持有的海螺集团国有股分红和转让收益全部用于铁路建设，持有的其他国有股权转让收益重点投入铁路；省财政厅研究发行铁路专项债券融资办法，进一步拓展省级财政资金投入渠道。

（八）增强政府铁路出资人代表融资能力。适时将省级优质国有资产、上市国有公司股权按规定划入省投资集团，增强省投资集团铁路融资能力，满足我省铁路建设资金需求。支持省投资集团做大铁路产业，探索延伸产业链条，实现铁路投资的可持续发展。各市要支持本市铁路投资机构增强融资能力，积极筹措铁路建设资金，从土地出让收益中安排部分资金用于铁路出资。

（九）完善省市共建机制。自 2015 年 1 月 1 日起新开工铁路项目，国家和省合资合作建设的，以及其他跨市路网性铁路、城际铁路，省内出资由省投资集团与沿线市人民政府（含县、市、区，下同）按照 6∶4 比例分担。城市轨道交通、市域内的铁路，以及港口、厂矿等铁路专用线，由市人民政府或相关企业筹资建设。各市扩大站房面积，以及在特定项目上承诺的出资，由各市人民政府承担。

五、加大项目推进力度

（十）强化规划引导。按照“立足当前、着眼长远、统筹兼顾、适度超前”的原则，进一步完善全省中长期铁路网、城际铁路网、城市轨道交通和综合交通枢纽布局等规划，开展电气化铁路牵引供电等配套设施规划编制工作。

（十一）协同推进项目前期工作。落实项目及配套工程前期工作部门责任制，业主单位负责及时编制各类专题报告，省相关单位负责对口推进各类专题报批工作，省发展改革委（省铁路办）负责统筹协调推进。凡省内审批事项，有关部门要简化程序、平行作业、限时办结。市人民政府及相关部门积极配合勘察设计单位开展现场勘察、设计文件编制等工作，提供必要的保障服务。

（十二）保障建设用地。省国土资源厅会同有关部门，积极争取国家对我省铁路建设用地的支持。各市人民政府按有关规定，负责安排铁路站场市政配套设施建设用地，落实耕地占补平衡指标，按工程进度及时提供施工用地。

（十三）完善建设协调机制。充分发挥各级铁路建设协调机构作用，完善全省铁路与公路、电力、石油天然气管道、航道等线路交叉穿越协调机制，及时协调解决铁路建设中出现的突出矛盾和问题。各市人民政府负责铁路建设征地拆迁及相关协调工作。建立由省住房城乡建设厅牵头的城市规划协调机制，统筹铁路沿线及站场周边土地开发和城市建设。

六、提高建设管理水平

（十四）推动项目提质提效。创新设计理念，优化设计方案，节约建设资源，确保生态环保。加强节能降耗，积极使用新材料、新技术、新工艺，充分利用现有专用铁路或铁路专用线等资源进行改造升级，降低建设和运营成本。严格执行质量标准，科学安排工期，健全安全质量管理体系，加强现场监管，及时消除安全质量隐患，建设安全优质工程。

（十五）加强项目建设管理。对省控股的铁路项目，控股方负责牵头组建项目业主，建立精干高效管理队伍，不断创新管理模式，提升管理水平。省市有关部门和单位按照职能分工，加强对工程招投标、安全质量、建设进度、设计变更、竣工验收等建设全过程的指导和监督。

（十六）强化资金监管。省铁路建设财政性资金、省铁路建设投资基金、土地开发收益、金融机构贷款等所有资金,实行封闭运行、专款专用。省发展改革、财政、审计等部门要加强对铁路建设资金使用的监督管理和审计,切实提高资金使用效率,确保资金安全。各市要按照相关规定,建立和完善各项制度,加强对本级铁路建设资金的监管。

七、营造建设环境

(十七)加强舆论引导和宣传。加大铁路规划、重大项目和相关政策的宣传力度,及时报道重要工程动态和重大建设成果,积极宣传先进人物和先进事迹,不断营造全社会关心、支持铁路建设的良好氛围,形成推进铁路建设的强大合力。

(十八)切实维护群众利益。各地要认真贯彻落实国家和省有关征地拆迁补偿政策,依法保护被征迁群众和单位的合法权益,严格落实失地农民社会保障政策。征地拆迁补偿要公开、公平、公正,资金要及时足额拨付到位,严禁以任何理由截留、挤占、挪用。加强铁路建设与美好乡村建设、城镇规划、产业发展等协调衔接,铁路施工对道路、农田水利等设施造成损坏的要及时修复。

(十九)保障施工环境。严格执行国家和省有关规定,严禁任何单位和个人强行分包铁路工程以及强行供应施工材料、刁难施工单位,严禁在施工作业区内设置障碍阻塞交通、拦截工程车辆。对各种破坏铁路设施、盗窃铁路设备、哄抢铁路建设物资、非法收购铁路器材等不法行为,当地公安机关要依法及时予以打击。

(二十)加强绩效考核。根据全省铁路发展规划、前期工作计划和年度铁路建设计划,逐项分解下达省有关单位、铁路沿线各市的具体工作任务和目标,由省铁路建设协调领导小组办公室负责进行年度考核,考核结果由省政府办公厅通报。

江苏省政府办公厅关于做好铁路建设项目征地拆迁包干工作的指导意见（试行）

（2016 年 12 月 30 日　苏政办发〔2016〕163 号）

各市、县（市、区）人民政府，省各委办厅局，省各直属单位：

为更好地落实地方人民政府和项目建设单位在我省新一轮铁路建设征地拆迁和工程建设中的责任，规范有序推进铁路项目建设，保证全省重大基础建设项目政策执行的平衡性和延续性，根据《中国铁路总公司关于加强铁路建设项目征地拆迁工作的指导意见》（铁总计统〔2014〕97 号）和《省政府办公厅转发省交通运输厅省国土资源厅关于省交通重点工程建设项目征地补偿安置实施意见的通知》（苏政办发〔2016〕81 号）、《省政府办公厅关于转发省水利厅省发展改革委省国土资源厅江苏省大中型水利工程建设项目征地拆迁和安置补偿意见的通知》（苏政办发〔2016〕106 号）以及《江苏省铁路建设征地拆迁工作指导意见》（苏铁领办发〔2016〕1 号）等文件精神，经省人民政府同意，现就做好我省 2016 年及以后新开工铁路项目建设征地拆迁包干工作提出如下指导意见。

一、总体要求

认真贯彻落实党中央、国务院关于加快铁路建设的决策部署，更好地适应铁路投融资改革的要求，严格执行国家、省有关法律法规和政策规定，依法合规开展征地拆迁和工程建设，维护社会和谐稳定，确保征地拆迁工作更好地服务于铁路建设，为全面推动我省新一轮铁路发展提供保障。

二、适用范围

征地拆迁包干适用于 2016 年度及以后新开工建设的合资及以我省投资为主的铁路项目。

（一）征地拆迁包干范围。

1. 永久用地（含失地农民保障、耕地占补平衡）、安置用地的报批及征收；

2. 地面、地下房屋及建构筑物（含噪声敏感建筑物和铁路安全保护区影响）的征收（搬迁），安置用房的建设；

3. 地面、地下各类管线、“三电”迁改及“三改”(改路、改河、改渠)涉及的用地费用;

4. 压覆矿产资源、文物保护及地质灾害处理;

5. 因建设造成的农田、水利设施、水系损坏及房屋损坏的修复或补偿(施工单位原因造成损坏由施工单位负责实施补偿);

6. 涉及安全评价、社会稳定风险评估等其他事项。

(二)不完全列入征拆包干范围的事项(具体根据项目情况由建设单位与地方人民政府签订征地拆迁包干协议时协商处理)。

1. 综合开发用地暂不列入包干范围,由路地双方根据国家和省有关规定执行;

2. 涉及既有铁路不动产的征拆工作,由铁路建设单位负责包干;

3. 临时用地(施工单位梁场、拌合站、钢筋加工场、料场等大型临时设施用地及施工便道)租用和复垦,以及“三改”涉及的改移工程费用、取弃土场的取土弃土和复垦等涉及的相关费用,由施工单位负责包干;

4. 地面、地下各类管线、“三电”涉及的工程费用,由建设单位负责包干或由路地双方另行协商;

5. 因国家、省级政策调整和铁路设计变更而引起的范围及费用调整,由路地双方另行协商处理。

三、政策标准

沿线地方人民政府及有关部门在征地、房屋征收(搬迁)补偿安置工作中必须严格执行国家、省和地方的有关法律、法规和政策标准,不得因实施包干模式而降低被征地拆迁权利人的补偿安置标准和水平,严格预防和杜绝发生侵害权利人合法权益事件。具体补偿政策标准如下:

(一)征、用地补偿标准。

1. 永久征地补偿标准按照国家有关规定和《省政府关于调整征地补偿标准的通知》(苏政发〔2011〕40 号)、《江苏省征地补偿和被征地农民社会保障办法》(省政府令第 93 号)等政策文件及铁路沿线各市、县(市、区)人民政府制定的实施细则执行。

2. 临时用地补偿标准按照地方的相关规定和标准执行,并同步落实复垦方案及费用。

3. 不改变土地权属的“只补不征”用地补偿标准按永久征地标准执行。边、夹角地补偿标准按市、县(市、区)有关政策执行;如市、县(市、区)无相关政策,可按中国铁路总公司或省相关文件规定执行,由建设单位在与地方人民政府签订的包干协议中明确。

4. 取弃土场的补偿标准按各市人民政府及国土资源部门的相关规定执行。取弃土场复垦补助的补偿标准按照《省政府办公厅转发省交通运输厅省国土资源厅关于省交通重点工程建设项目征地补偿安置实施意见的通知》(苏政办发〔2016〕81号)执行。

5. 因铁路建设造成水田变旱地及临时用地复垦恢复农业生产造成的减产减收,须对相应的农村集体经济组织、发包给农民的承包田予以补偿,具体补偿标准由造成损失方与补偿对象协商解决。

(二)拆迁补偿标准。

1. 集体用地上的房屋和地上建(构)筑物、附着物的补偿标准执行县(市、区)及以上人民政府现行政策规定。

2. 国有土地上房屋征收的,按国家、省及地方人民政府房屋征收相关法律、法规和政策规定执行。

3. 安置房价格以当地现行政策规定和标准确定,无现行政策标准的,以县(市、区)及以上物价部门核价文件为依据确定。

4. 学校、医院等社会公益性设施及厂矿企事业单位的拆迁补偿标准执行国家和省、市、县(区、市)有关政策规定,必要时可委托具资质的第三方机构进行评估。需还建的重大项目,本着实事求是的原则,按照迁建成本,经具有资质的异地审计单位进行专项审计确认迁建费用。

5. 政策规定不涵盖的其他特殊建(构)筑物、附着物(含特种种植和特种养殖)补偿标准,依据具有资质的第三方机构的评估报告与权益人协商,确定补偿费用并签订协议。

6. 既有铁路生活用房拆迁的补偿标准按地方现行政策执行。

地方人民政府要将征地拆迁工作所依据的现行政策文件汇编成册报备省铁路办和建设单位,执行过程中,如遇国家、省相关政策调整,执行调整后的政策。

四、包干原则

按照“包进度、包费用、包稳定”的原则,由沿线市人民政府负责征地拆迁包干工作。

（一）包费用。各设区市按照铁路项目初步设计批复的征地拆迁概算总额与建设单位签订征地拆迁包干协议，超出部分由设区市承担，按程序确认后计价入股。

（二）包进度。各设区市要依据铁路项目工程建设施工计划，有序推进征地拆迁工作，确保按照项目建设进度要求及时提供建设用地。

（三）包稳定。各设区市作为征地拆迁工作的责任主体，对因征地拆迁工作可能引发的社会矛盾风险要预先评估，积极应对。要以项目初步设计批复征地拆迁费用为基础，依法合规开展征地拆迁工作，切实维护群众合法利益，杜绝恶性事件和群体性事件发生，确保社会和谐稳定和铁路建设顺利推进。

五、职责分工

（一）省有关部门。省发展改革委、财政厅、国土资源厅、住房城乡建设厅、交通运输厅、农委、水利厅、审计厅、文物局及江苏交通控股有限公司等省铁路建设领导小组成员单位，按照职能分工，履行相关工作职责，合理加快推进全省铁路建设。

（二）省铁路办。省铁路办会同省有关部门依据省政府赋予的工作职责，负责铁路建设项目征地拆迁工作的统筹组织、指导协调、跟踪督查和工程建设管理协调工作。负责协调指导设计单位会同沿线地方人民政府及建设单位做好项目前期工作中涉及征地拆迁的投资估算和概算编制；负责督促建设单位办理建设用地手续，对建设用地勘测定测数量组织审查，确保工程建设依法合规开展；负责协调落实建设单位与地方人民政府依法合规签订征地拆迁包干协议，对征地拆迁工作进度和政策执行情况加强督查和指导，审查和拨付包干范围内各阶段征地拆迁费用；负责省、市资本金的解缴、监管、统计和拨付工作，协助建设单位做好竣工验收、概算调整、概算清理及决算工作；负责征地拆迁包干协议未尽事宜的研究、协调和解决。按基本建设程序加强对项目建设的指导督查，负责牵头协调落实建设项目路地合作方式；负责核查、指导铁路建设项目计划、合同和投资管理工作，考核投资完成情况，提出在建项目年度投资计划建议；负责协调全省铁路建设重大问题，汇总全省在建铁路项目建设进展和征地拆迁工作情况报省政府及省铁路建设领导小组成员单位。

（三）地方人民政府。设区市人民政府履行征地拆迁主体责任，负责全面组织实施征地拆迁工作和工程建设矛盾协调,做好铁路建设需地方配合的各项工作;受建设单位委托负责落实耕地占补平衡工作及费用;负责组织与建设单位按程序对征地拆迁进行前期调查,确认工作范围及数量;负责土地、房屋征收(搬迁)前期调查、测绘、勘测定界、社会稳定风险评估、房地产评估、征收(搬迁)服务、房屋拆除、审计、档案管理;负责做好征地拆迁控违工作,确保不发生不当增加补偿费用的行为;负责协调落实项目建设相关规税费优惠政策;协助建设单位办理涉及国土、交通、水利、港口、码头、航道、规划、林业、电力、通信、文物等建设行政许可及土地验收发证等需地方配合的相关工作;每月向省铁路办报送征地拆迁工作进展情况和用款计划。

(四)建设单位。铁路建设实行项目法人负责制。项目法人由路地双方根据国家有关规定共同组建,项目法人委托代建的需按照相关法规履行代建程序(项目法人自行建设或者委托建设的,本指导意见统称为建设单位)。建设单位履行建设主体责任,负责依法依规合理确定征地拆迁包干范围及费用,在项目初步设计阶段,组织设计单位按照铁路沿线县(市、区)及以上人民政府现行政策确定的补偿标准(含社会保障费用),计列征地拆迁费用,纳入项目投资概算,经批准后作为项目实施、投资控制和签订征地拆迁包干协议的依据;对征拆范围内必须征拆的重大漏项、漏计的合法建筑物及附着物等实际应发生征拆费用由建设单位负责落实。负责拟定征地拆迁协议,在项目开工前与地方人民政府签订包干协议,及时提供建设文件、图纸和按县(市、区)行政区划划分的征地拆迁概算清单;承担用地单位主体职责,负责建设用地组卷报批,委托设区市人民政府落实建设用地耕地占补平衡,依法缴纳项目建设各项规税费。负责组织设计、监理和投资审价等铁路参建相关单位参与地方人民政府征地拆迁调查摸底工作,按程序对实物工作量进行签章确认,协助地方人民政府开展征地拆迁工作,及时组织征地拆迁验工计价。负责按基本建设程序合法有序推进工程建设,确保优质高效按期完成建设任务;负责组织上报工程建设的各类审批事项,办理各类施工行政许可,做好“三改”工程需建设单位承担的事项;负责组织施工单位开展安全文明施工,及时解决建设过程中的各类问题及建设遗留问题,督促施工单位及时办理大临用地租用手续,落实复垦工作;负责做好项目概算调整和竣工决算工作,做好地方人民政府需建设单位配合的其他工作;每月向省铁路办书面报告工程建设进度和投资完成情况,以及对征地拆迁工作的意见和建议。

(五)设计单位。初步设计批复的征地拆迁概算总额是征地拆迁包干的基础。设计单位要加强对征地拆迁概算编制与审查工作的管理与把关,在征地拆迁概算编制阶段要充分征求地方政府的意见,确保初步设计批复的征地拆迁概算工作量清单准确,概算总额真实客观。设计单位负责项目征地拆迁概预算编制,切实做到地面构筑物、附着物调查、定性准确;对地下构筑物进行全面调查,不能漏项;引用沿线地方人民政府关于补偿(征收)政策、标准准确充分;审核把关严谨、公正。对征地拆迁范围内地面构筑物、附着物等由于设计单位调查、定性不准确,以及重大漏项、漏计等失误,产生的超过初步设计批复概算10%以上部分,要相应扣减设计单位在该项目中的设计费用。

六、资金监管

(一)协议签订。铁路项目初步设计批复后,建设单位与设区市人民政府商量签订征地拆迁包干协议。协议内容应明确范围、标准、数量、费用和工作进度等要求,其中费用主要包括:征地(含"三改""三电"用地)补偿费用(含社会保障费用);房屋征收补偿及安置费用、压覆矿产资源、文物保护等补偿费用;征地拆迁各项规税费,工作经费及其他费用。征地拆迁数量及费用由建设单位根据初步设计概算按县(市、区)为单元进行分劈。

(二)工作经费。工作经费按省铁路办制定的相关规定执行,专款专用。

(三)资金拨付。征地拆迁包干资金来源于项目资本金及建设单位项目贷款,由省铁路办负责统筹安排,根据建设单位与沿线地方人民政府签订的包干费用和征地拆迁进度及时拨付。

(四)资金审核。征地拆迁包干协议范围内的包干资金,由各设区市负责审计监管,确保资金使用合法依规。市超额出资部分,以及未列入包干协议的征地拆迁费用,拟计价入股的部分,由省铁路办组织审核确认。

七、其他事项

1. 纳入铁路建设征地拆迁初步设计概算的耕地占补平衡标准为:苏南地区按15万元/亩、苏中地区按10万元/亩、苏北地区按8.5万元/亩计列。

2. 征地拆迁范围内的违法建筑物及附着物拆迁,由所在市按有关政策规定负责清除。

3.《中国铁路总公司关于加强铁路建设项目征地拆迁工作的指导意见》(铁总计统〔2014〕97号)印发后,2016年前已开工项目如实施包干,以原路地双方签订的协议为基础,可参照本指导意见,协商签订补充包干协议。

4. 本指导意见仅对铁路征地拆迁包干相关工作进行明确和原则指导，不代替包干协议的具体事权和政策，执行过程中，如国家和省有新的调整，执行调整后的相关规定。

5. 本指导意见未尽事项由路地双方根据项目实际情况另行协商解决或由省政府另行研究确定。

广西壮族自治区人民政府办公厅《广西铁路建设项目征地拆迁安置工作包干实施办法》

（2016 年 9 月 27 日　桂政办发〔2016〕120 号）

为科学有序推进我区铁路建设，更好发挥各设区市人民政府作为征地拆迁安置工作责任主体在组织、实施、协调、监管等方面的工作优势，依法开展征地拆迁安置工作，切实维护社会和谐稳定，进一步提高铁路投资效益和资金使用效率，根据有关法律法规规定，结合广西铁路建设项目征地拆迁安置工作实际，制定本办法。

一、适用范围

本办法适用于合浦至湛江铁路项目以及从 2016 年起新开工的自治区人民政府与中国铁路总公司合资（合作）建设的铁路项目。

二、征地拆迁安置补偿费用包干范围

（一）项目建设用地红线范围内征收集体土地的土地补偿费、安置补助费、青苗补偿费、地上（下）附着物补偿费。

（二）项目建设用地红线范围内房屋、厂矿企业、仓储、学校、医院等专项设施拆迁补偿费及非货币补偿拆迁实施的回建费用，以及铁路运行安全距离范围内和环保安全距离范围内的各项拆迁、搬迁、安置补偿费。

（三）道路、沟渠改移所需的征地拆迁安置补偿费用。

（四）拆迁回建地的土地补偿〔包括土地补偿费和安置补助费、青苗补偿费、地上（下）附着物补偿费〕、用地报批、基础设施配套建设及场地平整等各种费用。

（五）收回原有铁路用地和其他国有土地的补偿费〔包括土地补偿费、青苗补偿费、地上（下）附着物补偿费〕。

（六）林木补偿费、林地补偿费、林地安置补助费、森林植被恢复费（不包括临时占用林地的各种税费）。

（七）勘测定界费、地籍测量费、土地登记发证费（含数字制图）、土地房屋权属调查费及内分测量费。

（八）现场放线钉桩、边沟开挖等费用。

（九）穿越江河、水库、公路等设施按规定需补偿的费用。

（十）文物及列入国家保护的古墓、珍稀植物、古树、名树的搬迁和保护所需费用。

（十一）按规定筹措被征地农民社会保障所需的相关费用。

（十二）项目红线内用地、三改（改沟、改渠、改路）用地、拆迁安置回建用地及村集体经济产业发展预留用地占用耕地应缴纳的耕地占用税。

（十三）征收城市郊区菜地鱼塘按规定缴纳的开发基金。

（十四）新增建设用地土地有偿使用费。

（十五）征地拆迁安置工作经费、建设协调费。

（十六）土地利用总体规划调整、基本农田补划及土地复垦方案的编制、论证、评审费。

（十七）项目征地的占补平衡补充耕地质量评定费。

（十八）使用林地可行性报告编制费。

（十九）耕地开垦费或者购买耕地占补平衡指标费用。

（二十）征地拆迁安置报建、报批手续费（含征地拆迁安置回建被安置人土地使用报批、办证和报建等手续的相关费用）。

（二十一）依法依规应缴纳的有关税费及征地拆迁安置工作应支付的拆迁过渡安置费、征地拆迁安置评估费、建（构）筑物拆除及垃圾搬运费。

（二十二）村集体经济产业发展预留用地及地上附着物补偿费、用地报批、通水、通电、通路及场地平整等各种费用。

（二十三）开展项目前期环评、压覆矿、建设用地预审等前期费用。

（二十四）项目建设用地红线外，但在铁路安保范围内的土地和相关附着物的补偿费用。

（二十五）其他不可预见费。

临时用地的报批、补偿、复垦等费用以及耕作层表土剥离、运输费用不在本办法规定的征地拆迁安置补偿费用总包干范围之内，由用地单位承担。表土存储管理及利用费用，按照国土资源厅、财政厅、农业厅《关于非农建设占用耕地耕作层土壤剥离利用工作的指导意见》（桂国土资发〔2016〕2 号）文件规定执行。

电力、广电、通信、给排水、输油输气各类管线及设施搬迁，由铁路项目业主负责并承担所需费用。

三、征地拆迁安置补偿费用包干测算依据

（一）征地拆迁安置补偿测算依据。

1. 项目征地补偿标准，由各市、县人民政府根据《中华人民共和国土地管理法》、《广西壮族自治区实施〈中华人民共和国土地管理法〉办法》及自治区制定的征地统一年产值（片区综合地价）标准等相关法律法规规章或政策规定制定，并组织实施。

2. 红线范围内国有土地上房屋征收补偿，按照《国有土地上房屋征收与补偿条例》（国务院令第590号）、《广西壮族自治区人民政府关于贯彻〈国有土地上房屋征收与补偿条例〉的通知》（桂政电〔2011〕36号）及相关市、县人民政府制定的国有土地上房屋征收与补偿办法等有关规定执行。集体土地上房屋征收补偿，按照相关市、县人民政府依法制定的集体土地征收与补偿安置办法执行。未制定集体土地征收与补偿安置办法的相关市、县人民政府，参照《国有土地上房屋征收与补偿条例》执行。

3. 项目涉及的厂矿企业、仓储、商业服务等生产经营设施的搬（拆）迁，由征地拆迁安置工作机构与被搬（拆）迁人协商补偿，或者双方共同委托具有资质的中介机构，根据住房城乡建设部《关于印发国有土地上房屋征收评估办法的通知》（建房〔2011〕77号）等相关规定，按照恢复"原功能、原用途、原规模、原标准"的原则进行评估，并作为征收补偿的依据。

根据《广播电视设施保护条例》（国务院令第295号）要求，广电设施坚持"先建后拆"的原则。

4. 农村房屋征收回建用地补偿标准，由各市、县人民政府根据《广西壮族自治区实施〈中华人民共和国土地管理法〉办法》及自治区公布的征地统一年产值（片区综合地价）标准，结合本地实际制定。

5. 项目收回铁路原有建设用地补偿标准，由各市、县人民政府结合本地实际制定。

6. 项目涉及被征地农民社会保障相关费用，按照人力资源社会保障厅、国土资源厅、财政厅《关于印发广西壮族自治区被征地农民参加基本养老保险制度指导意见的通知》（桂人社发〔2016〕46号）及相关市、县人民政府依法依规制定的被征地农民社会保障实施方案执行。

7. 项目建设占征用林地按照《建设项目使用林地管理办法》(国家林业局令第35号)报批,由申请用地单位按国家规定的标准上缴森林植被恢复费(不包括临时占用林地的各种税费)。

(二)征地拆迁安置税费测算依据。

1. 合资(合作)项目征地拆迁安置需要缴纳的相关税费,按照有关法律法规规章和政策性文件执行。

2. 征地拆迁安置工作经费按照合资(合作)项目征地拆迁安置补偿费总额的4%提取。

3. 项目建设协调费,正线部分按每公里8万元安排,站场部分按征地面积每平方米10元安排。

4. 不可预见费按征地拆迁安置补偿费用的1%核定。

四、征地拆迁安置补偿包干费用核定程序

(一)各设区市人民政府按照本办法规定,商广西铁路投资集团有限公司、项目业主共同测算出本市的征地拆迁安置补偿包干费用,送自治区发展改革委(铁建办)会审,由自治区发展改革委(铁建办)汇总后,报自治区人民政府审定。

各设区市人民政府报送征地拆迁安置补偿包干费用审核申请时,同时报送以下材料:

1. 本市征地拆迁安置补偿包干费用明细清单;

2. 依法颁布实施的本市铁路项目征地拆迁安置补偿标准(依据)清单;

3. 经项目业主、本市人民政府共同确认的本市征地拆迁安置实物量清单;

4. 征地拆迁安置相关税费的法定依据清单。

(二)自治区人民政府与中国铁路总公司签订铁路项目征地拆迁安置补偿费用包干协议,自治区人民政府按照该协议组织完成铁路项目征地拆迁安置工作目标任务。

(三)自治区人民政府与铁路沿线各设区市人民政府签订铁路项目征地拆迁安置补偿费用包干协议,铁路沿线各设区市人民政府按照该协议组织完成铁路项目征地拆迁安置工作目标任务。

五、征地拆迁安置包干工作职责

(一)项目沿线各设区市人民政府工作职责。

项目沿线各设区市人民政府是项目征地拆迁安置工作的责任主体,负责本辖区内征地拆迁安置工作的总体协调和组织落实,负责按建设项目用地计划要求,完成辖区内建设项目的征地拆迁安置任务。主要工作职责如下:

1. 组建项目建设协调和征地拆迁安置工作机构,明确相关部门职责,组织开展征地拆迁安置的各项具体工作。

2. 依照有关法律法规及政策规定,制定本辖区范围内征地拆迁安置具体补偿标准和安置方案,并组织实施。

3. 按照铁路用地图(包括勘测定界图、地籍图等),调查核实征地拆迁安置实物量,并依法核算征地拆迁安置补偿费用。

4. 按照铁路用地图(包括勘测定界图、地籍图等)及项目批复文件,组织完成征收土地及拆迁工作,按施工用地计划提交建设用地。

5. 按有关规定及时拨付征地拆迁安置补偿款。

6. 完成被征地拆迁安置户安置工作。

7. 配合项目业主完成土地预审,负责组织建设用地报批、临时用地办理、土地登记等工作。

8. 完成征地拆迁安置相关手续。

9. 完成项目业主委托的耕地占补平衡任务。

10. 做好本辖区内征地拆迁安置政策宣传工作和群众思想工作。

11. 协调处理被征地拆迁安置户因征地拆迁安置而停产、停业、安置过渡等补偿和征地拆迁安置矛盾纠纷,协调处理项目建设过程中发生的各种问题。

12. 完成本辖区内铁路项目征地拆迁安置验工计价工作。

13. 配合项目业主做好铁路建设用地涉及的电力、广电、通信、给排水、输油输气等各类管线及设施的迁改工作。

14. 配合项目业主或者施工单位做好项目建设造成农田、水利设施、水系损坏及房屋损坏的修复或补偿工作。

15. 维护铁路项目施工环境。依法维护被征地拆迁户的合法权益及合理诉求,严禁违法强征强拆,依法处理突击私搭乱建、抢栽抢种、强揽工程、强买强卖、非法阻工等现象。

16. 严格按照有关规定开支征地拆迁安置补偿包干费用,接受相关部门的监督管理和审计。对违纪违规使用的,依法依规追究相关单位和人员的责任。

17. 在铁路建设过程中,要加强公路超限超载治理,杜绝超限超载现象。

18. 依法打击破坏项目建设、扰乱社会治安的违法犯罪行为。依法督促检查项目业主、施工单位加强对爆破物品的日常使用和管理，维护安全有序的施工环境。

19. 依法督促检查项目业主、施工单位按照国家相关规定及时完善耕地占补平衡（含以补改结合方式补充耕地质量）、临时用地复垦、表土剥离、建设用地报批、土地登记等相关手续、交纳相关费用；督促用地单位完成临时用地复垦工作。

20. 加强对项目施工的监督检查工作，及时督促项目业主和施工单位处理因施工产生的相关问题。

21. 研究制定被征地农民社会保障实施方案。

22. 完成与项目征地拆迁安置相关的其他事项。

（二）相关中直、区直单位职责。

公安厅：负责指导督促地方公安机关打击破坏工程建设、扰乱社会治安的违法犯罪行为，依法督促检查项目业主、施工单位加强对爆破物品的日常使用和管理，维护安全有序的施工环境。

财政厅：负责提出自治区本级财政支持广西铁路建设资金年度预算方案，执行经批复的年度财政预算，按照《中华人民共和国预算法》等法律法规要求加强铁路建设预算资金的监管。

人力资源社会保障厅：负责协调被征地农民社会保障措施等有关政策性问题，指导有关市、县人力资源社会保障部门做好被征地农民社会保障工作；负责指导设区市做好被征地农民社会保障实施方案审核工作。

国土资源厅：负责指导督促项目沿线市、县及时受理和完成铁路建设用地申报工作，做好项目用地预审，及时审查项目建设用地并按照规定及时上报有审批权限的人民政府审批；跟踪国土资源部用地审批；督促指导各地严格按照有关法律法规规定开展集体土地征收等有关工作，指导并参与项目征地拆迁安置的重大政策。

环境保护厅：负责协调征地拆迁安置过程中出现的环境保护有关问题。

住房城乡建设厅：负责协调项目建设与城市规划相衔接有关问题，做好项目规划选址配套相关工作；指导协调项目建设涉及的城镇国有土地上房屋拆迁问题。

交通运输厅：负责协调解决与公路、航道交叉等有关问题。

水利厅：负责水资源保护、水利设施协调指导工作。

农业厅：负责对项目征地的占补平衡补充耕地质量的评定工作。

林业厅:负责协调项目建设使用林地有关问题,指导和督促市、县林业部门办理林地使用手续。

文化厅:负责对项目建设涉及的文物、古迹的评估及协调指导工作。

审计厅:负责对项目征地拆迁安置资金使用情况的审计监督。

自治区新闻出版广电局:负责协调广播电视设施的拆迁事宜。

自治区发展改革委(铁建办):负责监督检查项目征地拆迁安置补偿费用包干协议执行情况和项目征地拆迁安置进展情况;加强与中国铁路总公司相关职能机构的沟通衔接,及时研究提出解决项目建设突出问题的意见建议。

广西铁路投资集团有限公司:根据项目用款需求做好项目筹融资工作;负责筹集、拨付和管理项目征地拆迁安置费;配合铁路项目业主(建设指挥部)、各设区市人民政府共同测算建设项目征地拆迁安置补偿费用包干总额;负责与项目业主共同审核项目沿线各设区市上报的征地拆迁安置用款计划,并根据工作进度及时拨付各项补偿款及相关费用;牵头组织项目业主(建设指挥部)和各设区市人民政府开展征地拆迁安置验工计价工作,并配合项目业主(建设指挥部)和各设区市人民政府对超出包干费用范围的数量和金额进行测算;负责对项目征地拆迁安置补偿专项资金使用情况进行监督检查,组织开展跟踪审计工作,及时研究解决征地拆迁安置资金使用管理过程中出现的有关问题。

自治区通信管理局:负责通信设施的拆迁协调事宜。

广西电网公司:负责其所属电力设施的拆迁协调事宜。

自治区其他单位:按照各自职责,全力支持、配合铁路交通基础设施项目建设。

(三)项目业主(建设指挥部)工作职责。

1. 负责办理项目用地规划红线审批及配合发布征地预公告手续;派人全过程参与征地拆迁安置实施的确认签证;负责办理使用临时用地审批手续及不再使用的后续处理工作;参与各市、县督促检查工作。

2. 负责项目用地预审、农用地转用和土地征收、使用林地和临时用地的申报,提交用地预审、用地报批和征地拆迁安置工作的相关资料,并按有关规定配合相关部门做好报批工作。

3. 负责委托有资质的单位开展征地拆迁安置勘测定界、土地利用总体规划调整方案、基本农田补划方案、土地复垦方案等编制及报送审查工作;自行组织或委托有资质的单位组织建设项目用地预审、论证材料并申报。

4. 负责委托有资质的单位编制征(占)用林地可行性研究报告,配合政府林业主管部门完成征占用林地的审查、批复。

5. 负责委托有资质的单位编制水土保持方案报告书,按程序报批。

6. 项目建设在河道管理范围内的,需要进行行洪论证,负责编制防洪影响报告书,按程序报批。

7. 负责报请自治区文物主管部门对项目用地范围进行文物古迹的调查、勘探,配合自治区文物主管部门完成项目涉及文物的考古发掘、迁移、拆除的审批和实施。

8. 按照工程施工计划安排,向用地所在市、县征地拆迁安置工作机构提交用地计划和拆迁计划。

9. 组建配合征地拆迁安置的现场工作机构,派出相关人员协助沿线征地拆迁安置机构做好征地拆迁安置工作,参加征地拆迁安置现场土地类别和房屋结构的核实,以及面积的丈量、核实、确认和计量、计价、汇总等工作;与广西铁路投资集团有限公司等相关单位共同做好验工计价工作。

10. 督促施工单位依法用地,做好项目用地范围内的环保工作,协助当地人民政府处理征地拆迁安置的各种矛盾和纠纷。

11. 负责做好项目建设造成农田、水利设施、水系损坏及房屋损坏的修复或补偿工作;项目建设涉及的电力、广电、通信、给排水、输油输气等各类管线及交通运输、水利、市政等基础设施迁改,由项目业主按照恢复"原功能、原用途、原规模、原标准"的原则,负责承建并承担相关费用。

12. 负责监督施工单位完成临时用地的复垦、移交工作。

13. 加强施工队伍管理,督促施工单位主动加强与当地方政府和部门的衔接沟通,及时解决因施工出现的相关问题:

(1)施工造成地表水水系破坏,影响群众生产生活的,施工单位应及时恢复,并给予损失补偿。损失补偿费由施工单位负责。

(2)施工造成地下水位下降,影响群众生产生活的,施工结束后可以自然恢复的,只给予群众施工期间的损失补偿;不能自然恢复但可以通过工程措施恢复的,要修建相应工程恢复供水,并补偿误种损失;不能自然恢复也不能通过工程措施恢复的,其农田按照有关规定作水改旱处理,负责另辟水源解决群众生活用水,并承担相关赔偿及建设费用。

(3)由于施工单位施工不当造成农民农作物直接(或间接)经济损失的,由施工单位负责赔偿损失。因施工影响水利工程正常运行的，应当事先征得水利行政主管部门同意，并在规定期限内采取相应的补救措施；造成损失的，依法给予赔偿。

(4)施工单位要采取科学合理的施工方法，尽可能避免因施工造成群众房屋受损。因施工造成群众房屋受损的，按照"谁破坏，谁修复，谁赔偿"的原则，由造成房屋受损的施工单位负责，能修复的由施工单位负责修复，不能修复的按照有关规定给予赔偿。

(5)施工单位因工程建设需要依法使用道路（含国道、省道、县道和乡村道路）的，施工单位在使用前应依法办理涉路施工许可，与道路权益人（含区直公路管理部门、市、县公路管理部门和村民组织）签订使用协议。施工单位负责工程建设期间所使用道路的日常维护，如发生损坏，要及时修复，确保道路安全畅通。施工结束后，施工单位负责将道路状况恢复到原有水平，未恢复的，按照恢复工程造价给予补偿。

(6)督促检查施工单位加强对爆破物品的日常使用管理，维护安全有序的施工环境。

14. 依法依规缴纳各种税费。

15. 负责其他职责范围内的工作。

六、征地拆迁安置补偿包干费用管理

（一）征地拆迁安置补偿包干费用管理模式。征地拆迁安置补偿费用实行"分级核算、分类包干、自主调剂、专款专用"的管理模式。在不突破包干总额的基础上，征地拆迁安置补偿包干费用可由铁路沿线各设区市人民政府自主调剂用于征地拆迁安置补偿及相关费用。

（二）征地拆迁安置补偿包干费用筹措。合资（合作）项目征地拆迁安置补偿包干费用由广西铁路投资集团有限公司按照自治区人民政府的工作部署及有关规定进行筹措。

（三）征地拆迁安置补偿包干费用拨付。各设区市人民政府与自治区人民政府签订合资（合作）项目的征地拆迁安置工作及费用包干协议，并开设项目建设征地拆迁安置专户之日起 30 个工作日内，由各设区市人民政府铁路征拆安置工作机构向项目业主提出申请，项目业主在收到申请 5 个工作日内向广西铁路投资集团有限公司申请拨款。广西铁路投资集团有限公司在收到申请后，7 个工作日内将征地拆迁安置包干费用的30%拨付给项目业主,由项目业主在5个工作日内拨付到铁路沿线各设区市人民政府负责征地拆迁安置工作机构,作为征地拆迁安置工作启动资金。其余费用根据项目征地拆迁安置工作进度和验工计价工作进度,参照上述程序向广西铁路投资集团有限公司申请拨付。

(四)征地拆迁安置补偿包干费用管理。各设区市有关征地拆迁安置工作机构应严格按照国家财务管理制度及国库集中收付管理制度规定,专款专用,分账核算,加强管理。

七、其他事项

(一)如遇国家和自治区政策做重大调整、项目设计变更以及项目用地红线范围外、因法律法规及环保、施工安全等影响而纳入征地拆迁安置范围的新增征地拆迁安置和征地拆迁安置实施过程中确需列入征地拆迁安置范围的边角地、夹心地、房屋及专项设施等情况,导致增加征地拆迁安置补偿费用的,需经自治区人民政府和中国铁路总公司会商确认。

(二)本办法自印发之日起施行。适用本办法的铁路项目征地拆迁安置工作不再执行《广西壮族自治区人民政府关于印发广西壮族自治区铁路交通基础设施重大建设项目征地拆迁工作实施办法的通知》(桂政发〔2010〕52号),与本办法规定不一致的,按本办法执行。

(三)本办法由自治区发展改革委会同有关部门负责解释。

内蒙古自治区人民政府办公厅关于进一步规范铁路建设项目征地拆迁工作的通知

(2013 年 3 月 15 日　内政办发〔2013〕23 号)

各盟行政公署、市人民政府,各旗县人民政府,自治区各委、办、厅、局,各有关企业、事业单位:

为切实做好全区铁路建设项目征地拆迁工作,充分调动各方面的积极性,进一步提高工作效率,经自治区人民政府同意,现就进一步规范铁路建设项目征地拆迁工作有关事宜通知如下。

一、完善工作机制

全区铁路建设项目征地拆迁工作实行自治区人民政府领导下的自治区铁路重点项目协调领导小组(以下简称自治区领导小组)总负责,铁路项目沿线盟行政公署、市人民政府和旗县(市、区)人民政府具体负责的办法。在征地拆迁工作实施过程中,自治区铁路重点项目协调领导小组办公室(以下简称自治区铁路办)负责统筹协调领导小组各成员单位及与铁路建设项目有关的政府、铁路局和建设单位各司其职、相互配合,分工负责相关工作。

二、明确工作职责

自治区铁路办:负责统筹协调全区铁路建设项目征地拆迁工作,督促各地区、各有关部门落实工作职责,协调解决征地拆迁工作中出现的问题;会同自治区财政厅等部门制定征地拆迁资金管理办法等相关文件;会同自治区国土资源厅等部门对项目沿线地区提出的征地拆迁安置补偿标准进行审核,并上报自治区人民政府;负责征地拆迁资金审核,组织拆迁个案的协调处理;负责与国家有关部门和区外周边地区的协调工作;负责定期通报项目进展情况,向自治区领导小组报送需要研究解决的问题。

自治区国土资源厅:负责对项目所在地盟行政公署、市人民政府提出的征地拆迁安置补偿标准进行审核,并会同自治区铁路办上报自治区人民政府;参与征地补偿资金审核,督促项目沿线国土资源管理部门与项目单位及相关部门加强衔接,尽快完成组卷上报工作。

自治区财政厅:负责协调征地拆迁资金,保证资金及时到位;会同有关部门制定并完善征地拆迁资金管理办法;负责征地拆迁资金管理和使用情况的监督检查,并定期向自治区领导小组报告全区铁路建设项目征地拆迁补偿资金拨付、使用情况。

自治区审计厅:负责征地拆迁资金使用情况的审计工作。

各有关铁路局:负责督促项目建设单位认真履行相关职责与义务;参与征地拆迁实施及工程建设过程中矛盾纠纷的协调处理工作;会同自治区铁路办协调国家有关部门和区外周边地区。

内蒙古交通投资有限责任公司(以下简称内蒙古交通投资公司):负责自治区级征地拆迁资金的落实,协调相关盟市承担征拆资金的落实,征地拆迁补偿经费的审核拨付;牵头组织征地拆迁个案补偿评估委托;参与征地拆迁前期调查、补偿协商和补偿标准的制定,协调处理征地拆迁实施及工程建设过程中的矛盾纠纷;协助项目单位调整股比,经有关部门确认后将征地拆迁资金计入相关项目公司的自治区股份。

相关盟行政公署、市人民政府:按照自治区有关文件要求,确保承担的征地拆迁资金落实到位,统筹协调本地区项目征地拆迁工作的组织实施和工程建设过程中日常事务的协调处理;负责对相关旗县(市、区)人民政府制定的征地拆迁安置补偿标准进行初审并报送自治区铁路办、国土资源厅,对征地拆迁资金使用情况进行确认和拨付;负责组织项目建设单位、矿权单位完成境内压矿协议签订有关工作(相关费用由项目建设单位负责);根据项目施工组织计划,组织完成先行用地、先行用林地等项目建设用地手续报批工作。

相关盟市铁路办主要负责境内项目征地拆迁具体协调工作,协调各有关部门落实工作职责,解决征地拆迁工作中出现的问题;会同盟市有关部门对征地拆迁资金进行审核;定期向自治区铁路办报告项目进展情况,报送需要自治区铁路办研究解决的问题。

相关旗县(市、区)人民政府:负责本地区项目征地拆迁工作的组织实施和工程建设过程中日常事务的协调处理,组织有关部门提出项目征地拆迁工作措施,组织征地拆迁前期调查、征地拆迁安置补偿标准的测算提出、需收回国有土地评估确认、验工计价等工作;负责国有土地上房屋拆迁及企事业单位搬迁补偿方案的制定与组织实施;负责审核农村牧区集体土地征地拆迁实物工作量,被征地农牧民的社会保障等工作;参与拆迁个案的协调处理;负责协调签订临时用地协议,监督临时用地协议的执行特别是各方责任与义务的具体落实;组织开展项目建设用地手续报批工作。

项目建设单位(业主或业主代表):负责及时提供用地申请、项目立项、设计批准文件、勘测定界、环保、林业、水利、压矿、地灾、社保等报批所需资料;全程配合有关部门开展征地拆迁安置实物量确认,负责征地拆迁经费确认和计价入股工作;负责用地手续组卷报批具体工作;参与征地拆迁个案补偿协商、征地拆迁实施及工程建设过程中矛盾纠纷的协调处理,协调临时用地租用协议的签订,监督临时用地租用协议的执行,督促施工单位履行相关责任与义务。

其他自治区有关部门和中央驻区单位按照工作职责或被拆迁对象权属协助开展征地拆迁工作。

三、规范资金管理

征地拆迁资金主要包括征地拆迁补偿费、征地管理费和协调工作经费,自治区(包括相关盟市)承担的征地拆迁资金经有关部门确认后计入相关项目公司的自治区股份。

(一)征地拆迁补偿费。征地拆迁补偿费由土地补偿费、安置补助费、青苗补偿费、地上附着物和拆迁补偿费组成,包括两种形式:一是根据《内蒙古自治区人民政府办公厅关于公布实施自治区征地统一产值标准和征地区片综合地价的通知》(内政办发〔2011〕143 号)中“新征地补偿标准是征收集体土地的综合补偿标准,由土地补偿费和安置补偿费组成(不含青苗补偿费、地上附着物补偿费)。各地区在实施过程中可根据本地区实际情况,对补偿标准进行适当调整,但不得低于自治区公布的标准;占用基本农田的,要按照当地最高标准予以补偿;使用国有土地的,应参照此次公布的标准执行。对于青苗和地上附着物的补偿标准,由各地区根据本地区实际确定并公布实施”有关规定以及各地区制定的拆迁补偿标准,以综合单价形式计算的补偿(以下简称综合单价补偿);二是自治区人民政府有关文件未明确具体补偿标准,需要通过个案委托或协商确定的补偿(以下简称个案补偿)。

为加快工作进度,征地拆迁补偿费采取预拨方式进行拨付。相关盟行政公署、市人民政府根据征地拆迁工作进度,分批向内蒙古交通投资公司报送征拆补偿费使用计划,内蒙古交通投资公司根据报送的征拆补偿费使用计划向自治区财政厅、铁路办提出拨款申请，自治区财政厅根据自治区铁路办审核意见，将自治区本级资金预拨付到内蒙古交通投资公司，由内蒙古交通投资公司预拨付到经相关盟市财政部门批准设立的铁路建设征地拆迁资金专户（以下简称财政专户）。综合单价补偿由相关旗县（市、区）人民政府指定部门依据相关要求填报土地、房屋和附属设施资料，经被拆迁对象、项目建设单位和内蒙古交通投资公司等单位签字盖章确认并报盟市铁路办、国土资源局、财政局审核后，由盟行政公署、市人民政府将资金直接拨付到相关旗县（市、区）人民政府财政专户，旗县（市、区）人民政府指定部门按单位、嘎查村、村民分别造册发放到被征地拆迁对象。个案补偿按照有关规定经委托评估后，由内蒙古交通投资公司、项目建设单位、相关盟市、旗县（市、区）人民政府在评估结果的基础上协商确定，并由当事各方签订补偿实施协议，盟行政公署、市人民政府依据补偿实施协议将资金直接拨付到相关旗县（市、区）人民政府财政专户，重大个案补偿需经自治区领导小组批准同意。

征地拆迁补偿费必须严格按照有关规定，认真执行专户储存、专账核算、专款专用制度。铁路沿线旗县（市、区）境内征拆工作完成后，自治区审计厅将以旗县（市、区）为单位，对资金使用情况进行审计，自治区财政厅、铁路办将根据审计结果对预拨付的资金进行清算。

（二）征地管理费。主要用于土地管理部门在铁路项目征地、安置、拆迁过程中的办公、业务培训、宣传教育、经验交流及仪器、设备的购置、维修、使用费和其他非经费人员的必要开支。征地管理费按照每个铁路建设项目征地拆迁补偿费总额的4%提取，在征地拆迁工作开始时，由自治区国土资源厅按照重点支持基层、支持一线工作的原则，商自治区铁路办提出每个项目的征地管理费分配方案，报自治区领导小组批准后由内蒙古交通投资公司直接拨付到相关土地管理部门专用账户。

（三）协调工作经费。主要用于各级政府和铁路办在铁路项目建设过程中的协调工作经费开支。协调工作经费按铁路建设里程4.5万元/公里的标准提取。在征地拆迁工作开始时，由自治区铁路办提出安排意见，经自治区领导小组批准后由内蒙古交通投资公司按工作进度分期拨付到相关地区政府、铁路办专用账户。

使用单位必须严格按照有关规定开支征地管理费和协调工作经费，接受有关部门的监督管理和审计，违纪违规使用的，将严肃追究相关单位和人员的责任。使用单位要定期向自治区领导小组书面报告使用情况（以盟市为单位，由盟市铁路办负责),未能按期完成征地拆迁工作和未报告经费使用情况的,停止拨付下一阶段的征地管理费和协调工作经费。

四、加强目标考核

为确保工作任务的按期完成和铁路建设的顺利进行,自治区领导小组参照《内蒙古自治区铁路建设工作考核办法》规定,对征地拆迁工作进行目标考核管理。对工作开展顺利,按时完成任务的地区和单位将给予表彰奖励;对严重影响征地拆迁工作的地区和单位,将按照有关规定严肃处理。

本通知适用于2012年及2012年以后开工建设的自治区参股铁路项目。

广东省人民政府办公厅《关于支持铁路建设推进土地综合开发的若干政策措施》

（2018 年 8 月 17 日 粤府办〔2018〕36 号）

为深入学习贯彻落实习近平新时代中国特色社会主义思想和党的十九大精神，认真贯彻落实习近平总书记重要讲话精神，坚定不移践行新发展理念，推进绿色发展，倡导绿色出行等绿色生活方式，加快形成生态文明制度体系，根据《国务院办公厅关于支持铁路建设实施土地综合开发的意见》（国办发〔2014〕37 号）和《广东省人民政府关于印发广东省推进基础设施供给侧结构性改革实施方案的通知》（粤府〔2017〕70 号）的部署安排，结合我省实际，现就推进铁路（含国铁干线，城际、市域、市郊、疏港铁路等和修建复线、铁路改造等）项目站场及毗邻区域土地综合开发提出以下政策措施：

一、保障土地综合开发用地

（一）新建铁路项目沿线市县人民政府应积极支持和保障项目土地综合开发的用地规模，并根据综合开发实施时序，对土地利用总体规划进行调整。铁路项目配套安排的土地综合开发所需新增建设用地指标，由省国土资源厅向自然资源部申请计划单列或使用省预留指标。

（二）在铁路项目规划选址阶段，沿线市县人民政府应及时对以站点为中心、半径 800 米范围内用地实施规划控制，并结合城市、镇规划和城市路网等实际情况，确定站场中心点向外半径 800 米左右范围内的土地作为开发备选用地。

（三）在铁路项目可行性研究报告批复后、站场土地综合开发规划批复前，暂停受理和核发该范围内地块的建设用地规划许可或出具地块规划设计条件，并暂停出让及划拨土地；确有必要在暂停期内开展国家、省重点工程或重大民生工程、环境保护工程以及在铁路项目规划选址确定前立项的“三旧”改造项目建设的，由有关地级以上市人民政府向省国土资源厅专题申请，省国土资源厅牵头会同省有关部门作出决定。

（四）扣除站场用地后，同一铁路项目的土地综合开发用地总量按单个站场平均规模不超过50公顷控制，少数站场土地综合开发用地规模不超过100公顷。

二、加强规划编制和衔接

（五）对于新建铁路项目，项目所在地地级以上市人民政府应在项目可行性研究阶段统筹组织项目建设投资主体或项目公司，同步编制站场土地综合开发规划。其中涉及多个铁路项目的站点（大型综合交通枢纽），省发展改革委要加强指导协调，以兼顾各铁路项目综合开发需求。对于既有铁路项目，沿线地级以上市人民政府应主动与铁路项目法人单位协商，统筹编制站场土地综合开发规划。站场土地综合开发规划应与土地利用总体规划和城市总体规划相协调，需调整土地利用总体规划和城市总体规划的按规定办理。

（六）站场土地综合开发规划应按"一体设计、统一联建、立体开发、功能融合"的原则编制，明确土地综合开发用地位置、范围、用地规模、开发条件等，促进站场及相关设施用地布局协调、交通设施无缝衔接、地上地下空间充分利用、交通运输功能和城市综合服务功能大幅提高，形成铁路建设和城镇及相关产业发展的良性互动机制，促进铁路交通和城镇化可持续发展。

（七）站场土地综合开发规划应按线路（项目）分站场编制，并充分征求沿线县（市、区）人民政府意见，按程序报省住房城乡建设厅、发展改革委、国土资源厅联合批准实施。沿线各县（市、区）人民政府应及时编制或调整相关用地的控制性详细规划，有关调整应事先征求项目建设投资主体（或项目公司）书面意见后，再履行相关审批程序，原则上在6个月内完成规划调整工作并逐级报省住房城乡建设厅备案。

三、促进土地复合开发利用

（八）利用铁路项目红线范围内的用地进行地上、地下空间开发的，在符合规划和铁路项目安全需求的前提下，可兼容一定比例其他功能，并可分层设立建设用地使用权。分层设立的建设用地使用权，符合《划拨用地目录》的，可按划拨方式办理用地手续；不符合《划拨用地目录》的，可按协议方式办理有偿用地手续。铁路项目法人单位依法取得的划拨用地，因转让或改变用途不再符合《划拨用地目录》的，可按国办发〔2014〕37号文规定采取协议方式办理用地手续；由政府收回实施开发的，可参照低效用地再开发和"三旧"改造相关政策执行。

（九）支持铁路项目法人单位利用自有土地、平等协商收购相邻土地、依法取得政府供应土地或与其他市场主体合作，对既有铁路项目站场地区进行综合开发。经规划部门批准后，沿线各市县国土资源部门要依法为铁路项目法人单位利用自有土地进行土地产权整合和宗地合并、分拆等提供服务。

四、明确供地方式

（十）新建铁路站场综合开发用地采用市场化方式供应，供地公告时间不得少于60个工作日。新建铁路项目未确定投资主体的，可在项目招标时，将土地综合开发权一并招标，新建铁路项目中标人同时取得土地综合开发权，相应用地可按开发分期约定一次或分期提供，供地价格按出让时的市场价确定。新建铁路项目已确定投资主体但未确定土地综合开发权的，如用地符合《划拨用地目录》，可按划拨方式供应；如不符合《划拨用地目录》，采用招标拍卖挂牌方式供应，并将统一联建的铁路站场、线路工程及相关规划条件、铁路建设要求作为取得土地的前提条件。供应既有铁路站场综合开发范围内的用地，应将综合开发的规划要求和铁路建设要求一并纳入土地供应的前提条件。

（十一）各地可探索对土地综合开发用地采取“成片提供，分期供应”的方式办理用地相关手续，即参照现行的招标拍卖挂牌模式先行确定土地综合开发用地的使用权人和出让价格，暂不履行招标拍卖挂牌供地程序中的出让合同签署和出让金缴纳等流程。确定使用权人后，再根据城市规划和实际情况分期为土地综合开发用地办理余下供地流程，分期供地的价格按招标拍卖挂牌时确定的价格执行。分期供地的时限最长不得超过5年。因土地使用权人原因导致分期供地不能在5年内完成的，不得再为该使用权人办理余下土地的供地手续。

五、合理确定用地成本

（十二）符合省确定的优先发展产业且用地集约（容积率和建筑系数超过国家规定标准40%、投资强度增加10%以上）的工业项目，可按不低于所在地土地等别相对应工业用地最低价标准的70%确定出让底价。土地综合开发建设房地产（含商业、写字楼等）的，需以招标拍卖挂牌方式出让，出让底价应当依据土地估价结果、供地政策和土地市场行情等，集体决策，综合确定。土地出让最低价不得低于出让地块所在地级别基准地价的70%，竞买保证金不得低于出让最低价的20%。鼓励空间集约利用，地下空间使用权的出让底价可按所在地级别基准价乘以相应的修正系数计算确定。具体修正系数由各市县人民政府根据当地实际情况确定。

（十三）经国家授权经营的土地，在使用年限内可依法作价出资（入股）、租赁或经国家出资企业审核批准后在集团公司内部国有控股、国有实际控制企业之间非公开转让。

六、建立综合保障机制

（十四）推动建立"铁路项目 + 土地开发"综合回报模式。纳入土地综合开发收益后，铁路项目财务内部收益率原则上不应低于3%的行业基准值，并结合招募社会资本情况综合确定。铁路项目沿线各地级以上市提供的综合开发用地数量应与各市境内路段分摊的项目可持续经营责任相匹配；土地综合开发收益分市核算，用于该市路段的项目可持续经营。

（十五）铁路项目沿线地级以上市政府应与新建铁路项目建设投资主体或项目公司按照一体规划、联动供应、立体开发、统筹建设的原则，协商确定铁路站场建设需配套安排的土地综合开发事项，明确土地综合开发项目与对应铁路站场、线路工程统一联建等相关事宜。新建铁路项目可研审批前，铁路项目建设投资主体与沿线地级以上市要签署土地综合开发协议，明确综合开发用地规模、位置、供应以及可行性缺口补助的支付方式等。加大对符合条件的政府和社会资本合作（PPP）项目的信贷支持力度，为项目提供长期、稳定、低成本的资金支持。

（十六）支持土地综合开发收益用于铁路项目建设和运营。土地出让收入扣除土地收储等必要的成本和国家、省规定的刚性计提后，其余可用于铁路项目建设和运营。以"铁路项目 + 土地开发"模式建设的铁路项目，可由出让土地获得收入的沿线地级以上市人民政府按照收支两条线的要求，根据与项目建设投资主体签订的综合开发协议约定，从土地综合开发收益中安排专项补助资金拨付项目公司，提高铁路项目资金筹集能力和收益水平。采用"铁路项目 + 土地开发"以外模式建设的珠三角城际铁路项目，继续做好珠三角城际铁路项目土地综合开发收益的归集工作，珠三角各地级以上市政府和省有关部门应按照《珠三角城际轨道交通项目运营保障金管理办法》的具体要求实施开发收益管理。铁路项目建设主体完成站场、车辆段、停车场等上盖板建设后，确需由沿线地级以上市收储的，由沿线地级以上市土地储备部门与铁路建设主体签订补偿协议，收储补偿标准可参照"三旧"改造相关规定执行。

七、建立省市监督及协调机制

（十七）严格土地开发利用管理。相关市县国土资源部门应与取得综合开发用地使用权的主体明确约定铁路站场、线路工程应先于土地综合开发项目建设。取得综合开发用地的主体未按约定优先建设铁路站场、线路工程的，不得为其办理土地、房产手续。

（十八）建立省市铁路土地综合开发协调机制。省国土资源厅协调督促各地认真落实铁路项目土地综合开发相关用地政策，省发展改革委要统筹协调以“铁路项目＋土地开发”模式推进铁路项目建设，省有关部门按照各自职责加强对相关项目建设运营和土地综合开发的协调指导，铁路项目沿线各级政府要高度重视、认真贯彻落实国家和省的相关政策要求，共同形成铁路沿线土地综合开发工作的长效机制。

本政策措施自印发之日起施行，有效期5年。

重庆市人民政府办公厅关于支持铁路建设实施土地综合开发的实施意见

（2018 年 5 月 18 日　渝府办发〔2018〕75 号）

各区县（自治县）人民政府，市政府有关部门，有关单位：

为贯彻落实《国务院办公厅关于支持铁路建设实施土地综合开发的意见》（国办发〔2014〕37 号）精神，更好地实施铁路用地及站场毗邻区域土地综合开发，经市政府同意，现提出如下实施意见。

一、基本原则

（一）统筹规划。在保障铁路运输功能和运营安全的前提下，坚持多式衔接、立体开发、功能融合、节约集约原则，对铁路用地及站场毗邻区域土地实施综合开发利用。在符合土地利用总体规划和城乡总体规划的前提下，统筹铁路用地及站场毗邻区域用地规划，开展铁路站场综合开发规划设计，完善站场周边城市功能，统筹地上地下空间开发利用，促进铁路站场及相关设施用地布局协调、交通设施无缝对接、地上地下空间充分利用、铁路运输功能和城市综合服务功能大幅提升。

（二）路地共建。按照“谁受益、谁投资”原则，结合铁路线路长度、站点数量和投资运营等实际情况，探索铁路站场及周边地区综合开发用地利用的有效推进机制。

（三）功能优化。提高既有铁路站场土地资源的利用效率，重点突出市政基础设施的复合利用，在保证公益性、公共性设施优先安排的前提下，全面推进铁路站场的综合开发利用。

（四）收益反哺。铁路站场及周边地区综合开发用地收益优先用于弥补铁路建设投资缺口，支持铁路可持续发展。

二、合理配置土地资源

（一）支持铁路新建站场与土地综合开发项目相结合。市政府铁路主管部门会同铁路项目投资主体、沿线区县（自治县）政府和万盛经开区管委会（以下统称区县政府）应协商确定铁路站场周边地区土地综合开发事宜，明确土地综合开发项目与对应铁路站场、线路工程统筹衔接等相关事宜。要将铁路建设项目和综合开发项目纳入城乡总体规划统筹规划，加强铁路站场和周边地区的规划管控，强化空间组织、交通衔接、功能匹配等方面的融合，明确综合用地开发规模、规划条件和配套要求。铁路项目主管部门、铁路投资主体在办理项目审批和用地预审时同步报送综合用地开发方案。

（二）合理确定土地综合开发的边界和规模。铁路项目主管部门、铁路投资主体和沿线区县政府要按照一体规划、联动供应、立体开发、统筹建设原则，协商确定铁路用地综合开发事项，将铁路项目资金平衡与土地综合开发需求作为项目选线和站场选址的重要因素，结合区域房地产市场消化能力、建设用地供给潜力、铁路建设投资规模、开发利用地形条件等因素，合理确定站场周边配置综合开发用地规模、开发时序等。原则上扣除站场用地后，同一铁路建设项目的综合开发用地总量按单个站场平均规模不超过50公顷控制，少数站场综合开发用地规模不超过100公顷，具体规模应结合实际情况研究论证后确定。

（三）科学实施综合用地的前期储备整治管理。为确保铁路站场周边地区综合开发项目收益专项用于平衡铁路建设资金，维护路地双方权益，可将已清理的站场周边地区综合开发用地，委托铁路沿线区县政府土地储备机构实施储备，并报市国土资源管理部门和铁路项目主管部门备案。待具备开发条件后，土地储备机构商铁路投资主体适时启动土地整治并依法实施出让，铁路投资主体可优先取得土地综合开发权。

（四）市场化方式供应综合开发用地。铁路站场周边地区配置的综合开发土地原则上应完成整治并达到净地出让条件后采取招拍挂出让方式供应，具体按以下两类情形供应：1. 新建铁路项目未确定投资主体的，可在新建铁路项目招标时，将配置的综合开发用地使用权一并招标，新建铁路项目中标人同时取得综合开发用地使用权，供地价格按出让时的市场价确定；2. 新建铁路项目已确定投资主体的，国土资源管理部门按招拍挂程序依法出让综合开发用地使用权，同时将统一联建的铁路站场、线路工程及相关规划条件、铁路建设要求作为取得综合开发用地使用权的前提条件。综合开发用地使用权由铁路投资主体取得的，铁路建设和综合开发用地建设应统筹推进；综合开发用地由其他市场主体取得的，其他市场主体应与铁路投资主体协商安排铁路建设和综合开发用地建设相关事宜。

三、盘活存量用地开发

（一）认真清理既有铁路用地情况。铁路运输企业要认真清理存量土地资产，包括土地权属、土地面积、证载用途、实际用途、规划用途、周边规划情况及开发情况、对外交通条件等情况。

（二）积极鼓励既有铁路用地综合开发。允许铁路运输企业下属具有开发资质的企业利用自有铁路用地，通过市场收购方式整合周边零星土地一并实施综合开发。除线型铁路用地应统一交由地方收储外，其他依法取得的存量铁路用地，在符合规划的前提下可依照《协议出让国有土地使用权规定》（国土资源部令第21号），采取协议方式办理用地手续。利用既有铁路用地进行地上地下空间开发，在保证铁路运输功能和运营安全的前提下，可分层依法设立建设用地使用权，其中属《划拨用地目录》（国土资源部令第9号）范围的可按划拨方式办理用地手续，不属于《划拨用地目录》范围的可按协议方式办理有偿用地手续。铁路沿线区县政府在推进既有站场综合交通体系建设、旧城区改造、市政设施建设和整片土地开发时需占用既有铁路用地的，应与铁路用地产权主体充分协商，依法按照收储方式处理并给予合理补偿，铁路用地产权主体应积极予以配合支持。既有铁路用地综合开发项目符合棚户区改造、旧城改造、城中村改造、低效用地再开发范畴的，可享受相关优惠政策。

四、强化后续监管

（一）强化组织领导和政策支持。各区县政府、市政府有关部门和单位要高度重视铁路建设工作，加强组织协调，明确责任分工，合力推进铁路建设。铁路沿线区县政府要积极落实资金、土地等政策，在土地利用总体规划、城乡总体规划调整完善工作中统筹安排铁路综合开发用地，并做好征地拆迁、市政配套设施建设等工作，积极为铁路站场及周边地区综合用地开发建设创造有利条件。铁路项目主管部门要加强沟通协调、分类指导，支持铁路站场和土地综合开发统一联建，市政府有关部门在规划审查、项目报批、路网衔接等方面给予支持和指导。

（二）支持开发收益反哺铁路投资建设。除主城区外，新建铁路站场配置的综合开发用地，经沿线区县政府依法征收并交由铁路投资主体实施前期开发整治，土地出让后的收益扣除土地成本、国家和市级财政计提资金后，剩余资金可由沿线区县政府、铁路项目主管部门和相关铁路投资主体协商，优先用于弥补铁路建设投资缺口。

（三）强化铁路综合开发用地跟踪监管。铁路沿线区县政府不得擅自将已配置给铁路投资主体的综合开发用地改变规划用途、调整范围、实施征收和出让。国土资源主管部门与取得综合开发用地使用权的主体签订土地使用权出让合同时，应明确约定站场建设须先于综合开发用地建设，取得综合开发用地的铁路投资主体未按约定优先建设铁路站场工程的，有关部门不得办理综合用地开发有关审批手续。

四川省人民政府办公厅关于支持铁路建设土地综合开发的实施意见

（2015 年 8 月 27 日　川办发〔2015〕79 号）

各市（州）、县（市、区）人民政府，省政府各部门、各直属机构，有关单位：

为切实贯彻落实《国务院关于改革铁路投融资体制加快推进铁路建设的意见》（国发〔2013〕33 号）和《国务院办公厅关于支持铁路建设实施土地综合开发的意见》（国办发〔2014〕37 号）精神，按照支持铁路建设与新型城镇化相结合、政府引导与市场自主开发相结合、盘活存量铁路用地与综合开发新老站场用地相结合的基本原则，以构建现代综合交通运输体系为目标，做好铁路站场及毗邻地区土地综合开发（以下简称“土地综合开发”）工作，经省政府同意，现提出以下实施意见。

一、支持新建铁路站场用地

（一）科学编制土地综合开发规划。充分考虑铁路站场及毗邻地区土地综合开发需求，切实做好铁路发展规划与土地利用总体规划、城乡规划等的衔接，统筹土地综合开发规划编制工作。土地综合开发规划要坚持“多式衔接、立体开发、功能融合、节约集约”的原则，重点对投资规模、开发方式、用地规模、融资方式、项目盈亏等内容进行研究。由成都铁路局或省铁投集团牵头，会同铁路沿线市、县级人民政府编制土地综合开发规划。规划完成后，由省发展改革委组织国土资源厅、住房城乡建设厅等有关单位进行审查，审查通过后报省人民政府审批。〔责任单位：相关市（州）、县（市、区）人民政府，省发展改革委，国土资源厅，住房城乡建设厅，成都铁路局，省铁投集团〕

（二）科学划定土地综合开发边界和规模。各地要按照新建铁路站场土地综合开发的功能定位和基本需求，综合考虑站场周边土地已有规划和建设开发实际情况及建设用地供给能力、市场容纳能力、综合交通便利程度、周边市县城镇化进程、铁路建设投融资规模等因素，依据土地利用总体规划和城市、镇规划，合理划定综合开发用地边界，杜绝土地综合开发用地的粗放利用和无序扩张。原则上铁路站场毗邻区域的开发半径不超过 800 米，扣除站场用地后，同一铁路建设项目的综合开发用地总量按单个站场平均规模不超过 50 公顷控制，少数站场综合开发用地规模不超过 100 公顷。经省人民政府批准同意的土地综合开发规划中已明确站场选址的，要预留铁路建设用地通道，防止在预留通道抢栽抢种、乱搭乱建。对规划后开发半径范围内的土地实行严格控制，暂停范围内其他项目建设规划审批、土地出让、划拨等工作。属于国家、省重点项目及重大民生、环境保护项目，确有必要在暂停范围内实施的，可专题报请省人民政府批准实施。〔责任单位：相关市（州）、县（市、区）人民政府，省发展改革委，国土资源厅，住房城乡建设厅，成都铁路局，省铁投集团〕

（三）落实综合开发用地指标。铁路建设项目配套安排的土地综合开发所需新增建设用地指标，经市（州）人民政府同意后，由省人民政府审核，报国土资源部予以计划单列。农用地转用和土地征收需报国务院批准的批次用地内的城市铁路综合开发用地，可直接在申请用地请示材料中注明或按单独选址项目上报；属省人民政府批准的，国土资源厅依据经批准的土地综合开发规划、项目核准情况，在国家下达计划中先行安排，报国土资源部审核后专项安排使用预留国家计划指标。〔责任单位：相关市（州）、县（市、区）人民政府，国土资源厅〕

（四）切实落实耕地占补平衡。土地综合开发要优先利用存量建设用地和未利用土地，少占或避免占用耕地，严格限制占用基本农田。项目业主要严格履行耕地占补平衡法定义务，依法依规缴纳耕地开垦费。单独选址报批的铁路综合开发占用耕地的，项目业主依法向国土资源厅缴纳耕地开垦费，国土资源厅优先安排项目区内的土地开发整理项目，及时补充耕地；城市、镇（乡）分批次建设用地的铁路综合开发占用耕地的，项目业主依法依规向市（县）国土资源局缴纳耕地开垦费。〔责任单位：成都铁路局，省铁投集团及项目业主，相关市（州）、县（市、区）人民政府，国土资源厅，财政厅〕

（五）优化土地供应方式。新建铁路项目未确定投资主体的，可在项目招标时，将土地综合开发权一并招标，供地公告时间不得少于 60 个工作日；已确定投资主体未确定土地综合开发权的，应将统一联建的铁路站场、线路工程及相关规划条件、铁路建设要求作为取得土地的前提条件，采用招拍挂方式供应。取得土地综合开发权的主体必须按照约定条件参与投资铁路建设。〔责任单位：相关市（州）、县（市、区）人民政府，国土资源厅，成都铁路局，省铁投集团〕

二、盘活现有铁路用地

（六）鼓励利用既有土地实施综合开发。支持铁路运输企业下属具有开发资质企业利用铁路自有土地平等协商收购相邻土地、依法取得政府供应土地或与其他市场主体合作，对既有铁路站场地区进行综合开发。铁路既有土地综合开发项目如符合省内各棚户区、旧城改造条件的，也可享受棚户区、旧城改造的相关优惠政策。〔责任单位：相关市（州）、县（市、区）人民政府，成都铁路局，省铁投集团，国土资源厅〕

（七）盘活铁路运输企业各类现有土地资源。铁路运输企业依法取得的划拨用地，因转让或改变用途不再符合《划拨用地目录》的，可依法采取协议方式办理用地手续。经国家授权经营的土地，铁路运输企业在使用年限内可依法作价出资（入股）、租赁或在集团公司直属企业、控股公司、参股企业之间转让。市、县国土资源部门要依法为铁路运输企业利用自有土地进行土地产权整合和宗地合并、分拆等提供优质服务。〔责任单位：相关市（州）、县（市、区）人民政府，国土资源厅，成都铁路局，省铁投集团〕

三、支持市场主体参与土地综合开发

（八）允许不同市场主体参与开发利用。按照“谁修路、谁开发”的原则，探索采取 PPP（公私合作）模式，允许不同市场主体投资铁路建设、参与土地综合开发利用，依法取得国有建设用地，合理分享投资产生的土地增值收益。各地要建立土地综合开发利用协商机制和土地增值收益均衡分配机制，提高铁路建设项目的资金筹集能力和参与者收益水平，实现权责统一、收益共享。对既有铁路站场及毗邻区域取得的划拨用地，或者已经依法改变用途的存量铁路沿线建设用地，支持铁路运输企业、合资铁路公司单独或联合其他市场主体合作开发；对在建、改（扩）建铁路站场及毗邻区域拟开发的沿线土地，由相关主体共同协商，确定联合开发主体；城际铁路、市域（郊）铁路、资源开发性铁路等由地方主导建设的铁路，其站场及沿线的土地由相关投资权益主体共同协商，确定联合开发事宜。已列入国家中长期铁路规划的铁路建设项目，土地综合开发利用按照铁路建设投融资机制和政策，根据项目建设规划逐步实施。〔责任单位：相关市（州）、县（市、区）人民政府，省发展改革委，国土资源厅，财政厅，住房城乡建设厅，成都铁路局，省铁投集团〕

（九）提升土地综合开发强度。综合开发用地应依据项目进度，按照规划预留、分期实施的原则供应。有条件的地方，鼓励使用地下地上空间，扩展土地立体开发空间。使用地下空间的，可按分层利用、区别用途的原则供地，也可以按照一宗土地实行整体出让供应，综合确定出让底价；分层设立建设用地使用权，不符合《划拨用地目录》的，可按协议方式办理有偿用地手续。〔责任单位：相关市（州）、县（市、区）人民政府，国土资源厅，财政厅，成都铁路局，省铁投集团〕

四、加强土地综合开发的协调和监管

（十）加强组织领导，建立工作协调机制。成立由省发展改革委牵头，国土资源厅、住房城乡建设厅、财政厅、成都铁路局、省铁投集团等相关单位为成员的铁路建设土地综合开发联席会议（以下简称联席会议），协调推动铁路站场及毗邻地区土地综合开发相关工作。各市（州）人民政府每年10月底前将本年度实施计划及上一年度工作推进情况报联席会议成员单位。〔责任单位：相关市（州）、县（市、区）人民政府，省发展改革委，国土资源厅，住房城乡建设厅，财政厅，成都铁路局，省铁投集团〕

（十一）优化铁路建设服务环境。各地、各部门要坚持依法行政，强化服务意识，落实并联审批制度和清单式报批方式，优化审批程序，加快办理综合开发项目的立项、建设用地规划许可及用地预审、农用地转用和土地征收等审批事项以及土地供应、确权颁证等相关手续。〔责任单位：相关市（州）、县（市、区）人民政府，省发展改革委，国土资源厅，住房城乡建设厅，成都铁路局〕

（十二）落实用地备案制度。供应与新建铁路站场统一联建的综合开发用地前，市、县国土资源部门应将土地综合开发的位置、规模、用地需求、规划条件及拟安排的供应分期等向国土资源厅备案，并抄送联席会议成员单位。〔责任单位：相关市（州）、县（市、区）人民政府，国土资源厅，住房城乡建设厅，成都铁路局，省铁投集团〕

（十三）严格土地利用开发管理。严格按照有关法律、法规规范用地行为，加强土地供后的实施监管，严格土地用途管制。相关市、县国土资源部门应与取得综合开发用地使用权的主体签订土地综合开发利用协议，明确约定铁路站场、线路工程应先于土地综合开发项目建设。取得综合开发用地的主体未按约定优先建设铁路站场、线路工程的，不得为其办理土地、房产等手续。〔责任单位：相关市（州）、县（市、区）人民政府，国土资源厅，省发展改革委，住房城乡建设厅，成都铁路局，省铁投集团〕

（十四）依法开展征地拆迁工作。各地要按照国家和省有关规定要求，认真审核征地拆迁及补偿安置概算，依法落实征地有关程序。组织实施征地拆迁，既要确保铁路项目顺利建设，又要严格执行补偿标准，落实被征地农民社保资金，切实维护群众合法权益。〔责任单位：相关市（州）、县（市、区）人民政府，国土资源厅，住房城乡建设厅，成都铁路局，省铁投集团及项目业主〕

（十五）加强项目建设管理。相关市（州）、县（市、区）人民政府和省直有关部门要切实加强项目资本金、土地使用标准和建设标准、质量和施工安全等方面的监督管理。取得综合开发用地使用权的主体，应严格遵守房地产项目开发建设管理有关规定，杜绝土地闲置。〔责任单位：相关市（州）、县（市、区）人民政府，住房城乡建设厅，省发展改革委，国土资源厅，成都铁路局，省铁投集团〕

陕西省人民政府办公厅关于进一步加快铁路建设支持铁路用地综合开发的意见

(2015 年 12 月 12 日　陕政办发〔2015〕104 号)

各市、县、区人民政府,省人民政府各工作部门,各直属机构:

为全面贯彻《国务院办公厅关于支持铁路建设实施土地综合开发的意见》(国办发〔2014〕37 号),构建现代综合交通运输体系,培育我省交通区位新优势,经省政府同意,现就加快全省铁路建设、支持铁路用地综合开发,提出如下意见:

一、大力支持铁路沿线土地综合开发

(一)建立铁路建设与新型城镇化良性互动机制。按照铁路建设与新型城镇化、政府引导与市场自主开发、综合开发新老站场用地与盘活存量铁路用地相结合的总体思路,坚持“多式衔接、立体开发、功能融合、节约集约”原则,做好铁路站场及毗邻地区土地综合开发利用工作,依法规范利用铁路用地综合开发收益支持铁路建设和弥补铁路过渡性运营亏损,逐步形成铁路建设与新型城镇化及相关产业良性互动的发展机制。各地要将铁路用地综合开发项目列为重点项目,落实国家和省政府的配套支持政策。

(二)支持新建铁路实施土地综合开发。新建铁路项目投资主体与铁路沿线各市、县政府要按照“一体规划、联动供应、立体开发、统筹建设”原则,协商确定铁路用地综合开发事项,将铁路项目财务平衡与土地综合开发需求作为项目选线和站场选址的重要因素。铁路沿线各市、县政府要在符合土地利用总体规划、城乡规划的前提下,统筹铁路站场及毗邻地区相关规划,合理确定土地综合开发的边界和规模,实现土地综合开发项目与铁路统一联建。综合开发用地规模按扣除站场用地后,同一铁路建设项目单个站场平均规模不超过 50 公顷、少数站场不超过 100 公顷控制。

利用综合开发铁路土地政策吸引社会资本投资铁路建设。新建铁路项目未确定投资主体的,可在项目招标时将土地综合开发权一并招标,新建铁路项目中标人同时取得土地综合开发权,相应用地可按开发进度约定一次性或者分期供应，供地价格按出让土地使用权时的市场价确定；已确定投资主体但未确定土地综合开发权的，综合开发用地采用招标、拍卖、挂牌出让方式供应，并将统一联建的铁路站场、线路工程及相关规划条件、铁路建设要求作为取得土地的前提条件。取得综合开发用地的主体必须按约定条件参与投资铁路建设。

做好铁路用地综合开发规划管理和方案编报工作。在新建铁路前期研究阶段，铁路沿线各市、县政府及其城乡规划部门要统筹编制铁路站场及毗邻地区控制性详细规划，强化与周边地区空间组织、交通衔接、功能匹配等方面的融合，明确铁路土地综合开发的用地规模、规划条件和配套要求，做好铁路建设及综合开发用地的控制和预留工作；铁路部门要加强与城乡规划部门的衔接，将铁路建设项目纳入城乡规划。在上报铁路建设项目可行性研究报告和建设用地预审时，要同步上报土地综合开发方案和用地方案。对已批复可行性研究报告或者已开工的新建铁路项目，铁路合资公司、铁路项目投资主体和铁路沿线市、县政府要协商编制铁路用地综合开发报告，积极落实综合开发用地。

（三）支持既有铁路用地进行综合开发。西安铁路局、各铁路合资公司和铁路项目投资主体是相应既有铁路的土地综合开发主体。要加强与铁路沿线市、县政府的沟通衔接，通过整合既有铁路站场周边土地资源、统筹利用地上、地下空间等方式，共同研究制订对既有铁路站场及毗邻地区土地实施综合开发方案。支持铁路运输企业利用自有土地、平等协商收购相邻土地、依法取得政府供应土地或与其他市场主体合作，对既有铁路站场地区进行综合开发。既有铁路用地综合开发项目符合棚户区、旧城改造条件的，可享受棚户区、旧城改造的相关优惠政策。

对以划拨方式依法取得的铁路用地，因转让或者改变用途而不再符合《划拨用地目录》的，可依法采取协议方式办理用地手续。经国家授权经营的土地，铁路运输企业在使用年限内可依法作价出资（入股）、租赁，或者在集团公司直属企业、控股公司、参股企业之间转让。

省、市、县各有关部门要在规划调整、土地产权整合和宗地合并、分拆等方面给予相应的配合与支持。铁路沿线各市、县政府在推进既有站场综合交通体系建设、旧城区改造、市政设施建设以及整片土地开发时，需占用既有铁路土地的，应与铁路用地产权主体充分协商，依法进行置换、联合开发或者给予合理补偿；需拆除、迁建铁路生产、生活设施的，应本着节约集约用地、统筹就近还建的原则予以重建，以保证铁路运输生产安全运营。对因拆除、迁建等原因腾退出的原有铁路用地，可采取政府依法收回、统一规划、统一开发、收益路地共享的方式进行综合开发,防止形成土地闲置浪费。

(四)提高铁路建设节约集约用地水平。在保障铁路运输功能、运营安全和符合规划的前提下,通过分层设立建设用地使用权,吸引社会资本参与铁路用地的地上、地下空间开发以及商业综合体等项目建设。分层设立的国有建设用地使用权,符合国家供地政策和《划拨用地目录》的,可按划拨方式办理用地手续;不符合《划拨用地目录》的,可按不同类别的建设用途出让底价、以协议出让方式办理用地手续。

二、切实做好铁路建设项目征地拆迁工作

(五)加强铁路建设项目用地规划控制。省国土资源、城乡规划、林业等部门和铁路沿线各市、县政府要加强铁路建设项目的用地规划控制,预留铁路建设通道。因设计变更等原因导致规划用地规模增加较大时,应由省发展改革、国土资源、城乡规划等部门按照产业政策、供地政策、城乡规划和用地定额标准等要求严格把关,合理确定铁路用地总体规模。

(六)切实保障铁路建设用地环境。铁路沿线各市、县政府及其发展改革、国土资源、城乡规划等部门,要采取有效措施,及时制止、纠正和查处在预留通道中抢栽抢种、乱搭乱建、挖沙取土、倾倒垃圾和“搭车”用地以及无理阻挠铁路施工等行为;对铁路用地综合开发规划范围内的土地实行严格控制,可视实际情况暂停范围内其他项目审批和土地供应,防止额外增加铁路项目的建设成本和工作难度。

(七)依法依规开展铁路项目征地拆迁。铁路沿线各市、县政府要按照中、省有关规定和要求,依法依规组织实施铁路建设项目的征地拆迁,既要为铁路项目建设提供保障,又要严格执行征地拆迁补偿标准,维护国有土地使用权人、被征地农村集体经济组织和农民群众的合法权益。

三、建立健全铁路建设共同推进机制

(八)加强组织领导。全省各级政府、各有关部门要高度重视铁路建设工作,加强组织协调,明确责任分工,合力推进铁路建设。铁路沿线各市、县政府要明确专门机构和人员,积极落实资金、土地等要素,努力为铁路建设创造有利条件。省级有关部门要切实发挥职能作用,及时研究解决全省铁路建设重大问题,加强沟通协调和督促指导,支持全省铁路建设。

(九)建立提前介入机制。铁路建设项目前期工作启动后,省铁路建设领导小组办公室要及时向城乡规划、国土资源、环境保护、交通运输、林业、水利、通信、电力等省级有关部门和铁路沿线各市、县政府通报项目进展情况。各地、各有关部门要与铁路部门加强沟通衔接，建立综合协调机制，主动为铁路项目勘测设计单位提供各类环境（包括地质、水土）敏感区、矿产资源分布状况和路网、线网规划等资料，提前介入项目方案规划研究。在法律政策框架下，及时协助办理相关手续。

（十）强化对口负责机制。对铁路建设项目需我省审批的事项，省发展改革、民政、国土资源、环境保护、城乡规划、交通运输、水利、农业、林业、文物、地震和电力等有关部门要主动加强衔接，优化工作流程，及时受理、集中会审、高效审批、限时办结。对需报国家有关部委审批的，要对口提前汇报，确定专人跟踪落实，争取及早获批。

（十一）优化铁路建设外部环境。各地、各有关部门要坚持依法行政，强化服务意识，定期组织开展铁路建设环境整治活动。坚决制止各种名目的乱检查、乱收费、乱摊派、乱罚款现象，严肃查处阻碍铁路建设施工和强行参股、包揽工程、供应材料等违法行为，努力为铁路建设营造良好环境。

黑龙江省人民政府办公厅关于支持铁路建设土地综合开发的实施意见

（2015 年 6 月 25 日　黑政办发〔2015〕31 号）

各市（地）、县（市）人民政府（行署），省政府各直属单位：

为贯彻落实《国务院办公厅关于支持铁路建设实施土地综合开发的意见》（国办发〔2014〕37 号）精神，做好我省铁路用地及站场毗邻区域土地综合开发利用工作，支持铁路建设，经省政府同意，现提出如下实施意见：

一、支持铁路运输企业盘活利用现有铁路用地

（一）支持铁路运输企业采取协议方式办理用地手续。铁路运输企业依法取得的划拨土地，因转让或改变用途不再符合《划拨用地目录》的，可依法采取协议方式办理用地手续，补缴土地出让价款，出让价款应按不低于宗地评估价格的 60% 确定。[责任单位：省国土资源厅，有关市（地）、县（市、区）政府（行署），铁路运输企业]

（二）支持铁路运输企业综合开发利用既有铁路站场地区。在符合政府规划要求的前提下，支持铁路运输企业利用自有土地、平等协商收购相邻土地、依法取得政府供应土地或与其他市场主体合作，对既有铁路站场地区所占用土地进行综合开发。有关市（地）、县（市、区）国土资源部门要依法为铁路运输企业利用自有土地进行土地产权整合和宗地合并、分拆等提供服务。[责任单位：省国土资源厅、住建厅，有关市（地）、县（市、区）政府（行署），铁路运输企业]

（三）支持铁路运输企业开展土地授权经营工作。经国家授权经营的土地，在使用年限内可在铁路运输企业内依法作价出资（入股）、租赁。授权经营土地可以在铁路运输企业直属企业、控股企业、参股企业之间转让，但改变用途或向铁路运输企业以外的单位或个人转让时，应经政府批准并补缴土地出让金。[责任单位：有关市（地）、县（市、区）政府（行署），铁路运输企业]

（四）支持铁路运输企业获得土地补偿收益。因实施城市规划进行旧城区改造、棚户区改造或其他公共利益需要使用铁路用地的，采取等值土地置换或按照

城市拆迁补偿办法对铁路运输企业给予补偿。[责任单位:省国土资源厅、住建厅,有关市(地)、县(市、区)政府(行署),铁路运输企业]

二、支持新建铁路站场实施土地综合开发

(五)推动新建铁路站场与土地综合开发项目统一联建。依据新建铁路建设项目可行性研究报告,本着铁路建设项目经济效益收支基本平衡的原则,按照一体规划、联动供应、立体开发、统筹建设的原则,新建铁路建设项目的投资主管部门、机构应与沿线地方政府协商,确定铁路站场建设需配套安排的土地综合开发事项。[责任单位:省国土资源厅、住建厅,有关市(地)、县(市、区)政府(行署),铁路运输企业]

(六)认真执行站场建设和土地综合开发的规划要求。有关市(地)、县(市、区)政府(行署)在编制土地利用总体规划和城乡规划时,要根据新建铁路线路、站场选址和土地综合开发利用需求,合理确定用地控制和预留。要加强对站场建设与土地综合开发利用的规划管理,深化建筑空间组织、道路交通规划、开发强度、建设时序等要求。在综合开发用地供应前,要依据控制性详细规划提出规划设计条件。未规定规划设计条件的地块,不得供应。[责任单位:省住建厅、国土资源厅,有关市(地)、县(市、区)政府(行署),铁路运输企业]

(七)明确土地综合开发规模。有关市(地)、县(市、区)政府(行署)要综合考虑建设用地供给能力、市场容纳能力、铁路建设投融资规模等因素,明确土地综合开发规模。扣除站场建设用地后,同一铁路建设项目的综合开发用地总量按单个站场平均规模不超过 50 公顷控制,少数站场综合开发用地规模不超过 100 公顷。用地供应要严格执行供地公告时间不少于 60 个工作日的规定。按供地时点的市场价格确定供地价格,根据开发进度一次或分期供地,防止土地供而不用。为了加快铁路项目的推进,在项目可行性研究阶段,在对土地综合开发方案研究报告评审的基础上,有关市(地)、县(市、区)政府(行署)要与项目公司签订土地综合开发框架协议,明确用地规模、规划时限、支持政策以及落实的步骤、时限等,为铁路项目可行性研究和初步设计阶段审批创造条件;在铁路项目施工阶段,有关市(地)、县(市、区)政府(行署)要同步与项目公司协商落实详细供地地块的规划条件,启动土地综合开发工作。[责任单位:省国土资源厅,有关市(地)、县(市、区)政府(行署),铁路运输企业]

(八)支持市场主体参与土地综合开发利用。允许不同的市场主体投资铁路建设、参与土地综合开发利用，依法取得国有建设用地使用权，合理分享投资产生的增值收益。已列入国家中长期铁路规划的铁路建设项目，土地综合开发利用按照铁路建设投融资机制和政策，根据建设规划逐步实施。[责任单位：省发改委、铁路办、国土资源厅，有关市（地）、县（市、区）政府（行署），铁路运输企业]

三、进一步明确土地综合开发利用有关政策

（九）加强各类规划统筹。有关市（地）、县（市、区）政府（行署）要加强各类规划统筹，将土地利用总体规划、城乡规划、铁路建设规划、其他相关规划有机结合，协调土地综合开发利用、公共交通、商业、办公、住宅等各类用地功能，形成交通设施无缝衔接、商业服务功能完善、居住环境适宜便捷的土地利用新格局。[责任单位：省国土资源厅、住建厅，有关市（地）、县（市、区）政府（行署），铁路运输企业]

（十）编制站场专项规划。有关市（地）、县（市、区）政府（行署）在编制或调整土地利用总体规划时，要组织规划、国土资源、交通运输、环保等相关部门，编制铁路站场及毗邻地区特定范围内的土地综合开发利用专项规划，并纳入各层级规划管理。要主动与铁路运输企业充分协商，按照铁路建设要与新型城镇化建设相结合的要求，立足增强铁路站场及周边区域的承载能力，统筹编制既有铁路站场及毗邻区域专项规划。[责任单位：铁路运输企业，各有关市（地）、县（市、区）政府（行署），省住建厅、国土资源厅]

（十一）落实综合开发用地指标政策。铁路建设项目配套安排的土地综合开发利用所需新增建设用地指标，经省政府严格审核后，按照程序报国土资源部予以计划单列。[责任单位：省国土资源厅，有关市（地）、县（市、区）政府（行署），铁路运输企业]

（十二）完善综合开发用地供应模式。土地综合开发可分期供应，分期供应的土地可成片提供，成片供应的土地应根据城市规划和实际情况进行分宗，按照宗地用途和有关规定核发划拨决定书或签订有偿使用合同。[责任单位：省国土资源厅、住建厅，有关市（地）、县（市、区）政府（行署），铁路运输企业]

四、强化地方政府的监管和协调

（十三）落实项目备案标准和监管制度。有关市（地）、县（市、区）政府（行署）、有关部门要创新监管措施，以项目立项备案为依据，对各类规划执行情况、土地综合开发利用情况进行全面有效监管。严格按照《节约集约利用土地规定》

（中华人民共和国国土资源部令第61号），进一步落实市场监管制度，完善市场监管措施，加强备案研究和管理。[责任单位：省发改委、国土资源厅、住建厅，有关市（地）、县（市、区）政府（行署），铁路运输企业]

（十四）严格土地开发利用管理。各级政府要督促国土资源部门与取得综合开发用地使用权的主体签订土地综合开发利用协议，明确约定铁路站场、线路工程要先于土地综合开发项目建设。取得综合开发用地的主体未按约定优先建设铁路站场、线路工程的，不得为其办理土地、房产手续。[责任单位：有关市（地）、县（市、区）政府（行署），省国土资源厅、住建厅，铁路运输企业，有关市场主体]

（十五）加强项目建设管理。有关市（地）、县（市、区）政府（行署）、有关部门要切实加强项目资本金、土地使用标准和建设标准、质量和施工安全等方面的监督管理。取得综合开发用地使用权的主体要严格遵守房地产开发项目建设管理有关规定，防止土地闲置。[责任单位：省铁路办、发改委、住建厅、国土资源厅、财政厅，有关市（地）、县（市、区）政府（行署），铁路运输企业，有关市场主体]

（十六）建立联动协作机制。有关市（地）、县（市、区）及有关部门要按照政府引导、市场决定、互联互动的要求，把支持铁路建设与新型城镇化建设结合起来，建立协调联动机制，引导市场主体实施土地综合开发利用，有力有序推进铁路建设，完善城市综合服务功能。[责任单位：省发改委、铁路办、国土资源厅、住建厅，有关市（地）、县（市、区）政府（行署），铁路运输企业，有关市场主体]

广东省铁路安全管理条例(节录)

(2018年9月30日广东省第十三届人民代表大会常务委员会第五次会议通过　自2018年12月1日起施行)

第三章　铁路线路安全

第十七条　县级以上人民政府、铁路监督管理机构应当依照《铁路安全管理条例》的规定,组织划定铁路线路安全保护区并向社会公告。

高速铁路隧道上方中心线两侧各五十米、高速铁路地下车站结构外沿线外侧起向外五十米的区域,一并纳入铁路线路安全保护区范围。

第十八条　在铁路线路安全保护区内,禁止实施以下危及铁路安全的行为:

(一)排污、倾倒垃圾、堆放弃土或者放置其他危害铁路安全的物质;

(二)燃放烟花、焰火,烧荒或者焚烧草木、垃圾、祭品等容易排放烟雾、粉尘、火焰、废气的物质;

(三)放养牲畜、种植影响铁路线路安全和行车瞭望的树木等植物;

(四)法律法规禁止的其他危及铁路安全的行为。

第十九条　在铁路线路安全保护区内建造建筑物、构筑物等设施,取土、挖砂、挖沟、采空作业或者堆放、悬挂物品,应当征得铁路运输企业同意并签订安全协议;在铁路线路安全保护区的邻近区域采用彩钢瓦、铁皮、塑料薄膜等轻质材料搭建板房、彩钢棚、塑料大棚或者悬挂广告牌(匾)的,其产权人或者管理人应当加强管理,采取必要的安全防护措施,防止因掉落、脱落影响铁路运输安全。

在铁路线路安全保护区及其邻近区域建造建筑物、构筑物等设施,县级以上人民政府城乡规划主管部门在审批前应当征求铁路运输企业的意见,加强规划管理和安全管控。

第二十条　铁路线路安全保护区内既有建筑物、构筑物的产权人或者管理人,应当加强日常巡查维护,及时排除安全隐患,防止影响铁路运输安全。

铁路运输企业发现铁路线路安全保护区内既有建筑物、构筑物危及铁路运输安全的,应当及时告知其产权人或者管理人采取安全防护措施。产权人或者管理人拒绝采取安全防护措施或者采取安全防护措施后仍不能保证安全的，依照有关法律法规的规定处理。

第二十一条 在铁路线路路堤坡脚、路堑坡顶、铁路桥梁外侧起向外各一千米范围内，以及在铁路隧道上方中心线两侧各一千米范围内，确需从事露天采矿、采石或者爆破作业的，应当依法进行安全评估，与铁路运输企业协商一致，依照有关法律法规的规定报县级以上人民政府有关部门批准，并采取相应的安全防护措施。

第二十二条 在铁路线路安全保护区内，修建上跨、下穿、并行铁路的桥梁、涵洞、道路，铺设供水、油气输送等管道或者光（电）缆设施，架设电力、通信线路或者杆塔，或者开展地质钻探等建设施工作业的，应当征得铁路运输企业同意并签订安全协议。铁路运输企业应当派员对施工现场进行安全监督。

对危及铁路安全或者未征得铁路运输企业同意进行建设施工作业的，铁路运输企业应当立即制止并采取安全防护措施；无法制止的，应当及时向铁路监督管理机构、公安机关或者有关地方人民政府报告，铁路监督管理机构、公安机关或者有关地方人民政府应当及时依法处理。

第二十三条 对于产权不清、管理主体不明的上跨铁路桥梁、渡槽、管线和下穿铁路涵洞等穿越铁路的设施，由所在地县级以上人民政府组织有关部门与铁路运输企业协商，指定维护、管理单位，签订安全协议，落实安全管理责任。

第二十四条 在电气化铁路接触网及其支柱不得违反规定附挂通信、有线电视电缆等设施设备。

第二十五条 建设单位或者施工单位设置、拓宽铁路道口、铁路人行过道，应当征得铁路运输企业同意，并协商确定铁路道口或者铁路人行过道的安全管理责任及费用负担。

对于既有的铁路、道路平交道口，铁路运输企业应当依照相关法律法规规定及实际需要，与道路管理部门或者道路经营单位协商，采取封闭或者立交改造等措施处理。有关单位或者个人擅自设置的道口、人行过道、临时通道，由铁路运输企业会同当地政府有关部门或者使用单位依法拆除。

第二十六条 铁路沿线的地质灾害风险隐患，属于铁路地界以内的，由铁路运输企业负责整治；属于铁路地界以外因自然因素引发的，由所在地县级以上人民政府组织相关行业主管部门进行整治，因工程建设等人为活动引发的，由责任单位负责整治。

铁路隧道顶上的地质灾害风险隐患，由铁路运输企业协助当地人民政府进行整治。

第二十七条　驾驶机动车通过上跨铁路桥梁或者下穿铁路桥梁、涵洞的道路，应当遵守限载、限高、限宽、限长等规定。

第二十八条　禁止在铁路电力线路导线两侧各五百米范围内放飞鸟类、升放无人驾驶航空器或者风筝、气球、孔明灯等低空飘浮物体。确因现场勘查、施工作业需要飞行无人驾驶航空器的，应当按照规定获得批准，采取必要的安全防范措施，并提前通知铁路运输企业。

广西壮族自治区铁路安全管理条例(节录)

(2019年7月25日广西壮族自治区第十三届人民代表大会常务委员会第十次会议通过　自2019年10月1日起施行)

第三章　铁路线路安全

第二十二条　铁路线路两侧应当设立铁路线路安全保护区,铁路线路安全保护区的划定和公告按照《铁路安全管理条例》的规定执行。

依法在铁路用地范围外划定铁路线路安全保护区的,由铁路建设单位或者铁路运输企业提出方案,报铁路沿线县级以上人民政府组织铁路监督管理机构、自然资源等部门按以下期限划定并公告:

(一)新建、改建铁路的,应当自铁路建设工程初步设计批准之日起三十日内划定并公告;

(二)既有铁路尚未划定铁路线路安全保护区的,应当自收到方案之日起三十日内划定并公告。

铁路线路安全保护区划定并公告完成后,铁路沿线各级人民政府、有关单位和个人应当协助铁路建设单位或者铁路运输企业做好铁路线路安全保护区标桩的设立工作。

第二十三条　禁止在铁路线路安全保护区内实施以下危及铁路安全的行为:

(一)烧荒,放养牲畜,排污,倾倒垃圾、堆放弃土或者放置其他危害铁路安全的物质;

(二)种植影响铁路安全和行车瞭望的树木等植物;

(三)采用彩钢瓦、铁皮、塑料薄膜等轻质材料搭建板房、彩钢棚、塑料大棚,悬挂广告牌(匾);

(四)燃放烟花、焰火或者焚烧垃圾、祭品等排放烟雾、粉尘、火焰、废气的物质;

(五)法律法规禁止的其他危及铁路安全的行为。

第二十四条　在铁路线路安全保护区内建造建筑物、构筑物等设施,取土、挖砂、采空作业或者堆放、悬挂物品，依法需要行政许可的，县级以上人民政府有关部门在行政许可前应当征求铁路运输企业的意见，加强规划管理和安全管控；依法不需要行政许可的，应当事前与铁路运输企业协商一致，加强管理，采取必要的安全防护措施，防止影响铁路安全。

第二十五条　铁路线路安全保护区内既有建筑物、构筑物、供水、油气输送等管道或者光(电)缆等设施的产权人或者管理人，应当加强日常巡查维护，及时排除安全隐患，防止其影响铁路安全。

铁路运输企业发现铁路线路安全保护区内既有建筑物、构筑物、供水、油气输送等管道或者光(电)缆等设施危及铁路安全的，应当及时告知其产权人或者管理人采取必要的安全防护措施。产权人或者管理人拒绝采取安全防护措施或者采取措施后，经评估仍不能保证安全的，依照有关法律的规定拆除。拆除铁路线路安全保护区内的建筑物、构筑物、供水、油气输送等管道或者光(电)缆等设施，给他人造成损失的，应当依法给予补偿或者采取必要的补救措施，但是拆除非法建筑物、构筑物、供水、油气输送等管道或者光(电)缆等设施的除外。

第二十六条　在铁路线路安全保护区内，修建上跨、下穿、并行铁路的桥梁、涵洞、道路，铺设供水、油气输送等管道或者光(电)缆设施，架设电力、通信线路，或者开展地质钻探等建设施工作业的，应当事前与铁路运输企业协商一致并签订安全协议，给铁路运输企业造成损失的，应当给予补偿。铁路运输企业应当派员对施工现场实行安全监督。

对危及铁路安全进行建设施工作业的，铁路运输企业应当立即制止并采取安全防护措施；无法制止的，应当及时向铁路监督管理机构、公安机关或者当地人民政府报告，铁路监督管理机构、公安机关或者当地人民政府应当及时依法处理。情况紧急危及铁路安全时，铁路运输企业可以先行采取应急处置措施，由此产生的费用由责任人承担。

第二十七条　在铁路线路安全保护区外五十米范围内及铁路地下车站结构外沿线起向外五十米范围内进行可能影响铁路安全的下列施工作业的，应当与铁路运输企业协商并签订安全协议，采取措施防止危及铁路安全：

(一)新建、改建、扩建或者拆除建筑物、构筑物、道路；

(二)取土、挖砂、挖沟、采空作业；

(三)设置、拆除广告牌、电子显示屏；

(四)堆放弃土或者放置其他危害铁路安全的物质；

（五）法律法规规定的其他可能影响铁路安全的施工作业。

在铁路线路安全保护区外五百米范围内利用塑料薄膜、彩钢瓦、铁皮等轻质材料建造生产生活设施的，其产权人或者管理人应当采取安全措施，加强日常管理，防止其危及铁路安全。

第二十八条 铁路线路安全保护区内的建设工程，建设和施工单位应当查明与铁路有关的地下工程和给排水、供电、通信等管线情况，采取措施保证铁路各类管线、设施和周边建（构）筑物的安全。铁路运输企业或者铁路建设单位应当积极配合，及时提供相关技术资料。

第二十九条 在铁路线路路堤坡脚、路堑坡顶、铁路桥梁外侧起向外各一千米范围内，以及在铁路隧道上方中心线两侧各一千米范围内，确需从事露天采矿、采石或者爆破作业的，应当与铁路运输企业协商一致，依法进行安全评估，依照有关法律法规的规定报县级以上人民政府有关部门批准，并采取相应的安全防护措施。

第三十条 在铁路隧道上方中心线两侧各二百米范围内，进行新建山塘、水库、堤坝，开挖河道、干渠，打井取水，钻探、采空等可能影响隧道安全的施工作业，应当事前与铁路运输企业协商一致并签订安全协议，采取措施防止危及铁路安全。

第三十一条 铁路运输企业应当根据铁路桥梁周边生产、生活环境，按照确保铁路设施设备安全的要求，对铁路桥梁下方铁路用地进行封闭管理或者保护性利用管理。

任何单位和个人不得非法占用铁路用地；不得在铁路桥梁下搭建影响铁路安全的建筑物、构筑物；设置停车场、开设商铺、堆放物品、进行加工生产等活动不得影响铁路安全。

第三十二条 县级以上人民政府和铁路运输企业应当对上跨铁路桥梁、渡槽、管线和下穿铁路涵洞等穿越铁路的设施进行调查，互通情况。对于产权不清、管理主体不明的上跨铁路桥梁、渡槽、管线和下穿铁路涵洞等穿越铁路的设施，由所在地县级以上人民政府组织有关部门与铁路运输企业协商，依照相关规定确定维护、管理单位，签订安全协议，落实安全管理责任。

第三十三条 在电气化铁路接触网及其支柱上不得违反规定附挂通信、有线电视电缆等设施设备。

第三十四条 铁路沿线县级以上人民政府电力主管部门应当按照国家和自

治区有关电力设施保护的规定，设立铁路电力设施保护区，加强对铁路电力设施安全监管。

禁止在铁路电力线路（包括电气化线路供电接触网设备）导线两侧各五百米范围内飞行民用无人驾驶航空器或者升放风筝、气球、孔明灯等低空飘浮物体。确因现场勘查、施工作业需要飞行民用无人驾驶航空器的，应当按照规定获得批准，采取必要的安全防范措施，并提前五个工作日通知铁路运输企业。

第三十五条　建设单位、施工单位或者个人设置、拓宽铁路道口、铁路人行过道，应当事前与铁路运输企业协商一致并签订安全协议，确定铁路道口或者铁路人行过道的安全管理责任及费用负担。

对于既有的铁路、道路平交道口，铁路运输企业应当依照相关法律法规的规定及实际需要，与道路管理部门或者道路经营单位协商，采取封闭或者立交改造等措施处理。有关单位或者个人擅自设置的道口、人行过道、临时通道，由公安机关责令限期拆除，铁路运输企业配合做好相关工作。

第三十六条　铁路沿线的地质灾害风险隐患，属于铁路地界以内的，由铁路运输企业负责整治；属于铁路地界以外因自然因素引发的，由所在地县级以上人民政府组织相关行业主管部门进行整治；因工程建设等人为活动引发的，由责任单位负责整治。

铁路隧道顶上的地质灾害风险隐患，由铁路运输企业协助当地人民政府进行整治。

第三十七条　在铁路线路两侧新建杆塔、烟囱等设施的，产权人或者管理人应当确保设施倒伏后不进入铁路建筑限界内。

铁路线路安全保护区和安全保护区以外一百米范围内既有杆塔、烟囱等设施的产权人或者管理人应当加强管理，防止危及铁路安全。铁路运输企业发现危及铁路安全的，应当及时告知产权人或者管理人采取措施消除安全隐患。产权人或者管理人拒绝或者怠于处置的，铁路运输企业应当及时向铁路沿线县级以上人民政府有关部门报告，由铁路沿线县级以上人民政府有关部门协调产权人或者管理人采取措施消除安全隐患。

第三十八条　铁路运输企业应当加强对铁路线路安全保护区和安全保护区外五十米范围内既有林木的巡查，发现可能危及铁路安全的，应当告知其产权人或者管理人及时采取措施消除安全隐患。产权人或者管理人拒绝或者怠于处置的，铁路运输企业应当及时向铁路沿线县级以上人民政府林业主管部门报告，由林业主管部门协调产权人或者管理人采取措施消除安全隐患。情况紧急危及铁路安全的,铁路运输企业可以先行处置,并及时向林业主管部门报告。

砍伐林木依法应当补偿的,按照市、县人民政府公布的青苗补偿标准给予一次性补偿;在该土地上再行种植或者自然生长可能危及铁路安全林木的,应当予以砍伐,并不予补偿。

第三十九条 驾驶机动车通过上跨铁路桥梁或者下穿铁路桥梁、涵洞的道路,应当遵守限载、限高、限宽、限长、限速等规定。

上海市铁路安全管理条例(节录)

(2020年12月30日上海市第十五届人民代表大会常务委员会第二十八次会议通过　自2021年3月1日起施行)

第三章　线路安全

第十六条　铁路线路两侧依法设立铁路线路安全保护区。铁路线路安全保护区的范围,从铁路线路路堤坡脚、路堑坡顶或者铁路桥梁(含铁路、道路两用桥,下同)外侧起向外的距离分别为:

(一)城市市区高速铁路为十米,其他铁路为八米;

(二)城市郊区居民居住区高速铁路为十二米,其他铁路为十米;

(三)村镇居民居住区高速铁路为十五米,其他铁路为十二米;

(四)其他地区高速铁路为二十米,其他铁路为十五米。

铁路线路位于地下的,从地下车站、隧道外边线外侧起向外的五十米区域,纳入铁路线路安全保护区范围。

本条第一款、第二款规定距离不能满足铁路运输安全保护需要的,由铁路建设单位或者铁路运输企业提出方案,铁路安全监管部门或者区人民政府依照本条第四款规定程序划定。

在铁路用地范围内划定铁路线路安全保护区的,由铁路安全监管部门组织铁路建设单位或者铁路运输企业划定并公告。在铁路用地范围外划定铁路线路安全保护区的,由所在区人民政府根据保障铁路运输安全和节约用地的原则,组织有关部门划定并公告。

新建、改建铁路的线路安全保护区范围,应当自铁路建设工程初步设计批准之日起三十日内,由所在区人民政府依照本条第三款、第四款的规定划定并公告。铁路建设单位或者铁路运输企业应当根据工程竣工资料进行勘界,绘制铁路线路安全保护区平面图,并根据平面图设立标桩,标明安全保护区界限、范围等内容。

第十七条　在铁路线路安全保护区内建造建筑物、构筑物等设施,取土、挖砂、挖沟、采空作业、打桩、基坑施工、地下顶进、架设、吊装、钻探、地基加固、堆放物品、悬挂物品的，应当征得铁路运输企业或者铁路建设单位的同意并签订安全协议，遵守保证铁路安全的相关标准和施工安全规范，采取措施防止影响铁路运输安全。铁路运输企业或者铁路建设单位应当公布受理渠道、办理程序、相关条件和办结期限等内容。铁路运输企业或者铁路建设单位应当派员对施工现场实行安全监督。

在地方铁路线路安全保护区内进行前款活动的，作业单位还应当事先将作业方案报市交通管理部门备案。市交通管理部门可以组织有关部门、第三方机构和专家对作业方案进行技术评估，并将评估意见反馈作业单位和铁路运输企业或者铁路建设单位。

第十八条 铁路线路安全保护区内违法建设的建筑物、构筑物，当事人应当拆除；当事人拒不拆除的，依法予以拆除。

铁路线路安全保护区内既有的建筑物、构筑物危及铁路运输安全的，应当采取必要的安全防护措施；采取安全防护措施后仍不能保证安全的，依法予以拆除。

拆除铁路线路安全保护区内的建筑物、构筑物，清理铁路线路安全保护区内的植物，或者对他人在铁路线路安全保护区内已依法取得的相关合法权利予以限制，给他人造成损失的，应当依法给予补偿或者采取必要的补救措施，但拆除违法建设的建筑物、构筑物的除外。

第十九条 在铁路线路安全保护区外进行施工，工程施工机械可能跨越或者触及铁路线路的，施工单位应当采取安全防护措施。未采取安全防护措施或者采取的安全防护措施无法保障铁路运营安全的，施工单位应当立即停止施工，并采取相应的安全处置措施。

第二十条 在铁路电力线路导线两侧各五百米的范围内，禁止升放风筝、气球、孔明灯等低空飘浮物体。

在高速铁路电力线路导线两侧各一百米的范围内、普通铁路电力线路导线两侧各五十米的范围内，禁止无人机等低空、慢速、小型航空器飞行；因安全保卫、应急救援、现场勘察、施工作业、气象探测等确需开展上述飞行活动的，应当按照规定办理相关手续，采取必要的安全防护措施，并提前通知铁路运输企业。

第二十一条 对铁路线路两侧的塑料大棚、彩钢棚、广告牌、防尘网等轻质物体，所有权人或者管理人应当采取加固防护措施，并对散落的塑料薄膜、锡箔纸、彩钢瓦、铁皮等材料及时清理，防止大风天气条件下危及铁路安全。

第二十二条 铁路运输企业应当加强对铁路线路沿线的巡查，发现铁路线路沿线线杆、烟囱有倾倒风险或者树木有倒伏风险，或者铁路线路两侧的轻质物体有危及铁路安全情形的，应当立即通知所有权人或者管理人。所有权人或者管理人应当及时采取措施，消除安全隐患。

所有权人或者管理人拒绝或者怠于处置的，铁路运输企业应当及时向住房城乡建设管理部门或者绿化市容管理部门报告，由住房城乡建设管理部门或者绿化市容管理部门协调所有权人或者管理人采取措施，消除安全隐患。情况紧急的，铁路运输企业可以先行采取相关措施。

第二十三条　在铁路线路两侧建造、设立生产、加工、储存或者销售易燃、易爆或者放射性物品等危险物品的场所、仓库，应当符合相关标准规定的安全防护距离。已建场所、仓库不符合规定的安全防护距离的，应当予以整改，或者依法转产、停产、搬迁、关闭。

第二十四条　负责铁路道口管理的区交通管理部门或者铁路运输企业应当按照国家规定，设置警示标志以及其他安全防护设施，并加强日常巡查和监督工作，确保铁路运输安全。

铁路桥梁下的区域，禁止实施影响铁路运输安全、污染铁路沿线环境等活动。

山东省铁路安全管理条例(节录)

(2021年3月24日山东省第十三届人民代表大会常务委员会第二十七次会议通过　自2021年5月1日起施行)

第四章　线路安全

第二十三条　铁路线路安全保护区的范围、划定、公告等,依照《铁路安全管理条例》的规定执行。

铁路隧道结构外、地下车站结构外沿线向外五十米的区域,一并纳入铁路线路安全保护区范围。

第二十四条　铁路建设单位、铁路运输企业应当根据安全保护区划定范围,设置安全保护区标桩或者标识,铁路沿线有关单位和个人应当予以协助。

任何单位和个人不得破坏和擅自移动安全保护区标桩或者标识。

第二十五条　禁止在铁路线路安全保护区内从事下列活动:

(一)烧荒、放养牲畜;

(二)种植影响铁路线路安全和行车瞭望的树木等植物;

(三)排污、倾倒垃圾以及其他危害铁路安全的物质;

(四)法律、法规规定的其他禁止行为。

第二十六条　任何单位和个人不得实施下列危害铁路电气化设施、设备的行为:

(一)向铁路电气化设施、设备抛掷物品;

(二)在铁路电气化线路导线两侧各五百米范围内升放风筝、气球、孔明灯等低空飘浮物体;

(三)攀爬铁路供电杆塔、支柱,或者在杆塔、支柱上架设其他设施、设备;

(四)在铁路供电杆塔、支柱、拉线周围二十米范围内取土、打桩、钻探或者倾倒有害化学物品;

(五)利用铁路供电杆塔、拉线作起重牵引地锚;

(六)在铁路供电杆塔、拉线上拴牲畜、悬挂物品,或者拆卸杆塔、拉线上的器材；

（七）法律、法规规定的其他禁止行为。

任何单位和个人不得在铁路电气化线路导线两侧各五百米范围内升放无人机；确因现场勘查、施工作业等需要升放无人机的，应当征得铁路运输企业同意，并采取必要的安全防范措施。法律、法规另有规定的，依照其规定执行。

第二十七条　从事下列活动，应当征得铁路运输企业同意，签订安全保护协议，并由铁路运输企业对施工现场进行安全监督：

（一）在铁路线路安全保护区内，新建、改建、扩建建筑物、构筑物等设施；

（二）在铁路线路安全保护区内，取土、挖砂、挖沟、采空作业或者临时堆放、悬挂物品；

（三）在铁路线路安全保护区内，架设或者埋置电力、通信线路电缆、管道设施、穿凿通过铁路路基的地下坑道。

在铁路线路路堤坡脚、路堑坡顶、铁路桥梁外侧起向外各一千米范围内，以及在铁路隧道上方中心线两侧各一千米范围内，从事露天采矿、采石或者爆破作业的，应当与铁路运输企业协商一致，并依照有关法律、法规的规定报县级以上人民政府有关部门批准，采取安全防护措施后方可进行。

从事本条第一款、第二款所列活动，危及铁路安全的，应当立即停止相关作业，消除危险后方可恢复作业；影响铁路运输的，建设单位或者施工单位应当给予铁路运输企业合理补偿。

第二十八条　在铁路线路安全保护区的邻近区域采用彩钢瓦、铁皮、塑料薄膜等轻质材料搭建板房、彩钢棚、塑料大棚和铺设防尘网、防晒网的，其产权人或者管理人应当加强管理，采取必要的安全防护措施，防止因掉落、脱落、飘浮影响铁路运输安全。

第二十九条　开发利用铁路隧道顶上的山坡地或者在高速铁路线路两侧山坡地修建山塘、水库、堤坝的，开发利用单位或者建设单位应当征求铁路运输企业的意见；可能影响铁路线路安全的，应当采取有效防护措施。

第三十条　铁路线路安全保护区与公路建筑控制区、河道管理范围、水利工程管理和保护范围、航道保护范围或者石油、电力以及其他重要设施保护区重叠的，各相关部门应当建立安全保护沟通协调机制，共同制定安全防护方案，落实安全保护措施。

第三十一条　铁路线路安全保护区内依法建设的油气管线以及通信线路、电力线路、渡槽等设施，其产权人或者使用人应当加强日常巡查维护，采取必要的安全防护措施，及时排除安全隐患；发现安全隐患不能及时排除的，应当立即报告当地县级人民政府有关部门。

产权不清或者管理主体不明的上跨铁路的桥梁、渡槽、管线和下穿铁路的涵洞等设施，由当地县级人民政府组织有关部门与铁路运输企业予以拆除；不能拆除的，由当地县级人民政府有关部门指定维护管理单位，落实安全管理责任。

第三十二条 在铁路线路两侧建造、设立生产、加工、储存或者销售易燃、易爆或者放射性物品等危险物品的场所、仓库，应当符合国家标准、行业标准规定的安全防护距离。

第三十三条 对铁路沿线既有的已取得许可、但是不符合安全防护距离要求的管道或者其他设施、设备，当地县级人民政府有关部门应当进行重点监管，并按照国家有关规定进行安全评价，有关产权人或者使用人应当根据评价结果采取必要的安全措施；经评价无法保证安全的，由县级人民政府有关部门责令产权人或者使用人立即停止使用相关设施、设备。

第三十四条 高速铁路线路路堤坡脚、路堑坡顶或者铁路桥梁外侧起向外各二百米范围内禁止抽取地下水。

在前款规定范围外，高速铁路线路经过的区域属于地面沉降区域，抽取地下水危及高速铁路安全的，应当按照国家有关规定设置地下水禁止开采区或者限制开采区。

在铁路线路两侧的其他区域抽取地下水危及铁路安全的，铁路运输企业应当报告当地县级人民政府水行政主管部门，由水行政主管部门组织进行评价，并根据评价结果采取相应安全措施。

第三十五条 在铁路线路两侧设置新建、改建、扩建建筑物、构筑物或者设置杆塔、种植树木等，建筑物、构筑物、杆塔和树木等与铁路线路的距离应当符合国家标准、行业标准以及国家和省有关规定，产权人或者管理人应当采取措施防止其倒伏后侵入铁路建筑限界。

建筑物、构筑物、杆塔等倒伏后危及铁路安全的，铁路运输企业可以先行采取处置措施，并告知产权人或者管理人。

树木危及铁路安全的，铁路运输企业可以先行采取修剪、砍伐或者其他必要的安全措施，并向当地人民政府有关部门报告。

第三十六条 铁路沿线县级人民政府有关部门和铁路运输企业，应当按照国家有关规定加强铁路道口安全管理，明确辖区内铁路道口安全管理责任分工，并组织看守或者监护。

铁路专用线、专用铁路的道口，由产权单位看守或者监护。

第三十七条　对符合改为立体交叉道口条件的既有铁路平交道口，由铁路沿线县级以上人民政府会同铁路产权单位按照国家和省有关规定逐步进行立交改造；对未经铁路运输企业同意擅自设置的平交道口、人行过道、临时通道等，由当地县级人民政府组织有关部门拆除。

第三十八条　下穿铁路的涵洞，有关管理单位应当按照产权分工分别负责涵洞的日常管理、维护，防止淤塞、积水。涵洞框架、铁路地界内的线路边坡挡土墙，由铁路运输企业负责管理、维护；涵洞道路及其排水、照明和安全防护等附属设施，由道路管理部门或者道路经营单位负责管理、维护。

上跨铁路的立交桥梁，其建设单位或者管理单位应当按照国家和省有关规定，加强立交桥梁相关设施的管理、维护，防止发生立交桥梁坠物、渗漏或者其他危害铁路安全的情形。

第三十九条　铁路沿线的地质灾害风险隐患，属于铁路用地范围以内的，由铁路运输企业负责整治；属于铁路用地范围以外的，由当地人民政府组织有关部门进行整治；因工程建设等活动引发的，由责任单位负责整治。

第四十条　任何单位和个人不得占用、堵塞、封闭铁路线路维修通道或者救援通道，不得占用光缆径路、电缆径路新建、改建、扩建建筑物或者构筑物。

四川省高速铁路安全管理规定(节录)

(2018年12月24日四川省人民政府第19次常务会议审议通过　自2019年3月1日起施行)

第十条　依法应在高速铁路用地范围内划定铁路线路安全保护区的,由铁路监管机构组织铁路建设单位或者铁路运输企业划定并公告。

依法应在高速铁路用地范围外划定铁路线路安全保护区的,由铁路建设单位或者铁路运输企业提出方案,报县级以上人民政府组织铁路监管机构、自然资源、交通运输等部门按以下期限划定并公告:

(一)新建、改建高速铁路的,应当自初步设计批准之日起30日内划定并公告;

(二)既有高速铁路尚未划定铁路线路安全保护区的,应当自收到方案之日起30日内划定并公告。

划定高速铁路线路安全保护区应当遵循保障铁路运输安全和节约用地的原则,具体办法按照国家有关规定执行。

第十一条　在高速铁路线路两侧不得实施下列行为:

(一)向高速铁路线路和行驶车辆抛掷物品;

(二)移动、攀爬、损毁高速铁路线路设施设备;

(三)在高速铁路线路路堤坡脚、路堑坡顶或者铁路桥梁外侧起向外各200米范围内抽取地下水;

(四)建造、设立生产、加工、储存或者销售易燃、易爆、剧毒、放射性等危险物品的场所、仓库不符合国家标准、行业标准规定的安全防护距离;

(五)在安全保护区内种植可能影响高速铁路线路安全和行车瞭望的树竹等植物;

(六)在高速铁路线路路堤坡脚、路堑坡顶或者铁路桥梁外侧起向外50米范围内焚烧物品;

(七)在高速铁路电力线路导线两侧各500米范围内燃放烟花、爆竹,放飞鸟类、飞行器、风筝、孔明灯、无人飞机、小型航空器、动力伞等低空飞行物或者飘浮物体;

（八）在高速铁路桥梁下、涵洞内、排水设施内堆放干柴、秸秆等可燃品或垃圾、废弃物品；

（九）法律法规规定的其他影响高速铁路安全的行为。

第十二条　高速铁路线路安全保护区内既有的建筑物、构筑物存在危及高速铁路运输安全隐患的，铁路建设单位或铁路运输企业应当告知并指导所有权人或者使用权人采取必要的安全防护措施，及时排除安全隐患。采取安全防护措施所产生的费用，按照国家有关规定处理。

所有权人或者使用权人拒绝采取安全防护措施的，铁路建设单位或铁路运输企业应当向建筑物、构筑物所在地的县级以上人民政府报告，由县级以上人民政府依法协调处理。

第十三条　在高速铁路线路两侧新建杆塔、烟囱等设施或者种植树竹的，所有权人、使用权人应当确保设施或者树竹倒伏后不会侵入铁路线路封闭区域。

高速铁路线路两侧既有的杆塔、烟囱等设施或者树竹，倒伏后可能侵入铁路线路封闭区域的，所有权人、使用权人应当采取避免倒伏的安全防护措施。所有权人、使用权人拒不采取安全措施的，铁路运输企业应当及时向设施或者树竹所在地县级以上人民政府报告，由县级以上人民政府依法协调处理。

对高速铁路线路路堤坡脚、路堑坡顶或者铁路桥梁外侧起向外 50 米范围内既有的彩钢瓦房、活动板房、塑料大棚、广告标牌等易刮落物，所有权人、使用权人应当采取安全防护措施。所有权人、使用权人拒不采取安全措施的，铁路运输企业应当及时向所在地县级以上人民政府报告，由县级以上人民政府依法协调处理。

第十四条　高速铁路线路安全保护区内新建、改建的道路、桥梁，由道路建设业主单位设置安全防护设施、隔离设施和警示标志，并由道路维护单位负责日常管理维护。铁路运输企业发现安全隐患的，应当告知有关单位及时排除；拒绝排除的，铁路运输企业应当向所在地县级以上人民政府报告，由县级以上人民政府依法协调处理。设置铁路与道路立体交叉设施及其附属安全设施所需费用按照相关规定确定。

第十五条　因高速铁路建设新建、改建、还建的道路、桥梁、涵洞、人行天桥、渡槽等上跨建构筑物及其附属安全设施，铁路建设单位或者铁路运输企业应当按相关行业技术标准规范建设，经依法验收合格后，按照国家有关规定或签订的协议移交有关单位管理维护，接收单位不得无故拒绝接收。有关单位拒绝接收或者没有接收单位的，铁路运输企业或者铁路建设单位应当向所在地县级以上人民政府报告，由县级以上人民政府依法协调处理。

第十六条 无线电管理机构应当对高速铁路沿线的电磁环境进行重点保护，健全高速铁路沿线的无线电监测网络，铁路运输企业应当予以配合。

任何单位和个人不得干扰高速铁路运营指挥调度无线电频率的正常使用；铁路运输企业发现无线电台（站）干扰高速铁路运营指挥调度无线电频率的，应当立即采取排查措施并报告无线电管理机构、铁路监管机构；无线电管理机构、铁路监管机构应当依法及时处置。

第十七条 新建或改建公路、市政道路、水利、电力、通信、石油、燃气等设施与高速铁路交叉的，应当事先征得铁路运输企业同意并优先选择下穿高速铁路方案，签订安全协议和管理维护协议；新建或改建高速铁路与前述设施交叉的，应当事先征得设施所有权人或使用权人同意并优先选择上跨方案。

第十八条 在高速铁路线路下列范围内实施以下行为，应当与铁路运输企业协商一致并签订安全协议，采取安全防护措施：

（一）铺设或架设各类跨越、穿越高速铁路线路的管线、缆线、渡槽、塔吊、水塔等设施；

（二）在安全保护区内取土、挖砂、挖沟、采空作业或者堆放、悬挂物品，法律法规另有规定的除外；

（三）在高速铁路线路路堤坡脚、路堑坡顶或者铁路桥梁外侧起向外 50 米范围内建造或者设置彩钢瓦房、活动板房、塑料大棚、广告标牌等易刮落物；

（四）在隧道上方中心线两侧各 1000 米范围内以及高速铁路用地范围外两侧的山坡地新建、改建、扩建可能影响高速铁路安全的工程；

（五）在线路路堤坡脚、路堑坡顶或者铁路桥梁外侧起向外 50 米范围内以及隧道上方中心线两侧各 50 米范围内钻探；

（六）在高速铁路桥梁外侧的地面沉降区域或者铁路线路路堤坡脚、路堑坡顶，实施取土、堆放弃土、填埋湿地、改变河道等可能影响高速铁路安全运行的行为；

（七）法律法规规定的其他影响高速铁路安全的行为。

第十九条 市（州）、县（市、区）、乡（镇）人民政府及城乡规划主管部门等有关行政机关在高速铁路线路安全保护区外 30 米范围内审批建造可能影响高速铁路安全的建筑物、构筑物，应当征求铁路运输企业的意见。铁路运输企业应在收到征求意见之日起 30 日内回复。

第二十条 县级以上人民政府应当根据水土保持规划，组织对高速铁路用地范围外划定的安全保护区两侧的山坡地实施水土保持措施，防治水土流失。

福建省高速铁路安全管理规定（节录）

（2018 年 7 月 13 日省人民政府第 9 次常务会议通过　自 2018 年 10 月 1 日起施行）

第三章　应急管理和治安管理

第二十三条　铁路运输企业应当根据应对高速铁路突发事件的需要，制定应急预案，组织应急演练，配备报警装置和必要的应急救援设施设备。高速铁路沿线县级以上人民政府应当将高速铁路突发事件应急预案纳入本地区的突发事件应急预案体系。

第二十四条　铁路运输企业应当与高速铁路沿线县级以上人民政府及其有关部门建立信息通报制度和应急协调机制，针对春运、暑运、法定假日等运输高峰期或者恶劣气象条件，通力协作，共同做好站区综合治理、交通疏解、突发事件应急处置等工作。

第二十五条　高速铁路沿线县级以上人民政府应当加强高速铁路沿线地震、地质、洪涝、台风等灾害的监测、预警、预报、报告网络体系建设，及时通报灾害防治和险情灾情等信息。

高速铁路沿线县级以上人民政府和铁路运输企业接到灾害预警、预报信息，应当迅速采取防范措施，根据灾害等级及时启动应急预案并落实相应的应急措施，尽量避免或者降低灾害对高速铁路运输安全的影响。

第二十六条　高速铁路沿线县级以上人民政府应当将高速铁路沿线线路、车站安全防范工作纳入本地区社会治安防控体系建设，将高速铁路沿线视频监控纳入公共安全视频联网应用，建立涉及高速铁路安全的矛盾纠纷排查化解机制，组织公安机关、铁路运输企业、护路联防组织等单位共同做好治安突发事件的防范和处置工作。

第二十七条　高速铁路沿线县级以上人民政府应当建立高速铁路反恐怖工作指挥协调机制和反恐怖工作联防联控机制，公安机关、铁路运输企业应当落实反恐怖工作责任制，制定防范和应对处置恐怖活动的预案、措施。

第二十八条 禁止实施下列危及高速铁路运输安全的行为：

（一）擅自进入列车司机室、机械室等工作区域；

（二）擅自进入设备管理和行车调度等工作场所；

（三）干扰高速铁路计算机信息系统；

（四）攀爬、钻越、损毁高速铁路封闭设施；

（五）在高速铁路动车组列车内吸食或者使用诱发烟雾报警的物品；

（六）破坏、损毁高速铁路线路、列车、通信信号和电力电缆、供电接触网、防护栅栏、限高防护架等设施和标识；

（七）传播影响高速铁路安全的不实信息；

（八）法律、法规规定的其他影响高速铁路安全的行为。

第二十九条 高速铁路沿线县级以上人民政府有关部门在监督检查中发现影响高速铁路安全的隐患，属于职责范围内的，应当依法责令有关单位或者个人立即排除；不属于职责范围内的，应当及时通报铁路运输企业，由铁路运输企业报告铁路监管机构依法处理。

湖北省铁路安全管理办法（节录）

（2017 年 11 月 6 日省人民政府常务会议审议通过　自 2018 年 1 月 1 日起施行）

第九条　铁路线路两侧应当设立铁路线路安全保护区，铁路线路安全保护区的划定和公告依照有关法律法规的规定执行。

县级以上人民政府应当统筹协调铁路线路安全保护区划定工作，组织同级发展改革、国土资源、住房城乡建设、规划、交通运输、水利、安全生产监督管理等部门及铁路监管部门依法划定铁路线路安全保护区。

新建、改建的铁路线路安全保护区或者需要调整铁路线路安全保护区范围的，应当自铁路建设工程初步设计批准之日或者自确定调整之日起 30 日内，由县级以上人民政府依照国家有关规定划定并公告。

第十条　铁路建设单位或者铁路运输企业应当在铁路线路安全保护区划定和公告后，根据工程竣工资料进行勘界，绘制铁路线路安全保护区平面图，并根据平面图设立标桩和易于识别的警示、保护标志。设立标桩和警示标志等相关工作，应当在铁路安全设施验收或者铁路线路开通前完成。

第十一条　禁止在铁路线路安全保护区内烧荒、放养牲畜、种植影响铁路线路安全和行车瞭望的树木等植物。

禁止向铁路线路安全保护区内排放气体、固体、液体污染物或者废弃物、倾倒垃圾以及其他危害铁路安全的物质。

禁止攀爬、钻越、损毁铁路线路防护设施，擅自进入铁路线路封闭区域；禁止在铁路线路两侧 500 米范围内升放风筝、气球、孔明灯、飞行器等低空飘浮物体。

第十二条　在铁路线路安全保护区内建造建筑物、构筑物等设施，取土、挖砂、挖沟、采空作业或者堆放、悬挂物品，应当征得铁路运输企业同意并签订安全协议，遵守保证铁路安全的国家标准、行业标准和施工安全规范，采取措施防止影响铁路运输安全的行为发生。铁路运输企业应当履行铁路安全管理责任，派员对施工现场进行安全监督。

第十三条 铁路线路安全保护区内既有的合法建筑物、构筑物危及铁路运输安全的，铁路运输企业应当告知其产权人或者使用权人采取必要的安全防护措施，消除安全隐患。

采取安全防护措施后仍不能保证安全的，依法予以征收或者拆除。因征收给他人合法权益造成损失的，由所在地县级人民政府依法给予补偿；因拆除合法建筑物、构筑物或者清理铁路线路安全保护区内的植物给他人合法权益造成损失的，由铁路运输企业依法给予补偿。

第十四条 在铁路线路安全保护区及其邻近区域建造或者设置的建筑物、构筑物、设备等，不得进入国家规定的铁路建筑限界。

在铁路线路安全保护区的邻近区域建造或者设置的彩钢瓦房、活动板房、塑料大棚、广告标牌及废品站、垃圾场等建筑物、构筑物，其产权人或者使用权人应当加强管理，采取必要的安全防护措施，防止影响铁路运输安全。

第十五条 县级以上人民政府应当将铁路线路安全保护区外两侧水土流失潜在危险区域划定为水土流失重点预防区，水土流失严重区域划定为水土流失重点治理区。从事生产建设活动造成水土流失的，应当采取水土保持措施依法治理。

县级以上人民政府水利部门应当依照国家有关规定在铁路桥梁跨越处河道上下游划定禁止采砂、淘金的范围，设置禁采标志，并加强日常巡查管理，制止非法采砂、淘金行为。

第十六条 新建、改建、扩建高速公路、一级公路或者城市道路中的快速路，需要与铁路交叉的，应当设置立体交叉设施，并优先选择下穿铁路的方案。

对符合城市规划或者交通运输规划要求、相关安全防护设施完备的基础建设项目，上跨或者下穿铁路线路时，铁路运输企业应当予以支持和配合。

第十七条 设置或者拓宽铁路道口、铁路人行过道，应当征得铁路运输企业的同意。擅自设置或者拓宽铁路道口、铁路人行过道的，由铁路运输企业报请所在地县级人民政府协调处理。

第十八条 新建、改建、扩建公路、城市道路、水利工程及油气、通信、电力、供排水等管线与铁路线路交叉，需要跨越或者穿越铁路线路的，其产权人或者使用权人应当与铁路运输企业协商并签订安全协议，共同维护铁路安全。

铁路沿线的水利工程、油气、通信、电力、供排水等管线设施，其产权人应当加强日常巡查和养护，及时排除危及铁路安全的隐患；不能立即排除隐患的，应当及时告知铁路运输企业，并与其协商排除安全隐患。

第十九条　新建35千伏以下电力线路和通信线路不得跨越电气化铁路接触网；既有的电力线路和通信线路，由铁路建设单位或者铁路运输企业与相关单位按照国家有关规定协商迁移或者采取必要的防护措施。

高速铁路穿越35千伏及35千伏以上电力线路区段的，铁路运输企业与电力线路产权人或者使用权人应当加强日常联合巡查，对发现的问题隐患及时协商处理，确保铁路和电力设备运行安全。

第二十条　因铁路建设需要，新建、改建、还建的公路、城市道路、桥梁、涵洞及其附属安全设施，铁路建设单位或者铁路运输企业应当按照规定和协议移交有关单位管理维护；有关单位拒绝接收或者没有接收单位的，应当报请所在地县级人民政府协调处理。

陕西省铁路安全管理办法(节录)

(2020年11月16日省人民政府第26次常务会议审议通过　自2021年1月15日起施行)

第十九条　对维护铁路安全作出突出贡献的单位或者个人,按照国家有关规定给予表彰奖励。

第二十条　铁路线路两侧应当设立铁路线路安全保护区。铁路线路安全保护区的划定和公告依照有关法律、法规的规定执行。

第二十一条　在铁路线路安全保护区及其邻近区域建造或者设置的建筑物、构筑物、设备等,不得进入国家规定的铁路建筑限界。

第二十二条　铁路线路安全保护区内既有的建筑物、构筑物危及铁路运输安全的,应当采取必要的安全防护措施;采取安全防护措施后仍不能保证安全的,依照有关法律的规定拆除。

拆除铁路线路安全保护区内的建筑物、构筑物,清理铁路线路安全保护区内的植物,或者对他人在铁路线路安全保护区内已依法取得的采矿权等合法权利予以限制,给他人造成损失的,应当依法给予补偿或者采取必要的补救措施。但是,拆除非法建设的建筑物、构筑物的除外。

第二十三条　高速铁路两侧100米范围内,违法搭建的建筑物、构筑物应当依法拆除,影响观瞻的临时建筑物、临时构筑物、残缺建筑、破旧建筑、残墙断壁等应当依法拆除或者整葺,违规加工作坊和占道经营应当依法取缔,废品收购站应当依法取缔或者规范。

在高速铁路电力线路导线两侧各500米范围内,不得升放风筝、气球、孔明灯等飘浮物体,不得使用弓弩、弹弓、汽枪等攻击性器械从事可能危害高速铁路安全的行为。在高速铁路电力线路导线两侧升放无人机的,应当遵守国家有关规定。

对高速铁路线路两侧的塑料大棚、彩钢棚、广告牌、防尘网等轻质建筑物、构筑物,其所有权人或者实际控制人应当采取加固防护措施,并对塑料薄膜、锡箔纸、彩钢瓦、铁皮等建造、构造材料及时清理,防止大风天气条件下危害高速铁路安全。

第二十四条　禁止在铁路线路安全保护区内烧荒、放养牲畜、种植影响铁路线路安全和行车瞭望的树木等植物。

禁止向铁路线路安全保护区排污、倾倒垃圾以及其他危害铁路安全的物质。

第二十五条　铁路运输企业应当依法加强对铁路线路安全保护区范围内既有林木的巡查，发现可能危及铁路安全的，应当告知其产权人或者管理人及时采取措施消除安全隐患。产权人或者管理人拒绝或者怠于处置的，铁路运输企业应当及时向铁路沿线县级以上人民政府林业行政主管部门报告，由林业行政主管部门协调产权人或者管理人采取措施消除安全隐患。情况紧急危及铁路安全的，铁路运输企业可以依法先行处置，并应当自紧急情况结束之日起30日内向林业行政主管部门报告。

第二十六条　铁路与道路交叉的无人看守道口应当按照国家标准设置警示标志；有人看守道口应当设置移动栏杆、列车接近报警装置、警示灯、警示标志、铁路道口路段标线等安全防护设施。

道口移动栏杆、列车接近报警装置、警示灯等安全防护设施由铁路运输企业设置、维护；警示标志、铁路道口路段标线由铁路道口所在地的道路管理部门设置、维护。

公安机关道路交通管理部门应当依法加强铁路道口道路交通安全管理工作。

第二十七条　设置或者拓宽铁路道口、铁路人行过道，应当征得铁路运输企业的同意。

第二十八条　在铁路线路两侧从事采矿、采石或者爆破作业，应当遵守有关采矿和民用爆破的法律、法规，符合国家标准、行业标准和铁路安全保护要求。

在铁路线路路堤坡脚、路堑坡顶、铁路桥梁外侧起向外各1000米范围内，以及在铁路隧道上方中心线两侧各1000米范围内，确需从事露天采矿、采石或者爆破作业的，应当与铁路运输企业协商一致，依照有关法律、法规的规定报县级以上人民政府有关部门批准，采取安全防护措施后方可进行。

第二十九条　在电气化铁路附近从事排放粉尘、烟尘及腐蚀性气体的生产活动，超过国家规定的排放标准，危及铁路运输安全的，由县级以上人民政府有关部门依法责令整改，消除安全隐患。

第三十条　高速铁路线路路堤坡脚、路堑坡顶或者铁路桥梁外侧起向外各200米范围内禁止抽取地下水。

在前款规定范围外，高速铁路线路经过的区域属于地面沉降区域，抽取地下水危及高速铁路安全的，应当依法设置地下水禁止开采区或者限制开采区。

第三十一条 从事铁路建设工程勘察、设计、施工、监理活动的单位应当依法取得相应资质，并在其资质等级许可的范围内从事铁路工程建设活动。

从事铁路建设工程勘察、设计、施工、监理活动的单位应当遵守法律、行政法规关于建设工程质量和安全管理的规定，执行国家标准、行业标准和技术规范。没有国家标准、行业标准和技术规范的，铁路建设单位或者铁路运输企业应当与从事铁路建设工程勘察、设计、施工、监理等业务的单位约定保障铁路建设工程质量和安全管理的具体措施及责任。

铁路建设工程设计应当兼顾道路、航道、河道、水利工程和供水、供气、供电、通信、索道等基础设施建设的需要，加强基础设施的共建共享。

第三十二条 铁路建设工程的安全设施应当与主体工程同时设计、同时施工、同时投入使用。安全设施投资应当纳入建设项目概算。

第三十三条 新建、改建设计开行时速120公里以上列车的铁路或者设计运输量达到国务院铁路行业监督管理部门规定的较大运输量标准的铁路，需要与道路交叉的，应当设置立体交叉设施。

新建、改建高速公路、一级公路或者城市道路中的快速路，需要与铁路交叉的，应当设置立体交叉设施，并优先选择下穿铁路的方案。

已建成的属于前两款规定情形的铁路、道路为平面交叉的，应当逐步改造为立体交叉。

新建、改建高速铁路需要与普通铁路、道路、渡槽、管线等设施交叉的，应当优先选择高速铁路上跨方案。

第三十四条 在铁路线路安全保护区内，建造建筑物、构筑物等设施，取土、挖砂、挖沟、采空作业或者堆放、悬挂物品，应当征得铁路运输企业同意并签订安全协议，遵守保证铁路安全的国家标准、行业标准和施工安全规范，采取措施防止影响铁路运输安全。铁路运输企业应当派员对施工现场实行安全监督。

第三十五条 县级以上人民政府和铁路运输企业应当对上跨铁路桥梁、渡槽、管线和下穿铁路涵洞等穿越铁路的设施进行调查，互通情况。

对于产权不清、管理主体不明的上跨铁路桥梁、渡槽、管线和下穿铁路涵洞等穿越铁路的设施，由所在地县级以上人民政府组织有关部门与铁路运输企业协商，依照相关规定确定维护、管理单位，签订安全协议，落实安全管理责任。

第三十六条　下穿铁路桥梁、涵洞的道路应当按照国家标准设置车辆通过限高、限宽标志和限高防护架。

城市道路的限高、限宽标志由当地人民政府指定的部门设置并维护，公路的限高、限宽标志由公路管理部门设置并维护。

限高防护架在铁路桥梁、涵洞、道路建设时设置，由铁路运输企业负责维护。

机动车通过下穿铁路桥梁、涵洞的道路，应当遵守限高、限宽规定。

下穿铁路涵洞的管理单位负责涵洞的日常管理、维护，防止淤塞、积水。

第三十七条　铁路线路安全保护区内的道路和铁路线路路堑上的道路、跨越铁路线路的道路桥梁，应当按照国家有关规定设置防止车辆以及其他物体进入、坠入铁路线路的安全防护设施和警示标志，并由道路管理部门或者道路经营企业维护、管理。

河南省铁路安全管理规定(节录)

(2020年11月11日省政府第105次常务会议通过　自2021年1月1日起施行)

第三章　铁路线路及运营安全

第十三条　铁路线路两侧应当按照国家规定设立铁路线路安全保护区。铁路线路安全保护区的范围,从铁路线路路堤坡脚、路堑坡顶或者铁路桥梁(含铁路、道路两用桥,下同)外侧起向外的距离分别为:

(一)城市市区高速铁路为10米,其他铁路为8米;

(二)城市郊区居民居住区高速铁路为12米,其他铁路为10米;

(三)村镇居民居住区高速铁路为15米,其他铁路为12米;

(四)其他地区高速铁路为20米,其他铁路为15米。

第十四条　县级以上人民政府、铁路监管部门应当依照《中华人民共和国铁路法》《铁路安全管理条例》等法律、法规规定,组织划定铁路线路安全保护区并公告。

铁路建设单位或者铁路运输企业应当在铁路线路安全保护区公告后,根据工程竣工资料进行勘界,绘制铁路线路安全保护区平面图,并根据平面图设立标桩。

第十五条　在铁路线路安全保护区内建造建筑物、构筑物等设施,从事取土、挖砂、挖沟、采空作业或者堆放、悬挂物品,应当征得铁路运输企业同意并签订安全协议,遵守保证铁路安全的国家标准、行业标准和施工安全规范,采取措施防止影响铁路运输安全。铁路运输企业应当派员对施工现场实行安全监督。

第十六条　在铁路线路安全保护区内,禁止实施以下危及铁路安全的行为:

(一)排污,倾倒垃圾、渣土或者放置其他危害铁路安全的物质;

(二)燃放烟花爆竹、焰火,烧荒或者焚烧草木、垃圾、祭品等容易排放烟雾、粉尘、火焰、废气的物质;

(三)放养牲畜;

(四)法律、法规禁止的其他危及铁路安全的行为。

第十七条　在铁路线路两侧建造、设立生产、加工、储存或者销售易燃、易爆或者放射性物品等危险物品的场所、仓库，应当符合国家标准、行业标准规定的安全防护距离。

高速铁路高架桥下的铁路用地，应当根据周边生产、生活环境情况，按照确保高速铁路设备设施安全的要求，实行封闭管理或者保护性利用管理。

第十八条　在铁路线路两侧从事采矿、采石或者爆破作业，应当遵守有关采矿和民用爆破的法律、法规，符合国家标准、行业标准和铁路安全保护要求。

在铁路线路路堤坡脚、路堑坡顶、铁路桥梁外侧起向外各1000米范围内，以及在铁路隧道上方中心线两侧各1000米范围内，确需从事露天采矿、采石或者爆破作业的，应当与铁路运输企业协商一致，依照有关法律、法规规定报县级以上人民政府有关部门批准，采取安全防护措施后方可进行。

第十九条　在铁路隧道上方中心线两侧各200米范围内，进行新建山塘、水库、堤坝，开挖河道、干渠，打井取水，钻探、采空等可能影响隧道安全的施工作业，应当事前与铁路运输企业协商一致并签订安全协议，采取措施防止危及铁路安全。

第二十条　新建、改建高速公路、一级公路或者城市道路中的快速路，需要与铁路交叉的，应当根据交叉部位实际条件和具体情况合理设置立体交叉设施，并优先选择下穿铁路的方案。

已建成的道路，与铁路为平面交叉的，应当按规定逐步改造为立体交叉，各级人民政府及其有关部门应当在土地征收、封路施工等方面予以协助，铁路运输企业应当与自然资源、交通运输、住房城乡建设等主管部门互相配合。

符合国土空间规划或者交通运输规划要求的基础设施新建、改建、扩建项目上跨或者下穿铁路时，应当配备安全防护设施，铁路运输企业应当予以支持和配合。

由铁路建设单位或者铁路运输企业投资建设的上跨铁路立体交叉设施（包括桥梁、引道、附属工程及设施）应当在竣工验收合格后，按照有关规定将产权及工程档案等相关资料移交给县级以上人民政府确定的单位，接收单位承担上述设施的管理维护责任。有关单位无正当理由拒绝接收的，县级以上人民政府应当协调处理。

第二十一条　严禁超限、超载车辆通过上跨铁路立体交叉设施。交通运输主管部门、公安机关应当对超限、超载等危及铁路运输安全的行为依法进行处理。

负责管理维护上跨铁路立体交叉设施的道路管理部门、道路经营企业应当按照有关规定加强日常维护管理。为保障铁路安全需要进行维护作业的，铁路运输企业应当予以配合，并派员对施工现场实行安全监督，不得以安全监督、施工培训、补偿停电损失等名义收取费用。

第二十二条 下穿铁路桥梁、涵洞的道路应当按照国家标准设置车辆通过限高、限宽标志和限高防护架。城市道路的限高、限宽标志由县级以上人民政府指定的部门设置并维护,公路的限高、限宽标志由公路管理部门设置并维护。限高防护架在铁路桥梁、涵洞、道路建设时设置,由铁路运输企业负责维护。

机动车通过下穿铁路桥梁、涵洞的道路,应当遵守限高、限宽规定。

下穿铁路涵洞的管理单位负责涵洞的日常管理、维护,防止淤塞、积水。

第二十三条 任何单位和个人不得擅自在铁路桥梁跨越处河道上下游各1000米范围内围垦造田、拦河筑坝、架设浮桥或者修建其他影响铁路桥梁安全的设施。

因特殊原因确需在前款规定的范围内进行围垦造田、拦河筑坝、架设浮桥等活动的,应当进行安全论证,负责审批的机关在批准前应当征求有关铁路运输企业的意见。

第二十四条 禁止在铁路桥梁跨越处河道上下游的下列范围内采砂、淘金:

(一)跨河桥长500米以上的铁路桥梁,河道上游500米,下游3000米;

(二)跨河桥长100米以上不足500米的铁路桥梁,河道上游500米,下游2000米;

(三)跨河桥长不足100米的铁路桥梁,河道上游500米,下游1000米。

有关部门依法在铁路桥梁跨越处河道上下游划定的禁采范围大于前款规定的禁采范围的,按照划定的禁采范围执行。

县级以上人民政府水行政主管部门、自然资源主管部门应当按照各自职责划定禁采区域、设置禁采标志,制止非法采砂、淘金行为。

第二十五条 铁路线路安全保护区内的道路和铁路线路路堑上的道路、跨越铁路线路的道路桥梁,应当按照"铁路与道路、桥梁谁后建设谁设置"的原则,依据国家有关规定和技术规范设置防止车辆以及其他物体进入、坠入铁路线路的安全防护设施和警示标志,并由道路管理部门或者道路经营企业维护、管理。

第二十六条 在铁路线路上架设电力、通信线路,埋置电缆、管道设施,穿凿通过铁路路基的地下坑道,必须经铁路运输企业同意,并采取安全防护措施。上述管线建成验收合格后,有关产权人或者管理人应当与铁路运输企业做好应急预案的衔接工作。

铁路线路安全保护区内先于铁路建设的前款规定的管线,危及铁路安全确需进行下穿改造或者拆移改迁的,铁路建设单位或者铁路运输企业应当与有关产权人或者管理人达成协议,协助办理相关手续,并承担有关改造或者拆移改迁费用。

第二十七条　对产权不清、管理主体不明的上跨铁路桥梁、渡槽、管线和下穿铁路涵洞等穿越铁路的设施，由所在地县级以上人民政府组织有关部门与铁路运输企业协商，指定维护、管理单位，按照有关规定落实安全管理责任。

第二十八条　铁路沿线的电力、通信、广播电视、照明、交通标志等杆塔式构筑物不得危及铁路安全。

对铁路线路安全保护区内影响铁路安全的杆塔式构筑物，应当采取必要的安全防护措施，由此产生的费用，杆塔式构筑物先于铁路建设的，由铁路建设单位或者铁路运输企业承担，但因杆塔式构筑物产权人或者管理人维护不善造成的除外；杆塔式构筑物后于铁路建设的，由杆塔式构筑物产权人或者管理人承担。

采取安全防护措施后仍不能保证铁路安全，需要拆除或者迁移的，杆塔式构筑物先于铁路建设或者建设时征得铁路运输企业同意的，由铁路建设单位或者铁路运输企业协助办理相关手续，并承担拆除或者迁移费用。

对铁路线路安全保护区外倒伏后可能影响铁路安全的杆塔式构筑物，由产权人或者管理人与铁路运输企业协商解决。

第二十九条　铁路线路安全保护区内禁止种植影响铁路线路安全和行车瞭望的树木；对影响铁路线路安全和行车瞭望的树木，产权人或者管理人应当及时修剪、迁移或者砍伐。

对铁路线路安全保护区外影响铁路线路安全和行车瞭望的树木，由铁路运输企业与树木的产权人或者管理人协商并补偿后，依法迁移或者砍伐。

产权人或者管理人迁移或者砍伐影响铁路安全的树木时应当提前告知铁路运输企业，铁路运输企业应当做好安全防护工作。

第三十条　禁止在铁路电力线路两侧各 500 米范围内升放风筝、气球、孔明灯等低空漂浮物体。不得使用弓弩、弹弓、气枪等攻击性器械实施可能危害铁路安全的行为。

因现场勘察、施工作业等需要在上述范围内使用无人驾驶航空器的，应当遵守国家有关规定，采取必要的安全防范措施。

第三十一条　设置或者拓宽铁路道口、铁路人行过道，应当征得铁路运输企业同意。

铁路与道路交叉的无人看守道口应当按照国家标准设置警示标志，有人看守道口应当设置移动栏杆、列车接近报警装置、警示灯、警示标志、铁路道口路段标线等安全防护设施。

道口移动栏杆、列车接近报警装置、警示灯等安全防护设施由铁路运输企业设置、维护,警示标志、铁路道口路段标线由铁路道口所在地的道路管理部门设置、维护。

第三十二条 铁路线路安全保护区内非法建设的塑料大棚、彩钢棚、活动板房、广告牌、防尘网等临时建筑物、构筑物,应当依法予以拆除。上述范围内合法建设的建筑物、构筑物,因危及铁路安全需要依法拆除的,应当依法给予补偿或者采取必要的补救措施。

对高速铁路线路路堤坡脚、路堑坡顶或者铁路桥梁外侧起向外 100 米范围内的塑料大棚、彩钢棚、活动板房、广告牌、防尘网等临时建筑物、构筑物,产权人或者管理人应当采取加固防护措施,防止大风天气条件下危害高速铁路安全。

县级以上人民政府及其有关部门可以根据实际对铁路用地范围外的农田林网、荒山荒坡、道路网、河湖水系、裸露地、闲置地以及拆除违法建设后的地段实施生态综合治理和修复。

第三十三条 高速铁路线路路堤坡脚、路堑坡顶或者铁路桥梁外侧起向外各 200 米范围内禁止抽取地下水。

在前款规定范围外,高速铁路线路经过的区域属于地面沉降区域,抽取地下水危及高速铁路安全的,应当设置地下水禁止开采区或者限制开采区,具体范围由铁路监管部门会同县级以上人民政府水行政主管部门提出方案,报省人民政府批准并公告。

第三十四条 禁止使用无线电台(站)以及其他仪器、装置干扰铁路运营指挥调度无线电频率的正常使用。

铁路运营指挥调度无线电频率受到干扰的,铁路运输企业应当立即采取排查措施并报告无线电管理机构、铁路监管部门;无线电管理机构、铁路监管部门应当依法排除干扰。

第三十五条 禁止实施下列危及铁路通信、信号设施安全的行为:

(一)在埋有地下光(电)缆设施的地面上方进行钻探,堆放重物、垃圾,焚烧物品,倾倒腐蚀性物质;

(二)在地下光(电)缆两侧各 1 米的范围内建造、搭建建筑物、构筑物等设施;

(三)在地下光(电)缆两侧各 1 米的范围内挖砂、取土;

(四)在过河光(电)缆两侧各 100 米的范围内挖砂、抛锚或者进行其他危及光(电)缆安全的作业。

后　　记

中国地方铁路协会(以下简称"中铁协")是铁路行业现代社会治理体制的重要组成部分,宣传国家政策法规、促进铁路高质量发展是中铁协承担的重要任务。为更好履行行业社会组织的职责,适应铁路企事业单位经营管理的需求,中铁协组织编辑出版了这本《铁路土地房产常用法律法规》。

本书由中国地方铁路协会会长黄民任主编,秘书长郑明理任副主编,法律顾问韩潇,林淼、马雨婷、魏思阳等同志共同参加编写。在编写过程中,中铁协多次组织深入研究和讨论,并征求会员单位意见,按照实用、易用的原则对本书的内容进行了充实,对体例进行了完善,对编排顺序进行了优化调整。谨向所有参与、支持、关心本书的各方表示感谢。

中国铁道出版社有限公司为本书的编辑出版付出了大量的劳动,在此一并致谢。

由于经验不足、时间有限,本书还有许多不尽人意之处,敬请批评指正。

中国地方铁路协会编写组

2021 年 7 月